龙游年鉴

LONGYOU YEARBOOK

2022

龙游县地方志编纂委员会　编

方志出版社
Publishing House of Local Records

图书在版编目（CIP）数据

龙游年鉴．2022 / 龙游县地方志编纂委员会编．—北京：方志出版社，2022.12

ISBN 978-7-5144-5588-5

Ⅰ．①龙… Ⅱ．①龙… Ⅲ．①龙游县－2022－年鉴 Ⅳ．①Z525.54

中国版本图书馆CIP数据核字（2022）第249987号

责任编辑：罗滔
责任校对：刘玉霞
责任印制：梅中英
出 版 者：方志出版社
地　　址：北京市朝阳区潘家园东里9号（国家方志馆4层）
邮　　编：100021
网　　址：http://www.zgfzcb.cn
发　　行：方志出版社图书营销中心（010-67110500）
印　　刷：浙江千叶印刷有限公司
开　　本：889毫米×1194毫米　1/16
印　　张：31.25
字　　数：1012千字
版　　次：2022年12月第1版
印　　次：2022年12月第1次印刷
定　　价：220.00元

单位审稿人名单

丁峰	马健	马骏	王丽	王烨	王翔	王群	王俊
王文清	王国华	王国清	王宝珠	毛庆华	毛利剑	毛晓娟	方俊
方土林	方利民	方红明	方宝田	方爱芸	方燕飞	尹慧良	叶俊
叶红军	叶志仪	叶鹏皓	叶慧文	田王健	包锋	邢文明	吕元进
吕凯悦	朱珉	朱明华	朱善峰	伍军健	刘隽	刘国红	刘科军
孙红斌	巫凡	李翔	李华琴	杨建	杨俊	杨豪	杨瑾
杨金生	吴菁	吴超	吴琼	吴子龙	吴永超	吴伟红	吴旭东
吴志会	吴晓剑	吴建军	吴卫清	吴如意	吴幼平	吴惠忠	邱元良
邱胜丰	余哲	余国忠	余春林	余昤肣	余健宗	汪存伟	汪幸智
沈彬	沈海燕	沈银水	宋王珍	宋志平	宋洪斌	宋振中	张斌
张鹏	张红晓	张园园	张国宾	陈岗	陈湛	陈靓	陈小兵
陈元清	陈志勇	求张峰	邹敏辉	邹新宇	罗盈	周颖	周慧
周小平	周巧萍	周叶青	周利民	周晓盈	郑兴仲	郑连根	郑园萍
郑献丰	官城	胡仁建	胡洁军	胡秋炎	姜林榄	姜俊毅	洪亮
洪建新	洪霞琴	祝红兵	晏京森	钱育智	钱菊红	倪世超	高明月
徐俊	徐静	徐发明	徐华喜	徐红斌	徐志丹	徐建兵	徐若颖
夏雁	黄琼	琚建斌	琚明辉	蒋澄宇	韩彬	傅龙诚	童韧锋
董群燕	葛树印	楼欣	詹竞	雷小彬	廖有勤	廖成钢	缪斌

编辑说明

一、《龙游年鉴》是由中共龙游县委、龙游县人民政府主办，龙游县地方志编纂委员会编纂的年度资料性文献。创刊于2005年，至2021年已出版17部。《龙游年鉴》汇辑龙游县年度自然、政治、经济、文化、社会等方面的基本面貌和发展状况，旨在为各级领导资政决策提供依据，为社会各界、中外投资者了解龙游提供丰富翔实的地情资料和信息。

二、《龙游年鉴（2022）》以马克思列宁主义、毛泽东思想、邓小平理论、“三个代表”重要思想、科学发展观、习近平新时代中国特色社会主义思想为指导，坚持辩证唯物主义和历史唯物主义的立场、观点和方法，着力体现时代特征和年度特点，为龙游县经济、社会发展服务。

三、《龙游年鉴（2022）》记事时间为2021年1月1日至12月31日，为保持记述的连续性和完整性，个别事物的记述时间适当上溯或下延。

四、《龙游年鉴（2022）》体例采用分类编辑法，分为类目、分目、条目三个层次，部分内容增设子分目。条目是年鉴汇集资料信息的基本单元。

五、《龙游年鉴（2022）》设特载、专文、大事记、龙游概览、中国共产党龙游县委员会、龙游县人民代表大会、龙游县人民政府、中国人民政治协商会议龙游县委员会、中国共产党龙游县纪律检查委员会　龙游县监察委员会、民主党派、群众团体、法治、军事、经济管理、农业·林业·水利、工业、交通·电力·邮政·通信、商贸服务业、金融业、城乡规划建设与管理、环境·资源·气象、教育·科技、文化·旅游·传媒·体育、卫生健康、社会事务和社会生活、乡镇（街道）、人物·荣誉、统计资料、附录、索引等。类目、分目、条目的编排力求科学合理。

六、《龙游年鉴（2022）》数字用法、标点符号、大部分计量单位执行国家相关标准。考虑到社会使用习惯，全书中“亩”不统一换算。

七、《龙游年鉴（2022）》人物·荣誉类目中，“2021年先进集体”与“2021年先进个人”分目收录2021年度各单位由国家、省相关部门及市县党委、政府授予的荣誉称号。

八、《龙游年鉴（2022）》的稿件、资料由龙游县各部门、乡镇（街道）和驻龙游的省、市直属单位确定专人负责撰写或提供，经编辑部编辑而成，再经各部门、乡镇（街道）、驻龙游单位负责人审定。单位撰稿人姓名、卷首彩页照片的摄影者统一署名于条目或照片后。

九、龙游县统计局提供全县综合性统计数据，各单位提供的数据与龙游县统计局的数据不一致的以龙游县统计局的数据为准。统计局未作统计的，以各专业部门和乡镇（街道）提供的数据为准。

十、《龙游年鉴（2022）》卷首设有内文总目、英文总目和详细目录，卷末编有表索引、图索引和中心词索引，书眉标示类目名称。全书资料信息可由目录、书眉、索引等检索渠道获得。

2021年2月1日—3日，中国人民政治协商会议第十届龙游县委员会第五次会议召开，图为开幕式　　（吴森邦/摄）

2021年2月2日—3日，龙游县第十三届人民代表大会第五次会议召开，图为开幕式　　（吴森邦/摄）

2021年2月20日，全县干部大会召开　　（吴森邦/摄）

2021年12月29日，中国共产党龙游县第十二次代表大会召开　　（吴森邦/摄）

1

2

1. 2021年7月1日，龙游县四套班子领导到罗家乡开展主题党日活动　　（吴森邦/摄）

2. 2021年9月3日，“英雄指导员”钱富生（左二）向龙游县捐赠“人民功臣”牌匾　　（吴森邦/摄）

3. 2021年7月16日，龙游县首届模范退役军人发布仪式　　（罗　意/摄）

4. 2021年9月30日，龙游县举行烈士纪念日活动　　（吴森邦/摄）

3

4

1. 2021年6月26日，庆祝中国共产党成立100周年罗家乡主题活动（罗家乡/提供）

2. 2021年4月17日，龙游县庆祝建党100周年群众性主题宣传教育活动暨红色电影展映启动仪式（吴森邦/摄）

3. 2021年6月23日，龙游县庆祝中国共产党成立100周年文艺演出举行（吴森邦/摄）

4. 2021年4月25日，湖镇镇举办“明珠龙游 古韵湖镇”庆祝中国共产党成立100周年龙游县民间舞蹈大赛（龙游传媒集团/提供）

1

“永远跟党走”龙游县庆祝建党100周年群众性主题宣传教育活动暨红色电影展映启动仪式
“永远跟党走”
龙游县庆祝建党100周年群众性主题宣传教育活动
暨红色电影展映启动仪式

2

唱支山歌给党听
龙游县庆祝中国共产党成立100周年文艺演出

3

明珠龍游 古韵湖镇
庆祝中国共产党成立100周年龙游县民间舞蹈大赛

4

1

1. 2021年4月21日，“明珠龙游 幸福家园”龙游县庆祝建党百年“百村（社）赛事“翠光社区文艺晚会（县文广旅体局/提供）
2. 2021年11月1日，龙游县总工会举办“我心向党”全县职工演讲比赛总决赛现场（县总工会/提供）
3. 2021年6月23日，龙游县小南海镇“光荣在党50年”纪念章颁发仪式举行（小南海镇/提供）
4. 2021年6月25日，“红船永远驶向远方”模环乡庆祝中国共产党成立100周年文艺演出（周建伟/摄）
5. 2021年6月4日，龙游县小南海镇举办庆祝建党100周年红歌合唱比赛（小南海镇/提供）
6. 2021年1月10日，龙游县公安局隆重举行首个“中国人民警察节”庆祝活动（县公安局/提供）

2

3

4

5

6

1

2

3

1. 2021年3月27日，“英雄指导员”钱富生讲党史 （吴森邦/摄）

2. 2021年4月1日，龙游县税务局8090理论宣讲团线上开展理论宣讲 （县税务局/提供）

3. 2021年6月21日，龙游县8090新时代理论宣讲百团大战 （吴森邦/摄）

4. 2021年4月7日，龙游移动8090新时代理论宣讲团走进小南海团石湾开展反诈宣讲 （中国移动龙游分公司/提供）

4

2021年11月25日，县委学习贯彻中共十九届六中全会精神“六讲六做”大宣讲活动动员部署会召开 （吴森邦/摄）

2021年9月10日，龙游县启明小学明理少年宣讲团在宣讲 （县教育局/提供）

2021年10月16日，国网衢州供电公司在溪口开展8090新时代理论宣讲 （国网龙游县供电公司/提供）

2021年5月10日，模环乡8090党史宣讲PK赛 （刘明辉/摄）

2021年11月16日，罗家乡荷村村8090宣讲直播 （吴森邦/摄）

1. 2021年6月11日，全县营商环境建设暨企业服务工作推进会召开　　（县营商办/提供）
2. 2021年12月13日，税务服务专员到企业实地勘察调研项目进展　　（县税务局/提供）
3. 2021年11月25日，产业创新服务综合体内部装修施工中　　（龙游经济开发区/提供）

1

2

1. 2021年9月30日，第四届龙商大会召开 （吴森邦/摄）

2. 2021年8月20日，龙游县企业挂牌上市工作推进会召开 （吴森邦/摄）

3. 2021年8月19日，恒盛能源股份有限公司上市 （吴森邦/摄）

3

1. 2021年10月15日，衢州市委书记汤飞帆（中）到沐尘畲族乡调研

（邓　威/摄）

2. 2021年12月9日，县委书记祝建东（前排左二）参加佛乡水库前期工作专班第一次会议

（县林水局/提供）

3. 2021年11月27日，县委副书记李芝伟（右二）到溪口调研未来乡村建设

（溪口镇/提供）

4. 2021年6月28日，龙游火车站新站房启用仪式举行

（吴森邦/摄）

2021年6月16日，国网龙游县供电公司践行乡村振兴战略，助力美丽乡村建设

（国网龙游县供电公司/提供）

2021年7月14日，国网龙游县供电公司员工到芝溪家园对光伏板开展巡检（国网龙游县供电公司/提供）

2021年7月，320国道改扩建项目现场一派火热繁忙（县交投集团/提供）

2021年9月30日，中国移动龙游分公司完成首个700兆赫兹频段5G基站建设（龙游移动分公司/提供）

2021年8月12日，龙北水厂管网延伸工程施工现场

（金　铭/摄）

1

2

3

4

5

1. 2021年，完成山哈文化广场建设

（沐尘乡/提供）

2. 2021年2月24日，龙游城市夜景

（林昌海/摄）

3. 2021年10月30日，美丽河湖灵山江庆丰堰　（陈俊辉/摄）

4. 2021年11月10日，湖镇镇白鸽湖商埠文化园项目高速推进　（袁 奔/摄）

5. 2021年11月3日，龙游大桥至圩塘朱转盘支线段正式开始实行双幅双向通车

（县交通局/提供）

1. 2021年12月10日，县委书记祝建东（前排左二）到罗家乡荷村村调研　（罗家乡/提供）
2. 2021年11月27日，县委副书记李芝伟（后排右二）一行到庙下乡走访调研　（庙下乡/提供）
3. 2021年1月8日，水发·龙游全竹绿色循环产业园项目签约仪式　（吴森邦/摄）
4. 2021年12月20日，衢州全力打造四省边际共同富裕示范区龙游专场新闻发布会　（吴森邦/摄）
5. 2021年12月31日，水发·龙游全竹绿色循环产业园项目举行开工仪式　（吴森邦/摄）
6. 2021年4月2日，龙游黄茶文化节举行　（吴森邦/摄）
7. 2021年6月29日，两山田园综合体建设　（龙洲街道/提供）

水发·龙游全竹绿色循环产业园项目
签约仪式
3

奋斗百年路 启航新征程
衢州全力打造四省边际共同富裕示范区
新闻发布会
4

水发·龙游全竹绿色循环产业园项目
开工仪式
5

“龙游黄茶 鲜香天下” 2021龙游黄茶文化节
鲜香天下
6

7

1

2

3

1. 2021年3月16日，龙洲街道白坂村“请你来协商”议事会（叶肖翠/摄）

2. 2021年5月28日，石佛乡“颗颗红心献给党”番茄种植现场观摩会（石佛乡/提供）

3. 2021年4月9日，“税农直通车”将税费优惠政策送到田间地头（县税务局/提供）

4. 2021年5月24日，龙游县第三届蓝莓文化旅游节开幕式在龙洲街道举行（叶肖翠/摄）

4

2021年5月6日，士元实验区连片高标准农田建设　　（王　忠/摄）

2021年4月20日，大街乡中草药种植基地芍药花盛开　　（大街乡/提供）

2021年11月23日，坑头村创业大楼（黄精基地）建成　　（沐尘乡/提供）

1. 2021年5月3日，城东新区阳光小学 （林昌海/摄）
2. 2021年12月10日，在龙游中学报告厅举行汪燮卿院士奖学基金捐赠仪式 （县教育局/提供）
3. 2021年9月，端礼小学二期改扩建工程完工 （县教育局/提供）
4. 2021年，完成沐尘乡余绍宋方志馆（南孔书屋）建设 （武辛夫/摄）

1

2

3

4

2021年12月11日，衢州市市长高屹（中）到龙游检查疫情防控工作　　（邓　威/摄）

2021年6月1日，在龙游县人民医院举行“山海”提升工程启动仪式　　（县卫健局/提供）

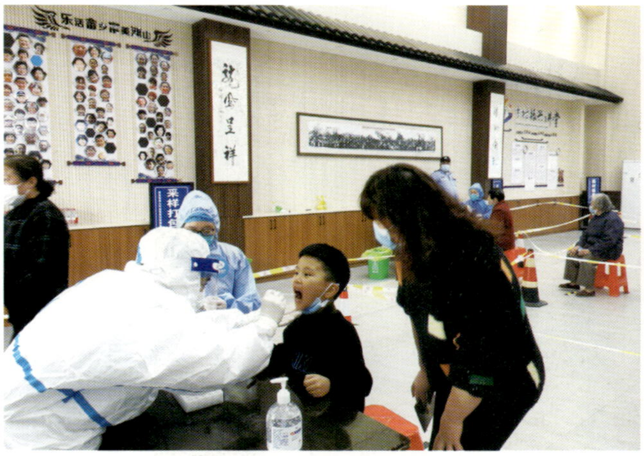

2021年4月16日，举行全县大规模核酸检测，图为浦山村采样场景（县卫健局/提供）

2021年12月11日，龙游县医卫人员支援上虞（县卫健局/提供）

2021年11月15日，龙游县中医院医共体举办名中医评议暨中医“师带徒”拜师仪式（县中医院/提供）

2021年12月16日，工作人员推广应用“衢药安链”中药追溯系统（县市监局/提供）

2021年3月2日，工作人员检查水果店“浙食链”系统应用情况（县市监局/提供）

2021年5月29日，浙江省第四届体育大会太极拳比赛颁奖现场

（县文广旅体局/提供）

2021年7月21日，龙游县女子气排球赛在龙游县体育馆开幕

（县文广旅体局/提供）

2021年4月20日，龙游县垃圾分类宣传月启动仪式暨第九届女子体育运动会在龙游红木小镇召开

（县妇联/提供）

内文总目

Table of Contents

目 录

中国共产党龙游县委员会

龙游县人民代表大会

龙游县人民政府

法 治

城乡规划建设与管理

社会事务和社会生活

乡镇(街道)

人物·荣誉

统计资料

附　录

索　引

实施“三大战略” 打造“两城四区” 努力在共富路上当龙头争上游

——在中国共产党龙游县第十二次代表大会上的报告（摘要）

中共龙游县委书记 祝建东

（2021年12月29日）

中国共产党龙游县第十二次代表大会，是在“两个一百年”奋斗目标历史交汇的关键节点、奋进“十四五”的开局之时，召开的一次十分重要的大会。这次大会的主题是：坚持以习近平新时代中国特色社会主义思想为指导，团结动员全县广大党员干部群众，铭记党的百年伟业，弘扬伟大建党精神，从党的百年奋斗重大成就和历史经验中汲取智慧和力量，实施“三大战略”、打造“两城四区”，厚植特色、放大优势，努力在共富路上当龙头争上游，加快建设“活力四射”“美丽幸福”的浙西新明珠。

一、五年砥砺奋进，奋斗铸就辉煌

县第十一次党代会以来的五年，是龙游抓住历史性机遇、发生转折性变化、实现突破性进展的五年。五年来，在以习近平同志为核心的党中央正确指引下，在省委市委的坚强领导下，龙游县委按照县第十一次党代会提出的“三步走”战略思路，确立了“14456”工作布局，发出了“铁军之问”，持之以恒筑平台、抓产业、干项目、促改革、惠民生，“五县四最四个龙游”建设硕果累累，交出了高水平全面建成小康社会的时代答卷，为现代化建设奠定了坚实基础。

五年砥砺奋进，“两个维护”达到新境界。我们始终坚持以习近平新时代中国特色社会主义思想为指导，把政治建设摆在首要位置，不断提高政治判断力、政治领悟力、政治执行力，牢固树立“四个意识”，切实增强“四个自信”，坚定不移做“两个确立”忠诚拥护者、“两个维护”示范引领者。广泛宣介“八八战略”“八个嘱托”在龙游的生动实践，系统梳理重温习近平同志主政浙江期间在龙游考察调研作出的重要指示精神，进一步营造学思用贯通、知信行合一的浓厚氛围。创新“8090新时代理论宣讲”，得到习近平总书记重要批示，并在全国推广；“两学一做”学习教育、党史学习教育走深走实，“不忘初心、牢记使命”主题教育工作在全省作交流发言。庆祝改革开放40周年、中华人民共和国成立70周年、中国共产党成立100周年等活动取得圆满成功。

五年砥砺奋进，综合实力实现新跃升。面对严峻复杂的宏观形势、突如其来的疫情冲击，我们坚持稳中求进总基调，保持“当龙头争上游”的心气，科学把握势局役、时度效，直面挑战、迎难而上，交出了疫情防控“零确诊”、经济发展“走前列”的高分报表。全县地区生产总值在全省山区26县的排名连续进位；工业支撑作用明显，产业集中度提高；固定资产投资总额连续三年保持全市首位；出口五年平均增速位列全市第一；社会消费品零售总额持续走在全市前列。我们持之以恒提升水电路汽等基础设施支撑力，坚持交通先导，沪昆铁路龙游站房焕然一新，衢宁铁路投入使用，杭衢铁路开工建设，320国道改建、351国道新建等项目扎实推进，“一路一桥一港一枢纽”建成投用，龙游港区年吞吐量超300万吨，外联内畅的交通体系初步形成，连续14年入选全国最具投资潜力中小城市百强县，今年是第11位。

五年砥砺奋进，产业创新取得新突破。我们坚持产业为王、优势再造，奏响“双招双引”主旋律，打好“科技龙游、数字龙游”组合拳，全县规模以上工业企业增至258家，高新技术产业增加值占比达50%以上，全社会R&D经费占比位列全市前茅，禾川科技、贝尔轨道2家企业列入工信部专精特新“小巨人”名单，中浙高铁成功创建省级重点实验室，新增省级重点企业研究院1家、院士专家平台11个、省“引才计划”“万人计划”等顶尖人才15人。跻身全国科技创新百强县和省级国防科技工业重点联系县，传统制造业改造提升获省政府督查激励。我们坚持筑巢引凤、平台赋能，经济开发区整合提升后，规划面积拓展至66.7平方千米，入选国家级绿色园区、省级高新技术产业园区创建和首批现代服务业与先进制造业深度融合试点，“二期在龙游”成为一道靓丽风景线，伊利二期、维达四期、金励二期等龙头企业纷纷技改扩建，获评中国营商环境百佳示范县。“双招双引”成效显著，吉成新材、云墨碳谷、中孚精机等一批科技型项目接连落地、潜力无限。

五年砥砺奋进，城乡融合彰显新内涵。我们大力推进城市东进，拉开了跨江发展的全新格局，城东新区“两馆七中心”、金融中心、东方综合体、金鼎级酒店等一批楼宇地标拔地而起，跻身全国首个县级“国家绿色生态城区”；老城区旧貌换新颜，大南门历史文化街区全面开工建设，15分钟幸福生活圈基本建成，高分创成省级示范文明县城。城乡融合步伐加快，农民集聚模式得到省委书记袁家军批示肯定，翠光、归仁、礼享列入省级未来社区试点，溪口、浦山列入省级首批未来乡村试点，获评全省万里美丽经济交通走廊达标县和“四好农村路”示范县，荣获美丽浙江、美丽城镇建设工作优秀县和全省深化“千万工程”建设新时代美丽乡村工作优秀县。

五年砥砺奋进，绿色发展打开新空间。我们聚焦聚力打造“两江”走廊诗画风光带，建成连绵41千米的生态绿道和22.4千米的美丽沿江公路；姜席堰入选世界灌溉工程遗产；红木小镇验收命名、盛大开园；小南海7村联治实现美丽蝶变；六春湖点燃山地旅游新爆点，入围全省山地休闲旅游发展试点和第二批十大名山公园；士元实验区跻身全省农村产业融合发展试点；入选省级文旅产业融合试验区，获评全省大花园示范县建设单位。持续打好污染防治攻坚战，空气质量优良率达95%以上，出境水质保持Ⅱ类标准，畜禽粪污资源化利用经验在全国推广，三次捧回全省治水大禹鼎，获评全省节水型社会建设达标县。

五年砥砺奋进，改革持续迸发新活力。我们坚持以数字化改革为牵引，撬动各领域改革走深走实。创新“龙游通+全民网格”智慧治理模式，实现近千个民生事项“掌上办”“一键办”，写入省政府报告并在全省推广，入选全国市域社会治理创新优秀案例和全省优秀应用案例最高荣誉“观星台”；“无证明县”率先实现县域体制内办事无需证明，被国务院办公厅刊文推广；“舒心治理”模式在全省数字赋能县域社会治理现代化推进会上作典型推广。我们坚持资源要素跟着项目走，持续深化“三资联动”改革，国土整治大力度推进；国资改革走在全市前列，在县级国资公司中率先获得2A信用评级，率先发行企业债、公司债，率先与市信保基金合作，率先与市产业基金联合投资制造业项目。

五年砥砺奋进，民生事业迈上新台阶。我们坚持民生优先，“两不愁三保障”突出问题、家庭人均年收入8000元以下现象、集体经济薄弱村全面“清零”，村集体经济经营性收入全部达20万元以上。惠及26万人口的高坪桥水库建成投用，农村饮用水达标提标全面完成，城乡供水保障体系大幅提升，实现了由“喝上水”向“喝好水”的根本性转变。科教文卫等社会事业取得长足进步，在全市率先获评省教育基本现代化县，学前教育公办率跃居全市第一，全省公立医院综合改革评价名列第18位，健康产业中心、龙游中学改扩建等重大民生项目加快推进。县博物馆开馆运营，基层综合文化站经验两次在全国性会议上作交流推广，获评省级公共文化服务体系示范区；在全市率先推行城乡公交一体化、“两元一票”制。安全生产事故连年下降，平安创建荣获“十五连冠”“一星金鼎”，获评全国平安建设先进县。

五年砥砺奋进，党风政风焕发新气象。我们坚持党要管党、全面从严治党，高标准完成省委巡视、省审计反馈问题整改，十一届县委巡察实现全覆盖；认真落实意识形态工作责任制，牢牢把握意识形态工作领导权、主导权和话语权；旗帜鲜明树立正确用人导向，完成机构改革、县乡村三级换届工作；切实加强基层治理，扫黑除恶专项斗争取得重大胜利，信访积案化解工作全市领先，获评国家信访“三无县”，党风政风民风持续向好。健全党总揽全局、协调各方的领导体系、制度体系和工作体系，支持人大、政协依法依章履职，打造形成人大“社阳模式”“局长进站”“双带共富”和政协“请你来协商”“民生议事堂”“委员会客厅”等特色品牌，县委人大工作、县委政协工作在全省会议上作典型交流；统战、群团、老干部、党校、关心下一代、对口援建等工作积极有效；人武、双拥、退役军人等工作得到加强，最佳政治生态建设成效明显。

今年是建党百年、“十四五”开局之年，也是龙游发展最坚实、奋斗最精彩的一年。这一年，最让我们终生难忘的是，回顾了建党百年的光辉历程，隆重举办建党100周年系列活动，在伟大成就的恢宏史诗中增强了自信自强、奋发前进的志气、锐气、底气。这一年，最让我们心潮澎湃的是，经济发展全面起势，预计地区生产总值、招商引资和财政收入、城乡居民收入等主要指标继续领先全市，成功跻身全省共同富裕示范区建设“缩小地区差距”首批试点和山区26县跨越式高质量发展生态工业样本县，迎来了前所未有的发展机遇。这一年，最让我们为之振奋的是，聚焦发展、治理“八件事”，“大庆大干、你追我赶”战果累累。招商引资、企业上市、“有礼指数”走在全市前列；国土整治项目总规模、土地指标调剂款创历史新高；数字化改革入围全省“一本账”5个、省级试点12个，“智慧粮脑”“燃气安全在线”获省领导批示肯定，“浙里党群心联心”在全市推广；“五场硬仗”成效明显，圆满实现重点时段的“零进京、零登记”、重大案事件“零发生”、安全生产“零死亡”；不折不扣完成“七张问题清单”31个问题整改。这一年，最让我们倍感荣耀的是，各条战线都取得了骄人的成绩，得到了方方面面的褒奖肯定，接连捧回省级以上荣誉37项，获评省级全域旅游示范县、省级生态文明建设示范县、法治浙江（法治政府）建设示范县等。

回顾过去，这些成绩的取得，得益于省委市委坚强领导，得益于历届县委打下的坚实基础，得益于全县广大党员和干部群众团结一心、担当实干。在此，我代表十一届县委，向全县广大党员和干部群众，向各民主党派、工商联和无党派人士、各人民团体、社会各界人士，向驻龙部队全体指战员、武警官兵，向所有关心支持龙游发展的朋友们，表示衷心感谢和崇高敬意！

回顾过去，我们深刻体会到：唯有坚持党建统领，发挥党总揽全局、协调各方的领导核心作用，提高政治判断力、政治领悟力、政治执行力，不断彰显中国特色社会主义制度优越性，才能确保各项事业不断从胜利迈向新的胜利。唯有坚持人民至上，牢固树立以人民为中心的发展思想，密切与群众的血肉联系，才能赢得老百姓的理解和支持，夯实党长期执政的群众根基。唯有坚持发展为要，坚持新发展理念，充分激发创新创业活力，坚定做大“蛋糕”，努力切好“蛋糕”，才能在共同富裕新征程中赢得主动、抢占先机。唯有坚持整体智治，以数字化改革为牵引，对理念、机制、工具、手段、方法进行全方位、系统性、重塑性变革，才能推进治理体系和治理能力现代化，使决策更加科学、治理更加精准、服务更加高效。唯有坚持唯实惟先，保持奋进者姿态、激发创造性张力，以“龙行天下、舍我其谁”的胆魄，实干快干干成，才能干在实处、走在前列、勇立潮头，汇聚形成共富路上拼搏奋斗的磅礴伟力。

同时，要清醒地看到差距和不足：发展不平衡不充分问题比较突出，经济增长还不够快，产业竞争力还不够强，亩均效益偏低、资源消耗偏高，质量变革、效率变革、动力变革的步子跟不上跨越式高质量发展要求；城市能级还不够高，平台承载力还不够强，城镇化率低，环境容量约束加剧，排污、电力、交通等设施建设相对滞后，教育、医疗、养老、文化等民生领域还存在不少短板；守底线、防风险、保平安面临新的挑战，疫情防控、安全环保、社会稳定、党风廉政等领域还存在不少风险敞口，党员干部队伍的“两坚两基两勤两专”能力也还有待加强。对此，我们必须高度重视，采取有力措施，切实加以解决。

二、明晰目标战略，放大特色优势

我们党已经带领人民胜利实现第一个百年奋斗目标、全面建成小康社会，开启了全面建设社会主义现代化国家新征程，踏上了实现第二个百年奋斗目标新的赶考之路。在疫情冲击下，百年变局加速演进，中华民族伟大复兴进入了黄金机遇期、关键窗口期、承压突破期、加速飞跃期。阶段的跨越必将带来战略的变迁，形势在变、任务在变、工作要求也在变。省委正以数字化改革为牵引，全面推进战略路径重塑、体制机制重塑、发展动能重塑、组织体系重塑、干部能力重塑。对于龙游来说，作为全省共同富裕示范区建设“缩小地区差距”试点和山区26县跨越式高质量发展生态工业样本县，必须找到自己迈向现代化的“桥”和“路”。

早在2007年，时任浙江省委书记习近平在龙游荷村调研时要求我们“坚定不移地走特色发展之路”，提出“首先，要看自己的优势是什么”“其次，要咬住青山不放松，锲而不舍把当地的资源优势充分地利用起来”“第三，欠发达地区、山区的增长空间很大，大有可为”等，这些精辟论断为我们加快现代化建设、实现共同富裕提供了重要指引和基本遵循。踏上新征程，我们要高举中国特色社会主义伟大旗帜，坚持以习近平新时代中国特色社会主义思想为指导，全面贯彻党的十九大和十九届历次全会精神，树牢“四个意识”、增强“四个自信”、捍卫“两个确立”、做到“两个维护”，统筹推进“五位一体”总体布局，协调推进“四个全面”战略布局，坚定不移沿着习近平总书记指引的路子走下去。统筹发展和安全，完整、准确、全面贯彻新发展理念，坚持以人民为中心，坚持绿水青山就是金山银山，坚持稳中求进工作总基调，聚焦高质量、竞争力、现代化，持续深化“14456”工作布局，不断加快“四个龙游”建设，与时俱进推进战略体系、工作体系、组织体系系统性重塑，塑造变革性实践、突破性进展、标志性成果，推动龙游实现跨越式高质量发展，在全省山区26县脱颖而出、在四省边际率先崛起，成为“活力四射”“美丽幸福”的浙西新明珠。

围绕建设浙西新明珠总目标，在整体把握上，要坚持一张蓝图绘到底，突出“龙之游·人之居”，打造“两城四区”，即打造活力“创新城市”、宜居“公园城市”和共同富裕示范区、生态工业先行区、文旅融合试验区、城乡风貌样本区。在工作方法上，要坚持系统集成、聚焦突破，一手抓桩基大事、一手抓关键小事，突出抓好十大牵引性改革、十大战略性项目、十大科技攻关课题，滚动实施为民、为企、为基层各十方面实事，责任制落实、清单化推进、闭环式管控。在路径选择上，要坚持走特色发展之路，实施“三大战略”，即坚持“两化引领、产业为王”，实施“工业强县”发展战略；聚焦“一核两极、两江走廊”，实施“城乡融合”空间战略；着眼“追赶跨越、开放开发”，实施“特色制胜”竞争战略，突出放大“六个优势”：

一是放大“传统产业弯道超车、新兴产业换道超车”的发展活力新优势，努力在产业发展、创新引领上当龙头争上游。以共同富裕“缩小地区差距”试点、生态工业样本县打造为载体，突出“创新城市”建设，统筹推进工业再提质、文旅再出发、农业再增效，将主攻工业进行到底、将数字变革进行到底、将美丽经济进行到底。到2026年，确保主要经济指标增速高于全省平均水平，地区生产总值年均增长7.5%以上，投资、出口、消费等动力指标快于地区生产总值增速，数字经济核心产业增加值、高新技术产业增加值和规模以上工业产值、亩均效益翻一番，努力成为全省新的经济增长点。

二是放大“四省通衢汇龙游”的区位交通新优势，努力在开放开发上当龙头争上游。坚持跳出龙游看龙游，放大格局、放开心胸、放宽眼界，打破思想禁锢、路径依赖、行为惯性，深度融入长三角一体化和浙江“四大”建设，全面对接四省边际共同富裕示范区建设的战略目标、战略平台和战略抓手，打造“衢龙一体、市县联动、山海协作”升级版，努力成为四省边际中心城市的东部门户、衢丽大花园的战略前厅、科创大走廊的转化基地、开放大通道的贸易支点。

三是放大“小县大城”的空间平台新优势，努力在全省山区26县“七个一”建设上当龙头争上游。“七个一”是省委对山区基本形态的描述，是山区跨越式高质量发展和共同富裕的基本场景、基础支撑。要坚持“平台赋能、小县大城、核心圈层”的基本思路，以大南门历史街区建设撬动历史文化名城创建，以绿色生态城区创建提升城东新区品质，以龙游石窟度假区建设丰满城市形态、彰显城市特色；做好经济开发区整合提升后半篇文章，将湖镇、詹家、小南海、模环纳入城市板块，加快基础设施联通、品质生活圈配套、公共服务共享。到2026年，力争建成区面积达到40平方千米、人口规模达20万人以上，城镇化率接近70%。

四是放大“两江化一龙”的美丽山水新优势，努力在打开“两山”转化通道、推进城乡融合发展上当龙头争上游。深化对“公园城市”内涵和规律的理解，实施城乡融合战略，使“公”“园”“城（镇、村）”“市”有机交融。要突出“一核两极”，以小溪滩、红船豆枢纽为主体边界，利用衢江、灵山江交汇形成的“两江两山两滩”独特资源，启动“龙游湖”建设，导入高端要素、激活创新因子，使之成为公园城市的形象标识、跨越式高质量发展的核心引擎；突出交通先导，以六春湖开发为牵引将溪口镇打造成龙南增长极，以佛乡水库建设为牵引将塔石镇打造成龙北增长极。要聚焦“两江”走廊，借势借力“联盟花园”“联盟大道”建设，不断推进城乡风貌提升、功能业态植入、桩基项目建设，切实加快未来社区、未来乡村、未来农场布局，促进城乡要素充分流动、城乡收入差距逐步缩小、中等收入群体规模不断扩大。

五是放大“开放包容、唯实惟先”的社会风尚新优势，努力在“四最”环境建设上当龙头争上游。着眼治理体系和治理能力现代化，坚持党建统领、人民至上、整体智治、唯实惟先，以数字化改革牵引全面深化改革，探索自治、法治、德治、智治“四治融合”的善治模式，走好新时代群众路线，擦亮“8090新时代理论宣讲”金名片，全面打造最佳营商环境、最佳基层治理、最佳政治生态和最有礼城市，让改革发展活力充分迸发。

六是放大“万年文明、千年古城、百年商帮”的历史积淀新优势，努力在文化高地建设上当龙头争上游。坚持以“衢州有礼·天下龙游”区域品牌为统领，扩大“荷花山”“青碓”遗址影响力，彰显“万年龙游”的深厚底蕴；提升龙游石窟、姜席堰、大南门等辨识度，丰富“千年古城”的功能业态；打好“龙游商帮”品牌塑造组合拳，让“无远弗届、天下归仁”成为龙游最鲜明的城市特质，不断提高文化竞争力、区域美誉度，激发群众认同感、归属感、自豪感，为开启新征程、奋进共富路提供最根本、最深层、最持久的力量。

三、坚持系统集成，推动工作落实

目标引领方向，实干成就未来。今后五年，我们要紧紧围绕既定目标，系统集成、体系推进、聚焦突破，抓紧抓紧再抓紧，落实落实再落实。

1. 坚定不移推进工业强县，努力在生态工业高质量发展上当好示范样本。全面实施工业强县“531”工程，推进平台能级提升、产业集群培育、科技创新联动、制造方式数字化变革和资源要素高效保障，打好招大引强、企业上市、亩均效益提升“三大攻坚战”，力争跻身浙江工业大县行列。一要打造现代产业集群新高地。持续赋能发力进口替代领域，全力打造碳基纸基新材料、精密数控和轨道交通装备两大产业。强化专业化、精准化招商引资，围绕产业链、价值链、人才链，紧盯宏观导向和前沿领域，力争每年都有一批“链主型”企业签约落户，做大做强先进制造业集群。全力打造最佳营商环境，持续放大“二期在龙游”效应。大力实施“凤凰行动”“雄鹰行动”“雏鹰行动”，加快培育形成一批龙头骨干企业、“专精特新”企业、小巨人企业、单项冠军、隐形冠军等，力争实现7家以上企业主板上市、在全省山区26县率先实现科创板上市。二要加快迈向创新驱动主跑道。强化科技赋能、数字赋能，撬动市场主体研发投入，每年排出一批重大科技攻关课题、重大科技项目进行精准扶持、重点突破；鼓励引导企业加快数字化、网络化、智能化改造步伐，确保实现工业数字化改造全覆盖，创成全省数字经济创新发展试验区。强化创新体系建设，打好引才、育才、用才组合拳，完善“众创空间—孵化器—加速器—产业园”全链条孵化体系，创建省级创新型城市，实现全国科技创新百强县位次前移。三要全面构筑产城融合大平台。强化园区赋能，深化“两业”融合试点，联动联创山海协作园区、省级高新技术园区、产业型未来社区、超精密制造小镇等载体平台，全方位提升园区能级。坚持“亩均论英雄”，加快落后产能淘汰，确保亩均税收5万元以下的低效工业企业全部出清或提升达标。

2. 坚定不移推进城市赋能，加快彰显公园城市的独特魅力。按照公园城市建设的理念要求，全面推进城市能级提升，加快新型城镇化步伐。一要优化城乡发展格局。科学推进老城区、城东新区、经济开发区、石窟旅游度假区、龙游港区融合互动发展，加快打造龙南、龙北“双引擎”，构建“一核两极、两江走廊、全域美丽”的县域空间发展格局。主动顺应城乡发展规律，完善新型城镇化政策体系和运作模式，做好“一推一拉一承接”的文章，通过全域土地综合整治推动、未来社区吸引拉动、“两山银行”承接土地的方式，加快农业转移人口、外来人口融入城市。二要增强城市综合能级。以未来社区理念引领城市发展，推进历史、现代、未来交相辉映。加快城东绿色生态城区建设，大力推进金融商务、企业总部、商业综合体、公共服务等一批功能性示范性项目，集聚人气商气形成城市新中心。科学安排、分批推进老城有机更新，每年实施一批重点改造提升项目，加快解决通行、停车、充电、管网、物业管理等方面的突出问题。高标准推进翠光、归仁、礼享三个省级试点未来社区建设，加快大南门和河西街历史文化街区开发建设运营，延续历史文脉，彰显城市魅力。三要提升美丽窗口形象。聚焦三江口城市核心圈层，加快城东中央生态廊道、城东滨水休闲带、凤翔洲活力公园、灵山江文化休闲核心区建设，高水平打造“龙游湖”城市核心、形象窗口。加强智慧城市建设，提高城市精细管理水平，建立健全长效管理机制，探索实践城市公共空间治理新模式，打造“规范、干净、有序、智慧、安全”的城市环境。

3. 坚定不移推进乡村振兴，全力打造美丽乡村大花园的实践典范。坚持农业农村优先发展，统筹推进农业高质高效、乡村宜居宜业、农民富裕富足。一要深化美丽乡村建设。突出环境打造、场景塑造、社群营造，实施新时代美丽乡村创建行动，扎实推进新一轮农村人居环境改善，提高农民建房规划建设管理水平，提标升级乡村基础设施，建设有乡土气息、浙西特色、时代韵味的美丽乡村。加强历史文化名镇名村名居和传统村落保护利用，抓好“两江”走廊沿线精品示范村建设，扎实推进未来乡村建设，高水平打造溪口乡村版未来社区示范性工程。二要推动农业提质增效。大力实施农业“两强一革新”行动，推进科技强农、机械强农，深化互联网、数字化革新，做精做优“一鸡一鱼一茶一药一盒故乡”特色产业，加快全竹产业园建设，提升竹产业和畜禽产业的全产业链现代化水平。大力推进士元新时代农村产业融合发展示范园建设，争创国家级现代农业产业园。落实最严格的耕地保护制度，坚决遏制耕地“非农化”、防止“非粮化”，高标准推进农田提升改造，建好农业“两区”，护好群众的“米袋子”“菜篮子”。三要激发乡村发展活力。拓宽壮大村集体经济增收渠道，统筹抓好农业农村综合改革，构建“两进两回”新机制，促进人才、资金、技术等要素资源源源不断流向乡村。探索宅基地所有权、资格权、使用权分置实现形式，推进闲置宅基地和闲置农房盘活利用，持续打好全域土地综合整治攻坚战。深化“三位一体”农合联改革，推进财政支农体制机制改革，积极争取省财政乡村振兴集成创新示范建设等项目支持。

4. 坚定不移推进绿色发展，不断拓宽绿水青山就是金山银山的转化通道。坚持生态优先、绿色发展，把碳达峰碳中和纳入生态文明建设整体布局，加快推动经济社会绿色低碳转型。一要大力发展全域旅游。聚焦“两江”走廊核心区、示范带，在龙游石窟度假区、龙山古堰郊野公园等核心景点开发运营上取得新突破，打响六春湖山地旅游、红木小镇文化旅游拳头产品，争创国家全域旅游示范县。二要推进绿色低碳发展。编制启用龙游碳达峰碳中和行动方案，完善能源、水资源、建设用地等总量和强度“双控”机制，开展低碳园区建设和“零碳”体系试点创建，鼓励发展光伏、氢能等新能源产业，提升资源节约集约安全利用水平。探索建立生态产品价值实现、补偿合作机制，全面推进“两山银行”改革试点，建立绿色信用体系，实施竹林碳汇等碳排放权市场化交易，加快构建完善碳账户体系。三要提升生态环境质量。坚决打好“蓝天、碧水、清废、净土”保卫战，持续减少主要污染物排放总量，全力打造“无废城市”。深化河长制、林长制，大力实施五大“绿色工程”，推进龙北优质饮用水保障、佛乡水库建设和水利生态修复工程，加快完成“污水零直排区”建设，创成国家级森林城市。

5. 坚定不移推进开放合作，主动融入区域协同发展的全新格局。坚持敞开门户促发展，充分发挥“十字锚点”区位交通优势，全力打造区域交通枢纽战略节点和浙西对外开放的桥头堡。一要构建完善现代大交通体系。主动融入省域基础设施一体化发展格局，积极对接、谋划、实施一批重大战略性交通基础设施项目，加快推进528国道改建、320国道外移和315省道南移，力争完成杭衢铁路、衢丽铁路建设。完善衢江三级航道配套设施，加快建设龙游港区二期工程。持续推进“四好农村路”建设，提升美丽大花园通景公路。二要全力打造内循环重要支点。围绕浙西物流和供应链枢纽建设，培育引进现代流通企业，发展壮大商贸物流、制造业物流、农产品物流、电商物流等物流经济。积极推进临港物流园区建设，开展“散改集”和公铁水“零转驳”多式联运，加快申通产业园二期、城南物流交易中心和纸浆保税仓谋划建设，形成现代高效临港物流网络。三要持续深化跨区域交流合作。着眼打造山海协作升级版，积极开展与钱塘、临安、镇海等地全方位协作，持续深化科研飞地、产业飞地、消薄飞地和科研成果转化基地“三飞地一基地”建设，努力实现协同创新、山海联动、区域合作。同时，要高度重视，切实抓好对口援建工作。

6. 坚定不移推进改革创新，努力在数字变革整体智治上走在前列。弘扬传承“敢为人先”的改革精神，持续深化数字化改革，加力打造最佳基层治理环境。一要迭代深化数字化改革。坚持系统观念、系统方法，加快建设一体化智能化公共数据平台，完善党政机关整体智治、数字政府、数字经济、数字社会、数字法治五大应用体系，争取更多省级重大应用在龙游先行试点、率先落地，谋深做实多跨场景开发应用，多出龙游经验、多作龙游贡献。二要抓好“县乡一体、条抓块统”改革。加强乡镇（街道）权力清单、政务服务清单、“属地管理”事项清单等“三张清单”动态管理，推进“大综合一体化”行政执法体制改革，迭代升级“基层治理四平台”，加快构建“1512”体系架构。着眼治理与服务两个端口、党政与百姓两个维度，打造形成一批务实管用可推广的应用场景，擦亮“龙游通”金名片。三要加快推进重点领域改革。深化国资国企改革，做大规模、做强实力、做好风险防控。深化金融领域改革，大力实施直接融资提升工程、融资畅通升级工程。深化社会治理体系改革，健全防范化解重大风险长效机制，一体推进更高水平的“法治龙游”“平安龙游”建设，加快构建更加完备的应急预警、应急指挥、应急救援体系，完善重大疫情防控体系，增强突发公共卫生事件应急处置及医疗救治能力。

7. 坚定不移推进文化建设，全力打造现代文化文明新高地。深化新时代“文化龙游”建设，在共同富裕中实现精神富有，在现代化先行中实现文化先行，加快打造最有礼城市。一要积极创建文明城市。深化新时代文明实践体系建设，加快推进全国文明城市提名城市和省级文明县创建，完善有礼市民培育、有礼城市管理等六大长效机制，持续提升“有礼指数”。加强公民道德建设，健全志愿服务体系，实施“最美”品牌培育行动，加强家庭、家教、家风建设，大力倡导社会文明新风尚。二要完善公共文化服务体系。高标准创建全省公共文化服务现代化先行县，优化公共文化空间布局，推动文化资源向群众家门口延伸。推进文艺精品提升工程，实施文艺乡贤回归计划，广泛开展群众文化活动，让人民享有更加丰富的精神文化生活。三要塑造区域文化品牌。实施文化基因解码工程，强化非物质文化保护传承，推动“姑蔑文化”“石窟文化”“美食文化”“上山文化”等文化标识更加鲜明。打响“龙游商帮”区域公共文化品牌，打造一批富含新时代龙商精神的商帮家园，凝聚龙商新力量、激活龙商新动力。推进文化产业发展，逐步培育形成一批具有龙游特色的文创旗舰企业。

8. 坚定不移推进共同富裕，不断满足人民对美好生活的向往。

坚持以人民为中心的发展思想，加强普惠性、基础性、兜底性民生建设，用心用情用力办好民生实事，不断增强群众的获得感、幸福感。一要夯实共同富裕的物质基础。坚持就业优先，实施更加积极的就业政策，促进创业带动就业、多渠道灵活就业、重点群体就业，实现高质量就业。提振市场主体信心，落实纾困惠企各项政策，放大民营经济造富效应，持续深化营商环境“清障”行动，精心呵护中小企业，努力为群众提供更多更好的创业机会、就业机会。深化收入分配制度改革，多渠道增加城乡居民经营性、财产性收入，拓宽低收入群体增收渠道，培育壮大中等收入群体，持续缩小城乡居民收入差距。二要强化共同富裕的教育支撑。坚持以教育提升工程为抓手，深化教育领域综合改革，打响“优学在龙”品牌。努力创成全国学前教育普及普惠县、全国义务教育优质均衡发展县，大力实施龙游中学振兴计划。充分发挥职业教育资源优势，注重与产业发展需求相适应、群众就业期待相契合，构建更加完善的职业教育体系。三要优化共同富裕的服务供给。持续加大民生投入，优化老百姓“全生命周期”服务供给，完善多层次社会保障体系。深化“健康龙游”建设，加强县域医共体和城市医联体建设，扎实推进人民医院、中医院、妇保院梯度迁建和基层卫生院改造提升，加强卫生人才队伍建设，提升医疗服务水平。积极推动养老事业和养老产业协同发展，探索创新农村养老模式，实现老有所养老有所乐。

四、弘扬建党精神，加强自身建设

立足新起点、开启新征程，我们要旗帜鲜明坚持和加强党的全面领导，以高标准党建助力高质量发展、引领现代化建设。

1. 坚持政治引领，永葆绝对忠诚的政治本色。党的政治建设，是党的根本性建设，必须时刻摆在首位、落到实处。全县各级党组织要旗帜鲜明讲政治，深刻领悟、自觉落实“两个确立”伟大意义和实践要求，坚定不移沿着以习近平同志为核心的党中央指引的方向砥砺前行，切实增强“四个意识”、坚定“四个自信”、做到“两个维护”、捍卫“两个确立”。广大党员干部要更加注重党性锤炼，统一思想、统一意志、统一行动，更加自觉地维护核心、追随核心、捍卫核心，以实际行动书写对党忠诚、替党分忧、为党尽职的政治担当。

2. 坚持举旗定向，筑牢理想信念的思想根基。政治上的坚定，源于理论上的清醒。要始终把学习好贯彻好习近平新时代中国特色社会主义思想作为首要政治任务，构建完善党的创新理论铸魂溯源走心体系，聚焦打造全国青年思政教育高地，持续深化“8090新时代理论宣讲”，教育引导广大党员干部不断筑牢信仰之基、补足精神之钙、把稳思想之舵。落细落实意识形态工作责任制，坚持党管媒体，坚决守牢意识形态主阵地。

3. 坚持固本强基，夯实全面过硬的战斗堡垒。基层基础，事关民心向背，事关执政根基。要树牢大抓基层、大抓支部鲜明导向，全面实施红色根脉强基工程，扎实推进“三联工程”，着力打响“浙里党群心联心”品牌，迭代升级“红色物业联盟”，持续抓好软弱涣散党组织动态清零，建成一批党旗高扬的红色阵地、团结群众的民心阵地、攻无不克的战斗阵地，形成龙游党建品牌“风景线”。加强村社组织书记队伍建设，拓宽选人视野，健全培养体系，完善待遇保障，不断提升干事创业的积极性。从严从实抓好党员发展、日常教育管理、党内关心关爱，不断提高党员队伍建设质量。强化行业党建，做深做实“产业链党建联盟”，不断扩大党在新兴领域、新就业群体中的影响力和号召力。

4. 坚持严管厚爱，锻造堪当重任的铁军团队。干部是成就事业的关键因素，是推进龙游现代化建设的中坚力量。要深入践行新时代好干部标准，突出“两坚两基两勤两专”，不断强化思想淬炼、政治历练、实践锻炼、专业训练，大力培养选拔优秀年轻干部，着力锻造“唯实惟先、善作善成”的铁军团队。认真落实“三个区分开来”要求，健全完善容错免责机制，为担当者担当，对负责者负责，充分调动广大干部的积极性、主动性和创造性。毫不动摇坚持党管人才原则，实施产才融合集聚工程，全方位培养、引进、用好人才，注重加强对人才的政治吸纳和政治引领。

5. 坚持总揽全局，汇聚众志成城的磅礴合力。使命越光荣,任务越艰巨,就越需要画好团结奋斗同心圆。要加强县委常委会班子自身建设，坚决贯彻民主集中制，做到依法决策、科学决策、民主决策，提升领导水平和执政能力。大力支持保障人大、政府、政协和监察、审判、检察机关依法依章程履行职责。完善大统战工作格局，巩固和发展爱国统一战线，加强同各民主党派、工商联、无党派人士合作共事，做好新时代民族、宗教、外事、侨务、港澳、对台等工作，以大团结大联合守圆心、聚人心、筑同心。加强群团组织建设，更好地发挥工会、共青团、妇联等群团组织作用，不断提升政治性和先进性。坚持党管武装，持续深化双拥共建发展，为推动现代化建设凝聚最广泛的共识、汇聚最强大的力量。用好“七张问题清单”这个党建统领总抓手，不断提升党建统领整体智治水平。

6. 坚持从严治党，营造风清气正的政治生态。守住党的纪律防线，就是守住党的“生命线”，必须把“严”的主基调贯穿始终，全力打造最佳政治生态。要始终挺纪在前，推动全面从严治党主体责任和监督责任贯通联动、一体落实，强化“四责协同”，深化清廉龙游建设。始终把政治监督摆在首位，综合运用“四种形态”，锲而不舍落实中央八项规定精神，持之以恒正风肃纪，持续纠治形式主义、官僚主义，推动广大党员干部转思路、转方法、转作风、提效能。始终坚持无禁区、全覆盖、零容忍，深化“合”字形基层监督体系建设，严惩群众身边腐败和不正之风，一体推进不敢腐、不能腐、不想腐，实现干部清正、政府清廉、政治清明。

同志们，明年是大事要事喜事集中的一年，也是新一届县四套班子合力创业的开局之年。开局之年当有开局之势、关键之为。我们要全面落实党的六中全会和中央经济工作会议精神，坚持稳字当头、稳中求进、进中争先，抢抓政策机遇，应对各类挑战，实干快干干成，以优异成绩向党的二十大献礼。主要预期目标为：全县生产总值增长8.5%以上；一般公共预算收入增长10%；固定资产投资增长10%；全体居民人均可支配收入增长10%，城镇居民人均可支配收入增长9%，农村居民人均可支配收入增长11%。重点要做好十一件事：一要扛起学习贯彻六中全会精神的政治责任。深入开展“六讲六做”，尤其要把学习贯彻六中全会精神贯穿于打造生态工业样本县、推进共同富裕试点全过程，不折不扣落实好样本、试点各项目标任务，加快形成重要阶段性成就、标志性成果，不辱使命、不负众望。二要加快打造数字化改革硬核成果。重点聚焦“152”顶层设计和“141”体系建设衔接贯通，持续深化“县乡一体、条抓块统”改革后半篇文章，加快建设县乡村三级工作界面，做深做细“龙游通+”赋能应用，迭代优化“浙里党群心联心”“智慧粮脑”“燃气安全在线”等特色场景，争取列入全省最佳应用清单、争创更多改革突破奖。三要坚持大干项目、干大项目。深入实施八大百亿工程，盯牢省市县三级重点建设项目、省市县长工程、十大战略性项目，加力加码佛乡水库、龙游高铁站站前区块、综合客运枢纽工程、528国道改建、320国道外移、衢丽铁路、云墨碳谷等重大项目谋划建设，力争杭金衢高速拓宽、国际汽车城等55个项目年底完工、尽早见效。四要大力度推进凤凰涅槃、腾笼换鸟。痛下整治决心，狠抓对标提升，启动实施“工业用地复垦”行动计划，力争盘活存量用地1000亩，实现100家以上低效企业亩均税收达标或依法退出，50家规模以上工业企业完成阶段性数字化改造，规模以上工业亩均税收达到13万元/亩、规模以上工业亩均增加值达到80万元/亩。五要举全县之力招大引强。把招商引资作为“一把手”工程，选优配强专业招商队伍，聚焦两大主攻产业，将全员招商、领导招商、专业招商有机结合起来，将产业招商、联企招商、驻外招商有机结合起来，力争引进20亿元以上企业3家、10亿—20亿元以上企业3家、亿元以上企业26家，实际到位资金44亿元以上。六要持续打好农民集聚转化组合拳。统筹推进全域土地综合整治、未来社区建设、农民就业创业，提升溪口未来社区能级，加快启动文成小区三期建设，力争完成全年建设用地复垦项目800亩、垦造耕地项目5000亩、旱改水项目2000亩。七要坚定不移推进教育提升。启动实施教育提升工程，加快推进龙游中学改扩建、开发区高新园区实验学校、龙洲街道中心幼儿园等重点项目，争创省级学前教育普及普惠县、义务教育优质均衡发展县。大力推进以培养明珠校长、明珠教师、明珠班主任为核心的“三明工程”，深化教育“山海协作”，加快现代化教育事业发展。八要全面推进城乡融合发展。加快实施城乡风貌提升“九个一”工程，以三江口核心圈层为重点，高品质推进双江口主题酒店公园、凤翔洲、总部经济、龙游科创城以及7

个未来社区等项目建设，争取翠光未来社区通过省级验收。九要持续抓好以文兴业、文旅融合。加快推进公共文化服务中心、民居苑拓展二期工程建设，启动荷花山省级考古遗址公园前期，加大姜席堰保护开发力度，高水平打造六春湖冰雪运动公园、白鸽湖商埠文化园，扩大文化旅游吸引力、影响力。十要全力以赴守底线、防风险、保平安。明年将迎来党的二十大、省第十五次党代会、北京冬奥会、杭州亚运会，大事要事多，任务艰巨繁重。要时刻保持高度戒备、警惕警醒、警钟长鸣，按照“安宁安全、和谐有序”的要求，统筹抓好安全生产、社会治安、交通安全、食品药品等领域安全隐患排查治理，积极争创“无信访积案县”，竭力做好信访积案化解，确保全县社会大局持续平安和谐稳定。尤其要坚决打好打赢疫情防控阻击战，抓实抓细“精密智控”，不折不扣做好重点地区、重点人员的摸排管控，确保万无一失。十一要打造“两坚两基两勤两专”铁军队伍。对照干部队伍系统性重塑要求，大力开展铸魂强骨、蓄水引才、战略储备、充电蓄能、一线锤炼、青蓝接力、集智聚力、赛场选马、数字赋能、保障激励“十大行动”，引导广大干部在学中干、干中学，在攻坚中锤炼本领、在实战中历练成长，锻造一支全面过硬、实干争先、推进现代化建设和共同富裕能力强的高素质专业化干部队伍。

同志们，征程万里风正劲，责重千钧再出发。让我们更加紧密地团结在以习近平同志为核心的党中央周围，在省委市委的坚强领导下，以坚定的意志、坚决的行动，以“两勤两专”的作风、舍我其谁的胆魄，动脑筋拼命干，当龙头争上游，跑出加速度，奋进共富路！

政府工作报告（摘要）

——在龙游县第十四届人民代表大会第一次会议上

龙游县人民政府代县长　李芝伟

（2022年1月25日）

一、过去五年工作回顾

过去五年，是极不平凡、极为不易的五年。面对百年变局和世纪疫情，在上级党委、政府和县委的正确领导下，在县人大、县政协的监督支持下，县政府坚持以习近平新时代中国特色社会主义思想为指导，深入贯彻落实市委“1433”发展战略体系和县委“14456”工作布局，围绕“浙西新明珠”建设总目标，聚焦“两化引领”主战略、“双招双引”主旋律，赋能发力“五县四最四个龙游”建设，高水平全面建成了小康社会，较好地完成了十三届人大历次会议确定的目标任务，为现代化建设奠定了坚实基础。预计2021年全县生产总值达到288.1亿元，年均增长7.3%。实现财政总收入37.3亿元，其中一般公共预算收入23亿元，年均分别增长13.2%和10.4%。完成固定资产投资123.6亿元、社会消费品零售总额175.5亿元、外贸进出口总额54.7亿元，年均分别增长7.6%、7.6%和11.1%。城镇居民人均可支配收入56738元，农村居民人均可支配收入30045元，年均分别增长8.7%和10%。省市县民生实事项目全面完成。

（一）五年来，我们持之以恒抓产业，追赶跨越步伐更加坚实。工业发展加速提质。锚定高端智造示范县目标，聚焦聚力数字赋能、创新赋能、金融赋能、平台赋能，规模以上工业企业达到258家，规模以上工业总产值年均增长12.7%，“3+3”主导产业产值占规模以上工业总产值比重达65.1%。实现高新技术产业增加值43.7亿元，占规模以上工业增加值比重达54.2%，国家高新技术企业、省科技型中小企业数均实现翻番。特种纸产业入选省级首批现代服务业与先进制造业深度融合试点，中浙高铁入选国家重大专项，禾川科技成为国家级专精特新重点“小巨人”。龙游县跻身全国科技创新百强县，成为省级加快传统制造业改造提升成效明显县和国防科技工业重点联系县，入选第四批省级可持续发展创新示范区建设名单。现代农业亮点纷呈。“一鸡一鱼一茶一药一盒故乡”特色产业加快发展，“中黄3号”成功入选国家级农作物品种，“龙游麻鸡”获全国农产品地理标志登记保护认证，中国TOP直播电商产业园龙游基地投运，士元实验区入选省级农村产业融合发展示范园。龙游县成为全国率先基本实现农业农村现代化试点县、全国首批畜牧业绿色发展示范县、省级农产品质量安全放心县和可追溯县。第三产业蓬勃发展。成功举办龙游石窟国际音乐盛典、绿色中国行等重大活动，亚太汽车拉力赛成为首批国家体育产业示范项目。红木小镇验收命名、盛大开园，六春湖索道和栈道建成投用、列入全省首批山地休闲旅游发展试点和第二批十大名山公园，姜席堰入选世界灌溉工程遗产，成功创建省级全域旅游示范县，连续三年入围全国县域旅游综合实力百强县。入围全省首批现代服务业创新发展区名单。

（二）五年来，我们持之以恒干项目，县域经济动能更加强劲。招大引强有成效。累计招引项目224个、总投资399.2亿元，其中亿元以上项目99个、5亿元以上项目23个。先后引进云墨碳谷、水发全竹产业园、李子园饮料、伊利二期、维达四期、中浙高铁、浙西建材产业园等重大项目，“二期在龙游”成为靓丽风景线。连续入选中国最具投资潜力中小城市百强县。项目推进有力度。实施重点建设项目“421”行动、项目推进“365”攻坚、“八大百亿”工程，升级完善“六比六看”“百日攻坚”“五比五赛”等推进载体，17个省重点、328个县重点项目完工投用。要素支撑有保障。坚持资金、要素跟着项目走，做深做实“四资联动”。累计争取上级资金127亿元、债券64.3亿元，兑现涉企资金21.5亿元。设立政府产业基金，完成股权投资3.3亿元，撬动金融和社会资本13亿元。高效推进国土整治和“十类地”综合处置，累计完成全域土地综合整治项目验收6个，新增建设用地指标9834亩，完成垦造耕地2.3万亩、建设用地复垦4559亩，消化批而未供土地1.2万亩，累计征收集体土地2万余亩，完成项目供地3.3万亩。推进国有企业整合重组和市场化改革，形成“1+6+3+X”国资架构，国资公司资产总额达388亿元，累计营业收入约65.7亿元，利润总额突破11.2亿元，3家公司获AA评级。加强人才引育，累计引进青年人才1.5万余名，培育优秀产业人才2000余人次，新建省级博士后科研工作站、市级专家工作站各8家。

（三）五年来，我们持之以恒筑平台，发展基础支撑更加稳固。开发区平台加快提升。规划面积拓展至66.7平方千米，基础设施累计投入27.1亿元，三期道路主框架基本打通，18条道路改造提升全面完工，水、电、汽等要素保障持续加强，机器人产业园、综合供能站、科创综合体等公共服务平台基本完工，纸浆物流交易中心、酒店综合体等一批生产生活配套项目陆续开工。经济开发区入选国家级绿色园区、省级高新技术产业园区创建。城乡统筹协调发展。五年新增城镇人口2.6万人，预计城镇化率达到52.5%。大力推进城市东进，累计投入138.3亿元，拉开了跨江发展的全新格局，城东新区“两馆七中心”、金融中心、东方综合体、金鼎级酒店等一批楼宇地标拔地而起，“三横四纵”道路框架基本形成，跻身全国首个县级“国家绿色生态城区”。推动老城有机更新，打通莲湖路、竹海路等断头路，治理危旧房2275户，改造老旧小区14个、主干道路4条，大南门历史文化街区开工建设，邻里中心、市民驿站、南孔书屋、口袋公园等扮靓城市空间。城乡融合步伐加快，农民集聚模式得到省委书记袁家军批示肯定。归仁、翠光、礼享未来社区列入省级创建名单。美丽城镇建设成效显著，湖镇镇、溪口镇、詹家镇、沐尘畲族乡入选省级样板，湖镇镇连续3年获全省小城市培育试点考核优秀，溪口乡村版未来社区纳入联合国可持续社区试点，小南海沿江7个村联治实现美丽蝶变。龙游县成为部省共建乡村振兴示范省先行创建单位，获评美丽浙江、美丽城镇建设工作优秀县，创成国家级卫生县城、省级示范文明县城。开放开发动力强劲。现代交通物流体系不断完善，衢宁铁路通车，杭衢铁路开工建设，沪昆铁路龙游站新站房投用，“一路一桥一港一枢纽”建成投用，龙游港区年吞吐量超300万吨。高质量完成龙游—叙永东西部协作工作。山海协作产业园入园项目61个，完成投资超65亿元。与临安、钱塘共建产业飞地、科创飞地，镇海消薄飞地运营收益累计达2000余万元。

（四）五年来，我们持之以恒促改革，体制机制优势更加彰显。创新实践获殊荣。创新“8090新时代理论宣讲”，得到习近平总书记重要批示，并在全国推广。在全国率先创建“无证明县”，获评全国营商环境百佳示范县。“龙游飞鸡”项目入选全国精准扶贫典型案例，国土绿化项目入围中央财政支持国土绿化试点。数字变革优服务。推进政务服务2.0应用，机关内部“最多跑一次”实现率和政务服务事项网上办、掌上办实现率均达100%，全县依申请政务服务事项“一网通办”率达到90%。首创“网上互动办事大厅”，办事咨询、预审、受理、办结实现“一条龙”服务。“数字水库”等特色应用入选省级试点，“老兵码”“走心驿站”等典型应用得到中央、省市主流媒体点赞。基层治理提效能。“龙游通+全民网格”开创基层智慧治理新模式，成为全国市域社会治理创新优秀案例，入选全省优秀应用案例最高荣誉“观星台”，被写入2020年省政府工作报告。推进“县乡一体、条抓块统”改革，创新县乡挂联“一组团”、县乡协同“一件事”、县乡运行“一体化”双向考评机制。“舒心治理”模式在全省典型推广。

（五）五年来，我们持之以恒惠民生，人民群众福祉更加殷实。生态环境更好。全面落实中央、省环保督察反馈问题整改，治水治气治土一体推进，全力打赢污染防治攻坚战。出境水质保持Ⅱ类标准，三夺“大禹鼎”，兑现“一江清水出衢州”的承诺。推进污染地块修复，开展“无废城市”试点创建。PM2.5均值逐年下降，空气质量优良率98%，首次达到国家二级标准。创成全市唯一的省级资源循环利用示范基地，入选全省生态文明建设示范县。社会保障更强。打造“县乡村”三级联动公共就业服务体系，城镇新增就业4.1万人次，城镇登记失业人员再就业1.6万人次，城镇登记失业率降至1.75%。惠及26万人口的高坪桥水库建成投用，实现高坪桥—社阳—洪畈水库“三库联调”，农村饮用水达标提标三年行动提前半年完成，龙北水厂管网延伸工程实现龙游版“南水北调”，让群众从“有水喝”变为“喝好水”。完成“两不愁三保障”突出问题、家庭人均年收入8000元以下现象、集体经济薄弱村“三个清零”，东西部就业扶贫长效机制成为省级样板。成功创建“无欠薪县”，欠薪案件总量、涉案人数较2016年分别下降19.7%和16.3%。社会保障覆盖面进一步扩大，企业职工养老保险参保人数较2016年增长18.9%，基本养老保险参保率达99.8%。公共服务更优。教育改革纵深推进，中小学校舍提升改造全面完成，学前教育设施水平大幅提升，在全市率先获评省教育基本现代化县。医联体、医共体改革不断深入，跻身全省公立医院综合改革评价第18位。县博物馆建成开放，基层综合文化站经验在全国交流推广，创成全省文化产业重点县。全民健身事业不断壮大，建成国家级示范性健身登山步道120千米，基本实现健身设施全覆盖。城乡公交“两元一票制”、社区“15分钟幸福生活圈”等实事项目圆满完成。全面落实各项惠企政策，累计为企业减负超过25.8亿元。社会秩序更和谐。以坚决的态度、迅速的行动、果敢的措施打赢疫情防控的人民战争、总体战、阻击战，快速建立疫情防控体系，统筹调度县乡村三级防控力量，落实科学管控、精密智控等一系列硬核措施，疫情防控取得“零确诊”阶段性成果。持续推进基层治理体系和治理能力现代化，政府运行更加阳光高效，扫黑除恶专项斗争不断深化，安全事故起数、死亡人数持续下降，平安创建荣获“十五连冠”“一星金鼎”，获评全国平安建设先进县，群众获得感、幸福感、安全感持续增强。

2021年是中国共产党成立100周年，又逢“两个百年”交汇、“两个大局”交织、“两个五年”交接，是龙游县突破奋进、精彩奋斗的一年。一年来，在县委的坚强领导下，我们坚持“大庆大干、你追我赶”，在改革突破、服务提质、风险防控上争先，在高质量发展、高水平均衡、高品质生活、高效能治理上创优，全县经济发展全面起势，社会事业全面进步，成为共同富裕示范区建设“缩小地区差距”首批试点、山区26县跨越式高质量发展生态工业样本县，实现了“十四五”良好开局。工业转型实现新突破。规模以上工业总产值达351.6亿元，同比增长23.8%。恒盛能源成功上市，实现本土企业上市“零的突破”，禾川科技科创板顺利过会。新增产值超10亿元企业1家、专精特新“小巨人”企业2家。实现规模以上数字经济核心产业制造业增加值4.9亿元，同比增长21.5%。新增国家高新技术企业24家、省科技型中小企业44家，预计全社会研发经费支出占全县生产总值比重达2.4%。改造提升低效企业92家，淘汰落后产能企业22家，整治“低散乱”企业47家，规模以上工业亩均税收、亩均增加值分别增长44.5%和33%。文旅发展积蓄新动能。六春湖旅游度假区游步道全线完工，桃源尖露营基地开工建设。“95联盟大道”龙游段建设完成阶段性目标，新改建驿站9个。荷花山遗址启动世界文化遗产申报。龙游县成为全省文旅产业融合发展试验区、全省旅游业“微改造、精提升”试点县。城乡建设呈现新面貌。新区加快建设，城东滨水休闲带、滨江路完工，公共文化服务中心主体结顶，有序推进子鸣路、集贤路、礼贤安置小区等项目。旧城持续更新，大南门历史文化街区挑水巷片区基本建成，完成老旧小区改造3个、“污水零直排”小区建设36个，城区生活污水集中收集率达到75%。乡村迸发活力，“一镇一品”推进美丽城镇建设，红木小镇特色产业样板区、溪口—沐尘县域风貌样板区列入全省首批试点。改革创新打造新亮点。以数字化改革牵引全面深化改革，6个应用纳入全省“一本账”、15个应用成为省级试点，“智慧粮脑”“燃气安全在线”得到省领导批示肯定。迭代深化“县乡一体、条抓块统”改革，推动“属地管理”事项清单规范化应用，深入推进“一支队伍管执法”，完成6个中心镇（街道）行政处罚事项赋权。全面推广“信用+礼治积分”，居民“信用+有礼”画像进一步清晰。民生发展取得新成果。全县民生支出46.3亿元，占一般公共预算支出68.7%。社会保障的“温度”不断提升，低收入农户人均可支配收入增长16.3%，经营性收入20万元以上行政村实现全覆盖，医保电子凭证激活率、结算率位列全省第一。社会事业的“深度”不断拓展，持续深化教育改革“1630”工作举措，认真落实“双减”政策，龙游中学改扩建项目正式启动，义务教育阶段56辆专用校车全面启用，公办园在园幼儿占比达到50.2%、跃居全市首位；健康产业中心主体结顶，塔石中心卫生院完成迁建；慎终如始抓好常态化疫情防控，上线“疫秒通”服务平台，在全省率先实现疫苗接种线上分时段精准预约，精密智控、疫苗接种等工作走在全市前列；顺利承办全国花鸟画作品展、首届浙江省乡村文化艺术节等文艺活动，在山区26县中率先创成省级公共文化服务体系示范区。维护大局的“力度”不断增强，打好“五场硬仗”，圆满完成平安护航建党100周年工作，实现重点时段的“零进京、零登记”、重大案事件“零发生”、安全生产“零死亡”。国防动员、统计、审计、红十字会、人防、气象、妇女儿童、残疾人事业、民族宗教、台湾事务、外事侨务等工作取得新的进展。

各位代表，打铁还需自身硬，加强政府自身建设，是推动经济社会发展的根本保障，也是全心全意为人民服务的内在要求。过去一年，我们弘扬“唯实惟先、善作善成”的团队文化，保持“当龙头、争上游”的心气，着眼“两坚两基两勤两专”能力提升，加快变革型组织建设，全力打造现代新型政府。依法行政推进有力，自觉接受人大、政协和社会监督，办理人大代表议案、建议和政协提案288件，办结率100%；成功创建全省首批法治浙江（法治政府）示范县。政府效能提升显著，完成数字政府门户建设，上线重点应用12项，开展营商环境“清障”行动，“1+29+7+N”企业服务网络不断完善。廉政建设扎实有效，严守中央八项规定精神、“十条军规”等政治纪律和政治规矩，驰而不息整治“四风”，“三公”经费持续下降，非刚性、非重点支出压减1.1亿元。

各位代表，艰难困苦，玉汝于成，五年的奋进历程波澜壮阔，五年的探索实践弥足珍贵，五年的发展成果来之不易，这是习近平新时代中国特色社会主义思想举旗定向的结果、是上级党委政府和县委正确领导的结果，归功于历届县政府的勠力同心、接续奋斗，得益于全县干部群众的凝心聚力、共同拼搏。在此，我谨代表县人民政府，向全县人民，向人大代表、政协委员，向各民主党派、工商联、人民团体、驻龙游部队、无党派人士和离退休老同志，向关心和支持龙游发展的社会各界朋友，表示衷心的感谢和崇高的敬意！

回顾五年的奋进历程，我们清醒地认识到，发展中还存在一些短板不足：一是发展不平衡不充分问题比较突出，经济增长还不够快，产业竞争力还不够强，亩均效益偏低、资源消耗偏高，质量变革、效率变革、动力变革的步子跟不上跨越式高质量发展要求；二是城市能级还不够高，平台承载力还不够强，城镇化率低，环境容量约束加剧，排污、电力、交通等设施建设相对滞后，教育、医疗、养老、文化等民生领域还有不少短板；三是守底线、防风险、保平安面临新的挑战，疫情防控、安全环保、社会稳定等领域还存在不少风险敞口；四是部分政府工作人员“两坚两基两勤两专”能力不足，在推进项目、服务企业的过程中担当精神不够，引领变革、塑造变革的能力不强。我们一定高度重视这些问题，采取更加有力措施认真加以解决。

二、今后五年的目标任务

今后五年，是乘势而上奋斗“十四五”、开启社会主义现代化国家新征程的关键五年，也是实现龙游跨越式高质量发展的黄金五年。背景决定方向，阶段决定战略，布局决定结局。作为共同富裕示范区建设“缩小地区差距”首批试点和山区26县跨越式高质量发展生态工业样本县，要求我们只争朝夕、抢占先机，开放开发、借势借力，保持定力、接续奋斗，必须在大势中谋新篇，在变局中开新局，推动龙游发展潮流滚滚向前。

今后五年政府工作的指导思想是：高举中国特色社会主义伟大旗帜，坚持以习近平新时代中国特色社会主义思想为指导，全面贯彻党的十九大和十九届历次全会精神，增强“四个意识”、坚定“四个自信”、拥护“两个确立”、做到“两个维护”，统筹推进“五位一体”总体布局，协调推进“四个全面”战略布局，坚定不移沿着习近平总书记指引的路子走下去。统筹发展和安全，完整、准确、全面贯彻新发展理念，坚持以人民为中心，坚持绿水青山就是金山银山，坚持稳中求进工作总基调，聚焦高质量、竞争力、现代化，持续深化“14456”工作布局，不断加快“四个龙游”建设，与时俱进推进战略体系、工作体系、组织体系系统性重塑，塑造变革性实践、突破性进展、标志性成果，推动龙游实现跨越式高质量发展，在全省山区26县脱颖而出、在四省边际率先崛起，成为“活力四射”“美丽幸福”的浙西新明珠。

结合“十四五”规划安排，根据县第十二次党代会总体部署，积极放大发展活力、交通区位、空间平台、美丽山水、社会风尚、历史积淀等新优势，努力在全市当龙头争上游。建议今后五年全县经济社会发展的具体目标是：

——推动经济发展更高质量。综合实力稳步提升，主要经济指标增幅高于全省平均水平，全县生产总值年均增长7.5%以上，人均生产总值达到10.8万元以上，一般公共预算收入突破34亿元，固定资产投资累计达到800亿元，外贸进出口总额超过100亿元，社会消费品零售总额突破260亿元。经济结构持续优化，产业基础高级化、产业链现代化水平显著提升，规模以上工业产值、数字经济核心产业增加值、高新技术产业增加值和亩均效益翻一番；全县建筑业总产值力争突破100亿元；全社会研发经费支出占全县生产总值比重达3%以上，力争达到全省平均水平。

——推动城乡统筹更加协调。城市集聚力、辐射力、带动力、竞争力不断提升，城乡统筹、两江走廊、核心圈层、现代化基本单元建设特色彰显，力争建成区面积达到40平方千米、人口规模达到20万人左右、城镇化率接近70%。城乡收入差距逐步缩小，中等收入群体规模不断扩大，全县居民人均可支配收入力争达6.5万元以上。国土空间布局进一步优化，现代基础设施支撑力明显增强，城乡融合发展政策体系逐步健全，城乡功能品质显著提升，覆盖县域的美丽城镇幸福生活圈基本形成。

——推动绿色发展更添活力。生态环境质量明显提升，生态产品供给水平不断提高，具有龙游特色的区域生态经济体系、生态文明体系基本形成。碳达峰碳中和取得明显成效，再生能源发展和生态文明建设实现重大突破，单位GDP能耗降幅和二氧化碳排放降幅均达到省下达指标，森林覆盖率提高到56%左右，努力跻身绿色发展重点县。

——推动人民生活更具品质。共同富裕的体制机制日趋成熟，就业更加充分更有质量，社会保障体系更加完善，教育事业发展取得重大进展，高质量卫生健康体系基本形成，文化软实力、竞争力持续增强，公共服务质量和均等化水平显著提升，城镇登记失业率控制在3.5%以内，教育现代化发展指数达到80以上，每千人拥有3岁以下婴幼儿托位数达到4.6个，人均预期寿命超过80岁。防范化解重大风险体制机制不断健全，县域治理体系和治理能力现代化水平不断提升，依申请政务服务事项“一网通办”率达95%以上。

实现上述目标，我们必须全力实施“三大战略”、打造“两城四区”，重点突出“四个坚持”：

（一）坚持产业为王。把产业作为强县之基、富民之源，坚定不移走好特色发展之路。用更实举措推进工业再提质。全面实施工业强县“531”工程，加快生态工业跨越式高质量发展，力争跻身浙江工业大县行列。围绕产业新城定位，深化经济开发区新一轮整合提升，争创国家级经济开发区。持续赋能发力进口替代领域，主攻碳基纸基新材料、精密数控和轨道交通装备两大产业，全力打造先进制造业产业集群，制造业投资年均增长10%以上。大力实施“凤凰行动”“雄鹰行动”“雏鹰行动”，培育形成产值5亿元企业超22家、10亿元企业11家、20亿元企业4家、50亿元企业1家、专精特新企业15家，力争7家以上企业主板上市、全省山区26县首家科创板上市。推进“腾笼换鸟、凤凰涅槃”，持续深化“亩均论英雄”，确保亩均税收5万元以下的低效工业企业全部出清或提升达标。用更高标准推进文旅再出发。围绕国家全域旅游示范县创建目标，突出重大项目提速增效和旅游营销两大重点，加快龙游石窟度假区、龙山古堰郊野公园等核心景点开发运营，打响六春湖山地旅游、红木小镇文化旅游品牌，培育打造一批康养度假、运动休闲、文化体验等产品，力争创成AAAAA级和AAAA级景区各1个、AAA级景区2个、省级旅游度假区1个，全县旅游总收入年均增长9%。用更大力度推进农业再增效。深化“两强一革新”行动，优化农业产业空间布局，加快发展数字农业，加大基础设施宜机化改造，推动农产品流通模式创新，确保农业劳动生产率达到3.8万元/人以上，农作物耕种收综合机械化率达84%以上，土地规模经营比例达70%以上，力争在全市率先基本实现农村产业现代化。大力推进士元新时代农村产业融合发展示范园建设，争创国家级现代农业产业园。

（二）坚持城乡融合。坚定不移提能级、优品质、促均衡，构建“一核两极、两江走廊、全域美丽”县域空间发展格局。提升城市承载力。以大南门历史文化街区建设撬动历史文化名城创建，以绿色生态城区创建提升城东新区品质，加快灵山江文化休闲核心区建设，提速未来社区创新改革，持续唱好“双城记”。倡导绿色低碳生产生活方式，打好“蓝天、碧水、清废、净土”保卫战，创成国家级森林城市，争创国家级生态文明示范县，努力在全省山区26县“七个一”建设上当龙头争上游。塑造全域高颜值。突出环境打造、场景塑造、社群营造，全域开展新时代美丽乡村创建行动，争创“新时代富春山居图”城市和县域样板区，建成未来乡村10个以上，实现美丽乡村示范乡镇全覆盖。增强城乡融合度。坚持新型城镇化与乡村振兴双轮驱动，做好“一推一拉一承接”文章，推进农业转移人口市民化集成改革，加速城乡资源要素流动，打造全省城乡统筹融合发展县级样板。系统重塑空间战略体系，启动“龙游湖”建设，推动龙南、龙北区域协同发展。

（三）坚持开放开发。深度融入长三角一体化和浙江“四大”建设，努力成为四省边际中心城市的东部门户、衢丽大花园的战略前厅、科创大走廊的转化基地、开放大通道的贸易支点。全面深化改革。以数字化改革为牵引，做深做实“十大牵引性改革”，推动基层治理、国资国企、绿色金融、“两山银行”、乡村振兴等重点领域改革，持续释放发展动力。强化科技创新。以省级可持续发展创新示范区建设为契机，推进“科技龙游”建设，突出抓好十大科技攻关课题，实现国家高新技术企业和省科技型中小企业“双倍增”，财政科技投入年均增长15%以上，高新技术产业投资年均增长10%以上，全力争夺“科技创新鼎”，争创省级创新型城市，创成省级高新园区。突出交通赋能。加快推进528国道改建、320国道外移、315省道南移和甬金衢上高速等项目，力争完成杭衢铁路、衢丽铁路建设，加快建设龙游港区二期工程，开展“散改集”和公铁水多式联运，高标准建设“四好农村路”，着力构建内外联通、高效安全的交通物流网络。致力合作共赢。高水平推进东西部协作、山海协作，加强区域协同创新，高标准建设科创飞地、产业飞地、消薄飞地和科研成果转化基地。实施“品牌出海计划”，实现货物贸易年均增长10%以上，跨境电商零售出口额达到5亿元。

（四）坚持人民至上。牢固树立以人民为中心的发展思想，强化惠民利民安民举措，打造共建共治共享的美好家园。让人民群众获得感更足。扎实推进“扩中”“提低”改革，完善多渠道、多形式就业扶持政策，健全援助机制，动态消除“零就业”家庭。加快发展普惠型养老服务和互助性养老，新建示范型居家养老服务中心30家。推动社保、医保扩面提质，稳步提高保障水平。让人民群众幸福感更多。落实为民办实事机制，高水平提升群众生活品质。坚持以教育提升工程为抓手，深化教育领域综合改革，全面落实“双减”政策，大力实施龙游中学振兴计划，努力创成全国学前教育普及普惠县和全国义务教育优质均衡发展县，打响“优学在龙”品牌。推进健康龙游建设，健全基本医疗服务体系。加快发展文化事业，优化公共文化服务供给。完善体育配套设施，争创省级体育现代化县。让人民群众安全感更强。深入推进“平安龙游”建设，加强除险保安，深化“县乡一体、条抓块统”高效协同治理模式改革，完善多跨协同闭环管控机制。坚持底线思维、发扬斗争精神，打好防范抵御风险的有准备之战和化险为夷、转危为机的战略主动战，保持社会大局平安稳定。

三、2022年主要工作安排

2022年是新一届政府的开局之年，也是开启现代化新征程、推动跨越式高质量发展、建设“活力四射”“美丽幸福”的浙西新明珠的关键之年。面对发展形势的新要求、时代赋予的新任务、你追我赶的新态势，我们必须牢固树立“没有走在前列也是一种风险”的紧迫感和忧患意识，努力在浙江“忠实践行八八战略、奋力打造重要窗口，高质量发展建设共同富裕示范区”的主题主线中，找准龙游的切入点、结合点、发力点，闯出一片新天地、干出一番新事业。综合考虑当前宏观形势和自身实际，建议今年全县经济社会发展主要预期目标为：全县生产总值增长8.5%以上；固定资产投资增长10%；社会消费品零售总额增长9%；一般公共预算收入增长10%；城镇和农村居民人均可支配收入分别增长9%和11%；城镇登记失业率控制在3.5%以内；节能减排降碳完成市定目标任务。围绕上述目标，重点抓好以下十项工作：

（一）聚焦聚力工业强县，打好生态工业高质量发展组合拳

做实招商引资。持续推进招商引资“一把手”工程，选优配强专业招商队伍。抢抓长三角一体化、杭衢一体化发展机遇，聚焦重点区域和头部企业，瞄准央企、国企、上市公司、知名企业，多渠道捕捉项目信息。优化招商引资机制，大力开展产业链招商、以商招商、专业招商、乡贤招商、基金招商，精准招引一批标杆型、领军型企业和产业链关键配套项目，吸引浙商回归、龙商回归。力争引进亿元以上项目26个，其中20亿元以上项目3个，实际到位资金44亿元以上。

做优发展平台。深化经济开发区体制机制改革，加快打造生态工业平台，联动联创山海协作园区、省级高新技术园区、产业型未来社区、超精密制造小镇等平台。推进金星大道、兴业大道、广济路等改造提升，加快中水回用、城北污水处理厂三期等项目进度，谋划建设城北工业水厂二期、港区供能站等项目。推进贝尔智能制造、建州智汇创谷二期等小微园建设，新增省级小微园1家。

做强产业链条。聚焦碳基纸基新材料、精密数控和轨道交通装备两大产业，明晰产业细分方向，加强链主型企业招引培育，强化延链补链强链，加快产业链供应链优化升级。实施产业科技创新联动专项行动，加强产业科技攻关，加快特种纸、轨道交通两大省级产业创新服务综合体建设，新增国家高新技术企业20家、省科技型中小企业39家，用于科技创新领域的资金增长20%。大力推进传统制造业数字化改造，新增智能工厂3家。

做大企业主体。深化“凤凰行动”，动态更新上市企业培育库，开展企业上市全流程跟踪服务，力争科创板、创业板、北交所上市各1家，新增新三板基础层挂牌企业、上市辅导企业各1家。实施“培大育强”，着力培育一批高成长型企业、专精特新“小巨人”企业，新增5亿元企业3家、10亿元企业1家。狠抓对标提升，启动实施“工业用地复垦”行动计划，力争盘活存量用地1000亩。推进“亩均论英雄”改革，加大评价结果运用，实现100家以上低效企业亩均税收达标或依法退出，规模以上工业亩均税收达到13万元、亩均增加值达到80万元。

（二）聚焦聚力大干项目，掀起新一轮有效投资热潮

加大项目谋划。紧盯国家、省市政策导向，紧扣我县战略定位、发展方向，聚焦产业升级、城市赋能、民生保障等重点领域，打造项目谋划生成链。积极开展项目谋划擂台赛，谋划储备一批战略性、支撑性大项目，力争全年谋划亿元以上项目50个，新增省重点项目、省重大产业项目各2个以上。

加快项目推进。坚持“在谈项目抓落地、签约项目抓开工、开工项目抓进度、在建项目抓投产、投产项目抓履约”。深入实施“八大百亿”工程，盯牢省市县三级重点建设项目、省市县长工程、十大战略性项目，加速佛乡水库、龙游高铁站站前区块、云墨碳谷等重大项目谋划建设，力争国际汽车城等55个项目年底完工、尽早见效。落实项目“五全”工作法，健全专班攻坚、挂图作战、挂牌督办、集中开工等项目推进机制，确保省市县长工程落地率、投资完成率超过全省均值，省市集中开工项目实现开工、入库“两个百分百”。

加强要素支撑。高质量编制国土空间总体规划，扎实做好土地储备供应，新增用地指标1600亩，完成建设用地复垦800亩、垦造耕地5000亩、旱改水2000亩。建立健全以绩效为核心的财政资金管理机制，积极争取省级补助、政府债券等上级支持。千方百计惠企助企，全面落实减税降费政策，力争为市场主体减负7.5亿元。全力招才引智，继续实施人才“蓄水池”工程，开展“金蓝领”职业技能培训1万人次，引进青年人才5000人以上，培育产业人才500人次，新建产业人才平台10家以上。

（三）聚焦聚力城市赋能，有效提升县城能级品位

全方位优化城市功能。推进荣昌东路东延、城东地下综合管廊等工程，建成公共文化服务中心、凤翔洲湿地公园、子鸣路、文成路等项目，不断提升城东新

区能级。加快老城有机更新，启动大南门历史文化街区保护开发二期建设，实施兴龙南路、龙翔东路等道路改造提升，完成锦江小区改造。支持建筑业高质量健康发展。大力开展城市绿化，新建绿道4千米以上，新增绿地面积15公顷以上。

高标准建设未来社区。注重数字牵引，推动数字技术与未来社区建设深度融合，打造实体建设和数字建设“孪生”社区。加快翠光、归仁未来社区创建，建好邻里中心，合理配建文创街坊、文化广场，力争翠光未来社区通过省级验收。优化礼享未来社区设计，有机叠加教育、健康、商业、文体、办公等功能，建设新型城市功能单元。

精细化开展城市管理。持续开展治堵、治乱等行动，加强环境卫生整治，推进城区给排水提标改造，完善垃圾全程分类收运体系，争创美丽县城省级样板。加强社区管理，深化“红色物业联盟”建设，提升物业服务质量。健全城市精细化管理体制机制，推动智慧城管系统迭代升级。深化“信用+礼治积分”创建，探索积分应用场景。

（四）聚焦聚力乡村振兴，全力打造美丽大花园实践典范

夯实农业基础。落实藏粮于地、藏粮于技，坚决遏制耕地“非农化”、防止“非粮化”，提升高标准农田7000亩以上，确保全年粮食总量达12.2万吨。扎实做好生猪稳产保供，实现生猪出栏47万头。加快发展“一鸡一鱼一茶一药一盒故乡”，延伸笋竹、黄茶、中草药、渔业、富硒等产业链，巩固提升农业特色产业。实施农业“两强一革新”行动，建成高标准农机综合服务中心4个，力争农作物耕种收综合机械化率达79%、农特产品网销额达4.5亿元。

美化农村环境。推进“两江走廊”沿线风貌提升，加快实施示范段景区化改造，打造一批沿江农业景观。深化溪口、浦山未来乡村建设，新增未来乡村试点3个。加快农村垃圾、污水、厕所“三大革命”，升级推广垃圾分类“贺田模式”3.0，完成农村生活污水设施提标改造35个，加快推进省级星级农村公厕、示范性公厕创建。创成美丽城镇省级样板镇1个，建设新时代美丽乡村55个。加强农民建房审批管理，统筹解决农民建房问题。

提高农民收入。构建“两进两回”新机制，加快形成资源要素双向流动、公共服务投入均衡的城乡一体化融合发展体系。推广“龙游飞鸡”“龙和渔业”等共富模式，健全防止返贫动态监测和结对帮扶长效机制。打好农民集聚转化组合拳，推进宅基地、农房盘活、农村金融等改革，深化全域土地综合整治，增加农民工资性和财产性收入，确保低收入农户人均可支配收入增长10%以上。

（五）聚焦聚力开放开发，建设特色竞争新高地

坚持交通先导。扎实推进杭衢铁路等重点项目，启动528国道改建、320国道外移，完成351国道、北入城口改造提升、综合客运枢纽主体建设，谋划衢丽铁路二期、315省道南移、城区至北站公路等工程，进一步完善现代交通路网框架。启动龙游港区二期建设，做大做强港口主业，实现货物吞吐量350万吨以上、集装箱吞吐量1.5万标箱。推进申通产业园二期、临港物流园区、快递分拨中心建设，构建畅通高效的物流网络。高标准建设“四好农村路”，加快实施乡村联网公路、危桥改造等工程，提高公路畅通度和安全保障水平。

推动外贸提质。深入实施外贸创强行动，大力发展公共海外仓、外贸综合服务平台等新业态新模式，力争进出口总额突破60亿元。高起点建设跨境电商综合实验区龙游园区，做优“跨境电商+产业集群”模式，推动制造业与商贸业正向循环发展。强化外贸主体培育，新增进出口总额1亿美元以上企业1家、外贸进出口实绩企业10家以上、市级以上出口名牌2个。

加强跨域协作。积极融入长三角产业链协同发展，项目化推进“融杭接沪联甬”，主动服务四省边际中心城市、衢丽花园城市群建设，承接沪杭甬等发达地区产业和要素转移。持续深化“三飞地一基地”建设，高水平推动协同创新、山海联动、区域合作，力争引进亿元以上项目2个。深化龙游——平武东西部协作，加强产业合作、劳务对接、人才交流，巩固拓展脱贫攻坚成果。

（六）聚焦聚力绿色发展，加快“两山转化”步伐

推进节能减排降碳。科学有序推进碳达峰碳中和，争创省级低碳试点县。深化“两山银行”改革，推进水资源共富“标准地”建设，探索建立集体林地“三权分置”运行机制。推动碳账户扩面提质，加快特种纸碳足迹应用场景建设，争创林业固碳增汇试点县。推进整县光伏开发试点建设，完成光伏装机并

网5万千瓦以上。加强能耗“双控”，实行用能预算管理，坚决遏制“两高”项目盲目发展。实施全面节约战略，倡导简约适度、绿色低碳的生活方式。

推动生态环境整治。持续抓好第二轮中央环保督察、省环保督察和突出环境问题整改。推进治气污染防治攻坚，聚焦重点源头、重点行业、重点区域整治，确保城区空气环境质量优良率达90%以上。推进治水污染防治攻坚，全面落实河长制、湖长制，强化饮用水源地管理，确保全域地表水断面、县级以上集中式饮用水源地水质达标率100%。推进治土污染防治攻坚，实施区块内土壤和塑料污染治理，全力打造“无废城市”。

加强生态修复保护。扎实做好河湖生态缓冲带修复，加强湿地资源保护利用，高标准推进灵山江溪口段“美丽河湖”创建。持续推进“一村万树”行动，开展矿山治理和复绿，新增国土绿化面积2000亩，森林覆盖率达到54.9%，力争实现省级森林城镇创建全覆盖。加强外来物种入侵治理，全面提升生物多样性保护水平。

（七）聚焦聚力文化复兴，持续擦亮文旅融合金名片

加快文旅融合发展。持续丰富红木小镇功能业态，高水平打造六春湖冰雪运动公园，推进民居苑拓展二期、石窟原声音乐小镇、白鸽湖商埠文化园等项目建设，加快姜席堰保护开发。完善旅游集散中心、景区停车场、信息网络等基础配套设施，持续优化旅游服务功能。深化乡村旅游重点村发展，促进民宿提档升级。推进“95联盟大道”二期建设，加快驿站和节点打造，形成一批具有引爆效应的文旅地标、时尚网红打卡点。围绕“吃住行游购娱”等要素，开展节庆营销、赛事营销、直播营销，不断提升龙游旅游影响力。

推动文化事业繁荣。深化文化基因解码，加强文化遗产保护传承，谋划建设荷花山考古遗址公园，加快彰显姑蔑文化、石窟文化、美食文化等传统文化价值。深入挖掘龙游商帮文化底蕴，打造一批商帮家园，推动文化与产业双向赋能，打响“龙游商帮”区域公共文化品牌。实施文化惠民工程，完善公共文化设施网络，新建社区文体活动中心2个、南孔书屋3家。

提升社会文明指数。深化“八个一”系列有礼活动，完善有礼市民培育、有礼城市管理等六大长效机制，争创全国文明城市提名城市、省级文明县。深化新时代文明实践，发展壮大志愿服务组织，打响“龙游大妈”“龙游老兵”等特色文明实践品牌。推进新时代公民道德建设，深化“最美”品牌培育，不断提升全民文明素养。

（八）聚焦聚力改革创新，推进全方位系统性变革

加快数字化改革。深化“数字龙游”建设，健全工作统筹体系，推动大数据、区块链、人工智能等技术与产业融合发展，力争数字经济核心产业增加值增长15%。做深做细“龙游通+”赋能应用，迭代优化“智慧粮脑”“燃气安全在线”等特色场景，力争列入全省最佳应用清单。完善优化县级数字化改革门户，开发上线更多特色应用组件，推出更多大场景下的多跨协同应用。

深化“县乡一体、条抓块统”改革。有机衔接贯通“152”和“141”体系，一体推进县级社会治理中心和乡镇“四平台”智治中心建设。建立健全“一下沉三清单五统筹”工作机制，持续为乡镇（街道）扩权减负赋能。深化“基层治理一件事”集成改革，推动县乡治理事项“一次办、集成办、高效办”。

推进重点领域改革。深化国资国企改革，做大经营性资产，创新融资模式，优化经营机制，形成更加成熟的现代企业制度和国资监管体系，力争国有资产总额突破400亿元。深化金融改革，健全政策性融资担保和增信体系，致力打造绿色、普惠、高效的健康金融生态，新增绿色贷款80亿元、小微企业贷款160亿元以上。

（九）聚焦聚力共同富裕，全面保障和改善民生

扎实做好“三服务”。坚持用脚步丈量土地，用尽职诠释担当。深化为民办实事长效机制，按照群众提、大家定、政府办的理念，梳理了打造更舒适宜学的青少年成长环境、更舒心的养老服务、更安全畅通的城乡交通网络、更智能安全的生活环境、更暖心的便民服务、更舒适的居住环境、更优质的健康服务体系、更浓厚的文体氛围、更高质量的增收共富工程、覆盖面更广的社会工作服务、更普惠的工会服务、更高水平的全民安全生产素质提升平台等12个民生实事候选项目，提请本次大会票决后实施。坚持为企业、为基层办实事制度，常态化开展营商环境“清障”行动，全力办好企业家素质

提升、企业服务“店小二”、科技金融服务等工程，实实在在为企业纾难解困；认真办好干部“两专”学历提升、打造“三联工程”权益保障体系、小区物业服务提升等基层实事项目，提高基层服务质量，推动基层治理现代化。

强化民生保障。落实积极就业政策，加快发展现代职业教育，实现城镇新增就业5000人以上、城镇失业人员再就业2100人以上。推进“残疾人之家”就业驿站建设，全年开发公益性岗位300个以上。坚持“房住不炒”，促进房地产业良性循环和健康发展。打好根治欠薪攻坚战，稳妥处置劳动纠纷，构建和谐劳动关系。做好困难群体兜底保障，启动照护中心建设，城乡居民最低生活保障年标准达到1.1万元，集中供养孤儿最低养育年标准达到1.9万元。加强智慧医保建设，推动全民健康信息互联。完善生育支持政策体系，发展普惠托育服务。健全养老服务体系，提升改造村社居家养老服务照料中心15个。统筹做好国防、民族、宗教、侨台、外事、统计、档案、史志、妇女、未成年人、退役军人、红十字会等工作。

优化公共服务。启动教育提升工程，大力实施“三明工程”，加快推进龙游中学改扩建、开发区高新园区实验学校、龙洲街道中心幼儿园等项目，确保公办园、优质园覆盖面分别达到55%和75%以上。落实教育“双减”政策，治理校外培训机构，规范学校课后托管服务，加强学生心理健康教育。推进健康龙游建设，做实做强医联体、医共体，加快健康产业中心、妇女儿童健康医院项目进度。谋划建设全民健身中心，完善体育基础设施配套，提高全民身体素质。

守牢稳定底线。慎终如始抓好疫情防控，深化精密智控机制，有序推进疫苗接种、核酸检测、协查管控、物资保障等工作，全面提升“八大能力”。深化第二轮安全生产综合治理三年行动，统筹抓好危化品、消防、道路交通、食品药品、地质灾害等领域安全隐患排查治理，确保事故起数、死亡人数下降20%。扎实做好信访积案化解，全力护航党的二十大，争创省级“无信访积案县”。常态化推进扫黑除恶斗争，严厉打击电信网络诈骗、跨境赌博等违法犯罪。健全社会矛盾风险防范化解体系，做到风险早防范、问题早发现、隐患早解决。

（十）聚焦聚力自身建设，打造人民满意政府

坚持忠诚履职。旗帜鲜明讲政治，不断提高政治判断力、政治领悟力、政治执行力。增强“四个意识”、坚定“四个自信”、拥护“两个确立”、做到“两个维护”，争当学懂弄通做实习近平新时代中国特色社会主义思想排头兵。坚持把党的全面领导落实到政府工作各方面，坚决做到“中央有号令、上级有部署，龙游见行动”。

坚持依法履职。深入践行习近平法治思想，持续增强运用法治思维和法治方式的能力，牢固树立程序意识，把政府行为全面纳入法治轨道，争创全国法治政府建设示范县。自觉接受人大、政协监督，主动接受监察监督、司法监督、舆论监督、社会监督，认真听取人民群众意见建议。

坚持高效履职。牢固树立系统思维、整体意识，不断加深对经济社会发展和政府工作的规律性认识，提升把控全局的能力。突出“两坚两基两勤两专”，强化干部敢负责、勇担当意识，提高干部创新突破、塑造变革能力，在岗一天干好24小时，事不避难、一抓到底，说一件、干一件、成一件。

坚持清廉履职。严格落实全面从严治党主体责任，深入贯彻中央八项规定精神，驰而不息纠治“四风”，以制度管人管事，营造风清气正的政治生态。坚持政府过紧日子，严格控制和压减一般性支出，非刚性、非重点项目支出压减不低于5%。

附：名词解释

1.项目推进“365”攻坚：即全年365天抓项目。“3”，即组织动员、全面实施、总结提高“3个阶段”；“6”，即集中开工活动、前期攻坚计划、项目推进大会、“比学赶超”现场会、“百日攻坚”大决战、项目谋划擂台赛“6大活动”；“5”，即谋划储备、前期攻坚、开工加快、在建提速、完工投运“5个一批”。

2.五比五赛：即比谋划赛成果、比征迁赛供地、比前期赛开工、比建设赛进度、比投资赛出数。

3.四资联动：即资源、资产、资金、资本联动。

4.“1+6+3+X”国资架构：即由“1家国有资本运营公司、6家核心市场化公司、3家区域性公司、X家部门代管公司”组成的国

资架构。

5.双减：即进一步减轻义务教育阶段学生作业负担和校外培训负担。

6.五场硬仗：即道路交通安全、电信网络新型违法犯罪打击治理、消防安全、危化品安全、越级访治理。

7.两坚两基两勤两专：“两坚”即意志坚定、行动坚决；“两基”即基础功、基本功；“两勤”即脑勤、腿勤；“两专”即专业科学精神、专业技术能力。

8.1+29+7+N：“1”，即1个县级“中台”；“29”，即29个网格服务团；“7”，即“3+3+1”产业服务团；“N”，即若干专业化服务小分队。

9.两个确立：即确立习近平同志党中央的核心、全党的核心地位；确立习近平新时代中国特色社会主义思想的指导地位。

10.三大战略：即坚持“两化引领、产业为王”，实施“工业强县”发展战略；聚焦“一核两极、两江走廊”，实施“城乡融合”空间战略；着眼“追赶跨越、开放开发”，实施“特色制胜”竞争战略。

11.两城四区：即打造活力“创新城市”、宜居“公园城市”和共同富裕示范区、生态工业先行区、文旅融合试验区和城乡风貌样本区。

12.“531”工程：“5”，即平台能级提升、产业集聚培育、科技创新联动、制造方式数字化变革、资源要素高效保障“五大行动”；“3”，即招大引强、企业上市、亩均效益提升“三大攻坚战”；“1”，即跻身浙江工业大县行列。

13.“两强一革新”行动：“两强”，即科技强农、机械强农；“一革新”，即深化互联网、数字化渠道革新。

14.一核两极：“一核”，即龙游湖；“两极”，即龙南溪口镇、龙北塔石镇。

15.七个一：打造一个产值100亿元级的特色生态主导产业；一个3平方千米以上的特色产业平台；一批高质量“产业飞地”“科创飞地”；一个高品质县城中心商务区；一个高能级交通（高铁）门户；一条山水城文交融的美丽风景大道；一系列由公共文化中心和高水平学校、医院等构成的优质公共服务。

16.一推一拉一承接：“一推”，即通过全域土地综合整治推动；“一拉”，即通过未来社区吸引拉动；“一承接”，即通过“两山银行”承接土地。

17.“两高”项目：即高耗能、高排放的项目。

18.“152”体系：“1”，即一体化智能化公共数据平台；“5”，即5个综合应用，分别是党政机关整体智治综合应用、数字政府综合应用、数字经济综合应用、数字社会综合应用和数字法治综合应用；“2”，即数字化改革的理论体系和制度规范体系。

19.“141”体系：“1”，即县级社会治理中心；“4”，即乡镇（街道）基层治理“四个平台”；“1”，即村社网格。

20.一下沉三清单五统筹：“一下沉”，即推动编制资源纵向下沉；“三清单”，即乡镇（街道）权责清单、政务服务清单、“属地管理”事项责任清单；“五统筹”即统筹乡镇编制与街道编制、统筹行政编制人员与事业编制人员、统筹乡镇（街道）与部门派驻站所、统筹乡镇（街道）中层股级职数、统筹编外用工使用。

21.三明工程：即明珠校长、明珠教师、明珠班主任培养工程。

22.八大能力：即应急指挥能力、流调溯源能力、监测预警能力、核酸检测能力、协查管控能力、“三情”联动能力、物资保障能力、“两手”抓能力。

让党的创新理论“飞入寻常百姓家”

——龙游县8090新时代理论宣讲工作简介

一、基本情况

自2012年起，龙游县牢牢把握青年思想认识规律，连续12年举办微党课大赛，在全县涌现出数千名优秀宣讲骨干，奠定了坚实的群众基础。2019年9月，为进一步巩固微党课大赛成果，龙游县8090新时代理论宣讲团正式成立。秉持着理论武装、躬身践行的初心与使命，龙游县8090新时代理论宣讲团积极搭建平台，培育宣讲团队，打造特色品牌，努力让新思想在青年群体中内化于心、外化于行，让党的创新理论“飞入寻常百姓家”。

2020年6月，习近平总书记对8090新时代理论宣讲工作作出重要批示，多位中央领导和省市领导作出了一系列批示指示，“8090新时代理论宣讲团”走上全国舞台。自批示以来，在浙江省委、衢州市委引领部署下，省、市新时代青年理论宣讲工作现场会先后在龙游召开，龙游县8090新时代理论宣讲工作作为实践样本在衢州市全市域体系化推进，并获评全国基层理论宣讲先进集体，成为全省宣传思想战线一个具有浙江辨识度的标志性成果。

二、工作总结

2021年，龙游8090新时代理论宣讲工作在巩固既有成果基础上，聚焦“做深做实做久”“当好标杆走在前列打造样本”的总要求，深入实施党的创新理论走心工程，持续擦亮“8090”金名片，推动青年理论宣讲工作常讲常新、常态长效。

（一）优化制度建设，完善宣讲顶层架构。一是规范队伍建设。完成“8090新时代理论宣讲团”社团登记注册，制定《龙游县8090新时代理论宣讲团社团章程》《龙游县“8090新时代理论宣讲团”县团管理办法》《龙游县“8090新时代理论宣讲团”分团管理办法》。二是强化党建引领。组建成立“8090新时代理论宣讲团”总团临时支部，党员宣讲员共107名，全年各分团递交入党申请书129人，正式入党51人。三是完善组织架构。在“一课一码一指数”“两团一器”（精品课程、龙游通宣讲码、宣讲员星级指数，导师团、顾问团、8090基地孵化器）基础上，增加“抖音等线上宣讲码、智慧系统青年宣讲指数”，构建“一课二码二指数+两团一器”宣讲架构。

（二）强化课程孵化，聚力宣讲核心赋能。一是课程开发序列化。围绕习近平新时代中国特色社会主义思想、百年大党精神谱系两个主题，打磨精品课程，形成《伟大思想8090说》《百年党史8090说》两本序列化课程汇编，共收纳146篇精品稿件。二是宣讲形式多样化。探索开发情境式、文艺式、互动式等特色宣讲形式。其中《共同富裕看“浙”里》在省青年理论宣讲暨微党课大赛情境式决赛中获一等奖，并在市、县两级“六讲六做”动员部署会上做宣讲展示。三是精品打造数量化。围绕百年党史、共同富裕、中共十九届六中全会精神等主题开发系列宣讲稿，围绕文明创建、乡村振兴、基层治理等重大主题编撰通稿，全年入库精品稿件197篇，较2020年增长近400%；录制FM954“小李说理”广播宣讲55期，累计播放770轮次；拍摄精品视频50多堂，在“龙游通”8090板块上集中展播，推动精品课程各分团、全网格共享，实现“一堂课百家讲”。

（三）打响赛事品牌，提升宣讲常态活动。一是“百团大战”推陈出新。举办2021年度8090“百团大战”，将机关部门划分5个党建联盟片区，将15个乡镇（街道）划分南北片区参赛，采用团队参战模式，实现乡镇街道、机关部门、体制内外全员比拼、全域比拼，比赛全覆盖。赛事情况通过线上直播，累计40多万人观看，通过中央省市级媒体跟踪报道，累计50多万人阅读。团战赛制模式在全市域复制推广。二是借力发起短视频大赛。借助浙江广电集团结对山区县助力共同富裕“一起跨越”活动契机，携手中国蓝城市之声，面向全网举办“8090学精神说共富”短视频宣讲大赛，活动启动仪式经“中国蓝新闻”APP、“美丽浙江”快手号、“城市之声”抖音号等11个平台同步直播，累计超过1200万人观看，期间共收到近千部参赛短视频，掀起中共十九届六中全会精神宣讲热潮。三是创新活动精彩纷呈。全年以党史学习教育为主线，组织“听老兵讲党史”“大学生暑期研学实践营”“开学第一课·国旗下讲话”“对话8090”“大庆大干共同富裕”采风实践等活动20余场。

（四）提升8090美誉度，扩大宣讲影响力。一是建好场景办好会议。依托新时代文明实践站点、文化礼堂、乡村振兴讲堂、红色教育基地及各地人员聚集、景观独特场所，融入植入8090元素，打造宣讲精致场景及精品线路。9月成功承办全市8090新时代理论宣讲现场工作推进会。二是落实接待调研任务。7月，省委书记袁家军调研衢州期间，专程到龙游，在团石“大樟树下”与龙游8090宣讲团代表亲切交谈，肯定龙游成绩并指示“要擦亮品牌”。此外，圆满完成中组部党员教育中心、省委网信办、江山等兄弟县市领导考察调研的宣讲展示、接待安排等任务。三是向外拓展品牌影响。借助东西部协作、山海协作等平台，开展县内外宣讲走亲活动，先后策划组织“8090宣讲铁路行”“8090镇海行”“8090走进监狱宣讲”“8090高校共建”等活动，积极推动宣讲“走出去”，不断扩大8090新时代理论宣讲的品牌影响力。

（杨 露）

龙游县党史学习教育工作总结

自2021年3月，党史学习教育开展以来，龙游县委始终坚持以习近平总书记关于党史学习教育系列重要讲话为遵循，深入贯彻落实中央、省委、市委决策部署，制定印发实施工作方案，系统构建“14520”工作体系，搭建组织领导、专班运作、清单管理、巡回指导等“四梁八柱”，确保党史学习教育各项任务高水平启动、高标准实施、高质量推进。

一、工作开展情况

一是高要求抓学习，把稳政治“方向盘”。始终把抓紧抓实学习作为推动党史学习教育的首要任务，聚焦主题主线、对标主旨主责，通过画好“路线图”、定好“时间表”、理清“责任单”，分层分类推动全县党员学深悟透必读书目和系列资料，确保学习教育走深走实走心。一是坚持以上率下“领”学。依托党委（党组）理论学习中心组，紧抓县处级以上党员领导干部这个“关键少数”，制定下发《县管领导干部以上党史学习教育有关建议事项》《全县党史学习教育工作计划》。县四套班子领导率先垂范，坚持先学一步、学深一层，采取“理论学习+实地参观+研讨感悟”等方式，先后6次召开县委理论学习中心组专题学习会、读书班。带动全县982个基层党组织、2.5万余名党员原原本本学习“4+2”必读书目。2021年各级党委（党组）理论学习中心组学习357次，交流发言737人次，撰写理论文章624篇。二是坚持创新载体“助”学。充分发挥本土红色资源优势，选取革命烈士纪念馆、罗家“两山”印迹馆等地，立体打造党史学习教育阵地（其中华岗纪念馆入选全省52个“红色根脉”打卡地）。全县已累计开展“沿着红色足迹学党史”“重温习近平同志在浙江”等活动532场次，参加党员2.1万余人。建成中国共产党人精神谱系馆，创作《足迹》《红船万里浪》等红色书籍、歌曲，丰富党史学习“教材”；线上+线下开展党史知识竞赛，开展红色电影巡展、党史档案基层巡展等活动，参与群众达30余万人次。三是坚持全员全面“深”学。针对机关部门党员，推出“周一党史夜校”，以集中自学、讲师授课、交流研讨等形式开展学习；针对农村党员、流动党员、退休党员、“两新”组织党员，编印《龙游县党史学习教育一本通》《龙游红色精神谱系》，通过龙游通“云课堂”、社区“板凳会”“车间党课”“红色讲堂”“送学上门”等形式，打造

图1 2021年5月28日，社阳乡组织开展“寻访红色印记 感悟革命精神”党史学习教育主题党日活动 （社阳乡/提供）

“一刻钟党史教育学习圈”，全县2.5万余名党员在“龙游通”上参与党史学习达114.7万次，累计获得群众点赞93.3万次。针对青年群体，组建8090宣讲团研习小组，导师派驻小组，点对点领学辅导。

二是高质量抓宣讲，坚定思想“主心骨”。按照省委、市委部署，充分运用好本地丰富党史素材，以领导干部为重点、以8090新时代理论宣讲为主要载体，以“初心服务团”为辅助手段，深入企业、农村、机关、校园、社区等基层单位开展党史、习近平总书记“七一”重要讲话、中共十九届六中全会精神宣讲，广泛营造“知史爱党、知史爱国”的浓厚氛围。一是主题宣讲入脑入心。制定下发《关于做好党史专题宣讲工作的通知》《关于做好学习贯彻习近平总书记在庆祝中国共产党成立100周年大会上重要讲话精神专题宣讲工作的通知》。县四套班子领导在充分学习和调研的基础上，结合党史学习教育和习近平总书记“七一”重要讲话精神，到联系单位和基层讲党课；成立由7名党史专家组成的党史学习教育县委宣讲团、习近平总书记“七一”重要讲话精神专题宣讲团，集中备课后赴各地开展宣讲，27名党员县领导，500余名领导干部，273个村（社）、380余个非公有制企业和“两新”组织等党组织开展党史专题党课2100余场次。二是8090宣讲出新出彩。认真贯彻省委、市委要求，擦亮8090新时代理论宣讲品牌，围绕建党百年主题实施“学党史 讲党史”活动，打造党史研习小组15个，打磨党史精品课程50堂，打造党史精致宣讲场景18个。依托“龙游通”“微龙游”、FM954等线上平台，推出“8090带你学党史”“8090在线直播”“青春党史课堂”“8090小李说理”等栏目，打造线上微学堂。全县域开展“六讲六做”大宣讲行动，“请党放心 强国有我”“百员联百校”“8090接力有我”等主题

宣讲活动，成立由“00后”组成的“红领巾宣讲团”“明理少年宣讲团”等特色宣讲团，累计开展党史主题宣讲2000余场次，覆盖人员达20余万人。三是初心宣讲走心走实。组建由老党员、抗战老兵等群体组成的“初心服务团”，利用革命烈士纪念馆、华岗纪念馆、庙下长生桥等红色基地，设立红色大讲堂，为前来参观党员干部宣讲；深入军营、学校等地分享红色故事，传承革命精神。

三是高密度抓宣传，唱响红色“主旋律”。坚持“教育+宣传”“线上+线下”“宣讲+宣教”，精心策划选题，深入挖掘典型，利用媒体报道、文化文艺、展览展示等形式广泛开展各类宣传教育活动，在全社会营造知史爱党的浓厚氛围。一是主题报道有声有色。坚持多媒体联动，报屏网微端同向发力，传媒集团启动“百年潮涌 奋进龙游”大型融媒体新闻行动，推出“百年薪火潮”“百年风云录”“百年先锋谱”“8090说百年”等十个专题，进行蹲点采访，全方位展示龙游传承“红色基因”、讲好“红色故事”、建设“重要窗口”的优秀实践，共推出相关报道200余篇（条）。二是对外宣传有力有效。坚持打好内外网宣组合拳，呈现龙游党史学习教育百花齐放、亮点纷呈的生动画面，在中央、省级主流媒体刊发各类新闻稿件285条。央视新闻频道、浙江卫视等纷纷聚焦龙游县党史学习教育成果，《人民日报》还特别报道龙游8090宣讲习近平新时代中国特色社会主义思想情况。三是文艺活动精彩不断。启动“百年大党·衢州有礼”系列文化文艺活动，开展“永远跟党走”红色电影巡展活动，组织全县4家影城、8家农村电影放映服务队有序播放红色电影，让红色基因深入基层、深入人心；开展庆祝中国共产党成立100周年剪纸展览、党史档案走基层巡展等活动，举办“百花向阳”全国花鸟作品展、“我和党的故事”主题征文、“吟党史、颂党恩”全民朗诵大赛、“重温红色记忆 追寻百年党史”读书会、“庆建党百年 享美好生活”红色歌曲大合唱等系列活动，参与群众10万多人次，唱响党史学习教育的红色声音。

四是高效率抓实事，争当干事“排头兵”。坚持把“五个我为”实践活动贯穿党史学习教育始终，把学习党史同推动工作结合起来，同解决实际问题结合起来，转化为地方干事创业的新动力，在学中干、干中学。一是清单化管理，提高为民办事效率。聚焦群众“急难愁盼”问题，组织开展“党员在身边、温暖千万家”活动，广泛听取意见、了解民生需求，列出项目清单。32名县处级以上领导干部带头进村入户，认领“微心愿”、办实事、解难题，示范带动全县党员实地听民声、解民忧、纾民困，全县共认领“微心愿”1925个，解决群众急难愁盼问题6242个。二是数字化引领，提高基层治理水平。借助拥有26万实名注册用户的掌上平台“龙游通”，探索数字赋能党史学习教育专题实践活动。开发“疫秒通”“困无忧”“老兵码”“监督记事”“龙游通+智慧医保”“龙游通+智慧粮脑”“龙游通+我要用气”等应用，打通群众需求端，实现一站集成“云上办”。“龙游通+智慧粮脑”做法被《农民日报》专题报道，“三个一”燃气领域数字化监管机制得到常务副省长陈金彪的批示肯定。三是体系化联动，提高为企业服务力度。深化县领导挂联服务，依托“亲清服务日”“亲清直通车”“亲清茶叙”等活动进行线上线下问诊。充分用好“1+29+7+N”的企业服务网络，7月以来，全县29个企业网格服务团共服务企业6354家，走访联系13349人次，收集各类问题1616个，解决1610个，解决率99.6%。针对营商环境中存在的中阻梗、下阻梗等问题，深入开展营商环境清障行动，对各单位收集的197个自查问题分类研判、分类处理，切实提升企业获得感和满意度。“二期在龙游”做法得到省委书记袁家军的肯定。四是广泛化征集，搭建建言献策平台。坚持“线上+线下”“干部+群众”“党员+支部”同向发力、同步推进，全面开展“我为龙游发展谋对策”活动，面向全社会征集对党建统领整体智治、城乡未来社区、文化高地等十方面的意见建议，累计收集到意见建议641条。精心筛选出109条建议供县党史学习教育领导小组组长、副组长及分管副县长参阅，并将其中81条交办给相关部门，形成工作闭环。五是常态化比拼，营造浓厚干事氛围。把党史学习教育同推动“大庆大干，你追我赶”创新功建新业活动相结合，聚焦实干实绩，开展“开发+治理”八项重点工作比拼，实行“一月一考评、一季一赛马”，发布通报3期，交办各类问题20余个，评选龙头奖22个、慢牛奖11个，在全县营造学促干、奋勇争先的浓厚氛围。

五是高标准抓督导，用好督导“指挥棒”。对标党史学习教育各项任务，深入领会省委、市委督导要求，加强对乡镇部门的督促指导，以真督实导推动全县党史学习教育质量水平整体提升，确保督出高质量，督出好效果。一是加强管理，确保督导常态化。各巡回指导组每半个月召开一次工作例会，做足巡查指导“课”前准备工作，制定巡查指导工作方案、列出巡查指导任务清单，进行巡回指导工作培训，明确重点和原则，把握好标准和方向，当好巡回指导“明白人”。坚持一周一总结，定时上报亮点特色，做细做实常规工作。二是突出重点，确保督导精准化。通过“周周有清单，月月有重点”，确保巡回督导目标化、精准化。10个巡回指导组自5月上旬进驻以来，先后进行了7轮的全方位督查，高效完成了必读书目的全面检查、旁听列席县管干部上党课、理论学习中心组的专题学习、基层党支部的组织生活会等活动，及时汇总上报每月所指导单位党史学习教育重点任务完成情况，促进党史学习教育全方位开展。三是闭环督导，确保督导实效化。制定《党史学习教育闭环式督导工作机制》，通过巡查、反馈、销号、督办4个环节，构建“闭环式”巡查指导工作体系，有效提升督导工作效能，切实维护党史学习教育的权威性和严肃性。各巡回指导组坚持把日常指导与定期回访相结合，围绕反馈的问题，适时开展“回头看”“再督查”，对整改工作不够重视，整改工作开展不力、整改成效不明显的单位，通过下发通报、随机抽查、专项督办等方式，加大督查力度，确保所有问题整改到位。四是善于总结，确保督导生动化。坚持分类指导，探索创新督导方式方法，推动党史学习教育别开生面、生动活泼全覆盖开展。通过“一个示范，整体推进”、“一看、二查、三听、四传”、“互比互学”推进会等形式，营造党史学习教育“你追我赶”的浓厚氛围，推动党史学习教育不断走深走实。

二、主要成效

自党史学习教育开展以来，广大党员从党的百年奋斗历程中，更加深刻认识“两个确立”的决定性意义，切实增强“四个意识”、坚定“四个自信”、做到“两个维护”。

1.干事氛围不断浓厚。党史学习教育以来，全县上下真抓实干、比学赶超，以奋斗的姿态、创造性张力，交出了疫情防控零确诊，经济发展走前列的高分报表。成功入选全省共同富裕示范区建设“缩小地区差距”首批试点和山区26县跨越式高质量发展生态工业样本县。接连捧回省级以上荣誉37项，获评省级全域旅游示范县、省级生态文明建设示范县、法治浙江建设示范县、省级公共文化服务体系示范区等等。

2.智治水平不断升级。通过党史学习教育，数字化改革探索争先创优成效明显。数字化改革入围全省“一本账”5个，基层治理“三联工程”数字化应用组件、“监督记事”村级监察智治应用、“三个一”燃气领域数字化监管机制以及“智慧粮脑”“困无忧”“走心驿站”“老兵码”等12个应用纷纷列入省级试点，得到省市领导肯定。

3.营商环境不断优化。连续14年入选全国中小城市投资潜力百强县，获评中国营商环境百家示范县市。伊利二期、维达四期、金励二期等，龙头企业纷纷技改扩建，“二期在龙游”成为龙游打造重要窗口、建设共同富裕示范区的一道靓丽风景线，得到省委书记袁家军的肯定。

4.幸福指数不断提升。通过开展“我为群众办实事”专题实践活动，一批制约城市发展、城乡协调、乡村发展的长期性、历史性、复杂性问题得到解决。城市能级不断提高，县域教共体、医共体改革扎实推进，市民驿站、南孔书屋、博物馆、农村文化礼堂等公共文化服务设施不断完善，大大提升人民群众的生活满意度和幸福度。

（县委宣传部　金小燕）

1月

1日， 龙游广和龙山运动小镇“森林氧吧”、庙下乡浙源里村“森林氧吧”、溪口镇石角村“森林氧吧”入选“浙江森林氧吧”。

6日， 龙游县召开新冠疫情防控暨安全生产工作会议，传达省委常委会视频连线至各市疫情防控工作部署会和市委副书记、市长汤飞帆讲话精神，部署龙游县疫情防控和安全生产工作。

8日， 龙游县与山东水投集团有限公司举行水发·龙游全竹绿色循环产业园项目签约仪式。项目总投资约21亿元，一期投资14.1亿元，将建设年加工50万吨原竹规模的绿色循环利用竹产业园。

14日， 龙南一镇三乡农民运动会暨溪口乡村未来社区竹运会在溪口镇举行。运动会由龙南党建联盟和县文广旅体局主办、溪口镇、沐尘乡、庙下乡、大街乡承办。

19日， 龙游县获评省级新时代美丽城镇建设优秀县。

21日， 龙游县获评省示范文明县城。

28日， 衢州市道德模范暨第九届“最美衢州人”十大年度人物揭晓，龙游县8090新时代理论宣讲团荣获第九届“最美衢州人”特别致敬人物，罗家乡陆村村民金春根入选十大年度人物，县林业水利局援川技术干部吴柏林获得“最美衢州人”十大年度人物提名奖。

31日， 龙游县企业联合会举行抗击疫情捐赠仪式，光明铁道、金龙纸业等多家企业联合向县新型肺炎疫情防控应急指挥部捐赠150万元资金。

2月

1—3日， 中国人民政治协商会议第十届龙游县委员会第五次会议在衢州工商学校报告厅召开。

2—3日， 龙游县第十三届人民代表大会第五次会议在龙游国际影城召开。

5日， 龙游县举行新时代文明实践中心揭牌仪式暨新时代文明生活志愿服务活动启动仪式。

25日， 在全国脱贫攻坚总结表彰大会上，浙江宗泰农业发展股份有限公司被授予全国脱贫攻坚先进集体称号。

28日， 龙游县产业基金威仕喜股权投资项目三方签约仪式举行。市国资信安资本公司、县产业基金公司和威仕喜公司进行三方签约，根据协议，市、县产业基金将各投资1500万元，为威仕喜（浙江）流体技术有限公司转型升级提供支持。

3月

3日， 《龙游文库》（2019）丛书出版发行发布会举行。《龙游文库》（2019）丛书包括《余绍宋传》《余绍宋方志论丛》《徐偃王与龙游》《古城印记》《龙游商帮》等9本书。

4日， 龙游县举行2021年上半年重大项目开工暨湖镇镇白鸽湖商埠文化园开工仪式。此次开工的湖镇镇白鸽湖商埠文化园是省市县重点建设项目，总投资35亿元，涵盖金鼎级酒店、商业文化综合体、人文社区、企业会馆等建设内容。同期开工的共有41个重大项目，总投资186亿元，当年计划投资23.8亿元。

7日， 龙游县公安局组织召

开龙游县“无诈城市”创建启动仪式暨“清楼扫街”第一次集中行动动员会，深入贯彻省市反诈联席办关于打击治理电信网络新型违法犯罪的指示，进一步落实“清楼扫街”反诈宣传，守护群众的“钱袋子”。

16日，省政协委员会客厅“龙游三治融合委员会客厅”举行2021年首场活动，围绕“请你来协商‘嵌入’县乡一体、条抓块统”主题与相关部门开展交流，助力推进基层民主协商体系建设。

18日，龙游县召开党史学习教育动员部署会，县委书记张晓峰讲话。县委副书记、县长祝建东主持会议。县委常委、县委宣传部部长叶琴仙就全县开展党史学习教育的实施方案作说明。

23日，龙游县林业水利局工作人员在湖镇镇东金村一带发现一只罕见的白化鹌鸪。

27日，龙游县8090学党史讲党史主题宣讲活动启动仪式在中浙高铁轴承有限公司举行。县8090新时代理论宣讲团聘请钱富生、吕炳元、蒋金世等7名50年以上党龄的老党员，组成“初心服务团”，为8090学党史讲党史活动掌舵护航。

30日，省委省政府召开全省建设平安浙江工作暨扫黑除恶专项斗争总结表彰会议。龙游县再获“平安县”称号，实现“平安龙游”建设“十五连创”，被授予“一星平安金鼎”。

同日，中国社会治理研究会发布“全国市域社会治理创新优秀案例（2020）”，龙游县“龙游通+全民网格”模式入选。

31日，龙游县召开十一届县委第十二轮巡察动员部署会，对县委第十二轮巡察工作作出部署。

4月

1日，龙游县举行九三学社中央院士专家科普行活动暨县委理论学习中心组专题学习会。国务院参事，中国农业大学经济管理学院教授何秀荣受邀作题为《乡村振兴的战略、难点和实践》的报告。当天，科普行活动专家组成员廖秀健教授在县公安局作《信访等矛盾化解机制改革与基层治理现代化》报告，严俊研究员在龙游中学作《中国天眼（FAST）的前世今生与未来》报告，王永教授在龙游华茂外国语中学作《走进机器人的世界》报告。

3日，龙洲街道城角坊社区由老货场区块拆迁改造的兰亭小区安居工程开工，工期27个月，预计2023年7月完工。

6日，共青团中央公布2021年度“小平科技创新实验室”建设学校名单，龙游凯马国际学校被评为2021年度“认定授牌”类建设学校，衢州市仅此一家。

8日，住房和城乡建设部村镇建设司小城镇建设处组织调研组，到龙游县溪口镇就小城镇建设工作开展专题调研。

15日，为期10天的第129届广交会“云端”开幕，龙游县17家企业参加。

16日，县林业水利局举办林业碳汇知识培训班，邀请南京林业大学碳中和研究中心主任葛之葳教授作《碳中和与林业碳汇》专题授课。

17日，“永远跟党走”龙游县庆祝中国共产党成立100周年群众性主题宣传教育活动暨红色电影展映启动仪式在国际电影城举行。

19日，龙游县获评法治浙江（法治政府）建设示范县（市、区）。

同日，中国地方志指导小组办公室公布第五批入选中国年鉴精品工程“中国精品年鉴”名单，《龙游年鉴（2020）》成为此次浙江省唯一入选的地方综合年鉴，实现衢州历史上“零的突破”。

20日，龙游县第九届女子体育运动会在红木小镇沿江广场开幕，来自全县各机关单位，乡镇（街道）和企事业单位的3000余名职工参加。共设沙包投掷、集体“八字”跳绳、“珠行万里”和“龙行天下”4个项目。运动会由县妇联、县总工会、县文广旅体局、县生活垃圾分类工作领导小组办公室主办。

同日，来自中国旅游热线联盟的100多辆自驾车欢聚龙游红木小镇，一起参与“庆百年华诞赏龙游美景”自驾车龙游大集结活动。

同日，“薪火百年·诗韵龙游”2021谷雨诗会在龙游红木小镇举行。

21日，龙游县召开河长工作一季度例会暨2021年度“找短板、寻盲区、查漏洞、挖死角”专项行动推进会。

23日，溪口镇“基层治理信用应用场景”被评为2020年度全省信用数字化改革应用场景十大优秀案例，成为全省唯一入选的乡镇，也是首个入选的乡村未来社区，成为衢州未来社区首个省级荣誉。

同日，龙游县人民法院依照刑法相关规定，对龙游籍方某遗弃亲生女儿一案作出判决，方某遗弃罪成立，判处拘役4个月。这是2020年10月17日《中华人民共和国未成年人保护法》第二次修订通过后，龙游县受理的首起相关案件。

28日，由县委宣传部、县总工会、龙游经济开发区管委会联合举办的“我心向党、中国梦、劳动美”五一职工文化展演暨授牌颁奖晚会在龙游国际电影城举行。晚会表彰龙游县荣获“省、市级职工疗养基地”“职工满意食堂”“龙游优秀职工”“龙游工匠”称号的集体和个人。

30日，县委理论学习中心组召开会议，专题学习《习近平科学的思维方法在浙江的探索与实践》。

5月

1日，龙游县“田村杯”最美绿道半程马拉松火热开跑，470余名长跑爱好者参加。

14日，全县“遏重大”工作推进会和安全生产风险普查部署会召开。会议强调聚焦重点领域整治，坚决打赢“遏重大”攻坚战。县委书记张晓峰出席并讲话。

16日，2021中国龙游六春湖山地马拉松赛开赛仪式在庙下乡长生桥村游客接待中心举行。来自全国26个省市的1300余名选手参赛，比赛全程21千米。

17日，龙游县人民法院裁定认可浙江奥翔包装有限公司企业主刘某及其配偶个人债务集中清理（类个人破产）和解协议，并终结该程序。该案是全国首例企业破产和解与“个人破产”联办案件。

18日18时—19日18时，龙游县平均降雨量49.8毫米，其中北部平均降雨量44.8毫米，为大到暴雨降雨量级；中部平均降雨量32.9毫米，为大雨降雨量级；南部平均降雨量50.8毫米，为暴雨降雨量级；降雨量最大的是溪口镇76.6毫米。针对连日来的中到大雨，局部暴雨情况，县防汛防旱指挥部决定从5月19日19时15分启动防汛Ⅳ级应急响应。

21日，由县消防救援大队主办、县住建局、龙洲街道协办、龙游广和物业管理有限公司承办的高层住宅小区消防安全救援演练在广和印江南小区举行。

22日，智汇创谷招商项目投资签约仪式暨建州3.0未来产业社区运营服务场景发布会在湖镇镇建州智汇创谷城市会客厅举行。省中小企业协会、上海浦东川沙工业园、金华（义乌）温州总商会、衢州温州商会相关负责人，以及来自全国各地的意向企业主，龙游金融机构业务代表等150余人参加活动。

24日，首批由浙江宗泰农业发展股份有限公司提供的5000只龙游飞鸡抵达新疆维吾尔自治区阿克苏地区乌什县，当地20余户村民认领鸡苗。这是衢州市对口支援乌什县脱贫攻坚与乡村振兴的一个扶贫项目。

25日，国内首套自主可控重型燃气轮机控制系统在华电浙江龙游热电有限公司成功并网投入运营。这标志着中国掌握重型燃气轮机控制系统的自主设计、生产、调试、改造等全过程关键技术，彻底摆脱相关核心技术对国外的依赖，解决燃气发电领域“卡脖子”问题，推动中国燃气轮机的国产化发展。

26日，龙游县与浙江建机集团共同举行总投资5.08亿元，年产1万台（套）大型工程机械制造项目的签约仪式。

28日，《溪口乡村国际未来社区指标体系与建设指南》阶段性成果研讨会在溪口未来社区召开。世优社（北京）项目管理中心汇报《溪口乡村国际未来社区指标体系与建设指南》编制的阶段性成果，与会部门负责人就编制内容进行广泛深入的研讨。

29日，龙游县开展“沿着红色足迹学党史”主题党日活动，通过进行一次现场宣誓、聆听一个历史故事、诵读一段文献史料、观看一部纪录片、听老党员讲一堂党课、学习一次党章，进行一项互动教学等“七个一”党员教育活动，追寻红色记忆，践行初心使命。

6月

8日，龙游县县长祝建东专题调研城东新区各重点项目建设，强调城东新区是龙游县未来城市形象和品质的“金名片”，要坚持高水平施工、高质量把控，努力展现浙西新明珠的建设成果。

同日，龙游和遂昌两地人大开展沐尘水库联合治水视察活动。视察组先后到遂昌县北界镇王宅桥上游、苏村村、龙游县沐尘乡马戍口村，相关养殖基地和沐尘水库，就农村生活污水治理、畜禽粪污治理、农药化肥使用、小企业、小作坊、农家乐生产经营污水排放等情况进行视察。

11日，全县营商环境建设暨企业服务工作推进会召开。会议深入贯彻落实省、市有关会议精神，分析龙游县营商环境和企业服务工作中存在的问题，启动新的企业服务工作机制，着力提升企业服务能力和水平。

16日，中国中铁国四局“党旗飘扬勇争先，建功龙游筑精品”党建主题活动暨龙游新高铁站房启用动员大会举行。县委副书记、县长祝建东致辞。

20日，浙江省第三届“绿道健走大赛”在全省各县（市、区）绿道场地同步举办，龙游赛区也同步启动，该活动将延续至7月10日。

21日，龙游县召开全县平安护航工作推进会，传达省市会议精神，重点部署平安护航建党百年各项工作。

23日，“唱支山歌给党听”龙游县庆祝中国共产党成立100周年文艺演出在龙游国际电影城举行。

同日，龙游县召开“大庆大干”项目谋划擂台赛暨重点项目推进会议。在前期各单位谋划报送的82个谋划项目中精选出15个项目参加擂台赛，县经济开发区谋划的“龙游数控机床产业基地项目”荣获金奖。

同日，龙游县首批5家民生药事服务站启用。这是县市监局大力推进落实的省政府重点民生实事项目之一。

25日，县委理论学习中心组举行百年党史专题学习会。

28日，龙游火车站新站房建成启用仪式举行。上午10时，县委书记张晓峰在启用仪式上宣布龙游火车站新站房正式启用。

同日，由县人民检察院、县市场监督管理局共同建设的全县首个公益诉讼快速检测联合实验室投入使用。联合实验室旨在服务食品安全领域公益诉讼案件的办理，覆盖水质检测、农兽药残留检测、食品安全检测、重金属指标检测等四大领域。

22—28日，龙游县委书记张晓峰，县委副书记、县长祝建东，县人大常委会主任舒畅，县政协主席洪一舟，县委副书记、县政法委书记祝升明等县领导先后为龙游县老党员颁发“光荣在党50年”纪念章。

29日，由中国美术家协会、省文学艺术界联合会主办，中国文联美术艺术中心、省美术家协会、龙游县政府承办的“百花向阳——全国花鸟画作品展”在龙游红木小镇开幕。活动共展出195幅获奖作品，包含40件中国美术家协会入会资格作品，将由龙游县博物馆收藏。作品展从即日起延续到7月9日。

30日，龙游县农业农村局联合县治水办在龙洲公园组织开展增殖放流月活动，在灵山江增殖放流千万尾鱼苗。

7月

1日，龙游县举行“七一”新党员集中宣誓仪式，县委书记张晓峰领誓并讲话。

同日，龙游县召开“两优一先”表彰大会，庆祝党的百年华诞，表彰全县优秀共产党员、优秀党务工作者和先进基层党组织。

同日，龙游县社会各界收听收看在北京天安门广场隆重举行的庆祝中国共产党成立100周年大会。

同日，高坪桥水库水坝开闸泄洪。

2日，浙江省文化和旅游厅公布第四批浙江省公共文化服务体系示范区（项目）名单，龙游县榜上有名。龙游县成为衢州市首个成功创建省级公共文化服务体系示范区单位，也是全省26个经济加快发展地区中的首个创成单位。

3日，县林业水利局工作人员到六春湖省级湿地公园开展野外调查，在山腰溪流中发现一条缩小版“娃娃鱼”，经省森林资源监测中心湿地与野生动植物资源监测处专家鉴定，为省级重点保护动物——秉志肥螈。该螈体长约14厘米，头部扁平，四肢粗短，皮肤光滑，体背面呈褐色，带橘红色斑点。

5日，位于龙游经济开发区的城北物流交易中心首批纸浆出库投用。特种纸产业是龙游县传统制造的支柱产业，每年需要进口大量纸浆。拥有两座近2万平方米智慧化仓库的城北物流交易中心的建成投运，解了众多企业的燃眉之急。

7日，龙游县人民政府与浙江师范大学工学院在中浙高铁轴承有限公司举行“共建研发平台与研究生联合培养基地”签约仪式，双方合作共建研发平台与研究生联合培养基地。

同日，衢州市委书记汤飞帆到龙游县调研共同富裕工作，先后到凯丰新材股份有限公司、吉成新材股份有限公司、士元实验区、龙游兴隆观赏鱼养殖有限公司考察。

8日，省林业局公布首批64个“一亩山万元钱”科技推广高质量示范基地名单。龙游吴老子家庭农场经营的毛竹林下经济复合经营基地、龙游鑫世康生物科技有限公司经营的毛竹林下灵芝复合经营基地入选。

9日，龙游县农业农村局、县五谷香种业有限公司联合组织全县60多名种粮大户和农技人员，深入湖镇镇童家仓村、龙洲街道后田铺村，实地观摩“中组100”和甬籼634早稻新品种示范田。

13—14日，省委书记袁家军到衢州调研省委十四届九次全会精神贯彻落实情况。先后到龙游浙江宗泰农业发展股份有限公司、龙游一镇海山海协作产业园、小南海镇团石村考察。

15日，“科技龙游”高质量发展大会、高层次人才创业创新大赛圆满落幕。本次比赛共4个项目入围，采取路演答辩、评委现场评分的方式进行。大赛开始前为2020年龙游县创建省级重点实验室、省级博士后工作站，以及获得省科技进步奖的企业和个人颁奖，举行浙江师范大学龙游研究生联合培养基地、浙江师范大学—龙游轨道交通装备联合研发中心授牌仪式，龙游县2021年度十大重大科技攻关课题“揭榜挂帅”项目承担单位授牌仪式。

同日，龙游县召开数字化改革推进会暨多跨场景应用擂台赛。10名来自不同单位的选手介绍各自业务领域的数字化场景应用。

20日，六春湖旅游度假区悦椿高山度假酒店项目签约仪式举行，标志着六春湖旅游度假区建设踏上新征程，迈出新步伐。此次签约的悦椿度假酒店位于海拔1350米的高山上，占地约6.67公顷，建筑面积约1.5万平方米，总投资2.5亿元。

同日，以“围绕产业链，部署创新链、配置资金链”为主题的2021“创客中国”浙江好项目中小微企业创新创业大赛龙游赛区海选赛在龙游县企业服务综合平台举行。经前期筛选，本次比赛共有10个项目入围，涵盖新材料、高端设备、特种纸等领域。经角逐，“25位高精度高安全多圈绝对值光学编码器”“贝氏体合金钢组合辙叉”等6个项目晋级衢州市决赛。

22日，衢州市人大常委会主任吴国升到龙游，就《浙江省乡镇人民代表大会工作条例》《浙江省街道人大工作条例》开展执法检查，先后到詹家镇夏金村市人大代表董红专联络点、龙洲街道阳光社区、湖镇镇人大代表联络站等地，实地考察“两条例”贯彻落实情况。县人大常委会主任舒畅等参加。

23日，浙江省高质量发展建设共同富裕示范区领导小组办公室公布高质量发展建设共同富裕示范区首批试点名单，龙游县列入缩小地区差距领域试点。

30日，龙游县人民政府主办，龙游县农业农村局、浙江广电城市之声承办的“向您敬梨，清凉一夏”2021龙游蜜梨直播周暨“送清凉”公益行动启动仪式在中国TOP直播电商产业园龙游基地举行。活动持续到8月3日。通过“农业+公益+直播电商”的形式，提高龙游蜜梨的影响力，带动梨产业增收，撬动龙游文旅、直播电商等综合经济增长。

8月

1日起，龙游县启动15至17周岁人群新冠疫苗接种工作，自8月10日起，启动12至14周岁人群新冠疫苗接种工作。

2日，龙游县2021年度重大科技攻关课题“揭榜挂帅”项目启动会在浙江茗皇天然食品开发股份有限公司召开。

4日，浙江民进助力山区共同富裕项目考察对接暨“同心筑梦跟党走，正道笃行忆先贤”活动在龙游县举行。民进省委会副主委、浙江中医药大学校长陈忠，民进浙江中医药大学基层委员会主委张翼宙一行18名成员对龙游县中草药产业发展进行调研，实地考察大街乡新槽村中草药种植基地。

同日，詹家镇后山村两株树龄长达523年的古樟树遭到白蚁等虫害侵扰，县林业水利局组织专家前往现场，制定救治方案并开展救助。

同日，龙游经济开发区下属国资公司浙江新北园区开发集团有限公司与模环乡王北斗村、西元村、琚家村、凤基坤村举行阜新集体增收帮扶项目签约仪式。阜新集体增收项目是开发区的公寓扶贫项目，采用物业经济模式带动消薄工作开展，带动村集体增收。

同日，浙江省文化和旅游厅组织开展文化示范户和乡村文化能人评审工作，龙游县入选5户文化示范户和12名乡村文化能人，涵盖舞蹈、美术、书画、戏剧曲艺等多种文化艺术门类。

8日，全县疫情防控视频调度会召开。县委书记张晓峰强调，全县上下要时刻绷紧疫情防控思想之弦，全力打好打赢疫情防控的“人民战争”。

10日，溪口镇政府、市生态环境局龙游分局、县综合行政执法局、县资规局、县市监局、县公安局等部门对寺下村非法砂石加工点联合开展专项整治行动。该加工点为灵山江沿江公路工程（官潭至溪毛线）临时“挖方加工和水稳搅拌”场地，经营者在未经环评等审批的情况下，就在场地内设置制砂生产线。至此，全县21家加工点中完成整改18家，剩余3家设备基本拆除，将完成设备吊离清场和砂石清运。

同日，温州银行龙游支行成功发放龙游县首笔“碳增信”贷款200万元。贷款企业为龙游旺农有机肥有限公司，是绿色产业免税企业，因设备升级和厂房改建等需要资金支持。

11日，龙游华莘高级中学项目签约仪式在湖镇镇举行，湖镇镇政府与浙江华川莘霖教育咨询有限公司签署相关协议书，并聘请湖州求是教育集团作为华莘高级中学管理方。华莘高级中学项目选址湖镇镇沙田湖大道，项目由浙江华川莘霖教育咨询有限公司投资4.1亿元，将建成规模为36个班的寄宿制普通高中。

同日，龙游教育人才合作培养项目启动仪式暨首期研修活动在龙游樾园小学举行。活动由衢州市教育学会和全国“生态·好教育”联盟指导，县教育局主办，省浙派教育生态科学研究院承办，旨在推动龙游本土教育高端人才培养，助力“三明工程”（明珠校长、明珠教师、明珠班主任培育）顺利启程。启动仪式上，县教育局和省浙派教育生态科学研究院举行合作项目签约，成立“龙游教育人才合作培养项目”教育智库，并颁发智库导师聘书。

12日，龙游县编制完成《龙游县水安全保障“十四五”规划》。该规划以“构筑水利大棋盘、营造丘陵大水乡、打造山水大花园，构建智慧大平台”四大愿景为总体思路，总投资165.12亿元，“十四五”期间计划投资56.25亿元。

15日16时许，受强对流云团影响，沐尘畲族乡突降暴雨，部分村降雨量超过90毫米，双戴村降雨量达110毫米，河水暴涨，造成沿线群众受灾。

16日，水利部水旱灾害防御司副司长张长青率队检查指导龙游县强降雨防御工作。到沐尘畲族乡庆丰村、双戴村等查看水毁现场、河道塌方现场和山洪监测点等。

同日，龙游县召开重点建设项目“百日攻坚”工作推进会。9个落地项目现场集中签约，涵盖碳基新材料、精密数控和轨道装备等多个领域。

18日，中国地质学会发文公布全国首批天然富硒土地认定结果，“龙游县横山镇志棠村腰塘边村天然富硒地块”榜上有名，将获得中国地质学会联合颁发具有统一编号的天然富硒土地标识授权使用证书。全国首批天然富硒土地认定地块共有30宗，浙江省有3宗入围，龙游有1宗入围。

19日，龙游恒盛能源股份有限公司在上海证券交易所主板挂牌上市，正式登陆A股资本市场，龙游本土企业实现A股上市“零”的突破。仪式上，上海证券交易所与恒盛能源签订《上市协议书》，并互换上市纪念品。恒盛能源主营业务为蒸汽的生产和供应、电力的生产和供应。本次公开发行股票数量不超过5000万股，股票代码为“605580”，所募集的资金主要用于三期热电联产技改扩建项目、集中供压缩空气工程项目等。

20日，龙游县召开企业上市挂牌推进会，全县骨干企业、相关金融企业和服务中介主要负责人参加。会上，对龙游县上市成功企业、报辅导报会企业进行颁奖，为上市相关的合作项目举行签约仪式，县金融服务中心宣布龙游县上市政策。

25日，中共龙游县委十一届十一次全体（扩大）会议举行。县委常委会主持会议，县委书记张晓峰代表县委常委会作工作报告。会议审议并原则通过《龙游高质量发展建设共同富裕示范区的浙西新明珠行动计划（2021—2025年）》。

26日，龙游县举办校地合作签约暨杭州医学院附属龙游中医院揭牌仪式。龙游中医院和杭州医学院签署合作协议，建立附属合作关系。

28日，龙游县在桥下小学开展大规模新冠病毒核酸检测实战演练。

9月

1日，自然资源部自然资源调查监测司下发《城镇国土空间监测试点工作方案》，龙游县湖镇镇被列入全国城镇国土空间监测试点。是浙江省三个试点地区之一，也是衢州市唯一的监测试点。

2日，县委书记张晓峰率龙游县党政代表团到杭州市临安区考察交流，对接“山海协作”工作。在临安区—龙游县“山海协作”座谈会上，签署相关合作协议。会前，两地代表共同出席浙江禾川科技股份有限公司青山湖研发中心项目开工仪式。

3日，“英雄指导员”荣誉称号获得者钱富生向县革命烈士事迹陈列馆捐赠“人民功臣”

牌匾。

5日，龙游县“校务事务”大数据监督场景应用正式上线。该应用场景由县纪委联合县教育局共同创设。聚焦校园权力运行重要领域和关键关节，助推“清廉学校”建设。

7日，全县粮食生产功能区“非粮化”整治优化工作推进会召开，部署粮食功能区“非粮化”和抛荒地整治任务。县委副书记、县长祝建东讲话。

8日，龙游经济开发区城北片区首家标准化菜场——新发·龙岗综合市场正式营业。菜场综合体占地面积6953平方米，建筑面积14091平方米，总投资4800万元。

9日，龙游县人民政府与财通证券股份有限公司举行战略合作签约仪式。战略合作涉及招商引资、挂牌上市服务、提升国资综合能力等9个方面。仪式上，双方还签署“创建‘综合金融服务县域经济示范区’助力高质量发展建设共同富裕示范区”的战略合作协议。

10日，龙游县召开2021年度下半年定兵工作会议，集体审定龙游县下半年入伍对象。

14日，在龙游经济开发区某企业工作的韩国人李某通过驾驶证理论考试，拿到中国驾驶证，这是龙游县首例成功办理外籍驾驶证换证业务。

16日，“智聚山海·助力共富”专家服务工程启动仪式在龙游县举行，中科院宁波材料所与县人力资源和社会保障局签订博士后工作战略合作协议，浙江禾川科技股份有限公司、浙江贝尔轨道装备有限公司、浙江龙游东力阿纳萨克作物科技有限公司分别与电子科技大学软件工程博士后流动站、浙江工业大学机械工程博士后流动站、浙江工业大学化学工程与技术博士后流动站共同签订“校企合作联系站”协议。

17日，衢州市委书记汤飞帆到龙游县调研工业企业。先后到浙江金励环保纸业有限公司、浙江特美新材料有限公司、浙江贝尔轨道装备有限公司等实地考察，强调要把工业强市落细落实到精准服务企业上。

18—21日，龙游县首届汽车博览会在龙游亿坤·中域国际汽车城举行。28家新车店、7家二手车店、1家摩托车店，43个汽车品牌参展。

23—25日，“以幸福像花儿一样”为主题的首届浙江乡村文化艺术节暨乡村舞蹈大赛在龙游红木小镇举办，共有77个舞蹈作品入围决赛表演，龙游县“硬头狮子”代表队、“滚花龙”代表队、“龙游大妈”代表队等3支代表队参加比赛表演。

23日，衢州市委副书记、市长高屹到龙游县调研工业强市十大专项行动。深入园区、企业和项目现场，详细了解主导产业培育和工业投资等情况，听取相关工作汇报，协调解决工作推进中的问题。

24日，龙游县第十三届人民代表大会常务委员会第四十三会议通过《龙游县人民代表大会常务委员会关于促进和保障龙游高质量发展建设共同富裕示范区的浙西明珠的决定》。

26日，龙游县人民医院药学门诊正式开诊，这是龙游县首个药学门诊。邵逸夫医院下沉专家楼建伟、人民医院主任药师晏学新等高年资药师、临床药师坐诊。

27日，龙游妇女儿童健康医院项目正式开工建设。项目占地面积1.58公顷，总建筑面积2.4万平方米，设置床位150张。

28日，《光明日报》公布由中国中小城市发展指数研究课题组、国信中小城市指数研究院联合发布的《2021年中国中小城市高质量发展指数研究成果》，龙游县名列全国中小城市投资潜力百强县市第11位，全国科技创新百强县市第84位。

同日，2021年“之江创客”全球电子商务创业创新大赛（农村电商赛区）举行。龙游县乡村物流共配中心项目荣获三等奖，是全市唯一获奖项目。

30日，龙游县召开以“龙商新使命、共富新明珠”为主题的第四届龙商大会，来自全国各地的龙商、乡贤汇聚一堂，共叙家乡情谊，共谋发展新篇。大会为禾川科技、维达纸业、中浙高铁等5家企业颁发“‘以商招商’突出贡献奖”，为江苏龙游商会、深圳龙游商会颁发“异地商会‘双招双引’贡献奖”，为禾川科技二期产业园项目、中浙高铁传动系统省级重点实验室建设项目等8个项目颁发“龙商回归优秀项目奖”，为汪夔卿、郑树森、李小年等6位乡贤颁发“杰出乡贤贡献奖”，并进行龙商回归项目签约。

同日，衢州市首座700兆赫兹频段5G通信基站在湖镇镇地圩村建成开通。

同日，省发展改革委通报2020年度省级小城市培育试点考核结果，龙游县湖镇镇获评优秀单位。

10月

7日，中车株洲电力机车有限公司副总经理陈成带队到龙游县调研，并召开座谈会。

9日，庙下乡举办首届农民丰收旅游节活动。活动以“庆丰收、奔共富”为主题，展示庙下乡改革发展取得的新成就，乡村文明的新气象，新时代农民的精神风貌。

11日，省农业农村局公布《浙江省农业农村领域高质量发展推进共同富裕第一批实践试点名单的通知》，龙游县榜上有名，试点内容为溪口镇“一镇带三乡”山区跨越式高质量发展。

16—17日，中国慢病管理+高峰论坛在北京举行，龙游县人民医院分泌科主任医师雷永珍获得全国“最受欢迎慢病管理+先锋实践者”称号，受到表彰。

18日，龙游县正式启动新冠疫苗第三剂次即新冠疫苗加强免疫接种工作。

20日，龙游县和遂昌县两地人大开展沐尘水库联合治水视察工作。视察组一行先后到沐尘水库、沐尘畲族乡马戌口村、遂昌县桃溪源与灵山港交界处、应村乡、高坪乡等地，就水源地垃圾集中处理、农村生活污水处理、畜禽粪污处理、农药化肥使用以及小企业、小作坊、农家乐生产经营污水排放等情况进行视察。

22日，浙江省服务业发展工作领导小组印发《关于公布首批浙江省现代服务业创新发展区名单的通知》，龙游县现代服务业创新发展区成功列入首批名单。龙游县现代服务业创新发展区分临港物流片区和商贸物流片区两个片区，总规划面积10.44平方千米。

26日，龙游县开展大规模人群核酸检测采样点设置审核论证会，全县各乡镇及龙游经济开发区参加，旨在进一步做好大规模人群核酸检测准备工作。

同日，龙游县首个中国建设银行“裕农通”整镇合作项目签约仪式在溪口镇举行。

27日，央企走进26县建设共同富裕示范区活动在龙游县举行。长江设计集团、中国三峡建工（集团）有限公司、浙江交通资源投资有限公司、浙江建材集团浙西建筑产业化有限公司、浙江省二轻集团、中国华电集团、浙江省海港集团、国家能源集团浙江电力有限公司、中国三峡新能源（集团）股份有限公司等央企、国企与龙游成功签约。

同日，龙游县第十届青少年学生阳光体育运动会开幕式在县体育馆举行。本次运动会为期3天，赛事总计项目140个，50多支代表队、近500名运动员参赛。

28日，龙游县自然资源和规划局、龙游传媒集团联合开展“国土整治看成效、百姓观察团评议”活动，组织来自全县15个乡镇（街道）的30名观察团成员走进塔石镇叶村土地垦造现场、詹家镇夏金村连片土地利用现场、詹家镇四方村“六弦”土地垦造项目现场、文成小区安居工程项目现场等地，看项目、观展板、聆听“8090”宣讲、进行现场评议。

同日，“礼敬百年.豪情圆梦”市助学金发放仪式在龙游县举行。10名困难学生代表领到每人2000元的助学金。仪式上，浙江豪龙集团向全市困难学生赠予80万元助学金，其中龙游县30万元，将帮助全县150名困难学生缓解家庭压力。

29日，浙江省人民政府公布第二批全省全域旅游示范县（市、区）名单，龙游县入选。

11月

1日，县“头雁领航.共富同行”村党支部书记擂台赛暨乡村振兴书记“云讲堂”活动在詹家镇夏金村乡村振兴讲堂举行。来自全县各乡镇（街道）的15名村支部书记以上台演说的方式，用8分钟向观众展示他们的治村理念和共富密码。比赛最后总分由现场竞演得分、村集体经济发展情况和“三联工程”数字化应用情况三部分组成。东华街道鸡鸣村党支部书记、村委会主任杨华龙摘得此次擂台赛桂冠。

同日，以“我心向党”为主题的全县职工演讲比赛在溪口镇未来社区举行。旨在庆祝中国共产党成立100周年，大力弘扬劳模精神、劳动精神、工匠精神，深入开展“劳动创造幸福”主题宣传教育。

同日，浙江（龙游）出口网上交易会（全球站——运动健康专场）圆满落幕。共有30多家龙游运动、健康类企业与美国、俄罗斯、巴基斯坦、泰国等15个国家的50家采购商进行145场线上“一对一”视频洽谈会。

3日，2020年度国家科学技术奖励大会在北京人民大会堂召开。龙游县乡贤傅向东所在的科研团队荣膺国家自然科学奖二等奖，黄剑虹、袁巨龙2名乡贤获得国家科学技术进步奖二等奖。

8日，省生态环境厅、省经

济和信息化厅联合发布《浙江省第一批“无废工厂”评估结果》名单，龙游伊利乳业有限公司榜上有名，成为衢州市首家省级“无废工厂”。

12日，龙游县“汇聚慈善力量、助力共同富裕”首批项目启动仪式在县舒心馆举行。县民政部门介绍首批6个项目的基本情况，项目负责人签订项目执行承诺书。

13日，中国水稻研究所胡培松院士团队共同富裕示范区龙游服务站揭牌仪式在浙江红专粮油有限公司举行。胡培松院士及其团队培育成功的优质早稻品种“中嘉早17”连续7年被国家农业部门推荐为主导品种。“中嘉早17”项目获国家科学技术进步奖二等奖。

14日，“明珠龙游、幸福家园”龙游县百村（社）赛事暨第四届广场舞大赛在县文化馆举行。詹家镇浦山村凤凰部落畲族舞蹈队的《畲民和党心连心》、龙洲街道阳光社区荣昌广场萍儿舞蹈队的《大中国》、模环乡模环村舞蹈队的《祖国不会忘记》获得大赛一等奖。

15日，农业农村部公布全国农业社会化服务创新试点单位名单，100个县（市、区）、100个服务组织成为试点单位。龙游县被列入全国农业社会化服务创新试点县。

17日，省双拥模范城（县、区）届中检查组组长、省退役军人事务厅副厅长徐华水一行到龙游，就双拥和退役军人工作情况开展检查指导，并召开省双拥模范城（县、区）创建届中检查考评暨新时代退役军人工作督查汇报会。

19日，县委先后召开常委会会议和全县领导干部会议，传达学习中共十九届六中全会和省市领导干部会议精神，研究部署龙游县贯彻落实工作。

24日，全县换届工作动员部署会召开，部署县党代会代表换届选举工作，县政协换届委员安排工作及县乡人代会代表换届选举工作，并就换届纪律提出明确要求。

同日，龙游县委召开全县领导干部会议，宣布省委、市委关于龙游县委、县政府主要领导干部调整的决定。省委决定，祝建东任中共龙游县委书记，免去张晓峰的中共龙游县委书记、常委、委员职务。提名李芝伟为龙游县人民政府县长候选人，提议祝建东不再担任龙游县人民政府县长职务。市委决定，李芝伟任中共龙游县委委员、常委、副书记。市委书记汤飞帆到会并讲话，市委常委、组织部部长陈玲芳宣读省委、市委决定，市政协副主席、市委秘书长王良海出席会议，祝建东、李芝伟分别作表态讲话。

25日，龙游县委学习贯彻中共十九届六中全会“六讲六做”大宣讲活动动员部署会召开。会议通报县委关于深入学习贯彻中共十九届六中全会精神广泛开展“六讲六做”大宣讲活动的总体安排。

12月

3日，“龙游黄茶杯”第二届茶叶职业技术技能大赛在龙游红木小镇举行，约300名茶艺师参加比赛活动。

10日，龙游中学举行“汪燮卿院士奖学基金”捐赠仪式。汪燮卿是龙游小南海镇茶圩里村人，1995年当选为中国工程院院士。这次汪院士捐赠100万元，用于奖励优秀学生，助力学子们成才。

12日，龙游县疫情防控指挥部组织开展新冠肺炎疫情防控综合演练，旨在进一步做好新冠肺炎疫情防控工作，提升突发公共卫生事件应急处置能力、保障人民群众生命安全和身体健康。

14日，湖镇自来水厂整体迁建工程开工建设。工程选址位于湖镇镇湖中路东侧、龙兰路南侧、浙赣铁路北侧地块，用地面积1.33公顷，总投资6715.6万元。工程计划于2022年12月完工通水，将为辖区196家企业和6万余名群众提供生产生活用水。

22日，公安部发布公告，对全国第二批拟命名“枫桥式公安派出所”和备选派出所名单进行公示。龙游县湖镇派出所入选“枫桥式公安派出所”。

29日，中国共产党龙游县第十二次代表大会开幕。大会应到代表220名，因病因事请假6名，实到214名。县委书记祝建东代表中国共产党龙游县第十一届委员会向大会作题为《实施“三大战略”、打造“两城四区”、努力在共富路上当龙头争上游》的报告。

地理环境

【位置面积】 龙游县隶属浙江省衢州市。地处浙江省中西部，位于北纬28°44′—29°17′、东经119°02′—119°20′，东毗金华市婺城区，南邻丽水市遂昌县，西接衢州市衢江区，北交杭州市的建德市，东北与金华市的兰溪市接壤。东西最宽处29.37千米，南北最长处61.5千米，面积1143平方千米。县人民政府驻县城太平西路28号，西至衢州市区33千米，北距省会杭州直线距离167千米。

【地质面貌】 境内山脉、河流、平原、丘陵兼具，有相对优越的自然环境。县境南部为仙霞岭余脉，有海拔1000米以上的山峰24座，北部属千里岗余脉，有海拔700米以上山峰5座，中部金衢盆地（衢江河谷平原），地形南北高，中部低，呈马鞍形。最高点县西南庙下乡茅山坑，海拔1442米；最低点县东湖镇镇下童村，海拔35米。

【河流水系】 境内河流属钱塘江水系。干流衢江，自西向东横贯县境中部，境内流长28千米。南北各有一级支流4条，呈树枝状分布。南岸自西向东分别为：芝溪，境内流长17.75千米；灵山江，境内流长55.95千米；罗家溪，境内流长29.3千米；社阳港，境内流长31.95千米。北岸自西往东分别为：塔石溪，境内流长29.2千米；模环溪，境内流长25.8千米；士元溪，境内流长11.5千米；上畈溪，境内流长3.5千米。一级支流又有主要分支流17条，各分支流大多还有小支流，河流总长402.1千米。支流河床比降大，水位易涨易落，枯洪变化悬殊。

【气候】 属亚热带季风气候区，温暖湿润。2021年平均气温19.0℃，比常年偏高1.2℃，位列建站以来第一高；日极端最高气温38.2℃，出现在7月12日；日极端最低气温-6.8℃，出现在1月9日；全年共出现36天高温（最高气温≥35℃）天气，较常年（38.3天）偏少2.3天。其中38.0℃以上的高温日数1天。年总降水量为1683.3毫米，接近常年；雨日221天，比常年偏多1成；最大日降水量116.3毫米，出现在6月30日；6月10日入梅，7月5日出梅，梅雨期25天，比常年偏少5天，梅雨期呈现梅雨量较常年偏少，地域分布不均，降雨量南部多、中北部少，时间分布不均，强降水过程集中于后期，降水强度强，梅中有伏等特点。全年总日照时数为1601.3小时，比常年偏少185.9小时。

【水文】 2021年总降水量为1834毫米，水资源总量12.62亿立方米，用水总量为1.93亿立方米。

建置区划与人口

【建置沿革】 春秋时期为姑蔑地，其中心聚落姑蔑城，就在现在的龙游县城一带。秦始皇二十六年（前221）设大末县，是浙江省境内最早设立的县级建制之一。自秦代以来，除3次短暂的撤销县制外，龙游一直作为县级建制存在。县名则历经大末、末治、太末、龙丘等变化。唐武德四年（621），还一度在龙游设縠州，成为州级建制。境内出现两个县平行设置现象，如太末县和白石县、龙丘县和盈川县等。五代吴越宝正六年（931），吴越武肃王钱镠改龙丘县为龙游县。北宋宣和三年（1121），改县名为盈川。至南宋绍兴元年（1131）复名龙游，自此一直沿用。

【行政区划】 2021年，设2个街道、6个镇、7个乡，下辖12个社区、263个行政村。

【人口】 2021年，户籍人口39.71万人，户籍人口城镇化率32.91%，常住人口36.16万人，常住人口城镇化率52.0%。至12月末，共有少数民族人口13394人，其中畲族人口11132人，苗族、布依族、土家族、壮族、彝族、侗族等31个少数民族人口2262人。

历史文化

【龙游商帮】 龙游商帮萌发于南宋，随着明代中叶以来江南经济的发展和商业的繁盛，兴旺于明清之际。龙游商帮以龙游商人为中坚，包括整个浙西地区的商人资本集团，以经营珠宝和纸张、书籍等文化用品为特色，活动范围遍及全国乃至海外，俗有“遍地龙游”之谚（万历志语）。与各地商人相角逐而称雄一时，成为中国十大商帮中的一员。到清后期，龙游商帮终因种种原因而衰落，致使余绍宋在民国《龙游县志》卷2《地理考·风俗》的按语中发出“遍地龙游之说久不闻矣”的感叹。

【文化遗址】 有新石器时代的文化遗址10处，出土大量石箭镞、石刀、石锛和玉珠、玉玦以及各种陶器残片。其中，三酒坛遗址距今已4000多年；青碓遗址属于距今9000年的新石器时代早期；荷花山遗址将境内人类活动历史提早到1万年前，被考古界论定为长江下游早期新石器时代考古学文化的重要突破，为解决上山文化和跨湖桥文化的关系以及与周边考古学文化的关系，提供了全新的资料。遗址中发现的稻作遗存，证明龙游所在的钱塘江上游地区，是稻作农业文明的重要发祥地之一。

【文物】 县博物馆馆藏文物达4258件，最早的属新石器时代，

图2 龙游县疆里图（原载清康熙十二年《龙游县志》卷首） （县档案馆/提供）

夏、商、周直至明清均有，其中一级文物5件、二级文物20件、三级文物91件。馆藏文物以陶器、原始瓷器以及铜镜为多，陶、石器以战国到汉代为主，原始瓷器西周时期的不少，两汉时的更多，铜镜从西汉到唐朝均有。考古挖掘中先后有东汉至唐朝的古窑址发现，三酒坛、杨侯殿山、鸡鸣山、牛形山等新石器时代文化遗址中，陶器残片的出土量也相当大。说明历史上的龙游，从荷花山遗址始，烧制的陶器以粗泥陶为主，掺杂稻壳的夹炭陶器次之，标志着整个上山文化谱系在钱塘江流域农耕文明尤其是水稻文化的启明。原始陶器的起步不迟于新石器时代晚期。在方坦唐朝窑址中，有乳浊釉瓷器出现，成为婺州窑系中的代表。不少谷仓、猪圈、鸡笼等明器的出土，为龙游农业生产的早期历史提供佐证。

【古建筑】 以明清两代民居、宗祠为代表的古建筑，装饰精美，种类齐全，是中国江南民居建筑的代表。保存完好的建于北宋的舍利塔和建于明代的鸡鸣塔、龙洲塔、浮杯塔、湖岩塔、沐尘塔、横山塔、刹下塔8座砖塔，和各种古建筑一起，点缀于山水之间，构成龙游特有的景观。龙游石窟和龙游民居苑，既是它们中的代表，也是重要的旅游景点。

【儒风甲于一郡】 南宋定都临安后，龙游的科举达到鼎盛阶段，全县先后157名进士中，宋代占109人，赢得“儒风甲于一郡”的美誉。吕防一家就有父子、兄弟、叔侄5名进士，传为佳话。一批著述及学术成果也随之问世，如汪应辰所著《文定集》、夏僎所著《尚书详解》等，均被《四库全书》收录；被《四库全书》收录或存目的两宋以后的著述有元赵友钦的《革象新书》、明童珮的《童子鸣集》、童珮编辑的唐代诗人杨炯《杨盈川集》、释传灯著的《天台山方外志》《幽溪别志》等，清徐金生绘辑的《滇南矿厂图略》则被《续修四库全书》收录。

【历史名人】 《后汉书》载有龙丘苌，《三国志》有关于徐陵、徐平父子的记载，《南齐书》《南史》有《徐伯珍传》，新旧唐书均有《徐安贞传》。在《宋史》中立传的有5人：汪应辰、刘章、余端礼、马天骥、刘愚，未入正史的代表人物也不少。在朝为官者敢说敢为，政绩昭然，如状元汪应辰、刘章反对秦桧，“南渡名宰”余端礼敢冒风险力挽危局等。也有不少人发扬龙丘苌、徐伯珍不慕名利、专心向学的精神，如刘愚的结庐城南著书自适，夏僎的辞职归乡致力讲学。宋代以后，各种学术性、艺术性的代表人物表现突出，如民间科学家赵友钦、“浙操之师”祝望、藏书家童珮、天台宗师释传灯等。现代的代表性人物，继承和发扬严正为人和认真治学的传统。如学者兼书画家余绍宋，“首先是战士，其次才是学者”的华岗，以及水利专家何之泰、财政专家童蒙正、土壤专家俞震豫、针灸专家邱茂良等，均以其治学成就和精神操守为世人所尊重。

2021年经济和社会发展

【经济总量】 2021年，龙游县实现地区生产总值288.02亿元，同比增长9.5%。其中，第一、二、三产业增加值分别为13.07亿元、130.41亿元、144.54亿元，分别增长1.1%、10.4%、9.7%。三次产业增加值结构比为4.5∶45.3∶50.2。按户籍人口计算，人均生产总值72284元，同比增长10.2%。

【财政收支】 2021年，全县财政总收入37.28亿元，与上年同比增长17.6%；一般公共预算收入23.00亿元，增长17.2%，其中税收收入19.85亿元，增长14.8%。全县一般公共预算支出67.30亿元，增长2.0%。全年财政收支平衡。

【农业农村】 2021年，全县实现农林牧渔业总产值25.93亿元，按可比价计算，与上年同比下降2.0%。其中，完成农业产值9.64亿元，增长4.9%；林业产值1.42亿元，下降6.8%；牧业产值11.92亿元，下降5.4%；渔业产值2.51亿元，增长3.9%；农林牧渔服务业产值0.44亿元，增长9.3%。全年粮食总产量12.31万吨，增长0.2%。生猪年末存栏32.49万头。家禽年末存栏569.27万羽，增长19.7%。水产品产量2.24万吨，增长2.5%。紧紧围绕乡村振兴目标，以“两江走廊”示范带建设为主平台、主抓手，全力推进产业转型升级、农业绿色发展、精准脱贫攻坚、新时代美丽乡村建设、农村改革等重点任务，不断推动农业全面升级、农村全面发展、农民全面增收，稳步提升农业农村现代化水平。

【工业】 2021年，全县258家规模以上工业企业实现总产值351.6亿元，同比增长23.8%；实现规模以上工业增加值80.6亿元，同比增长15.4%，增幅列全市第二。淘汰落后产能企业22家。全县工业总投资39.88亿元，同比增长10.6%。龙游经济开发区累计实现规模以上产值241.42亿元，同比增长28.42%，占全县比重的68.66%。

【固定资产投资、城市建设】 2021年，固定资产投资123.6亿元，同比增长6.1%。其中，第一产业投资同比增长21.5%，第二产业投资同比增长10.6%，第三产业投资同比增长3.9%。房地产开发投资32.42亿元，同比增长33.7%。县城建成区面积15.39平方千米，建成区绿地面积625公顷，绿地率40.58%。列入全省首批美丽县城试点，城东新区建设进度加快，“两馆七中心”（“两馆”指图书馆、档案馆，“七中心”指商务办公、行政服务、综合指挥、公共资源交易、文化艺术、青少年活动、老年活动等7个中心）、景观云桥、金融中心、金鼎级酒店、东方综合体等楼宇地标逐步建成，三江口城市核心圈层初具雏形。老城改造焕发生机，大南门历史文化街区破土动工，“15分钟幸福生活圈”基本建成。

【商贸服务业】 2021年，完成服务业增加值144.54亿元，比2020年增加16.33亿元。全年外贸进出口实现总额54.67亿元，同比增长9.74%。其中出口额44.55亿元，同比增长14.05%。实际利用外资203万美元，同比下降69.2%。社会消费品零售总额175.53亿元，同比增长9.5%。

【交通、邮电、供电】 2021年，龙游县公路、铁路、水上交通运输、电力、通信、邮政行业在安全生产的同时，注重企业改革、业务开拓和多角度提升客户服务，全年全社会用电量33.96亿千瓦时，铁路运输年货运发送4.8万吨。城乡公交一体化全面启动，年末实有公共汽车营运车辆227辆，公共汽车客运总量656.85万人次，年末实有巡游出租汽车运营车数78辆，全社会公路客运量684.29万人（未含出租车及网约车），公路货运量1943.82万吨，水运货运量8.09万吨，水运客运量1.50万人，衢江航道龙游港区桥头江码头完成吞吐量309.04万吨。年末邮政局（所）17处，邮政业务收入16577万元，固定电话年末用户数4.96万户，移动电话年末用户数37.28万户，互联网宽带接入用户数16.68万户。

【金融】 2021年，龙游县金融业系统围绕防范金融风险、优化金融环境、畅通融资渠道支持实体经济发展三大主题，推进绿色金融改革创新试验区建设，推进企业上市、绿色金融改革创新建设，形成政府和银保企业良性互动格局，在金融产品创新、金融风险防范处置、企业上市挂牌、畅通融资渠道等方面都取得成效。至年底，全县金融机构本外币各项存款余额440.60亿元，比年初增加26.74亿元，同比增长6.46%；全县本外币各项贷款余额438.60亿元，比年初增加64.2亿元，同比增长17.15%。年保费收入7.80亿元，支付各类保险赔付额2.83亿元。

【教育、科技】 2021年，教育事业呈现良好的发展态势。全县共有中小学、幼儿园134所（含民办中小学、幼儿园），其中普通高中4所、职业高中（中专）2所、普通初中10所、小学32所、幼儿园85所、特殊教育学校1所。有民办中小学7所，民办幼儿园65所。有电大1所，城乡成人（社区）文化学校15所。在校中小学生（幼儿）48662人，其中普通高中5487人、职业高中（中专）5010人、普通初中9582人、小学18280人、幼儿园10214人、特殊教育89人。全县基本普及15年基础教育。全县中小学、幼儿园有教职工4546人，其中专任教师3938人，在编、在岗教职工3290人。2021年全县研发经费投入7.28亿元，同比增长36.4%，占地区生产总值比重的2.5%；实现高新技术产业增加值43.67亿元，占规模以上工业增加值比重的54.2%；规模以上工业企业研究开发费11.15亿元，占营业收入比重的3.05%；完成高新技术产业投资7.02亿元，占固定资产投资比重的5.7%。

【文化、体育、旅游】 2021年，开展一系列文化惠民活动，服务群众超过50万人次，公共文化服务体系建设再上新台阶，入围浙江省公共文化先行县培育名单。围绕打造区域明珠型城市的目标要求，扎实推进体育设施完善、全民健身活动开展，提高青少年竞技水平、加快发展体育产业，打响“运动龙游”品牌。2021年共接待游客193.64万人次，旅游总收入21.41亿元，同比增长10.2%。

【卫生】 2021年，严格落实县委、县政府总体部署，紧紧围绕“两手硬、两战赢”目标，坚持保基本、强基础、建机制，落实条抓块统，以时不我待、只争朝夕的精神投入疫情防控等各项重点工作任务中去，力争出实招、求实效，在提质扩面上实现新突破，为全县居民提供全方位、全生命周期的健康服务，努力实现龙游县卫生健康事业高质量发展，各方面工作均取得新进展新成效。卫生健康系统下属县人民医院、中医医院、妇幼保健院、疾病预防控制中心、卫生监督所、卫生健康服务中心和爱国卫生发展中心等7家县属医疗卫生单位，15家乡镇（街道）卫生院（社区卫生服务中心），其中中心卫生院4家，村卫生室216家，城区社区卫生服务站4家，民营医院21家，民营门诊部4家，个体诊所85家，医务室5家。全县共核定床位1753张，实际开放床位1812张，每千人拥有床位5.01张。全县医疗机构共有卫技人员2410人，其中执业（助理）医师1008名，乡村医生219名，每千人口医生2.79人（不含乡村医生）；执业护士1016名，每千人注册护士数2.81名。

【民生保障、慈善事业】 2021年，城镇常住居民人均可支配收入56735元，同比增长11.2%；农村常住居民人均可支配收入30045元，同比增长12.4%。城镇新增就业9158人，同比增长26.1%，实现再就业501人。基本养老保险参保率99.81%，职工基本养老、失业以及工伤保险参保人数分别为135610人、58010人、74655人。至12月底，全县城乡居民低保对象7665户9355人；低保边缘对象1421户2246人。全年累计临时救助1130人次。全年困难残疾人生活补贴惠及5231人，发放金额1482.84万元；重度残疾人护理补贴惠及7746人，发放金额1792.28万元。

【生态建设】 2021年，深入打好污染防治攻坚战，抓实第二轮中央、省环保督察和突出环境问题整改。全年环境空气PM2.5浓度均值29微克/立方米，比上年下降1微克/立方米，空气优良率97.7%，环境空气质量稳中趋好，连续两年达到国家二级标准。衢江出境水水质和国控地表水断面达标率100%，均达到Ⅱ类水标准，比功能区要求提高一个等级。集中式饮用水源地达标率100%；乡镇交接断面水质优秀率达100%。

【社会安全】 2021年，龙游县紧紧围绕平安创建、基层治理、维稳安保等工作重点，有效营造平安稳定良好局面。全县共接警80596起，有效报警38349起；受理行政案件2895起，查处1546起，处理违法人员1315人；报立刑事案件1392起，破获刑事案件541起。发生道路交通事故18781起，死亡45人，受伤100人，直接经济损失22.69万元。连续15年获得省级“平安县”称号。

（县档案馆）

概　述

【概况】 2021年是中国共产党成立100周年，中国共产党龙游县委员会（以下简称中共龙游县委）始终坚持以习近平新时代中国特色社会主义思想为指引，认真贯彻落实中央和省委、市委系列决策部署，牢牢把握忠实践行“八八战略”、奋力打造“重要窗口”主题主线，聚焦聚力高质量发展、竞争力提升、现代化先行，围绕“浙西新明珠”总目标，掀起“大庆大干、你追我赶”干事热潮，成功跻身全省共同富裕示范区建设“缩小区域差距”首批试点、山区26县跨越式高质量发展生态工业样本县，获得省级以上荣誉37项，交出高水平全面建成小康社会精彩答卷。

【深学笃行坚定方向】 始终高举习近平新时代中国特色社会主义思想伟大旗帜，牢记“八八战略”“八个嘱托”“重要指示”，每当习近平总书记发表重要讲话重要文章、作出重要指示，都第一时间通过县委常委会、县委理论学习中心组学习会和部署会、座谈会、调研宣讲等形式进行传达学习、对标贯彻。全程全面高质量开展党史学习教育，认真学习贯彻习近平总书记在庆祝中国共产党成立100周年大会上的讲话精神，广泛宣介中共十九届六中全会、省委十四届十次全会精神，县领导带头上好专题党课、开展精神宣讲。持续擦亮8090新时代理论宣讲金名片，庆祝中国共产党成立100周年系列活动取得圆满成功。

【产业为王工业强县】 坚持做大产业、扩大税源，因地制宜重塑生态工业发展新体系，全面实施工业强县“531”工程（“5”即平台能级提升、产业集聚培育、科技创新联动、制造方式数字化变革、资源要素高效保障“五大行动”，“3”即招大引强、企业上市、亩均效益提升“三大攻坚战”，“1”即跻身浙江工业大县行列），奏响“双招双引”主旋律，举全县之力大干项目、干大项目，全年规模以上工业产值超350亿元，新引进项目74个，总投资超140亿元，云墨碳谷、全竹产业园等重大项目相继落地。高新技术产业增加值占比超50%以上，2家企业列入工业和信息化部专精特新“小巨人”名单，传统制造业改造提升获省政府督查激励。恒盛能源成功在主板上市、实现本土企业上市零的突破，禾川科技开展科创板上市工作，恒达新材、金龙股份开展主板上市工作。“二期在龙游”取得进展，维达纸业、伊利乳业等16家外来上市公司有11家在龙游扩大投资。跻身全国科技创新百强县、省级国防科技工业重点联系县和全国最具投资潜力中小城市百强县。经济开发区全面整合提升，规划面积拓展至66.7平方千米，入选首批现代服务业与先进制造业深度融合试点。

【城乡融合赋能提质】 列入全省首批美丽县城试点，全面实施城乡风貌提升和新时代美丽乡村建设行动，加快构建山区“七个一”［指1个产值100亿元级的特色生态主导产业，1个3平方千米以上的特色产业平台，1批高质量“产业飞地”“科创飞地”，1个高品质县城中心商务区，1个高能级交通（高铁）门户，1条山水城文交融的美丽风景大道，1系列由公共文化中心和高水平学校、医院等构成的优质公共服务]基本形态，不断提升县城首位度。城东新区建设进度加快，“两馆七中心”（“两馆”指图书馆、档案馆，“七中心”指商务办公、行政服务、综合指挥、公共资源交易、文化艺术、青少年活动、老年活动等7个中心）、景观云桥、金融中心、金鼎级酒店、东方综合体等楼宇地标建设有序推进，三江口城市核心圈层初具雏形。老城改造焕发生机，大南门历史文化街区破土动工，“15分钟幸福生活圈”基本建成。城乡融合步伐加快，统筹推进全域土地综合整治、未来社区建设、农民就业创业，创新“公司化运作、市场化安置”模式，打通农民进城入镇政策体系，吸引人口转移集聚3.6万余人，年均提高城镇化率2个以上百分点。翠光、归仁、礼享列入省级未来社区试点，溪口、浦山列入省级首批未来乡村试点，荣获美丽浙江、美丽城镇建设工作优秀县和全省深化“千万工程”建设新时代美丽乡村工作优秀县。

【绿色发展生态富民】 围绕浙江大花园核心景区的精品园区目标定位，主动融入钱塘江唐诗之路建设，集中精力打造衢江、灵山江“两江”走廊诗画风光带，建成连绵41千米的生态绿道和22.4千米的美丽沿江公路，95联盟大道建设完成，红木小镇、六春湖成为新的热门景点，连续三年入围全国县域旅游综合实力百强县，获评省级全域旅游示范县、省级文旅产业融合试验区。扎实开展中央环保督察反馈问题整改，持续打好污染防治攻坚战，大力开展无废城市创建，空气质量优良率97.7%，出境水质保持Ⅱ类标准，跻身省生态文明建设示范县。

【交通先导开放开发】 抢抓长三角一体化、全省“四大”建设、浙中城市群等重大叠加机遇，深入实施“融杭接沪联甬”战略，大力推进交通基础设施建设，龙游港区年吞吐量超300万吨，沪昆铁路龙游站房全面升级正式启用，杭衢铁路开工建设，成功争取衢丽铁路在龙游并站，320、351、528等国道及315省道新改建项目全面推进，“一路一桥一港一枢纽”建成投用，内畅外联交通体系初步形成。新时代山海协作持续深化，镇海区“消薄飞地”全年实现投资返利1000.8万元，携手钱塘区共建“产业飞地”，在临安区设立“科创飞地”，承接省内发达地区产业转移项目到位资金31.7亿元。

【数字变革整体智治】 坚持以数字化改革牵引撬动各领域各方面改革，纵深推进“县乡一体、条抓块统”改革，持续迭代“龙游通+”治理模式，实现近千个民生事项“掌上办”“一键办”，入选全国市域社会治理创新优秀案例。数字化改革入围全省重大应用“一本账”5个、省级试点12个，“智慧粮脑”“燃气安全在线”获省领导批示肯定，“浙里党群心联心”在全市推广，“走心驿站”“老兵码”“疫秒通”等一批具有龙游特色的创新应用，获广大群众使用点赞。

【人民至上共建共享】 围绕共同富裕示范区首批试点工作，深入实施提升居民收入富民行动，扎实推进“扩中提低”，高质量完成十方面民生实事，群众生活品质稳步提高。教育“1630”改革、医联体、医共体改革成效显著，佛乡水库、健康产业中心、龙游中学改扩建、公共文化服务中心等重大民生项目加快推进，创成省教育基本现代化县，公立医院综合改革评价名列全省第18位，获评省级公共文化服务体系示范区。社会大局持续保持平安和谐，守住疫情防控“零确诊”牢固防线，安全生产和应急管理形势稳定向好，荣获平安创建“十五连冠”“一星金鼎”，获评国家级信访“三无”县、法治浙江（法治政府）建设示范县。

【党建统领抓人促事】 坚定不移推动全面从严治党纵深发展，推动党委主体责任、书记第一责任、班子成员“一岗双责”和纪委监督责任贯通联动、形成合力。大力弘扬唯实惟先、善作善成的团队文化，突出“两坚两基两勤两专”（指意志坚定、行动坚决，基础功、基本功，脑勤、腿勤，专业科学精神、专业技术能力），实施“揭榜挂帅、百日会战、千中选人、五比五看”等一揽子举措，选派360名年轻干部火线历练，提拔优秀干部187名。高质量完成县乡换届工作，年龄结构、学历层次实现历届最优。持续深化政治生态最佳县建设，推出7个方面25条巩固提升措施，不折不扣抓好中央巡视反馈问题和省委市委“七张问题清单”整改，33个巡视反馈问题基本完成整改，“七张问题清单”37个问题中完成整改31个。严格落实中央八项规定及其实施细则精神，坚决整治形式主义官僚主义，一体化推进不敢腐、不想腐、不能腐。

重要会议

【概况】 2021年，中共龙游县委组织召开县代表大会1次，县委全体（扩大）会议2次，县委常委会会议20次，县委常委扩大会议4次，全县干部大会1次，全县领导干部会议2次，县委理论学习中心组专题学习会15次。

图3 2021年12月29日，中国共产党龙游县第十二次代表大会召开，图为县委书记祝建东作报告（吴森邦/摄）

【中国共产党龙游县第十二次代表大会】 12月29日，中国共产党龙游县第十二次代表大会在龙游东方文岚饭店开幕。大会应到代表220名，因事因病请假6名，实到代表214名。大会的主题：坚持以习近平新时代中国特色社会主义思想为指导，团结动员全县广大党员干部群众，铭记党的百年伟业，弘扬伟大建党精神，从党的百年奋斗重大成就和历史经验中汲取智慧和力量，实施“三大战略”、打造“两城四区”，厚植特色、放大优势，努力在共富路上当龙头争上游，加快建设“活力四射”“美丽幸福”的浙西新明珠。县委书记祝建东代表中国共产党龙游县第十一届委员会向大会作题为实施“三大战略” 打造“两城四区” 努力在共富路上当龙头争上游的报告。报告指出，县第十一次党代会以来，在以习近平同志为核心的党中央正确指引下，在省委市委的坚强领导下，龙游抓住历史性机遇、发生转折性变化、实现突破性进展，交出高水平全面建成小康社会的时代答卷，为现代化建设奠定坚实基础。五年砥砺奋进，“两个维护”达到新境界，综合实力实现新跃升，产业创新取得新突破，城乡融合彰显新内涵，绿色发展打开新空间，改革持续迸发新活力，民生事业迈上新台阶，党风政风焕发新气象。报告强调，围绕建设浙西新明珠总目标，在整体把握上，要坚持一张蓝图绘到底，突出“龙之游·人之居”，打造“两城四区”，即打造活力“创新城市”、宜居“公园城市”和共同富裕示范区、生态工业先行区、文旅融合试验区、城乡风貌样本区。在工作方法上，要坚持系统集成、聚焦突破，一手抓桩基大事、一手抓关键小事。在路径选择上，要坚持走特色发展之路，实施“三大战略”，即坚持“两化引领、产业为王”，实施“工业强县”发展战略；聚焦“一核两极、两江走廊”，实施“城乡融合”空间战略；着眼“追赶跨越、开放开发”，实施“特色制胜”竞争战略。报告强调，目标引领方向，实干成就未来。今后五年，要坚定不移推进工业强县，打造现代产业集群新高地，加快迈向创新驱动主跑道，全面构筑产城融合大平台，努力在生态工业高质量发展上当好示范样本；要坚定不移推进城市赋能，优化城乡发展格局，增强城市综合能级，提升城市美丽窗口形象，不断彰显新时代山水田园城市的独特魅力；要坚定不移推进乡村振兴，深化美丽乡村建设，推动农业体制增强，激发乡村发展活力，全力打造美丽乡村大花园的实践典范；要坚定不移推进绿色发展，大力发展全域旅游，推进绿色低碳发展，提升生态环境质量，不断拓宽绿水青山就是金山银山的转化通道；要坚定不移推进开放合作，构建完善现代大交通体系，全力打造内循环重要支点，持续深化跨区域交流合作，主动融入区域协同发展的全新格局；要坚定不移推进改革创新，迭代深化数字化改革，抓好“县乡一体、条抓块统”改革，加快推进重点领域改革，努力在数字变革整体智治上走在前列；要坚定不移推进文化建设，打造文明城市标杆，完善公共文化服务体系，塑造区域文化品牌，全力打造现代文化文明新高地；要坚定不移推进共同富裕，夯实共同富裕的物质基础，强化共同富裕的教育支撑，优化共同富裕的服务供给，不断满足人民对美好生活的向往。会上，中共龙游县第十一届纪律检查委员会向大会作书面工作报告。

【十一届县委全体（扩大）会议】 2021年，中共龙游十一届县委全体（扩大）会议共召开2次，具体情况如下：

2021年1月22日，中共龙游县委召开十一届十次全体（扩大）会议。县委常委会主持会议。县委书记张晓峰代表县委常委会作工作报告，县委副书记、县长祝建东等县四套班子领导出席。全会高举中国特色社会主义伟大旗帜，以习近平新时代中国特色社会主义思想为指导，全面落实中共十九届五中全会和省委十四届八次全会、市委七届九次全会精神，深入贯彻习近平总书记考察浙江重要讲话精神，进一步动员全县上下牢记使命、勇于进取，当好龙头、力争上游，奋力谱写高水平建设浙西新明珠的时代篇章。全会审议通过《中共龙游县委关于制定龙游县国民经济和社会发展第十四个五年规划和二〇三五年远景目标的建议》。

8月25日，中共龙游县委召开十一届十一次全体（扩大）会议。县委常委会主持会议。县委书记张晓峰代表县委常委会作工作报告。县委副书记、县长祝建东等县四套班子领导参加。全会以习近平新时代中国特色社会主义思想为指导，深入贯彻落实习近平总书记“七一”重要讲话精神，全面落实省委十四届九次全会和市委七届十次全会的部署要求，进一步动员全县上下弘扬伟大建党精神，忠实践行“八八战略”“八个嘱托”“三个指示”，勇担“脱颖而出”新使命，全力打造共同富裕示范区的浙西明珠，率先在浙西地区展现共同富裕美好社会的幸福图景。全会强调，“十四五”时期是龙游县全力打造共同富裕示范区的“第一程”，要紧盯共同富裕示范区建设的重点、难点、关键点，突出创新性突破性重大工作抓手，加快形成一批有影响力、有辨识度的重大标志性成果。会议审议并原则通过《龙游高质量发展建设共同富裕示范区的浙西明珠行动计划（2021—2025年）》。

图4 2021年2月20日，县委十一届十次全体（扩大）会议召开（县委办/提供）

【县委常委会会议】 2021年，中共龙游县委常委会会议共召开20次，具体情况如下：

2021年1月4日，县委常委会召开会议，县委书记张晓峰主持会议并讲话。会议传达学习中央政治局民主生活会精神。会议强调，要对标对表，深入学习贯彻习近平总书记重要讲话和中央政治局民主生活会精神，紧密结合龙游县实际，开好2020年度县委常委班子民主生活会，确保民主生活会开出针对性和实效性。要坚持以上率下，县委常委班子成员要带头履职尽责，带头廉洁自律，带头进行自我检查、党性分析，开展批评和自我批评，不断提高政治判断力、政治领悟力、政治执行力。要以“钉钉子”精神贯彻执行中央八项规定精神，继续紧盯重要节点纠正“四风”，开展中央八项规定精神贯彻执行情况“回头看”。会议还传达学习中央农村工作会议精神、中央全面深化改革委员会第十七次会议精神。

2月22日，县委常委会召开会议，县委书记张晓峰主持会议并讲话。会议传达学习中央全面深化改革委员会第十八次会议精神。会议强调，各级各部门要充分贯彻落实中央全面深化改革委员会第十八次会议上的最新部署，扎实开展深层次改革，推进高质量发展。会议还传达学习党史学习教育动员大会精神、十九届中央纪委五次全会、省纪委十四届六次全会和市纪委七届五次全会精神、全省统战部长会议精神。

3月9日，县委常委会召开会议，传达学习《习近平在浙江》采访实录，研究全县贯彻落实相关意见。会议指出，《习近平在浙江》采访实录生动翔实地呈现习近平同志在浙江的领导工作历程，集中彰显习近平同志坚定的理想信念、高超的领导艺术、严谨的系统思维、强烈的担当精神、务实的工作作风、高尚的为民情怀。会议强调，全县各级各部门要高度重视《习近平在浙江》学习宣传工作，精心策划、周密安排，迅速在全社会掀起学习宣传的热潮。

3月17日，县委常委会召开会议，县委书记张晓峰主持会议并讲话。会议传达学习全国两会和省市领导干部会议精神。会议指出，这次全国两会是在全面建设社会主义现代化国家开局起步阶段召开的一次重要会议，习近平总书记在两会期间发表的一系列重要讲话既高瞻远瞩、总揽全局，又举旗定向、切合实际，为奋斗“十四五”、奋进新征程提供重要遵循。要深入学习领会习近平总书记在两会期间的重要讲话精神，深刻认识全国两会取得的重大成果，切实把思想和行动统一到党中央决策部署上来。会议还传达学习全国宣传部长会议、省市宣传思想工作会议及《浙江省党委（党组）意识形态工作责任制实施细则》精神、“县乡一体、条抓块统”改革工作第三次省市专班联席会议精神。

4月19日，县委召开常委会会议，县委书记张晓峰主持会议并讲话。会议传达学习全国、全省、全市组织部长会议精神。会议强调，组织工作要坚持党建统领、整体智治、唯实唯先的工作导向，在“大庆之年”进一步强化政治建设、基层党建，深入推进“县乡一体、条抓块统”改革，高质量、高标准做好县乡换届工作，全力推进组织工作数字化改革。要聚焦重点企业、关键性行业和战略性产业，做好人才赋能工作。会议传达学习习近平总书记关于统计工作系列重要指示批示精神和《关于深化统计管理体制改革提高统计数据真实性的意见》《统计违纪违法责任处分处理建议办法》《防范和惩治统计造假、弄虚作假督察工作规定》。会议传达学习省委网信委第三次全体会议和《关于2020年度全省各级党委（党组）落实意识形态工作责任制综合情况的通报》《关于全面加强网络舆情安全工作的实施意见》文件精神。

5月8日，县委常委会召开会议，县委书记张晓峰主持会议并讲话。会议传达学习中央政治局第二十九次集体学习会精神。会议指出，习近平总书记的重要讲话高屋建瓴、统揽全局，思想深邃、内涵丰富，深刻阐述生态环境保护和经济社会发展的辩证统一关系，为龙游县努力建设人与自然和谐共生的现代化浙西新明珠提供方向指引和根本遵循，全县各级各部门要学习好、贯彻好、落实好习近平总书记的重要讲话精神，加快构建龙游县绿色循环经济体系。会议传达学习4月30日召开的中央政治局会议精神。传达学习全省农村文化礼堂2.0版建设暨新时代文明实践中心建设工作现场会精神。

6月7日，县委常委会召开会议，县委书记张晓峰主持会议并讲话。会议传达学习5月31日召开的中共中央政治局会议精神。会议指出，此次中共中央政治局会议，对进一步优化生育政策的重大战略部署作了深刻论述，就积极应对人口老龄化、调整生育政策等问题作出安排部署。要把会议精神与龙游县人口结构现状结合起来，深刻学习领会，认真分析研判，贯彻落实好党中央的决策部署。会议传达学习5月31日召开的省委全面深化改革委员会第十四次会议精神。传达学习5月28日召开的省委常委会会议学习贯彻李克强总理考察浙江重要讲话精神。

6月22日，县委召开常委会会议，县委书记张晓峰主持会议并讲话。会议观看专题片《生命重于泰山—学习习近平总书记关于安全生产重要论述》。会议指出，全县上下要认真贯彻落实、学思践悟习近平总书记关于安全生产方面的重要论述，高度重视安全生产，牢固树立生命至上、人民至上、安全第一的理念，统筹好发展和安全。会议传达学习习近平总书记在青海省考察时的讲话精神，传达学习全国就业创业工作暨普通高等学校毕业生就业创业工作电视电话会议精神。

7月9日，县委常委会召开会议，县委书记张晓峰主持会议并讲话。会议传达学习习近平总书记在庆祝中国共产党成立100周年大会上的重要讲话精神。会议指出，习近平总书记在庆祝中国共产党成立100周年大会上的重要讲话高屋建瓴、思想深邃、内涵丰富，具有很强的政治性、理论性、思想性、指导性，是一篇闪耀着马克思主义真理光辉的纲领性文献，是引领实现中华民族伟大复兴的政治宣言，为全党全国各族人民向第二个百年奋斗目标迈进指明前进方向、提供根本遵循。会议传达学习习近平总书记在“七一勋章”颁授仪式上的重要讲话精神。会议指出，习近平总书记在“七一勋章”颁授仪式上的重要讲话深刻阐述中国共产党人坚定信念、践行宗旨、拼搏奉献、廉洁奉公的高尚品质和崇高精神，号召全党同志学习先进、崇尚先进、争当先进。

7月16日，县委常委会召开会议，县委书记张晓峰主持会议并讲话。会议传达学习省委书记袁家军到衢州调研讲话精神、市委常委会会议精神，市委书记汤飞帆，市委副书记、代市长高屹到龙游调研讲话精神。会议指出，在深入学习贯彻习近平总书记“七一”重要讲话精神和省委十四届九次全会精神的重要节点，省、市领导袁家军、汤飞帆、高屹亲自莅临龙游调研指导，充分体现出省委省政府、市委市政府对龙游工作的关心关怀，对龙游发展的期许期盼，备受鼓舞、倍增信心、倍添干劲。会议强调，要围绕共同富裕示范区建设，尽快完成高质量的课题研究，筹备开好县委十一届十一次全会。要进一步梳理好技改项目、招商项目、重点在谈项目，围绕推动项目落地做好产业服务。要建立健全倒逼机制，确保招商项目早开工、早投产、早见效。要进一步加大对拟上市企业的工作力度，做好拟上市企业的协调服务工作。

7月28日，县委常委会召开会议，县委书记张晓峰主持会议并讲话。会议传达学习市委七届十次全体（扩大）会议精神，研究贯彻落实意见。会议指出，市委七届十次全体（扩大）会议是在全省高质量发展建设共同富裕示范区的历史节点召开的一次主题重要、时机重要、意义重要会议。全县上下要紧紧围绕市委市政府的决策部署，进一步提高政治站位，增强责任担当，强优势、找差距、补短板，狠抓任务落实。会议强调，扎实推动共同富裕示范区建设，是习近平总书记、党中央赋予浙江的新的光荣使命，是必须坚决扛起的政治责任，是必须牢牢抓住的战略机遇，是回应人民热切期盼的具体行动。

8月6日，县委常委会召开会议，县委书记张晓峰主持会议并讲话。会议传达学习7月30日中共中央政治局会议精神。会议指出，7月30日召开的中共中央政治局会议，深刻分析当前疫情防控和经济运行形势，提出一系列事关长远的方向性要求和思路举措，为做好当前和今后一个时期经济工作指明前进方向、提供根本遵循。会议研究部署全县疫情防控相关工作。

8月20日，县委常委会召开会议，县委书记张晓峰主持会议并讲话。会议传达学习中央财经委员会第十次会议精神。会议指出，全县各级各部门要认真学习贯彻中央财经委员会第十次会议精神，增强“四个意识”、坚定“四个自信”、做到“两个维护”，学深悟透中央关于共同富裕的内涵、目标、路径、关键性问题的把握等方面的要求。会议还传达学习全省政协主席读书会暨宣传思想工作会议的精神。

9月3日，县委常委会召开会议，县委书记张晓峰主持会议并讲话。会议传达学习中央全面深化改革委员会第二十一次会议精神。会议指出，中央全面深化改革委员会第二十一次会议部署一系列的改革事项，鲜明体现党中央抓改革的战略导向、问题导向和民生导向，为龙游县抓好相关工作提供科学指引和根本遵循。全县上下要深入学习贯彻习近平总书记的重要讲话精神，充分领会精神实质，切实用理论武装头脑，指导实践，推动改革。会议传达学习8月31日中共中央政治局会议精神。会议指出，中共中央政治局8月31日召开会议，决定2021年11月召开中国共产党第十九届中央委员会第六次全体会议，并重点研究全面总结党的百年奋斗的重大成就和历史经验问题以及教育工作。全县上下要切实提高政治站位，把思想和行动统一到中共中央政治局会议精神上来，在新征程中展现新气象、新作为，为中共十九届六中全会胜利召开营造良好环境。会议传达学习省长郑栅洁在全省工业高质量发展大会上的讲话精神。

9月22日，县委常委会召开会议，县委书记张晓峰主持会议并讲话。会议传达学习习近平总书记在中央党校（国家行政学院）中青年干部培训班开班式上的讲话精神。会议指出，习近平总书记的重要讲话立意高远、语重心长，既是对中青年干部的殷切期望，也是对广大党员干部的谆谆教导，同时对干部教育培训工作提出新的更高要求，具有很强的现实针对性。会议传达学习《关于市、县（市、区）党委落实巡察工作主体的实施意见》、省、市进一步推进能耗“双控”和坚决遏制“两高”项目盲目发展会议和全省中央环保督察整改暨生态环境问题发现机制落地推进视频会精神，传达学习省委民族工作会议精神。

10月29日，县委常委会召开会议，县委书记张晓峰主持会议并讲话。会议传达学习习近平在纪念辛亥革命110周年大会上的讲话精神。会议指出，习近平总书记在纪念辛亥革命110周年大会上的重要讲话立意高远、思想深邃，鼓舞人心、催人奋进，高度评价辛亥革命的历史功绩和重大意义，为不断推进民族复兴的历史伟业指明努力方向、提供重要遵循。会议传达学习习近平总书记在中央人大工作会议上的重要讲话精神、各省各级人大常委会主任学习会精神。传达学习省委、市委宣传文化工作会议精神。

11月10日，县委常委会召开会议，县委书记张晓峰主持会议并讲话。会议传达学习10月18日中央政治局会议精神。会议指出，习近平总书记在10月18日中央政治局会议上的重要讲话，深刻指出中华民族迎来从站起来、富起来到强起来的伟大飞跃，为向全面建成社会主义现代化强国的第二个百年奋斗目标迈进、实现中华民族伟大复兴注入强大的精神动力。会议传达学习中央政治局第34次集体学习会精神，传达学习国务院总理李克强在国家科技奖励大会上的讲话精神，会议书面传达习近平总书记在深入推动黄河流域生态保护和高质量发展座谈会上的讲话精神，书面传达党史学习教育中央指导组座谈会精神、中央指导组对浙江省党史学习教育工作指导性意见。

11月19日，县委先后召开常委会会议和全县领导干部会议，县委书记张晓峰主持会议并讲话，祝建东、舒畅、洪一舟等县领导参加。会议传达学习中共十九届六中全会和省市领导干部会议精神，研究部署龙游县贯彻落实工作。张晓峰指出，中共十九届六中全会，是在建党百年的重要时刻，在“两个一百年”奋斗目标交汇的关键节点召开的一次具有里程碑意义的重要会议。全会审议通过的决议，是一篇具有极强历史穿透力、思想引领力、政治动员力、时代感召力的马克思主义纲领性文献。全县各单位部门要提高政治站位，把学习好、贯彻好、宣传好中共十九届六中全会精神，作为当前和今后一个时期的首要政治任务，在学深悟透、学懂弄通中，深刻认识到党百年奋斗的重大成就、“两个确立”的决定性意义、百年奋斗的历史经验、赶考之路的实践要求，真正做到内化于心、外化于行，推动党中央决策部署在龙游重重落地。

11月28日，县委常委会召开会议，县委书记祝建东主持会议并讲话。会议传达学习中央全面深化改革委员会第二十二次会议、11月18日中共中央政治局会议、第三次“一带一路”建设座谈会精神，省委书记袁家军在新一届县（市、区）党政正职集体谈话会、市委书记汤飞帆在县（市、区）领导班子换届人员集体谈话会上的讲话精神等。会议指出，全县上下要认真学习、深刻领会有关会议精神，绷紧链条、加快节奏、只争朝夕抓好当前各项重点工作。

12月14日，县委常委会召开会议，县委书记祝建东主持会议并讲话。会议传达学习12月6日中央政治局会议精神。会议指出，12月6日召开的中共中央政治局会议，深入总结2021年中国经济社会发展成效，对2022年经济工作以及党风廉政建设和反腐败工作作出安排部署，为做好2022年工作提供具体遵循。要认真学习、准确把握12月6日中共中央政治局会议精神，切实把思想和行动统一到党中央的重大决策部署上来，扎实做好各项工作，为“十四五”开好局起好步提供坚强保障。会议传达学习中央政治局第三十五次集体学习会精神。会议传达学习中央经济工作会议精神，全国加强家庭家教家风建设工作推进会及省委常委会专题研究部署全省家庭家教家风建设工作会议精神、中共中央党外人士座谈会、全国宗教工作会议精神。会议还审议其他事项。

【县委理论学习中心组举行专题学习会】 2021年，中共龙游县委理论学习中心组专题学习会共召开15次，部分会议情况如下：

2021年1月29日，县委理论学习中心组举行专题学习会，邀请省委党校法学教研部主任、教授徐邦友作习近平法治思想专题讲座。祝建东、徐洪水等县四套班子领导参加。学习会上，徐邦友从“习近平法治思想的现实关怀”“习近平法治思想的主要内容”及“如何走好中国特色社会主义法治道路”等方面进行全面阐述，对龙游县深入学习理解习近平法治思想具有理论性、针对性和指导性意义。会议强调，要学深悟透精神实质，各乡镇（街道）和部门要以更高的政治觉悟、更强的责任担当及更大的信心决心，深刻领会习近平法治思想的基本精神、核心要义和实践要求，准确把握全面依法治国的政治方向、重要地位、重点任务、重大关系和重要保障，进一步坚定走中国特色社会主义法治道路的自信，增强遵行的思想和行动自觉。

3月31日，县委理论学习中心组召开会议，专题学习《习近平在浙江》采访实录，动员全县上下迅速掀起学习热潮，营造干事创业的浓厚氛围。县委书记张晓峰主持会议并讲话，舒畅、徐洪水等县委理论学习中心组成员出席。与会人员自学《习近平在浙江》采访实录等，并作交流发言。张晓峰在大家发言后指出，近一个月来，大家通过各种方式学习《习近平在浙江》采访实录，强烈感受到习近平总书记坚定的理想信念、深邃的政治智慧、宏阔的战略格局、质朴的为民情怀和强烈的责任担当，全县上下要时时对标、处处看齐，坚定不移沿着习近平总书记指引的路子走下去，坚定不移向习近平总书记确立的精神坐标不断攀登，奋力谱写高水平建设浙西新明珠的时代篇章。要用心感悟习近平总书记许党许国的崇高信仰，干出对党忠诚、矢志不渝的新境界。要用心感悟习近平总书记高瞻远瞩的战略智慧，干出登高望远、谋势成势的新格局。要用心感悟习近平总书记求真务实的宝贵品格，干出只争朝夕、唯实惟先的新担当。要用心感悟习近平总书记“我将无我”的真挚情怀，干出不忘初心、勤政为民的新作为。要用心感悟习近平总书记严以律己的高尚情操，干出崇廉尚实、光明磊落的新风气。

4月30日，县委理论学习中心组召开会议，专题学习《习近平科学的思维方法在浙江的探索与实践》，县委书记张晓峰主持会议并讲话，祝建东、舒畅、祝升明和县委理论学习中心组其他成员出席。张晓峰在认真听取部分理论学习中心组成员学习《习近平科学的思维方法在浙江的探索与实践》的心得体会后指出，大家的发言饱含着对总书记的忠诚之心、爱戴之情、维护之行，展现对龙游发展的深入思考。要以上率下掀起“跟着总书记学思维”的热潮，不断增强政治判断力、政治领悟力、政治执行力，不断提升工作的科学性、主动性、创造性。会议强调，全县各级各部门要广泛宣传发动，在以上率下中奋力推动科学思维方法深入人心，做到领导带头学、融会贯通学、联系实际学，主动对标总书记的理论思想，结合实际工作校准偏差，引导广大党员干部不断汲取信仰力量、理论力量、实践力量。

5月31日，县委理论学习中心组举行党史学习教育专题报告会。县政协主席洪一舟等县四套班子领导参加，县委常委李莉主持会议。报告会邀请党史学习教育省委宣讲团成员、省委党校党史党建教研部主任邱巍作专题讲座。邱巍以中国共产党的百年道路探索史为主线，围绕中国共产党与新民主主义革命道路、社会主义革命和建设道路、中国特色社会主义道路以及中国特色社会主义进入新时代的四个方面，讲述中国共产党百年奋斗的光辉历史，介绍大量生动鲜活、感人至深的史料。会议强调，责任要再压实，各级党组织要进一步提高政治站位，主要负责人要履行好第一责任人的职责，系统谋划、周密组织、亲自过问，扎实推进。要求要再压实，各级党组织要科学安排和推动“五大专题活动”，对标对表，按时完成全部规定动作和既定任务。学用要再压实，把通过“学党史、悟思想”激发起的党员干部干事创业的火热激情按照“办实事、开新局”的要求积极投入“五个我为”专题实践活动，为高水平建设浙西新明珠作贡献，以优异成绩庆祝党的百年华诞。

6月25日，县委理论学习中心组举行百年党史专题学习会，县委书记张晓峰主持会议并讲话，市党史学习教育第二巡回指导组到会指导，县领导祝建东、舒畅、洪一舟、祝升明和县委理论学习中心组其他成员出席。会议专题学习习近平总书记在广西考察期间的重要讲话精神、习近平总书记在《求是》杂志发表的《用好红色资源，传承红色基因，把红色江山世世代代传下去》重要文章，以及习近平总书记关于社会信用建设的重要指示批示和论述摘编，并集中观看保密教育片。张晓峰指出要把党史学习与促进龙游跨越式高质量发展结合起来，为龙游高质量建设共同富裕示范区添砖加瓦。要深学细照，在百年党史学习中深刻领悟伟大思想的磅礴伟力。在建党百年之际，党员干部更要坚定扛起忠实践行“八八战略”、奋力打造“重要窗口”的政治责任，在加力建设共同富裕示范区中，努力贡献更多的龙游特色。要砥砺奋发，在百年党史学习中用心书写伟大思想的龙游实践。学习传承伟大思想，干出“一颗红心永向党”的政治定力，“一勤天下无难事”的担当精神和“心无百姓莫为官”的为民情怀。各级各部门要迅速行动起来、主动参与进来，瞄准路线图、任务书、时间表，在浙江地区、全省26县、杭衢一体的大格局中找准定位，确保行有方向、干有目标。

7月22日，县委举办学习习近平总书记“七一”重要讲话精神专题读书班。县委书记、县党史学习教育领导小组组长张晓峰主持会议并讲话，祝建东、舒畅、洪一舟、祝升明等县四套班子领导参加。市党史学习教育第二巡回指导组副组长童庭伟到会指导。张晓峰指出，习近平总书记“七一”重要讲话，高屋建瓴、精辟深刻、震撼人心，充分勾画出伟大领袖引领伟大政党、伟大民族实现伟大复兴、伟大人民创造伟大历史、伟大时代续写伟大光荣的宏大场景，集中展现总书记卓越的领袖风范、高超的政治智慧、宏阔的战略格局、厚重的为民情怀，是科学指引党和国家民族开创千秋伟业的行动纲领。张晓峰强调，要在深学细悟上下功夫，领导干部要带头先学一步、学深一层。要在宣传宣讲上下功夫，深入组织好县“8090新时代理论宣讲团”的特色系列宣讲活动。要在以学促干上下功夫，做到在干中学、在学中干，真正把习近平总书记的重要讲话精神转化为干事创业的澎湃动力。

12月5日，县委常委扩大会议和县委理论学习中心组专题学习会召开，县委书记祝建东主持并讲话。会议深入学习中共十九届六中全会精神、省委十四届十次全会精神和市委常委扩大会议精神，研究部署龙游县贯彻落实意见，动员全县上下进一步统一思想、提高认识、奋勇争先。会议指出，要对标对表，深学深悟，在忠诚拥护“两个确立”，忠实践行“两个维护”中彰显龙游担当。要在深刻领悟“两个确立”中不断践行“两个维护”，在深刻领会伟大成就中不断坚定“四个自信”，在深刻领会宝贵经验中不断把握战略主动，在深刻领会中心使命中不断展现为民担当，在推动高质量发展、创造高品质生活中践行初心、担当使命，以实际行动书写共产党人的为民情怀。要锚定方位、接续奋斗，在起航新征程、建功新时代中开创后发崛起的崭新未来。面对现代化新征程、共同富裕试点和生态工业样本县的打造，要坚定不移地沿着“八八战略”指引的方向走下去，沿着习近平总书记对衢州提出的“八个嘱托”和对龙游的“三个重要指示”精神走下去，要坚持一张蓝图绘到底、一任接着一任干，围绕“浙西新明珠”这一总目标，突出“龙之游”，建设活力龙游，突出“人之居”，建设幸福龙游，努力成为创新后端、贸易支点、战略前厅，在山区26个县脱颖而上、在四省边际率先崛起。

综合党务工作

【概况】 2021年，中共龙游县委办公室（以下简称龙游县委办）在县委的正确领导下，紧紧围绕县委的各项决策部署，积极发挥参谋助手、协调综合、改革创新、督促检查和后勤保障“五大职能”，高质量服务于全县改革发展大局，不断开拓创新，转变作风，锐意进取，为龙游县经济社会发展作出应有的贡献。

【发挥参谋助手作用】 紧密围绕县委中心工作，树立大局观、建构大视野，立足长远，把领导的“关注点”作为思考问题的“落脚点”，主动“换位思考”，高质量完成综合材料撰写任务，发挥以文辅政促谋作用。2021年为县委提供各类高水平参考文字材料230多篇。围绕省委山区26县跨越式发展和市委四省边际社会主义现代化先行市的目标要求，县委十一届十次全会提出“牢记使命勇进取　当好龙头争上游　奋力谱写高水平建设浙西新明珠的时代篇章”的思路；5月，党中央国务院提出支持浙江高质量发展建设共同富裕示范区的重大决策，结合省市的决策部署，县委十一届十一次全会提出“勇担‘脱颖而出’新使命　全力打造共同富裕示范区的浙西明珠”的思路。12月，龙游县第十二次党代会胜利召开，提出“实施三大战略　打造两城四区　努力在共富路上当龙头争上游”总目标，为未来五年发展指明方向。完成“党史学习教育”“工业强县”“数字化改革”“未来社区建设”“城市建设”等主题的综合文稿的撰写。聚焦发展难题，在重点领域和关键环节开展调查研究，2021年形成《龙游县2020年度“八八战略”实施综合评估报告》等调研文章信息20余篇，被省委市委刊发7篇，《竞跑者》录用2篇，其中《龙游县立足“服务+监管”积极开展“粮田一件事”数字化改革探索》分别在省委《数字化改革（工作动态）》第84期、市委《衢州政研与改革》第16期上刊登，并得到衢州市委书记汤飞帆的批示肯定，被全省推介。编发《龙游政研》5期，向县委主要领导报送《一季度短板指标分析及下步打算》《关于我县提高城镇化率的几点建议》等调研报告5篇。立足信息工作是党委的“千里眼”和“顺风耳”的工作定位，充分发挥党委信息主渠道作用，不断完善信息工作网络，时刻保持对国内外重大新闻事件、政治时事、政策热点的关注度和灵敏度，紧盯全县面上各项重点工作的进展情况。2021年共编发《龙游信息》28期，《每日要情》251期。在上报信息方面，改变以往收集下级单位报送信息为主的做法，采用科室人员主动采写、下级单位提供素材的方法，提高信息质量与针对性。共上报信息600余篇，被省委、市委采用70余篇。

【推动县委决策部署落实】 加强同县四套班子的沟通联系，对县委重大决策部署，全力沟通，凝聚共识。坚持“一事一群”工作机制，促进信息快速流转，充分调动各方工作主动性。围绕县委中心工作，持续开展督查督办，务求落地见效。优化整合督查力量，实现一件事项一个方案一支力量一督到底，提高督查督办协调性、精准性、实效性。创新督查方式方法，实现督查工作项目化、清单化、责任化。注重运用视频会议等方式开展督查，减少实地督查频次，提高督查效率。创新建立“督查协调再督查、协调督查再协调”的H型工作机制，充分发挥督查抓落实的效能。强化督考合一机制，发挥考核指挥棒作用，注重过程推进绩效，做到过程督查与综合考核有机结合，突出过程督查结果的权重。2021年，共编发通报41期、专报56期、简报11期、督查反馈9期，督办主要领导批示件422件，全力推进各项中心工作。

【加强服务保障】 提高办文办会办事水平，严格落实上级关于整治形式主义、官僚主义，切实减轻基层负担的各项决策部署，全年共下发各类文件210份，其中规范性文件72份，实现较2020年只减不增的工作目标。推进办文数字化转型，实现非涉密公文无纸化办理、领导干部外出审批网上办理，显著提升办事效率。严格落实规范性文件报备和下级单位规范性文件备案审查管理，向市委备案率实现100%。全年共登记办理各类公文1053件，办理书记批示452件。加强会议活动统筹管理，从严执行各类会议审批备案，严格控制会议活动规模，印发《关于进一步加强会议活动管理的通知》，明确三类会议活动审批备案范围，从严从紧控制会议数量和规模，切实提高会议活动的质量和实效。2021年先后承办龙游县庆祝建党百年系列活动、第四届龙商大会、县第十二次党代会等大型会议活动15场以上、各类调研活动共130余次。2021年7月，牵头落实省委书记袁家军到龙游调研安排，获得领导们的肯定。10月，牵头协调代省长王浩到龙游调研的行程安排，接待工作温暖有序，获得领导们的赞赏。全年共接待中央、省部级以上领导11人次。严格做好机要保密工作，全年无差错办理各类电报共计558份，无事故保障涉密电视会议78场，确保中央和省、市、县委指令、政策安全畅通。扎实开展保密宣教活动，不断推进全县保密责任制和“两识”教育落实落细，实现全县保密宣传教育全覆盖。高质量开展国产化替代，做到“应替尽替”“真替真用”，每日监测在线率、活跃率均保持在80%以上。

（县委办　赖建伟）

组织工作

【概况】 2021年，中共龙游县委组织部深入贯彻落实新时代党的组织路线，坚决贯彻县委“14456”（即围绕“一个战略目标”，建设区域明珠型城市；明确“四大战略定位”，打造大湾区战略节点的承启节点、大花园核心景区的精品景区、大通道浙西门户的开放门户、大都市区绿色卫城的明珠卫城；干好“四件大事”，在工业提升、城市建设、旅游开发、乡村振兴等四个方面开新篇、布新局；推动“五县联创”，争创高端智造示范县、美丽县城示范县、交通物流示范县、全域旅游示范县和乡村振兴示范县；实施“六大专项”，包括营商环境、基础治理、文明城市、三大攻坚、大干项目、民生实事等六个方面）工作布局和各项决策部署，始终紧扣主线、抓牢主业，选好干部、配强班子、建强组织、集聚人才，努力为忠实践行“八八战略”、奋力打造“重要窗口”，高水平建设共同富裕示范区的浙西明珠提供坚强组织保证。至2021年12月底，全县共有党员25604名，其中居住在农村的党员12716名、女性党员5965名、少数民族党员609名、35岁及以下4038名、60岁及以上8865名、研究生学历288名、本科学历5547名、专科学历3633名、中专学历1426

名、高中（中技）学历4215名、初中及以下学历10495名。

【乡镇班子换届】 坚持强班子正风气，高质量完成乡镇换届。成立乡镇换届工作领导小组，组建工作专班，制定乡镇换届工作实施方案，梳理汇总难点问题和意见建议，挂图作战。依托今日龙游、龙游先锋等线上线下媒体平台，全方位宣传换届纪律，印发《“十严禁”换届纪律规定》卡片1.8万余份，发放龙游本土创作的“十严禁”漫画口袋书2000余份，组织8090宣讲等形式，推动换届纪律知晓全覆盖。开展乡镇换届专题谈心谈话，由部领导带队分片区与189名乡镇领导干部逐个谈，督促乡镇党委书记与班子成员、中层干部谈，拧紧正确对待换届的思想“总开关”，共收集相关意见建议163条。组建13个换届考察组，制定考察工作程序图，分8个阶段38项内容，通过谈话推荐、乡镇实际，确定拟新进人选推荐名额共计51名。体系化推进换届风气督查工作，组建7个换届风气督查组，聚焦换届考察、代表委员推选、两会选举“三个关键环节”，对换届风气进行集中督查和专项督查，确保全覆盖、见实效。畅通监督渠道，设立“12380”24小时受理平台，充分发挥群众监督作用，及时受理查处群众举报违反换届纪律的问题。本次换届，共配备35岁以下党政正职8名，30岁以下干部19名，五类人员14名，换届后平均年龄39.67岁，较上次换届下降了2.84岁。

【干部队伍建设】 突出“两勤两专”，全面完善识人选人体系。构建“两专”干部“一个体系、四大工程、六个专项”，制定“两专工程”实施方案，树立选人用人的专业、实战和发展导向。将“两专”内涵要求本地化、具象化，科学设置4个维度、8个模块、29项要点，建立“两专干部”量化评定标准。完成全县干部“两专”信息采集，动态摸排掌握扎根于各个战场的“两专”干部174名。深化专业干部人才“蓄水工程”，拓宽来源渠道，科学设置公务员、选调生招录专业设置，开展“两专”干部排查，按照“135”比例，建强“两专”干部储备库，即“100名县管干部，300名中层干部，500名一般干部”，为县委选人用人提供坚强保障。聚焦工业经济、乡村振兴、征地拆迁、信访等领域，通过县委搭台、组织选苗、一线压担的方式，“点兵点将”式选派年轻干部“下接地气”，常年动态保持300名年轻干部在一线历练。注重选派年轻干部到省市部门、经济发展地区“上接天线”，共选派15名干部赴上级部门挂职锻炼。聚焦“发展+治理”八项重点，采取“一月一考评”、季度PK赛、专项督查、公开通报等方式，39名优秀乡镇干部在基层一线、攻坚一线脱颖而出，列入换届考察重点对象。深化“青蓝接力”导师帮带，筛选30名专业素养好的“两专”导师，结对培养30名优秀年轻干部，通过一线实战帮带比拼个人成长。举办党史网络专题培训班，全县593名领导干部参加，全面推动提升政治能力。围绕中心工作，设置“四个龙游”“大庆大干”等专题培训课程，组织1379人次参加县级培训。加强日常管理，全方位优化干部队伍监督。建立健全干部重大事项报告、因私出国（境）、“两圈”行为规范等相应制度，开展因私出国（境）、领导干部亲属在金融行业、企业从业、县管干部信访清仓等专项工作，掌握重要信息445条。建立“组工云课堂”栏目，推送应知应会、选人用人风险点等65条，编发单位主要领导组织工作一本通梳理干部管理监督等26项具体内容。加强干部档案管理，对2247册在库档案进行查漏补缺、审核认定和数字化扫描工作。调整优化专班设置，健全专班干部调整机制，全县退出现职领导干部除身体原因外，全部参与一线工作，对表现突出的14名退职干部优先晋升职级，15名表现优秀的专班干部提拔使用。严格落实乡镇基层20%待遇倾斜要求，有效稳定乡镇干部队伍。

【公务员管理】 完成2021年公务员考录和选调生选录工作，录用公务员85名，选录选调生10名，其中双一流高校研究生1名，龙游县紧缺专业研究生2名。高质量抓实选调生培养工作，精心选配县、乡、村三级帮带导师，全方位指导选调生在村锻炼，定期开展期满选调生专题报告会、新老选调生经验交流会。高质量推进平时考核工作，研发全县干部平时考核系统，将平时考核等次与职级晋升量化积分相关联，切实发挥平时考核作用。至2021年12月底，全县共开展平时考核2.2万余人次，系统数据活性在全县数字化系统排名前三。探索推进“岗位赋分+模块评分+组团积分+专班计分”的“四维考评”机制，制定《建立公务员考核工作县级示范点、联系点工作机制》，确定首批示范点2个、联系点7个。突出公务员职级晋升基层导向、实干导向，优先乡镇干部晋升四级调研员13名，39名公务员因各类奖励加分得以提前或优先晋升。全年共开展公务员职级晋升293人次，其中晋升三级调研员24人、四级调研员25人、一级主任科员72人、二级主任科员52人、三级主任科员55人、四级主任科员65人，晋升工作全程零信访零投诉。

【基层党建】 抓实“关键少数”，高标准推动村社班子履职尽责。集中开展村社换届回头看，聚焦风险点排摸、后进因素梳理，逐村逐社过筛研判，确定重点对象1个，后进村社党组织14个，严格落实“四个一”机制，“一村一策”整转，有力推进解决问题。聚焦落实村社干部履职规划，积极开展“上任三把火、开门一件事”。围绕党性铸魂、政治立规、治理赋能、乡村振兴等主题，举办新任村党组织书记培训班2期，实现274名新任村党组织书记全覆盖。组织村书记“擂台赛”3场，以“书记讲给书记听”的形式上台晒实绩，营造浓厚比学赶超氛围。深化导师帮带机制，“兴村（治社）名师”“担当作为好支书”“千名好支书”与年轻书记、后进书记开展结对帮扶。2021年实现师徒结对55人次，开展跟班挂职、实地观摩等活动1200余次。进一步完善村干部县级管理制度，将村党组织书记县级备案管理制度贯穿到选任调整、教育培养、履职管理、保障激励等环节，全程纪实情况作为认定村党组织书记任职经历和履职情况的必备材料，成为年终考核、三色评定、考录公务员、选聘事业人员等的重要参考。强化村干部考核中数字化应用，对村干部“值班到位率”“集中议事率”“微事快办数”“难事协办数”“事项办结率”“办事服务好评率”等方面进行评价，形成村干部四维考评成果。完善“一肩挑”后村干部基本报酬制度，大幅提高村干部的整体报酬和退职村主职干部生活补助标准，破解村级组织“干好干坏一个样”难题，提高村社干部队伍素质。

【党员队伍管理】 以庆祝“建党百年”为契机，结合“献礼百年•红领龙游”活动，开展县“两优一先”评选活动，推选表彰100名优秀共产党员、57名优秀党务工作者、54个先进基层党组织。“七一”前后，对全县1570名获得党内功勋荣誉表彰的党员、生活困难党员、老党员、老干部和烈士遗属、因公殉职党员干部家属开展走访慰问，对全县2004名党龄达到50周年健在党员颁发“光荣在党50年”纪念章，传递组织温暖和关怀。坚持“县级主导、乡镇主抓、支部主体”的工作体系，编制下发《龙游县发展党员工作全流程一本通》，定性定量，强化指向性、精准性、操作性。创新实施“星火预备队”工作机制，从申请入党阶段起全流程动态掌握入党人员思想状况和现实表现，高效、严谨推进发展党员工作。2021年全县发展党员434名，完成年度指标任务，其中高知群体入党21人，同比提升110%，新增416名入党申请人，新确定525名积极分子。结合党史学习教育，围绕中国共产党成立100周年、习近平总书记“七一”重要讲话精神等，分领域、分群体开展针对性培训。2021年，开展各类集中培训103期，培训党员及入党培养对象12436人次。做精做实乡村振兴讲堂，打造形成4条精品示范线，17个讲堂示范点，56个精品现场教学点，新增20个AA讲堂，5个市级实训基地。结合党建联盟、党员“两训”、乡镇党校等载体，打造“十五分钟学习圈”，有效覆盖全县263个行政村1.2万名农村党员。10月21日，中央组织部党员教育中心到龙游开展《2019—2023年全国党员教育培训工作规划》实施情况中期评估实地抽评，先后前往8090新时代理论宣讲孵化基地、湖镇镇地圩村调研督查青年党员及农村党员教育开展情况，对龙游县8090宣讲、主题党日18个一等工作给予好评。

【壮大村级集体经济】 严格实施“周二无会日”“三服务”等制度，263个基层“服务团”为助力发展壮大村集体经济把好脉、开好方。2021年，1300余名乡镇部门领导干部累计到村开展服务6.2万余人次。建立周帮扶、月通报、季审计、年考核四步法，理顺权责关系，明确工作职责，以制度管人管事，保障村集体经济健康持续发展。整合同类型的资源和优势，采取“抱团+资金”“抱团+土地指标”“抱团+优质资源”“抱团+特色产业”“抱团+乡贤助力”等模式确立发展项目，采取异地置业、多村联建、集资入股等方式，整合散落在村内的资金资源。举办村级集体经济抱团项目比选擂台赛，通过实地调研走访和路演比选，确定26个村、11个示范项目进行资金扶持，给予每个村不少于50万元的财政资金扶持，每年增加经营性收入300余万元。以县级层面重大项目为支撑，持续推进公共屋顶“光伏强村”、农光互补“光伏小康”项目，深化山海协作“消薄飞地”，依托富民产业园和中小企业孵化园开展村企结对。2021年，累计增加村经营性收入1800余万元，惠及165个行政村。至12月底，全县263个行政村全部实现经营性收入15万元增收目标，85%以上行政村经营性收入突破20万元。

【打造“两新”党建示范集群】 整合机关部门+“两新”党组织“党建红桥”行动，“3+3+1”产业服务团（第一个“3”指高端装备、新材料、智能制造；第二个“3”指特种纸、绿色食品、高档家具；“1”指竹产业），以及“车间政委”机制，构建“1+1+1”（指新兴产业＋传统产业＋竹产业）组团联企服务模式，创新形成“企业D小二”服务平台，按照“条块结合、优势互补、共建共管、整体跃升”要求，走访摸排191家企业需求，破解资金、技术、服务向生产、加工、流通、销售等问题725个。推行“百师进百企”点单服务，动员律师、会计师、税务师等社会组织党员力量，建立“企业点单、政府配单、百师接单”的流转机制，为企业提供各类专业服务2700余次。组建“红色聚合”特色小镇党建联盟、“龙商复兴”商贸市场党建联盟等10个产业链党建联盟，覆盖全县规模以上企业139家，涉及碳基纸基新材料、精密数控和轨道交通装备两大百亿级主导产业链党建示范集群。扎实推动250家“两新”党组织分类开展“六星争创”，完成11家准“六星级党组织”建设，32家“五星级党组织”评定，整转提升三星级党支部7家，撤销11家空转党组织。全面做好“十圈百点”“产业链党建”“重点企业三年培育”示范创建各项工作，完成金龙股份、宗泰农业、特美新材等7家“两新”党组织培育，打造2个示范圈和10个示范点。

【人才引进与培养】 编制《龙游县人才发展“十四五”规划》。紧扣“四个龙游”（指科技龙游、森林龙游、数字龙游、文化龙游）建设需要，制定《龙游县重大产业项目奖励政策实施办法（试行）》等3个配套办法，起草未来社区、教育、卫生等3个专项人才政策。2021年兑现人才奖励补助资金1500余万元。新建省级博士后工作站1家、博士创新站2家、市级工程技术研发中心2家、县级专家工作站8家，引进进站博士5人。浙江师范大学在龙游建立研究生联合培养基地、轨道交通装备联合研发中心。省领军型创新团队“纳米纤维素绿色制备及应用创新团队”项目通过省级验收。筹备组建杭州（龙游）人才工作站。开展重点人才项目、重大技术攻关“揭榜挂帅”活动，吸引县内外114个专家团队报名，高铁轨枕智能化控制、新型环保耐水耐油包装材料等27个项目成功揭榜，揭榜金额2.5亿元。承办“‘智聚山海·助力共富’专家服务工程启动仪式暨走进龙游生态工业行”活动，31名专家为龙游产业发展把脉问诊、献计献策。新引进产业领军人才10人，申报国家和省“引才计划”3人、省“万人计划”8人、省领军型创新创业团队1个，入选省“万人计划”科技创业领军人才1人。积极参与省市人才项目评选，入选浙江工匠2人，省教坛新秀2人，市新“115人才工程”29人，市“258工程”医学英才1人，“市管县用”人才1人。组织县内重点企业、事业单位赴北京、武汉、成都等地高校招聘急需紧缺人才，招聘云市集上架230家企业7000多个岗位，新引进大学生等青年人才6700余人，其中博士研究生5人、硕士研究生92人。建立人才回引“种子库”，录入3.2万条龙游籍青年人才信息，支持返乡青年人才建成“乡村工场”16个，省级“美丽牧场”81家，市乡村振兴专家工作站、特色人才工作室6家，带动周围群众就业5.1万人，相关做法被《中国组织人事报》、中组部《组工信息》刊发。线下走访慰问人才150余人次，及时掌握并解决企业、人才面临的困难和问题。组织开展“科技龙游”高质量发展大会、高层次人才创业创新大赛、“龙创未来·中浙荟”头脑风暴、优秀人才研修班等形式多样的人才主题活动，营造更加优越的人才发展生态。抓住换届契机，从优秀人才代表中推荐“两代表一委员”。开展“百名人才话百年”活动，遴选13名人才代表进行广泛宣传，激励全县人才在各领域建功立业，献礼中国共产党百年华诞。建设人才公寓200余套，为38名高层次人才解决子女入学问题。全面推广使用“人才码”，不断优化迭代功能升级。2021

年，“人才码”系统累计入库人才5522名，其中高层次人才1474名，累计访问服务次数5000余次。

【党建数字化改革】依托“龙游通”智慧平台，开发建设基层党建“浙里党群心联心（三联工程）”数字化应用，努力实现任务一键智达、服务一网通办、走访一览无遗。2021年，县乡组团联村干部线上认领完成任务清单24878项，村“两委”干部线上办理小微事项50875件，党员群众上门走访联系795712次，收集重点信息5934条。打造市县乡村格五级纵向贯通联动、全部门横向高效协同的“吹哨”机制，累计办结群众和乡村“点单”84451次，解决实际问题81580个，事项办结率96.6%，满意率98.5%。10月1日，“浙里党群心联心”在“浙里办”“浙政钉”上线，事件办理从平均7天以上缩至3天，小微矛盾上行率下降60%，党员参与感获得感从63.51%跃升到87.34%，群众满意度提升到98.8%，真正实现党员动起来、民心聚起来。结合“龙游通”平台，开发“乡语口碑考察”应用场景，对领导班子总体运行情况和领导干部品德、个人形象、岗位胜任度、为民办实事、廉洁自律等设置科学评价体系，将评价结果作为考察识别干部的重要参考。2021年，干部群众线上对乡镇领导干部“德能勤绩廉”评价4.7万条次。创新开发“一屏看换届”，将乡镇领导班子换届全过程分成11个工作流程59个具体环节，系统依据预设的流程次序和时间节点，依次开放模块功能，发布工作任务，全程记录完成情况，实现一屏总览、全程管控，做到步骤一个不少、环节一个不漏、程序一个不减。做法经验得到省委组织部肯定并推广运用到市县领导班子换届考察中。利用乡镇换届工作平台人员调配和指标提醒功能，对换届考察人选录入匹配，对照指标要求，快速完成乡镇领导班子调整，有效提高换届人事调配的质量和效率。

【推进“县乡一体、条抓块统”改革试点】深化集成改革“一件事”。部署15个乡镇（街道）、37个部门完成2900余人次的人事匹配信息梳理。在“龙游通”上搭建“一件事”上报模块，拓宽信息员渠道。按照100%线上流转的要求抓好实战实效。至2021年12月底，15个乡镇（街道）共流转处理问题事件6036件。抓实管理考评一机制。全面推广运用“四维考评”线上运行平台，指导督促15个乡镇（街道）完成“四维考评”驾驶舱数据规范和维护工作。迭代升级县乡双向考评，依托“浙政钉”开发双向考评应用系统，自动对接汇集“县乡联办”平台、“三联工程”数字化平台、“四维考评”平台、“基层治理四平台”等系统相关信息数据，自动形成县级部门“一件事、一组团、一体化”得分。至12月底，15个乡镇（街道）完成2021年度线上考评，县乡双向考评原型建设完成程序开发。推进大综合一体化队伍建设。着力破解执法资源配置不平衡，在全县各乡镇（街道）开展“大镇带小乡”片区执法，构建“1+X”布局，“1”为中心镇驻地执法力量，“X”为相邻的辐射乡镇，综合执法、市场监管、应急、生态环境等7个部门40名派驻干部组成6支片区综合执法队，跨区域配合属地开展执法，实现15个乡镇（街道）执法力量全覆盖。

（县委组织部　邱振东）

宣传工作

【概况】2021年，中共龙游县委宣传部高举习近平新时代中国特色社会主义思想伟大旗帜，全面贯彻中共十九大和十九届历次全会精神，深入贯彻落实全国宣传部长会议、省市委文化工作会议精神，按照县委关于宣传思想工作的各项决策部署，以庆祝中国共产党成立100周年为主线，以开启“十四五”、奋进新征程为重点，坚持以人民为中心的工作导向，坚持稳中求进、守正创新，坚持敢于斗争、善于斗争，坚定主心骨、汇聚正能量、振奋精气神。

【理论武装】推进县委理论学习中心组学习规范化，抓住领导干部这个“关键少数”，充分发挥理论学习中心组龙头示范作用，全面加强全县各级党委（党组）理论学习中心组学习制度化规范化建设，切实学懂弄通做实习近平新时代中国特色社会主义思想。落实“第一议题”制度，建立《龙游县党委（党组）重大决策专题学习制度》《龙游县党委（党组）理论学习中心组学习巡听旁听制度（试行）》，规范学习提醒、学习参考、学习检查等制度，切实提高中心组学习质量。2021年共召开县委理论学习中心组专题学习会8次，其中集体研讨5次。下发党委（党组）理论学习中心组学习重点11期，结合党史学习教育开展中心组巡听旁听200余场次。深入开展党史学习教育，坚持以上率下学、全面系统学、创新形式学，分层分类推动全县党员学深悟透必读书目和系列资料。以领导干部为重点、以8090新时代理论宣讲为主要载体，以“初心服务团”为辅助手段，深入企业、农村、机关、校园、社区等基层单位开展党史宣讲。围绕建党百年主题实施“学党史 讲党史”活动，打磨党史精品课程50堂，打造党史精致宣讲场景18个，累计开展党史主题宣讲2000余场次，覆盖人员20余万人。先后获得省委书记袁家军、市委书记汤飞帆等领导批示，中央、省级主流媒体刊发党史学习教育各类新闻稿件267条。扎实推进2021年文化礼堂建设，围绕2021年实现“500人以上行政村”文化礼堂全覆盖目标，召开全县文化礼堂建设现场会，下达2021年建设任务，建立定期进度督查机制，确保顺利完成任务数，实现500人以上行政村覆盖率100%。开展2020年度三星级农村文化礼堂评定、复评工作，提升文化礼堂管理水平。龙洲街道半爿月村、罗家乡席家村、溪口镇石角村、小南海镇茶圩里村、石佛乡石佛村被评为五星级文化礼堂，许良平被评为第四届浙江省“最美文化礼堂人”。积极探索农村文化礼堂“站堂联盟”社会化管理模式，以溪口、詹家为试点，通过政府购买服务的形式，引入文化公司参与农村文化礼堂管理和运行，不断提升文化礼堂使用效能，丰富基层群众文化生活。

图5 2021年3月24日，“百年潮涌 奋进龙游”龙游县举行庆祝中国共产党成立100周年大型融媒体行动出征仪式　　（县委宣传部/提供）

【新闻宣传】 紧紧围绕“十四五”开局，聚焦“庆祝中国共产党成立100周年”主题主线，紧扣县委、县政府中心工作，开展“百年潮涌 奋进龙游”庆祝中国共产党成立100周年大型融媒体新闻行动，全年开设“县乡一体 条抓块统”“大庆大干，你追我赶”“党史学习教育”“国土整治大会战”等30多个专栏专版，推出主题宣传报道600余篇。深入挖掘本地鲜活题材，点对点精准对接中央、省市级主流媒体，围绕“四个龙游”“共同富裕”“数字化改革”等重点热点选题，强化优质内容生产，通过多渠道沟通、全方位对接，实现新突破。《人民日报》《光明日报》、新华网、中新网、《浙江日报》、浙江卫视等媒体多次关注龙游。结合县委、县政府中心工作，切实发挥媒体监督作用，开设《龙游焦点》栏目，围绕重点项目建设、优化营商环境、安全生产、疫情防控、民生问题等党委政府中心工作和百姓关注度较高的民生议题，全年推出《龙游焦点》24期，持续开辟“失礼曝光台”等舆论监督类栏目，切实加强县内新闻舆论监督，推动解决一批焦点难点堵点问题。建立并完善县外媒体监督服务工作机制，加强与《今日聚焦》《聚焦时刻》等县外媒体的沟通，平稳曝光省市媒体监督4期，以新闻的力量推动工作落实落地。媒体融合纵深发展。构建以“龙游通”APP为引领的“两微一端一网一抖”的全媒体格局，做优做精“龙游通”APP，用户数25.7万个，被省委宣传部评选为最具传播力的APP之一。融媒体建设指标名列全省前列，承办全省县级融媒中心建设专题培训会。“新闻+政务+服务”做法入选全省县级融媒体中心APP最佳案例，得到省委宣传部常务副部长来颖杰批示肯定。注重加快短视频发展，开通“龙游发布”微信视频号，全年在微信、APP、抖音、微博等平台制作发布短视频产品600余个，同比增长3倍。倾力推出“六春湖”融媒产品，话题2次火上“新浪热搜”榜单，总曝光量达到1800多万次。精心打造品牌栏目，开设“探店”“在现场”“探寻”“传媒小剧场”等专栏，加强互动体验，作品经推送后受到市委宣传部主要领导点赞。

【精神文明建设】 深入推进有礼指数工作，全面开展有礼指数测评，制定完善迎检与常态两套工作模式，构建“责任、落实、督查、整改、提升”“五位一体”的高效工作体系。推出“有礼指数”月度擂台赛，创新“四张督查清单”，常态化对全县各机关部门、乡镇（街道）开展多层次立体式督查并下发任务交办单，每月对全体机关企事业单位、乡镇（街道）进行排名通报。开展牛皮癣整治、文明餐桌、文明出行等行动，重拳整治城乡顽疾。大力弘扬有礼新风，策划推出“反对餐饮浪费、使用公筷公勺”公益广告创意大赛、“全民话有礼”主题海采等主题宣传，实现线上线下同频共振，构筑立体式宣传格局。在全市有礼指数测评中，取得第一、二季度第三，第三季度第一的好成绩。顺应数字化改革潮流，通过需求分析，任务分解、明确指标和数据对接，创新开发“礼停通”场景应用，形成共享停车和有礼体系两大业务平台，被纳入省数字化改革项目——“浙里畅行”的特色服务应用。扎实推进新时代公民道德建设，常态化推进有礼之星、浙江好人等道德模范选树，共挖掘浙江好人1人，选送“最美衢州人”16人，入选市级“有礼之星”10人。制定《关于进一步加强文明单位规范管理的通知》，完善文明单位申报及退出制度，创新结合有礼指数内容，促进文明单位创建工作进一步制度化、规范化、科学化。开展文明单位动态走访督查，对全县各层次各系统文明单位及文明村镇开展复核审查，通过现场初审、创建问题整改复审和负面清单联合审查等程序，进一步指导督促精神文明建设。开展未成年人思想建设工作专项排查，联合县教育局策划开展“童心向党”教育实践活动，在全县48所中小学（职校）中广泛开展党史我来讲、党史知识竞赛、党史研学等主题活动，带动全县33771名中小学生开展党史学习教育。加速推进新时代文明实践中心建设工作。出台新时代文明实践站、农村文化礼堂与乡村振兴讲堂融合共建的指导意见。建立以县新时代文明实践中心为龙头，15个乡镇实践所、208个实践站、562个实践点的四级全覆盖架构体系，打造溪口镇石角村、东华街道下杨村、詹家镇浦山村、小南海镇团石村等四个新时代文明实践站示范点。进一步传承和弘扬奉献、友爱、互助、进步的志愿服务理念，评选表彰一批县级2020年度志愿服务先进典型人物，组织广大志愿者宣传疫情防控知识、发放爱心物资、参与街头志愿服务，打响“龙游大妈”“小星星”“我是小龙人”志愿服务品牌。

【网络阵地管理】 持续提升网上正面宣传传播力，精心策划主题宣传，创新网络传播方式，组织开展“网络中国节”“胸怀千秋伟业 恰是百年风华”“学党史 谋发展”“8090带你学党史”等重大主题网络宣传。做好四季“六春湖”网络文化季活动，六春湖冬季雪海、春季杜鹃花海一时间霸屏网络，全网阅读量超5000万人次。积极开展网络正能量精品推送，通过文字、音视频、图片等形式记录身边的美好，让广大网友感受身边的温暖。做强做大“龙游通”发布，构建以龙游县融媒体中心为主干，其他政务新媒体为支撑的政务新媒体传播矩阵。积极倡导通过抖音、微信视频号等平台开通视频传播账号，形成以微龙游、FM95.4、龙游人民法院、龙游公安为代表的一批有影响力的短视频政务新媒体，持续扩大龙游的影响力。加强网络文明志愿者队伍建设，开展“空中课堂”网上培训活动3次，积极开展“身边的党员”“共同富裕”等话题讨论，累计阅读量超2000万次。深入推进网络综合治理体系建设。召开全县“之江净网”网络生态治理项目工作部署会，牵头布置开展“之江净网”青少年网络沉迷防治、网络虚假信息以及防范网络订餐安全风险专项行动，常态化开展网上涉政治类、采编、生态等领域违法违规信息行为清理整治，着力构建清朗网络生态圈。针对全县重点账号开展排摸清理工作，清理相关隐患信息。开展互联网信息服务领域失信问题专项治理行动，通过线上排查、实地走访等形式，对互联网虚假信息、造谣传谣进行集中整治，探索行业指导，加强网络文化家园建设，建成县级网络文化家园2家，成功创建省级网络文化家园1家，积极开展网络公益活动15次。切实筑牢属地网络安全屏障。建立“首席网络安全官”制度，推进落实有关网络安全法律法规，履行网络安全主体责任。持续开展网络安全宣传，提升群众网络安全知识和意识。组织开展网络安全专项检查和网络安全大核查专项行动，通过单位自查、主管部门核查、实地专项检查等形式，查找不足、堵塞漏洞、加强防范。联合县公安局、大数据局、经济和信息化局等部门，抽调专家库成员对全县有关单位、行业部署的信息系统、关键信息基础设施重点单位40余家开展检查，督促存在网络安全隐患的单位对排查出的系统漏洞及安全隐患立即进行整改，对10余家网站安全管理不到位的企业给予警告行政处罚，责令整改。

（县委宣传部　周俞赟艳）

统一战线

【概况】　2021年，中共龙游县委统一战线工作部（以下简称县委统战部）紧扣省、市统战工作要求和县委中心大局，最大限度发挥民主党派、民族宗教、非公有制经济、龙商乡贤等各领域统战优势，聚焦服务“双招双引”等县委中心工作，为全县经济社会发展作出统战贡献，“云墨碳谷”产业园、水发竹产业园、喜尔康智能家居等统战招引项目落户龙游，获得全国政协副主席、民革中央常务副主席郑建邦批示肯定。2021年统战工作获得副部级以上批示2次，市委常委、统战部长批示2次，省级主管部门发文推广3次，被衢州市政府授予招商引资集体嘉奖。

【凝聚思想共识】　把党史学习教育作为重大政治任务，在全统战领域开展“同心学党史”系列活动，开设微信端“指尖讲堂”、统战阵地“红色课堂”、党建基地“流动学堂”，集中举办“建党100周年图片展”“统一战线与党的百年史经典故事讲述”“追寻红色印记”大型活动。认真学习贯彻《中国共产党统一战线工作条例》（以下简称《条例》），将《条例》贯彻学习纳入县委理论学习中心组学习计划，组织县管干部、统战干部、党派成员、民族宗教人士开展集中培训4期，分发《条例》文本近1000册。由党外宣讲骨干组成8090统战条例宣讲小分队，走进统战团体、民营企业、乡贤回归企业等一线，面对面进行条例宣讲，覆盖2000余人次。

【民主党派工作】　强化“龙游统战之家”功能建设，知名乡贤郑树森院士揭牌成立“同心健康大讲堂”对外服务平台，全年举办各类学习会、支部会、研讨会等59次。开展“一党派一品牌”提升行动，打造民革党员之家2.0版，得到全国政协副主席、民革中央常务副主席郑建邦和省政协副主席、民革省委会主委吴晶高度肯定，九三科技创新研究院社会服务基地被评为第二批省级社会服务示范基地。聚焦为发展助力、为企业赋能、为治理提效，开展同心献策专项行动，各民主党派全年提交社情民意信息200余篇，提案130余篇，大会口头发言材料26篇，优秀提案18篇，省市采用10篇。《关于进一步深化国资国企改革的建议》《关于加强研发机构建设、提升研发经费投入的建议》等被列为县政协十届五次会议重点提案。围绕“县乡一体、条抓块统”改革，实施“三同工程”，组建“同心矛盾调解团”“同心协商议事团”“同心社会服务团”，成立溪口法庭同心矛盾调解室，深化“民革关爱抗战老兵”“民盟同心名医服务”“民建助企服务”“民进艺术服务”“农工医卫服务”“九三科技服务”等活动内涵，全年受益群众5000余人次。

【非公有制经济领域统战】　深化非公有制经济领域“千企结千村”行动和“商会敬老助学”行动，省工商联赴塔石镇里王村、横山镇后徐村开展结对帮扶，龙游永康商会等商协会积极助学助老助困，累计捐资80余万元。凝聚“乡贤力量”开展联村行动，持续深化“百名乡贤联百村”行动，在“一库（乡贤库）一会（乡贤会）”的基础上，加快推进“一馆（乡贤馆）”建设，建成市级“南孔乡贤馆”5家（县级乡贤中心、溪口镇乡贤馆、沐尘乡乡贤馆、石角村乡贤馆、鸿陆夏村乡贤馆）。举办“白鸽湖头话家常”等乡贤座谈会，130余名乡贤回乡投资兴业、捐资助学，累计总投资32亿元。池洪、柴茂荣、郑树森、李兰娟、柴燕菲等知名乡贤荣获年度市级“杰出乡贤”称号，占全市⅓。

【港澳台及海外统战】　开展涉侨领域“千侨结千村”“百侨助百村”行动，培华建设等5家侨企结对横山镇志棠村等5个行政村，建立豪群慈善基金会，累计捐资11.3万元。按照“外防输入、内防反弹”的疫情防控要求，克服人员紧张困难，抽调2名干部入驻涉外疫情防控专班，做好涉外疫情防控工作。组织好在龙游的华人华侨、港澳台同胞和外籍人士疫苗接种工作，累计完成接种80余名。

【民族工作】　积极践行“全省民族乡村振兴‘龙游样板’”新使命，加快推进沐尘畲族乡民族乡村振兴项目建设，完成畲族文化广场、沐尘老街等15个提升改造项目，“一线（沿江线）一街（老街）一头（鱼头）一尾（鱼尾）”的畲乡特色风光带初具雏形，2021年沐尘畲族乡被列入“全国少数民族乡村振兴试点”。持续发挥衢州市人大结对詹家镇浦山村优势，在浦山村“凤凰部落”建设基础上，开展市县乡村未来社区建设试点，新增项目17个，2021年浦山村获批第三批中国少数民族特色村寨。联动各方优势开展结对帮扶，开展民族领域“双百村”行动，谋划推进民族振兴项目10余个，落实民族补助资金200余万元，省委统战部等省、市部门结对沐尘村等24个民族村，全年帮扶资金50余万元。以铸牢中华民族共同体意识为主线，举办第十届沐尘“三月三”畲族风情文化旅游节，推出研学畲乡、红色畲乡、康养畲乡三大旅游精品路线以及畲乡“十大碗”、畲乡“一台戏”等畲乡特色文化系列产品，传承弘扬畲乡文化。深入推进“民族团结进步示范单位”创建，大力开展“高成龙”工作室、华飞色纺流动家园等系列品牌建设，广泛深入促进各民族交往交流交融。

【宗教工作】 深化落实宗教领域“四治”专项整治，组建由民宗局、政保大队、文化综合执法队、属地派出所、乡镇民宗力量、网格员参与的联合巡查队，实行月度巡察工作制，全年排查危旧房和基督教私设聚会点26处，全部完成整改。做好宗教领域消防安全防控，建成乌石寺、竹林禅寺、秀峰寺、居士林等小微消防站4家。紧紧守住山门、寺门全力做好宗教领域疫情防控工作，夯实“民宗局+属地乡镇+宗教团体+宗教场所”的疫情防控四级主体责任体系，从速从紧落实县疫情防控指挥部各项要求，有效巩固宗教场所疫情防控成效。发挥8090新时代理论宗教宣讲团作用，开展反宗教极端思想宣传教育，累计覆盖48个宗教场所。

【统战数字化改革】 依托省工商联一键通政商“亲清日志”系统，建立起可视化、平台化、菜单化的走访数据库，累计走访企业139家。推进“浙江商会码”应用，18家商协会完成入驻，实现“商会办事一码通，商会故事码上享”。积极推进“浙统云”平台应用推广，加快落实系统人物库、组织库、场所库数据填报，累计完成人员录入1461名。基于“龙游通”平台构建“龙游通+统战之家”模式，完成全市“同心智富·礼贤通”应用场景试点任务。

【聚焦双招双引】 发挥统战优势，建立党委政府一把手牵头、多部门协同、全统战助力的招商引资推进模式，举办“亲清直通车.政企恳谈会”，开展县四套班子领导走访慰问寓外乡贤龙商和异地商会回乡慰问龙商父母活动，在杭州龙商商会、民建省委会等助力下，成功引进“云墨碳谷”产业园、水发竹产业园、喜尔康智能家居、汉牛科技等高新项目，总投资超百亿元。其中水发全竹循环综合利用产业园项目、湖镇镇白鸽湖商埠文化园项目荣获年度市级“乡贤回归榜样项目”。出台《异地商会招商引资奖励办法》，设立驻外异地商会基础奖、驻外异地商会重点产业（服务团）招商服务工作经费奖和项目引进特别奖。召开寓外商会双招双引座谈会，举办第四届龙商大会，搭建“龙创未来”高层次人才跨界交流平台，促成国电投氢能公司与石墨碳谷、凯丰纸业的碳纸、碳毡合作项目，为下一步招商引资留下空间。面向广大统战对象，广发双招双引英雄帖，开通“统战部长热线”，形成以统战部为核心，民主党派、统战团体为中轴，外联统战力量的信息收集网，实现感情一线联络、政策一线传达、信息一线收集。全年接收招引信息近120条。

（县委统战部　吴俊翀）

机构编制

【概况】 2021年，中共龙游县委机构编制委员会办公室（以下简称县委编办）以习近平新时代中国特色社会主义思想为指导，贯彻落实中共十九大和十九届历次全会精神，贯彻落实党对机构编制工作的集中统一领导，以党史学习教育和庆祝中国共产党成立100周年为契机，深化重点领域体制创新、从严控制和优化配置机构编制，强化服务保障，各项工作取得阶段性进展。

【考评机制改革】 落细做实“四维考评”，围绕“岗位赋分、模块评分、组团积分、专项计分”四个维度，牵头部署15个乡镇（街道）完成“四维考评”方案、评分细则制定及后续重新完善工作。全面推广应用“四维考评”一体化智能化线上运行平台，至2021年12月底，15个乡镇（街道）完成考评工作。在詹家镇试点打造村（社）“四维考评”体系，21个行政村、143名村干部、45名网格员全部纳入村（社）“四维考评”范畴，打造一条网格绩效影响村、村级发展影响镇干部的互通体系，打通网格—“两委”—镇干部的考评通道。优化“县乡双向考评”规则，依托浙政钉开发“龙游县双向考评系统”，自动对接汇集“一件事”系统、“三联工程”数字化平台、“四维考评”系统、“基层治理四平台”等系统相关信息数据，自动形成县级部门“一件事、一组团、一体化”得分，一键预览各县级部门实时排名，完成各有关县级部门的数据匹配。

【推进“一件事”改革】 按照系统集成、协同高效要求，以重大需求、多跨场景应用、重大改革“三张清单”为抓手，推进2个试点“一件事”集成改革和17个共性“一件事”全域推广。通过“一码赋能、一图管控、一站服务”推进“城镇燃气管理一件事”实现全流程数字监管，提升服务质量，确保企业安全，相关做法获得省、市领导批示肯定，列入全省住房城乡建设系统数字化应用场景试点。通过道路设计施工流程再造、“段长制”等制度创新及数字赋能等改革措施实现“道路交通安全隐患处置一件事”向高效集成、事先预防、智能感知等方面跃迁，相关做法在全省公安数字化改革典型案例展示活动获得“好应用”奖。

【深化综合行政执法改革】 深化机构改革后半篇文章，构建职责清晰、队伍精简、高效协同、机制健全的“大综合一体化”行政执法格局。全面理清30个执法部门4875项监管类事项、5595项处罚事项的办件量及历年划转情况、机构编制人员现状、拟划转情况等信息，形成一套涵盖改革前、中、后全时间维度的底数清单。根据全市统一部署及职能划转情况，整合调整能源、民政、劳动保障、林业水利等4支行政执法队，划转5名编制至县综合执法局，推进队伍精减，效能提升。乡镇（街道）按照“1+X”（指1个中心镇辐射X个周边乡镇）执法模式，划分设定6个执法片区，在对应的乡镇（街道）增设综合行政执法队，与县综合执法局派出中队整合运行。实行“双锁定”和“四权管理”模式（双锁定指人员、编制双锁定，四权指指挥协调权、考核管理权、推荐提名权、反向否决权），全县263名派驻人员下沉到乡镇，强化乡镇（街道）的统一指挥和统筹协调职责，推进行政执法权限和力量向基层延伸和下沉，提升基层治理效能。

图6 2021年3月1日，龙游县“一件事”集成改革工作推进会召开
（县委编办/提供）

【编制资源配置使用】 科学配置编制资源，调研教育、卫生、开发区、乡村振兴等领域机构编制事项46批次，审核审批各类机构编制事项44次。全年共调整行政单位20家，核增行政编制7名。共调整事业单位19家（其中新设10家），核增事业单位编制41名。围绕网信管理机构和人员力量强化，增加县委宣传部网络信息管理职责、核增县网络综合治理中心人员编制；围绕“国家级学前教育普及普惠县”创建，以“乡镇中心园+分园”的形式设立7所乡镇公办园，2所城区公办园，实现中心园和分园“管理互通、师资共配、研训互动、资源共享、质量共提”，城乡并举，切实提高县域公办幼儿园学位覆盖率；围绕乡村振兴战略，挂牌设立乡村振兴局和乡村振兴发展中心，助力乡村发展；围绕经济开发区管理提升和职能优化，稳妥推进开发区管理机构和下属事业单位职能调整，厘清职责，整合科室，精简机构，推动开发区更好履行主责主业。合理分配编制使用计划， 核定2021年度综合性事业单位招考用编计划98名，教育事业单位招考（聘）用编计划90

名，卫生事业单位招考（聘）用编计划103名，2022年度机关（参公单位）招考用编97名。按照“普通辅助只减不增、执法辅助按需补员、窗口服务及时保障”原则，科学编制编外用工招录计划，下达2021年度编外用工招录计划168名。

【实名制管理】 持续完善实名管理，2021年动态维护实名制系统台账数据130余条，办理编内编外人员进出编、职务职级变动等相关业务2312次，修改实名制基础信息数据3000余条，审核中层职数、职位60批次，涉及报批单位49家，调整人员500余人次，维护实名制系统中层职务数据1000余条。

【机构编制质效评估】 按照“职能清单化、清单数字化、数字智能化”要求，探索“三比三看一评估”机构编制质效评估体系（“三比”指比机构编制配备依据、比编制人员十年动态、比周边县市力量配置。“三看”指看人员年龄结构变化、看职能机构调整变化、看履职尽责横纵变化，一评估指质效评估）。结合全县78个系统机构编制评估自查工作，生成78个系统的机构编制评估报告，将评估结果作为机构编制管理、优化编制资源配置的重要依据。开展“五八行动”（指对全县各机关事业单位进行“连续5天晚8点”的亮灯数统计，侧面反映实际工作量情况），根据亮灯率生成全县加班指数。

【理清机构权责边界】 基于党政机关整体智治理念，以“三定”规定为基础，常态化做好事项认领、调整、取消等工作，打造部门间、层级间职责清晰的权责清单体系。按照精简优化统一效能原则，联动县司法局、县营商办等部门建立联审机制，对住建、综合执法、公安、经信、市监等部门存在职责交叉的争议事项进行会商联审。2021年，完成1901条新增或调整政务服务类事项、771条新增或之前未认领监管类事项的确认入库工作。至2021年12月底，全县共有政务服务类事项4560项、监管类事项10168项，认领率均达到100%。依托“掌上执法”平台，压实各单位履职责任，提升各部门监管行为覆盖率，确保监管事项必须实施一次以上的行政检查，全县4111项监管事项实现全覆盖（确无检查对象的监管事项除外）。

【落实“属地管理”】 梳理制定69项乡镇（街道）“属地管理”事项责任清单，按照“一清单、一纪要、一流程、一机制、一案例”［指一张乡镇（街道）“属地管理”事项清单，一个会议纪要，一个工作流程，一个协同机制，一个典型案例］要求编制涵盖职责分工、工作程序、流程图等内容的69个“属地管理”事项工作指南，出台清单监管问责办法，全面厘清县乡工作界面，明确每个环节、顺序、步骤的责任主体和任务分工，强化乡镇（街道）协同事权人财物保障，便于县乡工作人员依单执行。依托“龙游通”建立“县乡联办”线上业务平台，按照“试点—验证—推广”模式，推动“属地管理”事项实战运行，形成从事项发起到反馈评价考核全链条指挥协调机制和应急响应机制。2021年，线上流转处置问题事件427件，其中85%以上在7个工作日处置完毕，乡镇（街道）满意度90%以上。

【推进公益指标试点】 探索事业单位公益指标体系建设工作，成为省级试点地区。构建“4+33”（指4个评价维度，33个评价参数）的教育领域公益指标评价体系，从事业单位成熟度、体量等方面考虑，先行在城区范围内的3家初中、4家小学开展试评价工

图7 2021年9月15日，龙游县事业单位公益指标评价工作部署会召开（县委编办/提供）

作。明确试点学校对自评的33个二级指标中的每一个自评分都必须铺以佐证材料，7家试评价单位共提交231份评价数据及佐证材料，自查发现问题45个，制定下一步改进提升计划45条。加大与县人力社保局、县财政局等职能部门协调联动，将评价结果与评先评优、机构编制调整、干部使用、经费预算、岗位职级设置等体系挂钩，实施联合管理、综合激励，有效发挥考核的激励约束作用。

【规范法人登记管理】 聚焦法人监管“事前、事中、事后”环节，进一步优化规范事业单位法人登记管理和党政群机关统一社会信用代码赋码工作，赋予独立法人资格凭证的同时，构建“登记监管、日常监管、重点监管”全流程多维度的监管服务体系。2021年，办理事业单位法人登记106次（其中设立登记2次、变更登记65次、注销登记12次、补换领登记27次），统一社会信用代码赋码变更工作36次。全县具有独立法人资格的194家事业单位、80家党政群机关（含直属机构、临时机构）均申领事业单位法人证书或统一社会信用代码证书。在登的194家事业单位法人均完成事业单位章程制定备案及年度报告报送公示工作。持续做好党政群机关和事业单位专用中文域名续费管理，维护“政务”“公益”中文域名体系，龙游县党政群机关67家、事业单位223家完成中文域名续费工作。

（县委编办　翁单芸）

县直机关党建

【概况】 2021年，中共龙游县委直属机关工作委员会（以下简称县委机关工委）坚持以习近平新时代中国特色社会主义思想为指导，认真贯彻落实中央和省市机关党建工作会议精神，以建设清廉机关、创建模范机关为总牵引，坚持问题导向固本强基、目标导向聚力攻坚、质量导向提质增效，抓实“基层党建质量提升年活动”，有力推动机关党建走在前、作表率，为全面实施“红色根脉强基工程”，高水平打造新时代党建高地建设强有力的组织堡垒。

【机关党的政治建设】 牢固树立政治机关意识，建立“不忘初心、牢记使命”长效机制，扎实开展党史学习教育，争当践行“两个维护”的排头兵。把学懂弄通做实习近平新时代中国特色社会主义思想作为党组（党委）会议“第一议题”，作为每月首个周一“主题党日”“周一夜学”必学内容，认真学习党史学习教育必读书目，跟进学习习近平总书记最新重要讲话精神。深入开展“机关党建‘灯下黑’”“党建业务‘两张皮’”等难点问题调查研究，在全县直属机关中实施“亮灯”行动，相关经验做法在《浙江机关党建》刊发。结合“不忘初心、牢记使命”主题教育，加强对“新时代背景下高质量建党方法路径”课题的调查研究。党史学习教育期间，围绕机关党建发展历程历史经验和特点规律、提高“政治三力”（指政治判断力、政治领悟力、政治执行力）、数字化改革赋能机关党建等三大课题，组织撰写16篇调研文章，进一步加深对党的创新理论的学思践悟。出台机关党支部标准化建设意见，汇编《机关党支部工作一本通》，制定《龙游县直属机关党组织落实机关党建责任制的实施办法（试行）》，推动单位一把手任机关支部书记，制定加强高素质专业化党务干部建设意见，落实机关专职党务干部享受同级行政人员待遇和党员每人每年800元标准开展党建活动。汇编《党员发展工作全流程一本通》，落细落实发展党员25个基础环节，严格发展党员审核把关，落实班子带头谈话制度。注重疫情防控等一线发展党员，加大8090优秀年轻干部以及高知群体的发展比例。推行党员先锋指数考评，把是否参加“三会一课”“主题党日”，是否完成党员理论学时、“学习强国”学分，是否缴纳党费、遵规守纪，是否助推中心、开展服务等作为日常评分标准，实时评分、季度排名、半年评定，亮灯管理、奖优罚劣、纯洁队伍。开展“重温习近平在浙江”专题活动，发动2600多名机关党员干部参加“百年潮涌·浙江印记”党史知识竞赛，依托县委党校、红色基地读书班，组织机关党组织书记、专兼职党务干部集中培训，不断提升党员干部政治判断力、政治领悟力、政治执行力。

【清廉模范机关创建】 出台建设清廉机关、创建模范机关行动方案，制定部门党组（党委）担好创建工作主体责任、党组织书记“第一责任人”、班子成员“一岗双责”、党员干部全员参与的责任清单。成立由县委组织部、县纪委和县委机关工委组成的联合督查组，加强机关党建特别是“双建”工作进度督办，并作为年度机关党建考核的评分基础。落实机关党组织书记年度述职评议制度，将“双建”工作列入必述内容，作为“两优一先”评选重要依据，促使机关部门从抓党务向抓党建的转变提升。制定纵深推进清廉机关模范机关建设工作方案，细化忠诚指数、清廉指数、服务指数、活力指数、牢固指数等五大指数44项考评指标，联合县纪委专题组织辅导培训，专门安排现场办公，共同研究提炼“双建”品牌内涵和创建内容，指导打造“一个品牌、一个阵地、一套制度、一组成果、一面文化”等独具单位特色亮点的“五个一”展示内容，促使机关党建从抓常规向抓品牌的转变提升。采取点上示范、面上铺开的方法，注重挖掘县委党校、县检察院、卫生健康局等10个示范机关，建立机关党建品牌展示栏，辐射带动55个机关部门创建党建品牌，创建率80%，促使“双建”工作从抓单一到抓全面的转变提升。

【红色物业联盟】 把党建这根红线贯穿城市基层治理始终，建立健全“县委领导、专班指导、街道统筹、部门联动、社区组织、网格负责”的城市基层党建工作体系，将城区10个社区划分为148个生活小区网格，合理安排66个机关部门38个企事业单位进行包联，建立“周二先锋日”和“红色物业联盟”联席会议制度，围绕疫情防控、平安护航、文明创建等中心工作以及城市居民急难愁盼问题，实施机关部门联社定时服务、机关部门联网定点服务和机关党员联户定向服务。结合党史学习教育“我为群众办实事”活动，领办年度实事项目200余件，完成180余件，认领并参与实现微心愿1925个，对3.4万户社区居民实现疫苗接种包联全覆盖，努力让红色成为机关最动人的色彩。2021年3月，《坚持党建引领 创新基层治理——打造县城城市治理的龙游“善治”样板》调研文章获评全省机关党建优秀调研成果奖。

【县直机关“8090”宣讲】 持续实施青年理论提升工程，深化“导师帮带”这个载体，组建600多名县直机关青年理论宣讲精英团，加快8090新时代理论宣讲工作的导师队伍、创作队伍和宣讲队伍建设。以庆祝中国共产党成立100周年为契机，组建5个“红银党建联盟”片区网格，联动开展微党课、微分享、微朗诵、微故事等“四微”活动，先后组织开展“学党史、迎百年”主题宣讲活动6场500余人次，为全县“百团大战”输送21名优秀机关代表，13名获奖。依托乡村振兴大讲堂、村级文化大礼堂、机关部门“三联工程”等平台，引导机关青年走出机关、走进基层宣讲。

（县委机关工委 胡项萍）

老干部工作

【概况】 2021年，中共龙游县委直属机关工作委员会（县委老干部局）［以下简称县委机关工委（老干部局）］始终聚焦中央和省、市、县委部署，在大局下谋划、在大势中推进、在大事上作为。坚持一手抓“红线”（党建工作），一手抓“银丝”（老干部工作），切实做到“两手抓、两手硬”，党建工作和老干部工作进一步得到优化和强化。围绕“党建统领+银耀品牌”目标定位，积极搭建“个十百”工作架构，谋划落实“红线”和“银丝”的融合文章。至2021年12月底，全县共有离休干部41人，其中机关离休人员10人，事业单位离休人员6人，企业离休人员25人，含享受县处级待遇14人，地专级待遇1人，同时受县委委托，代为管理服务的县处级退休干部29人。

【落实老干部政治待遇】 龙游县着眼保持老干部政治本色，加强老干部思想政治建设，坚持用马克思主义中国化的最新成果武装老干部思想，积极组织老干部开展政治学习，做到常交流勤沟通，促进老干部与时俱进，适应形势发展要求，保持与党中央、地方党委一致。完善和落实听取报告、阅读文件、通报情况、参观学习、参加重要会议以及重大决策征求意见等政治待遇制度，保证老同志及时了解党中央及省市县层面大政方针和决策部署，及时了解国内外形势和本地区本部门主要工作。1月16日，县长组织召开政府工作报告老同志征求意见会，专门听取县处级退休干部与离休干部代表意见。2021年县领导调研老干部工作30多人次，向老干部通报龙游县各类形势4场次，进一步形成党委、政府统一领导，社会各方面共同参与，合力贯彻落实好老干部方针政策的工作格局。持续抓好习近平新时代中国特色社会主义思想和中共十九大、十九届历次全会精神的学习宣传贯彻，切实增强维护核心、拥护领袖的政治自觉、思想自觉和行动自觉。依托老年大学和老干部党支部学习教育主阵地，通过钉钉群、微信群转发正能量消息，及时帮助老同志更新观念、扩宽视野。紧贴老同志的需求和特点，找准结合点、共鸣点，征订《离退休党建》等报纸杂志，组织收看好三场全国离退休干部网上专题报告会，“线上＋线下”帮助老同志学习新理论，适应新形势，发挥新优势，筑牢老同志与党同心同德、始终保持对党忠诚的思想基础。

【落实老干部生活待遇】 不折不扣执行上级相关政策，落实离退休干部生活待遇，积极完善“四就近”服务方式。建立健全与离退休干部经常性沟通交流机制，坚持做到“五必访”（即重大节日必访、夏季高温必访、生病住院必访、有特殊困难必访、老干部去世必访），在守好纪律底线的同时，保障活动形式多样化，精心组织好一年一度体检、疗休养，春节、重阳节期间会同县领导走访慰问，多形式开展“走、看、促”与文体娱活动，全年开展“走、看、促”活动3次。切实解决离休干部“看病求医”问题，虽然县人民医院、县中医院未单独设立老干部（离休干部）病房，但通过对接协调，保障老干部（离休干部）住院享有优先入住政策。如发生一般性病情，县委机关工委（老干部局）也能积极联系家庭医生，开展上门服务。全年通过各种形式走访、慰问离退休老干部240多人次，对生病住院离退休老干部看望50多人次，离退休老干部去世慰问4次，看望异地安置离退休老干部10人次，接待来访老干部及其家属40人次。

【发挥老干部作用】 县委机关工委（老干部局）联合县党史学习教育办专门聘请钱富生、吕炳元、蒋金世等7位50年以上党龄的老党员，组成“初心服务团”，为“8090”学党史讲党史活动掌舵护航，确保党史宣讲活动高质量开展。2021年“初心服务团”赴各学校开展宣讲活动60余场，受教育青少年6万余人次。建立全县“银色人才数据库”，重点对专业性强的老干部人才进行挖掘，筛选出百名以上专业精、能力强、敢担当、讲奉献的老干部党员，建成百名以上老干部组成的“百老汇”服务队，积极参与社区事务自治、管理共治、文明德治、秩序法治的“四治一体”的社区管理，用实际行动发挥老干部党员在社区建设方面的智慧和经验。“龙游大妈”“龙游老兵”等志愿服务队伍积极投身全县大局，在“践行八个一、共创文明城”活动中，“银网格”广泛组织老同志线上走进“抖音”等新媒体，线下组织开展“组团式”“点单式”“结对式”服务，主动参与“公筷公勺”“邻礼新风”等活动。2021年离退休干部参与文明创建、基层治理等工作7000余人次，组织党史主题宣讲40余场、300余人次，百年大庆文艺活动30余场、1200余人次。

【老干部党建工作】 成立由县委机关工委（老干部局）牵头指导，离退休干部所在单位参与，街道党工委为主体的社区离退休干部党建工作领导小组，由县委常委、组织部部长、机关工委书记徐宾任组长。构建“1+4+N+N”区域“红银党建联盟”（即1个社区党组织由1名在职县领导、1名街道领导、1名处级退休老干部及1名青年干部联系，同时结对若干个机关部门，并联系若干个“银网格”）。以“红银综合体”为主阵地，建立“党员共育、资源共享、活动共办、服务共担”机制，有效吸纳社会各界参与基层党建。2021年，全县成立10个区域“红银党建联盟”，均由处级退休老干部任组长，148个“银网格”设置“银堡垒”，由在职退二线领导干部任党组织书记。

（县委机关工委　胡项萍）

党校教育

【概况】 2021年，中共龙游县委党校（行政学校）以习近平新时代中国特色社会主义思想为指导，落实《中国共产党党校（行政学院）工作条例》（以下简称《条例》），坚持政治立校、质量兴校、改革强校、从严治校，扎实做好理论宣讲、教育培训、科研咨政等工作，推进党校事业高质量发展，为龙游建设高质量发展共同富裕示范区的浙西新明珠发挥党校作用、贡献党校力量。2021年，龙游县委党校招录硕士研究生1名、公务员1名，列为第一批公务员考核工作县级联系点。荣获“全市‘建设清廉机关、创建模范机关’工作先进集体”。学校教师撰写的后勤管理文章在全省党校系统中荣获二等奖。在全市党校系统红色学府8090理论宣讲团宣讲比赛中龙游县委党校2名选手分别荣获二等奖。县委党校两名青年宣讲员入选龙游县8090理论宣讲团骨干宣讲员。

【教育培训】 贯彻落实习近平总书记提出的“学党史、悟思想、办实事、开新局”重大要求，扎实推进党史学习教育，将党史学习教育列入2021年度干部教育培训主体班次重要课程，确保主体班次党史课程比重不低于总课时10%。加强系统谋划与组织策划，围绕“四史”开发出《华岗与共产党宣言》《百年大党　不负人民》《中国共产党为什么能》等15个党史系列课程，针对不同培训对象开设相应的党史教学专题，做到按需施教，增强教学效果。2021年共举办党史学习教育专题党课暨2021年县管干部培训班等5期党史学习教育相关培训班，培训人数1000余人。开展“送教下基层”，校委班子带头开展党史、习近平总书记“七一”重要讲话、中共十九届六中全会精神、习近平法治思想等专题宣讲，2021年校委班子和骨干教师到50余个县机关单位、乡镇（街道）、村（社区），学校开展党史专题党课近百场，受众8000余人次。开展8090党史宣讲60余场，受众3100余人次，发挥理论宣讲主力军作用。坚持线上与线下相结合，在微信公众号开设党史学习教育专题，开展丰富多彩的党史学习教育主题活动，拍摄“百年党史　辉煌历程——党校教师带你学党史”系列短视频，发出党校声音，浓厚党史学习教育氛围。严格落实教育培训计划，克服疫情对教育培训的影响，严格按照《条例》要求，以学深悟透习近平新时代中国特色社会主义思想为重点，拓展培训内容，调整教学布局，优化课程设置，积极争取省委党校干部教育学院扶持项目，较好完成县管干部进修班、青年干部培训班、初任公务员培训班等各类主体班次，做到重点突出、学制规范，实效明显，得到各级领导的充分肯定和广大学员的好评。县党校副校长金敏军“以人民为中心推进数字治理”入选全省干部教育培训好课程。2021年共举办主体班次10期，培训1083人次；调训班次17期，培训1687人次；承接计划外班次40期，培训3152人次；承接省委党校2021年第四期中青年干部集中培训班一班等外培班次2期，培训90人次。积极推进教学改革。落实县委领导同志到党校讲课制度。2021年，县委领导同志到党校上课10余次。根据龙游县干部队伍建设实际情况与培训需求，科学设定教学体系，围绕习近平新时代中国特色社会主义思想开发“1+5+X”课程体系（1指围绕习近平新时代中国特色社会主义思想的教学主线，5指打造习近平法治思想、习近平外交思想、习近平生态文明思想、习近平强军思想、习近平经济思想五个方面系列课程，X指结合浙江“八八战略”“重要窗口”等内容形成系列专题课程），结合“八八战略”“重要窗口”和习近平总书记对龙游提出的“三个重要指示”开发精品课程，形成结构合理、优势突出、特色鲜明的课程体系。在全市党校系统精品课比赛中，龙游县委党校两名教师分别荣获二等奖和三等奖。依托龙游县丰富的教学资源，开发出“红、绿、蓝、紫、金”五色现场教学路线，通过身临其境的现场感受提升培训实效。在全省党校系统教学改革专题研讨会上，龙游县委党校荣获二等奖一篇、交流发言一篇。按照“十个一”标准（指挂好一块牌子、健全一套组织机构、制定一个年度教育培训计划、完善一套培训管理制度、建立一个专兼职师资库、确定一个主教学培训场地、挖掘一批村级现场教学点、设计一条精品教学路线、开发一系列精品课程、整理一套工作资料），扎实推进乡镇党校规范化建设提质扩面增效，全县乡镇党校规范化建设实现全覆盖，打通基层党员干部教育培训的“最后一公里”。

【科研咨政】 加强理论研究和宣传，坚持研以致用，聚焦“发展”和“治理”两大主题，围绕“招商引资、整体智治、以文化人”等八大领域和“四个龙游”建设以及习近平总书记在浙江工作期间到龙游调研的重要讲话精神，继续精选课题，采取集体攻关，组建若干个课题小组，每月组织一次教研活动，开展多种形式的调查研究，推出一批高质量研究成果。2021年，龙游县委党校共有省、市级课题立项11项、结题11项，县级及以上刊物发表论文29篇，论文获省、市级二等奖4项、三等奖5项，出版图书一本（《8090说——新时代青年理论微宣讲辅导》），1篇咨政报告获县领导批示肯定。促进科研成果转化。深化《共产党宣言》华岗中译本出版90周年暨马克思主义中国化学术研讨会的成果，编辑出版《华岗研究文集》和《历尽沧桑情犹在》两本红色图书，作为龙游县开展党史学习教育的地方党史教材，向全县基层党组织和培训班学员捐赠图书共计1000余本。加快干部心理健康服务体系建设，推进干部心理健康关爱中心规范化、实体化运行，面向全县干部开放干部心理关爱中心，拍摄录制龙游县委党校教师心理健康课程《关爱健康，从“心”出发》，根据干部的心理特点，有针对性地开设心理健康教育课程及专题讲座，提供个体心理咨询和团体心理辅导，使其成为党员干部信赖的心灵港湾。健全科研激励机制。制定《2021年县委党校教科研工作计划》，多次对接协调，积极争取出台《科研成果奖励办法》和《科研项目经费使用管理办法》，在年度实事量化考核办法中单列科研专项考核，进一步激发教职工科研工作积极性。

【助力中心工作】 响应县委、县政府“双招双引”号召，把招商引资当作“一号工程”来抓，出台中共龙游县委党校教科研、信息、招商引资“三位一体”考核办法，激发教职工开展招商引资工作积极性，2021年引进总投资2.53亿元，占地约70亩的工业项目，完成全年招商引资任务。组织安排教职工参加征迁、基层治理、文明创建、有礼指数、脱贫攻坚等领域重点工作。进入鸡鸣小区开展“红色物业联盟——机关部门三联工程”党员联户调查和“周二先锋日”志愿服务活动，贡献党校力量。做好8090新时代理论宣讲工作，提供导师服务、开展理论培训、开展团校合作、深入基层宣讲，组织8090宣讲员到衢州各役前训练营、宁波镇海、永康商会、舒心馆、社阳乡、溪口未来社区等地开展党史宣讲60场次，受众3100余人，讲好党的故事，让党的理论创新成果“飞入寻常百姓家”。做好疫情防控工作，严格落实疫情防控举措，严肃培训纪律，选派跟班教师做好跟班服务保障工作，执行健康码申报制度、体温测量制度，实行“隔位而坐”制度，保障培训班的正常开展。做好新冠疫苗接种和宣讲工作，筑牢基层防疫健康屏障。

【服务保障】 坚持党建统领，围绕“顾大局、勤学习、强队伍、优服务、守底线”五个主题，建设“五心”红色学府党建阵地，让红色文化感染人、让党性文化触动人。新增伟大建党精神和红船精神、井冈山精神、长征精神、延安精神等中国共产党人的精神谱系以及《共产党宣言》华岗中译本模型，丰富校园红色元素，打造红色校园。开展“数智校园”建设，加大信息化基础设施建设力度，谋划数智校园系统，实施党校数字化改革。改善办学条件，实施学员楼改造提升工程，启动设计招标工作。

（县委党校　张年宽）

关心下一代工作

【概况】 2021年，龙游县关心下一代工作委员会（以下简称县关工委）以习近平总书记对关心下一代工作重要指示为指引，以立德树人为根本，不断保持政治性、先进性、群众性，着力发挥“五老”（老干部、老战士、老专家、老教师、老模范）队伍在青少年思想道德建设中的优势和作用，教育引导青少年感党恩、听党话、跟党走，着力支持和帮助青少年成长成才，切实提高青少年获得感、幸福感、安全感，着力推进党建带关建，有效增强基层关工委组织的战斗力、号召力、创造力，动员凝聚更多“五老”参加关心下一代工作，发挥制度、政策优势，加大精准关爱帮扶力度，积极办实事好事，各项工作开展有声有色。

【开展爱国主义和社会主义核心价值观教育】 充分发挥“五老”宣讲团作用，选好配强主题教育报告团宣讲员，开展“颂抗疫斗争、赞伟大祖国”“全面小康、奋斗有我”等主题教育活动，组织“五老”宣讲团精心编撰宣讲资料，创新宣讲形式，开展菜单式、对话式巡讲，至12月底，宣讲团共宣讲30余次，亲身参与教育青少年约3.5万人次。大力推动“三走进三寻访”活动，组织小记者走进纪念馆、走进社区（村）、走进企业，寻访家乡巨变、寻访小康故事、寻访时代楷模，引导青少年在寻访体验中砥砺强国之志、提升爱国情怀。开展六一儿童节慰问，赠送特殊少儿节日慰问品。培养“明礼”少年，参加龙游十里坪监狱爱心驿站启动仪式与“春风暖警”行动表彰仪式，县关工委向监狱民警子女赠送书籍，以实际行动关心关爱疫情防控背景下监狱民警子女成长。开展社会主义核心价值观教育，组织学校、社区通过特色课堂和公益课堂设计贴近青少年、贴近日常生活的教育载体。鼓励学生走出校园，走向工厂和田间地头，引导青少年在劳动教育中获得切身体验，养成好思想、好品行、好习惯。组织中小学生开展“使用公筷，作揖有礼，‘痰’吐文明”“杜绝‘舌尖上的浪费’”“衢州有礼”等主题教育活动。2021年，开展此类主题教育活动27次，受教育青少年9万余人次。按照统筹使用、加强管理、合作共享的原则，发挥教育基地、农村文化礼堂、青少年宫等各类资源作用，构建社会化、网格化的青少年教育阵地格局。

【开展青少年传统文化和普法教育】 大力弘扬传统文化，充分发挥“五老”作用，整理编写好家风故事，探索通过“爷爷奶奶一堂课”“入学启蒙礼”等载体，在青少年中广泛宣传中华优秀传统文化。通过开展关爱帮扶、志愿服务、寻访年味、文明劝导、劳动实践、家风家训、文艺演出、书画赠送等“八个一”活动，唤起青少年对传统节日的认知和了解，弘扬中华优秀传统文化如作揖礼等，助力“衢州有礼”“八个一”品牌落地和省级示范文明县城创建。开展青少年普法教育，根据普法工作要求，组织“五老”、志愿者、社会爱心人士广泛开展法治宣讲、模拟法庭、知识竞赛、参观学习等多形式多途径的法治教育活动，打造“普法宣传—结对帮教—归正帮扶”的青少年法治关爱体系。依托8090新时代理论宣讲团开展好“食品安全与健康成长”等法治宣传教育活动。全县各中小学均配备法治副校长，并依托“五老”关爱团，开展专题法治宣传教育44次，受教育人数约5万人次。

【拓宽青少年教育领域和形式】 探索网络道德教育新领域，顺应新时代，大力提倡开展网上道德教育和主题教育活动，在龙游通平台定时播放青少年法治教育宣传片。积极运用微博微信、社交媒体、视频网站、手机客户端等传播平台，及时推送体现爱国主义内容、适合网络传播的短视频、网络文章等，让爱国主义充盈网络空间，增强“吸粉力”。拓宽基地教育新形式，主动协调机关、学校、企业、社区（村）等，做强做大、做优做精本地资源，共享基地品牌，共同搭台唱戏。探索利用微视频、微课堂等新媒体形式，在基地开通“网上教育”。全县建有包括烈士陵园在内的关心下一代基地10家，进一步巩固深化“五老”“双十”品牌工作室成果，发挥好教育基地在青少年教育中的示范、引导和警示作用，以点带面，形成整体提升的工作格局。加强假日学校建设，坚持“服务青少年、服务群众、服务发展”的办学宗旨和公益性、便利性、安全性的办学原则，推动村（社区）、企业、学校等多方联动，建好“假日学校”“四点钟学校”36家，受教育青少年2.1万余人次，并努力使“五老”成为假日学校一支不可或缺的重要力量，和社区干部、学校教师、大学生志愿者等一起，给予留守儿童等更多的关爱和帮助。

【贫困青少年资助】 持续开展“‘五老’结对关爱农村未成年人”活动，采取“一帮一”或“多帮一”等形式，做到精准对接、精准发力，提高帮教帮扶成效。积极协调民政、教育、团委等部门，打造“爱心资助乡村行”活动品牌，让农村贫困青少年感受到党和政府的温暖。深入开展“福彩暖万家”“爱心圆梦”等各种形式的捐资助学、扶贫济困活动，扩大受益面，提升影响力。开展2021年“豪情圆梦·爱心助学”全县150名贫困初高中生得到资助。

【健全“五老”组织】 县委机关工委联合县党史学习教育办专门聘请钱富生、吕炳元、蒋金世等7名50年以上党龄的老党员，组成“初心服务团”，为“8090”学党史讲党史活动掌舵护航，确保党史宣讲活动高质量开展。建立全县“银色人才数据库”，重点对专业性强的老干部人才进行挖掘，筛选出百名以上专业精、能力强、敢担当、讲奉献的老干部党员，建成百名以上老干部组成的“百老汇”，积极参与社区事务自治、管理共治、文明德治、秩序法治的“四治一体”的社区管理，用实际行动发挥老干部、老党员在社区建设方面的智慧和经验。完善“银网格”党建体系助力基层治理，成立由县委机关工委牵头指导，离退休干部所在的机关部门参与，街道党工委为主体的社区离退休干部党建工作领导小组。构建“1+4+N+N”区域“红银党建联盟”。即1个社区党组织由1名在职县领导、1名街道领导、1名处级退休老干部及1名青年干部联系，同时结对若干个机关部门，并联系若干个“银网格”。2021年，全县成立10个区域“红银党建联盟”，均由处级退休老干部任组长。148个“银网格”设置“银堡垒”，由在职退二线领导干部任党组织书记。

（县委机关工委　胡项萍）

概　述

【概况】 2021年，龙游县第十三届人民代表大会常务委员会（以下简称县人大常委会）在中共龙游县委的坚强领导下，坚持以习近平新时代中国特色社会主义思想为指导，深入学习贯彻中共十九大和十九届历次全会精神，全面贯彻习近平法治思想、习近平总书记关于坚持和完善人民代表大会制度的重要思想、习近平总书记对浙江重要讲话和指示精神，认真落实中央和省委、市委、县委人大工作会议精神，围绕县委中心大局，认真依法履职，务实担当作为，全年共召开县人民代表大会1次，县人大常委会会议9次，听取和审议工作报告26项，作出决议决定、审议意见22项，召开主任会议13次。组织人大代表专题视察4次，执法检查11次，专题调研12次。处理议案和代表建议122件，依法选举和任免国家机关工作人员79人次，举行宪法宣誓33人次，补选县人大代表9名，完成县十三届人大五次会议确定的各项任务，第十三届人大工作实现收官。

【坚持党的全面领导】 把党的领导贯穿于人大工作始终，提高政治站位，强化政治担当，夯实依法履职政治思想根基。立足“两个大局”，心怀“国之大者”，把学习宣传贯彻习近平新时代中国特色社会主义思想作为首要政治任务，深入学习、广泛宣讲中共十九届六中全会精神，传达学习习近平总书记重要论述、重要讲话、重要指示和中央、省委、市委、县委重要会议精神，增强“四个意识”、坚定“四个自信”、做到“两个维护”，确保人大工作始终保持正确政治方向。

【围绕中心依法履职】 坚持重大事项向县委请示报告，完成县委交给的任务。坚持领导挂帅、带头冲锋，常委会班子成员根据县委指示，分别牵头企业上市、“腾笼换鸟”、矿山整治、“两江走廊”等重点工作，在联系乡镇、联系企业、联系项目中靠前指挥、履职尽责。响应县委号召，组织人大力量，围绕“大庆大干”“四个龙游”“双招双引”、疫情防控等中心工作展示人大作为。发挥人大“智囊团”作用，为“一县一策”、制造业数字化、龙游中学改扩建等工作献计献策，形成一批高质量调研报告提交县委决策参考。推动人大讨论决定重大事项工作制度化常态化，作出关于聚焦聚力“四个龙游”建设的决定、关于促进和保障高质量发展建设浙西共同富裕示范区的决定。听取和审议县政府关于“四个龙游”建设情况报告，作出清单式审议意见。听取和审议县政府《关于提请审议2021年政府重大投资项目的议案》，将越园路道路工程等7个项目纳入2021年县政府重大投资项目实施范围。

【人大代表构成】 龙游县第十三届人大代表共有211人。其中：党政干部代表65人，占30.81%；工人、农民代表101人，占47.87%；专业技术人员代表40人，占18.96%；其他5人，占2.37%；中共党员代表150人，占71.09%；妇女代表64人，占30.33%；少数民族代表8人，占3.8%。

重要会议

【概况】 2021年，龙游县共召开

县人民代表大会1次、县人大常委会会议9次、召开主任会议13次、县人大党组理论学习中心组学习会3次、党组会议27次。

【县十三届人大五次会议】 2021年2月2日至3日举行。大会共有代表205名，出席大会代表192名。会议听取和审查龙游县县长祝建东所作的龙游县人民政府工作报告、县人大常委会主任舒畅所作的龙游县人民代表大会常务委员会工作报告、县人民法院院长祝志昌所作的龙游县人民法院工作报告、县人民检察院检察长刘建华所作的龙游县人民检察院工作报告，审查《龙游县国民经济和社会发展第十四个五年规划和二〇三五年远景目标纲要》《龙游县2020年国民经济和社会发展计划执行情况与2021年国民经济和社会发展计划草案的报告》《龙游县2020年预算执行情况及2021年预算草案的报告》，并通过相应决议。通过龙游县十三届人大专门委员会有关组成人员人选名单。选举产生龙游县第十三届人民代表大会常务委员会委员3名。全体人大代表投票票决产生10件龙游县2021年民生实事项目。会议期间共收到代表议案、建议、批评、建议122件，其中有10人以上代表联名提出的议案44件，经议案审查委员会审查、大会主席团审议、大会通过，确定《关于加快湖镇镇自来水厂扩容提标的议案》为大会议案，其余121件作为建议、批评、意见交由“一府一委两院”办理，办理结果报告县人大常委会。

【县十三届人大常委会会议】 2021年，龙游县第十三届人民代表大会常务委员会共召开9次会议，具体情况如下：

1月21日，县人大召开常委会会议。会议听取和审议《龙游县国民经济和社会发展第十四个五年规划和二〇三五年远景目标纲要（草案）》《龙游县政府关于2020年国民经济和社会发展计划执行情况及2021年国民经济和社会发展计划草案的报告》《龙游县政府关于2020年预算执行情况及2021年预算草案的报告以及12个部门和2个街道的预算草案》《龙游县政府关于2020年民生实事项目完成情况及2021年民生实事候选项目安排情况的报告》；审议龙游县十三届人大五次会议的相关事项和有关人事议案。

3月11日，县人大召开常委会会议。会议听取和审议《龙游县政府关于提请审议2021年政府重大投资项目的议案》，票决2021年政府重大投资项目；听取和审议《龙游县政府关于我县环境状况和环境保护目标完成情况报告》《龙游县人大常委会龙洲街道工委关于2020年度工作情况和2021年度工作计划的报告》《龙游县人大常委会东华街道工委关于2020年度工作情况和2021年度工作计划的报告》；审议通过《龙游县人大常委会关于人大街道工委工作报告的决议》《龙游县人大常委会关于聚焦聚力“四个龙游”建设的决定》《龙游县人民代表大会常务委员会规范性文件备案审查办法》；审议有关人事议案。

4月26日，县人大召开常委会会议。会议审议有关人事议案。

5月28日，县人大召开常委会会议。会议听取和审议《龙游县政府关于2020年度审计问题整改落实情况的报告》《龙游县政府关于基层（乡村）医疗机构卫生队伍建设情况的报告》；对县人大常委会《关于我县医共体建设工作的审议意见》《关于我县基本养老保险工作情况的审议意见》落实情况开展督查和满意度测评；对县人大常委会《关于加强监督和支持县人民检察院法律监督工作的决定》落实情况开展督查和满意度测评。

8月2日，县人大召开常委会会议。会议听取和审议《龙游县政府关于2020年财政决算和2021年上半年财政预算执行情况的报告》《龙游县政府关于提请审议部分项目预算调整方案的议案》《龙游县政府关于龙游县2020年度财政预算执行及其他财政收支情况的审计工作报告》《龙游县政府关于养老服务体系建设工作情况的报告》；审议《龙游县政府关于龙游县2021年上半年国民经济和社会发展计划执行情况的报告》；审议通过《龙游县人大常委会关于批准龙游县2020年财政决算的决议》《龙游县人大常委会关于批准龙游县人民政府部分项目预算调整方案的决议》；审议有关人事议案。

9月24日，县人大召开常委会会议。会议听取和审议《龙游县政府关于“四个龙游”建设情况的报告》《龙游县政府关于“八五”普法规划编制情况的报告》；对县人大常委会《关于龙游县依法行政工作情况报告审议意见》落实情况开展督查和满意度测评；审议通过《龙游县人民代表大会常务委员会关于开展第八个五年法制宣传教育的决议》《龙游县人民代表大会常务委员会关于促进和保障龙游高质量发展建设共同富裕示范区的浙西明珠的决定》《龙游县人民代表大会常务委员会关于新一届乡（镇）人民代表大会代表名额的决定》；审议有关人事议案。

11月10日，县人大召开常委会会议。会议听取部分衢州市第七届人大代表述职报告；听取和审议《龙游县政府关于县十三届人大五次会议议案和代表建议意见办理情况的报告》《龙游县政府关于龙游县2020年度国有自然资源资产管理情况专项报告》；审议《龙游县政府关于龙游县2020年度国有资产管理情况的综合报告》；审议通过《龙游县人民代表大会常务委员会关于县、乡两级人民代表大会换届选举有关事项的决定（草案）》《龙游县人民代表大会常务委员会关于设立县选举委员会的决定（草案）》《龙游县人民代表大会常务委员会关于设立各乡（镇）选举委员会、街道选举办事处的决定（草案）》。

11月29日，县人大召开常委会会议。会议审议有关人事议案。

12月8日，县人大召开常委会会议。会议听取和审议《龙游县人民政府关于提请审议龙游县2021年新增地方政府债务限额和新增债务预算调整方案（草案）的议案》《龙游县人民政府关于龙游县2021年财政预算调整方案的报告》，表决通过《龙游县人民代表大会常务委员会关于批准龙游县2021年新增地方政府债务限额和新增债务预算调整方案的决议》《龙游县人民代表大会常务委员会关于批准龙游县2021年财政预算调整方案的决议》《龙游县人民代表大会常务委员会关于接受舒畅等辞去县、乡（镇）选举委员会和街道选举办事处组成人员职务的决定》《龙游县人民代表大会常务委员会关于调整县选举委员会组成人员的决定》《龙游县人民代表大会常务委员会关于召开龙游县第十四届人民代表大会第一次会议的决定》；审议有关人事议案。

【主任专题会议】 2021年，龙游县第十三届人大共召开主任专题会议4次，具体情况如下：

3月19日，县人大召开主任专题会议。会议听取《龙游县人民政府关于县十三届人大五次会议议案建议交办情况和议案工程实施方案的汇报》。

4月12日，县人大召开主任专题会议。会议听取《龙游县人民法院关于贯彻实施〈中华人民共和国企业破产法〉情况的报告》。

6月25日，县人大召开主任专题会议。会议听取《龙游县政府关于我县学前教育“补短提升”工作开展情况的报告》。

9月10日，县人大召开主任专题会议。会议听取《龙游县政府关于城东新区规划实施情况的报告》。

重点工作

【概况】 2021年，龙游县人大常委会坚持把人大工作放到全县工作大局中去谋划推进，努力助推县委重大决策部署的落实。积极履行宪法法律赋予的监督责任，强化精准监督履职，不断提高监督工作实效。认真践行以人民为中心的发展思想，持续加大民生监督力度，推动解决群众关心的突出问题。注重突出代表主体地位，创新机制，拓宽渠道，全力保障代表作用发挥。

【视察和监督】 2021年，听取和审议财政预算执行、预算调整、决算和政府性债务情况报告，促进政府不断优化财政支出结构，提升财政资金使用效益。听取和审议国有自然资源资产管理情况专项报告，审议国有资产管理情况综合报告，督促政府提升自然资源保护和合理开发利用水平。听取和审议审计发现问题整改情况报告，推动审计整改落地

图8 2021年6月8日，龙游、遂昌两地人大开展联合治水视察活动
（县人大/提供）

见效。围绕农村饮用水达标提标全覆盖和“喝好水”开展专题询问，委托第三方对政府部门落实审议意见情况进行测评，两次组织龙游、遂昌两地人大代表跨区域联合视察沐尘水库主题活动，建立常态化联合监督、联合执法治水机制。听取和审议基层（乡村）医疗机构卫生队伍建设情况报告，对关于龙游县医共体建设工作情况报告的审议意见开展跟踪督查。听取和审议养老服务体系建设工作情况报告，专题听取学前教育“补短提质”工程实施情况。听取和审议环境状况和环境保护目标完成情况的报告。视察城东新区建设情况，专题听取城市东进规划实施情况的报告。跟踪监督小区物业管理工作，组织代表视察小区物业规范化管理扩面工作。与省、市人大联合开展粮食安全执法检查，视察龙游县高标准农田建设情况，助推耕地非粮化、非农化专项整治。推进法治龙游建设，听取和审议龙游县“八五”普法规划制定情况报告，跟踪督察《关于加强监督和支持人民检察院法律监督工作的决定》和《关于依法行政工作审议意见》落实情况，听取县法院执行企业破产法情况的报告。审议通过规范性文件备案审查办法（修订草案），持续做好规范性文件备案审查工作。

【人事任免】 坚持党管干部和依法任免相统一，严把提请任免干部的材料送审关、任职资格关和任免程序关，认真落实干部任前宪法知识考试、任前发言、颁发任命书、宪法宣誓等制度，增强被任命人员的宪法意识、人大意识和公仆意识。2021年依法任免国家机关工作人员79人次，举行宪法宣誓33人次。在县委统一领导下，扎实开展县乡两级人大换届选举工作，依法选举产生新一届县人大代表227名、乡（镇）人大代表767名，代表结构进一步优化、整体素质普遍提高。依法审查和确认市人大代表资格，做好第八届市人大代表选举有关筹备工作。加强任后监督，全面实施县人大常委会任命人员履职情况年度报告制度，听取县人大任命的6名政府组成部门主要负责人述职报告，其他任命人员以书面形式提交履职报告，对任后履职情况提出个性化评价和意见，开展满意度测评。

图9　2021年10月14日，县人大代表视察小区物业管理规范提升扩面工作　（县人大/提供）

【代表工作】 深化民生实事项目代表票决制，采用“线上+线下”“动态+定期”“人大+政府+媒体+选民”等立体监督形式，形成各方参与、善始善终的闭环监督模式。开拓“代表+”“+代表”履职新模式，常态化开展常委会领导和人大机关人大代表赴代表联络站联系人民群众主题活动，听取和助推群众关切问题的解决。组织全县各级人大代表开展“聚民情、汇民智，助力‘十四五’开新局、喜迎建党百年”走访服务选民活动，做好选民意见建议收集、交办、答复工作。发挥人大职能和人大代表主体作用，扩面提升代表助力“县乡一体、条抓块统”助推基层矛盾“清零”行动的“社阳模式”，打造“选民吹哨，代表报到”“代表吹哨，部门报到”“局长进站、多长进点、代表进户”等履职品牌。健全“四化一指数”（“四化”指建设规范化、活动主题化、联系网格化、履职智慧化，“一指数”指“升级指数”），通过互看互学、互议互评和“升级指数”量化测评，积极打造代表联络站升级版，创设一批“双带共富”联络点，形成具有鲜明标识度的履职场景。

【议案办理】 完善代表建议初始交流、乡镇街道人大初审、代表工委终审的把关机制，提升议案建议质量。开展代表议案和重点建议数字化监督，采取“数字化+模块化+动态化”方式深化数字化监督。加快推进县十三届人大五次会议确定的《关于加快湖镇镇自来水厂扩容提标的议案》办理，项目于2021年12月进入主体工程施工。121件建议已解决或基本解决的有62件，占51.2%；正在解决或列入计划逐步解决的55件，占45.5%；因受客观条件限制暂时难以解决的4件，占3.3%。

【自身建设】 按照“四个机关”（指权力机关、政治机关、工作机关、代表机关）建设要求，深入贯彻全面从严治党要求，把政治建设摆在首位，认真落实从严治党主体责任和意识形态领域工作责任制，从严从实督促抓好县委巡视反馈意见整改落实。严格落实中央八项规定精神和省、市、县委各项规定要求，坚决反对形式主义、官僚主义，围绕县人大常委会重点任务的组织实施，深入基层、深入一线，大兴调查研究之风。全面回顾十三届县人大各项工作，总结经验，把握规律，提高工作的规范化制度化水平。推进人大数字化改革，迭代升级“龙游通”人大履职平台，进一步加强“智慧人大”建设。规范县人大常委会党组、机关党组运行机制，修订机关工作制度，基本形成体现国家权力机关特点，涵盖机关运行各个方面的制度体系。狠抓制度执行，不断巩固靠制度办文、办会、办事，靠制度管人、管事、管物的良好局面。完善县人大常委会组成人员出席会议、审议发言、请销假等制度，规范履职行为。加强对乡镇街道人大工作的联系指导，落实县人大常委会领导分工联系乡镇街道人大工作制度。定期召开乡镇街道人大负责人工作例会，部署推进重点任务。听取和审议两个街道人大工作报告，并作出决议。积极探索实践，持续深入开展乡镇人大工作特色版、街道人大工作提高版、开发区人大工作创新版等工作，提升全县人大工作质量和水平。

（县人大　夏晓轶）

附：县人大优秀议案

关于加快湖镇镇自来水厂扩容提标的议案

一、案由

农村饮用水达标提标是省委、省政府部署的重大民生工程，关乎百姓切身利益。2018年以来，龙游县紧紧围绕“县乡一体、城乡同质”核心任务，按照“统筹推进、因地制宜、先易后难、分步实施”的原则，采用“城市管网延伸工程”“镇级集中水厂”“联村供水”“单村供水”四种模式，全力推进农村饮用水达标提标三年行动。截至2020年6月底，完成农村16.17万人的饮用水达标提标建设任务，完成率114.68%，如期实现了“三年任务提前半年完成”的攻坚目标。根据目前我县农村饮用水存在的问题，今年我县按照城乡一体、南北平衡、优质安全的要求，着眼长远、立足运维、补足短板，进一步完善长效管理机制、优化水资源配置、统筹供水安全体系，努力实现从有水喝到喝好水的优质转变。

湖镇镇下辖40个行政村，总人口5.2万人。湖镇水厂目前覆盖湖镇镇20个行政村及沙田湖开发区。近年来，随着城镇化率的不断提高，湖镇镇集镇人口的不断集聚，用水人数及水量逐年攀升，水厂用水量和水质标准与相关标准还存在一定差距，亟须开展扩容提标。主要存在以下几个问题：一是湖镇水厂因设备工艺原始落后，造成自来水出厂水水质不稳定，群众反映强烈；二是近几年湖镇的用水量每年在迅速提高，高峰（7月、8月、9月）用水量已达到满负荷操作，随着湖镇社会经济的快速发展，人民生活的改善和开发区企业的引进，用水量日益增加，按照目前湖镇水厂的制水能力根本满足不了用户的需水量；三是湖镇镇下辖40个行政村，由于湖镇水厂供水规模不足，其中下田畈片10个行政村由金华市金西水厂供水，希塘片9个行政村由希塘水厂供水，存在管理不到位、运营成本高等问题。

二、水厂基本情况

湖镇水厂建于1987年，1989年11月建成投入使用。占地约4300平方米，当时设计供水能力为2500吨/日，采用水力式反应沉淀的制水工艺，取源水地白革湖深井，供水用户1300余户。2008年开始实施千万农民饮用水工程项目，2013年湖镇水厂新建10000吨/日的制水处理工艺一组，水厂的供水能力大有提升，供水基本覆盖湖镇20个行政村，受益人口3.46万人。

三、建议

1.建议抓紧实施自来水厂扩建项目。当前湖镇自来水厂日最高供水规模约1万吨/日，根据乡镇水厂改扩建及管网延伸工程模式，供应范围将进一步扩大到下田畈片10个行政村，同时将满足沙田湖开发区企业的供水需求，建议尽早实施水厂扩容提标项目。提升制水工艺，保障出厂水水质稳定，同时增设2台供水增压泵站，对配电房进行增容改造，以提升水厂供水规模至2万吨/日，确保制水、供水能力均能满足湖镇当下以及未来需求。

2.建议抓紧开展水厂管网延伸。通过管网延伸供水，替换原有落后制水工艺村落以及优化湖镇水厂水资源供给区域，实现优质水资源调配、供水节能降耗，进一步提升区域供水保证率与安全性。实施金西片区DN200主管供水管道碰接，承接金西片区供水，以减少企业亏损；实施希塘片区DN160主管供水管道碰接，承接希塘片区供水，解决希塘水厂供水设备处理工艺简单，水质指标不能达标问题，从而实现湖镇镇金西、希塘片区用水自给自足。

3.建议进一步加大水源地保护。明确高坪桥、社阳、洪畈等饮用水水源地的各项保护措施，确保供水水源水量和水质。加强水源地监管，制定水源地保护奖惩措施，严格执行并健全完善饮用水水源保护的生态补偿机制，严厉打击破坏饮用水水源地的各类违法事件。构建水源地监测管控体系，进一步完善监测站网，使之形成水质监测网络体系。

（提案人　杨献明等）

2021年度龙游县人大代表优秀议案、建议一览表

表1

获奖类别	名　称	提案人
优秀议案	关于加快湖镇镇自来水厂扩容提标的议案	杨献明等
优秀建议	关于在公交车上配置有偿口罩的建议	徐红丽等
	关于加大城乡体育健身设施建设的建议	王连标等
	关于完善六春湖功能配套提升服务水平的建议	蓝正伟等
	关于遏制耕地非粮化的建议	李雪仑等
	关于尽快完善永安路市政、交通安全配套建设的建议	毛文红等
	关于加大生猪定点屠宰扶持力度，保障放心肉供应的建议	潘永红等
	关于沐尘水库水源地保护的建议	方小建等
	关于要求延伸城北饮用水管网 强化横山镇等北片乡镇饮用水安全保障的建议	张余伟等
	关于完善全域土地综合整治与生态保护修复的建议	杨志平等
	关于加强社区工作者队伍建设的建议	潘　燕等
	关于宝塔路、巨龙路、学士路交叉口改造提升的建议	吴海荣等

2021年度龙游县人大代表议案建议承办先进单位一览表

表2

获奖类别	获奖名单
代表议案建议承办先进单位	县农业农村局、县林业水利局、县交通运输局、县自然资源和规划局、县文化和广电旅游体育局、县住建局、县经信局、县财政局、县教育局、县公安局、县卫健局、县人力社保局、县生态环境分局

2021年度龙游县人大先进代表小组和履职先进个人一览表

表3

获奖类别	获奖名单
先进代表小组	龙洲街道代表小组、东华街道代表小组、湖镇镇代表小组、小南海镇代表小组、溪口镇代表小组、庙下乡代表小组、詹家镇代表小组、社阳乡代表小组、塔石镇代表小组、石佛乡代表小组
代表履职先进个人	王蓓蓓、毛文红、刘文林、许金荣、李雪仑、杨友乐、杨水明、张林松、郑卸青、项松根、姜荣清、夏国桢、夏建平、徐永军、徐红娟、黄金土、龚小仙、琚建伟、傅新林、蓝锦国

概 述

【概况】 2021年，龙游县人民政府在中共衢州市委、衢州市政府和中共龙游县委的领导下，坚持“大庆大干、你追我赶”，在改革突破、服务提质、风险防控上争先，在高质量发展、高水平均衡、高品质生活、高效能治理上创优，全县经济发展全面起势，社会事业全面进步，成为共同富裕示范区建设“缩小地区差距”首批试点、山区26县跨越式高质量发展生态工业样本县，实现“十四五”良好开局。全年实现地区生产总值288亿元，财政总收入37.3亿元，其中一般公共预算收入23亿元，分别增长17.6%和17.2%。投资、消费、出口分别为123.6亿元、175.5亿元、44.6亿元，分别增长6.1%、9.5%和14.1%。城乡居民人均可支配收入分别为56738元、30045元，分别增长11.2%和12.4%。

【工业再提质】 实施工业强县“531”工程（“5”，即平台能级提升、产业集聚培育、科技创新联动、制造方式数字化变革、资源要素高效保障“五大行动”；“3”，即招大引强、企业上市、亩均效益提升“三大攻坚战”；“1”，即跻身浙江工业大县行列），实现规模以上工业总产值351.6亿元、增长23.8%。围绕碳基纸基新材料、精密数控和轨道交通装备两大产业，打造绿色产业集群，两大产业产值分别增长29.9%和19.9%；“3+3”产业全年完成产值228.8亿元、增长38.4%，占规模以上工业总产值的65.1%。实施“凤凰”“雄鹰”“雏鹰”行动，浙江禾川科技股份有限公司、浙江贝尔轨道装备有限公司入选工业和信息化部第三批专精特新“小巨人”名单。推进“数字龙游”建设，加快产业数字化和数字产业化发展，实现规模以上数字经济核心产业制造业增加值4.9亿元、增长21.5%。推动科技攻关、成果转化、主体培育联动，新增国家高新技术企业24家、省科技型中小企业44家。深化“亩均论英雄”改革，改造提升低效企业92家，淘汰落后产能企业22家，整治“低散乱”企业47家，规模以上工业亩均税收、亩均增加值分别增长44.5%和33%。奏响“双招双引”主旋律，先后引进云墨碳谷、喜尔康、九润新材料、汉王科技、李子园二期等亿元以上项目，新引进招商引资项目52个，实际到位资金45.8亿元。新建省级博士后工作站1家，新增省“引才计划”“万人计划”等顶尖人才15人。

【文旅再出发】 六春湖旅游度假区游步道项目全线完工，龙和渔悦酒店建成投用，白鸽湖商埠文化园、姑蔑城改造提升、龙山运动康养旅游度假区等有序推进。“95联盟大道”龙游段建设完成阶段性目标，新改建驿站9个。荷花山遗址启动世界文化遗产申报。龙游县成为全省文旅产业融合发展试验区、全省旅游业“微改造、精提升”试点县。

【农业再增效】 实施农业“两强一革新”行动（“两强”，即科技强农、机械强农；“一革新”，即深化互联网、数字化渠道革新），中国TOP直播电商产业园龙游基地吸引90家企业入驻，举办大型直播活动4场。农产品稳产保供扎实推进，粮食功能区“非粮化”整治优化面积超1667

公顷。横山现代农业园区入选省级现代农业园区，浙江茗皇天然食品开发股份有限公司成为龙游县首家国家级农业龙头企业。

【城乡统筹新面貌】 系统重塑空间战略体系，谋划推进“龙游湖”建设。新区面貌加快呈现，荣昌东路东延、滨江路、城东滨水休闲带完工，城东公共文化服务中心主体结顶，子鸣路、集贤路、礼贤安置小区等项目有序推进。旧城持续更新，完成老旧小区改造3个，“污水零直排”小区建设36个，城区生活污水集中收集率75%，归仁、翠光、礼享3个未来社区列入省级创建名单，大南门历史文化街区挑水巷片区基本建成，龙商会馆、游客中心等主体完工。乡村迸发活力，“一镇一品”推进美丽城镇建设，红木小镇特色产业样板区、溪口—沐尘县域风貌样板区被列入全省首批试点，湖镇镇、沐尘畲族乡成为美丽城镇省级样板，“瀫水诗画 活力龙脊”共同富裕新时代美丽乡村示范带成为全省十条示范带之一。

【改革创新增动能】 数字改革赋能整体智治，综合应用功能上线率、贯通率均达100%，县级公共数据平台，8个门户综合应用上线。应用成果持续涌现，5个应用纳入全省“一本账”，12个应用成为省级试点，“智慧粮脑”“燃气安全在线”得到省领导批示肯定。“龙游通”迭代升级步伐加快，50余个功能应用开发上线。“县乡一体、条抓块统”改革迭代深化。推动“属地管理”事项清单规范化应用，深入推进“一支队伍管执法”，完成6个中心镇（街道）行政处罚事项赋权。山海协作优化产业升级。承接省内发达地区产业转移项目47个，累计到位资金31.7亿元。与临安建立杭衢山海协作结对关系，禾川科技青山湖研发中心正式开工。与钱塘区签订产业飞地合作协议。对接镇海“消薄飞地”，实现投资返利2000余万元，带动130个村集体增收。

【民生保障新作为】 全县民生支出46.3亿元，占一般公共预算支出68.7%。多渠道促进重点人群就业帮扶，基本养老保险参保率99.8%。低收入农户人均可支配收入增长16.3%，经营性收入20万元以上行政村实现全覆盖，医保电子凭证激活率、结算率得到提高。深化教育改革“1630”工作举措（“1”指教育一号工程；“6”指学前教育补短提升、基础教育优质均衡、职教产教融合发展、明珠教师队伍建设、中小学智慧校园建设、县域教育布局优化六大行动；“30”指内部改革激活力十项改革、外部支撑凝合力十条措施、教师自律增动力十个严禁），认真落实“双减”政策，启动龙游中学改扩建项目，公办园在园幼儿占比达到50.2%。做实“医共体”“医联体”建设，健康产业中心、妇女儿童健康医院等项目有序推进。慎终如始抓好常态化疫情防控，上线“疫秒通”服务平台，实现疫苗接种线上分时段精准预约。8090新时代理论宣讲—推动党史学习教育“飞入寻常百姓家”入选全省共同富裕示范区第一批51个典型案例，龙游县创成省级公共文化服务体系示范区。打好“五场硬仗”（即道路交通安全、电信网络新型违法犯罪打击治理、消防安全、危化品安全、越级访治理），完成平安护航中国共产党成立100周年工作，实现重点时段“零进京、零登记”、重大案件“零发生”、安全生产“零死亡”。

重要会议

【县政府全体（扩大）会议】 2021年龙游县政府共召开全体（扩大）会议2次，会议具体如下：

十三届政府第八次全体（扩大）会议 4月28日召开。会议深入贯彻习近平总书记关于党史学习教育等系列指示批示精神，牢记习近平总书记对浙江、对衢州、对龙游的嘱托，全面贯彻省、市党委政府全体会议、廉政工作会议等重要会议精神，按照年初县委全会的决策部署和县两会中政府工作报告确定的各项目标任务，着眼追赶跨越，突出产业为王，落实落实再落实，确保在开局之年、大庆之年迈好第一步、见到新气象，向党的百年华诞献礼。

十三届政府第九次全体（扩大）会议 9月9日召开。会议深入贯彻习近平新时代中国特色社会主义思想，全面落实省委省政府全会和市委市政府全会精神，按照县委十一届十一次全会部署，回顾2021年以来工作，分析当前形势，认清问题短板，奋战全年红，奋力开新局，确保全年目标任务完成，为打造共同富裕示范区的浙西明珠起好步、开好局。

【县政府常务会议】 2021年龙游县政府共召开常务会议19次，会议具体如下：

十三届政府第一百二十二次常务会议 1月25日召开。会议审议并原则通过《龙游县公务员医疗补助办法》《龙游县人民政府办公室关于促进3岁以下婴幼儿照护服务发展的实施意见》，审议《龙游县人民政府质量奖评审情况（送审）》。

十三届政府第一百二十三次常务会议 2月8日召开，会议传达学习市第二轮中央生态环境保护督察整改工作部署会精神，部署龙游县第二轮中央环保督察整改工作。审议并原则通过《龙游县人民政府关于春节元宵期间森林禁火的通告（送审稿）》《龙游县人民政府关于防止耕地“非粮化”稳定粮食生产的通告》《中共龙游县委 龙游县人民政府 关于学前教育深化改革规范发展的实施意见》《龙游县产业基金威仕喜股权投资方案、协议》《龙游县化工行业安全整治提升攻坚行动方案（2021—2022年）（送审稿）》和关于2020年度记功、表彰单位和“民生工作”“经济发展”“平安龙游”突出贡献集体和个人通报表扬等事项。

十三届政府第一百二十四次常务会议 3月1日召开。会议传达学习《浙江省突发公共卫生事件应急办法》。审议并原则通过《“森林龙游”新增两万亩国土绿化五年行动方案（2021—2025年）》《龙游县人民政府办公室关于印发加快推进龙游县直播产业发展政策措施的通知》。

十三届政府第一百二十五次常务会议 3月17日召开。会议传达学习《中华人民共和国预算法实施条例》。审议并原则通过《龙游“两山银行”改革行动方案（送审稿）》《县政府常务会议学法制度》。

十三届政府第一百二十六次常务会议 4月12日召开。会议审议并原则通过《龙游县人民政府办公室关于促进黄茶产业高质量发展的若干意见（送审稿）》《龙游县人民政府关于龙游县湖镇镇人民政府相对集中行使行政处罚权的通告（送审稿）》《龙游中学改扩建项目方案与建议》。听取关于企业职工养老保险基金省级统筹责任分担、土地出让收入计提等相关情况汇报。

十三届政府第一百二十七次常务会议 4月27日召开。会议传达学习《统计法》、习近平关于统计工作系列重要指示精神、《关于深化统计管理体制改革提高统计数据真实性的意见》《统计违纪违法责任处分处理建议办法》《防范和惩治统计造假、弄虚作假督察工作规定》。听取龙游县十三届政府第八次全体（扩大）会议暨廉政工作会议方案及工作报告（送审稿）。审议相关地块土地出让方案。

十三届政府第一百二十八次常务会议 5月10日召开。会议听取关于应急管理部督查问题的整改情况以及全县安全生产总体情况汇报；传达市“遏重大”工作推进会暨安全生产风险普查部署会议精神。部署下阶段工作任务。

十三届政府第一百二十九次常务会议 6月7日召开。会议传达学习《浙江省气象灾害防御条例》。审议《龙游县工业企业“亩均效益”综合评价办法（送审稿）》。

十三届政府第一百三十次常务会议 6月21日召开。会议审议《龙游县工业企业“亩均效益”综合评价办法（送审稿）》《浙江龙游经济开发区（园区）整合提升方案（送审稿）》《龙游县溪口镇等5个乡镇（街道）综合行政执法改革实施方案（送审稿）》《龙游县人民政府办公室关于深化和完善企业服务工作机制的方案（送审稿）》《龙游县重点项目前期经费管理办法（试行）（送审稿）》以及相关人事任免议题。听取关于签订杭金衢高速公路改扩建工程龙游段代建工程项目投资建设协议书、龙游县乡镇干部20%待遇政策落实方案汇报。

十三届政府第一百三十一次常务会议 7月5日召开。会议审议并原则通过《龙游县人民政府—浙江师范大学合作共建研发平台和研究生联合培养基地协议（送审稿）》《龙游县人力资源和社会保障局、龙游县财政局、龙游县自然资源和规划局、国家税务总局龙游县税务局关于做好龙游县被征地农民参加基本养老保险政策衔接工作的通知》、县交通投资集团有限公司转让部分浙江创兴矿业有限公司国有股权事项。

十三届政府第一百三十二次常务会议 8月2日召开。会议审议并原则通过《关于深化工业企业资源要素优化配置改革的实施意见》。听取并审议东华变迁建、老龙变等8宗电力资产置换相关事项、当前疫情防控重点工作及防疫费用安排使用情况汇报。传达全省禁毒工作电视电话会议精神，研究全县禁毒工作。

十三届政府第一百三十三次常务会议 8月23日召开。会议传达《中华人民共和国土地管理法实施条例》，省、市政府全会和全市争先创优工作推进会，全市疫情防控会商会精神，部署全县下半年工作。审议《龙游县人民政府关于进一步加强乡镇（街道）财政管理的实施意见（送审稿）》。听取关于县2021年度法治建设工作情况汇报和政务公开工作汇报。

十三届政府第一百三十四次常务会议 9月7日召开。会议审议并原则通过《龙游县突发事件总体应急预案（送审稿）》、浙江吉成新材料股份有限公司《项目投资补充协议书》。听取6月至7月《龙游焦点》曝光问题整改情况、县十三届政府第九次全体（扩大）会议方案、工作报告、《龙游县工业强县“1+5+3”方案（送审稿）》和《关于实施农业“双强一革新行动”大力提升农业生产效率的行动计划（2021—2025）（送审稿）》有关情况汇报。

十三届政府第一百三十五次常务会议 9月26日召开。会议传达习近平总书记在中央党校（国家行政学院）中青年干部培训班开班式上的讲话精神、习近平总书记调研陕西时的系列讲话精神，市长高屹到龙游调研讲话精神，省、市进一步推进能耗“双控”和坚决遏制“两高”项目盲目发展会议，全省中央环保督察整改暨生态环境问题发现机制落地推进视频会精神，全省文物安全专题工作会议精神。部署下一阶段工作。

十三届政府第一百三十六次常务会议 10月20日召开。会议传达全省能耗双控工作会议、全市工业强市第二次推进会精神。审议《龙游县人民政府关于龙游县龙洲街道等五个乡镇（街道）相对集中行使行政处罚权的通告（送审稿）》《龙游县人民政府关于批准公布“十四五”期间年森林采伐限额的通知（送审稿）》《2021年第一批高新科技项目评审工作情况（送审稿）》《龙游县汇智企业管理咨询有限公司增资衢州市信保融资担保有限公司方案（送审稿）》。

十三届政府第一百三十七次常务会议 11月1日召开。会议传达《浙江省数字经济促进条例》。审议并原则通过《龙游县2021年度招商引资考核办法（送审稿）》《龙游县2021年度“大干项目”专项考核办法（送审稿）》《龙游县2021年度国土整治工作考核办法（送审稿）》《汉牛项目投资协议书（送审稿）》《龙游县滨水文化客厅（暂名）合作框架协议书（送审稿）》。

十三届政府第一百三十八次常务会议 11月16日召开。会议专题部署项目投资工作，审议通过《佳悦光电项目投资协议书（送审稿）》。

十三届政府第一百三十九次常务会议 12月6日召开。会议审议《龙游县人民政府办公室关于调整国有建设用地行政划拨价款标准的通知（送审稿）》《加快推进全县“大综合一体化”行政执法改革实施方案（送审稿）》《加快推进普惠性儿童福利体系建设的实施意见（送审稿）》《龙游县东华街道、模环乡增设社区工作方案》《关于金励环保纸业有限公司申请办理取水审批事项的汇报》《关于龙游县专用校车保障学生接送工作的实施方案（送审稿）》。

十三届政府第一百四十次常务会议 12月27日召开。会议审议2022年项目建设、能耗、财政收支、国资公司资金收支、税费收入、规划编制及土地、环境容量盘子计划、2022年民生实事候选项目、为企办实事候选项目、为基层办实事候选项目、十大牵引改革、十大战略项目、十大科技课题（送审稿）、龙游县2021年度法治建设工作情况汇报。

综合政务工作

【概况】 2021年，龙游县人民政府办公室紧紧围绕县委、县政府中心工作，立足参谋助手、统筹协调、办文办会、督查督办、服务保障等五大职能，以“模范机关、府办铁军”为目标，以党史学习教育为动力，以县委巡察整改为抓手，进一步创新工作方法，完善工作机制，敢于担当、勇于挑战，攻坚克难，切实保障政府各项工作高效运转和决策部署的贯彻落实，较好地完成全年各项工作任务。

【深化政务服务】 规范公文运转，推进无纸化协同办公系统建设，进一步完善公文收发、批转、传阅、审签、制发和机要保密等各项制度，对各类文件按照“谁拟稿、谁负责”的原则，由拟稿人全程跟踪负责，特别是对重要材料，严把政策关、时效关、公文格式关，确保文件质量。在公文的全局性、指导性和政策性上严格把关，在保证文件质量和规范运行的前提下，压减文件数量、压减文件篇幅、实施精准发文，最大限度地提高公文处理时效。全年以县政府、县府办名义起草公文369件，同比下降10.87%。改进文风会风，按照

“精简、流畅、高效”的原则，结合工作实际，尽可能合并会议活动、精简文件材料，助力基层减负。提倡开短会，“无准备的会议不开”。狠抓会前准备，超前谋划、提早介入，对县政府常务会议、县政府党组会议、县长办公会、县政府专题会议等政府常规性会议，坚持法治审核前置，会前安排专人负责收集整理并逐级核稿、审核，保障会议材料规范，严控会议次数和规模。会后跟踪落实，对会议研究决定的各类事项，由办公室统筹负责协调督办，确保各类会议精神的贯彻落实，每一次会议开出成效。2021年组织县政府全体（扩大）会议2次、县政府常务会19次，召开各类部署、协调、推进等专题会议170余次。

【强化综合协调】 充分发挥县府办承上启下、协调左右、联系内外的桥梁纽带作用，积极协调与县级部门和各乡镇（街道）的关系，最大程度调动各方积极性、主动性和创造性，确保各司其职、各负其责，密切配合、协同联动。主动加强与市府办和上级部门的沟通对接，争取业务指导和帮助；主动加强与县委办、人大办、政协办的沟通交流，确保政府日常运转与其他班子协调一致，协助县政府领导合理安排每日工作计划，全力辅助领导推动全县各项重点工作落实。强化统筹服务，主动服务县级各部门、各乡镇（街道）和基层单位，做好上情下达、下情上传。对需提交县政府研究的重点工作事项，充分协商、严格把关、及时安排。推动项目建设，有力推进招大引强，紧盯高端装备、新材料、智能制造等战略性新兴产业招商，新引进招商引资项目57个、协议总投资额174.6亿元，其中亿元以上项目46个、5亿—10亿元项目6个、10亿元以上项目3个。完成“八大百亿”行动计划和政府投资计划、“十四五”重点项目规划编制，以“五比五赛”“百日攻坚”推动项目加快落地，水发全竹产业园、云墨碳谷2个省市县长工程项目全部开工入库出数。紧盯安全生产和消防安全，加大检查宣传力度，确保企业和人民群众的生命财产安全。慎终如始牵头抓好常态化疫情防控，推动“疫秒通”服务平台上线，在全省率先实现疫苗接种线上分时段精准预约，精密智控、疫苗接种等工作走在全市前列。以数字化改革牵引全面深化改革，5个应用纳入全省“一本账”、12个应用成为省级试点，“智慧粮脑”“燃气安全在线”得到省领导批示肯定。

【高质量以文辅政】 紧盯中央和省、市重大决策部署，围绕全县中心工作以及社会发展的重点、难点问题，准确把握县领导意图和决策思路，先后就县域经济发展、农业产业化、城市建设、新农村建设等重点课题进行深入调研。结合工作实际主动分析研判，在广泛听取人大代表、政协委员及社会各界人士建议的基础上，优质高效完成《政府工作报告》等各项重要会议材料起草工作。全年共起草领导讲话、汇报材料等各类文稿300余篇。加大《龙游政务信息》和《决策参阅》的刊发力度和信息上报力度，不断发出龙游“好声音”。2021年共编发县内信息32期，上报约稿信息170余条，被国办、省市分别录用信息155条、42条，其中省市领导批示11条，《一码赋能 一图管控 一站服务 龙游县创新“三个一”机制有效提升燃气领域数字化监管水平》先后获常务副省长陈金彪、副省长徐文光和市长高屹的批示肯定。

【深化政务公开】 持续提升政府信息管理水平，优化《关于加强龙游县政务新媒体管理的实施意见》，按照“谁主管谁负责、谁建设谁管理”的原则，做好政务新媒体的日常管理和定期通报制度，切实做好内容保障、组织保障、更新保障，新媒体得分持续保持全市6个县市区前二。持续开展媒体资源全域融合，按照“应整尽整”的要求，整合全县广播、电视、直播、新媒体、电子报、政府网站等媒体资源，打造县级主流舆论阵地。截至年底，关停整合74个面向群众的政务类公众号，实现政务类信息“一个口子查阅”。

【金融赋能促发展】 推动企业上市，打造“龙游板块”，构建挂牌上市工作组织，成立高规格领导小组，组建上市专班，出台政策文件，坚持“上市优先、问题导向”原则，紧盯挂牌上市重点冲刺企业，形成分层次、分行业、分梯队的挂牌上市企业培育库。8月19日，恒盛能源IPO在上海证券交易所顺利敲锣，标志着龙游县第一家本土企业主板上市。11月19日，禾川科技通过科创板上市委审议，成为山区26县第一家冲刺科创板并有实质性进展的企业。深化绿金创新，全国首创“碳增信”管理机制，率先

图10　2021年9月2日，浙江禾川科技青山湖研发中心项目开工仪式在杭州市临安区举行　（县府办/提供）

探索企业碳账户运用，将碳账户与生态工业、乡村振兴相融合，推出“碳增信”管理办法。到12月底，推动9家金融机构推出碳账户金融产品，其中已放款的银行机构有6家，累计放款2.71亿元。

【督查督办抓落实】　深化“双回路、双闭环”督查机制（“双回路”为“各条线线上督查+县政府督查室专项督查”相结合，按照“分工负责、归口办理”原则抓好落实；“双闭环”为被督查单位按督查反馈的规定时限和要求，向交办单位报送整改情况书面报告，由牵头单位向交办领导当面汇报，相关材料同时报送县政府督查室备案，直至任务彻底销号“清零”），构建政府各条线、督查室、责任部门之间的有效联动，通过“五张清单”对县长批示件、县长交办重点工作、县长关注重点项目等县政府主要领导关注事项进行每周跟踪梳理，按照“分工负责、归口办理”原则抓好落实。完善通报约谈机制，对督查结果公开通报动态预警，以《政务督查通报》《十条军规》等形式，对抓落实工作行动迅速、效果明显、成绩突出的单位和个人予以表扬，对工作不落实、落实不到位或者进度滞后的予以批评，对督查中发现项目存在逾期风险的责任单位或责任人进行约谈。2021年共下发政务督查通报18期、督查专报7期、交办单17份，龙游县推动建筑业和房地产业平稳健康发展成效较好，获得省政府督查激励。办理人大代表议案、建议和政协提案288件，办结率100%。推动民生实事办理，着力办成办好群众“急难愁盼”的关键小事，省市县民生实事项目全面完成，车辆检测“一件事”集成改革成绩突出，被省公安厅通报表扬。县民生实事项目龙北片区群众饮水工程有序实施，让龙北乡镇群众喝上高坪桥水库水，受益约6.9万人，实现龙游版“南水北调”，获得群众的一致好评。

（县府办　叶凌豪　俞凌翔）

机关事务管理

【概况】　2021年，龙游县机关事务保障中心紧紧围绕市委“1433”战略体系和县委“14456”工作布局，秉持“活力后勤，精准服务”工作宗旨，在各项大战大考中唯实惟先，实干快干，推动机关事务领域“硬核”保障再深化，精准助力龙游县浙西新明珠高水平建设。2021年荣获县级执行“十条军规”典型事项通报表扬2次。

【落实交办任务】　中心保障团队高质高效完成县领导交办各类事项，在做好常规疫情防控保障基础上，以“快”克难，以“情”暖人，不断深化应急防御保障，重点做好疫情防控集中隔离点后勤保障工作，针对配餐单位、保洁送餐人员、防疫场所改造、物资供应等内容建立资源储备库，提前建立标准化进点清单，全年为各隔离点提供送餐服务42875人次，支付县级防疫费用1402.24万元。快速应对县党代会、县人代会和县政协会议期间，疫情防控封闭管理的要求，针对会务、用餐、住宿等模块提供全面优质高效的后勤保障服务。2021年完成县级重点工作、重大活动后勤保障20余次，主要包括“百花向阳——2021全国花鸟画作品展”开幕式、全省医保经办现场会、首届浙江乡村文化艺术节、全市8090新时代理论宣讲现场会、龙商大会等重大活动及省市县各级党政代表团到龙游考察活动等。

【数字化赋能保障服务】　中心立足公务接待、公务用车、餐饮服务、物业管理、安保安防等后勤保障模块，借助数字化转型契机，以智慧后勤改革助推保障服务质效提升。谋划搭建“公物仓”数字化信息平台，积极响应和落实关于厉行节约、坚持政府过紧日子的要求，渐进式探索机关事务与标准化深度整合，着手推进保障领域固定资产管理“实体公物仓+调剂信息共享”，减少低利用率资产重复采购、长期闲置、资源浪费状况，提高财政资金和公共物资使用效率。围绕贯彻落实《浙江省机关事务数字化改革总体方案》谋划的“政府‘公物仓’数字化信息平台”项目，纳入全省机关事务数字化改革试点项目。探索智慧食堂数字化运行平台，以精细化管理为目标不断优化就餐体验，充分运用大数据手段，探索数字化订餐、支付、满意度测评等功能模块，精准化满足干部职工用餐需求。更新升级龙游县公务用车“智能”平台，进一步解决公车保有量难以满足用车需求、保障服务缺乏全程化信息共享与监管等问题难点，尝试建立数字化监管平台，提升公务用车调配使用效率与科学性。致力于打通社会化保障中标单位与用车单位通道，逐步形成全县行政事业单位用车以公务用车集中保障管理中心为主体、多个社会化单位为补充的运行模式。2021年，中心各类型服务团队共承担县级各部门公务接待服务226批次，县级各部门派车服务1.25万次，职工就餐服务11.3万人次，包厢接待服务226次，会务服务420次，物业维修398次，以及全年24小时全时段日常保洁及安保服务。

【助力中心工作】 中心党组积极响应县委县政府关于“大庆大干、你追我赶”建新功创新业活动号召，以铁军之势攻坚助力县级各重点中心工作。开拓招商引资新局面，细致做好落地项目服务，协助浙江锦华空分设备项目做好开工、入库手续办理，切实解决企业施工难题提供有效帮扶，投资出数累计2273万元。由主要领导带队，多次赴深圳、富阳等地挖掘有效招商信息，浙江天圳重钢科技有限公司项目通过信息研判。牢固五场硬仗总防线，面向全体干部职工、三联工程服务群体，全面开展反诈、道路交通安全、遏重大事故等内容学习宣传活动。对各保障领域安全风险进行梳理分析，按照“一查二改三监督”原则，对行政中心大院各区域进行安全风险排查，重点做好后勤保障水电气设施、消防设施、楼宇外立面、绿化林木等风险区域整改防范工作。构建以文化人新常态。积极发动各领域一线保障人员，全中心联动投身“有礼指数”月度测评工作，确保机关食堂、行政中心大院各点位高标准实现有礼创建。充分发挥青年干部队伍优势，每月组织8090新时代理论宣讲员，入村入社入格开展宣讲活动，不断深化中心新时代理论宣讲团建设工作。

（县机关事务保障中心　郑丽云）

图11　2021年11月1日，龙游县机关事务保障中心组织各科室及外包单位负责人召开疫情防控专题部署会　（县机关事务保障中心/提供）

大数据发展管理

【概况】 2021年，龙游县大数据发展管理局（以下简称县大数据局）紧紧围绕省、市、县数字化改革总体部署，重点聚焦县级公共数据平台建设、“浙里办”“浙政钉”推广应用、“龙游通”赋能升级、一体化数字资源系统（IRS）应用等工作，推进数据共享、业务协同，着力做优“12345”政府热线服务水平，助推县域数字经济发展，全力推动县域数字化改革。

【“龙游通”赋能升级】 围绕

数字化改革总体部署，加快推动“龙游通”功能优化、赋能提升，持续擦亮“龙游通”金名片。2021年，开发上线智慧警码、智慧粮脑、疫秒通、智享工会等50多个功能模块，至12月底，“龙游通”APP注册用户26.4万人，平均日活跃用户数2.6万人次。2021年“龙游通”APP入选全省县级融媒体中心客户端“综合表现”“社区沟通”“界面设计”最佳案例，在全省90家县（市、区）融媒体中心运营情况评估结果中排名第七。“龙游通”客户端获评2020年度全省十佳传媒APP。“龙游通+全民网格”基层智慧治理模式入选“全国市域社会治理创新优秀案例（2020）”“2021年长三角城市数字化转型创新案例”“2021社会治理创新案例”“2021中国改革年度案例”。

【数据资源供给】 2021年，基于市统筹模式建成县级公共数据共享平台，有效支撑数字化改革多跨场景应用能力。至12月底，平台归集25个单位6872.06万条数据，对接30个部门的55个系统数据（其中44个应用系统建表，31个相关应用推送数据到市级，累计开发42个接口），有效支撑溪口未来社区、城镇燃气管理、智慧粮脑、数字化改革门户等应用，推动政务服务事项与办理结果数据关联。其中龙游县应用目录质量、数据目录质量、数据高质量供给等指标排名全市前列。龙游县金融服务与风险监测应用入选全省第一批36个“端菜”模式优秀应用数据清单。

【数字基础设施建设】 2021年，持续加强视联网技术保障能力，会同移动公司完善相关保障措施机制，制定实施《龙游县视联网运行维护管理办法（试行）》。制定完善云资源关联应用机制，至12月底，龙游县应用与云资源关联率100%，通过对未关联云资源清单进行核查，共计释放11个应用系统、回收37个云资源，整体中央处理器（CPU）和内存平均使用率分别提高5%和9%，全年可节约财政资金120多万元。按照三级等保要求，对全县电子政务外网进行全面改造提升，提升网络安全风险监测和应急处置能力，持续推进全县各类应用等级保护备案工作，至12月底，等保备案43个应用（全县共53个应用），等保备案率81.13%。

【“两端”推广应用】 推广“浙里办”应用，至2021年12月底，“浙里办”月平均日活跃用户数16696人，目标完成率77.71%，排名全市第二。在全省试点“龙游通”与“浙里办”同源发布，用户通过“龙游通”即可一键办理出生户口登记、医保参保登记等38项“浙里办”服务事项。龙游通、我要用气、困无忧、智享工会、职工教育、老兵码等6个应用独立上架“浙里办”。推广“浙政钉”应用，定期下发“浙政钉”核心指标，建立活跃率情况每日晾晒通报制度，持续提升“浙政钉”用户活跃率。至12月底，累计清理不活跃工作群7000多个，累计激活用户12293人，激活率100%，活跃用户数11097人，用户活跃率90.27%，提前完成年度目标（80%），“浙政钉”应用绩效排名全市第一。

【一体化数字资源系统（IRS）应用】 加强应用编目关联，至2021年12月底，龙游县IRS应用目录提交率、终审通过率、产生数据应用占比、数据目录被应用关联率、云资源实例被应用关联率等五项核心指标均达到100%，排名全市第一。“龙游通”基层智慧治理系统（APP端）入选全省高质量IRS应用目录示范（全省共21个，衢州市3个）。开发应用组件上架，2021年，基于“浙里党群心联心（三联工程）”“智慧粮脑”等重点多跨场景应用，积极谋划开发相关IRS应用组件。至12月底，有数据安全态势感知、土壤养分识别分析、垃圾分类自动识别、土壤指标插值分析、内容敏感词识别等5个组件成功上架IRS组件服务超市，组件上架质量和上架数量均排名全市前列。

【数字化项目全流程规范化管理】 2021年，根据《关于加强数字化改革重大应用项目统筹管理工作的通知》和《关于进一步加强数字化改革项目规范管理的通知》等文件要求，结合龙游县工作实际建立健全数字化改革项目全流程规范化管理机制，组建政府首席信息官专家团队，对全县各单位数字化项目建前决策咨询、建中技术支持、建后数据归集、后期评价等项目全流程管理，有效避免数字化项目出现低效重复建设。至12月底，组织完成全县70个数字化项目的申报审批工作，其中62个项目已组织专家评审。

【县级数字化改革门户建设】 2021年3月18日上线数字化改革门户，指导五大系统推进办（指党政机关整体智治推进办、数字政府推进办、数字经济推进办、数字社会推进办、数字法治推进办）做好核心业务拆解工作，至12月底，五大综合应用（指党政机关整体智治系统、数字政府系统、数字经济系统、数字社会系统、数字法治系统）共梳理拆解核心业务514项。在门户建设中，充分利用县级公共数据平台，以动态数据支撑门户建设，在横向上归集全县各单位数据，在纵向上承接省市下放回流数据，有效提升数据的实时性和鲜活性，承接6批次省市下放数据，有效解决“数据烟囱”（指一种不能与其他相关信息系统之间进行互操作或者说协调工作的信息系统，又称信息烟囱或信息孤岛），“数据安全”等现实难题。7月25日，在全省数字社会门户路演随机抽取的11个县（市、区）中龙游排名第三，得到上级肯定表扬。9月9日，在全市数字化改革推进会上汤飞帆书记充分肯定龙游县数字化改革门户统筹建设模式和建设质量位居全市前列。

【推进多跨场景应用谋划落地】 2021年，会同县数字化改革工作领导小组办公室（以下简称县数改办），面向全县各单位开展“三张清单”（指重大需求清单、多跨场景应用清单、重大改革清单）梳理工作，全年共谋划梳理32个多跨场景应用，其中4项场景应用被纳入省数字化改革“一本账”、11项场景应用被纳入省级试点应用（项目）。县大数据局作为技术支撑部门，会同县委组织部、县农业农村局、县住建局等单位全力推进浙里党群心联心（三联工程）、智慧粮脑、城镇燃气管理“一件事”等重点多跨场景应用建设，取得显著成效。其中“智慧粮脑”应用列入全省农业农村系统数字化改革“先行先试”试点，被列入省公共数据平台数字孪生第二批试点（粮食生产监管及服务领域），并在9月9日召开的全市数字化改革推进会暨典型应用PK赛上勇夺第一。“浙里党群心联心（三联工程）”应用列入全省党政机关整体智治系统第一批重点培育的多跨场景目录。视频监控“一网智治”场景应用相关经验做法分别被《衢州政研与改革（“县乡一体、条抓块统”专刊）》和《浙江政务信息（专报）》刊登。

【助力中心工作】 助力数字经济发展，承担龙游县数字经济发展领导小组办公室（以下简称县数经办）的日常工作，抓好重点项目推进，在2021年公布的2020年浙江省现代服务业重点行业“亩产效益”领跑者名单中，禾川科技被列入数字经济20强企业，禾川科技开发的高速高精度磁编码器获得2020年度省科技进步奖三等奖。协助未来社区建设，2021年，定期会同智慧龙游建设专家组成员以及溪口镇、浙江信安数智科技有限公司、县移动公司等单位相关负责人，研讨溪口乡村版未来社区建设工作，制定完善溪口乡村版未来社区建设方案，至12月底，未来社区项目一期建设完成。加强疫情精密智控，依托“龙游通”开发上线“疫秒通”“返龙申请”等应用，至2021年12月底，全县共有10万余人通过“疫秒通”进行疫苗接种预约，累计受理群众返龙申报2148人次，有效建立起重点人群动态管控库，助力疫情精密智控。推广应用“共富码”，派驻专人进驻疫情防控指挥部做好技术支撑，至12月底，累计发放防疫登记簿2137个，全县日均扫码3万余次。

【做优“12345”政府热线服务水平】 2021年，加强对“12345”政府服务热线话务员的业务培训工作，每季度组织开展综合业务考试，提高话务员业务能力。至12月底，龙游县统一政务咨询投诉举报平台发布2021年1—3季度“效能指数”，通报“12345”政府服务热线2021年1—11月工作情况，对月度受理件的办理情况进行数据分析，对办理质量情况进行检查，指出差距及存在问题，促进各单位提高办件质量，不断优化“12345”政府服务热线服务水平。通过每月征集“12345”政府服务热线应用典型案例，以简报的形式刊发，宣传一批正面典型，全年共刊发11期“12345”政府服务热线典型案例，同步梳理形成信息专报供县领导参阅。全年共邀请县教育局、卫生健康局等4家单位“一把手”走进县统一政务咨询投诉举报平台管理办公室，与群众零距离接触，直接对话，根据群众反映的热点、难点问题，即时受理、即时解决。

（县大数据局　叶欣驿）

信　访

【概况】 2021年，龙游县信访局围绕“全国信访工作示范县和无信访积案县”目标定位，推动信访数字化转型，深化群众“最多跑一地”改革，构筑“党建+

信访”工作体系、夯实信访突出问题治理、提升县社会矛盾纠纷调处化解中心（以下简称县矛调中心）运行质效、加强干部队伍建设，圆满完成各项重大活动期间信访保障工作，实现信访总量降，重大活动安的良好信访态势。全县信访总量3307件（人）次，同比下降34.8%，其中来访812批1682人次，同比批次、人次分别下降27.8%、10.1%；来信1625件（含网上信访、领导信箱），同比下降49.12%。在第二、三季度“大庆大干、你追我赶”建新功创新业活动中荣获“龙头奖”，2021年度信访工作目标管理考核位列全市第一。第一批国重件和省重件实现清零，在全省重复信访治理工作经验交流会上，作为化解进度前10名的县得到表扬嘉奖。

【信访责任落实】 加强党对信访工作的领导，系统谋划和推进“党建+信访”工作体系，创新源头治理，落实工作责任，完善信访工作体制机制。县委常委会每月听取全县信访形势汇报，每月专题研究信访工作。县委主要领导、分管领导定期阅批群众来信，亲自带头接访下访，亲自包案督办，将领导干部下访约访与党史学习教育相结合，认真开展“我为群众办实事”活动，迈出机关门，走进百姓家，深入一线解决群众实际困难。落实落细县处级领导每日信访局坐班值班+联系乡镇、部门下访约访机制，通过带案下访、上门走访、约谈会访等形式，摸清信访群众急难盼愿，帮助群众化解矛盾、理顺情绪、转变观念，真正实现服务群众面对面。2021年，县处级领导信访坐班接访128批286人次，到联系乡镇或部门接访179批328人次，接待群众307批614人次，推动化解信访事项320余件。实行各乡镇（部门）季季清考核扣分排名通报，把信访工作纳入经济社会发展综合争先和“平安龙游”争先考核。

【规范初信初访办理】 建立信访“一件事”跟踪问效机制，对初次信访实行“全周期”管理，坚持“一日一梳理、一周一汇总、一月一交办、一季一通报”工作机制，通过每日初次信访梳理，每周信访风险研判，每月突出问题交办，每季办理质效通报，建立健全初次信访办理“全流程工作清单”，推动初次信访“天天清、周周结、月月检”，形成回访、核实、督查的回路闭环，确保初信初访办理规范、处置到位。创新初信初访“三问四答”制度，通过问群众“基层到访情况”“案件调处情况”“干部履职情况”，反映干部底子清不清、能力强不强、作风实不实；通过干部答“想不想去化解”“有没有去化解”“有没有效果”“有没有形成合力”，体现干部是否真重视、是否真落实、是否真实效、是否真统筹。5月，县信访工作联席会议办公室（以下简称县信访联席办）出台进一步规范初信初访办理工作的文件。2021年，县委书记、县长共阅批13件群众来信，占全县初次来信的61.9%。县信访联席办对82件突出信访问题进行办理质效跟踪督查，成功化解61件，化解率74.4%。

【信访积案化解】 坚持把积案化解作为提升信访工作的重要抓手，领导亲自包案“挑重担”。坚持“以上率下、以点带面、以督促干”，县主要领导亲自挂帅包案，县委常委会每月专题研究积案化解工作，抓牢信访“责任”不放松，持续开展信访“四个一线”（指一线督导、一线接访、一线破难、一线关爱）活动，集中力量和资源推动国家重复信访事项等疑难信访案件化解工作。乡镇（部门）组团联村“齐调处”，以“组团联村”、“无信访积案县”创建等重点工作为抓手，利用“周二无会日”“组团联村”、三服务活动等载体对信访积案进行交办。认真落实积案化解“三个三”机制（指通过回溯积案三个发展阶段，统筹三种处置手段，明确信访结果与考核绩效、评优评先、干部任用三个挂钩，形成条块协同、联防联处工作格局），该机制和做法在全市积案化解工作现场会上作经验介绍。对克难攻坚“十件事”（全县开展“大庆大干三百天、攻坚克难十件事”行动，疑难信访积案作为其中一项）等一批重点攻坚任务进行集中交办，强化积案化解工作统筹协调，对疑难信件进行全面梳理、分析、研判，全力推动化解一批历时十年以上疑难复杂的“骨头案”“钉子案”。专案专办“出实招”，坚持问题导向和目标导向，落实专案专办工作机制，确保信访积案办一件、结一件、了一件，实现“零复访”，58件疑难国家重复信访事项和49件省级重复信访事项全部化解，实现清零。16件市级重复信访事项化解11件，17件市级积案化解12件，得到市领导肯定。

【帮扶督查工作】 各乡镇（街道）在各重要节点前开展一次全面梳理，对重点领域、重点问题开展全面排查，摸清矛盾隐患底数，开展一次入户走访做好化解帮扶，对诉求合理的解决到位、诉求无理的思想教育到位、生活困难的帮扶救助到位。做实“三联工程”，强化应急处置。县督考办、纪委监委、政法委、信访局等部门组成信访工作联合督查组，对全县乡镇（街道）、相关部门开展督查。2021年，县信访工作联席办对4个乡镇（部门）信访责任制落实不到位予以书面通报，责令责任单位对相关责任人问责。

【矛盾纠纷化解】 提升县矛调中心运行质效，完善“舒心治理”体系，强化调处能力，全力实现群众信访“最多跑一地”。优化组织架构，构建十大工作机制［指来访分类调度，无差别一窗受理，首问负责制，联席会议制度，县领导接访下访制度，矛盾纠纷联合调处办法，矛盾纠纷督办（督查），跟踪回访，文明服务，现场管理十方面制度］，以问题需求为导向，发挥“大群团、大联动、大调解、大信访、大帮扶”五位一体作用，初步实现“群团力量‘一体化’调配、信息数据‘一平台’集成、社会风险‘一站式’研判、事件处置‘一中心’指挥、矛盾纠纷‘一扇门’化解”，全面形成上下联动、左右协调、智慧支撑、联合调处的群团参与社会治理新格局，推动舒心馆全面提质增效。2021年，县矛调中心共接待群众5047人次，受理群众诉求4543件，化解4493件，化解率98.89%。发挥各级矛调中心作用，运用基层治理“两难”问题钉钉群，整合线上线下力量，实现联动解决。全县三级共292个“两难”问题群（县级群1个、乡镇街道级群15个、村社级群274个、特色园区建群1个）在推进疑难杂症、急难险重问题落地解决过程中作用明显，提交解决问题2105个，完成重点问题29个。持续推动信访代办工作，以“数据多跑动，群众少跑路”“干部跑代替群众跑”，打通服务“最后一公里”，不断提高信访和矛盾纠纷及时就地办理质量和效率，减少矛盾上交。2021年全县信访代办事项425件。

【法治信访】 运用法治思维和法治方式解决信访问题，推动信访疑难问题化解。依法引导群众通过复查复核、信访听证程序终结信访事项，建立健全信访事项依法终结制度，推进信访事项案结事了。参与、指导信访事项复查复核三级终结工作和公开听证终结工作共19批次27人次，其中听证终结信访事项2件，终结入库1件。

（县信访局　吴　敏）

档案管理

【概况】 2021年是中国共产党成立100周年，龙游县档案局、档案馆认真开展党史学习教育，积极响应县委、县政府“大庆大干、你追我赶”建新功创新业活动，认真履行档案监督、保管和利用职能，科学编制龙游县档案事业发展“十四五”规划，紧扣档案工作年度目标任务，各项工作稳步推进取得实效，以实际行动谱写龙游档案工作新篇章。

【档案资源建设】 2021年县档案馆接收县级机关部门档案1092卷11561件，做好接收档案编目、消毒、上架、导入目录、挂接原文工作。接收60家单位12690件疫情防控档案材料（包括纸质、电子材料），完成疫情防控档案整理及数字化加工，共有文书档案161卷，宣传标语、耳温枪等实物档案50件，援鄂医护人员防护服、照片等实物42件，完成扫描30822页，刻录光盘66个，硬盘1个。归集17家单位脱贫攻坚档案条目23240条，其中文书档案1545条、业务档案25373条、项目档案79条、照片142条，归集图像数据16.18GB。向社会公开征集档案资料，征集到龙游书画家作品2幅，记载清乾隆年间重建“龙游毗卢阁”的石碑半截。对在龙游担任过副县（处）级以上领导职务的人员的有保存价值的资料进行数字化加工，实物电子资料总计2663件，完成第二期民国档案数字化加工成果抽检、验收、导入挂接32517条。导入挂接县机关部门数字化成果9933条。

【档案开放开发利用】 2021年，调整县档案馆档案开放鉴定小组，完成区、乡镇1949—1995年档案开放鉴定初审255530条，复审207643条。认真开展档案查阅利用工作，全年接待档案查阅利用1526人次，调卷2171卷，取证4447页，通过浙江档案服务网、司法无证明、龙游通等多种在线途径办理档案查阅服务231件。利用档案开展爱国主义教育，6月，举办“档案话百年——庆祝中国共产党成立100周年图片展”，利用馆藏档案图片资料，制作展板50幅，以图文结合形式展示100年来党领导龙游人民进行革命、建设和改革发展取得的光辉成就。展览在龙游城区、企业、乡村巡回进行。开展“6·9”国际档案日宣传活动，向市民赠阅《档案法》单行本、档案法知识竞赛题、家庭档案宣传册及《龙游史志》两江走廊专刊、廉政专刊等600余册，免费为群众扫描老旧照片。

【新档案馆建设】县档案局新馆位于城东新区中央生态廊道中段东侧，与县图书馆、县广电中心统一规划建设，县档案馆规划建设面积8500平方米，包括档案库房、档案业务和技术用房、对外公共服务用房、办公用房等，计划建设工期为3年，2020年7月开工。新馆主要功能定位为龙游县档案安全保管基地、爱国主义教育基地、档案查阅利用中心、政府信息公开查阅中心、电子文件和数字档案管理中心。

【档案监督管理】2021年6月至7月，开展“平安护航建党百年”档案安全检查工作，在全县各单位组织开展一次全方位、地毯式的档案安全检查，以“双随机、一公开”执法检查的方式抽取10家单位开展实地档案安全执法检查，督促各单位做好档案安全工作。全面摸排全县档案工作情况，全县各乡镇（街道）、县机关部门、县属企事业单位对照档案管理职责，开展档案工作自查，11月15日至30日，县档案局通过“双随机、一公开”执法检查抽取10家单位进行实地督查，针对人员配备、档案收集整理等情况开展检查，提出整改意见。参与县粮食收储公司第二粮库改扩建提升项目、高坪桥水库移民安置、中浙高铁、兰石至龙游南工程等重点建设项目档案检查验收4次，确保重点项目档案完整齐全，安全保管。加强档案中介机构监管，10月，对在龙游的档案服务机构进行档案安全保密检查，确保档案中介服务过程中的档案安全。

【档案服务基层治理试点】2021年，在石佛乡开展档案工作服务农村基层社会治理试点工作，石佛乡投入资金对乡政府及所属10个行政村档案室进行改造与设备更新，做到健全制度、统一标识、配齐设施、提高服务性能、强化安全管理，高标准完成档案室规范化建设工作。开展乡、村档案数字化工作，对全乡室藏档案未完成数字化部分，和村历史档案资料，由乡政府统一进行招标，安排资金统一进行整理和数字化，共完成文书档案1259卷、业务档案2563卷、财务档案2403卷、基建档案120卷、农户档案4987卷数字化加工，著录条目75341条，扫描538570多页，完成荣誉牌匾81个、印章40个等实物档案和125个视频档案的整理加工。规范化开展民情档案收集，按照村情、户情、事情三个方面，明确民情档案材料归档范围，制定民情档案归档目录清单，采取一户一档方式，详细归集家庭成员、社会关系、劳动力从业、家庭经营和收入、生活状况等基础资料，对房屋权证、土地证书、林权证等契证，合同、协议等法律文书，职业技能等级证书、荣誉证书、身份证等个人资料以复印件形式归入民情档案。借助党群服务中心、便民服务平台等基层基础设施，开通乡镇一级浙江档案服务网查档权限。依托“龙游通”平台，开发民情档案查阅模块，为村民提供便捷高效的查档服务。探索“村档乡管”管理机制，在档案规范化的基础上，按照“乡统村收、明晰权责，分类管理、便于利用，村档乡管、确保安全”原则，明确乡、村两级档案工作职责，乡统资金、统整理、

图12 2021年6月9日，举办“档案话百年——庆祝中国共产党成立100周年图片展”（县档案馆/提供）

统标准，统一归档管理乡村两级文书档案、财务档案、项目建设档案，村主要做好日常档案资料的收集，保管民情档案、现行档案。11月17日试点工作通过省级验收。

【助力中心工作】 做好招商引进项目浙江五何食品有限公司投资“年产2万吨豆制品”生产线项目后续服务工作，项目于5月22日开工建设。做好招商引资项目信息捕捉，2021年捕捉到招商引资信息12条，上传“大抓招商工作群”10条，正式报送县招商信息申请表上报县招商局8条，其中通过决策咨询3条。认真做好项目谋划，编制“龙游国防军旅文化基地谋划建设方案”及“年产1万吨纸制品深加工生产线项目谋划投资建设方案”，其中“龙游国防军旅文化基地”项目谋划进入全县前15名，并参加县项目谋划擂台赛获得优胜奖。

（县档案馆　阮红霞）

侨　务

【概况】 2021年，龙游县侨界在县委统战部和上级侨务部门的正确领导下，围绕“凝聚侨心、汇聚侨智、发挥侨力、维护侨益”的中心任务，以党史学习教育、数字化改革、助力共同富裕等工作为重点，进一步提振精神、真抓实干，在服务经济发展、维护稳定、促进社会和谐等方面取得一定的成效。龙游县归国华侨联合会获评中华全国归国华侨联合会2021年度“全国侨联系统助力脱贫攻坚先进集体”称号。

【凝聚思想共识】 组织侨务干部深入学习习近平《论中国共产党历史》等党史学习教育必读书目，中共十九届六中全会精神。发动组织侨界干部积极参加市侨联《百年辉煌　侨心向党》侨界青年理论宣讲比赛、县委统战部“统战经典故事讲述”活动，2人分别荣获市三等奖、县二等奖。组织侨联委员开展“学党史　感党恩　跟党走”党史学习教育活动，赴县烈士陵园、罗家两山印记馆进行红色学习教育，邀请县8090新时代理论宣讲专班导师、新加坡侨眷蒋爱军上微党课《侨与共产党》。组织开展县侨联委员“凝聚侨胞情　共植同心林”红侨行动，时任市侨联党组书记、侨联主席姚利华为“侨缘　同心林”揭牌，通过实践与学习相结合，进一步凝聚侨界人士与共产党同心同行同向的思想共识。积极参加省侨联开展的“追梦中华·侨声心语话未来”短视频展播活动，为县侨联常委张佩思录制《大国重器必须掌握在自己人手里》微视频，并在《浙江日报》天目新闻播出，借助聚美苑、龙游加人、乡镇海外联络群等网络云平台进行宣传造势，进一步引导广大海内外侨胞凝心聚力。

【汇聚侨智侨力】 积极响应龙游县委“共同富裕、产业担当”的号召，发挥好侨联桥梁和纽带作用，向侨资源丰富地区借势借力，开展“双招双引”工作，积极推进侨资侨智要素导流引流。在市侨联牵线搭桥下，邀请中国友联国际香港公司客商一行到龙游县考察汽车运动小镇项目并达成初步合作意向，邀请浙江省安通产业发展集团到龙游县对接产业园招商项目并进一步商讨。积极开展“千侨结千村”“百侨助百村”等活动，在各个侨群发出活动倡议，中浙高铁、培华建设等5家侨企主动响应、积极参与，与小南海红船头村、横山志棠村等5个行政村结对。搭建“以侨引侨”人才平台，通过“三基”（指基层组织、基础工作、基本能力）建设，邀请省内外侨界学者、海内外侨商侨胞到龙游对农业发展、经济建设、文旅融合等开展讨论和服务，11月6日至7日承办浙江省2021年海外中青年侨领研习班走进龙游活动，组织50余名侨商侨领赴沐尘村考察乡村振兴、畲乡发展等，感受龙游发展变化，挖掘助力共富资源，11月23日至24日承办省“侨界医疗专家服务队”送医疗下乡活动，为沐尘乡村民开展送医义诊、健康咨询等，共帮助100多名村民解决常见疾病和慢性病的检查、诊断和咨询。

【维护侨益】 开展全省各级侨联组织调查摸底工作，完成龙游县侨联组织数量、专兼职干部、侨联组织详细情况表等情况统计，为侨联数字化改革强基固基。开展东华、龙洲、湖镇等3个基层侨联组织换届工作。严格按照要求，完成凯马国际学校1名“三侨生”高考加分材料审核上报，确保该考生顺利加分。开展市侨商会换届代表推荐，积极推荐龙游县侨企代表共18名参加市侨商会换届大会，助力市侨商会换届圆满完成。完成首届华侨公益互助促进会代表推荐工作，共推荐龙游县侨界代表2名。开展省侨界中外文化艺术交流协会理事推荐工作，共推荐侨界文艺爱好者2名。开展慰问帮扶活动，在元旦、春

图13　2021年11月23日，省委统战部"侨界医疗专家服务队"赴沐尘乡开展送医疗下乡活动（县侨联/提供）

节、中秋节等节日对困难侨胞侨眷和重点侨胞侨眷开展慰问关怀，累计慰问20人次，送达慰问金2万元。在县侨界发起豪群慈善基金会帮扶学校建设篮球场和资助困难学生，共筹得善款11.3万元。

【疫情防控】 按照"外防输入、内防反弹"的疫情防控要求，慎终如始做好涉外人员从"舱门"到"家门"全链条式闭环管理。织密织牢涉外疫情防控网，以精密智控考核为导向，多次组织开展全县范围内涉外人员排摸，严格涉外人员入住酒店管理，对省市下发数据开展及时核查反馈，对异地隔离人员实行"一对一"跟踪联络负责制，为巩固龙游县疫情防控零确诊零病例的好成绩贡献涉外防控力量。组织做好华人华侨疫苗接种工作，根据自愿接种国产疫苗的原则，自2021年4月开始，每月组织开展华人华侨新冠疫苗接种工作，共计80余名参加接种。

（县委统战部　孙　兵）

对台工作

【概况】 2021年，龙游县人民政府台湾事务办公室（以下简称县台办）在浙江省台办、衢州市台办的指导下，充分发挥县委对台工作领导小组作用，紧紧围绕龙游县委、县政府中心工作，夯实工作基础，扎实开展对台交流服务，较好地完成省、市布置的各项工作任务，工作成效明显。

【服务台胞台企】 加强服务，为在龙游的台胞生活工作学习提供便利，开展走访慰问，积极处置台胞求助事项，服务台资企业，依法依规处置涉台案件，维护台胞合法权益。做好新冠疫情防控工作，开展日常走访联系120余次，组织在龙游台胞台生9人接种疫苗，接受并答复台胞关于疫情防控、就学就业、社保医保、户籍更改等政策咨询62人次，及时拨付困难台胞生活补助经费。在市台办的指导下依法依规妥善处置台资企业债务纠纷案件，保护台商合法权益。在统战部的大力支持下，县台联会在统战之家新设了联谊办公场所。

【交流联谊活动】 围绕争取民心，密切线上线下联系。浙台邻里节期间接待舟山市台湾两岸姐妹互助协会和台湾两岸人文交流关怀协会参访团。7月29日至30日，承办"两岸同根•衢台一家"衢台两岸婚姻家庭牵手活动，25个婚姻家庭参观龙游县博物馆、凤凰部落、溪口老街、未来社区和"两山"党建印记馆，开展座谈交流与岛内亲属视频连线"云交流"，组织惠台知识竞赛等活动。10月27日，横山镇参加第二届海峡两岸同名乡镇"横山"互动协作会议暨乡村振兴产业研讨会，进行产业推荐，开展同名乡镇联谊。

【惠台政策宣传】 利用"龙台情深"微信群，持续开展《关于促进两岸经济文化交流合作的若干措施》《关于进一步促进两岸经济文化交流合作的若干措施》《浙江省贯彻〈关于促进两岸经济文化交流合作的若干措施〉的实施意见》《中华人民共和国反国家分裂法》和台湾居民居住证办理等惠台政策的宣传，发布各类时政、优惠政策、防疫措施、龙游发展等信息280余条，积极宣传中央对台政策和龙游经济社会发展成果。全面落实惠台政策措施，开展面向台资企业、台胞台属等上门入户走访宣传82次。

（县台办　田王健）

营商环境建设

【概况】 2021年，龙游县营商环境建设办公室（以下简称县营商办）坚持以数字化改革引领，坚守“便民利企”改革核心，围绕党史学习教育“五个我为”（指我为群众办实事、我为企业解难题、我为基层减负担、我为龙游发展谋对策、我为“大庆大干”建新功），在改革上争突破，在创新上做文章，在效率上求提高，加快改造硬件配置，着力提升软件服务，协同推动重点领域改革，主动推进改革创新，多项工作取得好成绩。2021年，龙游县入选第七届绿色发展论坛优化营商环境示范城市，在全省营商环境评价中位列全省53个县前列。

【优化营商环境】 2021年，龙游县持续开展政务服务再提速、营商服务再优化、要素保障再升级、监督评议再推进四大专项行动，实行服务便民持续推进、指挥中心统一调度、线上线下一体服务、企业开办门槛再降、金融服务继续优化、惠企政策高效落地、破产服务主动靠前等多措并举，切实提升企业获得感、幸福感和满意度。持续推进“政企通”平台应用工作，贯彻落实市疫情防控指挥部《关于“衢州送大礼，留您过大年”硬核六条政策意见》精神，为留龙游过年的外地人员发放暖心红包，共计发放总人数3335人，发放金额166.75万元。响应市级“即申即享”创新场景应用，5月6日，县农业农村局“生猪引种补贴”惠企政策，在一小时之内成功拨付7家农业企业共计40万元，成为“即申即享”成功兑现案例。

【数字政府建设】 2021年，数字政府门户上12大重点应用全部上线，省市任务、本地任务、本地场景等也在门户进行展示。全年龙游县项目共11个，预算投入资金近4000万元。智慧粮脑、数字水库、城镇燃气安全在线、建设用地决策分析、古塔及牌坊沉降监测等五个场景获得省厅试点，智慧粮脑、城镇燃气安全在线、建设用地决策分析列入全省数字化改革重大应用“一本账S1”清单。“智慧粮脑”应用获得省农业农村厅厅长王通林、衢州市委书记汤飞帆批示肯定，被省农业农村厅列入第一批数字化改革先行先试单位，省委全面深化改革委员会办公室（以下简称省委改革办）数字化改革工作专栏（工作动态第84期）刊登龙游县“智慧粮脑”应用场景做法，荣获省农业农村厅数字化改革第一批“优秀应用”。“城镇燃气安全在线”获得省领导批示肯定，中国新闻网、《浙江日报》等媒体刊登龙游县燃气场景的做法，得到国家、省主流媒体关注。县住建局出台的《龙游县瓶装液化石油气数字化应用指南》，被省住建厅推广。

【政务服务改革】 县级行政服务中心推出延时办、预约办、特殊群体专窗、“最多拨一次”、“午间轮值”等多项政务服务便民制度，推动政务服务提质增效，得到省市县多家媒体宣传。有效整改解决省委改革办提出的“103个政务服务问题”，其中在自助机相关工作上取得较好成效，在县乡两级中心全面铺开自助服务，又好又快地完成相关工作部署。在省市统一工作部署下，龙游县积极推进政务服务高频事项向基层延伸，通过梳理确认各部门高频事项，结合本地群众实际办事需求，明确了具有龙游地区特色的事项清单，相关事项办理层级直接下沉到村（社区）一级，依托网格员体系，为全县275个村（社区）构建基层办事服务圈。县营商办积极参与市营商办举办的行政服务中心星级评定工作，县行政服务中心及8

图14 2021年6月11日，龙游县营商环境建设暨企业服务工作推进会召开
（县营商环境办公室/提供）

个乡镇（街道）便民服务中心获评星级。承接全市“网上中介超市”试点工作，《“网上中介超市”助力中介服务提质增效》入选2021年衢州市优化营商环境十大创新案例。

【延伸企业服务触角】 深化“1+29+7+N”企业网格服务机制（“1”即组建一个县级“中台”，“29”即全县29个“网格服务团”，其中包括9个开发区企业网格，服务对象包括网格内的所有经济主体，16个按地域划分的网格，交通运输、商贸、建筑、文旅4个县级重点行业服务网格，“7”即7个产业服务团，“N”即组建若干专业化服务小分队），全年累计收集问题（诉求）1301个，解决1289个，解决率99.08%，其中提交挂联县领导解决158个，提交县政府研究的问题13个，办结回访1289个，满意率100%。围绕完善现代产业体系，制定上市企业梯度培育计划，为企业攻坚解决上市进程“卡脖子”问题，龙游恒盛能源股份有限公司于8月19日在主板成功上市。携手链主型企业禾川科技，布局中孚精机、威仕喜、田村科技、台钰精机等一批产业链项目，企业亩均税收翻了近3倍。利用7个产业服务团和10个专业小分队，对跨区域布局项目的成本效益进行拆解，综合运用政策吸引、服务跟进、配套完善等措施吸引企业投资，全县16家外来上市公司中，有11家正在扩大投资“上二期”。以网格为单位选派29名科技专员“点对点”挂联所有工业企业，开展科技惠企专项服务工作，进一步扩大全县工业企业研究开发经费报送覆盖面、提高研发费用总量。针对企业普遍反映运营成本升高、发展空间受限、人才要素紧缺等问题，创新共享厂房、共享社区、共享集群等模式，入驻企业中有1/4已实现“小升规”（指小微企业规范升级为规模以上企业）。

【营商环境“清障”行动】 开展营商环境“清障”行动，两次自查收集“清障”问题197个，核销不符合条件问题73个，全部完成整改销号。新增“清障”问题41个，办结38个，回访满意率97.56%，对9个存在共性问题的领域进行建章立制。龙游焦点栏目曝光营商环境问题7个，十条军规等形式通报反面典型案例5个，处理干部10人，其中党政纪处分7人。清障行动推动政策及时兑现，为企业减负1200万元，清退历史遗留拖欠占用企业资金63.7万元。利用清障专项督导组例会机制，复盘核实违规兼职中介、红五制漆项目进度亮红灯、浙江德洲五金企业保险赔偿和信用修复等10余个典型案例，特别是针对清亲茶叙中企业向县主要领导提出的中介服务质量问题，专题调查研判发掘关键线索，3名公职人员违规从事营利性活动、违规兼职取酬被依规依纪受到严肃问责处理，政务服务领域风气更加清明。

【公共场所“五化”提升行动】 2021年，龙游县围绕公共场所“五化”（指便利化、智慧化、人性化、特色化、规范化）提升要求，重点对九大领域公共场所开展提升行动。在建立健全公共场所“五化”提升工作清单制的基础上，做到年初定方案、清单，年中有应用场景，年终有总结，并定期开展公共场所“五化”提升走访督查。龙游县公安局交通警察大队被评为车辆检测“一件事”集成改革工作成绩突出集体。模环农贸市场实现农贸市场数字化并高分通过省市场监管局验收。河西街农贸市场完成改造提升，全面实现“五化”。县图书馆建立大数据信息管理平台，实现与乡镇分馆、南孔书屋通借通还，建成地方文献数据库、非遗数据库2个，完成“龙游通”APP掌上图书馆服务版块搭建。县文化馆建立数字文化服务平台，融合“龙游通”APP，提供预约场地、线上慕课和网上直播等多项服务。县农业农村局打造农村公厕电子地图，将示范性公厕及星级公厕可视化，群众可直接在地图上搜索到公厕具体位置。

【构建信用体系建设新格局】 发挥信用在数字化改革中的基础支撑作用，加快建立多层次的数字化信用赋能社会治理应用场景，完善“信用+礼治积分”评价体系。2021年3月，龙游县委办出台开展“信用＋礼治积分”工作实施意见，与县委宣传部、县农商行等对接，实现与“礼停通”“龙e贷”等数字化应用场景的结合。召开全县“信用+礼治积分”工作推进动员会，对各乡镇（街道）进行动员部署，有针对性地选取53个行政村开展“网格礼治分”试点工作。以龙洲街道兴龙社区华西园小区为试点开展“有礼小区”创建工作。龙游溪口镇基层治理信用应用场景入选浙江省信用数字化改革应用场景十大优秀案例。龙游国际建材家居城入选浙江省“信用+商圈治理”专项试点，被《衢州日报》报道。

（县营商环境办公室　汪科伟）

应急管理

【概况】 2021年，龙游县应急管理局认真贯彻落实习近平总书记关于安全生产、防灾减灾等工作指示精神，坚持以防范化解重大安全风险为底线，牢固树立安全生产“红线”意识和“底线”思维，敢于担当、改革创新、狠抓落实，围绕主责主业，强化安全生产监管，完善应急管理体系建设，狠抓应急队伍建设，全面推动提升龙游县应急管理工作水平。全县安全生产总体平稳，自然灾害风险防范总体有效，突发事件应急处置总体有序，全县安全生产事故、死亡人数与前两年平均数相比分别下降27.3%、28.0%。

【完善安全生产体制机制】 县、乡、村、企业层层签订年度安全生产和消防工作目标管理责任书，明确年度安全生产工作目标，层层压实各级安全责任。按照“管业务必须管安全、管行业必须管安全、管生产经营必须管安全”要求，及时调整县安全生产委员会组织架构，设立8个安全专业委员会，制定《龙游县安全生产委员会及其专业委员会工作规则》，进一步明确县安委会及各专委会的监管职责和工作制度，各乡镇（街道）、经济开发区均建立安委会及专委会，构建起全县上下“1+8+X”（指1个安全生产委员会，8个安全生产专委会，X个乡镇部门）的安全生产工作体系。同时为压实企业主体责任，实行企业重大隐患挂牌制度，对存在重大安全隐患企业（场所）实行挂牌督办整治，共挂牌企业88家，其中省级挂牌1处、市级挂牌8处、县级挂牌79处，均完成整改验收。

【深化安全生产专项行动】 根据国务院和省、市安委会安全生产专项行动要求，开展安全生产综合治理三年行动、“遏重大”攻坚战和平安护航建党百年整治工作。县安委办牵头办结三年行动170项年度攻坚任务，“遏重大”风险链鱼骨图8张、191个关键节点、制定286条针对性措施。全年各部门共检查企业2895家次，发现问题隐患1865处，均督促完成整改，共立案查处621起，合计罚款400余万元。在平安护航建党百年期间，秉持隐患排查“零盲区”，隐患整治“零放过”，执法追责“动真格”的目标，实现“零事故”“零死亡”的成绩。

【自然灾害和安全风险普查】 牵头制定全县第一次自然灾害综合普查和安全生产风险普查工作方案，各相关单位均结合自身实际制定普查工作方案，迅速组建普查工作专班开展普查工作。对全县2739家生产经营单位、15个乡镇（街道）自然灾害风险点开展普查填报，普查进度和多项数据均位居全市第一。工矿领域安全普查工作，落实应普尽普，制定“工矿领域安全生产风险普查作战图”，落实“一天一汇总、一天一通报”制度，在全市率先完成普查工作。同时邀请县人大、政协、县政府督查室、第三方机构，对普查质量开展多方联动检查核验，确保普查成效。

【危化企业安全防范】 组建危化攻坚工作专班并实行实体化运作，明确细化攻坚行动5个子方案，梳理工作任务清单，实施月度例会制度，建立健全“两重点一重大”（“两重点”指重点监管的危险化工工艺、重点监管的危险化学品名录，“一重大”指危险化学品重大危险源。）危化品建设项目联合审批、危险废物联合监管、易制爆化学品及重大危险源联动执法等工作机制，切实提升整治力度。重点抓好化工企业情况摸底、涉毒性气体企业排查整治、化工园区区域整体安全提升、危化品运输环节整治、化工数字化平台建立等工作，以整治为载体，以提升为目标，帮助化工企业精准防范化解安全风险，切实提升化工企业本质安全水平。

【深化工矿领域专项整治】 推进三类企业专项整治，对辖区内涉及铝加工（深井铸造）、涉爆粉尘、有限空间三类企业，对标对表开展专项执法检查。期间共检查三类企业72家，查出问题198项，立即整改36项，限期整改162项，下达整改指令52份，执法处罚9万元。深入开展涉爆粉尘专项执法检查，对全县60家涉爆粉尘企业建立“一企一档”，明确涉粉类型和涉粉工位，要求委托社会化服务机构分类开展点对点服务，共对60家企业开展专项检查，下达现场检查记录60份，责令限期整改指令书59份，共排查隐患数311条，关停或拆除设备设施企业3家。开展“一厂多租”专项执法检查，全县15个乡镇（街道）和县经济开发区组织人员力量对辖区工矿企业出租及承租情况开展一次地毯式摸排，共摸排出租方企业112家，承租方企业252家，建立健全相关企业安全生产“一企一档”。完成矿山外包工程安全生产专项整治，对矿山企业违规分包转包、以包代管、违规发包等违法违规行为开展检查。

【防汛防旱防台】 汛前及时完善、调整全县基层防汛防台体系管理责任人，并开展全县防汛检查，共投入检查人员865人，检查处数992处，共梳理出重点安全隐患21处，同时建立隐患动态更新机制。组织修订《龙游县防汛防台抗旱应急预案》，并根据预案要求于6月4日在庙下乡长生桥村组织开展2021年度龙游县防御自然灾害应急抢险救援综合演练，共计300余人针对8个科目开展演练。汛期期间，针对常山凉亭倒塌事件和开化人行桥冲毁事件，连续2次开展全县范围内的有针对性的隐患排查，及时完成整改或落实防范措施，确保防汛安全。协调消防救援大队、县人武部应急救援连、武警部队、四支社会救援力量，累计出动救援人员1540余人次，投入抢险机械96台班，成功转移被水围困人员8名，应急处置各类险情6起。

图15 2021年11月29日，在庙下乡严村村举办全县森林防灭火演练

（县应急管理局/提供）

【秋冬森林防灭火】 出台龙游县人民政府森林防灭火指挥部工作规则、龙游县森林火灾应急预案等，及时调整森林防灭火指挥部成员，完善全县森林防灭火工作机制。重点防火时段，及时组织各部门召开森林火险形势会商会议，推进野外违规用火行为专项整治行动、涉林景区景点、涉林墓区、林区输配电设施火灾隐患专项排查治理。4月21日，在六春湖与衢江区森林消防救援队联合举行2021年衢州市跨区域森林扑火实战联合演练，增强森林火灾跨区域增援协同作战能力和实战化能力。11月29日，在庙下乡严村村举办龙游县2021年森林扑火技能竞赛暨实战演练。12月6日，县森林防灭火指挥部办公室举办全县森林防灭火理论知识和扑火机具操作培训班，通过演练、培训和竞赛，全面检验森林扑火队伍扑火水平，展示森林扑火装备建设水平和“引水上山，以水灭火”建设成效，为有效实现森林火灾“打早、打小、打了”目标打下坚实基础。

（县应急管理局　王翰玮）

概　述

【概况】　2021年，政协龙游县委员会高举中国特色社会主义伟大旗帜，深入学习贯彻中共十九大和十九届历次全会精神，认真贯彻落实中央和省、市、县委政协工作会议精神，聚焦聚力县委“14456”工作布局和党政中心工作履职尽责，充分发挥专门协商机构作用，坚持发扬民主和增进团结相互贯通、建言资政和凝聚共识双向发力，为加快建设“活力四射”“美丽幸福”的浙西新明珠作出积极贡献。县政协全年召开常委会会议4次、主席会议14次。开展2个重大课题的调查研究，形成调研报告2篇。组织委员视察5次。组织“请你来协商”活动25场，提出对策建议220余条。县政协十届五次会议以来，共收到提案186件，审查立案178件，并案处理后166件，全部按时办复，征集委员大会发言材料39篇。

【强化党建引领】　健全10个党员委员活动小组运行机制，实行“1名专委（室）主任+1名小组召集人”的“双组长”制度，牵头开展委员小组的党建工作和履职活动。继续开展“党员委员示范岗”创建，坚持党员委员“四联系”“五带头”“四必谈”工作法，实现党的组织对党员委员和党的工作对政协委员两个“全覆盖”。加强政协机关党的建设和机关党员干部队伍建设，打造政治强、能力强、服务强、作风强的模范机关。开展8090新时代理论宣讲，组织引导青年委员结合“两走进”“周二无会日”“组团联村（企）”等活动，积极参加省、市政协“学党史话共富”等11个主题委员读书和网上议政活动，龙游县政协深入推进8090新时代理论宣讲工作得到省政协领导批示肯定。组织开展党史学习教育，深化“书香政协”建设，线下设立2处“崇学书房”。围绕率先构建政协协商民主体系、委员会客厅建设等重大理论和实践问题组织专题征文，获奖论文数量继续位居全市首位。

【深化团结联谊】　坚持和完善县政协领导班子联系各民主党派、工商联、知联会、新联会制度，支持和保障各民主党派、工商联、无党派人士开展履职活动，优先安排视察调研、大会发言、专题协商、提案办理协商等，最大限度地发挥党派团体在建言资政和凝聚共识中的骨干作用。2021年，各党派团体和无党派人士共提交大会发言材料31篇，提案135件，报送社情民意信息221篇，分别占总数的79.5%、75.8%、85.2%。民革龙游县总支党员之家被民革中央评为“优秀民革党员之家”。支持龙游中小企业政协委员会客厅聚焦数字经济与企业数字化转型、促进中小企业转型赋能共同富裕等开展5场主题活动，连续第3年邀请龙游籍大学新生走进企业和委员会客厅，获评四星级委员会客厅。支持龙游“三治”融合政协委员会客厅围绕基层治理热点难点问题，举办习近平法治思想宣讲、“请你来协商”嵌入“县乡一体、条抓块统”等8场主题活动，助推基层治理现代化。完成《龙游腔》等史料编撰，举办“同心向党　翰墨献礼”政协委员书画作品展。编撰《我们共同走过——十届政协履职工作汇编》，讲好龙游政协故事。2019年至2021年连续3年获评全省政协宣传工作先进单位。

【加强委员管理】 健全委员履职量化考评体系，建立完善委员履职动态数据库和委员履职档案，坚持实施委员年度履职述职和常委提交履职报告等制度。推行青年委员“导师制”，加强对青年委员的“传帮带”。常委会定期听取全县经济社会发展情况通报，听取县纪委监委、县委政法委、法院、检察院等部门工作情况通报，为委员知情明政、履职尽责创造条件。委员履职积极性持续提升，委员履职考核平均分从2017年的101.28分逐年提升到2021年的114.77分。县政协不断完善谈心谈话制度、促进委员履职尽责相关做法受到省政协领导批示肯定。

【政协委员构成】 2021年，政协第十届龙游县委员会共有政协委员203人，政协常委会组成人员41人。政协委员中，中共委员83人、占40.9%，非中共委员120人、占59.1%，女性委员63人，占31.0%。

重要会议

【概况】 2021年龙游县政协共召开全会1次，常委会会议4次，主席会议14次，书记委员面对面协商会1次，县长委员面对面协商会1次，县政协党组理论学习中心组学习会12次、党组会议13次，常委读书会1次、委员活动小组专题学习2次。

【县政协十届五次会议】 2021年2月1日至3日举行。会议认真听取县委书记张晓峰代表中共龙游县委在开幕会上所作的重要讲话，审议通过县政协主席洪一舟代表政协第十届龙游县委员会常务委员会所作的工作报告和陈政副主席代表政协第十届龙游县委员会常务委员会所作的提案工作情况报告，审议通过提案委员会关于龙游县政协十届五次会议提案审查情况的报告，审议通过龙游县政协十届五次会议决议。

图16 2021年5月8日，开展“请你来协商·书记委员面对面‘森林龙游’建设大家谈” （县政协/提供）

【县政协常委会会议】 2021年龙游县政协共召开常委会会议4次，具体如下：

县政协十届二十四次常委会会议 3月25日召开。传达学习全国、省、市两会精神，审议通过《政协第十届龙游县委员会2021年履职议题》《政协龙游县委员会关于助推“四个龙游”建设的决定》《政协龙游县委员会关于加强和促进人民政协凝聚共识工作的实施意见》和《政协龙游县委员会关于强化政协委员责任担当的意见》等。会议审议通过有关人事事项。

县政协十届二十五次常委会会议暨“请你来协商·书记委员面对面”协商会 5月8日召开。会议围绕“森林龙游”建设主题，县委书记张晓峰与委员们面对面协商交流，“零距离”听取意见建议。县政协主席洪一舟主持会议。会议听取县政府关于“森林龙游”建设情况的通报，听取县政协调研组《关于推进“森林龙游”建设的调查和思考》的专题调研汇报，来自相关部门、企业的7位委员代表分别结合各自工作实际，提出意见和建议。

县政协十届二十六次常委会会议暨“请你来协商·县长委员面对面”协商会 6月30日召开。会议围绕“文旅融合再出发”主题，县委副书记、县长祝建东与委员们面对面协商交流，“零距离”听取意见建议。县政协主席洪一舟主持会议。会议听取县政府关于文旅融合工作情况的通报，听取县政协调研组关于“全力推进文旅再出发，打造文化龙游靓丽名片”的专题调研汇报。来自相关部门、企业的7名委员代表分别结合各自工作实际，从景区业态植入、文旅项目的谋划及开发、扶持旅游企业、深挖龙游元素、繁荣乡村文化等方面，提

图17 2021年6月30日，“请你来协商·县长委员面对面 文旅再出发大家谈”（县政协/提供）

出意见和建议。

县政协十届二十七次常委会会议召开 12月15日召开。会议听取县政府关于2021年度全县经济社会发展情况和县政协十届五次会议重点提案领办情况通报，听取县纪委监委关于全县党风廉政建设和反腐败工作情况通报，听取县委政法委关于全县平安综治维稳工作情况通报。审议通过相关人事事项和政协相关工作规则，讨论审议《县十届政协常委会工作报告（征求意见稿）》和《提案工作报告(征求意见稿)》，政协常委代表开展常委述职工作。县政协主席洪一舟围绕学习贯彻中共十九届六中全会精神开展主题宣讲。

重点工作

【概况】 2021年，龙游县政协围绕县委县政府中心工作，围绕龙游改革发展稳定重大问题和涉及群众切身利益问题，开展重大课题调查研究，组织委员视察，举办“请你来协商”活动，提出对策建议，用好政协话语权，为党委政府集思广益、科学决策发挥积极作用。

【调研协商】 围绕“森林龙游”“文化龙游”建设等重点课题开展调研协商，调研报告成果得到党政主要领导的重视和肯定，县委县政府主要领导分别与委员面对面协商，协商成果直接进入县委县政府决策视野。围绕少数民族村发展、大南门历史文化街区保护开发、士元实验区高标准农田建设、经济开发区产业发展平台、饮用水水源保护等议题开展视察，形成并报送视察报告5份。围绕龙游港区建设、一支队伍管执法、教育卫生人才队伍等开展主席会议专题协商，形成协商意见3份。发挥政协委员会客厅优势，聚焦“科技龙游”“数字龙游”建设开展主题活动，加强数字化全方位赋能应用调研。围绕“持续做好农房整治和风貌提升后半篇文章，助力共同富裕”重点课题，市、县政协联动开展课题调研。

【民主监督】 围绕“深入推进美丽大花园建设，努力打造美丽中国先行示范区”主题，组建8个民主监督调研组，深入22个项目施工现场和市生态环境局龙游分局、县资规局、经济开发区、发改局等单位，对全县第二轮中央生态环境保护督察反馈问题的整改落实情况、部省共建乡村振兴示范县先行创建工作推进情况、基于绿色低碳循环的转型发展情况开展三级政协联动专项集体民主监督，查找问题，提出建议，助力整改落实。聚焦县委部署要求，开展“‘大庆大干、你追我赶’建新功创新业”项目建设专项集体民主监督，采用监督小组现场走访调研、委员督查、随手拍、随机抽查等形式，提出“狠抓项目入库、力促项目出数、健全定期通报、坚持重点突破、凝聚工作合力”等方面建议，供政府相关部门决策参考。

【反映社情民意】 发挥省政协社情民意信息直报点优势，组织引导政协委员和信息员紧扣耕地质量提升和企业复工复产等民生热点问题，深入基层调查研究，及时编报一批有质量、接地气的社情民意信息，架起党委、政府密切联系群众的“连心桥”。《建议优化耕地地力保护补贴机制促进耕地质量提升保障粮食安全》《基层反映村股份经济合作社税负过重制约其发展壮大》2篇信息得到时任省长郑栅洁批示。社情民意信息工作连续5年居全市第一，在省政协信息直报点中排名前列，获评全省政协社情民意信息工作先进单位。龙游政协社情民意信息工作在全省社情民意信息工作交流会上发言。

【提案数字化改革】 依托“龙游通”，创新提案数字化变革新机制，实现提案征集、交办、协商办理、部门答复、委员评议等全流程线上办理，推动提案办理提质增效，成为“数字政协”建设的新样板，得到省、市政协领导批示肯定，成为全省政协数字化改革应用典型案例。

【服务民生】 围绕疫情防控常态化下的食品安全，举行第五期“委员议政行”电视议政，委员与相关职能部门开展面对面协商议政，群众代表现场评议，县政协全程跟踪，助推职能部门补短板、强弱项、建机制、重长效，助力疫情防控常态化下的食品安全工作。坚持建管用育一体发力，持续深化8个委员工作室建设，发挥专长优势开展法律服务、慰问抗战老兵等社会公益活动。持续助力疫情防控阻击战，组织引导广大委员多渠道、多形式为抗击疫情贡献智慧力量。

【政协工作向基层延伸】 按照“不建机构建机制”原则，在15个乡镇（街道）建立“民生议事堂”平台，推动村（社）协商驿站示范点建设，积极开展“请你来协商”进乡镇（街道）、进村（社）活动，推动政协协商与基层协商相衔接，与基层治理相结合，相关经验做法得到省政协领导批示肯定。注重数字赋能民主协商，将民主协商全周期嵌入“龙游通”APP，设立“协商民主”版块，指导乡镇（街道）规范民主协商议事流程，建立“支部提议—线上公议—议事团商议—协商成果运用”四步工作法。聚焦乡镇（街道）为民办实事项目、乡村旅游等主题，开展乡村版“请你来协商”活动17场，更好地把政协制度优势转化为基层治理效能。浦山村和地圩村成为全市政协“融协商”品牌的示范样板。

（县政协　郭晓玲）

附：县政协十届五次会议优秀提案

关于打造制造业产业集群，助推我县制造业高质量发展的建议

制造业是立县之本、强县之基，关乎“重要窗口”建设的质地和成色。这些年来，龙游县围绕高端智造示范县创建，聚焦“3+3”制造业体系，推动传统产业改造提升、新兴产业培育壮大，取得了显著成效，尤其在进口替代领域实现了突破性进展。截止到2020年底，全县国家高新技术企业累计达到了78家、省级科技型中小企业累计达207家，近三年高新技术企业和科技型中小企业数量均实现了翻番，全县每千家企业中高新技术企业数17.5家；每千家企业中科技型中小企业数49家。2020年，实现高新技术产业增加值30.97亿元，占规模以上工业增加值比重50.50%；完成高新技术产业投资9.1亿元，同比增长29.8%，全市排名第一。预计全县研发经费支出4.86亿元，同比增长13.29%，占地区生产总值比重的2%。

县委第十一届委员会第十次全体会议提出“十四五”要在制造业高质量上实现新突破，全县生产总值年均增长7.5%以上，人均生产总值力争达到10万元，规模以上企业工业总产值突破500亿元。研发经费支出占地区生产总值比重达到2.8%以上。

制造业是国民经济的主导产业和战略性产业，制造业集群是制造业的主要存在形式，其发展水平关系到一个地区经济高质量发展的全局。当前，龙游县正在步入高质量发展的初级阶段，必须把加快制造业集群发展摆在优先位置。

一、龙游县制造业集群发展的问题

“十三五”以来，龙游县以“3+3主导产业培育发展”为抓手，大力推进产业转型升级和招商引资，产业聚集能力不断增强，制造产业链不断完善，集群效应初步显现：形成了以中浙高铁精密轴承制造为代表的轨道交通装备制造产业集群；以禾川科技为代表的机器人和智能装备产业集群；以亿洋智能装备为代表的数控车床产业集群；以年年红红木小镇为代表的家居制造产业集群；以维达纸业为代表的特种纸制造集群。

然而，受以往粗放式发展模式的影响，全县制造业“产业规模小、产品附加值低、产业链条短、企业竞争力不足”的局面并未获得根本性改观，仍存在以下短板：一是制造产业规模小。统计数据显示，2020年龙游县规模以上制造企业220家，远低于新昌的832家；制造业占规模以上工业比重21.9%，远低于全省64.2%的平均水平。二是制造企业实力不强。大部分企业未实现规模化生产、产品销量不大，导致制造成本居高不下。三是企业配套协作能力不强，产品关联度较低，制造产业链存在脱节现象。

骨干企业与其他中小企业配套协作关系不紧密，各企业"孤军作战""相互竞争排斥"等现象突出。四是制造业支撑体系不健全。部分产业存在产业共性技术瓶颈、市场标准不健全等问题，普遍存在土地、资金、人才等政策体系不完善等情况。

二、对龙游县制造业集群发展的建议：

世界工业发展实践表明，集群化是产业发展的基本规律，是制造业向中高端迈进的必由之路，也是提升区域经济竞争力的内在要求。由于传统产业结构单一、新兴产业发展缓慢，导致新常态下经济发展新增动能不足、"多极驱动"效应不明显。为全面提升制造业发展质量、加快产业结构调整步伐，建议政府相关部门制定制造业集群发展规划，助推我县高质量、可持续发展。

1. 坚定不移地培育和发展制造业集群。有效推进龙游县制造业向聚集化、高效益、精深加工、高附加值的方向发展，为产业转型升级、高质量发展奠定基础；对制造业集群发展情况展开调研，全面摸清龙游县制造业集群发展现状、优势和短板、产业聚集、重大项目、产业规模、产品种类、龙头企业、产业链配套、招商引资、技术创新等基本情况；委托相关机构编制《龙游县制造业集群发展规划（2020—2030）》。

2. 充分发挥政府的统筹协调和引导作用，协调各方力量共同推进我县制造业集群发展。组织专家咨询委为全县重大产业政策、重大项目等提供战略部署和咨询建议；编制发布重点产品、重点企业、重点集聚区目录指南，提出年度重点支持品种；推动全县园区产业转型升级、调整园区产业结构，大力培育战略性新兴产业；依托高校、科研院所和龙头企业，建立实验室、工程技术中心、产学研基地，推进产业技术升级；及时跟踪、掌握国内外研发和产业化发展动态，及时调整和聚焦产业发展重点。

3. 加快整合提升平台能级，优化和完善制造业布局。立足于制造业园区功能和产业定位、产业特色，优化制造业集群空间布局、产业结构，引导重点产业、龙头企业和关联配套企业向园区聚集，建设超精密制造小镇、机器人产业园、中浙高铁产业园、红木小镇等功能性园区人，促使园区承载力和辐射力范围得到进一步加强同时多层次推进产城融合进程，推进龙游特种纸产业创新服务综合体、轨道交通装备产业创新服务综合体和高端家居智能产业服务综合体建设完善产业创新生态体系。

4. 大力开展"全产业链招商"，做好项目的包装储备。突出产业特点制定招商引资政策，针对龙游县重点发展的精密装备制造、轨道交通装备制造、核心部件加工、新材料、特种纸、节能环保、物联网等产业，引进省内外、国内外产业龙头企业向专业园区聚集；大力开展全产业链招商、集群招商、精准招商，依托骨干龙头企业引进具有发展潜力的配套项目；通过内引外联，加速园区产业链的形成，实现制造业"建链、补链、强链、延链"，推动产业链横向聚集、纵向延伸；建立"制造业集群规划项目库"，做好制造业招商项目的包装和储备。

5. 支持龙头企业发展，强化制造业集群的"植根性"。编制制造业集群重点项目建设计划，加快推进对集群发展具有牵引和带动作用的大项目的全过程跟踪、服务和管理；培育龙头企业，通过技术改造、引进联合、品牌经营等多种方式，促进企业规模化生产并提升产业链协同创新能力；每年遴选10家左右配套链条长、生产规模大、带动能力强的企业进行重点培育，发挥其辐射、示范、信息扩散和销售网络的产业龙头作用；加大对骨干企业的政策扶持力度，支持企业以市场为导向开展强强联合、兼并重组，促进产业集聚和资源整合，加大企业上市培育和支持。

（提案人：余小明）

龙游县政协十届五次会议提案办理先进单位及提案办理情况表

表 4

单位名称	提案办理数（件）	重点提案数（件）	单位名称	提案办理数（件）	重点提案数（件）
县经信局	25	1	县公安局	11	1
县国资办	5	1	县林业水利局	5	1
县农业农村局	29	1	县金融服务中心	4	1
县文广旅体局	30	1	县科技局	5	1
县住建局	24	1	县医保局	7	0
县交通运输局	14	2			

龙游县政协十届五次会议优秀提案一览表

表 5

提案编号	提案名称	提案人
16	关于加强反诈骗工作，进一步保护人民群众财产安全的建议	袁旭辉、刘哲明
74	关于组织申报“中国发糕之乡”打响食品行业传统品牌的提案	倪利忠
31	关于加快“森林龙游”建设的建议	祝立宏
56	关于推进“两江走廊”团石湾示范片区建设 全力打造大花园核心“金名片”的建议	吴琼
96	关于推进我县“3+3”产业链式发展的建议	民革龙游县基层委（李华琴）
117	加快推进六春湖旅游度假区建设	周巧萍
127	加快龙游港平台建设 激活港航驱动力	民革龙游县基层委（袁方舟）
1	关于打造制造业产业集群，助推我县制造业高质量发展的建议	县知联会（余小明）
30	关于加强耕地土壤污染治理和修复，确保农产品质量安全的建议	吴益良
125	关于创建新龙商和高层次人才精神家园的建议	饶峰
81	关于加强研发机构建设、提升研发经费投入的建议	萧亚兵
166	关于积极推进企业上市挂牌 加快经济高质量发展的建议	县工商联（钱焱艳）
23	关于加快我县竹产业高质量发展的建议	吴恒凯、翁旭东
48	关于发展龙游特色餐饮，做大龙游“美食游”的建议	冯进
77	关于加强六春湖生态气候资源开发和保护的建议	吴海镇
141	“建设特色城市 彰显魅力龙游”的几点建议	颜运珍、郑绍坪
114	关于“直播＋”与我县经济社会融合发展的建议	吕凯悦
161	推进县域医共体改革 助力健康龙游建设	民盟龙游县总支部（王青霞）
2	关于进一步深化国资国企改革的建议	民建龙游县基层委员会（郑晓翠）
64	关于进一步规范疫情防控保障物资管理办法的建议	涂相冰
146	关于打造龙游红色革命教育基地的建议	汪惠英

龙游县政协十届五次会议优秀大会发言情况一览表

表 6

序号	题　目	报送单位	发言人
1	关于积极推进企业上市挂牌 加快经济高质量发展的建议	县工商联、县政协港澳台侨和民宗委	钱焱艳
2	关于加快推进我县“3+3”产业链式发展的建议	民革龙游县基层委	李华琴
3	加快龙游港平台建设 激活港航驱动力	民革龙游县基层委	袁方舟

续表 6

序号	题　目	报送单位	发言人
4	关于加快“森林龙游”建设的建议	县政协农业和农村委	祝立宏
5	推进“两江走廊”团石湾示范片区建设 全力打造大花园核心“金名片”	九三学社龙游县基层委员会	吴 琼
6	构建“舒心治理”新体系 让百姓“最多跑一地、化解各般愁”	县政协社法委	袁旭辉
7	加快推进六春湖旅游度假区建设	民进龙游县总支部、县政协教科卫体和文化文史学习委	吴益良
8	推进县域医共体改革 助力健康龙游建设	民盟龙游县总支部	吴幼平

2021 年度龙游县十届政协履职成绩突出委员一览表

表 7

姓 名	所在单位	姓 名	所在单位
胡旭东	龙洲街道清廉社区	刘哲明	县公安局
饶 峰	龙游龙商行文化投资管理有限公司	袁旭辉	县委政法委
李华琴	龙游博恩贸易商行	曾焕总	浙江九合建筑设计有限公司
袁方舟	县人民政府办公室	吴海镇	县气象局
钱焱艳	县工商联	雷 珍	县民政局
沃海涛	溪口镇人民政府	吕凯悦	县委统战部
吴益良	横山镇人民政府	胡晶媛	龙游鑫媛贸易有限公司
祝立宏	县人大机关	马 岚	县文广旅体局
颜运珍	浙江省龙游中学	夏 雁	县青少年宫
方 圆	县科技局	余小明	县中医院
吴 琼	县综合执法局	王青霞	县疾病预防控制中心

2021 年度龙游县十届政协社情民意信息工作突出信息员一览表

表 8

姓 名	单 位	姓 名	单 位
刘哲明	县公安局	陈士军	国家税务总局龙游县税务局
马 骏	县科协	李甄凯	罗家乡人民政府
曾焕总	浙江九合建筑设计有限公司龙游分公司	谷笑笑	县委组织部
胡晶媛	龙游鑫媛贸易有限公司	胡悦泓	小南海镇人民政府
吉智军	中浙高铁轴承有限公司	夏 雁	县青少年宫

中国共产党龙游县纪律检查委员会 龙游县监察委员会

概　述

【概况】 2021年，中国共产党龙游县纪律检查委员会、龙游县监察委员会（以下简称县纪委县监委）、中共龙游县委巡察领导小组办公室（以下简称县委巡察办），坚持以习近平新时代中国特色社会主义思想为指导，在龙游县委和市纪委市监委的正确领导下，全面贯彻中央和省、市纪委全会精神，紧紧围绕建党百年大庆、县乡组织换届、创建清廉龙游等中心大局，认真履行党内监督和国家监察专责机关职责，确保思想建党与制度治党同向发力、人民监督与自我革命相互结合、着力治标与注重治本同频共振，切实推动新时代纪检监察工作高质量发展。

【全面从严治党】 积极协助县委拧紧全面从严治党主体责任链条，着力提升全县党风廉政建设和反腐败工作的系统性、针对性和实效性。2021年共督促全县86个单位党组织600余名领导干部制定落实党风廉政建设主体责任清单，以清单化明责的方式压紧压实党委（党组）书记全面从严治党第一责任人职责和其他班子成员的“一岗双责”。坚持用“全周期管理”方式防治腐败，不仅将反腐败集中体现于审查调查等惩治腐败环节，还贯穿于政治监督、思想教育、组织管理、作风整治、纪律执行、制度完善等多个方面，推动“三不腐”同时发力、同向发力、综合发力。至12月底，全县各级纪检监察组织共立案227件，给予党纪政务处分218人（其中县管干部11人），留置9人（其中县管干部3人），移送司法机关6人。

【自我监督体系完善】 始终围绕建设忠诚干净担当的纪检监察干部队伍，紧扣“把队伍建强、让干部过硬”这一目标，以“四个突出”（突出学习教育、突出问题导向、突出服务群众、突出领导示范）为着力点，抓细抓实纪检监察干部日常监督管理。2021年共开展内部督查18次，发现问题32个，7名委领导带队分别与45名新进干部开展“一对一”谈话，坚持把规矩讲清楚、把底线亮出来。同时，将村级监察工作联络站（村监会）履职监督纳入干部监督体系，出台《加强村级监察工作联络站（村监会）履职监督的暂行办法》，明确提级核查、协办合办、定性联审等5大类别20种情形，量身打造反向监督机制，切实督促村监站充分发挥监督职能。

【巡察工作全覆盖】 完成第十二轮对19个被巡察党组织的巡察任务，发现具体问题536个，深挖问题线索6条，提前实现十一届县委巡察全覆盖。统筹推进对24个党组织巡察“回头看”工作，发现问题683个。深化市县巡察一体化建设，根据市委统一部署，组建专项巡查组对殡葬领域开展重点巡查，发现问题13个。协助配合市委专项交叉巡察组完成涉粮领域专项巡察，发现问题29个。探索建立巡纪联动机制，畅通汇报、移交、审查调查、审理一站式“绿色通道”，有效解决巡前信息基础不足、巡中核实手段不多、巡后问题线索成案率不高等难题。聚焦纸面整改、虚假整改、选择性整改等问题，创新推行“实地评估验收”机制，以精细化评估指标、规范化评估程序、高效化跟踪督办压实巡察整改主体、监督、评估责任链。对134家被巡察党组织整改情况开展实地评估验收，走访项目现场936个，反馈未整改到位问题173个，责令4个被巡察党组织重新整改，问题整改率由42.5%提升至99.89%。

重要会议

【县第十一届纪律检查委员会第六次全体（扩大）会议】 2021年2月22日召开。全会由县纪委常委会主持。县委书记张晓峰出席全会并讲话，县委常委、纪委书记、监委主任俞忠胜代表县纪委常委会向全会作报告。全会深入贯彻中共十九大和十九届二中、三中、四中、五中全会精神，按照十九届中央纪委五次全会、省纪委十四届六次全会、市纪委七届五次全会和县委十一届九次、十次全会的部署，总结2020年龙游县纪检监察工作，部署2021年任务。全会指出，2020年是全面建成小康社会决胜之年、实施“十三五”规划收官之年、脱贫攻坚决战之年。面对突如其来的新冠肺炎疫情和错综复杂的国内外形势，县委坚定不移贯彻落实党中央和省委、市委各项决策部署，坚决扛起管党治党政治责任，扎实推进清廉龙游建设，有力推动全面从严治党、党风廉政建设和反腐败斗争走向纵深。全县各级纪检监察组织在市纪委市监委和县委的坚强领导下，增强“四个意识”、坚定“四个自信”、做到“两个维护”，始终坚持稳中求进总基调，紧扣高质量发展主题主线，把握一体推进的方法论，认真履行党章和宪法赋予的职责，以高质量的纪检监察工作保障高水平全面建成小康社会。全会强调，2021年是中国共产党成立100周年，是“十四五”规划开局之年，是龙游县高水平建设浙西新明珠的关键之年，做好2021年纪检监察工作，意义重大，重点抓好六个方面工作：一是坚持严纪律强约束并举，持续深化政治监督；二是坚持减存量遏增量并举，持续促进“三效融合”；三是坚持纠歪风树新风并举，持续推进作风建设；四是坚持补短板建机制并举，持续强化基层治理；五是坚持抓治理促合力并举，持续优化政治生态；六是坚持强素质提能力并举，持续打造专业队伍。

【县纪委常委会会议】 2021年，中国共产党龙游县纪律检查委员会召开常委会会议具体情况如下：

1月14日，县纪委召开常委会会议。会议审议《2020年落实党风廉政建设主体责任检查考核评分情况》，研究讨论2020年度机关党建工作检查反馈的问题及新一年机关党建工作计划。

2月8日，县纪委召开常委会会议。会议审议《县纪委十一届六次全会报告》，传达学习中纪委《关于纪检监察系统认真学习贯彻习近平总书记在十九届中央纪委五次全会上重要讲话精神的通知》及省纪委书记许罗德在省纪委常委会学习贯彻《关于加强新时代纪检监察干部监督工作的意见》时的讲话摘要。

4月13日，县纪委召开常委会会议。会议传达学习省纪委《纪检监察系统严明干部人事工作纪律的五条措施》的通知，研究讨论县纪委县监委机关党史学习教育工作，强调党史学习教育要贯穿全年，全县各级纪检监察组织要按照部署要求，增强责任感和紧迫感，把开展党史学习教育作为一项重大政治任务，确保取得实实在在的成效。

7月29日，县纪委召开常委会会议。会议审议通过《2021年度落实党风廉政建设主体责任检查考核办法》，传达学习《中共中央关于加强对“一把手”和领导班子监督的意见》和省委十三项实施意见。

12月6日，县纪委召开常委会会议。会议审议县纪委向县第十二次党代会的工作报告，强调要充分结合龙游实际及县委县政府的重大决策部署，并根据相关征求意见对工作报告进行修改完善，确保突出龙游味、纪检味。

纪检监察工作

【概况】 2021年，龙游县纪委县监委在县委和上级纪委监委的正确领导下，坚持以习近平新时代中国特色社会主义思想为指导，牢固树立“四个意识”、坚定“四个自信”、做到“两个维护”、拥护“两个确立”，认真履行监督执纪问责和监督调查处置职能，全县纪检监察工作稳中有进、稳中有升、稳中有效，呈现高质量发展态势。

【政治监督】 深化运用“365监督在线”（“3”指3个导向：目标导向、问题导向、效果导向；“6”指6条工作路径：大平台实时化监督、大数据智慧化监督、大项目动态化监督、大联通闭环化监督、大联动协同化监督、大融合绩效化监督；“5”

图 18 2021 年 6 月 4 日，召开全县纪检监察"最多访一次"工作推进会（县纪委县监委 / 提供）

指5项监督法：专项监督、立项监督、常项监督、并项监督、外项监督）工作机制，聚焦党史学习教育、常态化疫情防控、建党百年大庆期间维稳安保等，推动政治监督更加具体、更加精准、更富成效。全力推动"政治生态最佳县"巩固提升行动，进一步压紧全县各级党组织主体责任。深入贯彻落实中央和省、市纪委关于加强对"一把手"和领导班子监督部署要求，协助县委制定"五张责任清单"，探索建立县乡村三级全覆盖、"四个责任"贯通联动的政治谈话制度，制度化、清单化督促"一把手"和领导班子履职尽责。紧盯"十严禁""十不准"换届纪律要求，开展21次专项监督，组织7批换届纪律警示教育，认真做好党风廉政意见回复，配合开展换届风气巡回督查。聚焦粮食生产、储备、流通、应急和监管各环节，深入开展粮食购销领域腐败问题专项整治，发现问题39个，督促建立完善相关制度9项。以保障重大决策、服务中心大局为重点，紧扣共同富裕示范区建设、"四个龙游"建设和"大庆大干、你追我赶"建新功创新业等中心工作，开展点题式、清单式、嵌入式监督，发现问题312个，批评教育帮助和处理95人次。紧盯损害营商环境的腐败和作风问题，聚力开展营商环境"清障"行动，查处破坏营商环境问题25人，通报曝光典型案例7起8人。

【清风正气】 坚持纠"四风"树新风并举，坚决防反弹回潮、防隐形变异、防由风及腐。查处违反中央八项规定精神问题32起，批评教育帮助和处理49人，其中党纪政务处分43人。持续深化纪检监察信访举报"最多访一次"工作机制，扎实开展"绩效管理提升年"、评星晋级、"四个三"专项治理等活动，着力打造"责任信访、阳光信访、智慧信访、满意信访"。创新责任溯源机制，明确15种失责情形，12名干部因稳控落实不到位、预警信息不及时等问题受到追责问责。全县纪检监察信访举报总量、检举控告量、初次举报量、重复举报量分别同比下降48%、49.8%、50.3%、47.4%，初信初访办结率、实名举报反馈群众双满意率、涉纪信访积案化解率分别同比提高5.8%、14.1%、11.6%，实现"四降三升"的良好态势。坚持不懈整治群众身边腐败和不正之风，聚焦漠视侵害群众利益、拆迁拆违领域腐败、医疗服务行业腐败和"村霸"及其"保护伞"等群众最关心最直接最现实的利益问题，开展专项监督和专项治理，发现并督促整改问题866个，批评教育帮助和处理139人。

【基层监督】 抓住基层监督效能提升试点契机，探索构建"合"字形基层监督体系，完善"抓人促事"机制，构建"一体联动"格局，打造"口形闭环"模式，搭建"监督记事"平台，有效督促村级监察工作联络站履职尽责，有序实现县乡村监督信息上联下通，有力推动基层监督落细落实，相关经验做法在全市会议上作典型发言。"专家云智库"监督协作机制入选全省首批基层监督特色应用场景，村级监察智治模式被评为全省优秀作品。精准剖析"学生就学"全生命周期小切口，开发校务事务监督场景应用，实现55所学校智慧监督全覆盖，促进完善教育公权力监管体系。针对财政资金拨付体量大、类型多、发生场景复杂等特点，探索搭建的"资金拨付"大数据监督应用场景，纳入省公权力大数据监督应用场景"一本账S0"。创新国资公司专班监督模式，充分融合监督专班的资源、专业、组织等优势，对6家国资公司全面从严治党、贯彻执行上级决策部署、企业政治

图 19　2021 年 9 月 5 日，龙游“校务事务”大数据监督场景应用正式上线　（县纪委县监委 / 提供）

生态等方面开展“一对一”全面监督。

【惩腐肃贪】　持续深化不敢腐、不能腐、不想腐一体推进，惩治震慑、制度约束、提高觉悟一体发力。保持惩治腐败高压态势，坚决减存量、遏增量。全年受理问题线索783件，立案审查调查227件，党纪政务处分218人，查处同级管理干部11人，留置9人（其中同级管理干部3人），移送司法机关6人。对3起重大腐败案件启动“一案双查”，20名党员干部因责任落实不力被问责。坚持案件质量和办案安全“两手抓”，系统构建审查调查安全体系，相关经验做法在全市审查调查安全工作会议上作交流发言。把思想政治工作贯穿审查调查工作始终，通过党性教育、政策引导推动审查调查对象转化思想、重塑观念。坚持一案一总结、一类一建议，全年发出纪律检查建议书、监察建议书73份，督促案发单位整改问题149个、建立完善制度56项。注重释放“四种形态”环环相扣、层层设防的效应，全县运用“四种形态”处理768人次，其中第一至第四种形态分别占71.1%、22.3%、3.4%、3.2%。常态化开展警示教育，通过公开曝光典型案例、组织庭审旁听、集中收看警示教育片、开展廉政教育党课，将违纪违法案例有效转化为教育资源，不断增强党员干部廉洁自律意识。全域推进八大清廉单元建设，创建省、市、县三级清廉单元示范点57个，以点带面营造崇廉尚廉社会氛围。

【队伍素质提升】　坚持把政治建设摆在首要位置，建立党的创新理论学习“第一议题”和班子成员领学制度，推动政治学习往深走、往实走。深入开展党史学习教育，通过“一把手”上党课、领导班子专题学、全体干部“周一夜学”等多种形式学深悟透。围绕群众急难愁盼问题开展“五个我为”专题实践活动，推动党史学习教育与监督执纪融合共进，相关经验做法得到市纪委主要领导批示肯定。持续优化干部队伍结构，通过选调、招录等形式，“90后”干部占比提升至41.7%。始终把干部交流使用放在县委“大盘子”中，推动系统内外双向交流干部31名，提拔或转任重要岗位干部7名。立足年轻干部成长脉络需要，科学谋划、一体推进“六个全员”（指全员办信、全员办案、全员讲学、全员比武、全员写作、全员法考）干部培育工程，全领域打造培育平台，全要素提供学习资源，全周期追踪成长轨迹。健全干部内部监督机制，以精细化日常监督、系统化风险防范、常态化警示教育保障纪律的约束力和制度的执行力。聚焦市纪委、县委重点工作任务，完善全员量化考核办法，建立贡献值评价机制，着力提升绩效。深入家庭、社区了解干部“八小时外”生活情况、掌握思想动态，常态化开展思想疏导，慰问干部60人次，合情合规帮助解决实际问题，及时传递组织关怀。

（县纪委县监委　兰天阳）

巡察监督

【概况】　2021年，中共龙游县委巡察工作领导小组办公室全面贯彻落实习近平总书记关于巡视巡察工作重要论述，始终把“两个维护”作为根本任务，精准落实政治巡察内涵要求，聚焦基层贯彻落实党的理论路线和方针政策及党中央决策部署情况，聚焦群众身边腐败问题和不正之风，聚焦基层党组织软弱涣散、组织力欠缺问题，着力发现和推动解决被巡察党组织在政策落实、党组织建设、干部担当作为等方面的突出问题，力促全面从严治党向纵深发展、向基层延伸。2021年，县委巡察机构高质量完成第十二轮巡察、巡察“回头看”对43个党组织的巡察任务，发现问题1219个、问题线索27条，巡察成为发现问题的“尖兵”、纪律审查的“前哨”、党内监督的利剑，作用充分彰显，为有力推动龙游县各项工作高质量发展增添亮丽的巡察底色。

【巡察动员部署会】 2021年3月31日，龙游县委第十二轮巡察工作动员部署会召开，旨在深入学习贯彻习近平总书记关于巡视巡察工作重要论述，全面落实中央和省委、市委对巡视巡察工作的新部署新要求，持续推动巡察工作走深走实。9月10日，龙游县委巡察“回头看”工作动员部署会召开，县委常委、县纪委书记、县监委主任，县委巡察工作领导小组组长俞忠胜强调，要深入学习贯彻习近平新时代中国特色社会主义思想，全面落实中央和省委巡视工作动员部署会精神，把握好“两个维护”根本政治任务，扎实推动巡察工作高质量发展。

【十一届县委巡察全覆盖】 自2017年开展首轮巡察以来，至2021年6月，十一届县委提前实现本届县委巡察全覆盖，圆满完成对全县352个党组织的巡察任务，精准发现各类问题7471个，深入发现并移交领导干部违规违纪问题线索407条，其中立案121条，给予党纪政务处分127人，移送司法机关24人。2021年下半年组织开展“巡察质效巩固提升年”行动，集中抽取4个部门、5个国资公司、4个乡镇和11个村开展巡察“回头看”，全面把脉问诊巡察反馈问题的整改落实情况，发现并推动解决巡察结束后存在的新问题。自2017年开展巡察工作以来，至2021年12月底，共对191个单位进行“回头看”和回访检查，回访率54.26%，有力推动全覆盖从有形转为有效。

【中央巡视反馈问题整改】 对照中央巡视反馈的4个问题，全面检视十一届县委巡察工作实施情况，对发现的问题全面梳理，制定整改措施12条。在“压实主体责任”方面，严格执行书记点人点事制度和巡察工作汇报制度；在“巡察监督泛化”方面，严格落实巡察工作计划安排报告制度，精准谋划新一届县委巡察工作五年规划；在“发现问题定性不准、成案率偏低”方面，积极与其他职能部门沟通协作，加强成果运用，健全问题线索中期会商机制，提升问题线索质量；在“信息化建设有待加强”方面，在用好信息化网络平台的基础上，深化“重大巡视问题清单”管控力度，探索建立巡察电子档案规范化建设。至2021年12月底，所有问题全部整改到位。

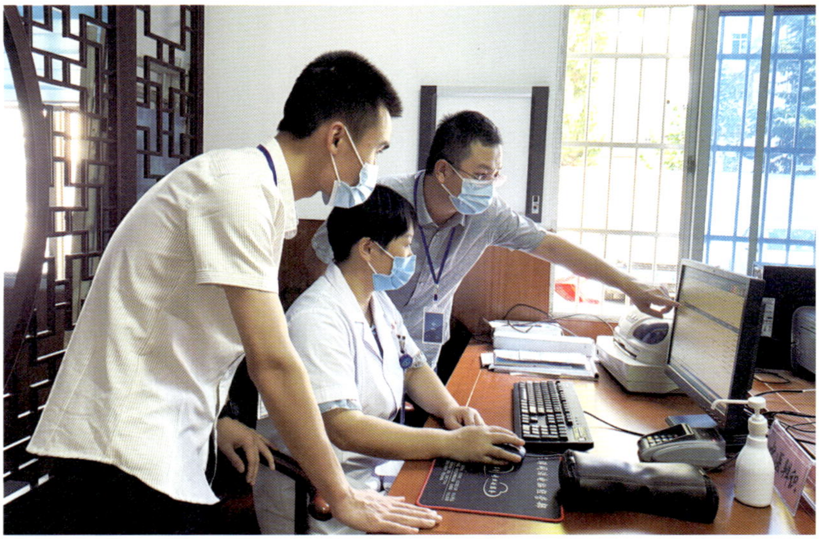

图20　2021年7月15日，县委第二巡察组对县医保局免费用药整改情况进行“回头看”　（县委巡察办/提供）

【配合完成省市联动任务】 根据省委、市委统一部署，4月至6月，抽调1名干部协助配合省委第四巡察指导督导组开展工作，对照《巡察指导督导对衢州市委的反馈意见》开展自查自纠，逐条对照分解任务，将反馈意见细化为7个具体问题，制定整改措施20条，并全部完成整改。坚持举一反三、长效治理，建立完善制度机制3项，持续巩固整改成效，扎实推进龙游县巡察工作迭代升级、整体跃升。10月18日，县委巡察机构抽调5名干部组建检查组对殡葬领域开展重点检查，发现问题13个。根据省市委关于涉粮领域巡视巡察统一部署，协助配合市委第二专项交叉巡察组完成对县经济和信息化局开展的涉粮领域专项巡察工作，发现重点问题29个，问题线索1条。

【创新巡察工作机制】 坚持实

图21　2021年9月15日，县委第三巡察组在巡察交投集团期间实地踏勘全星大道至龙游大桥段道路改造工程项目　　（县委巡察办/提供）

践探索在前、总结提炼在后，聚焦创新巡察方法路径，推动巡察工作提质增效。探索建立巡纪联动和问题线索“四色”移交分办工作机制。巡中或巡后，巡察组会同纪委监委纪检监察室、案管室、党风室等相关科室负责人分析研判，根据问题线索可查性和紧急程度，按照“红黄蓝白”四色确定线索的类别并分办移交，对可查性强的红色线索“优先研判、优先办理”，对严重违纪违法问题“提前介入、提前跟进”。至2021年12月底，通过巡纪联动，共研判问题线索178条，立案57条，给予党纪政务处分64人，移送司法机关13人，成案率由21.2%提升至40.5%。创新绘制《龙游县“E”字形村社巡察工作流程图》，根据“E”字形导图整合纪检监察、组织、政法、信访、财政、审计等监督力量，构建村（社）巡察综合监督网络，实现全县各领域、各部门一体联动、一网监督的综合效果，形成具有“龙游”特色的村（社）巡察“E网”工程品牌。自十二轮巡察推行“E”字形导图以来，共21个村运用“E”字形导图方式开展巡察，收集有效信息582条，抽调相关人员30人，发现问题470个。

【落实巡察整改】　以建立完善制度机制为抓手，压实巡察整改主体责任和监督责任，督促相关职能部门和被巡察单位齐抓共管、同心协力，构建巡察整改闭环管理工作体系。修订完善《巡察整改日常监督暂行办法》，明确县纪委监委、县委组织部、巡察机构在巡察整改日常监督职责分工，细化日常监督内容、日常监督方式和日常监督成果运用，落实日常监督相关职能部门派员参加被巡察党组织巡察动员会、巡察反馈会和专题民主生活会，持续跟踪问效。聚焦纸面整改、虚假整改、选择性整改等瓶颈难题，创新推行“实地评估”机制，通过组织领导、责任认领、问题销号、精准问责、长效机制五个方面做细量化指标，实行“一查二访三问”拉网式排查做优评估程序，对未整改到位的疑难问题分类督办再验收做实跟踪督办，推动巡察整改精准化、规范化、高效化，确保反馈问题对账销号、清零见底。至2021年12月底，共开展实地评估2轮，实地走访936个项目工程、中心工作现场，督促整改率由42.5%提升至99.89%。

【巡察队伍建设】　建立巡察人才库动态管理机制，及时对接组织部和各职能部门，将政治素质高、业务能力精湛的干部纳入“人才库”，对参与巡察积极性不高、巡察工作表现较差的人员及时剔除，充实巡察队伍后备力量，至2021年12月底，组长库共30人，综合型、专业型人才库共90人。修改完善《龙游县委巡察组管理考核办法》，将巡察干部的政治表现、组织纪律及工作实绩纳入巡察组考核，加强对问题线索成案率指标的考核评估，提高问题线索质量。定期开展分类分批培训制度，邀请县财政局、农业农村局、监管办等职能部门，围绕财经法规、工程项目等方面开展培训，切实提升巡察干部业务水平和实战能力。

（县委巡察办　刘丽娜）

中国国民党革命委员会龙游县基层委员会

【概况】 2021年6月，中国国民党革命委员会龙游县总支委员会升格为中国国民党革命委员会龙游县基层委员会（以下简称民革龙游县基层委员会），至2021年底共有党员22名、预备党员2名。2021年，民革龙游县基层委员会在中共龙游县委、民革衢州市委会的正确领导下，在全体党员的共同努力下，紧紧围绕县委、县政府中心工作，全面加强思想建设、组织建设、阵地建设，继续发挥党派作用，积极履行参政议政、民主监督、政治协商职能，开展社会服务，取得较好成效。2021年4月，民革中央常务副主席郑建邦带队到龙游“民革党员之家”考察调研，对民革龙游县总支委员会的党派建设经验书面批示，给予高度肯定。10月15日，民革中央社会服务部部长边旭光带队的民革中央调研组到龙游“民革党员之家”调研指导，指出龙游“民革党员之家”作为全国先进支部，要为人民群众的美好生活献良策、谋福祉，而且在这些方面树立起良好的榜样。主委李华琴被评为“民革全国组织工作先进个人”，民革龙游县基层委员会被评为“民革浙江省2017—2021年度先进集体”，党员胡秀秀被评为“全国民革助力脱贫攻坚工作先进个人”、浙江省“2021年度民革全省社会服务先进个人”。

【思想和组织建设】 民革龙游县基层委员会重视思想建设和组织阵地建设，加强全体党员理论学习，凝心聚力，营造浓厚学习氛围。认真组织党员学习民革浙江省委会、衢州市委会及中共龙游县委各项会议精神，定期开展学习活动，组织党员进行党史教育专题、中共中央总书记习近平“七一”重要讲话精神专题、中共党史、国史专题、中共十九届六中全会精神等各类学习，观看“同心圆梦·两岸一家亲”祖统沙龙讲座。积极组织鼓励党员参加民革衢州市委会、县委统战部等部门组织的学习活动。党员叶花参加青圃营“学党史、铭初心”和“汲取革命精神 致力共同富裕”活动；党员杨欣怡参加县委统战部组织的“龙游县统一战

图22 2021年4月，民革中央常务副主席郑建邦（前排中）带队到龙游“民革党员之家”考察调研 （民革龙游县基层委员会/提供）

线与党的百年史经典故事讲述比赛”；党员朱丽丰参加“龙游县统一战线与党的百年史经典故事讲述比赛”和民革衢州市委会组织的“8090新时代理论宣讲”，分别获一、二等奖。通过不断的学习与实践，增强党员自觉履行参政党职能的使命感和责任感，民革优良传统不断传承，党员政党意识不断增强。民革龙游县基层委员会不断壮大队伍，全年共发展新党员2名，积极分子2名。推进龙游“民革党员之家”建设，增加党派之家内容，并对展板、来访人员及活动开展情况进行更新，不断拓展党员之家的功能范围，不断提升党员的凝聚力和向心力。龙游“民革党员之家”获“2021年度浙江省五好民革党员之家”称号。

【参政议政】 民革龙游县基层委员会紧紧围绕县委、县政府中心工作，助推龙游社会经济发展。县两会期间积极开展提案撰写工作，围绕社会热点难点问题，深入开展走访调研，共提交提案7篇，内容涵盖龙游县经济领域、港区发展、龙商回归、教育医疗等方面。基层委在县政协十届五次会议期间收获满满，李华琴、袁方舟、饶峰、颜运珍被评为年度履职成绩突出委员。基层委团体提交的《关于高质量发展龙游经济开发区生产性服务业的几点建议》《深入推进依法行政 高标准建设法治政府》被评为优秀大会发言。主委李华琴提交的《关于加快我县“3+3”产业链式发展的建议》、基层委委员袁方舟提交的《加快龙游港平台建设 激活港航驱动力》被列为县重点提案并被评为优秀提案，党员颜运珍提交的《“建设特色城市 彰显魅力龙游”的几点建议》和基层委委员饶峰提交的《关于创建新龙商和高层次人才精神家园的建议》的提案被评为优秀提案。

【服务社会】 2021年，民革龙游县基层委员会组织全体党员，发挥示范带头作用，积极参与社会服务。组织走访慰问抗战老兵、抗美援朝老兵，得到更多企业和社会各界爱心人士的支持，社会服务品牌效应更加凸显。开展新春走访慰问、送医送法下乡、学雷锋义诊、防范医保诈骗宣传活动，为美丽乡村建设、防诈推广提供助力。在新冠肺炎疫情期间，党员们下沉基层一线，积极参与卡口执勤和村社前站的抗疫工作。党员邱伟民捐赠价值40余万元的灵芝孢子粉给龙游的医院，民革龙游县基层委员会不定期多批次捐赠口罩、牛奶和“龙游飞鸡”鸡汤等给多个执勤点。2021年，民革龙游县基层委员会在社会服务方面努力打造一张“金名片”——“聚焦共同富裕，助力脱贫攻坚”。依托“龙游飞鸡”“兴隆锦鲤”和“竹下灵芝”三大民革党员农业项目助农优势，分别在“龙游飞鸡”总部、浙江兴隆渔业有限公司和浙江鑫世康公司建立“博爱•共富”“创新创业”和“三新（新时代、新农村、新产业）”三大实践基地，建立健全党员联系制度，点对点提供生产生活帮助，完善青年人才就业创业机制，成为助力共同富裕示范区建设的创新之举。党员胡秀秀将“龙游飞鸡”项目送入四川叙永县、新疆乌什县，带动国家级贫困户3600人脱贫，该项目入选国务院扶贫办的重点扶贫案例并进行推广。党员李义依托锦鲤文化博览园，为湖镇镇文林村农户建造鱼池20多个，在养出“中国好锦鲤”的道路上越走越踏实，成为大学生回乡创业、助推乡村振兴的领军人才。党员邱伟民推行“企业+合作社+村集体+农户”共富模式发展竹林灵芝野外栽培经济，带动420多户竹农人均年增收近万元，2021年入选“万元亩山”浙江省林业厅示范基地。基层委委员袁方舟参与山海协作、东西部协作，助力龙游县生态产业平台建设、港区发展、消费帮扶等重点工作。基层委委员饶峰作为龙游县新联会会长，发挥桥梁纽带作用，对接县委县政府主要领导，为龙游县企业解决各类难题，助力企业发展。党员方辰参与县级疫情防控，数字化改革“龙游通”平台疫秒通建设、共富码推广使用等工作。

（民革龙游县基层委员会　颜运珍）

中国民主同盟龙游县总支部委员会

【概况】 中国民主同盟龙游县总支部委员会（以下简称民盟龙游县总支部）始终坚持“长期共存、互相监督、肝胆相照、荣辱与共”的方针，坚持中国共产党领导的多党合作和政治协商制度，不断加强自身建设，积极履行参政党职能，紧紧围绕龙游县委、县政府中心工作和前瞻部署，为把龙游县建设成为“活力四射”“美丽幸福”的浙西新明珠建言资政。2021年，民盟龙游县总支部下设支部4个，盟员57人，其中45人具有中高级以上专业技术职称，占盟员总数的

78.95%；研究生2人；女性盟员28人，占总数的49.12%；退休盟员22人，占总数的38.59%。盟员组成有教育界15人、医卫界18人和行政界24人。盟员中有市人大代表1人，县人大常委1人，市政协委员2人，县政协委员13人，县政协常委2人。

【思想建设】 2021年是中国共产党成立100周年，也是“十四五”开局之年，民盟龙游县总支部带动盟员系统学、深入学中共党史，学习习近平总书记关于立足新发展阶段、贯彻新发展理念、构建新发展格局的重要论述。多次组织专题研学，7月，总支部专题研学中共中央总书记习近平在庆祝中国共产党成立100周年大会上的重要讲话精神；11月，专题研学中国共产党十九届六中全会精神。开展实地观摩，7月，组织盟员赴绍兴、宁波两地“走基地悟初心”，在红色故事中感悟精神，在奋进历程中汲取力量，身体力行成为共同富裕示范区的建设者。2021年1月，龙游“盟员之家”建成使用，为广大盟员提供交流思想、参政议政的服务平台和精神家园。民盟龙游县总支部借助“盟员之家”阵地，开展社情民意信息、提案议案撰写等培训会，提高盟员协商参政能力；组织开展“我与民盟共成长”等党史、盟史学习活动；10月15日，组织老盟员开展重阳敬老活动，切实提升盟员归属感和组织凝聚力，龙游“盟员之家”被民盟浙江省委会评为五星级盟员之家。借力“8090新时代理论宣讲”，推动实践转化学习成果。全体“80后”盟员参与各级“六讲六做”大宣讲活动，宣传中共十九届六中全会精神。盟员李姗、副主委叶翠参加县委统战部举办的“统一战线与党的百年史经典故事讲述比赛”，分获一、二等奖。盟员李姗参加全省职工“我心向党”演讲比赛获铜奖。11月，民盟龙游县总支部被民盟浙江省委会评为示范基层组织。

图23 2021年11月24日，民盟龙游县总支部被民盟浙江省委会评为示范基层组织 （民盟龙游县总支部/提供）

图24 2021年7月3日，民盟龙游县总支部开展“党史学习教育——我和民盟共成长”活动 （民盟龙游县总支部/提供）

【参政议政】 2021年，民盟龙游县总支部坚持聚焦聚力县委“14456”工作布局和党委政府中心工作，围绕养老服务体系建设、医共体改革、数字经济发展、调解员队伍建设、直播带货经济等方面积极建言献策。在县十三届人大五次会议、县政协十届五次会议上，民盟龙游县总支部共有13位盟员参加两会，代表、委员提交提案12件，其中民盟集体提案4件。县政协十届五次会议上，总支部提交的《推进

县域医共体改革 助力健康龙游建设》，被评为优秀大会发言；《加快数字赋能 激发县域经济发展活力》《探索阶梯式养老服务体系 打造县域养老新模式》两篇入选书面发言；3件提案获评县政协优秀提案。委员马岚获评县履职成绩突出政协委员。副主委叶翠撰写的社情民意信息《警惕建党100周年预热献礼活动出现“低级红 高级黑”》被全国政协单篇采用，王玲、叶国清、王青霞、周智莹等盟员撰写的《基层反映重金属超标粮数量和比例直线上升 恐影响粮食安全》《关于普通高中中外合作办学存在问题及建议》《关于完善大规模核酸检测活动组织运行机制有效避免检测点变感染点的建议》等10余篇信息分别被民盟浙江省委会和民盟衢州市委会采用。副主委叶翠被民盟中央评为2021年度反映社情民意信息工作先进个人。盟员周智莹、郭帅撰写的《新时代创新民主党派基层组织社会服务的思考与探析——以龙游模式为例》被省委统战部评为2021年度全省统战理论创新成果三等奖；副主委叶翠、委员马岚撰写政协理论研究文章分别被市政协评为二、三等奖。此外，盟员们参与政协视察及“委员议政行电视议政”“请你来协商”“委员会客厅”等活动，为推进龙游县跨越式高质量发展，推进共同富裕，推动大南门历史文化街区项目建设等工作提出意见建议。

【社会服务】 2021年，民盟龙游县总支部持续擦亮龙游“民盟同心·名医服务站”金字招牌，深化社会服务。龙游“民盟同心·名医服务站”是全省首家由民盟组织的长久性乡镇定点名医服务站，自2015年成立以来，始终在“以人才下沉、资源下沉为手段，努力提升基层医疗卫生机构服务能力、服务效率，不断强化基层医疗卫生体系建设”上先行探索。2021年，受新冠肺炎疫情影响，名医服务站省市联动受到一定限制，为保证服务正常开展，民盟龙游县总支部转变思路、克服困难，优先整合县级层面专家队伍开展名医服务。同时，积极邀请外县市名医专家到龙游传经送宝，得到兄弟民盟组织大力支持。4月24日至25日，民盟金华市委会2名名医到龙游讲座接诊；5月22日至23日，民盟宁波市委会3名名医到龙游义诊；7月，民盟嘉兴市委会名医到龙游开展服务；10月15日至16日，民盟杭州市委会名医带队到龙游，为山区群众送来优质的医疗服务，为龙游医务人员带来前沿的医疗讲座。2021年12月，绍兴市新冠肺炎疫情发生，盟员王青霞第一时间响应号召，奔赴上虞区支援疫情防控工作，用逆行的身影诠释民盟盟员的责任与担当。2021年，民盟龙游县总支部的社会服务得到各级组织的肯定，6月，总支部获民盟浙江省委会社会服务工作先进集体称号；主委吴幼平获浙江省委会脱贫攻坚先进个人，副主委周卫锦获浙江省委会社会服务工作先进个人。

（民盟龙游县总支部　李　姗）

中国民主建国会龙游县基层委员会

【概况】 中国民主建国会龙游县基层委员会（以下简称民建龙游县基层委员会），下设6个支部。至2021年12月底，共有会员99人，其中经济界会员69人，占总数的69.7%；非公有制经济人士32人，占总数的32.3%；女会员44人，占总数的44.4%。会员中有衢州市人大代表1人、市政协委员3人，龙游县政协委员19人（其中县政协副主席1人、常委1人）。民建龙游县第十届基层委员会设委员9人，主委蓝芝苇兼任民建浙江省委会委员、民建衢州市委会主委。

【思想建设】 民建龙游县基层委员会始终把思想政治工作放在主导地位。坚持每月一次集中学习，以习近平新时代中国特色社会主义思想为指导，不断适应新时代新要求，开展理论知识学习，及时贯彻落实省、市、县委会议精神及民建浙江省委会、衢州市委会各项会议精神，学习民建会章会史，引导会员不断加深对新型政党制度的认识，不断增强“四个意识”、坚定“四个自信”、坚决做到“两个维护”。推进线上学习的新形式，通过“龙游民建”公众号，分享《习近平在浙江》系列文章39期。认真落实《民建中央关于加强会的思想政治建设的意见》精神，继续开展“不忘合作初心继续携手前进”主题教育活动。组织会员走进罗家乡“两山”印记馆，沿着中共中央总书记习近平走过的路，重温中共中央总书记习近平的重要讲话，围绕《中共中央国务院关于支持浙江高质量发展建设共同富裕示范区的意见》献计献策。组织会员走进湖州安吉、长兴等地实地考察“两山”理论发源地、长兴新川村初心馆、新四军苏浙军区纪念馆等地，激发会员知史爱党、知史爱国的情怀，坚定理想信念，增进政治共识。8090新时代理论宣讲团成员郭婷、张佩思、胡晶媛深入企业、社区开展宣讲，其中郭婷被评为8090新时代理论优秀宣讲员。

【组织建设】 民建龙游县基层委员会持续注重带队伍、抓管理，凝聚合力，促进基层组织建设的持续优化。加强班子建设，通过换届调整选拔一批年富力强、政治素质高、参政议政能力强、热心会务的骨干会员，充实到基层委和支部领导班子中，保证组织的活力和战斗力。2021年，召开基层委主委会议和委员会会议15次。实行主委轮值制，充分发挥领导班子成员的作用。严把会员入口关，注重在经济界、政府经济部门发展高素质的年轻优秀人才，协助县委统战部做好新入会成员的考察。重视年轻骨干会员培养，配合县委统战部、组织部对党派成员的推荐使用。2021年新入会会员4名，其中经济界会员2名，“90后”会员2名。加大会员培训力度，进一步提高会员整体素质和能力水平。完善支部考核，不断推进支部规范化、科学化、制度化建设。对支部考核连续排名末位的支部进行约谈和调整，通过量化考核激发创先争优活力，营造比学赶超的氛围。2021年，一支部、二支部、三支部获市级先进支部。促进对外交流，组织会员赴镇海考察助力科技赋能、数字化改造等工作。主委马梅芝参与调研“衢州有礼”诗画风光带建设。民建丽水市直综合二支部到龙游考察调研，开展“发展文旅产业，助力乡村振兴”为主题的交流活动。

【参政议政】 面对新时代多党合作的新要求，民建龙游县基层委员会紧扣民生主题、注重工作实效，积极提升建言献策质量和成果转化能力。2021年，在县两会上提交大会发言6件，提案18件。其中，会员吕凯悦《关于“直播+”与我县经济社会融合发展的建议》和会员郑晓翠《关于进一步深化国资国企改革的建议》被评为县政协十届五次会议优秀提案，会员曾焕总、吕凯悦、胡晶媛被评为履职成绩突出政协委员，曾焕总、胡晶媛被评为社情民意信息工作突出信息员。民建龙游县基层委员会重视社情民意信息工作，成立参政议政委员会，开展社情民意信息员培训，出台社情民意信息奖励办法，激发会员撰写积极性。2021年，提交社情民意27条，参与多项民建浙江省委会参政议政和理论研究课题，多篇社情民意信息被民建中央和全国政协、省市各级录用。2021年“龙游民建”微信公众号共推送132期，成为政策宣传、会务交流、学习提高、凝聚共识的主平台。通过专题视察、政协委员议政行、电视问政等形式，参与专项民主监督活动。利用“随手拍”等形式对创建卫生城市、文明城市、有礼城市进行日常监督，推进各项工作的开展。在“请你来协商”、省市“委员读书群”等平台上，蓝芝苇、张秀峰等政协委员参与以“同心向党”为主题的“万名委员线上交流”网上学习会等“崇学系列”活动10余次。会员张秀峰被评为县政协首批读书积极委员。抓好会员发展的基础工作，将履职能力作为选拔会员的基本要求。完善并及时更新会员专业特长信息，优先选择履职积极、综合素质较高的会员参加到各项调研活动中。积极开展多方面培训，将凝聚共识与知识培训相结合，将线上培训和线下学习相结合，提升会员的履职能力。

【服务社会】 民建龙游县基层委员会时刻秉承民建组织的社会责任和使命，始终坚持民建助推发展、服务民生的工作理念，积极探索社会服务载体和途径。真情服务会员服务企业，每年春节、三八妇女节、重阳节等节日，组织活动及慰问。关心关爱老会员，患病、困难会员，老会员过世，基层委以及所属支部及时上门慰问，送去关心和温暖。三八妇女节，民建妇委会组织“以茶会友”沙龙活动，会员翁伟燕(国家二级茶艺师)主持活动。一支部走进小南海镇雅塘村和东华街道上圩头村困难学生家庭，给孩子们送去温暖；中秋节前夕看望龙洲街道白畈村空巢老人。三支部走进罗家乡荷村村，关爱残疾人；参与“书香颂党恩，情系小候鸟”庆祝建党百年暨创建小候鸟图书角启动仪式。四支部会员张秀峰走进明德书院，开展“双减背景下家长责任担当”的公益讲座。五支部开展关爱慰问老会员活动。六支部开展“烟头不落地，龙游更美丽”活动。民建龙游县基层委员会走访民建企业开展“三服务”活动。主动服务脱贫攻坚，与沐尘畲族乡共同开展“乡村振兴，共同富裕”调研。牵线搭桥，参与民建浙江省委会副主委计勇强到龙游调研乡村振兴共同富裕实践基地建设。八一建军节前夕，赴沐尘乡慰问“双抗”老兵，春节期间送温暖、送

图25 2021年11月19日至20日，民建龙游县基层委员会与沐尘畲族乡共同赴丽水市开展“乡村振兴、共同富裕”调研活动，图为座谈会现场
（民建龙游县基层委员会/提供）

春联，为困难群众送上全省民建青年企业家浓浓的爱心。抓好新冠肺炎疫情防控，雷绘君、吕凯悦、郭爱萍等医疗卫生系统会员们坚持服务在疫情一线。镇海疫情期间，杨不周、胡鑫媛、朱美娟、程永强等企业、单位会员们捐款捐物，累计捐款15054元。民建龙游县基层委员会对龙游县一线民建医务人员进行慰问，为他们送去组织的关心和温暖。建立助企指导员制度，“一对一”帮扶企业，精准服务民建重点企业——云墨碳谷、汉牛科技，加快建设早日投产，助力工业强县战略。

【建功立业】 2021年，民建会员们立足本职，务实肯干、担当有为。民建龙游县基层委员会获得浙江民建为全面建成小康社会作贡献成绩突出集体。会员徐静获得2021年浙江省中小学生艺术节声乐一等奖；会员周菲获评2021年省级生活垃圾分类工作先进个人；会员吴晨龙法人企业衢唐信息科技有限公司获评浙江省科技型中小企业；会员郭爱萍获得衢州市无偿献血促进奖个人奖；会员郑晓翠将数字化技术与农学基础知识相结合，获得全市数字化改革典型应用PK赛第一名，并得到市委主要领导批示肯定；会员陈德轮获得衢州市榜样统战人物称号，浙江再生方“天池药谷”中药文化示范产业园获评浙江民建助力共同富裕实践基地。

（民建龙游县基层委员会　蓝　蕙）

中国民主促进会
龙游县总支部委员会

【概况】 2021年，中国民主促进会龙游县总支部委员会（以下简称民进龙游县总支部）深入学习贯彻习近平新时代中国特色社会主义思想，按照“四新”（新时代多党合作要有新气象、思想认识要有新提高、履职尽责要有新作为、参政党要有新面貌）、“三好”（做中国共产党的好参谋、好帮手、好同事）要求，以“明道、笃行、聚力、求新”为工作指引，紧紧围绕县委、县政府中心工作，坚持以制度建设为保障，以班子建设带动队伍建设，不断提升整体素质，积极履行职能，各项工作都取得新的成绩。

【思想建设】 民进龙游县总支部坚持把思想建设放在首位，组织学习中共中央总书记习近平在庆祝中国共产党成立100周年大会上的讲话、民进中央主席蔡达峰在民进庆祝中国共产党成立100周年座谈会上的讲话，省、市、县各类会议精神和文件，深入回顾统一战线和多党合作的光荣历史，进一步深入理解民进的合作初心和优良传统。凝聚广大会员共识，不断强化“四个意识”、坚定“四个自信”，进一步增强做好党派工作的责任心和使命感，不断提高政治把握能力、参政议政能力、组织领导能力、合作共事能力、解决自身问题能力。2021年总支部对接民进浙江省委会、衢州市委会开展“浙江民进助力山区共同富裕项目走进大街乡中药材基地”活动，民进浙江省委会副主委、浙江中医药大学校长陈忠到基地考察指导。举行“学党史 明会史”庆祝中国共产党成立100周年主题实践暨重温入会承诺活动，“不忘初心 携手前进”庆祝中国共产党成立100周年主题实践参观华岗纪念馆活动。民进龙游一支部会员走进龙游姑蔑城，共同探索乡村改造、共同富裕之路。一支部和六支部在吾道艺术中心开展学习研讨活动。一支部开展“倾听老会员教诲，推进支部工作”活动。二支部组织会员学习《中共中央关于党的百年奋斗重大成就和历史经验的决议》，四支部组织参观罗家乡“两山”印迹馆。

【组织建设】 民进龙游县总支部围绕“强组织、增活力、树形象”的目标，对各支部下发《支部工作手册》。总支部与浙江农林大学林生院开展结对共建，与民进金华市婺城区支部开展联谊，一支部与民进衢州市直第二支部、浙商证券龙游党支部开展“共建、共享、共富”主题活动。副主委吴益良参加2021全省民进骨干会员春季培训班，被县委组织部派往宁波镇海挂职，助推“龙游—镇海”两地山海协作。2021年有计划的吸收2名新会员。民进龙游县总支部被民进浙江省委会评为优秀基层组织。着力提高自身能力，唱好“同心曲”，努力把民进龙游县总支部建设成为理论上清醒、政治上坚定、组织上巩固、制度上健全的高素质参政党地方组织。围绕衢州和龙游“十四五”规划和当前重点工作，力争把“开明”服务品牌擦得更亮，切实当好“重要窗口”的建设者、维护者、展示者，为建设“活力新衢州、美丽大花园”、实现“发展高质量、治理现代化”新龙游作出新贡献。

【参政议政】 民进龙游县总支部高度重视参政议政工作，把会员履职能力，尤其是参政议政能力作为着力点，充分发挥组织的整体优势，积极建言献策。坚持问题导向，进一步提高党派履职的能力和水平，立足岗位，相互促进，围绕共同富裕、数字化改革等主题深入开展调研，多建睿智之言，提升组织活力，画好“同心圆”。进一步增强参政议政的主动性和积极性，围绕龙游发展难点热点问题，在“产业发展、乡村振兴、基层治理、民生福祉”等方面深入开展调查研究，积极献计献策，为打造四省边际共同富裕示范区和四省边际中心城市献计出力。2021年两会期间共提交市、县政协提案20篇，主委周巧萍撰写报告被市政协录用为书面大会发言2篇，周巧萍撰写的《加快六春湖景区建设》和副主委吴益良撰写的《关于加强耕地土壤污染治理和修复，确保农产品质量安全的建议》提案获县政协重点提案，《加快六春湖景区建设》被县政协录用为大会口头发言材料。副主委吴红峰申报的“在推进共同富裕背景下完善职业卫生监管的对策研究”课题获得民进浙江省委会的立项，并作为民进省委会的政协提案上报省政协。2021年，总支部制定社情民意信息考核办法，发挥“老会员+年轻会员”的帮带机制，开展3次社情民意信息培训，每季度组织骨干会员开展1次参政议政的“头脑风暴”活动。2021年上报民进衢州市委会社情民意信息7篇。会员李洋程上报县两办社情民意《我县农村人才发展短板亟待解决》及基层热议3篇。

【服务社会】 积极参加上级组织开展的社会服务工作，在支部内打造“开明艺术团”社会服务品牌，2021年开展“农村留守儿童艺术培训”“共植民进林”“春联下乡”“公益书法、合唱培训”等几十次社会服务活动，打响“开明艺术团”的公益活动和社会服务品牌。2021年，民进龙游县总支部积极助力翠光社区未来社区建设，打造龙游开明艺术团升级版。在社区开展开明书吧成人书法培训，开明泡吧公益茶道培训，开明唱吧公益合唱培训，开明书柜捐献一批书在南孔书屋设立专柜。开明唱吧公益合唱培训，每周三晚开展训练，有成员30多名，参加市县各级演出3次，获得市级银奖。暑假期间在开明书吧开展少儿“扎染、书法”2个班，共开设半个月的时间，受益少儿60余人。

【会员风采】 会内开展一次8090新时代理论宣讲比赛，在年轻会员中营造出浓厚的宣讲氛围。副主委吴益良积极参加8090新时代理论宣讲，在部门、农村开展宣讲12次。会员李洋程参加8090宣讲团赴华飞轻纺等企业开展人才就业政策宣讲。会员吴琴芬作品《痕迹》获得广东当代陶艺学术邀请展暨第三届深圳当代陶艺大展铜奖。会员琚树清国画作品参加在嘉兴举办的“在正道上行——庆祝中国共产党成立100周年民进美术作品联展”。副主委方圆为龙游新增16名科技特派员，特派员人数达到30余名，做到全县乡镇、重点项目全覆盖。会员江林春积极投入“龙游印社”的篆刻艺术普及活动，其创作的作品入展庆祝中国共产党成立100周年龙游县第六届篆刻展，入展“印记百年——衢州市庆祝中国共产党成立100周年”篆刻展。会员林新《军民一家亲》《春树奇峰》两幅素描参加以“百年风华、风雨同舟”为主题的网络书画展。会员蓝耀作品《山色空濛》入展浙江省文化馆主办的助力“美丽乡村建设”作品展。会员蓝忠胜精心创作的书法作品《雄关漫道真如铁》对联一副捐赠给县档案馆予以永久收藏。会员蒋文渊在4月配合县文联“双百千村”现场会工作，组织8名画家在溪口写生，作品参加“同心筑梦”庆祝中国共产党成立100周年杭州、衢州民进美术作品联展。

（民进龙游县总支部　吴红峰）

中国农工民主党龙游县总支委员会

【概况】 2021年，中国农工民主党龙游县总支委员会（以下简称农工党龙游县总支）在农工党衢州市委会以及中共龙游县委、县委统战部的领导和支持下，在全体党员的共同努力下，进一步加强民主党派五种能力（政治把握能力、参政议政能力、组织领导能力、合作共事能力、解决自身问题能力）建设，为建设“活力四射”“美丽幸福”的浙西新明珠贡献农工力量。一年来，在思想建设、组织建设、参政议政、社会活动等方面，发挥自身优势、求真务实，与时俱进，完成年初制定的各项工作计划。2021年，农工党龙游县总支有党员38名，其中省人大代表1名、省政协委员1名；市政协常委1名、市人大代表1名、市政协委员2名；县人大常委1名、县人大代表1名、县政协常委3名、县政协委员10名。

【思想和组织建设】 2021年，农工党龙游县总支围绕中国共产党100周年重点学习中国共产党史及中共十九届六中全会精神，将中央的精神内化于心、外践于行。为切实加强党员对县委“14456”发展战略的认知，助力“高质量发展共同富裕示范区”的浙西明珠建设，通过“线上+线下”结合的工作方式，组织党员进行学习。积极配合农工党衢州市委会换届工作，完成市委会各项工作安排。按照农工党衢州市委会及县委、县政府8090新时代理论宣讲团工作部署，开展线上线下理论学习宣讲教育15场，受教育群众4500余人，总支委员方颖、颜汉威为龙游县8090理论宣讲团骨干宣讲员，方颖在县委统战部组织的“学习百年党史”经典故事讲述比赛中获得二等奖。总支委员夏雁组织的接续8090声音“红领巾宣讲团”，推进县青少年“真善美”种子工程建设工作，引导广大少年儿童“求真”“向善”“尚美”。总支始终把加强组织建设作为一项基础性工作来抓，按照“抓党建、带队伍、促发展”的思路，发展党员、培养入党积极分子，把政治素质好、业务能力强的社会知名人士发展进支部。2021年发展新党员1名。

【参政议政】 2021年共提交县政协提案14篇，省人大议案1篇、省政协提案1篇，市政协提案1篇、市政协大会发言2篇，县政协大会书面发言1篇，总支委员夏雁被评为县优秀政协委员。总支委员颜汉威主笔的集体提案《关于培育姓氏文化产业提升红木小镇文旅产业核心竞争力的建议》被列为县政协大会书面发言。省政协委员吴树良履职成绩突出，获评2020—2021年度浙江省政协履职成绩突出委员。总支委员方颖、夏雁获评农工党浙江省委会2021年度参政议政工作先进个人。主委钟爱红组织总支党员开展“乡村振兴文旅融合”走访调研工作，统筹开展龙游县“联盟大道”建设工作，同时调研龙游县服务业发展和新冠疫情政策实施情况，通过调研提升总支党员对龙游县中心工作及当前产业发展的认识，更好地在自身岗位上为龙游发展奉献力量。

【服务社会】 2021年，总支经常性地开展契合县委、县政府中心工作的社会服务活动，凝聚人心，增强广大党员的组织归属感。积极开展中西部扶贫项目，为助力脱贫攻坚、决胜全面小康社会贡献农工力量，获得2021年农工党中央脱贫攻坚先进集体。建立农工普法工作室，发挥民主党派专业优势服务社会，在全县范围内开展法律进农村、社区、学校、企业等各类活动20余场，覆盖人群15万余人次。总支教育支部副主委、衢州市政协委员李美组建礼仪服务志愿团队，其本人多次受邀到龙游县委党校等各部门主讲礼仪规范和道德建设，在全县各大赛事活动中，为青年志愿者培训主讲《礼仪规范与赛事颁奖》，累计开展培训讲座近30次。总支委员、教育支部主委夏雁在“一杯姜茶 温暖龙城”等活动的组织中，引导少先队员亲近党史、了解党史，传承红色基因，争做新时代好队员。以“我为青少年办实事”“助力双减”唱响龙游县青少年宫2021年奋进的主旋律，以实际行动服务全县青少年。紧紧围绕“我在窗口写青春”和“我为群众办实事”实践活动要求，依托龙游县青年志愿者协会、龙游县“龙游美食”推广领导小组办公室等平台，调动全县青少年志愿者，全面落实“双减”精神，围绕学校托管的困难和需求，推出“团团助力5+2”公益服务课程菜单。至2021年12月底，“团团助力5+2”公益服务团队共接单125次，投入师资及志愿者410余人次，14208名青少年享受菜单服务。全年开设兴趣培训班124个，服务青少年1500余人次。

【党员风采】 2021年，农工党员们勤奋好学、努力工作，出色完成本职工作，在平凡的岗位上做出许多不平凡的业绩。副主委蓝雪敏2018年至2020年，积极主动参与“东西部扶贫协作‘浙江龙游—四川叙永’”教育扶贫项目，先后两次赴叙永县开展支教、送教活动，疫情期间更是通过多次线上教学，对当地教师进行业务能力提升培训，以自己的实际行动，努力践行一位教育工作者的初心使命，于2021年6月获评农工党中央脱贫攻坚先进个人。总支委员、综合支部主委方颖自2019年进入县司法局普法与依法治理科工作以来，出色完成县“七五”普法五年验收总结、全省法治乡村知行讲堂建设工作现场会、崇法苑普法教育基地建设、8090法治宣讲、“八五”普法规划启动等工作，于2021年12月获评2016—2020年度浙江省普法与依法治理成绩突出个人。总支党员、省政协委员吴树良牵头成立的中小企业会客厅充分发挥平台优势，集聚资源，2021年开展“企业数字化转型”专题讲座，特邀张天佑博士以“围绕‘能源双控’，促进中小企业转型赋能共同富裕”为主题作专题授课；按照省政协组织“百名主席进百厅讲党史”活动要求，到龙游县中小企业委员会客厅开展讲党史活动；围绕“启航我的大学 回家走进龙商”主题组织80名龙游籍应届大学新生走进“会客厅”，参观走访部分龙游企业，与企业家面对面交流，为大学生提供一个了解家乡企业、了解龙商文化、了解政协委员会客厅的平台。

【扶贫工作】 农工党龙游县总支以“精准扶贫、共同富裕”为核心发挥界别优势，组建农业、医疗、教育3个小分队，按照“一组别一特色”切实开展服务扶贫、医疗阻贫、教育扶智三大行动，打响“农工·同心共富微联盟”品牌。发挥农业特色搭建消费扶贫网格联盟，依托主委分管中西部对口协作优势，牵引带动8家农业企业走进四川叙永开展产业合作，孵化出“龙游飞鸡”东西部精准扶贫协作新模式，被中共中央国务院评为全国脱贫攻坚先进集体。以“消费扶贫”为主抓手，联动党内5家农工企业组建消费帮扶联盟，开展农特产品“1+1”消费帮扶。并通过“线上”云平台，带动38名党员自发开展助农产品消费，平均每人每年定向采购“龙游飞鸡”等农特产品300余元，形成“企业+个人”的党内消费扶贫微联盟，成为农工助力共同富裕一项有力举措。发挥医卫特色组建医疗阻贫先锋团队，整合党内20名医疗卫生人才，建立“农工·同心共富微联盟”医疗小分队，以县人民医院、县中医院、县妇保院三家县级医疗单位内的农工党员为主矩阵，联动县、乡、村三级医疗志愿需求，通过点上发起、面上响应模式，将医疗志愿服务融于日常。自2021年3月组建以来，开展志愿服务25场，累计参与党员38人次，义诊群众2000余名。党员王莉燕面对县域结核病人数居高不下、病人自付比例过高等问题，多年来致力于政策设计，提出免费救治举措，得到县卫生健康局、县财政局、县医疗保障局大力支持，龙游县成为省内抗结核病免费治疗先行区，帮扶病人220名，兜底资金约60万元。发挥教育特色开展智志双扶志愿

图26 2021年7月8日，龙游县政协中小企业会客厅举办“启航我的大学 回家走进龙商”主题活动 （农工党龙游县总支部/提供）

行动，号召党内教育工作者，开展东西部（青海、叙永）及龙游城乡支教行动，累计50余次，16名农工党员教师参与其中，形成“农工学礼”“数智青春”“少年的你”等特色免费公益课程。总支委员、教育支部主委夏雁参加浙江省校外教育教师“远航计划”，赶赴贵州省黔西南州安龙县、青海省海西州开展支教交流活动，对当地共计106所青少年宫教师及场地开展指导和帮扶，促进校外活动场所间的均衡发展。副主委蓝雪敏先后两次赴叙永县支教，累计执教示范12节次、培训16场，受益师生3000余人次，同时，还组织农工党员捐赠图书1.5万余册、学习用品2万件次。

（农工党龙游县总支　方　颖）

九三学社龙游县基层委员会

【概况】 2021年，九三学社龙游县基层委员会在县委、县政府领导下，在九三学社浙江省委员会、九三学社衢州市委员会关心指导下，深入学习贯彻习近平新时代中国特色社会主义思想和关于多党合作重要论述，围绕共同富裕示范区建设、县委县政府“14456”工作布局，以“思想上坚定，履职上坚实，组织上坚强”的目标要求为引领，思想上凝心、组织上聚力，有效提升组织向心力和战斗力，为加快区域明珠型城市建设贡献九三力量。《龙游县探索建立“九三科技创新研究院”打通为企科技服务“最后一公里”》《对标“四新”“三好”实现基层组织建设“撑竿跳”》2则专报获得中国科学院院士、九三学社中央副主席丛斌的批示肯定。县基层委员会下设支社3个，有社员35人，其中32人具有中高级职称，占社员总数的91.4%。有市政协委员1人，县人大常委会副主任1人、县政协常委2人、县政协委员7人。2021年发展新社员2人。

【思想建设】 坚守8090新时代理论宣讲和“九三讲坛”两大思想阵地，围绕“学党史、悟思想、践初心、筑同心”的主题，开展形式多样的活动。开展“学党史、跟党走”主题教育、庆祝中国共产党成立100周年等活动，组织全体社员赴浙西南革命根据地“红色小镇”丽水市住龙镇现场党史教学。选送“8090后”九三社员积极参加全县8090新时代理论宣讲各类活动和比赛。举办党史理论宣讲专题活动，8名“8090后”社员全员参加，围绕“同心同向同行”“共画同心圆”，回望党的光辉历程，歌颂党的伟大成就，坚定跟党走的信念。社员孔德佳参加县委统战部举办的“统一战线与党的百年史”经典故事讲述活动，获二等奖，同时代表基层委参加九三学社衢州市委庆祝中国共产党成立100周年文艺演出，获得一致好评；副主委吴琼参加县政协举办的8090“学党史　践初心”主题宣讲比赛，获三等奖。依托九三讲坛思想阵地，采取集中学习和主动自学相结合方式，组织全体社员将《中国共产党简史》、《习近平在浙江》采访实录、《中国共产党统一战线工作条例》、九三学社社史和章程作为党史、社史学习教育重点内容，开展专题学习、知识竞赛、理论研讨。

【组织建设】 继续实施人才强社战略，坚持“有信仰、有情怀、有能力、有担当、有作为”“五有”标准培养发展新社员，成功吸纳2名优秀人才入社，为党派发展注入新鲜血液。选派多名社员参加九三学社浙江省委、九三学社衢州市委举办的骨干社员履职能力培训提升班。不断完善财

图27　2021年12月22日，九三学社龙游县基层委员会第五次全体社员大会召开

（九三学社龙游县基层委员会/提供）

务管理制度、基层委组织发展办法、社员履职规范等制度，提升基层委规范化建设水平。精心打造“九三之家”，将其作为九三学社龙游县基层委员会活动基地，为社员参政议政、学习交流提供场地保障。借助平台，重点突出社内服务，依托九三艺术服务团资源优势，组织社员利用闲暇时间学习乐器，进一步拓展社员艺术专长，提高团结力。依据各支社社员专业特长，充分发挥科技服务团、医疗教育服务团、艺术服务团作用，为企业、群众提供优质服务，着力提升社员艺术涵养，切实增强基层组织活力和向心力。

【参政议政】 聚焦社会事务数字管理提升、农村空巢老人养老改善、乡村文化发展、科技龙游建设等领域，开展专题调研。社员徐焕栋撰写的《在基层治理中充分发挥政协专门协商机构作用的实践研究》、副主委吴琼撰写的《提升新时代青年政协委员素质和履职水平的几点建议》等政协理论调研文章获得市政协2020年度优秀理论研讨论文三等奖。同时，从社区治理提升、两江走廊打造、公共卫生安全改善等方面扎实开展调研。副主委吴琼《推进“两江走廊 ”小南海示范片区建设，全力打造浙江大花园核心“金名片”》被列入县政协大会口头发言。社员萧亚兵《关于加强研发机构建设、提升研发经费投入的建议》被列入县政协十届五次会议重点提案。九三学社龙游县基层委员会高度重视社情民意信息，并将其作为参政议政的基础性工作常抓不懈。全年上报各类信息、社情民意26篇，其中社情民意16篇、信息10篇。社员毛智军《关于做好当前新型肺炎防控形势下早茶采摘应对工作的建议》被省政协采用，社员吴惠芳《关于合并身份证在浙江省高中生省考监考过程中使用次数并调整使用时间的建议》被九三学社浙江省委采用。

【服务社会】 借助科技服务团、医疗教育服务团、艺术服务团，发挥社员专业资源优势，依托“科技助企”、九三科普、九三送法送医送科技下基层等三条“直通车专列”，着力打造龙游九三社会服务样板。依托九三科技创新研究院和科技服务中心两大平台，为企业提供“妈妈式”服务。2021年，服务企业获省科技进步奖三等奖2项，市科技进步奖一等奖2项，市科技进步奖三等奖3项。建立省级研究院1家，省级研发中心14家，省级企业技术中心2家，市级研发中心19家，市级技术中心16家，培育国家高新技术企业59家，省科技型中小企业51家。举办“2021年九三学社中央院士专家科普行活动”，成功邀请到九三学社中央院士专家，围绕乡村振兴战略、中国天眼发展、机器人世界奥秘、信访矛盾化解等四个话题开讲授课。通过专家们深入浅出的讲解，为500余名九三社员及县机关单位、师生代表带来一场知识盛宴。

【社员风采】 2021年，社员立足岗位职责，以实际行动投入到科技龙游建设、杭衢高铁站前广场征迁等工作中。主委赖云带领科技服务团成员走进中浙高铁轴承有限公司，为企业发展中存在的困难和问题出谋划策，排忧解难。副主委吴琼获衢州市委评为平安建设突出贡献个人。社员马骏助力杭衢高铁站前广场农房征收，顺利完成杜山徐村24户搬迁户签约工作和腾空拆除任务。社员祝丽燕成立政协委员工作室，通过民主协商平台，帮助群众解决急难愁盼问题。社员张梅被衢州市新“115人才工程”列为培养人员。社员徐彦总策划“明珠龙游”幸福家园龙游县庆祝建党百年“百村（社）赛事”文艺晚会方门街社区专场。社员包美珍国画作品《缤纷都市》入展首届“时代中国”全国美术作品展，并获入会资格奖；国画作品《阳春布德泽》入展“百花向阳”全国花鸟画作品展，并获入会资格奖。

（九三学社龙游县基层委员会 马 骏）

龙游县总工会

【概况】 2021年，龙游县总工会坚持以习近平新时代中国特色社会主义思想为指导，坚持以职工为中心的工作导向，以增“三性”（政治性、先进性、群众性）、去“四化”（机关化、行政化、贵族化、娱乐化）为根本标尺，在强化思想理论武装上下功夫，团结带领广大职工担当新使命，奋进新征程，推动龙游县实现跨越式高质量发展，取得较好成绩。获得衢州市总工会2021年度县（市、区）总工会重点工作考核第一名，龙游县综合考核二等奖。龙游县获评全省深化非公有制企业产业工人队伍建设重大改革试点县、全省“两化”（社会化、市场化）阵地建设试点县。至2021年12月底，全县共有乡镇（街道）、经济开发区总工会16个，基层工会工作委员会7个，产业工会2个，共建工会组织3825家，会员93209人。

【思想建设】 积极推进中共十九大精神和习近平新时代中国特色社会主义思想进企业、进车间、进班组，强化职工思想政治引领。开展建党百年“我心向党”十大系列活动，“五一职工文化展演”被列入县委宣传部年度十大文化活动之一。联合县委8090专班开展“我与8090宣讲”主题征文活动，与县经济开发区联合举办宣讲PK赛。组织工会系统8090宣讲员参加全省职工演讲比赛，2名选手在比赛中获省级铜奖。扎实推进党史学习教育，组织劳模工匠进企业、进班组，深入开展中共十九届六中全会精神宣讲，浙江卫视、“学习强国”学习平台等主流媒体多次刊播。

【组织建设】 至2021年底，全县共建单独基层工会组织1198家，会员93209人。2021年新建工会组织40家，发展会员5100人。县总工会全面贯彻省、市总工会的相关会议精神，在会员工作上加大力度，加强工会会员实名制管理，对全县工会会员进行会员实名制信息采集，并将数据同步到“智享工会”平台。至2021年底，完成实名信息采集的会员人数达到64904人，录入基层工会组织567家，全面掌握全县基层工会会员的基本情况，增强广大职工对工会组织的认同感，进一步规范龙游县工会会员实名制管理和服务工作，为“互联网+会员服务工作”打下坚实基础。

【增强文化引领】 注重职工社会主义核心价值观的培育和塑造，充分发挥工会文体活动影响力、吸引力、凝聚力的作用，积极组织安排一系列丰富多彩的文化体育活动。以服务职工、服务企业为宗旨，为每位劳模免费订阅报纸。开展百场电影进企业进基层活动，2021年共放映电影150场，利用播放电影小憩时间播放教育宣传片，教育职工提高安全防范意识，提高全民文化素养。注重职工文化建设，重点抓好“农民工文化家园”建设，努力打造标准化职工书屋，购置图书近2万元，免费赠予规模以上企业和企业职工书屋。职工书屋自创建以来，县总工会拥有全国职工书屋4家，省级职工书屋39家，场地总面积2115平方米，各类藏书86958册，电脑46台，确保阅读者的各种需求。搞好职工体育活动，开展“全县职工气排球赛”等文体系列活动，乡镇（街道）总工会80%以上以多种形式组织开展乒乒球、跳绳、踢毽子、拔河、篮球赛等职工文体活动。加强职工文化阵地建设，创建企业示范性“职工之家”，打造企业版职工“文化礼堂”，着力建好“农民工文化家园”。

【弘扬工匠精神】 引导广大职工学习劳模先进，弘扬劳模精神、劳动精神、工匠精神。发挥各级劳模和先进工作者示范引领作用，带动广大职工群众扎实工作、艰苦创业、无私奉献，为建设浙西新明珠凝聚合力。充分发挥劳模的先锋模范作用和技术特长。县人民医院的全国五一劳动奖章获得者周松吉副院长发挥自己技术特长，免费为社区群众上门义诊。县林业水利局的省劳动模范吴柏林为龙南山区群众举办“笋竹”产业发展讲座，以自身专业技能助力产业发展。

【数字赋能提升】 推行“困难职工救助·智能速办”数字化改革。利用“一体化数字资源系统”（IRS），归集整合民政、公安等跨部门基础数据，主动感知困难职工信息，并用红、橙、黄、蓝四色进行标识画像，多形式精准推送补助政策和服务项目，整个救助过程实现“一窗受理”，审批流程“全程在线”，救助过程“快速办好”，实现困难职工救助“应救尽救、无盲区、全覆盖”。该项工作被列为衢州市数字化改革“十大关键小事”和全省群团数字化改革已建应用项目，并在9月全省保障工作会议上作典型工作案例发言，受到省总工会主要领导、分管领导的批示肯定和多次表扬。推进工会会员扫码畅享普惠服务，开发对接省工会会员实名制数据库，创建“龙游通·智享工会”平台，对每位工会会员进行智能赋码，工会会员可以通过“线下商场”快速“扫码”或“人脸识别”等方式享受技能培训、文体活动等普惠服务，从而构建以大数据为基础的职工公益服务新模式。推动职工疗休养工作再上新平台，积极响应浙江省数字化改革要求，通过“衢州市智慧疗休养”平台，以一张图解读流程，各基层单位工会安排专人负责疗休养工作，确定出行人数、线路等，并选择有资质的承接旅行社或职工疗休养基地，经平台备案报备审批后便可出行。结合数字化改革，投资30万元开发全县职工疗休养手机端APP，引导全县职工通过“这哩游”小程序在“基地”线下刷码消费，自上线以来县内累计消费6100余人次、共计1727.67万元。实现小微企业工会经费一键返还，依托“政企通”网上平台，全方位宣传小微企业工会经费返还政策，做到政策家喻户晓、精准直达。至2021年底实现首批小微企业工会经费返还兑现，涉及企业275家，返还金额达167.88万元。

图28 2021年10月，龙游县承办2021年浙江省纺织行业细纱工技能竞赛，图为闭幕式 （县总工会/提供）

【产业工人队伍建设改革】 加强与各成员单位协调沟通，加大对试点园区和企业的服务指导，龙游县作为全市唯一被列入产业工人队伍建设改革工作省级试点县，并发展浙江龙游经济开发区为省级“产业集聚区”试点单位，浙江年年红家居有限公司为省级“思想政治引领”试点企业，形成试点先行、示范引领、全域推进的工作局面，在省委专题督查组督查龙游县产业工人队伍建设改革工作中获得好评。围绕县域经济高质量发展目标，构建政府引导、企业主体、学校依托、社会助推“四位一体”高技能人才培养工作格局。实施“匠苗”“匠才”成长行动，改革助推新型学徒制方式，签订师徒协议在岗实践和定期培训。实施工匠遴选行动，开展首席技师、“百千万”高技能领军人才等评选活动。2021年共评选表彰“浙江工匠”2名、“龙游工匠”12名、“龙游优秀职工”8名。

【开展劳动和职业技能竞赛】完善以县级职业技能竞赛为主体，行业竞赛和区域竞赛相衔接，企业岗位练兵和技术比武为基础的劳动和技能竞赛体系。2021年开展劳动和职业技能比赛20场次，覆盖职工1700余人。承办2021年浙江省纺织行业细纱工技能竞赛，全省共计22家企业72名选手参加比赛。深化群众性技术创新活动，持续开展高技能人才（劳模）创新工作室创建活动，全县共有省市（劳模）创新工作室12家。浙江龙游道明光学有限公司、浙江展宇新材料有限公司2家企业被授予浙江省先进职业操作法；中浙高铁轴承有限公司综合管理部，先后被授予“浙江省工人先锋号”和“全国工人先锋号”。持续开展“安康杯”竞赛活动，县总工会获“2021年度浙江省安康杯优胜组织单位”称号。

【构建和谐劳动关系】协调县人力社保局、县工商联等劳动关系三方成员单位，以机制创新为核心，以职工维权为重点，以企业发展为目标，大力开展“劳动关系和谐企业”创建活动，推动建立“以人为本、利益兼顾、互利双赢、共同发展”的企业新型劳动关系，促进职工权益保障和企业健康发展。2021年成功创建10家市、县级劳动关系和谐企业。严格落实劳动关系周报制度，积极发挥各基层工会的联动优势，形成企业劳动关系分片上报、专人汇总工作模式。联合相关部门定期研判和会商全县劳动关系苗头性、倾向性问题，聚焦劳资纠纷和欠薪事件，建立基层多元化纠纷联动调解机制，构建高效协同治理格局，确保“小事不出企业，大事不出园区，矛盾纠纷化解在基层”。2021年联合县人力社保局调处职工欠薪380人次，化解纠纷、办结事项76件，涉及金额460余万元，职工群众满意率达100%。坚持以职工为本，把工资集体协商作为重要抓手，依法科学维权，构建和谐劳动关系。全面推行职工医疗互助保障制度，切实增强职工医疗保障能力，实现“无病我帮人、有病人帮我、大病众人帮”。2021年全县参保职工2万余人，参加金额累计达100余万元。加大困难职工救助力度，对困难职工建档立卡，确保“应纳尽纳”。免费为困难职工、农民工开设转岗技能培训班，主动对接用工企业，提供就业岗位，解决就业问题。参与5场次招聘会，在人力资源交流会现场设立服务职工咨询点，发放工会宣传资料1000余册，扩大法律法规宣传，不断提升职工法律意识。2021年，开展医疗救助15人次，发放救助金9.55万元；生活救助16人次，发放救助金9.28万元；助学救助10人次，发放救助金4.11万元；常态化送温暖42人次，发放资金2.5万元；新业态新就业群体送温暖20人次，发放资金1万元；转岗再就业职业培训80人，帮扶金额4万元。

【助力疫情防控】为合理有序引导外地在龙游务工人员“留龙过年”，筑牢疫情防控防线，积极开展“工会送大礼，留您过大年”活动，为67家企业外地职工送上“工会新年慰问大礼包”共计1800余份，涉及金额17万余元。联合龙游移动、龙游电信、龙游联通三大通信运营商，为广大留龙过年建设者提供本地号码，赠送新春流量，让留龙游职工能全家“云团圆”，与家乡亲朋好友共享新年喜悦，满足春节期间亲情畅聊、读书听书、直播跨年等需求。2021年春节期间，龙游沐尘畲族乡社里村、龙洲街道后田铺村、小南海镇团石村、横山镇天池村、石佛乡三门源村、大街乡新槽村、溪口镇石角村、庙下乡浙源里村、庙下乡毛连里村、溪口老街、姑蔑城生态园、龙山运动旅游度假区等12家省、市级疗休养基地开展留龙过年新龙游人免门票游玩活动。

【推动工会自身建设】扎实推进新业态新就业群体建会入会工作，2021年8月通过全县范围“拉清单、清底数”成功组建龙游县快递企业和餐饮行业联合工会及3家企业工会。加强与行业主管部门和行业协会的沟通联系，推动形成建会入会合力，以快递企业联合工会的组建模式为样板，迅速在县内各大领域推广宣传。深化“工情直通车”活动，打通联系服务职工“最后一米”，2021年成功举办4期“工情直通车”，7月中旬联合县人力社保局举办为期3天的工情直通车暨夏季人力资源专场招聘会，提供就业岗位1001个，现场发放职工普法宣传资料300余册，接受咨询58人次，达成用工意向262人，其中登记大学生75人。持续加强“共享职工之家”“爱心驿站”等建设，为新就业群体提供贴心服务，在经济开发区申通产业园落实“快递职工之家”主要场地，努力推动

图29　2021年6月18日，龙游县总工会开展工会干部“当一周工人、体工会初心”活动　　（县总工会/提供）

形成行业集聚优势，实现资源共享，互补互促。推进“劳动者港湾”等服务站点规范化建设，借助城区银行网点、保险公司等门店设立“劳动者港湾”服务点，全县共有28家“户外劳动者服务站点”，为城区的户外工作者提供临时休息处。深入贯彻实施市委党员干部“两勤”“两专”要求，着力打造“两勤”“两专”工会干部队伍，推动新时代工运事业和工会工作创新发展。建立工会干部联企走访排查制度，即“周二周末定期走访排查企业”制度，保证职工队伍稳定，实现横向到边、纵向到底。开展工会干部“当一周工人、体工会初心”活动，进一步密切联系职工群众，认真履行维权服务基本职责。通过打造“两勤”“两专”工会干部队伍，激发工会生机活力，把“奋发”“担当”的精神转化成“有位”“有为”的职责行动。强化工会经费管理使用，开展工会经费审查审计，用好工会云财务平台，提升工会经费使用成效。组织经审人员参与工会财务管理活动的全过程，使工会经费真正用在发展工运事业、维护职工群众切身利益和为职工群众排忧解难、扶贫济困上。

（县总工会　王志娟）

中国共产主义青年团龙游县委员会

【概况】　2021年，中国共产主义青年团龙游县委员会（以下简称团县委）在县委、县政府的正确领导下，在共青团衢州市委员会的关心指导下，始终坚持贯彻落实习近平新时代中国特色社会主义思想和中共十九届六中全会精神，认真贯彻落实习近平总书记系列重要讲话精神，围绕中心、服务大局，深入实施“四强化四提升”行动，积极发挥共青团凝聚青年、组织青年、引导青年、服务青年的职能作用，紧紧围绕突出思想引领、加强自身建设、服务中心大局三条主线，严把工作主线，明确根本任务，聚焦主责主业，不断团结引领广大团员青年主动扛起争当“重要窗口”和“浙西新明珠”建设者的重任，为建设“活力四射”“美丽幸福”浙西新明珠贡献青春力量，各项工作取得长足进步，较好地完成年初确定的目标。至2021年12月底，全县共有团组织1026个，其中团（工）委53个、团总支2个、团支部773个，团员15193人。

【青少年思想引领】　坚持把青少年思想政治引领作为首要任务，以青年大学习、8090新时代理论宣讲等为抓手，通过现场宣讲、学习座谈、交流研讨等形式，深入学习贯彻习近平总书记系列重要讲话精神，不断加强青年理论武装。持续开展主题教育实践活动，引导广大青少年听党话、跟党走。坚持以社会主义核心价值观教育青年、培育青年，进一步激发青少年爱国之情和报国之志，培育社会主义合格建设者和可靠接班人。继续利用微信、微博、抖音等新媒体平台推动共青团项目在网上开展、青年在网上联系、成效在网上呈现，以青年感兴趣的优质内容产品吸引青年关注，增强团属新媒体平台宣传效果。结合党史学习教育活动，广泛组织团员青年开展习近平新时代中国特色社会主义思想和“四史”学习，牵头开展8090直播、探寻红色根脉等活动15场，覆盖青少年1.4万人次。深入开展青年大学习活动，推动青少年参与网上主题团课学习34.73万人次。于五四青年节前夕推出“红色百年之旅”H5新媒体作品，点击量达5万余人次，获“学习强国”学习平台、浙江新闻、中国蓝客户端等多家媒体平台报道。坚持将意识形态列入民主生活会、述职述责、党建述职等重要内容，严格落实理论学习中心组年度学习计划。紧抓“九一八”事变、国庆节等重要时间节点，发布《国殇，永不能忘！》等推送10篇次，引导广大青少年感怀先烈。推动团干部积极参与网评写作，获《共产党员网》录用3篇次。

【青少年基层阵地建设】聚焦政治、经济、文化、社会治理、生态环境“五位一体”总体布局，依托舒心馆、党群志愿服务指导中心等阵地，推动青年志愿者主动融入共同富裕、社会治理等中心工作。充分发挥共青团联系青年人才桥梁纽带作用，不断深化龙游县大学生联盟建设，依托青年人才之家平台，不断加强引才、育才、留才力度。发扬“龙游商帮”精神，加强新生代龙商企业家、创业者培育力度，依托大学生创业园、红木小镇“TOP”直播基地、申通产业园、溪口青春联合会等创业平台，推动青年龙商创业项目孵化落地。大力推动县级青年发展规划出台落地，龙游县青年发展相关内容首次纳入县级规划，首个县级青年发展规划于12月由县青年工作联席会议正式审议通过，并由县政府正式下文发布。开展“一杯姜茶”公益活动，组织40余名志愿者为300余名环卫工人送温暖；全县青年志愿者参与创文创卫、关爱帮扶等活动服务时长达1.43万小时。开展疫情防控志愿者排摸行动，形成防疫志愿者数据库，招募火车站、疫苗接种点志愿者216人次。充分发挥共青团桥梁纽带作用，在2020年与哔哩哔哩创始人、总裁徐逸对接的基础上，乡村UP主（上传者）创作营项目完成框架协议签订。联合省青基会成立全省首个县级青年共富基金，在“99”公益日期间面向全县青少年、爱心人士募捐共计8463人次，募款15.6万元。“龙游风味”品牌通过43类商标注册。累计组织48家县美食行业协会会员商家参加杭州古墩印象城年货展、“三月三”畲乡美食品鉴节、“春暖食光·风味龙游”龙游风味美食城展销会等活动，接待县内外游客约3.8万人次。

【青少年基层建功】深入实施“团干联青”工作机制，切实加强对基层团组织的联系服务，推动团干部到基层团组织去指导工作、解决问题，形成求真务实推进共青团工作的长效机制。持续推进“为青年办实事”“共青团三服务”工作，助力完成龙商智慧城“党群服务中心”、经济开发区“青年人才之家”建设。聚焦数字化改革，谋划打造一批符合青年需求的数字化品牌应用。有效整合法律维权、心理咨询等社会力量，用好青年共富基金、希望工程助学金。依托“YOU+”县级青年人才之家、“小哥驿站”等平台，开展快递小哥服务月、暖冬行动等关爱活动，覆盖240余人次，打通服务“最后一公里”。依托“亲青恋”平台，定期开展婚恋交友活动，累计开展相亲交友活动8场，参与320余人次。持续推进“团团助力5+2”公益托管服务活动，高质量落实“双减”任务，推出“团团助力5+2”公益服务菜单，提供“思政、研学、公益、托管”4大服务板块，至2021年底送达服务129场，投入师资力量420余人次，覆盖学生15321人次。举办2021“未来乡村”长江经济带青年创业创新大赛，组织30余名电商创业青年参与线上PK。推荐胡秀秀参评“全国乡村振兴青年先锋”，推荐姜鹏参加全国创青大赛，获银奖，获评省级示范性青创农场2家。开展公益圆梦活动，完成“微心愿”346人次；累计帮扶五类重点青少年1923人次，为38名贫困学子发放希望工程助学金34万元。依托龙游县大学生联盟等平台，举办暑期见习社会实践活动，招募岗位253个，参与73人次。面对县域内青少年群体需求日益多元化，青年综合活动阵地的资源单一、活力不足等现实情况，团县委大力争取县委县政府支持，通过申报2021年度县级民生实事项目，积极对接县委人才办等单位，依托党群组织优势，推动实施青年阵地“1+N”（1个县级示范性青年之家，加上N个单位、乡镇、企业青年之家）提升计划，牵头打造一个县级示范性“青年之家”综合服务平台。“YOU+”县级青年人才之家于11月正式投入运行，开展活动4场，覆盖青年200余人次，经济开发区青年人才之家完成平面图设计，架起党委政府和青年人才之间的“连心桥”，打通服务青年的“最后一公里”。

【“YOU+”县级青年人才之家】严格按照时间节点推进建成一个县级示范性“青年之家”综合服务平台项目。“YOU+”县级青年人才之家自2021年初谋划筹备以来，围绕设计、招投标、施工、验收、审计等各阶段工作逐一细化，赴义乌、宁波等兄弟市县学习考察，于8月底正式开工，10月底圆满落成，并于11月11日“开张”运营，组织开展第一场以“青春寻友计划”为主题的青年人才交友活动，共吸引60余名团干团员、“两新”领域青年人才参加。项目实施以来，团县委按照“阵地有依托、项目有支持、运营有力量、制度有规范、资源有保障”五大要求，实现青年之家阵地集红色教育、团务宣传、图书阅览、休闲健身等功能为一体，设置有窗景书吧、青创空间、心理咨询、影音室、烘焙区、活动房等多样化的功能区域，旨在常态化开展“学习日、文化日、交友日、服务日”等一系列活动。借助8090新时代理论宣讲、龙游县大学生联盟、团代表联络站等手段和资源，定期举办政策宣讲、阅读观影、手工制作、就业创业、运动健身、公益志愿、婚恋交友等各类线上线下活动，打造出一个青年人才真正“愿意去、喜欢待、来得多、留得住、长得快”的“青年大本营”。“YOU+”青年人才之家的正式投入使用，有力推动龙游县青年人才工作迈出坚实的一步。依托“YOU+”青年人才之家线下阵地与“青年之家”云平台，设置个性化服务“菜单”，通过点单预约“N”个服务项目，实现“周周有活动、月月有主题、场场有特色”，不断推动龙游县青年人才提升素质、拓宽视野、干事成事。针对青年之家综合服务平台建设提升项目和活动服务内容，依托“龙游共青团”公众号、微博、抖音等团属媒体以及“龙游通”线上平台，进一步加强网络宣传推广，确保横向覆盖各个领域、纵向联通各个层级、普遍联系青年群体，进一步提升吸引力和影响力，从而切实将县委县政府的“政策阳光”照进青年人才的心里。截至2021年底，团县委依托“YOU+”青年人才之家阵地，面向团员青年及各领域青年人才开展8090宣讲、创业沙龙、联谊交友、志愿培训等活动8场次，直接参与青少年达340余人次。团县委凝心聚力做好“青年友”、打响“青字号”，坚持以需求为导向，以服务青少年为生命线，不断提升青年人才服务水平，始终如一为青年人才保障赋能，在项目品牌、服务质量、宣传推广上持续发力，努力将“YOU+”青年人才之家锻造成为联系服务青年、凝聚青年人才、支持青年干事的前沿阵地和特色标杆，为打造共同富裕示范区的浙西明珠型城市汇聚青春智慧与力量。

【强化基层团建基础】 持续推动“党建带团建”，充分运用对标定级、“三会两制一课”等制度，深化组织力提升。以县第十五次团代会召开为契机，持续推动基层团建，形成大抓基层的良好氛围。聚焦非公、“两新”领域，加强小微企业、青年社会组织团建，织密团组织覆盖网络。深化“共青团作风建设三年行动”，以“两坚两基两勤两专”团干队伍建设为抓手，加强团干部教育培训管理，从严从实锤炼一支过硬的团干部队伍。充分发挥教育团工委、中学团校、红领巾学院等载体作用，不断改进团员、少先队员发展和教育管理。用好团内评议等手段，持续加强团员意识教育，进一步优化学生团员占比。1月，召开乡镇（街道）团组织负责人年终述职评议会议，总结成效、交流经验。紧抓村（社）党组织换届契机同步完成团组织换届工作，全县822名村社团支部委员平均年龄24.59周岁，有力推动基层干部队伍年轻化。深化团干部作风建设三年行动，利用全委会召开契机同步举办全县新任村（社）团组织书记培训班，以8090学党史、数字化改革课堂等多种形式夯实基层团干部队伍“两勤两专”建设。组织30余名团干部为龙商大会等重大赛会活动提供志愿服务。坚持打造贯穿个人成长全过程的党团队一体化育人链条，拟定《龙游县共青团推优入党工作实施办法（试行）》，推动阶梯式培养模式落地。至2021年底，实现16所中学团校、37所学校（教共体）少工委及红领巾学院建设“3个100%”全覆盖，深化选优、育优、推优等手段，2021年度28周岁以下青年入党率为32%。

（团县委　翁乃洁）

龙游县妇女联合会

【概况】 2021年，龙游县妇女联合会（以下简称县妇联）全年围绕巾帼红、巾帼创、巾帼家、巾帼和等工作重点，努力实现引领妇女更有力、服务妇女零距离、联系妇女全覆盖。2021年，全县有乡镇（街道）妇联组织15个、机关单位妇委会43个、村（社区）妇联275个。县妇联被评为龙游县“五水共治”先进集体、数字龙游工作先进集体、乡村振兴大花园建设先进集体、以文化人先进集体。

【一米菜园创建】 县妇联围绕乡村大花园核心景区建设，以“衢州有礼”“两江走廊”诗画风光带、乡村未来社区、产业发展为重点，积极探索创建新模式，全力推进“一米菜园”创建。2021年，全县成功创建衢江线和灵山江线两条市级“一米菜园”（美丽庭院）精品线，创建湖镇镇地圩村、曹垅村，龙洲街道后田铺村，庙下乡陈村村，东华街道官村村5个市级“一米菜园”（美丽庭院）示范村，其中湖镇镇地圩村入围市级精品村，湖镇镇曹垅村、龙洲街道后田铺村、庙下乡陈村村入围市级优秀村。创建“一米菜园”（美丽庭院）6639户，其中示范户296户，超额完成市下达200户示范户的任务数。每个乡镇（街道）至少创建或提升1个以上“一米菜园”示范村。

【深化“贺田模式”3.0版】 县妇联与县农业农村局分工协作，紧紧围绕垃圾治理目标任务，大力推进“洁净家园”行动，打造垃圾分类“贺田模式”3.0。制定垃圾分类工作考核办法，常态化开展农户分类检查、督查考核、评比通报排名和反馈整改等工作，促进基层落实好垃圾分类工作。将垃圾分类纳入乡村振兴讲堂宣讲内容，做好宣传及培训，提高群众分类的能力。继续将“村情通+垃圾分类”列入“龙游通”乡村振兴板块，加强扫码月评分、积分兑换、评比奖惩等运行机制落实，提高农户参与垃圾分类的积极性和正确度。同时打造溪口未来社区、大街乡新槽村2个垃圾分类循环超市，探索垃圾分类线上+线下回收、兑换、易换、租用等循环利用新方式，促进垃圾分类数字化。2021年度，龙游县被评为全省农村生活垃圾分类处理工作优胜县，湖镇镇坪湖村、詹家镇山后村、庙下乡浙源里村被评为2021年度省级高标准农村生活垃圾分类示范村。

【“龙游通”推广应用】 将“龙游通”与垃圾分类工作相结合，继续抓好“龙游通”乡村振兴板块中红黑榜、随手拍、扫一扫、排行榜等垃圾分类模块的日常运行。围绕提升“龙游通”覆盖率及关注率，协助县大数据局制定推广应用活动方案。在庆祝中国共产党成立100周年之际，联合县大数据局、县传媒集团共同发起“巾帼心向党•身边她力量”寻找活动，通过“龙游通”APP推荐评选各行各业优秀女性，并通过“龙游通”对20名“她力量”候选人进行公示投票，对10名“她力量”获得者进行事迹宣传。

【村社妇联换届】 制定《龙游县村（社）妇联组织换届选举工作指导手册》，明确换届选举的工作流程、操作规则，确保村（社）妇联组织换届工作有章可循。组织开展村（社）妇联换届工作培训会，指导各乡镇（街道）开展村（社）妇联换届工作。2021年2月，龙游县15个乡镇（街道）275个村（社）全部完成妇联组织换届选举，共选出妇联主席275名，副主席336名，执委1984名，村（社）妇联主席进村“两委”比例100%，同时基层妇联组织队伍更加年轻化、专业化、知识化。

【先进典型评选】 立足女性工作岗位及家庭，开展巾帼文明岗、巾帼建功标兵、先进个人和文明家庭评选创建工作。2021年县税务局吴昕、县市监局胡亦君、龙游农商银行叶幸子、湖镇镇地圩村童英琦被评为市级巾帼建功标兵，德辉食品黄雪梅被评为省级巾帼建功标兵。县妇联张海霞被评为全国维护妇女儿童权益先进个人，湖镇镇地圩村徐素玉被评为全国妇联系统劳动模范。龙游县公安局东华派出所城东新城巾帼联勤警务站、龙游县市场监督管理局注册分局两个岗位被评为市级巾帼文明岗，中国移动通信集团浙江有限公司龙游分公司城区网格被评为省级巾帼文明岗。周建芳家庭、官磊家庭被评为浙江省文明家庭。占智旺等5户家庭被评为市级最美家庭。

图30 2021年4月9日，开展全县妇女手工技能大赛 （县妇联/提供）

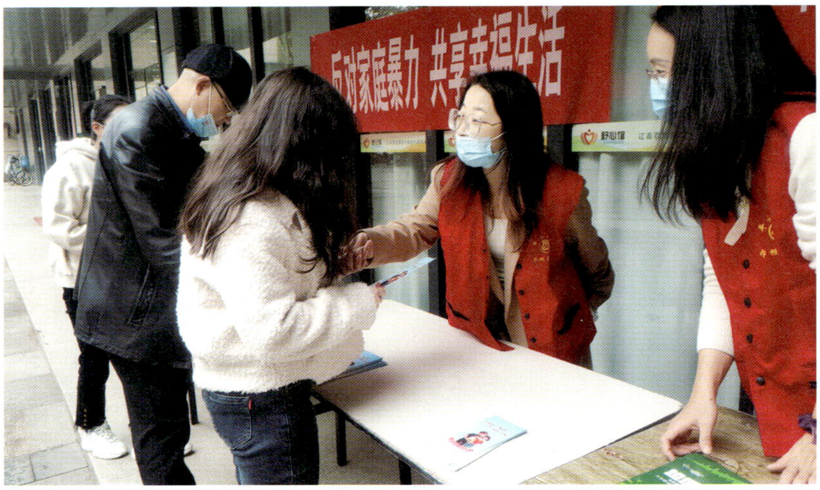

图31 2021年11月17日，龙游县妇联开展平安家庭宣传

（县妇联/提供）

【助力创业创新】 制定并出台来料加工补助新政策，将来料加工示范基地、扶持带动农民增收的经纪人作为扶持重点，2021年共发放补助资金11.48万元。2021年，全县有各类来料加工经纪人342人，固定从业人员13759人，示范基地25个，发放来料加工费28572万元。以“技能培训”为抓手，分层分类、精准有效地开展电商直播、家政育婴、特色小吃、来料加工等系列实用性技能培训，2021年培训1000人次。围绕“数字龙游”“科技龙游”，组织女企业家开展智能化提升专场活动、走进镇海山海协作、“龙游县新时代女性创业风采展暨招商引智推介会”等活动10余场。培育建立木兰创业联盟，按行业分类，设立食品、农业、工业3个巾帼创业帮扶实践基地，开展结对帮扶15个项目，帮助敢想、敢干的女性实现创业发展。

【维护妇儿权益】 加大妇女儿童权益维护宣传力度，结合“三八”维权周，开展维权知识宣传工作，发放宣传平安家庭、《中华人民共和国反家庭暴力法》、《中华人民共和国未成年人保护法》、《中华人民共和国预防未成年人犯罪法》、“两癌”知识等各类宣传单4万余份。做好维权服务，专设婚姻家庭纠纷接待窗口，接待妇女来信来电来访80人次，化解纠纷案件18件，结案率达100%。发挥巾帼微网格作用，利用网格“巾帼联户”优势，做好维权调解等工作。2021年，龙游县巾帼网格员走访“四必访”（对四类群体做到必访，即生产经营遇到困难的创业女性必访、困难家庭必访、空巢老人及留守妇女儿童家庭必访、涉及婚姻家庭矛盾纠纷的家庭必访）对象户10880户，为民办实事数3241件。龙游县“巾帼微网格”助力基层治理工作在全县、全市群团改革会议、全省“平安家庭”建设暨婚姻家庭纠纷化解工作推进会、省妇联十四届六次执委会议上作经验分享。

【丰富妇儿生活】 以新冠肺炎疫情期间就地过年为契机，开展暖心关爱活动。对留龙游过年人员家庭，开展“装扮你的家 美家美户美家庭”、“妈妈的味道”美食巧女线上秀、“愉阅书香”等线上活动，活动期间共70余户家庭参与。联合龙游北辰小学对留龙游过年外地务工人员子女走访慰问，走访35户家庭41名学生，赠送新春大礼包。结合垃圾分类宣传工作，开展女子趣味运动会。全县近100家企事业单位共1000余人参加活动。六一儿童节期间，陪同县四套班子领导对6所学校进行走访慰问，通过快闪、歌唱、朗诵、快乐游园等活动培养少先队员爱党、爱国情感。发挥妇女微家阵地作用，为妇女群众提供各类活动娱乐、矛盾调解、权益维护、困难帮扶、法律咨询等服务。对中浙高铁妇联、特美纸业妇女微家进行业务指导，2021年中浙高铁妇联被评为省级示范新领域妇联组织，特美纸业妇女微家被评为省级示范新领域妇女微家。发挥儿童之家作用，结合双减政策，组织开展各类兴趣活动、知识宣讲、课业辅导等活动，做好课后服务工作。

（县妇联 徐静燕）

龙游县科学技术协会

【概况】 2021年，龙游县科学技术协会（以下简称县科协）在县委、县政府的领导和上级科协的指导下，深入贯彻中央和省、市、县委群团工作部署，紧紧围绕县委“14456”工作布局及科协“四服务”（为科技工作者服务、为创新驱动发展服务、为提高全民科学素质服务、为党和政府科学决策服务）的总体要求，团结带领全县广大科技工作者，聚焦“四个龙游”（科技龙游、数字龙游、森林龙游、文化龙游）建设，创新作为，担当有为，为建设浙西新明珠提供科技支撑，贡献科协力量。被衢州市科协评为科协工作先进单位。

【服务经济发展】 围绕“科技龙游”建设，实施“创新驱动助力工程”，主动对接联系高端人才智力，为龙游本地企业与国家、省级学会合作牵线搭桥。中浙高铁轴承有限公司与中国力学学会、浙江金昌特种纸股份有限公司与中国造纸学会、浙江寰龙环境科技有限公司与浙江省硅酸盐学会对接联系，就开展技术攻关合作进行接洽。加强院士专家工作站考核管理，指导浙江金龙纸业有限公司申报省级院士工作站、浙江金昌特种纸股份有限公司参加省级院士工作站周期性绩效考核。推进院士合作项目，对浙江恒达新材料股份有限公司与加拿大工程院肖惠宁院士合作，就研发性能达到国外高端产品水平、具有高附加值和明显价格优势的可降解高阻菌医疗防护包装透析功能纸达成合作协议的项目做好跟踪服务。

【助力乡村振兴】 围绕乡村人才振兴，实施“农民科技增收致富工程”，发挥农函大特色辅导站作用，围绕龙游县特色农业产业，紧贴农民需求，制定详细培训计划。开办黄花梨、早稻机械化抛栽等培训班30余期，培训农户近2000名，及时推广新技术、新方法。组织承办浙江省第一批第一期乡村振兴科普带头人农村实用人才培训班、第二批第三期乡村振兴科普带头人培训班，全县400余名学员参与培训。落实“你点我来”数字平台应用，以农业产业数字化助力乡村振兴。组织农民专家赴杭州、德清等地考察交流，考察当地发展现代生态农业情况，了解其在农业产业融合发展、打造现代农业综合体的先进经验，为推动龙游农业产业发展提供新思路。组织党员干部到社阳乡大公村，上门走访帮扶联系贫困户，收集完善联系户资料，发放科普资料图书和生活用品。推进特色产业科普馆等科普基地建设，2021年全县农民专家新申报省级科普教育基地1家、成功申报市级科普教育基地4家。

【推进纲要实施】 履行全民科学素质工作领导小组办公室职责，加强对成员单位的督促指导。制定《2021年龙游县全民科学素质行动工作要点》，围绕阶段性工作目标，加强统筹协调，搞好联络服务。明确科学素质工作领导小组成员单位职责，强化基层科协组织建设，形成社会化科普工作格局。完善考核机制，加大对成员单位考核力度，确保《全民科学素质行动规划纲要（2021—2035年）》工作顺利推进。

【拓展优质科普资源】 梳理全县科普资源分布情况，组织开展科普教育基地申报复评工作。全年新增博物馆、阳光小学科技馆等8家市级科普教育基地，民居苑、龙和渔业等4家原有市级科普教育基地顺利通过复评，指导红木小镇（省级科普教育基地）积极申报国家级科普教育基地。加强业务指导和沟通合作，提高科普e站、科普画廊、电视、广播、报纸科普节目播出质量和更新频率，实现科普宣传城乡社村、线上线下全覆盖，强化科普宣传效果。

【科普宣传】 针对四大重点人群（青少年、农民、城镇劳动者、领导干部和公务员等），围绕四大主题（生态、安全、健康、防灾），多方式开展科普活动。精心组织举办全国科普日、防灾减灾日、全国科技工作者日等系列节日科普活动。其中，联合全民科学素质成员单位举办以“百年再出发，迈向高水平科技自立自强”为主题的全国科普日活动，组织开展各类群众性科普传播活动28场次，服务群众2万余人次。联合公任养老“幸福堂”，依托“科普大讲堂”品牌项目，定期邀请省级专家前来授课，为中老年朋友提供优质服务，累计开展中医养生等知识讲座10场。联合九三学社龙游县基层委员会，邀请九三学社中央科普专家到龙游开展院士专家科普行活动，邀请国务院参事、中国农业大学经济管理学院教授何秀荣等专家到龙游作专题讲座，为县机关事业单位工作人员和学校师生500余人送上“科普盛宴”。组织开展送科学知识“五进”（进机关、进企业、进农村、进社区、进学校）活动16场次，受益群众9000余人次，累计发放科普历书、防疫、反诈骗、创文等宣传资料近2.1万份。实施党史网络竞赛，组织发动全县党员干部群众、科技工作者参加“我心向党•衢州有礼”2021年衢州市党史+科普知识竞赛，龙游县线上答题人次居全市第一。开展“碳达峰碳中和”低碳科普专项行动，邀请浙江工业大学教授到龙游经济开发区进行《我国碳达峰碳中和战略与浙江省政策规划》专题讲座。实施

图32　2021年5月28日，龙游县开展“银龄跨越数字鸿沟”科普专项行动
（县科协/提供）

“银龄跨越数字鸿沟”科普专项行动，牵头与县文明办、机关工委、教育局、卫健局、移动公司、建行等单位合作，在全县设立15个教学点，组建120余名科普讲师，举办相关活动200余场，辅导2.5万余人次。联合县卫健部门开展“破解疫苗犹豫”科普专项行动，联合县公安、金融、电信等部门，启动“防诈骗”网络安全科普专项行动，均取得良好反响。

【创新科技教育活动】　组织开展科普大篷车进校园活动，先后走进湖镇小学、启明小学、士元小学、石佛小学4所学校。邀请专家走进龙游中学、龙游华茂外国语学校开展《走近机器人世界》《中国天眼（FAST）的前世今生与未来》等科普知识讲座2场次。联合县教育局开展2021年龙游县科技运动会，500余名青少年运动员对计算机编程、无人机等12个项目进行角逐，组织参加衢州市第18届青少年科技创新大赛。组织参加市级各类科技辅导员培训，受益科技辅导员100余名。对接全县科技馆、科普馆，有序组织师生参加科普展教活动，累计接待学生1700余人。11月，组织开展“科普助力双减专题月”活动，科普大篷车进校园共为7所学校8600余名学生提供科普套餐。组织科普基地开展科普展教活动，累计接待学生3500余人。建成古窑文化科普馆，年培训学生3000余人。

【加强学会建设】　实施“学会协会能力提升”工程，推进学会管理工作，协调指导新成立的农技协联合会、农民专家协会等2家学（协）会开展工作。协助6家下属学（协）会完成年检。认真进行学会组织的规范清理工作，梳理排查、分类指导。利用微信、浙政钉等平台，进行学会业务指导，帮助学会工作者了解形势和要求，提升业务能力，推动学会创新发展。组织开展全国科技工作者日系列活动，联合县科技局在经济开发区举办以“我心向党、自立自强”为主题的2021年全国科技工作者日活动，向科技工作者代表致以节日慰问。活动面向科技工作者开展以《百年大党、不负人民、从党史中汲取前进的智慧和力量》为题的党史宣讲，号召科技工作者学党史，听党话，跟党走，引导广大科技、科普工作者投身科技创新。注重把提升学术活动的质量与活动的实效性相结合，联合县科技局、县人力社保局开展龙游县自然科学优秀学术论文评选活动，评选出优秀论文14篇，并推荐参加衢州市第二十三届优秀自然科学论文评选，其中《雁阵启示下的小学科学团队构建和运作》《H2S对

图33　2021年5月28日，龙游县科协开展全国科技工作者日活动
（县科协/提供）

小肠缺血再灌注损伤大鼠PI3K/AKt信号通路表达的影响》等6篇论文获奖。

（县科协　徐志震）

龙游县工商业联合会（龙游县总商会）

【概况】 2021年，龙游县工商业联合会（以下简称为县工商联）在高质量发展建设共同富裕示范区机遇下，紧扣“两个健康”（即非公有制经济健康发展和非公有制经济人士健康成长）工作主题，整合资源、深化服务、拓展平台，充分发挥好党和政府联系民营经济的桥梁纽带作用，完善工作机制，稳步推进各项工作。2021年获全国“五好”县级工商联称号，是全市唯一连续5年获得该项全国性荣誉的县级工商联，连续4年被全国工商联评为民营企业调查点工作先进基层单位。

【思想和组织建设】 2021年为中国共产党成立100周年，县工商联召开党史学习教育动员会，制定县工商联系统党史学习教育工作方案，部署县工商联系统党史学习教育和“龙商永远跟党走”活动。6月11日，组织参加以“百年大党、不负人民——从党史中汲取前进的智慧和力量”为主题的党史学习教育县委宣讲团专题党课。6月24日，走访慰问退休老党员，为党龄50年及以上的老党员颁发“光荣在党50年”纪念章。7月28日，召开县工商联党史学习教育专题组织生活会，总结县工商联党支部工作，检视工作中存在的问题。深化民营企业党史学习教育，邀请县8090新时代理论宣讲团党校分团走进龙游县永康商会开展以“学党史、悟思想、开新局”为主题的宣讲活动，分享《党旗飘扬、我心向党》《心有所信、方能行远》主题宣讲，回忆党的光辉历程，共庆建党百年华诞。先后组织龙游各商（协）会全体党员及秘书长前往淳安县白马村、龙游县烈士陵园开展“学党史、忆初心”主题党日活动，发扬红色传统、传承红色基因，不忘初心使命，赓续精神血脉。

【会员服务】 搭建政企交流平台，省、市、县三级联动召开“亲清直通车·政企恳谈会”，1月28日，联合县科技局召开以“科技自立自强促发展”为主题的“亲清直通车·政企恳谈会”，13位民营企业代表围绕科技自立自强、惠企政策及科研技术转化进行交流。4月15日，联合县税务局召开“学党史　办实事——2021年‘便民办税春风行动’”政企恳谈会，10位企业代表针对减税降费政策、社保医保政策等方面展开交流发言，提出问题及建议。8月27日，联合县经信局召开以“融入新格局、助力双循环”为主题的“亲清直通车·政企恳谈会”，10名企业代表就外贸、跨境电商形势、企业面临的困难、企业需要的支持等方面进行充分交流，并就龙游人才招聘问题提出具有实际意义的建议。三期政企恳谈会共收集并解决企业家建议及问题53条，深化闭环式全程服务，问题得到有效解决并及时反馈。建立“政企互动”机制，零距离倾听企业心声。3月12日，召开县工商联七届五次执委会议暨民营企业家共建“森林龙游”共植同心林活动，会议听取和审议县工商联七届四次执委会工作报告，通报2020年度行业协会（商会）综合评价结果，表彰龙游县永康商会获2019—2020年度全国“四好”商会、省工商联疫情防控和经济社会发展突出贡献奖、市工商联优秀会员，鼓舞各商协会再接再厉、再创佳绩。会后，各企业家代表参加“民营企业家同心共建‘森林龙游’共植同心林活动”。4月8日，邀请县营商环境

图34　2021年4月15日，龙游县召开“学党史 办实事——2021年‘便民办税春风行动’”政企恳谈会　（县工商联/提供）

办公室、县税务局、县市监局注册分局负责人到龙游县永康商会，普及企业疫情期间普惠性税收财政政策，介绍便民办税春风行动、新办企业涉税事项、企业开办事项等。

图35　2021年6月5日，“知名浙商联龙商”助力龙游跨越式发展座谈会举行　（县工商联/提供）

【第四届龙商大会】　9月30日，龙游县召开主题为“龙商新使命、共富新明珠”的第四届龙商大会，来自全国各地的乡贤、龙商汇聚一堂，共叙家乡情谊，共谋发展新篇。龙商大会开幕式上，恒盛能源向县博物馆捐赠001号股票。县委、县政府表彰具有突出贡献的龙商乡贤、异地商会，为禾川科技、维达纸业、中浙高铁等5家企业颁发“‘以商招商’突出贡献奖”；为江苏龙游商会、深圳龙游商会颁发“异地商会‘双招双引’贡献奖”；为禾川科技二期产业园项目、中浙高铁传动系统省级重点实验室建设项目等8个项目颁发“龙商回归优秀项目奖”；为中国工程院院士、中石化科技委资深顾问汪燮卿，中国工程院院士、树兰医院、树兰医疗创始人、总院长郑树森等6人颁发“杰出乡贤贡献奖”。此次龙商大会共签订招商引资项目框架协议8个，领域涵盖一、二、三产业，总协议投资额20亿元。

【推广乡贤文化】　建立县四套班子领导走访慰问寓外乡贤龙商制度，利用寓外乡贤、龙商春节回乡省亲契机，主动登门拜访，共叙乡情，共话发展，了解掌握寓外龙商在外投资发展、生产经营及投资创业思路和发展规划等情况，推荐龙游县招商引资、招才引智和扶持企业政策，鼓励支持乡贤回龙游投资发展。建立异地商会回乡慰问龙商父母制度，1月31日，深圳龙游商会和深圳人才工作站看望在深圳在粤优秀龙商和优秀人才乡贤家人，共计慰问22户龙商家庭。2月5—6日，龙游县江苏商会与江苏人才工作站带着家乡土特产慰问因疫情在外过年的乡贤龙商的父母，对他们为家乡的付出表示感谢，并将新春祝福带给他们的父母。4月1日，县工商联、杭州市龙游商会、寓外龙游商会联合举办“凝乡情·携手龙山行”联谊活动，县领导、县有关部门负责人及寓外龙商代表等50余人参加此次联谊活动。4月3日，举行“龙创未来·中浙荟”揭牌仪式暨首场头脑风暴沙龙活动，“龙创未来·中浙荟”是依托龙游县高层次人才联谊会，借力“中浙高铁企业俱乐部”创新建立的高层次人才跨界交流平台，致力于加强交流、增进友谊，把更多更好的项目、技术、人才引到龙游，共同推动全方位、宽领域、多层次的交流合作。

【推进共富建设】　组织召开知名浙商联龙商助力龙游跨越式发展大会，聘任16名知名浙商企业家担任龙游县经济发展顾问，为龙游“双招双引”、经济发展提供决策咨询。同时，深入推进“助力26县跨越式发展专项行动”，组织宁波市海曙区横街镇桃源村商会18名企业家考察龙游投资环境，加强优秀企业家之间的交流，吸收更多智慧与资源。组织来自高端装备制造、机械加工、新材料、互联网、数字智能、航运及国际货运代理等行业的宁波镇海区创二代联谊会考察塔石镇童岗坞村、经济开发区、中浙高铁等地，与龙游县新生代企业家联谊会建立友好联谊会合作协议，携手共促龙游县跨越式发展。搭建“对接帮扶”平台，加强与省工商联对接，共同推进龙游里王村帮扶工作。浙江省河北商会、建行浙江省分行、浙江圣奥慈善基金会等走进里王村慰问困难群众，捐赠帮扶资金，争取到省工商联会员企业在塔石镇里王村投资172万元建立农产品储存加工基地；中天控股集团出资20

万元用于里王村乡村振兴；圣奥集团出资20万元建设老年之家项目。

【弘扬光彩事业】 充分调动乡贤龙商参与光彩事业积极性，展现新时代企业家的担当作为。2021年，龙游县永康商会累计捐款约42万元，其中向县红十字会捐赠16.8万元。六一儿童节，前往龙游溪口小学、西门小学、寺后小学、夏金小学、湖镇启明小学为贫困学生捐赠助学金约8万元。“七一”，前往大街乡慰问老党员、困难群众及新槽村养老院近60位孤寡老人，捐赠慰问品及2.2万元慰问金。教师节，永康商会会长企业顺帆工贸、副会长企业文超工贸、志盛工贸、万豪工贸等5家企业先后前往县实验、北辰、端礼小学等学校捐赠助教款5万元。中秋节，前往龙游县儿童福利院、龙游湖镇镇敬老院开展慰问，为孩子和老人们送上中秋月饼及各色水果，并捐赠慰问金，前往红罗村、灵下村和鸿陆夏村，走访慰问贫困户和困难学生家庭，共捐赠7万多元慰问金。到县工商联结对村沐尘社里村开展送温暖活动，为困难群众送上大米、食用油等慰问品，并给予贫困学生2000元助学金。到横路祝村慰问老年人，捐赠慰问金2.3万元。龙游县温州商会慰问槐王村捐赠1万元慰问金。关注龙游泽雅学校特殊儿童教育事业，捐赠校服百余套。龙游恒盛能源股份有限公司到龙游县沐尘乡和庙下乡开展重阳敬老活动，捐赠慰问金2万元。龙游县装饰设计行业商会前往湖镇镇、塔石镇、詹家镇等12个地方，开展“爱心助困、从身边做起”活动，为身边的困难群众送上大米、食用油、牛奶、被子等慰问品，捐赠慰问金3.2万元。

（县工商联　胡心怡）

龙游县文学艺术界联合会

【概况】 2021年，龙游县文学艺术界联合会（以下简称县文联）所属8个协会、15个乡镇街道文联、1个画院以及9个二级协会，总共拥有会员1000余人，其中国家级会员25人、省级会员122人、市级会员240人。2021年，县文联始终坚持围绕中心，服务大局，重基层，打基础，做好龙游县文学艺术的各项工作，取得较好的效果。出版《龙吟》杂志4期，推送《文艺龙游》微信公众号44期。“文艺之家”围绕中国共产党成立100周年举办党建主题性展览25场、各艺术门类网络展20场，党建组歌被“学习强国”学习平台录用，播放量超10万次。结合“8090理论宣讲团”和文艺特色，开展党史宣讲50余场次，受众近3000人，撰写优秀稿件20余篇。25支文艺小分队开展70余场次送文化下乡等文艺活动。

【“传承 初心”书画联展】 1月9日，由浙江省书法家协会会员、县政协常委蓝忠胜和画家曾子泰联合举办的庆祝中国共产党成立100周年系列活动之——“传承·初心”蓝忠胜曾子泰书画作品联展，在县文联展厅展出。展示以反映红色主题和美丽龙游诗画风光带为主题的书画精品30余件（组）。全县各部门领导以及书画爱好者共500余人参观展览。展览结束后，蓝忠胜、曾子泰向县档案馆捐赠精心合作的书画作品《雄关漫道》。由《衢州日报》记者根据此次展览撰写的稿件《蓝忠胜：你是这样的扫地僧》在百度新闻阅读量达到10万多人次。

【红联福字进万家活动】 1月20日，来自县文联、县书法家协会和县民进开明艺术团的10多位书画艺术家在阳光社区议事广场开展送春联和送“福”活动。冬日暖阳中，书法家们笔飞墨舞，一张张象征吉祥鸿运的“福”字和寓意祥和的春联铺满社区广场的地面。1月21日，县文联联合县书协到中浙高铁轴承有限公司，为员工书写福字，将节日祝福送到企业中去。书法艺术家们现场挥毫泼墨，书写新春祝福。1月23日，县文联携县书协到塔石镇泽随村，将红联福字送到农村。1月26日，县文联和县书协到湖镇历寺村，书法艺术家们在注重自身疫情防护的同时，认真书写红联福字，为群众送去祝福与温情。

【美丽大花园写生采风展】 2月1日，由龙游县文联主办，龙游县美术家协会承办的《到处云山是我师——描绘龙游美丽大花园写生采风展》在龙游县文化馆二楼展厅举行，共展出张希龙、朱秉衡、朱传富、余久一等著名画家以及县美协共27名作者精心创作的70余幅作品，展览作品集也同时出版发行。2020年，县美协分批分期组织协会会员深入全县各乡村，开展描绘龙游美丽大花园写生活动，创作一大批优秀的美术作品，会员们写生采风展一经展出，即吸引县内外美术爱好者前来观摩。

【“赞龙城 贺金牛”迎新画展】 2月1—26日，由龙游县政协科教文卫和文化文史学习委员会、县文联主办，龙游丹青女社和龙游开明艺术团承办的《献礼建党百年“赞龙城 贺金牛”迎新画展》在龙游县文联展厅举行。著名画家朱秉衡领衔全县女画家，用中国画、色粉画、油画、水彩画、沥粉画、剪纸等多种形式，以牛为命题，创作精品40余幅予以展出。

【电影《香茗富乡邻》开机】 4月2日，“龙游黄茶 鲜香天下”2021龙游黄茶文化节在龙游县罗家乡席家村文化礼堂开幕，龙游黄茶数字电影《香茗富乡邻》正式开机，省供销社党委书记、理事会主任邵峰等领导出席开机仪式。龙游县影视家协会主席余钢作介绍。县影视家协会在县文联的组织领导下，积极响应龙游县委、县政府发展“龙游黄茶”产业的号召，以服务“三农”为己任，经走访调研创作《香茗富乡邻》电影剧本。展示“龙游黄茶”从野生黄茶树到生机勃勃的新茶业，村民通过从事黄茶产业走上增收致富的乡村振兴故事。

【2021年谷雨诗会】 为庆祝中国共产党成立100周年，歌颂党的光辉历程和丰功伟绩，助力文化龙游建设，4月20日下午，“薪火百年，诗韵龙游”2021年谷雨诗会活动在龙游红木小镇成功举办。诗会由县委宣传部、县文联、县教育局、县文广旅体局等共同主办，共演出12个节目，全部由县作家协会会员完成原创创作，并由县朗诵协会会员表演。由于新冠疫情防控的要求，活动分现场观看和网络观看两种方式进行。

【全国旅游摄影展启动仪式】 4月28日，龙游六春湖游客接待中心广场热闹非凡。由中共龙游县委宣传部、中国摄影报社主办，龙游县文化和广电旅游体育局、龙游县文联、龙游县文化旅游发展有限公司、龙游县摄影家协会承办，浙江省摄影家协会、衢州市摄影家协会协办的“四海奇观 六合同春”六春湖全国旅游摄影展启动暨训练营开营仪式顺利举办。中国摄影家协会副主席柳军，中国摄影报社副社长万戈，浙江省摄影家协会主席王小川，湖北省摄影家协会主席杨发维，浙江省摄影家协会秘书长毛小芳，浙江省摄影家协会副主席、宁波市摄影家协会主席戚颢等领导参加本次活动。本次全国旅游摄影展和训练营汇聚全国300余位摄影家和摄影爱好者，通过集中性、分段式方式对六春湖等文化旅游景点、人文景观等进行拍摄，通过直观可感的影像展示龙游县的山水风光、人文情怀、历史传承、发展成就。以摄影带动旅游，促进龙游县的发展与繁荣，吸引更多的摄影人和游客走进龙游县。

【文艺轻骑兵志愿服务】 县文联以“5·23”文艺志愿服务日、“双百千村”文艺工程等为契机，广泛开展“文艺进万家 健康你我他——到人民中去文艺志愿服务”“双百千村 文艺赋能”“放歌新时代 文化进万家”等主题文艺（文化）志愿服务活动，全年组织发动各协会和25支文艺轻骑兵小分队，深入全县各乡镇（街道）、村（社）、学校和企事业单位，广泛开展书法公益辅导培训、微视频和影视创作、摄影和作家采风、美术和朗诵辅导、戏曲演出、送春联、拍摄全家福、沙龙等活动40余场次，受众达2万余人。

【“5·23”文艺志愿者服务日活动】 2021年5月23日是第8个中国文艺志愿者服务日，县文联积极响应中国文联和省市文联的倡议，深入基层开展形式多样的文艺志愿服务活动。5月23日上午，县文联和县书协8位优秀会员一同前往龙游县石佛小学，开展送书法进校园活动。书法艺术家们围绕书香校园建设的主题，为石佛小学现场创作近百幅书画作品。现场创作后，一同观看《精神伟力——“学党史、传精神、跟党走”中国文艺志愿者在行动》特别节目。县音乐舞蹈家协会和县民间文艺家协会一行20余人走进湖镇镇溪底杜村，走访探望民间老艺人吕金贵老师，开展器乐的交流与探讨，同时发动协会器乐方面骨干，对溪底杜村及周边村的学生和村民开展乐器辅导培训。龙游龙丘琴社开展文化文艺惠民走亲，组织社员们走进柯城区梅花社区，举办以“学党史 传精神 跟党走”为主题的琴艺专场表演暨琴社成立周年活动，为广大琴艺爱好者奉上一场精彩的琴艺文化大餐。同日，龙游县艺术刻字协会与龙游县书法家协会，走进横山综合文化站，对当地的镇干部及周边村民开展书法篆刻公益培训，手把手教导学员们开展作品创作。

【首届农民书法联展】 5月25

图36 2021年5月25日，庆祝中国共产党成立100周年——“新光·泽随”书法联展在龙游县文联展厅开展 （县文联/提供）

日，庆祝中国共产党成立100周年——“新光·泽随”书法联展在县文联展厅开展。本次联展由龙游县文联主办，龙游县书协、湖镇镇政府、塔石镇政府承办，湖镇镇文联、湖镇镇新光村和塔石镇泽随村协办。此次书法联展是龙游县第一次举办的书法村农民书法作品联合展览，集中展示近年来龙游县农民的书法创作水平，对推动龙游县农民书法艺术、打造和提升书法村品牌等具有重要的作用。本次联展作为庆祝中国共产党成立100周年系列活动的一部分，一共展出作品58幅，主要由来自新光村和泽随村的书法爱好者创作。

【报刊文献展】 6月10日，“保存革命记忆 传承红色基因”庆祝中国共产党成立100周年报刊文献展在县文联展厅开展。本次活动由龙游县文联主办，龙游县民间文艺家协会和周黎明报刊收藏馆承办。本次展览共展出周黎明报刊收藏馆保存的从1922年至2021年近百份报纸刊物，记录中国共产党百年光辉历程。其中展出一份1922年的《向导》周报，《向导》周报创刊于1922年9月13日，是中共中央的第一份政治机关报。

【全国花鸟画作品展】 6月29日，“百花向阳——2021全国花鸟画展作品展”在龙游红木小镇开幕，本次活动由中国美术家协会、浙江省文学艺术界联合会主办，中国文联美术艺术中心、浙江省美术家协会、龙游县人民政府承办，中共龙游县委宣传部、龙游县文学艺术界联合会、龙游县文化和广电旅游体育局、龙游红木小镇协办。中国美术家协会理事、中国美术家协会展览处处长杜松儒，原浙江省文联主席、党组书记、浙江省花鸟画家协会荣誉主席张浩，浙江省文联党组成员、书记处书记赵晓刚，中国美术家协会理事、浙江省美术家协会副主席骆献跃等领导，以及来自全国各地的入选作品代表、慕名而来参观展览的美术界人士和花鸟画爱好者，《美术报》、“浙江新闻”APP等10余家中央和省市县新闻记者，衢州周边县市和龙游当地干部群众近400人参加活动。本次展出的195幅入选作品中，龙游县美术界人士包美珍《阳春布德泽》、蓝耀《根深叶茂》和余久一《清风与归图》3幅作品入选。

【全国书法名家百龙作品展】 为庆祝中国共产党成立100周年，龙游县委宣传部、县文联推出特邀全国书坛百位名家书写“龙”字书法展。本次征稿活动自2021年3月启动以来，得到全国书法作者的积极响应和广泛参与，为广大书法爱好者提供了一个不可多得的学习机会。9月28日，“龙游

图37 2021年6月29日，“百花向阳——2021全国花鸟画展作品展”在龙游红木小镇开幕 （县文联/提供）

天下”全国书法名家百龙作品展在龙游县文联展厅举办，展览收到全国书法名家100余幅作品。与此同时，县文联《文艺龙游》微信公众号也分两期对百龙作品线上展出。所有作品在展览结束后无偿捐赠给龙游县博物馆收藏，部分作品还将进行刻碑镶嵌在公园、景点等地，使其持续发挥推动文化龙游建设的宣传教育作用，为文旅融合提供文化支撑。

【市场监管风采书画展】 12月28日，由龙游县市场监督管理局、龙游县文联主办，龙游画院承办，龙游县文化馆（县美术馆）协办的“市场监管风采暨纪念中国共产党成立100周年”书画展在翠光阁开幕。本次展出的60余幅作品，形式多样、表现不一、格调雅致，前来观展的市民络绎不绝，形式多样的作品获得大家的一致好评。

【县作家协会】 2021年，龙游县作家协会始终围绕中心服务大局，以文学工作者的使命担当推动文学创作、新生力量培育等各项工作。继续开展“双百千村文艺赋能”活动。“新时代龙游文艺轻骑兵”作协文艺小分队们走进詹家镇浦山村、社阳乡源头村、庙下乡等乡村，进行红色采风活动，挖掘红色素材，为中国共产党成立100周年搜集创作资料，为乡村振兴献出自己的一分力量。举行“有礼讲坛”，推动“书香龙游”建设，主要通过名家讲座和倡导全民阅读等形式，为县作协的创作指明方向，为提高作家写作水平提供帮助。文艺精品硕果累累，2021年县作协出版多部著作，如蓝红燕的《你是星辰你是海》、赵春媚的《故园风雨》、陈德荣的《坐看云起》、徐均生的《圣地》等。积极创作党建题材文艺作品，为中国共产党成立100周年献礼；与县档案馆合作编辑红色革命书籍《足迹》；和县委宣传部联合主办“我和党的故事”征文活动。积极参与晚会撰稿，从5月开始，筹备“6·23”“唱支山歌给党听”2021龙游县庆祝中国共产党成立100周年文艺晚会节目。《龙吟》夏季刊刊出“庆祝建党一百周年”红色专栏，于7月1日推出。县作协会员赵春媚、罗俊霞、李红与县音舞协会联合创作系列党建歌曲。县作协会员积极参与省、市、县级各类征文活动，取得不俗的成绩。

【县民间文艺家协会】 12月12日，龙游县民间文艺家协会在湖镇开展送文化进基层活动暨2021年度工作总结会议。此次活动是县民协文艺小分队送文化进基层系列活动之一。2021年，县民协硕果累累。陈德荣的《铁骨敲丧钟，热血沃中华》获衢州市建党100周年征文优秀奖，吴芝瑛剪纸作品《红船》获庆祝建党100周年衢州民间艺术展金奖并受邀参加建党百年浙江省民间音舞大型展演展示活动，钱泽民书法作品获衢州市农民书法展优秀作品奖，邱云飞作品《清曲雅意图》获“第三届‘强国之路’——庆祝中国共产党成立100周年全国书法、美术、摄影大赛”铜奖，邓根林的《想住院的老人》入选山海经杂志社出版的民间故事优秀作品集《一路山花不负侬》，傅秋松创办的咐仕庄园成为“浙江省文化产业学会研创基地”和“龙游县民间文艺家协会基地”等。

【县音乐舞蹈家协会】 12月15日，县音乐舞蹈家协会组织主席团成员学习中共十九届六中全会精神并召开年终总结会议。2021年，县音乐舞蹈家协会先后组织举办庆祝建党百年“百村（社）赛事”翠光、清廉、方门街、兴龙、晨东、城角坊社区专场晚会6场，现场惠及群众1.2万余人次，线上直播观看120.87万人次；“明珠龙游　古韵湖镇”庆祝中国共产党成立100周年龙游县民间舞蹈大赛，早上踩街、下午彩排、晚上比赛，现场总共惠及群众1.8万人，线上直播观看24万人次；“唱支山歌给党听”龙游县庆祝中国共产党成立100周年文艺演出，共有10余个部门、30余个村（社区）参与演出；“红心向党　筑梦前行”龙游县教育系统庆祝中国共产党成立100周年文艺演出；“礼赞新时代　筑梦新征程”浙音附中庆祝建党100周年暨2021暑期师生艺术实践走进龙游活动。积极开展社区公益教学，每周三晚上和周四上午两支合唱队正常开展。5月23日开展“学党史　传精神　跟党走——龙游县音乐舞蹈家协会523文艺志愿者服务活动”走进溪底杜村。9月12日组织翠光民乐队与衢江好韵来民乐队进行联谊交流。音乐创作成果丰硕。创作建党百年原创歌曲，张驰作曲的《不变的承诺》、刘勇飞作曲的《红船万里浪》、周爱雄作曲的《我爱的龙游啊》《染》，周爱雄歌曲《让理想照耀你我》在浙江广电集团“唱支歌儿给党听”庆祝中国共产党成立100周年歌曲创作征集活动中获网络投票137496票，排名第一。

许建华、洪莉平作曲作词的《没有翅膀的天使》反映特教老师工作状况，《路》反映追求共同富裕的奋斗精神。张驰作曲李尔演唱的《带我回衢州》展示衢州的风光和文化。

【县摄影家协会再获省级先进】 龙游县摄影家协会被浙江省摄影家协会评为2021年度省摄协先进集体，这是继2019年获评省摄协先进集体后再获此殊荣。2021年，县摄影家协会积极践行“扎根人民，贴近时代，聚焦热点”的工作思路，通过举办各类摄影活动、摄影比赛、摄影展览，参加全国各级文联、摄影家协会组织的摄影大赛，运用摄影作品展示祖国风貌，反映家乡龙游的建设，展现深厚的人文底蕴、秀美风光，完成省摄影家协会、县委宣传部、县文联交办的各项任务，并能与时俱进，力求做好做精。至2021年底县摄影家协会会员121人，其中国家级会员15人、省级会员24人、市级会员34人。县摄影家协会积极响应省文联、省摄协、县委宣传部和县文联的号召，组织会员开展“放歌新时代、文化进万家——温暖全家福”摄影下乡活动。免费为村民拍摄全家福计1690人次，送出照片2078张，记录农村家庭的生活变化。县摄影家协会被浙江省摄影家协会评为“放歌新时代文化进家万家、温暖全家福”摄影惠民活动先进集体，周秋生、林昌海被评为浙江省摄影家协会先进个人。县摄影家协会经常组织协会会员在县内开展摄影创作，倡导会员们积极参加各级摄协主办的摄影大赛，近年来县摄协会员在省级以上摄影比赛入围作品有169件（国家级作品83件、省级作品86件）。其中，武家华的《退而不休》入选第27届中国摄影展，陈水和的《士兵突击》入选中国17届国际摄影艺术展。

（县文联　蓝忠胜）

2021年度龙游县文艺家协会基本情况一览表

表9

名　称	人数	现任负责人	成立时间	国家级（人数）	省级（人数）
作家协会	78	田志宏	1986.04	3	15
书法家协会	92	郑苏勇	1986.04	3	19
美术家协会	64	余久一	1986.04	—	11
摄影家协会	121	周秋生	1986.07	15	24
音乐舞蹈家协会	91	刘勇飞	1986.04	1	8
戏剧曲艺家协会	90	李　昂	1971.04	1	14
民间文艺家协会	70	郑苏华	1986.04	2	29
影视艺术家协会	78	余　钢	1986.04	—	2
合计	684			25	122

2021年龙游县文艺家协会会员获奖情况汇总表

表10

协会	作者	发表、获奖、入展、演出等
龙游县美术家协会	琚树清、蒋文渊、金向民	2021年4月入展“同心筑梦——庆祝中国共产党成立100周年杭州衢州民进美术作品联展”
	徐荣伟、黄贤木	2021年5月入展“乡村振兴、童话云和”浙江省美术作品展
	朱传富、包美珍、王文军、蒋文渊、徐荣伟、黄贤木、周庆云、琚树清	2021年5月入展“同心向党”——衢州市政协庆祝中国共产党成立100周年书画作品展
	包美珍、余久一	2021年6月获“百花向阳——2021全国花鸟画作品展”优秀奖
	蓝耀	2021年6月入展“百花向阳——2021全国花鸟画作品展”
	吴涛	2021年9月入展浙江省第十六届水彩粉画展

续表10

协会	作者	发表、获奖、入展、演出等
龙游县民间文艺家协会	吴芝瑛	2021年5月剪纸作品《富贵吉祥》入展浙江省（德清）非遗文化作品展演展示
	邓根林	2021年7月诗歌《天宁禅寺赞》获“建党百年·天宁有礼”诗歌大赛优秀奖
	吴芝瑛	2021年7月获“意匠生辉——庆祝建党100周年衢州民间艺术展”金奖
	董利霖 罗田峰	2021年7月获“意匠生辉——庆祝建党100周年衢州民间艺术展”银奖
	钱泽民、金燕、张永峰、郑敏、陈海旭、叶璐、姜鹏、赵碧云、周青川	2021年7月获“意匠生辉——庆祝建党100周年衢州民间艺术展”铜奖
	陈德荣 邓根林	2021年5月获“建党100周年主题征文”比赛优秀奖
龙游县书法家协会	邵晓平	2021年6月获浙江省第七届刻字展佳作奖
	郑苏勇、钱泽民、叶璐、毛煜丹	2021年6月入展浙江省第七届刻字展
	王萍	2021年10月入展浙江省第二届新人展
	钱泽民	2021年10月入展浙江省第九届陆维钊奖书法展
	王萍、章卫英、张锦霞	2021年11月入展“艺心向党”浙江省女书协网络展
	陈星名、郑志良、吴涛、张永峰、江林春、金燕、王萍、陈鎏、李兴全、翁伟斌、鲁小华、华献芳、钟敏	2021年6月入展衢州市建党100周年篆刻展
	钱泽民	2021年7月获衢州市向阳花开农民书法作品展优秀奖
	郑海滨、王晓萍、琚琛、徐佳丽、翁耀辉、徐华军	2021年7月入展衢州市向阳花开农民书法作品展
	郑苏勇、蓝忠胜、王萍、章卫英、叶建刚、邵晓平、张锦霞、徐佳丽、廖建平、郑海滨、胡卫华	2021年6月入展衢州市“迎建党百年 享美好生活”群星视觉艺术（书法）展览
	叶建刚	2021年1月获衢州市第二届“南孔圣地 衢州有礼”书法新人新作奖
	陈文韬、李淑萍、林雷、郑秀萍、蓝树忠、王萍、汪雪林、林雪	2021年1月入展衢州市第二届“南孔圣地 衢州有礼”书法新人新作展
龙游县作家协会	邓根林	2021年11月散文《煤油灯》获2021年“三亚杯”全国文学大赛金奖
	赵春媚	2021年11月获衢州市南孔奖
		2021年11月《All for U》获全省旅游歌曲大赛金奖
		2021年9月《逆行的光》原创歌曲获浙江省“声入人心”原创歌曲大赛三等奖
	李红	2021年11月歌词作品《新姑爷》获“庆建党百年 享美好生活”浙江省第二十届群众音乐大赛银奖
		2021年11月歌词作品《夏日小辰光》《乡村毕加索》获衢州市群众文艺会演创作金奖

续表10

协会	作者	发表、获奖、入展、演出等
龙游县作家协会	徐俊飞	2021年11月歌词作品《两子衢州》获省建党百年歌词创作铜奖
	张建民（麦田）	2021年7月诗歌《天宁禅寺》（外一首）获“建党百年·天宁有礼”全国诗歌大赛一等奖
		2021年7月散文《开过追悼会的文友》获“百年大党·衢州有礼”庆祝建党百年全国主题征文大赛三等奖
		2021年12月散文《风雨祝家岭》获第四届中国当代散文大赛一等奖
	杨红萍	2021年7月散文《水碓路10号》获“百年大党·衢州有礼”庆祝建党百年全国主题征文大赛优胜奖
	罗俊霞	2021年7月散文《马金，耀眼的山里红》获“百年大党·衢州有礼”庆祝建党百年全国主题征文大赛优胜奖
	陈德荣	2021年7月散文《铁骨敲丧钟》获“百年大党·衢州有礼”庆祝建党百年全国主题征文大赛优胜奖
	林瑛	2021年7月格律诗《天宁寺》获“建党百年·天宁有礼”全国诗歌大赛优秀奖

龙游县残疾人联合会

【概况】 2021年是中国共产党成立100周年，也是“十四五”开局之年，龙游县残疾人联合会（以下简称县残联）深入学习中共十九届五中、六中全会精神，贯彻落实全省残疾人事业发展大会精神，着力构建助力残疾人共同富裕新机制，统筹推进残疾人各项工作，残疾人事业发展取得新成绩。至2021年12月底，全县持证残疾人17207人。

【思想和组织建设】 2021年，继续落实“一兼两挂”制度，原来3名兼挂职副理事长再延期2年。重视机关工作人员、乡镇（街道）专职委员两支队伍建设，推行全员实事量化考核，完善考核办法，注重干部实绩和平时考核，奖勤罚懒，奖罚分明。加强残疾人专门协会建设，更好发挥专门协会“代表、服务、维权、监督”职能。推进“清廉残联”建设，开展“警示教育月”活动，观看廉政教育片，通报典型案例，营造反腐倡廉氛围，筑牢反腐思想防线。加强对意识形态工作的领导，压紧压实意识形态工作责任，充分履行主体责任，定期分析研究意识形态工作，牢牢把握意识形态工作的领导权、主动权。根据县委宣传部发布的学习重点及时组织党组理论学习中心组成员开展学习，领会精神、掌握动态、了解形势，提高成员的理论水平和思想觉悟。组织残联系统8090新时代理论宣讲分团到联系乡镇、村开展理论宣讲，营造助残氛围，把党和政府的惠残政策送到千家万户。开展“我为大庆大干建新功”活动，主动参与疫情防控、组团联村、组团联企、有礼指数等中心工作。

【推进民生实事】 出台《关于进一步完善“残疾人之家”规范化建设资金补助政策的通知》，完成“残疾人之家”规范化提升6家，在小南海镇新建1家“残疾人之家”。市政府民生实事17个重点场所无障碍改造全部完成并通过验收。县政府民生实事残疾人家庭无障碍改造104户（含6家机构），6月完成项目招标，9月底全部完工。阳光社区省级无障碍社区创建8月初完成招投标，10月中旬全面完成并接受市级验收，11月中旬接受省级抽查、验收。残疾儿童康复中心项目完成项目立项审批、房产过户、设计、图审和基础设施改造招标工作。12月上旬完成设备采购招标工作，共4个标段中标价合计738.16万元。小南海镇“残疾人之家”建设项目投入资金88.19万元，主要用于安装户外残疾人健身器材、场地硬化和绿化、休闲娱乐场地、无障碍通道、无障碍卫生间等基础设施改造和无障碍电梯

图38 2021年7月14日，工作人员为残疾儿童矫形器取模

（县残联/提供）

以及空调、办公电脑、办公用桌椅、基本医疗设备采购。石佛乡“残疾人之家”提升项目投入资金86万元，主要用于围墙改造、地基浇筑、地胶铺设等基础设施改造和无障碍电梯以及办公用具、桌椅、电脑等设备采购。

【精准康复服务】 全面实施残疾儿童基本康复项目，共有53名残疾儿童享有基本康复服务，其中聋儿语训7名、脑瘫儿童康复训练11名、智残儿童康复训练10名、孤独症儿童康复训练19名、自费人工耳蜗补助1人、肢体矫治手术1人、困难残疾儿童实施生活救助4人。认真做好辅助器具申请和发放工作，2021年全县下达任务指标271个，实际完成365个，完成率为134.68%，其中实物配发类319个，货币补贴类17个，手术补贴类29个。全额保障精神残疾人服用基本抗精神病药物费用，全县申请免费服药人员共有906人，其中2021年新增48人。开展新一轮残疾人“阳光康护·家庭病床”专项行动，全县家庭病床数为500张，采用1张家庭病床对应1个责任医生和1个康复协调员的模式进行服务，2021年平台录入的服务总记录为8722条，其中责任医生3873条，协调员4849条，基本做到按时间节点要求进行服务。

【促进创业就业增收】 开展残疾人就业意愿调查，根据残疾人就业需求开展实效性强的技能培训，组织残疾人参加省市残联举办的网红直播、手机维修、盲人按摩、多肉种植等培训，指导各“残疾人之家”开展来料加工产品的培训，全年培训310人次。落实《关于完善残疾人就业保障金制度更好促进残疾人就业的实施意见》，对各用人单位按比例安置残疾人就业情况进行年审。积极对接金龙纸业、君飞纺织、沪工锻三、青龙山建材等福利企业吸纳更多残疾人就业，通过举办残疾人专场招聘会、“龙游通”等平台发布招聘信息，全年新增残疾人就业140人。对接县就业局等部门，出台残疾人公益性岗位文件，在“残疾人之家”设置就业驿站，实现更多残疾人庇护性就业，促进“残疾人之家”规范化管理。推进机关部门和企事业单位带头安置残疾人就业，2021年县市场监督管理局以公务员编

图39 2021年5月16日，龙游县举办残疾人就业专场招聘会

（县残联/提供）

制单招1名残疾人。落实创业扶持政策，为24名残疾人创业户发放创业补贴7.2万元，为22名残疾人创业发放贷款贴息18.69万元。推荐作品参加市残联组织的辅助性就业产品展销会、残健共融公益创业创新大赛、“残疾人之家”优秀项目大赛等活动，其中在衢州市首届残健共融公益创业创新大赛中，参赛选手获得一等奖1个、二等奖2个、三等奖3个，在“残疾人之家”优秀项目大赛中，横山镇“残疾人之家”获得三星类第二名，总成绩第三名。

【帮扶救困兜底保障】 横山镇“残疾人之家”创新来料加工运转模式，除让残疾人有活干，有的残疾人每月还能拿到来料加工收入1300多元，同时还把来料加工辐射到周边农户，带动周边农户从事来料加工，实现增收致富，3个月发放加工费5万多元。做好针对残疾人个人单独施保政策的宣传并实现生活补贴和民政低保数据同步调整，做到两项补贴（困难残疾人生活补贴和重度残疾人护理补贴）精准发放，2021年共有5231名困难残疾人享受生活补贴，累计发放资金1482.84万元；7746名重度残疾人享受护理补贴，累计发放资金1792.28万元。落实残疾人养老保险、意外伤害保险、就学保障和医疗保障等政策，其中灵活就业的困难残疾人基本养老保险补贴105人，城乡居民合作医疗保险补贴9964人，城乡居民养老保险补贴3836人，为16955名残疾人购买意外（健康）保险，助学34人，23户慈善助残危房项目通过验收并完成资金拨付。

【推进数字化改革】 抓好残疾人证基础信息数据核对、清洗工作，为数字化应用提供精准数据。开展第三代（智能化）残疾人证换发工作，为17208名残疾人换发第三代（智能化）残疾人证。推行残疾人全周期服务“一件事”工作，落实残疾人公共服务事项政务2.0上线业务。拓展龙游通平台模块功能，探索助残服务场景应用，让残疾人实现助残事项指尖申办。“线上+线下”相结合，为行动不便或无智能手机的残疾人提供帮办、代办、上门办服务，让残疾人少跑或不跑。克服疫情影响，积极推进“周三集中办证，每月一次上门评定”工作的正常运行，让残疾人更加方便快捷地享受助残服务，全年集中评定1116人次，上门评定98人次。同时做好持证残疾人基本状况调查工作。

【残疾人文体活动】 组织开展第三十一次“全国助残日”活动，召开特殊教育大会，上线无障碍公交出行APP“听听巴士”，成立南孔助残联盟，推进18个县级机关部门党支部与18家“残疾人之家”开展结对帮扶活动。邀请市残疾人艺术团到龙游开展庆祝中国共产党成立100周年“感党恩、听党话、跟党走”文艺演出，组织无障碍观影14场次，选拔7名残疾人运动员入选国家草地掷球集训队，举办旱地冰壶培训班，开展“文化助残”无障碍项目专项行动、特殊奥林匹克运动会活动等。组织作品和节目参加省市残联举办的主题征文、书画摄影创作、微视频演讲和文艺比赛，获得市级金奖2个，银奖1个，优秀奖5个和省级书法类一等奖1个、摄影类二等奖1个。开展残疾人体育健身示范点创建和康复体育进家庭活动，让残疾人享受到个性化、精细化的居家体育康复服务。

（县残联　林淑恒）

龙游县红十字会

【概况】 2021年，龙游县红十字会紧扣“围绕中心、建设队伍、服务群众”核心任务，深入贯彻落实中共十九大和十九届六中全会精神，以及习近平总书记系列重要讲话精神，积极发挥红十字会作为党和政府在人道救助领域的助手作用，全力以赴为基层群众办好事、做实事、解难事，打造“群众身边的红十字会”，为龙游县“浙西新明珠”建设汇聚红十字力量，为各项工作顺利开展提供保证。2021年，龙游县红十字会获评浙江省红十字工作进步单位、衢州市红十字年度工作综合评估“优秀”。

【组织建设】 稳步推进基层组织建设，积极打造“群众身边的红十字会”，做好东华街社区、方门街社区2个博爱家园提升工作，创建龙洲街道阳光社区、小南海镇团石村2个博爱家园，启动六春湖景区救护站建设。大力推进“数字红会”建设，坚持数字赋能，按照省市红十字会的统一部署，以省红十字会数字化综合业务系统为主平台，实现博爱送万家工作、红十字会员和志愿者、救护培训等相关信息数据入库管理。

【服务中心工作】 积极响应创建省示范文明县城号召，发动红十字工作者、会员和志愿者，在结对小区开展义务宣传、道路清扫、有礼指数创建等工作，累计出动志愿服务200多人次，有效助力文明县城创建。扎实组织参与“三联工程”，组团联村成员每周二深入联系村，单位主要领导每月至少1次到村指导服务工作，结对帮扶低收入农户13户，投入帮扶资金物资8000多元。

图40 2021年5月8日，龙游县红十字应急救援队在六春湖救援
（县红十字会/提供）

【救灾救援】 积极参与救灾工作，2021年上半年，积极开展河南洪灾义捐活动，为灾区捐资20多万元；下半年，积极参加县政府牵头、县总工会和慈善总会等单位一起举办的“镇海、龙游一家亲”30多万元救灾物资筹措赠送活动。凸显红十字应急救援队作用，“五一”长假及“田村杯”最美绿道半程马拉松期间，派出救援队员40多人次参与六春湖景区的安全保障工作，成功救援8人次，出色完成保障任务。全年开展失联人员搜救行动120多次，成功找到30多人。

【人道救助】 11月26日，正式启动2021年“康恩贝健康之旅——心脑血管疾病防治博爱行动”，为龙游县心脑血管疾病防治工作争取到50万元资金和500名患者免费药品的博爱资助。全面摸排县域低保、低边等各类困难群体对象1000多人，研究筹划爱心企业和爱心人士捐资救助工作方案3个，完善“情暖龙游·红十字公益项目”8个，继续实施好“龙游县永康商会红十字爱心基金”等公益项目，筹集爱心款47.575万元，慰问142人。

【应急救护】 参与“健康龙游”创建，联合县政法委、县总工会等单位开展应急救护培训进社区、进学校、进农村、进机关、进企业“五进”活动，年内完成11家企业员工应急救护技能大提升，志愿服务在基层150多场，累计培训救护员1680人，普及救护培训1.7万人次，涉及学校师生、村社干群、企业职工等不同群体。在县火车站、县图书馆、县体育馆、龙游中学、东华街社区党群服务中心等14个公共集聚场所配备自动体外除颤仪（AED）14台，确保“救命神器”在关键时刻发挥作用，扎牢织密生命守护安全网。

【生命关爱工作】 全年完成动员造血干细胞捐献志愿者入库50例，反悔率为零；完成器官捐献4例、遗体捐献1例、遗体捐献志愿者登记2例。同时按要求做好捐献家庭的慰问和送温暖活动。

（县红十字会 潜嘉慧）

法　治

概　述

【概况】　2021年，龙游县持续推进法治政府建设，强化法治意识，坚持依法行政，规范行政行为，提高基层综合行政执法水平。围绕打造“基层治理最优县”目标，全面加强政法综治、平安建设、交通安全等各项工作，社会政治保持持续稳定。坚持将法治建设工作纳入本地发展总体规划和年度工作计划，与经济社会发展同部署、同推进、同督促、同考核、同奖惩。全面推进科学立法、严格执法、公正司法、全民守法，切实发挥法治引导、规范、保障和促进作用，提高县域治理法治化水平，加快形成“共建共治共享”的现代社会治理新格局。2021年，龙游县获得首批法治浙江（法治政府）建设示范县称号，将行政争议调解中心整合到县矛调中心，实现行政复议案件、行政诉讼纠纷和调解无缝连接，采取“春风化雨”调解模式，积极参与诉源治理专项行动，有效发挥行政争议调解的“主渠道”作用，实现纠纷调解受理率达100%，调解成功的案件均实现100%实质性化解，伤害类案件化解率94.91%。推进公安政务服务2.0事项应用，220项公安业务实现网上办理。落实“一校一警”机制，设立驻校警务室67个，校园周边设立警务岗亭18个，125名法治副校长定期进校宣讲。社区民警入驻“家校通”，打造“警家校”安全教育共同体。2021年7月22日，龙游县无户口人员现象实现清零。破获假烟大案，抓获12名嫌疑人，查扣各类假烟近千条，涉案价值3000多万元，斩断一条边境走私香烟的犯罪链条。

【“龙游检察”走在前列】　龙游县人民检察院运用“龙游检察”在重要媒体平台和国家、省级报刊上发表工作信息319篇，其中，国家级115篇，省市级204篇；在新媒体平台发布原创信息2.6万篇（条）；微信、微博、头条、抖音四大新媒体平台跻身全国检察系统新媒体排行榜，获浙江省优秀普法平台称号。龙游县人民检察院被命名为2021年浙江省文明单位，被衢州市委评为“建设清廉机关、创建模范机关”工作先进集体。

【“110”勤务机制五星创建】　2021年10月25—26日，衢州市公安机关“警网协同”应用推广现场会和现代“110”勤务机制改革暨报警服务台等级评定现场会在龙游县公安局召开。完成“110”报警服务台省级五星创建，被浙江省公安厅确定为全省现代“110”勤务机制改革样板单位。开发并运用警情全流程监管系统，实时监管各环节数字化警情处置细节，形成警情处置工作闭环。

政法委及综治

【概况】　2021年，龙游县委政法委严格按照中央、省市工作部署，坚持统筹发展和安全总要求，坚持发展新时代“枫桥经验”，完成中国共产党成立100周年安保工作，配合完成全国第一批政法队伍教育整顿中央第七督导组下沉龙游县的督导工作，获得平安建设“一星平安金鼎”，社会大局持续保持平安稳定，基层社会治理及政法队伍建设水平持续提升，人民群众安全感、满意度不断增强，有力护航共同富裕示范区建设，打造浙西明珠。

【坚守维稳安保底线】 在衢州市率先出台平安护航中国共产党成立100周年工作方案，明确26个重点单位30项具体职责，中国共产党成立100周年安保期间，积案化解、重点人员管控、安全生产等指标均排名衢州市前列，获衢州市委副书记、政法委书记吴舜泽批示肯定。落实风险评估应评尽评，加强源头把控，规范申报、备案、考核等各环节流程，提高依法决策、科学决策、民主决策水平，开展重大决策社会风险评估30个，确保各重大工程项目平稳高效推进。

【成功夺得“一星平安金鼎”】 做实党政主要领导负总责的组织领导机制，按照重结果、动态性、群众评原则，明确行业部门与乡镇（街道）的工作任务、共同职责，合力解决平安重点问题，严防“一票否决”事项。深化“平安乡镇”“平安村社”“平安校园”等系列平安建设活动，成功实现平安建设“十五连冠”，在浙江省平安县（市、区）考核排名中较上年度前进19名。3月30日，浙江省建设平安浙江工作暨扫黑除恶专项斗争总结表彰会议在杭州召开，龙游县成功捧回“一星平安金鼎”。聚焦“平安三率”提升，充分整合8090宣讲团、社会面宣传大屏、手机短信、微信朋友圈广告、“龙游通”问卷、“志愿汇”志愿服务等载体，累计宣传提醒超30万人次。

【数字赋能提升整体智治水平】 推进县级社会治理中心建设，创建党建统领、经济生态、平安法治、民生服务四大板块，以及信访和矛盾纠纷调处化解、社会治理事件处置、社会风险分析研判、重大应急管理、监管执法协调指挥、基层社会治理业务指导六大功能，在县级一屏掌控、统一调控的基础上，推进乡镇、村社层面智慧治理，搭建与群众互动、部门互通、县乡村互联的基层治理新模式。加强网格队伍培育，每周联合入格部门开展培训，累计开班100余期，参训超7万人次。推动基层治理平台向“4+N”拓展，共受理事件3.81万件，办结3.79万件，办结率99.34%。

图41 2021年，龙游县获得“一星平安金鼎” （县委政法委/提供）

【网格战“疫”保驾护航】 针对疫情防控形势，构建“县—乡镇—村—网格”四级联防联控、群防群治的严密防线，第一时间发布疫情防控专项任务，每日对辖区内重点场所进行巡查宣传。全力发挥战时激励和后勤保障作用，从专职网格员队伍中，评选190名“网格之星”，给予表彰，并为全体专职网格员配备防疫装备，增强网格服务人员做好疫情防控工作的信心。

【政法队伍教育整顿】 县委县政府成立由县委主要领导为组长的教育整顿领导小组，压实政法各单位党委（党组）直接责任，以及纪委监委、组织、宣传等单位协同责任，组建县教育整顿专班，形成党委统领、部门协同、上下联动的工作格局。聚焦违纪违法问题和政法队伍建设中的“顽瘴痼疾”，落实线索大起底，倒查案件线索2649件，排查数据1069人次，发现问题390个，全部落实整改措施。出台“政法机关为民办实事21条”，深入开展“为民办事五进”“窗口开放日”“百万警进千万家”等系列活动，推出便民利民举措，推动教育整顿成果转化。6月3日至4日，中央第七督导组下沉小组组长赵根元带队到龙游督导，对龙游县政法队伍教育整顿工作给予充分肯定。

（县委政法委 寿海威）

法治政府建设

【概况】 龙游县司法局深入学习贯彻习近平新时代中国特色社会主义思想、中共十九大及十九届历次全会精神，在上级党委和政府的正确领导下，紧紧围绕中心工作，认真落实《党政主要负责人履行推进法治建设第一责任人职责规定》，积极探索，开拓创新，强化工作措施，切实履行职责，自觉运用法治思维和法治方式，为经济社会持续健康快速发展营造良好法治环境。2021年，龙游县获得首批法治浙江（法治政府）建设示范县称号，詹家镇被列为首批法治化改革试点，承办衢州市乡镇法治化改革现场推进会、浙江省行政复议、浙江省审判联席会议。

【法治建设制度落实】 2021年，龙游县司法局根据龙游实际情况，结合省市法治化改革六大抓手工作要求，制订《2021年法治龙游建设（法治政府）重点工作清单》，将法治建设工作纳入本地发展总体规划和年度工作计划，与经济社会发展同部署、同推进、同督促、同考核、同奖惩。党政主要负责人严格履行法治建设第一责任人职责，通过主持召开县委常委会、政府常务会议、理论学习中心组专题学习会、依法治县委员会专门会议等形式，认真学习领会习近平总书记全面依法治国新理念、新思想、新战略和中央、省、市全面依法治理系列会议精神，及时研究解决法治建设工作中存在的重大问题，落实推进法治建设的制度和措施，及时听取年度政府法治建设工作汇报。加强对领导干部任前学法守法用法情况的督查考评，把依法决策、依法管理、依法办事等作为综合考核评价的重要内容。紧抓“关键少数”，坚持领导干部带头学法。不断完善领导干部及公职人员学法制度，通过县委理论学习中心组、政府常务会议落实领导干部学法计划。举办专题培训班，对各单位党政正职、分管领导、业务负责人进行专题业务培训，为法治政府建设筑牢思想根基。

【规范性文件审核】 2021年，龙游县司法局严格落实政府规范性文件审核、部门规范性文件备案审查、定期清理、即时清理制度，及时对相关规范性文件作出修改、废止或宣布失效的决定。开展涉及与长江流域保护相冲突、涉及烦企扰民、涉及与新行政处罚法相冲突的规范性文件专项清理工作，共梳理相关文件280件，拟废止文件1件。2021年，审核县政府规范性文件草案21件，提出意见96条，正式发文11件，并及时报送衢州市人民政府和县人大常委会备案。为县政府招商引资项目提供法治保障，变事后审查为事前介入，健全县政府对外签署合同、协议、意向书的合法性审查、专家咨询、监督检查等机制，对可能出现的风险实现早把控、早防范。2021年龙游县政府对外签订行政机关合同35件，全部纳入审查程序，提出审查意见140余条。落实政府常务会议议题合法性审核机制，着力规范议题送审程序，审核所有政府常务会上的议题。将合法性审查作为提交政府常务会议审议的必经程序，共审核会议议题90余件（含规范性文件重大行政决策及行政机关合同）。根据《衢州市关于推进乡镇（街道）合法性审查全覆盖工作的实施意见》，协助乡镇明确执行材料报送、程序衔接、审核时限等工作要求。落实重大行政决策程序有关规定，梳理年度重大行政决策目录并公布。25个部门及15个乡镇均公开年度重大行政决策目录，公开事项61件。充分发挥法制审核员以及法律顾问作用，确保规范性文件、合同及行政决定合法有效。

【行政执法监督】 2021年，龙游县各级政府及部门严格落实《中华人民共和国行政诉讼法》的要求，在规定期限内认真履行各级人民法院的行政诉讼判决和裁定，及时办理司法建议。推进政府内部监督常态化、长效化机制，建立行政机关向监察委员会移送问题线索机制，实行监察委列席政府常务会议制度，依法开展常规审计、专项审计、政策落实情况跟踪审计。2021年对龙游县15个行政执法部门的行政处罚结果，公开进行常规监督检查4次，组织开展划转的15个领域488项综合执法事项执行情况专项监督活动；开展线上线下案卷评查，组织部门法制科室和法治监督员，联合检察院组成评查组，对办理过案件的20多个部门报送的案卷共123卷进行评查；利用浙江省行政执法监督信息系统开展线上评查，针对平台智能分析的数据，进行线索核查，针对发现的问题，2021年共制发行政执法监督通知书22份。制订龙游县行政执法证件换发和申领工作方案，有序落实龙游县行政执法证件的换发工作，换发证件1300

本；组织开展2021年度行政执法人员综合法律知识考试报名和培训工作，有序进行新证的申领。加快推进行政执法数字化改革，立足“浙政钉”“最多跑一次”平台，实现重大行政执法决定掌上备案，每月对全县各行政执法部门的重大行政执法决定备案，进行监督检查，2021年共备案重大行政处罚决定265份。

【行政争议化解】 龙游县司法局积极应对省市级法院行政诉讼案件，包括市级政府应诉的关于龙游县辖区内的行政诉讼案件。2021年，龙游县政府收到行政应诉案件29件；法院共受理部门、乡镇街道行政应诉案件57件，机关主要负责人全部出庭应诉，败诉6件，结案82件，败诉率7.3%。《龙游县全面推进依法行政工作领导小组办公室印发〈行政复议“以案治本”专项行动工作方案〉的通知》，在全县部署开展行政复议“以案治本”专项行动。全面排查2018年以来全县办理的包括撤销、变更、责令履行、确认违法等直接纠错的行政复议案件、制发的行政复议意见书（建议书）、县政府部门和乡镇（街道）的行政诉讼败诉案件和由县司法局制发的行政执法监督通知书。将行政争议调解中心整合到龙游县矛调中心，实现行政复议案件、行政诉讼纠纷和调解无缝连接，采取“春风化雨”调解模式，积极参与诉源治理专项行动，有效发挥行政争议调解的“主渠道”作用，实现纠纷调解受理率100%，调解成功的案件均实现100%实质性化解。收到行政复议案件16件，受理15件，受理前调解成功1件，结案12件（2020年结转3件），其中维持4件，终止8件，调解化解率66.67%。

（县司法局　张梦清）

公　安

【概况】 龙游县公安局位于龙游县龙翔路465号。至2021年12月末，共接警80596起，有效报警38349起；受理行政案件2895起，查处1546起，处理违法人员1315人；全县刑事案件立案1392起，同比上升28.05%，其中，电信网络诈骗案件立案356起，同比下降22.61%。破获刑事案件541起，同比上升25.81%，其中，破获涉黑涉恶案件42起，追赃挽损2281万元。抓获逃犯54人；接受交通事故报警20440起，其中普通路面事故接警18781起，一般程序事故116起。死亡45人，受伤100人，直接财产损失22.94万元。2021年龙游县公安局党委被评为衢州市先进基层党组织，交通警察大队城区中队被评为浙江省首批“枫桥式交警中队”，东华派出所党支部被评为浙江省先进基层党组织，湖镇派出所被评为浙江省“最美浙警”“最美警队”，获评全国公安机关第二批“枫桥式公安派出所”。

【社会治安】 2021年，龙游县社会治安总体平稳，未发生重大案（事）件、重大安全生产事故和重大交通事故。累计排查各类重点人员1533人次，排查重点物品单位1643个，自查问题89个，整改83个。排查重点区域、场所80多个，责令整改8家，关停9家，处罚2家，开出旅馆业违反《中华人民共和国反恐怖主义法》10万元罚单1张。创新以“黄赌治理管控力四项评价指数”为核心的量化指标综合评价体系，全县涉黄、涉赌警情降幅分别为57.47%和51.93%。

【推进“融警务”建设】 以“基层治理工作站”重点项目为切入口，创新推出“警务区党员民警兼任村社党组织副书记”“网格员入驻警务站”双向机制，打造“巾帼联勤警务站”特色品牌；牵头完成183个“智安小区”和35家“智安单位”建设。完成浙江省公安厅“警网协同”和市政法委“民转刑”两项试点工作，并在龙游召开衢州市“民转刑”试点工作现场会。

【警务服务中心建设】 在湖镇、塔石、溪口打造全科式窗口，可办理户籍、出入境、车驾管等163项通办业务事项，在衢州市范围内率先实现乡镇便民服务中心可办理新车上牌、二手车过户业务。开展“企业服务日”活动，上线“智慧警码”，依托“龙游通”平台搭建网上应用模型，结合园区警务站建设，线上线下同步开展园区服务、企业服务、群众服务。推进公安政务服务2.0事项应用，220项公安业务实现网上办理。办理“跨省通办”业务2015件，“一件事”联办业务7151件。

【信访工作】 出台《龙游县公安局创建无信访积案公安局工作方案（试行）》，成立“无信访积案公安局”创建工作领导小组，落实局领导、业务警种和属地派出所控增量责任。中国共产党成立100周年大庆安保期间，未发生赴京、赴省上访情况。公安部交办积案化解率100%，省厅交办积案化解10件，化解率91%。

【推动“无诈县”创建】 龙游县公安局开展“清楼扫街”、反诈“五个一”主题党日、“千名反诈宣传员”培训、万场反诈宣讲课堂、“清店包村”等工作。2021年发案同比下降26.53%，采取刑事强制措施139人，移诉171人，破案733起，追赃785万元。

【开展涉毒打击】 2021年，龙游县公安局查处吸毒赌博人员23名，采取刑事强制措施14人，强制隔离3人，破获省目标案件1起，缴获新型毒品邮票（LSD）9张、赛洛新1克、大麻20克、合成大麻素电子烟11支。开展禁种铲毒宣讲30余次，发放资料1万余份。以社区民警+镇村干部+网格员+禁毒社工（志愿者）的模式，开展罂粟种植踏查工作，重点区域使用无人机勘查10次，利用抖音直播毒品原植物铲除视频。2021年共办理行政案件59起，铲除罂粟2667株。对300余名娱乐场所从业人员、400余名“两客一危”驾驶员进行毒品检测，未发现有吸毒嫌疑。

【打击涉众型经济犯罪】 2021年龙游县公安局查处、劝退疑似非法集资公司26家，摧毁证券类非法经营平台1个，办理集资诈骗案件4起，为1100多名受害人挽回经济损失9600余万元。在侦破系列性盗刷银行卡案件过程中，及时上报银行卡境外支付功能自动开启隐患，有效封堵行业漏洞，得到公安部党委委员、副部长杜航伟在公安要情摘报中批示“请五局通报中国人民银行，浙江公安机关案件侦破十分成功，应予表扬”。

【深化“路地”警务融合】 建立与铁路派出所每周会商机制，排查梳理各类涉稳信息。按照“应急处置一体化、安保维稳一体化”的目标要求，规范“135”控制圈快速反应，做到第一批处置警力1分钟时间到达。开展每季度1次的“路地”反恐防暴应急处突演练。2021年，火车站未发生聚集、滋事情况。

图42 2021年3月29日，邮政储蓄银行龙游支行赠送锦旗对民警侦破系列性盗刷银行卡案件表示感谢 （县公安局/提供）

【“护校安园”工程】 2021年龙游县公安局对龙游县125所学校实现校园人防、物防、技防“三防”全覆盖。依托“龙游青少年心理健康云服务平台”建设，实现异常青少年“智能感知、精准干预、联动处置”闭环管控。已预警信息45条，协同干预处置抑郁跳江、轻微违法、走失等事件17起。制订“智安校园”三年建设规划，实现45所重点学校“智安校园”全覆盖。重点路口设立“升级版护学岗”，推行“公安联勤、教育联防、社会联巡、家长联动”护校模式，开展周边交通乱点、违法行为清查治理300多次。落实“一校一警”机制，设立驻校警务室67个，校园周边设立警务岗亭18个，125名法制副校长定期进校宣讲。社区民警入驻“家校通”，打造“警家校”安全教育共同体。

【数字化改革】 2021年，龙游县公安局建成数字化改革项目6个，其中社会治安风险预警系统入选省级数字法治揭榜挂帅项目，道路交通事故隐患处置一件事获评省厅好应用。制订《龙游县公安局数字化改革工作实施方案》，邀请数字化专家授课5次，开展专题培训6场，科所队一把手PK赛2场。打造“执法小钉”“幸福e警”“智慧警码”“事故隐患处置一件事”等县域应用。2021年，民警被投诉率、检察院纠正违法监督率分别同比下降60.7%、33%；为企业、群众提供咨询服务

图43　2021年3月12日，禁毒大队在樾园小学开展主题为“大手拉小手，青春不毒行”主题宣传活动　（县公安局/提供）

320人次，解决实际需求230余件。

【刑事涉案财物规范化管理】 成立刑事诉讼涉案财物专项整治专班，发布《关于进一步加强涉案财物管理的通知》，多次组织召开涉案财物清理专题会议，起底近十年所有涉案财物，协同检察院、法院、财政等部门，对个案出具处置意见书。共清理排查撤案310起，终止侦查306起，排查应结未结涉案财物8件，应结未结涉案款48.18万元，其中处置涉案财物3件，涉案款78200元。出台《龙游县公安局涉案与非涉案财物管理规定》《龙游县公安局涉案财物操作手册》等文件，规范涉案财物管理、流转、处置等环节。

【建立重点事项监管机制】 通过“值班局领导每日视频点评制”“值班领导首问责任制”“分管领导负责制”“一把手负责制”分层级开展伤害类、寻衅滋事类等重点警情、案件全流程“盯警情、盯案”。落实各级领导警情、案件审核把关留痕机制，实现警情、案件问题溯源管理，压实民警如实立案、化解、查处责任，切实消除“抽屉案件”等执法风险隐患。2021年，龙游县公安局伤害类案件化解率94.91%。

【践行新时代“枫桥经验”】 龙游县公安局成为浙江省“警网协同”试点，打通“110”报警平台与“基层治理四平台”数据壁垒，把6类易引发“民转刑”的纠纷类警情，第一时间流转至属地乡镇或相关职能部门联动处置。2021年，联动警情5711起，重复报警率同比下降21.34%。深度融入县域矛盾调解体系，县委县政府明确 “党员民警兼任村（社）党组织副书记”，624名网格员、450名志愿者、33名人大代表、政协委员等力量配套入驻警务站。

【从严管党治警】 2021年，龙游县公安局共查处民警违法违纪案件13件，涉及民警22人，其中科级干部1人，科员及以下21人。以“第一种形态”处理20人次，“第二种形态”处理2人次。针对整治过程中发现的队伍、执法等问题，补充修订规章制度6项。

【无户口人员清零】 主动对接县统计局，获取人员基础数据，依托乡镇村社开展摸底排查，共排查出无户口人员52名。逐一走访查明无户口原因，量身定制解决方案，建立一人一档逐个突破。加强与民政、教育、卫健等部门沟通，减少无户口人员申请落户材料跑空趟，帮助无户口人员解决就学、就医困难。至2021年7月22日，龙游县无户口人员现象实现清零。

【典型案例】 2021年，龙游县公安局高度重视案件侦破工作。比较典型的案件有破获徐某走私新型毒品案件，1月4日，在龙游某小区将徐某抓获，现场缴获毒品“邮票”0.2克，查扣一系列制毒化学试剂、化学仪器。侦破程某等人涉嫌非法经营案，抓获程某、牛某、尚某等12名犯罪嫌疑人，查扣各类假烟近千条，涉案价值3000多万元，斩断一条从边境走私香烟的犯罪链条。侦破王某某等人诈骗案，挖出一个由聋哑人组成的犯罪团伙，抓获犯罪嫌疑人5名。该团伙在2014年至2020年期间，以投资生产镶嵌黄金的木制家具生意能获得十倍收益为诱饵，通过虚假宣传等方式，专门针对聋哑人实施诈骗。该案涉及直接被害人19人，被骗3000余万元，曾被列为公安部挂牌督办案件。侦破盗掘古文化遗址、古墓葬案，抓获犯罪嫌疑人

14人，扣押作案工具53件，追回文物10件，其中有三级国家珍贵文物2件，一般文物8件，涉案文物已移交龙游博物馆收藏。

（县公安局 叶 恺）

检 察

【概况】 2021年，龙游县人民检察院讲政治、顾大局、谋发展、重自强，忠实履行宪法法律赋予的职责，切实扛起检察使命担当，始终做到与党同向、司法为民、公平正义，为龙游实施“三大战略”，打造“两城四区”，实现跨越式高质量发展，成为“活力四射”“美丽幸福”的浙西新明珠提供强有力的法治服务保障。龙游县人民检察院院党总支被衢州市委评为“建设清廉机关、创建模范机关”工作先进集体；连续三年被龙游县委评为“先进基层党组织”。

【党史学习教育】 龙游县人民检察院把党史学习教育作为贯穿全年的一项重大政治任务，严格落实“第一议题”制度，认真学习习近平总书记系列重要讲话精神，坚持以上率下，建立“领导领学、集中夜学、支部研学、培训讲学、榜样促学”的“五学”模式，组织理论学习研讨63次；打造学习教育线上课程，实现全院轮训172人次。坚持刀刃向内，做好政治体检，开展“跟班先进找差距”等主题活动，坚持“开门搞整顿”“开门纳谏”，邀请人大代表、政协委员、人民监督员积极参与、全程监督。以民主生活会、组织生活会等形式，对照教育整顿和政治巡察发现的问题举一反三，落实整改，持续开展全面从严治党治检，不断增强党员干部自我净化、自我完善、自我革新、自我提高的能力。

【注重党建聚合力】 积极探索“党建+”工作模式，大力推行“第一书记”工作法，扎实开展“一支部一品牌”建设，激发检察人员干事潜力。龙游县人民检察院“云课堂”“云比拼”学习法获龙游县委发文表彰；“党建+”做法在浙江省检察机关推广。运用“龙游检察”在4个媒体平台和国家、省级报刊上发表工作信息319篇，其中，国家级115篇，省市级204篇；在新媒体平台发布原创信息2.6万篇（条）；微信、微博、头条、抖音四大新媒体平台跻身全国检察系统新媒体排行榜，获浙江省优秀普法平台称号。

【护航社会安全稳定】 2021年，龙游县人民检察院依法惩治“两抢一盗”、电信网络诈骗等多发性侵财犯罪，对社会反映强烈、人民群众关切的电信网络诈骗案件批捕起诉48人，对寻衅滋事等滋扰群众生活的案件批捕起诉86人。严惩贪污腐败等职务犯罪，受理监委移送职务犯罪4人，依法提起公诉4件4人，全力推进清廉龙游建设，护航社会安全稳定。

【打造营商环境最优县】 立足县域发展特点及检察机关职能定位，龙游县人民检察院先后成立护航民营经济健康发展领导小组及办公室，归集龙游通、基层治理四平台、营商办数据后台中涉企业法律监督问题，实现专人专办督办，及时移送企业在发展中遇到的问题，及时解决。龙游县人民检察院依法平等保护民营企业的做法被新华社、《民主与法制时报》、人民网等10家中央媒体报道。推动“一案一体检”机制落实，联合多部门解决难题200余个，切实担起“老娘舅”“娘家人”的责任。

【生态环境案件办理】 守护优质生态资源，依法办理非法捕捞、盗砍滥伐等破坏生态环境资源犯罪65件126人，坚持“谁破坏谁治理”原则，依法追偿生态修复金26万余元，助推创建省级生态文明建设示范县。探索跨部门、跨区域生物多样性保护协作机制，建立衢州市首个保护区，联合龙游县林水局出台《关于联合保护六春湖湿地公园森林资源的实施意见》，提升县域生物多样性的保护力度，用规则守护六春湖优美环境，助力创建山地旅游拳头产品。

【司法救助】 真情关注因案致贫群众的急难困苦，由检察机关牵头、协调多元救助主体的“1+N”司法救助格局，对56名因案致贫、返贫的当事人及其家属开展救助，发放司法救助金60余万元。最美龙游人张某某因车祸丧子、丧失劳动力，市县检察机关联动发放救助金6万元，并联合多部门开展综合救助。该案例入选浙江省司法救助典型案例。开展破解乡镇“养老难”检察公益诉讼，督促整改并规范普惠养老机构建设，保障老年人权益，让老年人老有所养、老有所安、老有所乐。

【未成年人司法保护】 坚持宽容不纵容，2021年龙游县人民检察院受理未成年人提请批准逮捕案件11件14人，其中未成年人犯罪8件11人，不捕5件5人，逮捕3件6人；侵害未成年人犯罪3件3人，批准逮捕3件3人。受理未成年人审查起诉案件32件41人，其中未成年人犯罪29件38人，审查后相对不起诉4件4人，附条件不起诉4件4人。全面推开未成年人“四大检察”业务统一集中办理，强化未成年人综合司法保护。办理交通肇事案时，发现未成年人租车现象突出，及时督促有关部门迅速排查、全面整改到位。探索困境儿童、留守儿童长效援助机制，联合多部门出台实施意见，经验做法在浙江省推广。办理“小方”监护权变更支持起诉案，被中央媒体报道，入选衢州市“为民办实事”典型事例。牵头研发“吹哨人”未成年人权益受损强制报告应用，被纳入浙江省数字法治应用名录，填补浙江省空白。

【矛盾纠纷化解】 融入“县乡一体”“条抓块统”改革，做好入驻“舒心馆”工作，创新矛盾化解方法，在浙江省“12309”入驻矛调中心推进会上作典型发言。着力解决群众揪心事、烦心事，畅通群众诉求渠道，坚持“群众信访件件有回复”，做到7日内程序性回复率、3个月内办理过程或结果答复率100%，2021年共接收信访线索122条；妥善化解矛盾纠纷，促成105起案件达成刑事和解。保障律师依法执业，监督纠正阻碍律师行使诉讼权利的行为，构建规范有序的检律关系，办理的陈某某等律师申请执业权利保护专项监督案例，被评为浙江省控告申诉精品案件。承诺检察公开听证应听尽听，邀请人大代表、政协委员、人民监督员等多方参与，以看得见、听得懂的方式，既解“法结”，又解“心结”。

【刑事检察】 秉持客观公正立场，健全完善侦查监督与协作配合机制，开展“回头看”专项行动，共同促进办案规范。对应当逮捕、起诉而漏捕、漏诉的，监督侦查机关立案48人，立案监督及追诉漏犯判处1年以上有期徒刑15人，纠正侦查违法30件；对刑事裁判提出抗诉2件。联合有关部门健全行政执法与刑事司法衔接机制，在监督中办案，形成综合合力。积极参与减假暂、财产刑执行、剥夺政治权利等专项检察活动，针对社区矫正执行违法违规案件，发出纠正违法通知书3份，做好“大墙内”的公平正义。

【民事行政检察】 龙游县人民检察院全面落实民法典，2021年办结民事生效裁判监督案件16件，提请抗诉13件，提出再审检察建议3份，涉案金额100万元，再审改判率为100%。健全类案监督工作机制，办理的吴某某等人虚假诉讼监督系列案，被浙江省检察院评为精品案例。开展行政非诉执行专项监督活动，发出行政非诉执行检察建议10件，全部整改回复。探索刑事检察与行政检察融合工作机制，办理一批在刑事检察中发现行政违法的个案，有效规范行政执法行为，促进依法行政，防止一般违法行为演变成职务犯罪。该案例被评为浙江省行政违法行为法律监督典型案例。

【公益诉讼检察】 2021年，龙游县人民检察院办理公益诉讼案件26件。部署开展烟花爆竹专项监督，推动龙游县烟花爆竹安全整治。拓展监督范围，部署“守护红色军事文化史迹”专项行动，推动保护省级以上文保单位33处、红色军事文化史迹20处，让革命烈士魂有所安。部署安全生产领域专项公益诉讼行动，促成开展龙游县企业自建油罐大排查行动，筑牢安全防线。回应群众呼声，协助开展防止窨井盖“吃人”、飞线充电“电人”等安全治理工作，整改安全隐患39处，实现办理一案、警示一片、治理一域。

【数字检察改革】 龙游县人民检察院牢牢把握“法律监督模式系统性变革、激发数字检察内生动力、建设检察业务各领域各环节数字化重点应用”三个关键，从各条线、各项目全方位推进数字化改革，推进场景化应用。2021年办理的驾校学员违法驾驶机动车专项监督案，以数字赋能挖出多起危险驾驶案件中，存在“正在驾校培训的学员、醉酒驾驶机动车”情形，联合有关部门及时堵塞管理漏洞，维护社会公共安全。至2021年12月底，驾校学员违法驾驶机动车案件发生率为零。该案例入选衢州市检察院“我为群众办实事”典型案例。联合推进行政执法和刑事司法衔接机制，在个案中发现“违法行为人未被行政处罚”问题，龙游县人民检察院打破信息壁垒，实现“办一案、治一片”。紧盯法律监督短板，推进信息技术与检察工作深度融合。运用文痕鉴定技术手段办理叶某某民事申诉案，辨明案件事实，让当事人真正感受到司法公正的温度。

【开展教育整顿】 紧紧围绕“五个过硬”（信念过硬、政治过硬、责任过硬、能力过硬、作风过硬）要求，用严实的作风和自我革命的精神，一体推进不敢腐、不能腐、不想腐，排查整治“六大顽瘴痼疾”（违反防止干预司法“三个规定”；违规经商办企业和配偶、子女及其配偶违规从事经营活动；违规参股借贷；违规违法减刑、假释、暂予监外执行；有案不立、压案不查、有罪不究；法官检察官离任后违规从事律师职业、充当司法掮客）问题10个，逐项对账销号，按期整治完毕。以接受县委巡察为契机，巩固队伍教育整顿成果，建立长效工作机制，修订完善制度14个，构筑防止顽瘴痼疾回潮反弹的防火墙。2021年，龙游县人民检察院有2人被评为衢州市政法队伍教育整顿“工作突出个人”。严格执行“三个规定”（即《领导干部干预司法活动、插手具体案件处理的记录、通报和责任追究规定》《司法机关内部人员过问案件的记录和责任追究规定》《关于进一步规范司法人员与当事人、律师、特殊关系人、中介组织接触交往行为的若干规定》），通过制订实施细则、开通定制彩铃、制作提示牌，从源头杜绝人情案、关系案、金钱案。原创视频《三个规定在手，我可以say no》获全国大奖。

【建设清廉模范机关】 大力弘扬检察文化建设，倾力打造以党建为引领，集法治、廉洁文化为一体的检察文化，用文化力量引导干警开拓创新、务实进取。2021年，龙游县人民检察院被命名为浙江省文明单位，被衢州市委评为“建设清廉机关、创建模范机关”工作先进集体。加强基础工作，突出制度管人全覆盖的导向，建立“质量+效率+效果”的业绩考核体系，倒逼检察人员以“求极致”的精神履职尽责。龙游县人民检察院在浙江省检察系统率先出台《司法雇员管理考核办法》，填补编外人员考核空白，经验做法在全省检察系统推广。加强基本能力建设，用好指导性案例、典型案例、“检答网”等资源，增强学习的积极性，提升办案水平。健全“月通报、季排名、常态督导”工作机制，推行部门负责人履职承诺等做法，确保考核、品牌“两手抓、两手硬”。2021年，龙游县人民检察院15个集体和个人获市级以上表彰。“刑民交叉案件处置机制的完善——以被害人权益充分合理救济为视角”被浙江省检察院列为重点课题。

【自觉主动接受监督】 自觉接受人大监督，向县人大常委会专题报告扫黑除恶、公益诉讼等工作情况，做好规范性文件备案审查工作。自觉接受民主监督，向县政协、各民主党派等通报检察工作、听取意见。廉洁从检，龙游县人民检察院制定出台制度机制8项，全面落实“三个规定”填报，组织召开“八小时外监督”干警家属座谈会，积极构建风清气正的履职环境。健全检务公开，统筹运用“龙游检察”4个媒体平台，8090线上法治宣讲做到及时发声，积极挖掘党建与业务工作深度融合的好案例、好故事、好声音。

（县人民检察院　严　晨）

2017—2021年度龙游县人民检察院主要业务情况表

表11

主要检察业务数据	2017年	2018年	2019年	2020年	2021年
受理审查批捕	171件261人	209件311人	220件299人	172件222人	170件235人
受理审查起诉	484件668人	459件745人	477件715人	434件592人	647件868人
提起公诉	362件469人	353件572人	302件467人	280件464人	331件439人
主要查办职务犯罪案件	2件	4件	5件	0件	0件
立案监督	11件16人	23件46人	8件14人	9件11人	21件32人

法　院

【概况】　龙游县人民法院始终坚持以习近平新时代中国特色社会主义思想为指导，深入学习习近平总书记考察浙江重要讲话精神，紧扣上级法院的部署要求，为高质量建设共同富裕示范区的浙西明珠贡献龙游法院力量。2021年，共受理案件7804件，办结7694件，分别同比下降2.74%和8.32%，主要办案指标持续保持正常态势运行，诉源治理成效显著。

【政法队伍教育整顿】　2021年，龙游县人民法院以教育整顿为契机整治顽瘴痼疾。把握总体要求，有序推进查纠整改，共开展谈心谈话256人次，主动向组织说明问题2人，征求到意见建议30条。对2018年以来的108件重点案件、21件涉黑恶案件、462册案卷、153件来信来访案件及1990年以来办结的暂予监外执行案件进行全面回溯评查，对市县两级交办以及开门纳谏座谈会征求到意见共计51项整改内容，逐项分解交办，相关问题均整改到位。坚持治建并举，着力推动个性问题与共性问题、显性问题与深层次问题一起解决，系统梳理汇编5大类27项规章制度。

【刑事审判】　2021年，龙游县人民法院新收刑事案件343件，审结337件，判处刑罚439人，其中72名罪犯被判处三年以上有期徒刑，有力维护国家安全、社会安定、人民安宁。巩固扫黑除恶专项斗争成果，推进扫黑除恶工作常态化，共审结恶势力案件4件7人。严厉打击金融诈骗、非法吸收公共存款等涉众型经济犯罪，依法审结涉案人数众多、涉案金额巨大的徐某某合同诈骗案，并积极开展资产处置工作，努力实现“三个效果”的统一。严惩腐败分子，联合县纪检监察机关开展以案释法工作，4件案件被省市纪检监察机关作为典型警示教育案例采用。着眼社会稳定大局，严厉惩处违法缠访、闹访行为，借助个案形成强烈震慑，助力龙游县信访工作朝有序、良性方向发展。成立少年法庭，贯彻教育、感化、挽救方针，依法对8名未成年人从轻、减轻处罚。重视被告人合法权益，推进刑事辩护全覆盖。

【民商事审判】　2021年，龙游县人民法院新收一审民商事案件3575件，审结3622件。受理涉企纠纷2234件，审结1878件，结案标的7.29亿元，依法平等保护各类市场主体权益，促进完善公平竞争的法治环境。注重发挥破产审判，促进市场主体优胜劣汰，2021年共受理企业破产案件24件，共审结企业破产案件17件，其中和解案件2件，促成5家企业实现重整，推动9家“僵尸企业”有序退出市场，盘活土地48.50公顷、厂房14.79万平方米，清理债务总额33.63亿元，化解银行不良贷款12.39亿元，配合政府有序分流安置职工1343人，为政府清缴税款3450.76万元。杜山集团破产重整一案，936名职工债权100%获偿。大胆探索破产管理人账户竞争性开立等创新机制，出台衢州市首个破产案件风险防范实施意见。5月，龙游县人民法院被浙江省高级人民法院确定为浙江省个人债务集中清理（类个人破产）工作重点推进法院，审结个人债务集中清理案件16件，超额完成试点工作确定的任务，并顺利审结全国首例企业破产和解和“个人破产”联办案件。建立健全与工商联沟通联系机制，深入了解民营企业家的司法诉求，聘请商事纠纷特邀调解员，让“商人纠纷商会解”。全面施行民法典，依法审结自甘风险、好意同乘、亲子关系否认等“首发”案件，让民法典“走到群众身边、走进群众心里”。在司法领域全面贯彻社会主义核心价值观，强化正面引领，3个案例入选2021年首批“衢州有礼”十大典型案例。

【执行工作】　2021年，龙游县人民法院新收首次执行案件2139件，执结2097件，执行到位金额2.22亿元。在常态化开展疫情防控工作的同时，积极探索“当事人一件事”改革，将执行团队下沉人民法庭。逐步强化规范执行，进行执行权运行模式改革，变“一人包案到底”为“分段集约执行”，再造执行业务流程，重塑执行管理模式。开展“执行风暴”统一集中大执行，将案件执行、打击拒执行为与开展集中拍卖变卖行动“三合一”。推进智慧执行，强化机制创新，通过“龙游通+共享法庭”平台，实现到行政村一级的精准曝光和全民执行举报。积极探索公证参与执行、律师参与执行调查机制，提升财产处置效率。

【法治政府建设】　2021年龙游县人民法院持续助力法治政府建设，经省高院批复同意，自5月1日起恢复行政诉讼管辖，共受理94件，审结73件。依法审查非诉行政执行案件37件。不断健全行政争议多元化解工作机制，完善、升级“批办、交办、协调化解、结果反馈”闭环工作流程的行政争议化解“龙游模式”，推动建立衢州市首个行政争议化解中心，实现实体化、标准化、智能化、联动化运作。出台意见为土地二级市场提供司法保障，在衢州市首创婚姻登记类行政诉讼案件“一件事”联办机制，以府院大联动助推依法行政大提升、经济社会大发展。针对审判实践中发现的问题，提出司法建议23件，促进党政提升法治化治理能力和水平。

【数字法院建设】 2021年，龙游县人民法院深化司法领域数字赋能，借助“龙游通+全民网格”优势，推进“龙游通+共享法庭”建设，打造“全域全时全能”司法服务平台，将数字法院延伸至基层治理最前沿，获《人民法院报》头版头条报道。被省高院确定为浙江全域数字法院第二批试点项目“法网协同”试点法院。推进“共享法庭”建设工作，超额完成阶段性目标。推进政法一体化单轨制协同办案，电子卷宗推送、社区矫正、换押，实现100%线上协同，通过跨政法部门间数据交换，实现信息共享，促进审判诉讼效率提升。

【司法体制综合配套改革】 2021年，龙游县人民法院持续推进司法体制综合配套改革和以审判为中心的刑事诉讼制度改革，落实“四类人员”（证人、鉴定人、侦查人员和有专门知识的人）出庭作证，准确实施认罪认罚从宽制度。出台“四类案件”（涉及群体性纠纷，可能影响社会稳定的案件； 疑难、复杂且在社会上有重大影响的案件； 与本院或者上级法院的判决可能发生冲突的案件；有关单位或者个人反映法官有违法审判行为的案件）监管细则、审判人员权责清单，科学界定审判权、审判管理权和审判监督权边界，在全面落实司法责任制的同时，确保放权不放任、监管不缺位。健全院庭长办案机制，出台《院庭长办案规定》，共办理各类案件2098件，推进院庭长办案常态化、科学化。持续强化以模拟庭审形式考核审判能力的法官入额遴选模式，力争把最优秀的人才遴选到办案一线，构建法官职业发展的良性循环机制，该模式在衢州市实现“盆景”变“风景”，获浙江省高院肯定。

【阳光司法】 2021年，龙游县人民法院自觉接受各方监督。主动接受人大常委会监督，及时向人大常委会专题报告破产审判等重点工作情况，对代表委员意见进行归纳、梳理，逐条落实整改。自觉接受政协民主监督，定期向政协、民主党派通报工作。支持配合检察机关法律监督工作，完善检察长列席审委会制度，邀请检察长列席审委会3人次，共接受检察建议、纠违通知24份，均按时办结。

【队伍建设】 2021年，龙游县人民法院加强思想政治建设，强化理论学习，结合政法队伍教育整顿、党史学习教育工作的契机，通过周一夜学、院长论坛、理论学习中心组会议、支部党员大会等形式，组织全院干警集中学习贯彻习近平新时代中国特色社会主义思想、习近平法治思想、习近平总书记“七一”重要讲话精神以及中共十九届六中全会、县委第十二次党代会等会议精神，力争学深悟透、入脑入心。狠抓作风建设，切实履行“一岗双责”，分层分级开

图44 2021年3月27日，县法院组织全体干警前往龙游革命烈士事迹陈列馆缅怀革命先烈，接受红色教育 （县法院/提供）

展廉政约谈，严格贯彻防止干预司法“三个规定”，常态化做好廉政风险排查防控。开展“家属助廉”活动，发出“致干警及家属公开信”，充分发挥家属“家庭监督员”作用，规范干警“八小时外”生活。加强日常巡查督察，进一步强化会风会纪、办公秩序、上下班纪律督查，对于被上级法院通报查实的一律给予纪律处分。坚持把纪律和规矩挺在前面，运用监督执纪“四种形态”，让红脸出汗成为常态。坚持刀刃向内、动真碰硬，支持派驻纪检监察部门依法履职，查处违纪违法案件5人，其中移送司法机关1件1人。

（县人民法院　汪安琪）

2017—2021 年度龙游县人民法院案件收结情况一览表

表 12

年份	刑事案件				民事案件					
	收案		结案		收案（件）			结案（件）		
	件	人	件	人	婚姻家庭继承纠纷	合同纠纷	权属侵权纠纷	婚姻家庭继承纠纷	合同纠纷	权属侵权纠纷
2017	385	481	391	505	521	3692	729	510	3636	704
2018	363	593	371	618	478	3380	701	489	3436	737
2019	314	483	303	452	519	3861	360	518	3852	350
2020	300	530	314	547	460	2535	592	455	2620	594
2021	343	452	337	439	511	2465	473	520	2460	459

司法行政

【概况】 2021年，龙游县司法局在龙游县委县政府的正确领导下，在上级司法行政部门的支持下，深入学习贯彻习近平总书记考察浙江的重要讲话精神，以政法队伍教育整顿和县委政治巡察为契机，聚焦“共同富裕示范区浙西明珠”建设，推动司法行政各项工作扎实有效开展，为龙游经济社会发展提供坚强法治保障和精准法律服务。

【全面启动“八五”普法】 以县委宣传部、县司法局为牵头单位，组建规划起草小组，系统学习中央、省、市级法律法规及文件精神，广泛征求意见建议，经多方论证研讨，形成龙游县“八五”普法规划。有序组织开展《中华人民共和国民法典》系列宣传活动，线上充分运用FM954普法讲堂、民法典之50问、龙小法说民法典系列漫画等形式进行宣传，受众15万人次。龙游县8090法治宣讲团发放宣传资料3万余份，引导群众树立正确的法治观念。落实“谁执法谁普法”“谁服务谁普法”“谁主管谁普法”的普法责任制要求，依托“龙游通”司法宣传模块、“之江法云”微信塔群等新兴网络媒体，定期推送县反诈工作组制作的电信网络新型违法犯罪相关法律法规和防骗知识，在崇法苑投放反诈视频，供全县群众学习宣传，开展反诈专题法治宣传活动30余场，受众3000余人次。

【夯实人民调解防线】 加强专职人民调解员队伍建设，指导行业性、专业性调委会和乡镇（街道）调委会通过购买人民调解服务，聘请专职人民调解员。2021年新增购买人民调解服务8人次，总人数24人。指导完成新一届村级人民调解组织换届工作，龙游县村级调委会均实现由党支部书记兼任调委会主任，并全部统一制作调解员证。县调委会在十里坪监狱设立人民调解工作室，配备专职人民调解员，实现人民调解组织向监狱延伸，进一步深化监地融合。先后开展“法雨春风进万家”爱民实践活动、让群众打得起“官司”爱民实践活动、矛盾清源专项行动、矛盾纠纷化解“解民忧”专项行动。2021年，各级调委会调处矛盾纠纷5447件，调解成功 5429件，调解成功率99.66%，涉及金额5969.57万元。

【推动司法所提档升级】 积极争取资源要素，着力培育中心司法所，推动司法所升级改造。东华司法所入选省“培优育新”项目，成功创建龙游县首家省“枫桥式”司法所。湖镇司法所完成搬迁和升级，石佛司法所完成升级改造，成功创建龙洲、詹家2家市级“文明规范公正司法所”。

【打造全省首个驻监公共法律服务站】 延伸公共法律服务触角，在省十里坪监狱建立浙江省首个驻监公共法律服务站，设立人民调解工作室，将律师、公证、鉴定、调解等资源向监狱延伸配置，明确建立监地联络制度，组建律师志愿服务队，定期开展法律咨询。2021年共开展法治宣传10次，接待来访群众56人次，发放宣传资料1000余份，组织法律援助志愿律师进监，提供法律咨询35人次，解决法律问题94个。

【加强特殊人员教育改造】 开展“四学一做”（学思想、学党史、学法律、学技能，做合格公民）修心主题教育活动，围绕党史、法治、道德、心理、文化等教育内容开展专题课堂24场，受教育社区矫正对象1500人次。加强与县检察院、公安局、法院、监狱、看守所、移动公司等单位的工作衔接，完善社区矫正对象交付执行环节，采取“报到回执制”“定期核查制”，努力实现无缝对接，杜绝脱管漏管现象。采用钉钉人脸识别定位核查、重点人员电子腕带核查、“浙里矫”APP定位核查、定位手机电话抽查核查、借助公安大数据核查等多样化信息化核查，维持高压态势。对特殊时期社区矫正对象的违规行为，进行从严、从重、从快处罚，确保社区矫正执法威慑力。注重社区矫正执法队伍建设，组织矫正工作人员参加竞赛活动，获衢州市社区矫正“中华经典诵读大赛”个人组二等奖、集体组二等奖、优秀组织奖等荣誉。开展远程视频会见345批次622人次。持续开展刑满释放人员无缝衔接，2021年共接收179名刑满释放人员，重点人员必接必送率100%。加强安置帮教对象关爱和帮教工作，2021年走访安置帮教对象220人次，成功帮助服刑人员未成年子女完成户口迁移、低保转接等入学前准备工作。

【加强干部队伍建设】 龙游县司法局先后经历全国政法队伍教育整顿和县委政治巡察工作，深入开展党史学习教育、政治教育、警示教育、英模教育。通过个人自查、社矫案件评查、谈心谈话、开门整治、线索核查等多种形式在全系统进行顽瘴痼疾整治。县司法局在政法队伍教育整顿中央第七督导组督查时得到高度肯定，获衢州市政法队伍教育整顿先进集体称号。

（县司法局　柳　毅）

2021年龙游县人民调解案件情况表

表13　　　　　　单位：件

地区	调解案件总数	调解成功	疑难复杂案件	调解案件情况																	
				婚姻家庭纠纷	邻里纠纷	房屋宅基地纠纷	合同纠纷	生产经营纠纷	损害赔偿纠纷	山林土地纠纷	征地拆迁纠纷	环境污染纠纷	劳动争议纠纷	道路交通事故纠纷	医疗纠纷	物业纠纷	消费纠纷	旅游纠纷	知识产权纠纷	互联网纠纷	其他纠纷
合计	5447	5429	69	1028	874	238	360	21	682	426	169	13	572	115	50	37	19	0	5	0	837
龙洲司法所	275	274	2	23	68	22	5	1	28	7	1	1	3	4	0	5	2	0	0	0	105
东华司法所	528	527	7	176	38	15	5	0	174	16	84	0	4	5	0	0	1	0	0	0	10
湖镇司法所	283	281	14	21	21	5	2	2	23	9	0	0	5	3	1	0	0	0	1	0	190
小南海司法所	316	315	3	115	18	11	5	7	47	96	2	1	1	6	1	0	0	0	0	0	6
詹家司法所	484	484	6	107	81	32	6	0	31	68	3	2	9	21	2	0	6	0	0	0	116
塔石司法所	299	288	1	72	102	65	0	4	16	6	0	0	2	3	1	0	1	0	0	0	27
溪口司法所	545	544	5	99	143	18	25	1	133	54	9	1	9	3	0	1	3	0	0	0	46
横山司法所	555	555	1	23	254	13	1	1	107	30	6	7	4	5	23	0	2	0	4	0	74
模环司法所	422	422	3	20	58	32	8	5	62	103	60	1	5	8	6	0	1	0	0	0	53

续表 13

地区	调解案件总数	调解成功	疑难复杂案件	调解案件情况																	
				婚姻家庭纠纷	邻里纠纷	房屋宅基地纠纷	合同纠纷	生产经营纠纷	损害赔偿纠纷	山林土地纠纷	征地拆迁纠纷	环境污染纠纷	劳动争议纠纷	道路交通事故纠纷	医疗纠纷	物业纠纷	消费纠纷	旅游纠纷	知识产权纠纷	互联网纠纷	其他纠纷
石佛司法所	116	116	0	6	50	6	4	0	1	16	2	0	0	0	7	9	0	0	0	0	15
罗家司法所	9	9	0	1	3	0	0	0	3	1	0	0	0	0	0	0	1	0	0	0	0
大街司法所	0	0	0	0	0	0	0	0	0	0	0	0	0	0	0	0	0	0	0	0	0
阳司法所	317	317	0	206	27	1	15	0	34	7	0	0	0	1	0	0	0	0	0	0	26
沐尘司法所	54	54	0	23	4	13	1	0	6	6	0	0	0	1	0	0	0	0	0	0	0
庙下司法所	26	26	0	5	3	3	0	0	0	6	0	0	0	0	0	0	0	0	0	0	9
经济开发区司法所	206	206	0	3	4	0	0	0	0	0	0	0	143	2	0	0	2	0	0	0	52
司法局区直属	113	113	14	13	0	2	30	0	14	1	2	0	13	11	0	0	0	0	0	0	27
行业调解委员会	899	898	13	115	0	0	252	0	3	0	0	0	374	42	9	22	0	0	0	0	81

交通安全管理

【概况】 龙游县交通警察大队在县委、县政府和上级公安机关的领导下，紧盯队伍教育整顿和中国共产党成立100周年安保两大重点工作目标，以道路交通领域“遏重大”攻坚战为核心，坚持人民至上、生命至上的理念，深化“一创一治”“减量控大”（减少事故的数量，控制特大交通事故的发生）三年行动，进一步发挥“道安办”平台的推动作用，深入推进交管现代警务机制改革、强化数字赋能，全面加强龙游县道路交通安全管理，为中国共产党成立100周年庆典，打造平安、有序、和谐的交通环境。至2021年12月底，龙游县交警大队共接交通类警情1.99万起，同比上升11.4%，其中发生亡人事故45起，死亡45人，直接经济损失22.69万元。共查处各类交通违法行为 24.95万起，其中醉驾157起、酒驾489起、无证驾驶及失驾（指驾驶人由于醉驾、吸毒史、驾照过期、满12分等原因造成机动车驾驶证被暂扣、注销、吊销，从而失去合法的机动车驾驶资格的情况）219起、超员423起、货车载人113起，非机动车违法4.6万起，超载超限车辆2424辆次（其中“百吨王”30辆），卸载货物共计9.8万余吨。

【道路交通隐患治理】 龙游县交警大队紧紧围绕县局党委“聚焦八大工作体系，推进县域现代警务模式构建”的工作部署，以推进道路隐患治理攻坚为抓手，打造公共安全监管工作体系。创新推出“段长制”，由27名县领导分别挂联全县15个乡镇（街道）、经济开发区的27个重点路段，属地乡镇（街道）主要负责人担任段长，按照“一段一策、职责打包、人员组团”原则，成立工作专班，制订个性化工作方案，构建“部门参与、乡镇主管、延伸到村、社会联动”的一体化治理体系。推出深化段长制“101”工作机制（以一条硬措施压实段长工作职责、以清零为目标推动道路隐患整治、以一套硬制度掌控路域环境动态），2021年，县领导到各挂联的重点路段实地指导60余次、重点路段常态化有人员值守，事故下降明显。6月15日“段长制”经验做法被《人民公安报》报道，相关工作经验材料在浙江省公安厅简报刊登。深入开展道路交通安全隐患治理，建立完善突出安全隐患点段的定期排查工作制度，及时将排查结果报告党委政府、通报相关部门落实治理。积极推进1处省级挂牌隐患点、3处市级挂牌隐患点、8处县级挂牌隐患点的整改工作，至2021年12月底，省、市隐患点整改完成竣工验收，县级隐患点完成95%；沿江公路25处道路隐患点和“段长制”27条列管道路195处隐患点整改项目基本完工。2021年在主要国省道安装完成道口标注666根、减速带2160米；清理行道树遮挡标志牌270处，完成1处隧道、44处桥梁、102处高边坡重点巡查和检测建档。积极配合交通运输部门开展专项整治，持续开展公路路口防护提升工程和国道示范路创建活动。对龙游主干道兰贺线，进行全线提升改造，将兰贺线龙游段打造成“安心路、精品路、样板路”，全面完成320国道示范路创建工作。2021年共开展交通安评审查17次、交评审查15次、道路项目建设方案审查36次、项目竣工验收18次、施工审批32次。

图45　2021年3月26日，龙游县交警和交通部门联合开展大货车超限超载违法行为整治（县交警大队/提供）

【道路交通源头管理】 2021年，龙游县交警大队从重点车和重点人员入手，强化源头管控和驾驶人素质提升。加强重点车辆管理，通过成立专班、层层督导推动、定期通报、积极上门催办、强化路面查纠、对重点企业进行约谈等举措，深入推进“两客一危一货”及校车等重点车辆管理，与交通运输部门联合，对重点运输企业开展检查21次，排查整改安全隐患41处，抄告重点车辆违法行为160次、约谈企业负责人2次；监督9家涉危运输企业实现前端隐患“动态清零”、7家重点企业建立智能视频报警装置应用制度；将龙游县198辆城乡公交车全部安装卫星定位，并纳入公交智能调度系统限时限速管理；龙游县336辆重点营运车辆“六率”均实现百分之百； 57座以上营业性卧铺车、距离报废年限1年内的营业性客车均保持零基数；2021年共部署开展电动自行车专项整治4次，排查上报三（四）轮电动车数据4243辆，粘贴警示标语2426条，扣留无牌无证非机动车740辆。重点车辆管控工作成效位居衢州市前列。加强重点人员管理，坚持日梳理、通报制度；对288名重点驾驶员开展吸毒记录排查，将2名有隐患驾驶员纳入重点管理名单。夯实运输企业管理责任，将检查和处罚信息导入信用考核系统，对重点驾驶人实行分类奖惩措施。全面推广应用互联网学习教育平台，开展“两个教育”（违法记分满分教育和审验教育学习）引导广大驾驶人利用“交管12123”申请学法减分，该项工作位居衢州市前列。创新工作形式，开展各类主题宣传和“七进”(进企业、进校园、进机关、进社区、进农村、进家庭、进公共场所）宣传工作，2021年完成“七进”宣传1214场次，受众4.8万人。根据上级公安机关对于宣教工作考核办法，积极做好对外宣传工作。2021年信息报道被市级以上媒体录用120篇，其中国家级9篇。积极开展微信、微博、抖音等新媒体宣传工作，编发各类微信261期、被市级以上录用68条；报送微博信息117条，被省级以上录用61条；积极开展抖音直播、快闪等新形式宣传，共编发抖音短视频95条、开展直播宣传1次，取得良好社会效果。

【道路交通秩序整治】 龙游县交警大队“治超”专班采取“白加黑常态巡查”“针对性突击检查”等方式，从严查处整治货车超载超限违法行为。2021年3月20日至4月20日，龙游县交警大队与县交通运输综合行政执法队进行联勤联动，开展为期1个月的“双超百”整治行动，对50家货运源头企业进行约谈。交警大队坚持屯警路面，加大事故多发路段时段、拥堵易发节点的巡逻频次和密度，组织开展 “龙吟”系列行动5次、开展危化品道路运输“铁拳”整治、“超限超载”治理、电动自行车专项整治等联合执法行动。充分应用集成指挥平台及其APP，完善车辆布控联网联控。

依托315省道交警执法站和警务通开展重点违法现场查处，2021年度月均现场处罚一致量达5起/人以上，2021年通过联网联控现场查处违法行为2417起，其中核查拦截逾期未年检、未报废、违法未处理等重点车辆违法332起；通过研判预警、精密智控共查处危化品运输车辆闯禁、违停等违法行为129起、对“失驾”、毒驾等重点人员精准管控208名。

图46 2021年6月9日，龙游县交警大队联合巡特警、派出所等警种开展“龙吟三号”暨平安护航建党百年集中整治行动 （县交警大队/提供）

【执法规范化建设】 自2021年3月开始，龙游县交警大队实行简易与一般伤人事故下沉至各路面中队办理，事故中队实行相对集中办案，专门负责办理交通肇事与危险驾驶两类刑事案件，提高办案效率。2021年累计办理交通肇事罪案件32起、危险驾驶案件149起、一般程序事故119起、简易程序事故7892起。根据省市交警系统工作部署，县交警大队自2020年9月起通过专班化运行、各大队领导牵头负责相关中队，侦查（法制）中队负责督促指导积案清理，每日在大队网页上通报各中队清理工作进度等工作模式，全力推进积案清理工作。县交警大队历年未裁决积案2042起，清理1836起，其中涉酒类和超载积案全部清理完毕。结合2020年度执法活动财物管理情况审计整改回头看工作，县交警大队成立执法顽瘴痼疾整治专班，由专人对违规异地办案情况、重点案件、涉案类警情、取保候审保证金、行政拘留未执行等执法方面的问题进行自查。对自查出的问题及时予以整改，出台《查处酒驾执法工作规范》和《道路交通逃逸事故处理工作规范》、交警大队执法工作“五个一律”等制度，建立机制促规范。

【智慧交管模式改革】 2021年，龙游县交警大队聚焦改革强警，从警务机制、科技赋能着手提升交管成效。大队各副大队长兼任分管科室中队长或指导员，路面中队长兼任辖区派出所副所长，精简大队机关，做强路面中队，并将一般交通事故处理和行政案件职能下沉至路面中队，实行刑事案件相对集中办理。将路面中队辖区划分与派出所管辖范围调整一致，着力开展所队联勤。出台集中办案、联勤联动、数字警务室和素质提升四大机制，各路面中队明确基础管理、宣教、秩序、办案等业务线联络员，进一步提升公安交警工作效能。龙游县交警大队开展多方位数字化改革。创新道路交通安全隐患处置“一件事”集成改革。针对影响道路交通安全隐患堵点、难点、痛点问题，通过V字模型进行数字化集成，通过流程再造、制度创新、数字赋能，基于地理信息数据，通过“一件事”系统匹配隐患处置牵头和配合部门，使道路交通安全隐患排查更全面、处置更及时、协同更高效。至2021年12月底，县交警大队成功处置道路交通安全隐患233件。8月20日上午，衢州市道路交通事故隐患处置“一件事”推广会在龙游召开。按照衢州市“机动车违停治理一件事”应用推广方案，结合龙游县实际，县交警大队于2021年7月实现线上运行，完成业务操作培训、人员信息采集等工作，完成违停事件处置2290起。谋划交通安全“一网智治”平台。以电动车安全治理为小切口，以精准管理、数字赋能为目标，对电动车安全管理的现状进行认真分析，找出管理短板，围绕“人、车、路、环境”场景，开展任务清单拆解以及四大体系、两张流程图、两张清单的梳理工作。

【车管业务集成改革】 2021年，龙游县交警大队牵头组织龙游县3家车辆检测站制订周密推进计划和提升方案，同步开展硬件设施改造、改进流程和人员素质提升等工程，做好车辆检测一件事集成改革。其间多次组织检测站外出学习和互学互看，对企业在改革过程中遇到的建设审批等问题，主动联系相关单位做好协调沟通，帮助企业如期完成工程提升。至2021年5月底，3家检测站全部通过省级复评验收，龙游车辆检测时间从以往一个半小时缩短至半小时左右，实现“交钥匙”“一窗通办”的快捷服务。龙游县交警大队车管所积极完善“综合受理、一窗通办”模式，推进公安无差别全科受理；进一步精减材料，大力推广使用政务服务网和“浙里办”APP，提升线上办件量，通过“容缺受理”“机器换人”，实现“刷脸办”“掌上办”“一证办”，专门设置自助服务区，自助终端办理量同比增长20%以上。紧跟“一窗通办”改革工作节奏，进一步加强业务权限下放，所有路面中队交警业务窗口均入驻乡镇便民服务中心，极大地方便当地群众。2021年共受理新车注册5697辆，转移登记5120份，注销登记 1065份，车辆转入1982份，补换号牌、合格标志、补换行驶证1639份，补换登记证书439份，抵押登记3925份，变更登记2998份，申请临时号牌367份；受理申领驾驶证10020份，驾驶证换证9367本（含驾驶证转入），满分学习1114人，驾驶员审验1026人，恢复驾驶资格88人，信息变更97人，校车驾驶资格申请11人，转出222人，汽车科目一考试9946人，科目二考试11809人，科目三考试11307人，科目三安全文明考试8539人。龙游县2021年机动车保有量87739辆，机动车驾驶人保有量12296人。车管所日均接待办事群众近400人，进行电话回访13900人次，满意率99.87%、实现率99.78%。

（县交警大队　胡伟明）

2017—2021 年度龙游县道路交通事故发生情况表

表 14

年 份	一般程序交通事故（起）	死亡人数（人）	受伤人数（人）	直接经济损失（万元）
2017	194	26	168	86.62
2018	129	32	129	35.43
2019	144	60	124	33.69
2020	141	49	125	29.40
2021	116	45	98	22.69

军事

人民武装

【概况】 2021年，龙游县人民武装部（以下简称县人武部）坚持以习近平新时代中国特色社会主义思想和习近平强军思想为指导，深入学习贯彻中共十九大和十九届六中全会精神，全面落实上级党委扩大会议精神，坚持政治建军、改革强军、科技强军、人才强军、依法治军，以党史学习教育为主线，以“十四五”规划为契机，突出铸牢军魂、聚力练兵备战、注重夯实基础，坚持“抓大事、干实事、不出事”总体思路和“稳中求进”工作基调，顺应形势，积极作为，各项建设稳步发展，总体工作取得显著成绩。县人武部被浙江省军区表彰为“全面建设先进人武部”。

【思想政治建设】 2021年县人武部持续跟进学习习近平总书记“七一”重要讲话和中共十九届六中全会精神，全面掌握科学内涵和精神实质，真正把讲话精神作为科学指南、根本遵循和行为准则。聚焦党史学习教育，坚持融入经常，根据时间节点、任务阶段，组织开展信仰信念、战斗战备、红线底线等教育，通过领导解读、现场教学、录像辅导，大讲形势政策、大讲使命任务、大讲标准要求，认清差距不足，切实统一思想、凝聚共识。4月2日，组织部机关全体人员和专武干部开展“寻找红色足迹”主题党日活动，在习近平总书记视察过的地方上党课，听英模讲述战斗故事。7月9日，组织专武干部赴庙下重走红军路。9月，参加军分区组织的党史知识竞赛，获得全市第一名。加强民兵思想政治工作，6月15—16日，承办“衢州民兵心向党”云上歌咏比赛暨思想政治工作会议，展现龙游县民兵党建工作取得的突出成绩。龙游县民兵党建中心建设有“一厅三馆两室一长廊”。一条长廊即：展示时任浙江省委书记习近平三次莅临龙游县指导工作的珍贵影像和重要指示。三馆即：华岗同志纪念馆，讲述华岗对党和人民壮烈的大爱；十九大精神纪念馆，贯彻传达中共十九大重要精神；党性体验教育馆，为民兵干部开展党建活动提供场所。两

图47 2021年4月2日，组织专武干部赴庙下开展“寻找红色足迹”主题党日活动 （县人武部/提供）

室即：民兵阅览室、民兵心理咨询室，为民兵全面发展提供重要保障，也为民兵思想政治工作深入开展打下坚实基础。

【县委议军会】 1月5日，龙游县委议军会议召开。会上，组织观看县人武部建设宣传片，听取县人武部工作汇报。会议充分肯定全县武装队伍为龙游经济社会发展和社会稳定作出的突出贡献。研究部署龙游县国防动员和后备力量建设，努力开创新时代党管武装工作新局面。要求各级党委、政府要从讲政治的高度，关心支持国防和军队建设，确保国防动员和后备力量建设持续发展。

【军事训练】 2021年，县人武部贯彻习近平主席训令，定期议战议训，全面启动作战准备，组织战场勘察，更新完善作战数据，研拟国防动员方案，细化非战争军事行动计划，加强战备教育，规范作战值班秩序，出动民兵参加森林灭火、安保维稳等非战争军事行动演练，提高民兵应急应战能力。按照“平时服务、急时应急、战时应战”要求，启动民兵应急分队训练演练和民兵专业分队基地化轮训，开展应急指挥所实兵演练与群众性练兵比武活动。

【民兵组织整顿】 2021年，县人武部认真组织学习中央军委国防动员部《民兵组织整顿工作实施办法》，围绕支援保障作战有保证、应急维稳救灾有能力、服务经济社会发展有作为、建设发展可持续的目标要求，科学统筹部署，严密组织实施，按时间节点顺利推进，落实基本程序和集中点验制度，训练水平得到提高，装备器材配套完善，民兵队伍可靠管用。围绕力量布局优化的目标，突出做好应急分队、专业分队和新质民兵分队建设，把全县基干民兵分成应急分队、专业分队、特殊力量分队三类力量，因人制宜，发挥最大功效。

【征兵工作】 2021年，县人武部健全组织结构，调整县征兵领导小组，明确人员职责分工，扎实开展兵役登记和征兵宣传工作。从严把控兵役登记、体格检查、政治考核、走访调查、役前训练、审批定兵等关键环节，做到早准备，早行动，不打无准备之战。依托电视台、“村情通”等平台，采取“传统+网络”“集中+个体”“线上+线下”等方式，进村入户开展宣传发动工作，18周岁兵役登记率达到100%。统筹做好疫情防控和征兵体检工作，专题召开征兵体检协调会，传达上级关于征兵工作相关文件精神，在新冠疫情的形势下，全面做好防范工作，确保征兵工作顺利进行。1月21日，县人武部召开2021年征兵工作部署会，乡镇

图48 2021年8月4日，组织2021年度对口保障军兵种民兵共同基础暨学生军训民兵教员集训

（县人武部/提供）

(街道)以及行业系统相应成立领导小组，形成军地齐抓整体合力。

【参与非战争军事行动】 2021年，县人武部配合县政府做好疫情期间龙游西入城口、龙游高速入口共5个卡点的执勤以及协助村社区排查流动人员、卡点管理、消毒灭菌等工作，组织县属应急连和应急基干民兵开展值班值守。3月14—28日，县人武部组织民兵和专武干部奉命赴衢江支援疫情防控工作，完成23个卡点执勤任务。

【国防动员体制建设】 2021年，县人武部完成龙游县域国防动员机构和办事人员调整。进一步细化龙游县国防动员委员会工作职能，落实国防动员工作例会、潜力核查、业务培训、检查考评等工作制度，规范专兼结合、职能明确、关系顺畅的国防动员工作机制。10月，围绕区域国防潜力大数据库建设，扎实开展国防动员潜力核查，组织召开潜力数据核查推进会，摸清与作战准备相关大类及其重要潜力指标，为精确动员奠定基础。

【国防教育】 2021年，县人武部依托县政府网站、电视、报刊、“微龙游”公众号、“龙游通”等平台，推动落实国防教育进机关、进学校、进乡村、进社区、进企业。利用清明节、“国防教育日”、八一建军节等时机加大国防教育宣传力度。3月，“8090国防教育讲师团”围绕“英雄情结”主题为新兵进行现场讲座，活动被新华社报道。并在全县5所中学开展国防知识巡回宣讲。开设“八一光荣榜”，更新完善军人荣誉墙。9月，邀请“一级英模”钱富生为新兵作报告，激励新兵们争当保家卫国的好战士。

【双拥工作】 2021年，县人武部按照“积极参与、发挥优势、量力而行、有所作为”的原则，主动参与当地社会经济建设。积极组织干部职工、民兵预备役人员参加地方抢险救灾及环境整治活动。开展送立功受奖喜报上门及八一建军节、十一国庆节、“9·30”烈士公祭日、春节大走访活动。加大退役军人创业帮扶力度，县人武部会同县退役军人事务局，组织开展返乡退役士兵“六个一”活动，包括举行一次退役士兵返乡欢迎仪式、召开一次退役士兵座谈会、组织一场家乡发展成就图片展、制作一份退役士兵服务手册、组织一次退役士兵职业技能培训、组织一场退役士兵专场招聘会，通过“六个一”系列活动提升退役军人的荣誉感、归属感。9月8—12日，召开全县退役士兵返乡欢迎会。继续推出“幸福拥军贷”，为退役军人创业提供资金保障。进一步完善退役军人全生命周期服务管理工作，在“龙游通”开发“双拥在线”模块，打造退役军人及其家属专属服务平台，完善退役军人就业平台。增强军人职业的荣誉感，营造崇尚军人、军属的良好社会氛围。

(县人武部　孙晓莹)

武　警

【概况】 中国人民武装警察部队衢州支队执勤二大队龙游中队(以下简称武警龙游中队或中队)主要担负龙游县看守所外围武装警戒任务，维护龙游县社会和谐稳定。2021年，中队紧紧围绕支队建设“八个一”军营的总体要求，始终以新《军队基层建设纲要》为依据，落实总队、支队党委扩大会议精神，紧跟大队党委坚定步伐，坚持抓班子带队伍、抓思想固根基、抓中心提战力、抓管理促稳定、抓保障攻难关，实现各项经常性工作稳妥推进，部队基础不断巩固。认真履行职责使命，按照“干好维稳这件大事”要求，落实战备制度，抓好战备工作，开展反恐维稳形势教育，始终保持高度戒备态势。积极承担龙游县灾害指挥部成员单位职责，做好抗洪救灾、森林灭火、反恐维稳等演练。10月，驻地工厂起火，中队迅速派兵赶往现场对周边群众进行疏散，并做好外围警戒工作，确保人民群众生命财产安全。2021年，中队持续抓好安全工作，执勤目标连续30年安全无事故。

【组织建设】 2021年，武警龙游中队深入学习《军队党的建设条例》《中华人民共和国武警法》《习近平谈治国理政》等条例法规和文献，以干部领读、集中辅导、理论摘抄、讨论交流、橱窗板报等形式强化理论认同、凝聚思想共识，官兵政治理论水平有进一步提升。中队支部成员能够经常交心通气、沟通思想，工作上相互支持，大事开会研究，小事碰头商量，团结心齐，思想统一，不等不靠，沟通协调，各项工作推进顺利。坚信“风清气正才能促进团结提振官兵凝聚力”，干部严格遵守条令条例和规章制度，主官之间真诚相待，工作搭配合力合拍，班子成员和谐融洽，党员身先士卒，给官兵树立好榜样。做好队务公开，畅通民主渠道，在入党入团、集训培训、转改警士、骨干配备、评功评奖、慰问物资分配等涉及官兵切身利益的敏感问题上，坚持做到公平、公正、公开。

【思想政治建设】 2021年，武警龙游中队结合中国共产党成立100周年大庆，坚持把党史学习教育作为主要工作，不断强化政治责任。抓好三个阶段的理论学习，把《论中国共产党历史》等四本必读书目作为教材，细看、熟读，不断加深对党史的情感认同。组织观看中国共产党成立100周年大庆盛会，原文学习习近平总书记“七一”重要讲话，不断坚定看齐追随的自信心。把中共十九届六中全会精神进橱窗、上讲台、出板报，不断浓厚新时代新征程的拼搏氛围。持续开展“传承红色基因、担当强军重任”主题教育，依托“五史”、卫国戍边英雄群体和反恐尖刀中队等载体，组织观看《觉醒年代》《高山下的花环》《长津湖》《长征》等红色影视，瞻仰驻地红色资源，邀请“英雄指导员”钱富生到队授课，通过学习党的光辉历史和丰功伟绩，引导官兵进一步增强“四个意识”、坚定“四个自信”、做到“两个维护”，不忘初心、牢记使命。发挥中队“红肩章”宣讲员的优势，让官兵走上讲台，兵说兵、兵讲兵，进一步扩宽教育渠道，浓厚教育氛围，增强教育效果。成立球类、棋牌类、读书演讲、音乐K歌、乐器等兴趣小组，每周六组织开展活动，不断丰富官兵业余生活。充分利用黑板报，传播正能量，提高官兵文化素养。通过举办“八一”军民联欢晚会，进一步密切军地关系，邀请驻地老师教授吉他、架子鼓等，丰富官兵精神文化生活，陶冶官兵情操，营造拴心留人的良好环境。

【军事训练】 2021年，武警龙游中队聚焦强军目标，持续提升部队实战化训练水平。严格按照政治、军事“两手抓、两手硬”要求，以落实武警部队军事训练会议精神为抓手，科学制定训练计划和目标，坚持以训强能，补齐短板弱项，保证军事训练兵力、内容、时间、质量落实，提高整体训练水平。刚性落实军事训练“一票否决”制和年度奖励硬性措施，全面打牢战斗力基础。中队党支部充分认清形势，搞好思想发动，引导官兵树牢当兵打仗、带兵打仗、练兵打仗的思想；采取制作军事训练龙虎榜，开展“创破纪录”活动，月考核公示成绩等方法，量化评比加分，营造浓厚练兵氛围。做到以考促训、以比促练、以拉促备，严格量化评比排名，把导向树起来。年内，中队排查消除训练场安全隐患5处，未发生任何人员伤亡事故。

【部队管理】 2021年，武警龙游中队着眼提高管理工作标准，狠抓重点问题治理，重经常抓养成、建机制抓弱项、查隐患抓预防，下大力做好中队安全管理工作。结合百日安全竞赛、群众性创安活动、执勤安全教育整顿和建党百年大庆活动，采取学习文件、授课辅导、观看音视频、讨论辨析、饭前解读条令法规等方式落实安全教育，定期组织安全常识宣讲、安全理论测试，不断提升官兵安全防范意识。坚持每日点名，每晚就寝后干部查铺，在全中队上下真正形成“我的安全我负责、他人安全我有责、单位安全我尽责”的良好氛围。依托手机管控平台，较好地减少违规使用手机问题，对在外人员的管理上，定期电话安全提醒，有效杜绝违规饮酒、酒后驾车等问题的发生。

【后勤保障】 2021年疫情期间，武警龙游中队严格按照“外防输入、内防反弹”要求，严格落实上级各项防疫规定，严控人员和车辆进出。加强枪弹管理，严格落实“日检查周保养”“双十条禁令”（武器弹药管理“十条禁令”和武器弹药操作使用“十条禁令”）等制度，确保武器装备绝对安全。经常性开展武器分解训练，使官兵熟练掌握手中武器的构造和性能。在推进营房工程建设上，中队主官不等不靠，积极主动与县政府、县公安局、县文化和广电旅游体育局等部门沟通协调，项目推进顺利。坚持依法依规理财，严格落实伙食保障，科学调剂伙食，经常变换菜式口味，确保官兵吃饱吃好。

（武警龙游中队　倪世超）

人民防空

【概况】 2021年龙游县人民防空办公室（县民防局）坚持以习近平新时代中国特色社会主义思想为指导，按照“战时防空、平时服务、应急支援”的使命任务和要求，坚持备战牵引，聚焦主责主业，注重融合发展，突出创新驱动，全面建设取得新成效。2021年度，被浙江省人民防空办公室评为全省人民防空工作先进单位。

【组织指挥体系建设】 2021年，强化重要经济目标工作覆盖，各重要经济目标单位按照要求建立指挥机构、指挥平台，组建防护队伍，经常开展演习演练。整组抢险抢修、医疗救护、交通运输、防化防疫、通信、治安、消防等人防专业队伍，9月，对通信专业队、抢险抢修专业队进行拉动点验。5月12日、9月18日2个警报试鸣日，按要求组织防空防灾警报试鸣，县城区、重点镇17台数字电声警报器全部正常鸣响，鸣响率100%。加强人防实战化演习，5月12日，组织开展“5·12”人口疏散演练，首次采取市县联动、异地同演、实时联网、实兵实装方式，检验人防指挥部组织指挥能力，增强人民群众的国防观念和人防意识，锻炼人防队伍遂行任务能力。

【全民人防教育】 2021年在“3·1”国际民防日、“5·12”防灾减灾日、“九一八”事变日等重要时间节点，组织开展全民宣传教育活动，普及防空防灾知识，提高全民国防意识和人防观念。推进防空防灾宣传教育进广场、进学校、进企业、进社区、进媒体，组织人防教师参加防空防灾知识技能轮训，发放中小学人防教材读物，组织阳光小学、溪口中学师生开展人防宣传教育和疏散演练活动，在荣昌广场集中宣传，在兴龙社区、红星社区组织社区居民开展防灾减灾知识宣传，向人防相关企业宣传人防政策法规，通过电视、微信、短信、户外大屏等途径发布警报试鸣通告和人防宣传片，全年累计发放宣传册约1600册。

（县住建局 郑方明）

发展和改革管理

【概况】 2021年，在龙游县委、县政府的正确领导下，龙游县发展和改革局（以下简称县发改局）紧扣县委“14456”工作布局，以“大庆大干、你追我赶”建新功创新业为主线，聚焦共同富裕示范区建设和生态工业高质量跨越式发展，统筹协调、压实责任、科学谋划、精准施策，取得一定成效。

【争创争先】 龙游县成功入选全省共同富裕示范区建设首批试点和生态工业“一县一策”样本县。龙游县现代服务业创新发展区成功入围首批省级现代服务业创新发展区名单，龙游经济开发区、禾川科技入选省级两业融合试点。整县屋顶分布式光伏开发列入国家、省试点。翠光未来社区、归仁未来社区列入省级创建名单。4项清单成功列入省数字社会首轮“揭榜挂帅”，数量居全市第一。2021年上半年数字社会推进工作综合评价排名全市第一，全省数字社会系统门户建设现场演示获11个市随机抽取的11个县（市、区）第3名。

【要素保障】 龙游县12个项目列入专项债发债清单，总投资23.71亿元，专项债券额度共计6.45亿元。积极争取能耗支持，蓝宇纸业、维达纸业两个项目获批总能耗13万吨标煤。龙游县环卫基地项目、龙游大桥至龙翔路拼宽改造工程2个项目申请信贷2.86亿元。2021年老旧小区改造工程、礼贤小区安居工程两个项目成功争取中央预算内资金4614万元。320国道改建工程、龙游站房改扩建工程、公共文化服务中心建设等3个项目列入省重点项目计划；150个项目列入市重点项目计划；白鸽湖商埠文化园、水发（龙游）全竹绿色循环产业园、云墨碳谷新材料产业园等3个项目列入省市县长工程，全部开工入库。临港物流园区、中域国际汽车城等24个项目纳入浙江省“六个千亿”产业投资计划，总投资337.57亿元，年度计划投资31.05亿元。启动碳达峰碳中和行动方案编制，有序开展纺织业、非金属矿物加工业、金属冶炼和压延加工、化学原料及化学制品制造业、石油加工炼制和核燃料加工、造纸和纸制品业、化学纤维制造业、电力热力的生产供应八大高耗能行业和“十四五”重点用能企业情况摸排，完成255家规模以上企业工业碳账户能源数据采集装置安装工作。积极开展光伏资源、光伏地面电站建设情况摸排，制定《龙游县整县推进光伏开发试点工作方案》。2021年，全县新增光伏发电装机容量43.9兆瓦（4.39万千瓦）。

【项目谋划和管理】 完成2021年龙游县“八大百亿”行动计划、政府投资计划和“十四五”重点项目规划编制，共纳入项目261个，总投资1788.40亿元，“十四五”计划投资882.17亿元。成功策划组织上半年重大项目开工活动，于3月4日在湖镇镇白鸽湖商埠文化园项目现场举办。共筛选41个省、市、县三级重点项目进行比拼，其中省级项目8个，项目总投资93.7亿元；市级项目28个，项目总投资49.7亿元；县级项目5个，项目总投资42.5亿元。组织开展“大庆大干”项目谋划活动，在红木小镇成功举办全县项目谋划擂台赛，评选出金奖1名、银奖2名、铜奖

3名、优秀奖9名。按季度收集项目谋划“金点子”，二季度生成谋划项目82个，总投资649亿元；三季度生成谋划项目34个，总投资244亿元。策划实施重点建设项目“百日攻坚”活动，筛选55个政府性投资项目进行攻坚，安排节点185个。完成县领导“分区挂帅”项目任务清单和作战图编制，安排项目76个，总投资665.08亿元。组建投资专班项目建设组，落实扩大有效投资工作，1月至12月全县完成固定资产投资123.6亿元，同比增长6.1%；“5+1”（制造业投资；民间投资；交通投资；高新技术产业投资；生态环保、城市更新和水利设施投资+房地产投资）结构性指标同比增长率“四正二负”，其中高新技术投资增速-22.9%，制造业投资增速-9.2%。启动重点项目前期经费管理办法研究起草工作，经过内部讨论、征求意见、与上级规定衔接、合法性审查等环节，于7月正式下文印发。并据此启动年度使用计划编制工作，筛选项目39个，预安排前期经费4073万元。

【规划编制】 完成《龙游县国民经济和社会发展第十四个五年规划和二〇三五年远景目标纲要》的编制发布。按计划推进全县19个专项规划编制工作。争取生态工业跨越式高质量发展的政策支持，筹建专班，制订四张清单（指标目标清单、重点工作清单、重大改革清单、标志性成果清单），推动“一县一策”落地见效。形成政策文本送审稿并上报省工作专班，后成功印发实施《关于支持龙游县跨越式高质量发展的若干举措》。统筹相关部门力量于9月完成《龙游县跨越式高质量发展五年行动计划》编制。谋划生态工业跨越式高质量发展试验区建设，争列全省共同富裕示范区建设缩小地区差距领域的首批试点。统筹编制完成《龙游县高质量发展建设共同富裕示范区的浙西新明珠五年行动计划》《龙游县高质量发展建设共同富裕示范区八大行动计划》《龙游县共同富裕示范区试点三年行动计划》。

【改革创新】 牵头数字社会改革，开展多跨场景应用谋划，上报最佳案例6个、应用场景24个，其中“双拥在线”案例作为衢州市重点培育、推荐上报，“走心驿站”应用被省教育厅确定为第一批创新试点项目。积极参与“揭榜挂帅”，共上报揭榜挂帅清单23项，其中4项被首轮采用，数量居全市各县（市、区）第一。以未来社区建设为主战场，按照群众需求推进的教育、交通、治理等场景，逐步上线各类未来社区应用场景。推进综合应用门户建设，数字社会12个领域中11个领域页面上线。推进项目审批领域改革。强化投资项目在线平台3.0版应用，受理事项1621件，办结1348件，其中赋码项目数448个，审批项目数41个，核准项目数1个。推进“最多15个工作日”改革，及时解决系统“堵点”问题。开展“两山”改革试点。印发“两山银行”改革行动方案，形成工作清单及专项改革清单。根据“一县一品一资产包”标准地建设要求，完成17座水库的收储、流转、招商工作，并获得市领导的充分肯定。完成大花园耀眼明珠申报、培育及项目管理工作。基本完成2019年GEP（生态系统生产总值）核算初稿，组织开展2020年GEP核算并完成2015年、2018年、2019年GEP核算初稿。

【能源保障】 强化能源保供工作，组织开展能源“双控”百日攻坚工作，对108家高能耗企业实施用能预算化管控。启动2015—2020年全县用煤情况调查工作，完成各阶段能源保供工作方案编制。推进东华变迁建、士元变、白马变、小南海燃气跨江管道等项目建设。开展电力直接交易工作，2021年龙游县企业用电成本降低4200万元，同比下降68%。

【服务业发展】 2021年全年（1—11月错月指标）34家规模以上服务业企业实现营业收入13.91亿元，同比增长37.4%，其中20家营利性服务业企业实现营业收入8.34亿元，同比增长45.4%。服务业发展指标继续保持全市前列。龙游县现代服务业创新发展区成功入围浙江省首批现代服务业创新发展区名单，3家单位列入省级两业融合试点。完成超精密制造小镇空间规划和发展规划修编，推进红木小镇2.0建设及数字化改革。龙游县共有9家企业入选全市“赛马”奖励企业名单，获得市财政奖励70万元。出台支持鼓励服务业发展政策，完成76家规模以上服务业企业“小升规”奖励218.06万元。

【价格收费管理】 落实2021年新电价政策，降低大工业用电价格，平均降低大工业电价每千瓦时5.2分。完善分时电价政策，优化大工业时段划分和拉大尖峰谷电价差，提高尖峰电价每千瓦时5.6分，高峰电价每千瓦时6分，降低低谷电价每千瓦时6.38分。调整并核查龙游县部分用电企业用电价格定量定比工作。落实省发改委等五部门《关于清理规范城镇供水供电供气供暖行业收费 促进行业高质量发展意见的通知》文件要求，开展电力、供水、供天然气等相关行业价格和收费情况专项清理工作。进一步规范机动车停车收费行为，重新修订龙游县机动车停车服务收费管理办法，重新核定龙游石窟、民居苑景区停车收费标准和核定香溢市场西侧等停车场停车收费标准。疏导管道天然气销售价格矛盾，对龙游县非供暖季非居民用管道天然气终端最高销售价格每立方米从原3.12元调整为2.92元。面对上游厂家天然气合同外价格突涨，经调查并报告政府和上级部门，对合同外用天然气企业进行适当的价格疏导。调整龙游县“十四五”期间排污有偿使用费收费标准，出台龙游县城镇非居民用水超定额累进加价政策。协同县住建局等部门启动房地产市场限价政策，对满庭芳、龙城时代等楼盘商品房销售实行限价。调整规范衢州交通学校（原求实中专）学费和横山中学普通高中住宿费等收费标准。完成城镇污水处理收费定期成本监审；完成管道天然气预埋调定价成本、衢州交通学校学费成本等调定价成本监审；完成2021年度粮食种植意向调查、农资购买及存粮情况等专项调查，以及早稻、油菜、晚稻及生猪生产成本调查工作。

【价格认证】 协助县公安机关、县资规局、县林水局办理涉案财物价格认定案件共计110起，其中不予认定23起，予以认定87起，认定金额66.80万元。协助县公安机关参与民事矛盾纠纷案件1起。按照国家发改委要求，将2010年至2014年5年档案共计1167份存量案卷全部完成装订归档并录入国家平台。

（县发改局　邱　琳）

2021 年龙游县主要消费品及服务价格一览表

表 15

收费类别	收费项目	收费标准
教育	幼儿园保教费、代管费	保教费一级（日托）每生每月 550 元、二级每生每月 450 元、三级每生每月 350 元、代管费每生每学期 100 元（多退少不补）
	普通高中学费	普通高中学费 1200 元 / 生・学期
	普通高中住宿费	龙游中学 4 人间 800 元 / 生・学期、龙游中学 8 人间 400 元 / 生・学期
		龙游县第二高级中学 8 人间 400 元 / 生・学期
		龙游县横山中学男生 1 号宿舍 400 元 / 生・学期、横山中学男生 2 号宿舍、女生 3 号楼宿舍 350 元 / 生・学期
公安	公民出入境证件费	
	1. 护照（含加注）	160 元 / 本，丢失补发 160 元 / 本，护照加注 20 元 / 项次
	2. 出入境通行证费	一次有效 15 元 / 证，多次有效 80 元 / 证
	3. 往来（含前往）港澳通行证（含签证）	80 元 / 本
	户籍管理证件工本费	
	1. 户口簿	居民户口簿工本费 5 元 / 本，集体户口簿工本费 2 元 / 本，户口迁移证件免费，丢失、损坏不免
	2. 浙江省居住证	一、IC 卡式浙江省居住证工本费标准为：损坏换领或丢失补领 20 元 / 证，首次申领或统一换发的不收费。 二、浙江省居住证工本费已包括填制表格、人像采集、制作成本等相关费用。执收单位应严格执行上述标准，认真做好收费公示，不得在工本费外收取其他费用

续表 15

收费类别	收费项目	收费标准
公安	第二代居民身份证工本费	申领、换领、换发 20 元 / 证，丢失补领或损坏换领 40 元 / 证，临时第二代居民身份证 10 元 / 证
	机动车号牌工本费	
	1．号牌（含临时）	汽车号牌：反光 100 元 / 副，不反光 80 元 / 副。挂车号牌：反光 50 元 / 面，不反光 30 元 / 面。三轮汽车、低速货车、拖拉机号牌：反光 40 元 / 副，不反光 25 元 / 副。摩托车号牌：反光 70 元 / 副，不反光 50 元 / 副。机动车临时号牌：5 元 / 张。调换号牌、遗失补牌按同类号牌收费
	2．号牌专用固封装置	单独补发号牌专用固封装置 1 元 / 个
	号牌架	铁质号牌架及同类产品 5 元 / 只，铝合金号牌架及同类产品 10 元 / 只
	机动车行驶证工本费	
	1．机动车行驶证	10 元 / 本。调换、遗失补领按同类证件收费
	2．临时入境机动车号牌和行驶证工本费	10 元 / 证
	机动车登记证书工本费	10 元 / 本
	驾驶证工本费	
	1．驾驶证工本费	驾驶证工本费 10 元 / 本。驾驶证 IC 卡 30 元 / 卡。调换、遗失补领以上证件按同类证件收费
	2．临时机动车驾驶许可工本费	10 元 / 证
	机动车安全技术检验费	
	1．机动车安全技术检验	中型、小型、微型载客汽车和中型、轻型、微型载货汽车（具体车型分类按公安部最新规定执行，下同）机动车安全技术检验收费标准为 120 元 / 车・次，大型载客汽车、重型载货汽车和挂车机动车安全技术检验收费标准为 150 元 / 车・次
	驾驶许可考试费	
	1．驾驶许可考试费	科目一（道路交通安全法律、法规和相关知识）考试费标准 80 元 / 人次，驾驶员科目二（场地驾驶技能）考试费标准 180 元 / 人次，驾驶员科目三（道路驾驶技能）考试费标准 100 元 / 人次。摩托车驾驶员考试费 230 元 / 人次。补考（包括法律、法规、规章规定需要重新进行的考试）80 元 / 类・次
	2．机动车驾驶员道路交通安全教育培训费	1．机动车驾驶人在一个周期内累计记分达到 12 分，并按规定参加安全教育培训的，每人每期 7 日，培训费标准为 180 元； 2．发生人身伤亡交通事故负有同等以上责任尚不构成犯罪的机动车驾驶人参加安全教育培训，每人每期 2 日，培训费标准为 60 元； 3．机动车驾驶人在一个周期内累计记分未达到 12 分，自愿申请参加安全教育培训的，每人每期 1 日，培训费标准为 30 元。 培训教材费 5 元 / 人，第二次参加同类培训的，已有教材的可不再购买
民政	殡葬收费	
	1．火化费	330 元 / 具（免费、由财政部门转移支付）
	2．接尸费	普通车辆起步价 180 元 / 次，超过 30 千米每千米加收 4 元，但最高不超过 300 元 / 次。（免费、由财政部门转移支付）

续表 15

收费类别	收费项目		收费标准
人事社保	医疗保险 IC 卡遗失补发工本费		20 元 / 卡
	职业技能鉴定费		理论考试：社会人员 35 元 / 人，在校学生 20 元 / 人。实际操作技能考试：省职业技能鉴定中心直接组织的社会人员 180 元 / 人，在校学生 100 元 / 人；省机关事业单位技工考核管理服务中心组织的省部属机关事业单位工人 100 元 / 人。各地组织的实际操作技能考试收费由各市县价格管理科、财政部门制定
国土资源	不动产登记收费		住宅类不动产登记收费标准 80 元 / 每件，非住宅类不动产登记收费标准 550 元 / 每件
农业	国内植物产地检疫费		
	粮谷类		按产值比率 0.25%（暂停收费）
	经济作物类		按产值比率 0.30%（暂停收费）
	水（瓜）果类		按产值比率 0.40%（暂停收费）
	国内植物调运检疫费		
	粮谷类		按货值比率 0.40%（暂停收费）
	经济作物类		按货值比率 0.45%（暂停收费）
	水（瓜）果类		按货值比率 0.55%，其中茶叶、香菇、黑木耳、金针菇、黄花菜、中药材按 0.4%（暂停收费）
工商	个体工商户注册登记费		
	1. 开业登记费		免费
	2. 重新登记、换发营业执照		免费
	3. 变更登记费		免费
	4. 补（换）发营业执照		免费
有线电视	居民用户的有线电视入网费		300 元 / 户
	非居民用户的有线电视入网费		基准价 180 元 / 每个接收终端，上浮不超过 10%，下浮不限。有线电视服务机构对建筑物有线电视管线实施预埋，已收取配套设施建设费或预埋工程费的，不得再向申请安装有线电视的用户收取有线电视入网费。农村有线电视独立小前端（小有线电视网）的入网费基准价为每户 150 元，可上浮不超过 20%，下浮不限
	有线数字电视基本收视维护费（主终端）		20 元 / 月
	有线数字电视基本收视维护费（副终端 1）		1 元 / 月
	有线数字电视基本收视维护费（副终端 2 及以上）		4 元 / 月
供电	不满 1 千伏“一户一表”居民用户	年用电 2760 千瓦时及以下部分	0.538 元 / 千瓦时
		年用电 2761—4800 千瓦时部分	0.588 元 / 千瓦时
		年用电 4801 千瓦时及以上部分	0.838 元 / 千瓦时

续表 15

<table>
<tr><th>收费类别</th><th colspan="2">收费项目</th><th colspan="3">收费标准</th></tr>
<tr><td rowspan="12">供电</td><td rowspan="8">峰谷电表电价</td><td rowspan="2">峰谷时段划分</td><td colspan="3">高峰时段 8 时—22 时</td></tr>
<tr><td colspan="3">低谷时段 22 时—次日 8 时</td></tr>
<tr><td rowspan="2">年用电 2760 千瓦时及以下部分</td><td colspan="3">高峰电价：0.568 元 / 千瓦时</td></tr>
<tr><td colspan="3">低谷电价：0.288 元 / 千瓦时</td></tr>
<tr><td rowspan="2">年用电 2761—4800 千瓦时部分</td><td colspan="3">高峰电价：0.618 元 / 千瓦时</td></tr>
<tr><td colspan="3">低谷电价：0.338 元 / 千瓦时</td></tr>
<tr><td rowspan="2">年用电 4801 千瓦时及以上部分</td><td colspan="3">高峰电价：0.868 元 / 千瓦时</td></tr>
<tr><td colspan="3">低谷电价：0.588 元 / 千瓦时</td></tr>
<tr><td rowspan="2">合表用户</td><td>不满 1 千伏合表用户</td><td colspan="3">0.558 元 / 千瓦时</td></tr>
<tr><td>1—10 千伏及以上合表用户</td><td colspan="3">0.5388 元 / 千瓦时</td></tr>
<tr><td rowspan="8">医疗服务卫生</td><td colspan="2" rowspan="4">诊查费</td><td colspan="3">门诊诊查费 14 元 / 次 医疗服务卫生收费由医保局报</td></tr>
<tr><td colspan="3">急诊诊查费 20 元 / 次</td></tr>
<tr><td colspan="3">门急诊留观诊查费 1.5 元 / 日</td></tr>
<tr><td colspan="3">住院诊查费 15 元 / 日</td></tr>
<tr><td colspan="2">护理费</td><td colspan="3">等级护理费 20/ 床日</td></tr>
<tr><td colspan="2">注射费</td><td colspan="3">肌肉注射 1.2 元 / 人次；静脉注射 2.3 元 / 人次</td></tr>
<tr><td colspan="2">院前急救费</td><td colspan="3">入院前的 120 急救或现场急救 150 元 / 人次</td></tr>
<tr><td colspan="2">救护费</td><td colspan="3">起步价 10 元（3 千米内），3 千米外部分 2 元 / 千米</td></tr>
<tr><th colspan="3">用户分类</th><th>供水价格</th><th>污水处理费</th><th>到户价格</th></tr>
<tr><td rowspan="4">居民生活用水</td><td rowspan="3">“一户一表、抄表到户”居民用户</td><td>1. 第一级水量（每户每年 240 立方米及以下的用水量）</td><td>1.55 元</td><td>0.85 元</td><td>2.4 元</td></tr>
<tr><td>2. 第二级水量（每户每年 240—300 立方米的用水量）</td><td>2.33 元</td><td>0.85 元</td><td>3.18 元</td></tr>
<tr><td>3. 第三级水量（每户每年 300 立方米及以上的用水量）</td><td>4.65 元</td><td>0.85 元</td><td>5.5 元</td></tr>
<tr><td colspan="2">非“一户一表、抄表到户”居民用户（合表居民用户和执行居民生活用水价格的非居民用户）</td><td>1.6 元</td><td>0.85 元</td><td>2.45 元</td></tr>
<tr><td rowspan="2">非居民生活用水</td><td colspan="2">工业用水</td><td>1.7 元</td><td>1.2 元</td><td>2.9 元</td></tr>
<tr><td colspan="2">非工业用水</td><td>1.7 元</td><td>1.2 元</td><td>2.9 元</td></tr>
<tr><td colspan="3">特种用水</td><td>2 元</td><td>1.2 元</td><td>3.2 元</td></tr>
<tr><td rowspan="2">天然气</td><td colspan="2">工业用气</td><td colspan="3">2019 年 11 月 1 日至 2020 年 2 月 21 日 2.76 元 / 立方米、2020 年 2 月 22 日至 2020 年 6 月 30 日 2.98 元 / 立方米、2020 年 7 月 1 日至 2020 年 10 月 31 日 2.73 元 / 立方米、2020 年 11 月 1 日至 2021 年 3 月 31 日 3.12 元 / 立方米</td></tr>
<tr><td colspan="2">居民用气</td><td colspan="3">300 立方米及以下部分 2.99 元 / 立方米、超过 300 立方米至 480 立方米及以下部分 3.59 元 / 立方米、超过 480 立方米的部分 4.49 元 / 立方米</td></tr>
</table>

市场监督与管理

【概况】 2021年，龙游县市场监督管理局（以下简称县市监局）聚焦“守安全底线、拉发展高线”主责主业，锚定“大庆大干、你追我赶”目标定位，创新工作思路，改进工作方法，积极推动各项工作开展，取得一定成效。被浙江省市场监督管理局评为2021年度浙江省市场监管安全保障工作成绩突出集体、全省市场监管系统2016—2020年度法治宣传教育表现突出单位；被浙江省药品监督管理局评为药品安全治理与技术赋能成绩突出集体；龙游县消费者权益保护委员会被浙江省消费者权益保护委员会评为2020—2021年度全省消保委系统消费维权先进集体；龙游县市场监管综合行政执法队被浙江省药品监督管理局评为全省药品稽查执法工作成绩突出集体。

【常态化疫情防控】 强化对农贸市场、专业市场、药店等重点场所的疫情防控监督检查，要求其严格执行“测温、亮码、戴口罩”等规定动作。建立局领导挂联市场制度。每个局领导挂联4至5个市场，设立市场驻场干部AB岗，做到定人定岗定责，切实守好“小门”。依托“浙冷链”系统抓好冷链食品溯源管理，督促冷链食品经营单位应用“浙冷链”系统做好闭环管控，落实“三证一码”，至12月底全县共扫码出入库进口冷链食品50368件次。启动零售药店疫情应急监测模式，落实退烧、止咳、抗病毒、抗生素“四类药物”实名登记报告制度，累计登记购药人员信息18万余条，上报异常人员信息1条。

【商事制度改革】 持续深化企业开办与注销便利化改革，打造企业服务集成专窗，为企业提供涉税事务咨询及“注销预检”服务，对无欠税个体工商户当场办理注销，进一步提升企业办事便利度。全年共办理企业注销248家，其中简易注销133家，占比53.63%，办理税务预检188件。同时，密切向上对接，掌握新下放审批事项，推进“证照分离”改革迭代升级，强化“照”“证”衔接，确保涉企经营许可信息能准确推送至相关审批部门。全年共办理“证照分离”改革事项1300余件，其中审批改备案近300件，实行告知承诺250余件。至2021年12月底，全县登记在册的各类市场主体突破4万户大关。

图49 2021年1月8日，工作人员检查进口冷链食品“三证一码”
（县市监局/提供）

【食品安全监管】 加强数字化手段在食品安全监管领域的赋能应用，提升监管效能，全年完成“阳光工厂”建设42家，实施“浙食链”338家，“样样赋码”487个，“件件扫码”161973件，建成入网餐饮网上“阳光厨房”286家，在线率94.74%，激活使用“浙江外卖在线”小程序208家。把重大活动餐饮食品安全保障工作作为“我为群众办实事”实践活动的重要内容，加强监督检查，强化隐患排查，共出动执法人员300余人次，为县民间舞蹈大赛、六春湖山地马拉松赛、浙江省第四届体育大会嗒嗒球比赛等22次重大活动开展餐饮食品安全保障，共保障2.4万余人次。加大抽检工作力度，对生产、流通、餐饮环节的各类食品进行监督抽检和风险监测，并强化风险闭环管控，开展不合格食品核查处置工作，全年共抽检食品（食用农产品）1896批次，发现不合格食品（食用农产品）82批次，完成核查处置82件。

【特种设备安全监管】 完善企业主体责任落实体系，与63家公众

图50 2021年9月13日，龙游县市监局开展食品安全监督抽检
（县市监局/提供）

聚集场所特种设备使用单位签订特种设备安全管理承诺书，实现公众聚集场所全覆盖。建立《龙游县市场监管局特种设备重大安全隐患督办、公告制度》，并将特种设备安全纳入政府目标管理责任考核体系。组织开展特种设备使用单位日常监督检查、重大节假日前公众聚集场所检查、“平安护航建党百年”特种设备安全“遏重大”专项隐患排查治理等行动，围绕重点时段、重点场所、重点单位和重点设备等要素，持续深入排查特种设备安全隐患，累计检查使用单位332家次，排查并消除一般隐患74处。开展特种设备安全知识进社区、进校园、进企业活动，累计开展集中宣传4次，发放宣传资料1000余份，教育培训600余人次，有效提升全民安全防范意识。

【药品医疗器械化妆品监管】 摸排全县药械化企业，建立“一企一档”，结合工作实际形成“一档两卷”（基本信息卷和日常监管卷），为实现药械化日常监管、监督抽检、稽查执法和信用评级等信息化工作贯通奠定坚实基础。加大风险隐患排查力度，组织开展各类专项治理，针对药品连锁总部、门店、医疗机构、医美机构等重点场所，以偏远农村、城乡接合部等区域经营使用的药品、一次性无菌医疗器械产品等为重点品种，强化科所队协同执法，实现日常监管与行政处罚的有效联动。全面整治药械化生产、流通环节的突出问题与重点情况，有力推进隐患闭环整改。2021年，共办理药品、医疗器械、化妆品案件27件，罚没款总额101万余元。

【市场秩序整治】 筑牢防疫、食药、质量、生产“四大安全”防线，组织开展防疫物资产品质量和市场秩序专项整治、食品安全领域专项整治、医疗器械风险隐患排查、“遏重大攻坚战”、平安护航建党百年大排查大整治等专项行动，严查深挖“四大安全”领域存在的风险隐患，通过整顿清理一批、取缔打击一批、依法查处一批，有效规范市场秩序，形成执法高压态势。全年办理案件471件，总案值106.28万元，罚没款401.44万元，其中大要案47件，同比增长193.75%，移送司法机关1件。

【放心消费环境营造】 积极开展放心消费单位创建工作。联合县农商银行选取21个条件优秀的丰收驿站设立村一级消费维权服务站，同时依托原“12315”消费维权服务站，在大型商超、市场、企业设立消费维权服务站15家，全年共建成放心消费单位491家，使消费纠纷不出经营场所就能得到快速解决。进一步畅通消费投诉维权渠道，依法受理举报投诉，全年累计受理各类举报投诉咨询件1501件，为消费者挽回经济损失50.08万元。建立常态化消费投诉公示制度机制，每月在县政府政务网公示典型案例和消费警示，有效推进消费维权社会共治，提高龙游县消费环境安全度、经营者诚信度和消费者满意度。

【民生实事项目建设】 坚持“小切口”“普惠制”原则，聚焦群众关注的身边事、具体事，把民生实事项目做好做实，不断增强群众的获得感、幸福感、安全感。全年共建成食品生产企业“阳光工厂”42家、农村家宴“阳光厨房”41家、农村家宴放心厨房15家、中小学和二级（含）以上幼儿园食堂智能“阳光厨房”25家；新增全程可追溯食品生产经营主体78家；完成模环农贸市场、河西街菜市场“五化”提升改造；建成5家民生药事服务站。食品、药品安全管理能力和水平得到进一步提升，百姓的“舌尖安全”有了进一步保障。

【质量标准化工作】 大力推进“品字标”浙江制造品牌建设，2021年度新增品字标认证企业4家，取得“品字标”认证证书5张，发布“浙江制造”标准3个，已批准立项并启动制定“浙江制造”标准1个。指导企业导入卓越绩效先进管理模式，引导企业提升内部质量管理水平，形成品牌企业—县政府质量奖—市政府质量奖的梯度培育计划，组织开展县政府质量奖的申报评审工作，至2021年底，全县共有县政府质量奖企业20家、市政府质量奖企业8家。加快标准化试点项目建设，做好帮扶指导，在实地掌握龙游乌猪保种场管理、技术、养殖情况及企业标准需求情况的基础上，组织龙游乌猪农业开发有限公司上报“龙游乌种猪遗传资源保护标准化试点”项目并批准立项。

【知识产权保护】 积极提升企业知识产权创造转化能力，引导区域企业强化知识产权创造、管理的发展战略意识，推动企业自主创新和转型升级。2021年，龙游县专利授权量1436件，其中发明专利授权量130件，同比增长52.94%，每万人发明专利拥有量13.3件（以常住人口36万人统计）。探索研究符合县域企业知识产权发展的质押融资政策扶持和专利保险补助机制，建立并完善知识产权质押融资便民服务模式，促进知识产权金融质押增量扩面，真正实现由“知产”向“资产”转化。2021年，龙游县知识产权质押金额首次接近亿元大关，达到9979万元，同比增长229%。

（县市监局　陈子琪）

财　政

【概况】 2021年，龙游县实现地区生产总值288.02亿元，增长9.5%。其中第一、二、三产业增加值分别为13.07亿元、130.41亿元、144.54亿元，分别增长1.1%、10.4%、9.7%。三次产业增加值结构比为4.5∶45.3∶50.2。按户籍人口计算，人均生产总值72284元，增长10.2%。城镇常住居民人均可支配收入56738元，增长11.2%；农村常住居民人均可支配收入30045元，增长12.4%。全县财政总收入37.27亿元，增长17.6%；一般公共预算收入23.00亿元，增长17.2%，其中税收收入19.85亿元，增长14.8%。全县一般公共预算支出67.31亿元，增长2.0%。全年财政收支平衡。

【财政收入】 强化与税务部门协作，深挖潜在税源，加强税收分析预测，合理把握收入节奏和力度。全县一般公共预算收入占财政总收入61.7%，占地区生产总值7.9%；税收收入占一般公共预算收入86.3%。规范非税收入征缴，强化财政票据管理，推进非税收入电子化收缴，做实非税收入资金盘，全县实现非税收入63.44亿元，增长43.25%，其中，纳入一般公共预算收入管理的非税收入3.14亿元，增长34.4%。全年地方政府债券11.75亿元。

【经济服务】 强化阶段性政策与制度性安排相结合，落实国家减税降费政策，确保应减尽减，全年新增税费减免6.78亿元。完成“衢州送大礼，留您过大年”暖心红包、“四好衢州免费游”、企业“赛马”奖励等政策兑现2214万元。建立“资金+服务”工作模式，通过优化升级企业上市“黄金十一条”（即龙游县人民政法下发的《关于进一步加快推进企业对接多层次资本市场的实施意见》，通过财政奖补、上市奖励等十一条意见刺激企业挂牌上市）扶持政策，助力龙游县第一家上市企业恒盛能源股份有限公司上市。做好各类财政资金补贴审核工作，全年拨付省市县资金479笔总计6.47亿元，帮助企业特别是中小微企业纾困解难。

【民生保障】 落实各项普惠性、基础性、兜底性民生保障政策，全年一般公共预算用于民生支出46.25亿元，民生投入占比68.7%。全年安排社会保障与就业10.32亿元，卫生健康6.88亿元，推进基本公共卫生服务均等化，落实城乡居民基本养老保险待遇提标政策，将基础养老金最低标准从每人每月185元提高到225元；优化龙游县城乡居民基本医疗保险的筹资结构，2021年财政补助标准由每人每年840元提高至1000元，个人缴费标准由每人每年420元提高至500元。安排教育支出10.84亿元，学前教育公办园覆盖率由上年的38.9%提高到50.2%，优质园覆盖率由上年的60.0%提高到74.1%。加大困难群众社会救助兜底帮扶，全年共拨付各类困难群众救助、补助类资金1.72亿元。

【财政改革】推进预算管理一体化，全市率先完成预算一体化全覆盖。迭代升级“数字财政”管理平台，推动资产云2.0上线，规范采购和资产登记、处置流程，全年交易金额累计8.80亿元，资产处置0.89亿元。推进非税收入电子票据改革，共计开票37.65万张，涉及金额61.22亿元。规范财政公款存放行为，开展财政专户资金政采云招标试点工作，全年网上招标金额35亿元，逐步推进行政事业单位公款竞争性存放网上办理。

【财政监管】强化过紧日子措施，厉行勤俭节约，集中财力办大事，将铁心“过紧日子”要求切实贯彻到财政运行全过程，做好“压”“减”“管”“控”四篇文章，累计压减“三公”经费预算532.8万元，非刚性、非重点项目支出1.06亿元。收回长期借款本金1.33亿元，利息2008万元，收回统筹使用闲置资金4300万元。加强政府性投资项目审核把关，全年完成“三算”审核988个，送审金额96.19亿元，审定金额90.03亿元，核减率6.4%。实行政府债券“借、用、还”全过程监管，开展新增地方政府债券资金使用情况专项检查，加快债券资金支出进度。严控隐性债务风险，遏制隐性债务增量。深入开展涉农资金、扶贫资金、公务用车等专项检查11次，涉及金额4049.7万元。加强全过程预算绩效管理，强化评价结果应用。

（县财政局　徐晨晖）

附：

龙游县2021年预算执行情况报告（节选）

（2022年1月25日龙游县第十四届人民代表大会第一次会议通过）

（一）一般公共预算执行情况

1.收入预算执行情况

2021年1—12月我县完成一般公共预算收入230000万元，完成年度预算的102.61%，增长17.15%。其中：税收收入198579万元，完成年度预算的105.95%，增长14.82%；非税收入31421万元，完成年度预算的85.59%，增长34.44%。主要收入项目的完成情况如下：

税收收入中，增值税（含改征增值税）91922万元，完成年度预算的110.75%，增长17.98%。

企业所得税29025万元，完成年度预算的100.17%，增长29.5%，主要是跨期税款结转入库加上批零业和建筑业带来的增收。

个人所得税4687万元，完成年度预算的101.89%，下降20.64%，主要是利息、股息、红利和财产转让同比下降带来的减收。

城市维护建设税8384万元，完成年度预算的95.27%，增长1.32%。

城镇土地使用税7006万元，完成年度预算的104.57%，下降9.62%。

契耕两税收入31206万元，完成年度预算的106.92%，增长19.93%。

非税收入中，专项收入10548万元，完成年度预算的78.35%，增长18.8%。

行政事业性收费收入2588万元，完成年度预算的52.98%，增长43.94%。

罚没收入2160万元，完成年度预算的43.81%，下降52.84%。

国有资源（资产）有偿使用收入16121万元，完成年度预算的129.63%，增长118.83%，主要是矿业权出让收益缴库带来的增收。

另外，2021年1—12月上划中央税收142775万元，实现财政总收入372775万元，增长17.65%。

2.主要支出项目执行情况

2021年1—12月我县一般公共预算支出673057万元，完成年度预算的99.82%，增长2.04%。其主要支出分项情况如下：

一般公共服务支出64427万元，完成年度预算的101.85%，下降16.52%。

公共安全支出33107万元，完成年度预算的109.65%，增长9.57%。

教育支出108401万元，完成年度预算的99.85%，增长31.24%。

科学技术支出19856万元，完成年度预算的99.39%，增长15.46%。

文化旅游体育与传媒支出12488万元，完成年度预算的110.58%，增长0.01%。

社会保障和就业支出103231万元，完成年度预算的95.83%，增长10.9%。

卫生健康支出68836万元，完成年度预算的102.24%，增长2.53%。

节能环保支出8733万元，完成年度预算的116.72%，下降49.51%，主要是2020年城市污水处理厂提标改造工程项目支出2000万元等带来的减支。

城乡社区事务支出28819万元，完成年度预算的105.05%，下降64.21%，主要是2020年开发区龙北片区道路提升5000万元、城东公共服务综合体项目20000万元、铁路龙游站站房改扩建工程7000万元等项目与债券资金变动带来的影响。

农林水事务支出73338万元，完成年度预算的83.48%，下降1.97%。

交通运输支出64721万元，完成年度预算的89.63%，增长50.27%，主要是320国道龙游会泽里至下章路段改建工程、龙游经济开发区金星大道至龙游大桥段改造工程等债券项目增支影响。

资源勘探信息等事务支出13677万元，完成年度预算的103.76%，增长6.1%。

商业服务业等事务支出33106万元，完成年度预算的131.29%，增长118.49%。

自然资源海洋气象等事务支出11576万元，完成年度预算的178.45%，增长189.69%，主要是国土整治方面的增支。

住房保障支出5777万元，完成年度预算的336.26%，下降37.85%，主要是2020年抗疫特别国债分配用于南海家苑安居工程带来的一次性因素影响。

债券付息及发行费支出16222万元，完成年度预算91.83%，增长9.72%。

2021年一般公共预算收入230000万元，省、市各项转移支付收入238342万元，地方政府一般债券收入55000万元，调入资金241589万元，调入预算稳定调节基金29820万元，上年结转使用资金11666万元，上解省支出预计54840万元，按现行财政体制计算，2021年一般公共预算可用资金预计为751577万元。安排2021年一般公共预算支出预算673057万元，预备费5711万元，援助其他地区支出820万元，安排预算稳定调节基金38284万元，结转下年33705万元，一般公共预算收支平衡。

（二）政府性基金预算执行情况

2021年1—12月政府性基金预算收入602935万元，完成年度预算的106.1%，增长43.74%。主要收入项目执行情况如下：国有土地使用权出让收入328540万元，完成年度预算的111.07%，增长16.52%；其他政府性基金收入248751万元，完成年度预算的97.97%，增长113.63%。

2021年1—12月政府性基金预算支出537202万元，完成年度预算的106.49%，增长20.77%。主要支出项目执行情况如下：城乡社区事务支出325880万元，完成年度预算的99.93%，增长35.37%；其他支出195235万元，完成年度预算的120.59%，增长14.54%。

2021年政府性基金预算收入602935万元，省、市各项转移支付收入38097万元，地方政府专项债券收入62500万元，调入资金448万元，上年结转使用资金2734万元，2021年政府性基金预算可用资金预计为706714万元。安排2021年政府性基金支出预算537202万元，调出资金166241万元，结转下年3271万元，政府性基金预算收支平衡。

（三）社会保险基金预算执行情况

2021年1—12月社会保险基金收入166145万元，完成年度预算的112.63%，增长19.85%。其中：城乡居民基本养老保险基金收入29606万元，完成年度预算的141.6%，增长34.2%；机关事业单位基本养老保险基金收入36994万元，完成年度预算的106.2%，增长7.5%；职工基本医疗保险基金收入52386万元，完成年度预算的120%，增长35.8%;城乡居民基本医疗保险基金收入39205万元，完成年度预算的98.9%，增长10.4%。

2021年1—12月社会保险基金支出143305万元，完成年度预算的110.37%，增长15.75%。其中：城乡居民基本养老保险基金支出25011万元，完成年度预算的135.8%，增长25.7%；机关事业养老保险基金支出37380万元，完成年度预算的99.7%，增长4.7%；职工基本医疗保险基金支出37932万元，完成年度预算的117.9%，增长37.6%;城乡居民基本医疗保险基金支出35950万元，完成年度预算的103.1%，增长16.9%。

2021年社会保险基金收入166145万元，上年结转使用资金151975万元，社会保险基金支出143305万元，收支相抵，滚存结余174815万元，结转下年使用。

（四）国有资本经营预算执行情况

2021年1—12月国有资本经营预算收入1254万元，完成年度预算的69.67%，下降24.18%。

2021年国有资本经营预算收入1254万元，上年结转2万元，省转移支付收入预计13万元，可用资金预计为1269万元。调出资金1254万元，结转下年15万元，国有资本经营预算收支平衡。

（五）地方政府性债务情况

至2021年底，我县地方政府性债务余额918213万元。其中：地方政府偿还责任债务915060万元，含一般债务490560万元、专项债务424500万元，均在省财政厅核定我县的地方政府债务限额以内，处于绿色区间。2021年新增一般债务55000万元，纳入一般公共预算管理，用于教育、城乡社区等政府性投资项目支出；新增专项债务62500万元，纳入政府性基金预算管理，用于污水处理、棚户区改造及其他符合专项债券领域项目支出；地方政府或有债务余额3153万元，全部为钱塘江流域小城镇环境综合治理项目世界银行贷款政府担保债务。

（县财政局　徐嘉驰）

2017—2021年度龙游县财政收入与支出比较情况表

表16

年 度	财政总收入（亿元）	同比增长（%）	一般公共预算收入（亿元）	同比增长（%）	财政总支出（亿元）	同比增长（%）
2017	22.07	9.93	14.82	9.69	49.75	18.09
2018	27.5	24.61	17.63	19	59.02	18.63
2019	29.55	7.45	18.93	7.36	68.21	15.56
2020	31.69	7.23	19.63	3.72	65.96	−3.30
2021	37.28	17.65	23	17.15	67.31	2.04

税　务

【概况】 2021年，龙游县税务局坚决贯彻党中央、国务院决策部署，在县委、县政府的领导下，统筹推进疫情防控和服务经济社会发展，完成年初确定的各项目标任务，实现龙游县税收事业“十四五”良好开局。全年共组织各项税费收入71.57亿元，同比增长63.96%。其中：税收收入34.49亿元，同比增长19.99%（当期税款29.09亿元，结转税款入库3.89亿元，免抵调库1.51亿元），快于经济增长速度；社会保险费收入19.14亿元，同比增长38.19%；非税收入17.94亿元，同比增长17.01倍，剔除新划转非税收入（16.7亿元）后，同口径增长17.5%；全县共办理出口退税3.09亿元，同比增长39.58%。地方级税收入库19.90亿元，同比增长18.84%，占全县一般公共预算收入86.5%，税收规模和增速均稳居全市第二，圆满完成市税务局和县委、县政府确定的年度收入目标。

【落实减税降费】 2021年，龙游县税务局坚持把实施减税降费作为政治任务，发挥税收大数据作用，确保政策宣传百分百覆盖、优惠政策百分百落实。“降本减税”税收减免6.79亿元，规模排名全市第一，10月和11月分别实施对煤电保供企业和制造业中小微企业阶段性缓缴政策，为龙游县企业缓缴税款16.25亿元，实现为企业持续发展减负、为经济持续发展蓄能、为社会持续发展助力的预期效应。

【深化税制改革】 2021年，龙游县税务局紧扣《关于进一步深化税收征管改革的意见》要求，结合“放管服”改革，注重在精确执法、精细服务、精准监管、精诚共治等方面进行探索实践。加强平台经济等领域税收风险防控，防范系统性风险。挖深做透特定行业和领域的税收风险，对跨区域建筑业增值税预缴、房地产业土地增值税预缴、增值税电子发票虚开风险等开展集中研讨和分析。完成各级风险任务23批次95户，完成发票协查121起，共查补各项税费及滞纳金2167万元。

【推进依法治税】 2021年，龙游县税务局开展成品油消费税专项整治，强化车购税管理。稳妥有序规范企业所得税核定征收，显著降低核定面。构建个人所得税年度汇算常态化工作机制，建立健全个人所得税全员全额预扣预缴申报管理长效机制。引入第三方造价公司对房地产开发成本进行协助审核，统一应用土地增值税清算项目管理台账。全面推广耕地占用税复核闭环流转。与法院等部门开展精诚合作，梳理出破产涉税费案件中的重点涉税事项7项，制作《龙游县税务局破产涉税费问题工作传递单》，做到全过程留痕和可回溯管理。全年办理企业涉税费破产案件13件，申报税收债权1384万元，申报普通债权559万元；入库杜山集团破产重整税收债权、普通债权、社保费、排污费等3755万元。

【优化营商环境】 2021年，龙游县税务局持续推广“网上办”“掌上办”，总业务量168万件，网上综合办税率98.54%，高于全市平均水平0.84个百分点，排名全市第一。完善综合性智慧办税服务厅，承接省局“智慧导税”试点，实现“办前分流、人机交互、集成办理”。落实网格化精准服务机制和“首票服务制”，加大推广电子发票使用力度，全县通用电子发票开具率按份数占比达98.9%。积极落实财产和行为税合并申报工作，做到合并申报运行平稳，办税服务厅、电子税务局运转顺畅。

（县税务局 范 鑫）

2018—2021年度龙游县税务局组织税费收入情况表

表17

年 度	税费收入合计（亿元）	同比增长（%）	其中：税收收入（亿元）	同比增长（%）	社保和非税收入（亿元）	同比增长（%）
2018	39.05	17.34	25.58	26.88	13.47	2.68
2019	43.09	10.37	27.11	5.99	15.98	18.67
2020	43.65	1.3	28.75	6.03	13.85	−6.86
2021	71.57	63.96	34.49	19.99	37.08	167.73

2021年度龙游县税收贡献100强企业一览表

表18

序号	纳税人名称	2021年税收贡献（万元）	2020年税收贡献（万元）	增加额（万元）	增长率（%）
1	龙游恒正环保科技有限公司	17620	531	17089	3217.63
2	浙江祥隆废旧金属有限责任公司	17182	11704	5478	46.81
3	龙游嘉恒环保科技有限公司	13612	6521	7091	108.75
4	浙江广和房地产开发有限公司	13272	11135	2136	19.18
5	龙游嘉和环保科技有限公司	11741	1258	10483	833.23
6	维达纸业（浙江）有限公司	8936	9094	−158	−1.73
7	浙江祥盛废旧金属有限公司	8374	0	8374	—
8	浙江龙游农村商业银行股份有限公司	8371	9968	−1597	−16.02
9	浙江慧立环保科技有限公司	7196	0	7196	—
10	浙江金龙再生资源科技股份有限公司	4945	368	4577	1245.40
11	浙江龙游道明光学有限公司	4904	5542	−638	−11.51
12	浙江龙游李子园食品有限公司	4394	2946	1448	49.17
13	龙游卓盛房地产开发有限公司	4260	0	4260	—
14	龙游县河道疏浚砂资源开发有限公司	4134	2853	1281	44.88
15	衢州裕禾商贸有限公司	3883	843	3040	360.65
16	华电浙江龙游热电有限公司	3866	1412	2454	173.81
17	衢州市烟草公司龙游分公司	3638	3473	165	4.76
18	恒盛能源股份有限公司	3419	2808	611	21.75
19	浙江凯丰新材料股份有限公司	3310	1987	1323	66.61

续表 18

序号	纳税人名称	2021 年税收贡献（万元）	2020 年税收贡献（万元）	增加额（万元）	增长率（%）
20	光明铁道控股有限公司	3082	4469	−1387	−31.03
21	龙游吉恒房地产开发有限公司	2940	1325	1615	121.89
22	浙江恒达新材料股份有限公司	2932	2614	319	12.19
23	国网浙江省电力有限公司龙游县供电公司	2841	433	2408	555.58
24	龙游伊利乳业有限责任公司	2725	3907	−1183	−30.27
25	浙江禾川科技股份有限公司	2482	2403	79	3.28
26	浙江青龙山建材有限公司	2363	3257	−893	−27.44
27	浙江培华建设集团有限公司	2235	1464	772	52.73
28	龙游县奔康投资集团有限公司	2224	2238	−13	−0.60
29	浙江杜山集团有限公司	2159	448	1711	382.22
30	龙游志城房地产有限公司	2154	0	2154	—
31	浙江恒川新材料有限公司	1866	532	1334	250.73
32	浙江金励环保纸业有限公司	1855	8	1847	—
33	华邦古楼新材料有限公司	1849	0	1849	—
34	浙江龙游通衢建材有限公司	1826	1340	486	36.29
35	浙江金昌特种纸股份有限公司	1675	991	684	69.09
36	衢州天泽水建房地产开发有限公司	1625	0	1625	—
37	浙江文兴建材有限公司	1615	1020	595	58.38
38	龙游天元房地产开发有限公司	1593	1135	458	40.39
39	浙江贝尔轨道装备有限公司	1583	1161	422	36.35
40	龙游县历史文化资源保护开发有限公司	1532	0	1532	—
41	中国工商银行股份有限公司龙游支行	1526	1442	83	5.78
42	龙游塔恩纸业有限公司	1510	1218	292	23.95
43	龙游碧桂园房地产开发有限公司	1424	0	1424	—
44	龙游泽龙电力工程有限公司	1415	1190	225	18.90
45	浙江寰龙环境科技有限公司	1405	697	707	101.37
46	浙江泰宇建设有限公司	1344	1143	202	17.67
47	浙江富宇建设有限公司龙游分公司	1335	227	1108	487.83
48	龙游华顺房地产有限公司	1304	3119	−1815	−58.20
49	浙江蓝天废旧家电回收处理有限公司	1238	1456	−218	−15.00
50	龙游县百益农副产品批发市场有限公司	1237	226	1011	448.35
51	龙游县国有资产经营有限公司	1222	1325	−104	−7.84
52	浙江乔老爷铝业有限公司	1213	386	827	214.04
53	浙江德洲五金有限公司	1201	973	228	23.49
54	浙江鑫佳硕科技有限公司	1189	327	862	263.15
55	龙游兰亭置业有限公司	1144	0	1144	—
56	浙江华飞轻纺有限公司	1138	660	478	72.34
57	衢州市腾元房地产开发有限公司	1119	3	1116	37564.65
58	浙江杭星新材料有限公司	1117	355	762	214.71
59	中国人民财产保险股份有限公司龙游支公司	1097	1042	55	5.31
60	浙江龙游沃鑫铁路器材有限公司	1042	627	415	66.12
61	浙江安都建设有限公司龙游分公司	1039	503	536	106.56
62	浙江物产光华民爆器材有限公司	998	841	157	18.68

续表 18

序号	纳税人名称	2021 年税收贡献（万元）	2020 年税收贡献（万元）	增加额（万元）	增长率（%）
63	中国农业银行股份有限公司龙游县支行	993	842	151	17.95
64	浙江通衢水电建设有限公司	958	757	201	26.62
65	浙江孝福家具有限公司	941	664	277	41.64
66	浙江有朋再生资源有限公司	931	5079	−4149	−81.68
67	龙游楚盛置业有限公司	927	692	234	33.85
68	浙江茗皇天然食品开发股份有限公司	905	1039	−135	−12.96
69	浙江凯丰特种纸业有限公司	901	664	238	35.79
70	浙江华邦特种纸业有限公司	884	874	10	1.10
71	华邦特西诺采新材料股份有限公司	856	73	784	1077.25
72	浙江万明建设有限公司	849	669	179	26.79
73	浙江东飞轻纺有限公司	812	543	269	49.44
74	浙江恒鑫电力有限公司	760	950	−190	−20.00
75	浙江建工五建建设有限公司	747	128	619	483.48
76	浙江贯洲电气有限公司	733	587	146	24.83
77	龙游亿莱达电器有限公司	724	863	−139	−16.05
78	龙游佳龙房地产开发有限公司	714	0	714	—
79	龙游县龙腾公路养护工程有限公司	713	282	431	152.98
80	浙江交工金筑交通建设有限公司	709	1287	−578	−44.89
81	浙江安佑饲料科技有限公司	693	431	262	60.78
82	浙江新屹服装有限公司	688	904	−217	−23.97
83	浙江创辉贸易有限公司	683	1005	−322	−32.05
84	浙江龙游小溪滩水利枢纽开发有限公司	682	588	94	15.94
85	龙游鑫业混凝土有限公司	682	1003	−321	−32.02
86	浙江海景新材料有限公司	679	350	329	94.21
87	衢州东锦房地产开发有限公司	677	377	300	79.46
88	浙江璟瑞建设有限公司	656	465	191	41.17
89	浙江龙游世贸城置业有限公司	647	1668	−1020	−61.19
90	浙江恒祥棉纺织造有限公司	646	421	225	53.44
91	龙游天元旅游开发有限公司	640	0	640	—
92	浙江龙天服饰有限公司	625	661	−37	−5.58
93	浙江特美新材料股份有限公司	621	775	−153	−19.80
94	龙游县交投中石化能源有限公司	618	681	−63	−9.30
95	龙游外贸笋厂有限公司	602	451	150	33.30
96	浙江道明新材料有限公司	590	430	160	37.29
97	龙游华水水业发展有限公司	589	285	304	106.56
98	浙江冠诚科技有限公司	587	1889	−1302	−68.92
99	龙游县住房保障和房地产管理服务中心	574	709	−135	−19.00
100	中国建设银行股份有限公司龙游支行	565	500	65	12.90
合计		247273	148536	98736	64.40

龙游县金融服务中心

【概况】 2021年，龙游县金融服务中心紧紧围绕县委、县政府决策部署，紧扣“建设共同富裕示范区”“建设生态工业县”主题主线，深化金融创新和资本市场建设，突出金融数字化改革和风险防控，不断提升金融服务水平，在服务地方实体经济、强化金融要素保障、优化金融生态环境方面取得较好成效。实现本土企业上市取得“零的突破”、全国首创“碳增信”管理机制以及“金融服务与风险监测”应用入选全省首批“端菜”模式优秀案例。

图51 2021年11月9日，龙游县企业挂牌上市推进专班联合浙商证券赴驰怀烫印和龙成耐火进行走访　（县金融服务中心/提供）

【推动企业上市】 8月19日，恒盛能源IPO在上海证券交易所顺利敲锣，标志着龙游县第一家本土企业主板上市。进一步完善县级层面推进“凤凰行动”计划工作协调机制，成立由县委、县政府主要领导担任组长的加快推进企业股改挂牌上市工作领导小组，深化建立“5+5+N”企业培育清单。对重点培育企业实行“三个一”（县领导“一对一”联系，部门“一对一”挂联，服务员“一对一”服务）。确立“上市优先”理念，对上市企业、拟上市重点企业，一企一策，提供全周期精准个性化服务，在发展用地、用电、用能等要素保障上给予优先支持。结合浙江省开展全国首个区域性股权市场创新试点良机，全面推进与省股权交易集团战略合作，利用区域性股权市场塔基作用，打造县域小微企业成长孵化库，全力建设区域性资本市场普惠服务试点县。依托省地方金融监管局“金融顾问”服务平台，深化与浙商总会金融服务委员会主要发起单位财通证券战略合作。通过“金融顾问”，探索金融人才与政府、企业的服务关系，依托每个金融顾问背后的机构力量，形成链式金融综合服务，助力政府打通服务实体经济的渠道。

【深化绿色金融创新】 2021年1月，浙江省副省长朱从玖一行到衢州调研，专程赴龙游实地考察绿色金融工作，对龙游县绿色金融工作表示充分肯定。壮大金融主体，丰富金融业态。积极引进持牌金融机构，2021年7月，龙游县引进杭州银行股份有限公司衢州龙游小微综合支行，银行机构总数达到17家，完成绿色专营机构创建3家。加快创设新金融公司，2021年3月，改制设立龙游县两山生态资源运营管理有限公司，搭建政府主导、企业和社会各界参与、市场化运作的生态资源运营服务体系。有效对接上级非银机构，与省财通证券、浙江股权服务集团、省农担公司等签订战略合作协议，搭建系统化服务平台，进一步提高龙游县金融综合服务能力。率先探索企业碳账户运用，将碳账户与生态工业、乡村振兴相融合，推出“碳增信”管理办法。2021年9月，龙游县昊诚融资担保有限公司为龙游县旺农有机肥有限公司担保首笔“碳增信”贷款200万元，银行给予被担保企业50BP（即基点，1个基点等于0.01%）利率优惠构建完善碳账户金融体系。聚焦碳账户“5e”（碳排放e本账、碳征信e报告、碳政策e发布、碳金融e超市、碳效益e评估）金融场景，加大碳账户贷款投放力度，不断深化“有礼金融”治理模式。以绿色普惠金融为发力点，结合“龙游通”平台、“衢州有礼”城市创建，将信贷与“道德”联姻，让诚实守信的农户优先享受高额度、低利率的信用贷款。12月末，“有礼金融”已授信158.95亿元，已用信农户30059

户，用信余额40.16亿元，节约利息约2250万元。深化“生猪生命全周期模式”。前端建立“合作社+养殖户”龙珠模式、生物活体抵押的“银保套餐模式”，中端建立“绿色循环贷”支持生猪粪污循环利用的“开启模式”、政保合作支持死猪无害化处理的“集美模式”，后端金融支持生猪成本及价格风险规避，推广生猪饲料成本价格保险与生猪价格指数保险。生猪保险三年累计赔付1.29亿元、赔付率78.9%。

【金融风险防范】 由县金融服务中心主导建设的龙游金融综合服务平台是衢州市唯一的县级金融综合服务平台。该平台的“金融服务与风险监测”应用案例被浙江省大数据局选入优秀应用“菜单”，成为第一批全省数字化改革优秀应用案例。打造“一站式”金融超市。平台入驻银行机构17家，担保公司1家，上线产品108个，帮助企业获得授信4.19亿元，企业融资获得感进一步提升。打通政银企信息渠道。企业信用信息报告涵盖企业社保缴纳、税务缴纳、环保排污许可等18个部门共48个数据信息。构建金融风险监测数据仓。截至2021年底，共融合省市县平台回流数据54类，助力实现县内8900余家企业实时监测跟踪和预警，有效防范区域性、行业性和系统性金融风险。

（县金融服务中心　任轶）

银行业保险业监管

【概况】 2021年，中国银行保险监督管理委员会衢州监管分局龙游监管组（以下简称衢州银保监分局龙游监管组）以习近平新时代中国特色社会主义思想为指导，认真贯彻落实上级部门和县委、县政府的决策部署，紧扣共同富裕和乡村振兴战略，强统筹抓落实，坚守金融风险防控底线，不断提升金融服务实体经济质效，推动辖内金融机构支持县域经济高质量发展。

【强化法人机构监管】 坚守“严监管、强监管”的工作要求，不断提升法人机构监管质效。加强日常监管，突出监管政策传导落地。对辖内龙游农商银行和龙游义商村镇银行两家法人机构，加大日常走访，畅通政策传导，督促落实到位。围绕支农支小市场定位，进一步夯实发展基础。以定位型监管指标为抓手，引导法人机构深耕农小市场，以服务三农小微发展为己任，践行金融普惠，投身乡村振兴和服务地方经济发展。2021年末，2家法人机构均完成普惠型小微企业贷款“两增两控”[增贷款增速、增户数；合理控制小微企业贷款资产水平和贷款综合成本（利率、融资服务收费等）]年度工作目标。强化合规经营理念，进一步提升内控水平。开展“内控合规管理建设年”活动，聚焦内控合规管理薄弱领域精准发力，排查股权和公司治理、信贷管理、员工行为等方面完善内控机制，提升内控合规水平。2021年，对义商村镇银行开展风险管理及内控有效性检查，全面排查机构经营管理等方面的薄弱环节，提出针对性监管意见，督促机构整改落实，实现合规稳健发展。

【助力县域经济高质量发展】 主动担当作为，推动金融支持经济恢复和高质量发展。将“双保”（保就业、保市场主体）应急融资作为后疫情时代帮扶企业的有效措施推进金融让利助力企业降本减负。通过创新还款方式和金融产品，着力解决企业续贷难问题。2021年，辖内银行机构共推出还款方式创新产品60款，

图52　2021年4月1日，衢州银保监分局龙游监管组对龙游农商银行开展三方会谈及2021年度第一次审慎会谈

（衢州银保监分局龙游监管组/提供）

累计惠及7284户企业，贷款余额93.53亿元，为企业节约融资成本7545万元。引导机构出台支持政策，全力支持共同富裕建设。按照支持共同富裕示范区“一县一策”的通知要求，结合自身市场定位，明确工作重点，谋划具体举措，制定相应的金融服务方案，完善相关激励约束措施，扎实推进共同富裕“一县一策”取得实效。深入推进“绿色金融”服务。加强碳账户金融在乡村振兴、社会低碳改造等应用场景创新，探索将碳表现纳入授信管理流程。

【加大金融支持重点产业力度】组织开展金融赋能特种纸产业发展深化年，推动特种纸产业提质增效减排。打破壁垒，建立扶持政策保障。督促机构加强与省分行、总行对接，向上呼吁解决县域特种纸产业发展的信贷支持限制问题。通过多方努力，辖内共有6家机构放宽特种纸产业授信政策。调品扩面，保障信贷供给。督促金融机构积极争取总行政策支持，通过加大投放、提高抵押率、增加信用贷款额度等方式加大金融扶持力度，并结合“碳效贷”产品扩面，差别化促进特种纸企业提质增效。2021年12月末，龙游当地共13家机构开展特种纸信贷业务，占当地机构总数76.47%，特种纸产业信用贷款余额为17.93亿元，较上年同期增加4.04亿元，同比增长29.09%。减费让利，降低企业融资成本。指导机构通过扩大无还本续贷、中长期流贷等服务，推进特种纸企业贷款利率下行，深化还款方式创新，切实降低企业融资成本。2021年12月末，还款方式创新贷款余额4.71亿元，较年初增加1.41亿元，为企业减免综合融资成本73.7万元，实现“三增一降”（全县特种纸企业贷款户数、余额、还款方式创新余额均增长，综合融资成本下降）的整体工作目标。

【强化金融风险防控】锚定不良率持续下降的工作目标，开展全域信用风险排摸，督促机构制定不良压降方案，加大不良处置力度。2021年12月末，辖内不良贷款余额31188万元，比年初减少7145万元，不良率0.71%，较年初下降0.31个百分点。配合龙游县政府，参加龙游二手房案件协调会，联系对接龙游一起涉众房产异常交易事件的风险处置，督促机构做好辖内房地产金融风险防控。充分发挥龙游县银行保险调解委员会的作用，通过加强日常沟通，落实工作机制要求。2021年，指导龙游县银保调委工作室共接收284件案件，调解成功132件，其中接收银行业金融纠纷86件，调解成功37件；接收保险业金融纠纷198件，调解成功95件。积极配合落实非法集资、新型网络犯罪及类金融风险防范，督促银行保险机构做好宣传和排查工作。联合政府部门对重点区域进行扫楼式金融风险排查，组织辖内银行、保险机构开展入园、入企金融政策和风险教育宣传活动，并对宣传情况进行督导。2021年走访排查企业30余家，发现风险企业4家，通过宣讲解读《防范和处置非法集资条例》，警示教育风险企业积极整改。

（衢州银保监分局龙游监管组　翁文倩）

中国人民银行龙游县支行

【概况】2021年，中国人民银行龙游县支行（以下简称人行龙游县支行）紧紧围绕上级行和县委、县政府决策部署，坚持党建统领，把准方向、抓住重点、守牢底线，较好地完成各项工作任务。至12月末，全县金融机构本外币各项存款余额440.60亿元，较年初新增26.74亿元，同比增长6.46%；各项本外币贷款余额438.60亿元，较年初新增64.20亿元，同比增长17.15%。

【支持实体经济发展】发挥牵头抓总作用。修订金融机构综合评价办法，增设金融支持实体经济考核评价内容，突出绿色贷款、制造业贷款等牵引性指标，把首贷户拓展、贷款码等指标纳入量化评价。用足用好再贷款和“两直”工具（指普惠小微企业贷款延期支持工具和普惠小微企业信用贷款支持计划）。指导2家法人机构继续用好支农支小专项再贷款，坚持核查和指导并举，确保政策资金用到实处。至12月末，辖内2家法人机构累计发放再贷款20.83亿元；累计为1506户普惠小微企业办理延期还本付息，金额21.88亿元，延期率98.35%；累计向4808户发放普惠小微企业信用贷款11.98亿元，信用贷款发放占比42.58%。信贷供给量增价降。围绕“1+4+2”资金供给体系（1指金融支持乡村振兴，4指民营、小微、制造业、外贸4个重点领域，2指科创和绿色2个关键环节），积极落实“贷款码”推广工作，联合县总工会开展“首贷户拓展”专项劳动竞赛，不断提升金融服务覆盖面和满意度。至12月末，民营企业、小微企业、普惠小微企业贷款同比增长23.77%、19.16%、30.76%，加权平均利率5.49%、5.40%、5.57%，同比下降9个BP、3个BP、19个BP；“贷款码”企业扫码数1928家，支持企业1602家、发放贷款28.30亿元；应收账款融资服务平台共登记42笔、金额20.12亿元；“衢融通”平台支持企业家数1007户、金额98.79亿元；拓展首贷户808户，发放贷款16.62亿元。金融支持山区26县起好步。在县辖区金融机构负责人会议上专题部署金融支持山区26县高质量发展工作，引导金融机构加大制造业中长期贷款投放，破解制造业贷款期限错配现象。至12月末，全县制造业中长期贷款36.29亿元，同比增长28.51%，高于各项贷款增速11.36个百分点。畅通生态资源价值转化通道，完成《“立足资源优势 助力共同富裕”实施方案（2021—2025年）》初稿，明确主攻方向。

【碳账户金融场景应用】 主动参与地方碳账户应用场景建设，重点从政策、考核、产品三个环节入手，建立“1+2+3”碳账户金融应用机制［“1”个指导意见，即制定下发《金融支持工业企业节能减碳指导意见》，强化对县辖内工业企业绿色低碳转型发展信贷支持力度，推动龙游县生态工业跨越式高质量发展；“2”个联合办法，联合县金融办、财政局、经信局出台《龙游县碳账户金融增信机制管理办法（试行）》和《工业企业“碳减排”贷款风险补偿暂行办法》；“3”个“绿色金融”考核指标运用，即在支行修订的《金融机构综合评价办法》中增列“绿色金融”指标，金融办在对金融机构的年度考核中增设绿色贷款占比指标，县财政局将绿色贷款占比纳入财政资金竞争性存放参考指标］。落实属地管理职责，邀请金融机构专家组建绿色金融团队，走访调研特种纸、生猪养殖等龙头企业，专题组织造纸企业召开座谈会，召开“碳账户”金融应用场景推进会暨行长联席会议，建立金融机构碳减排项目周报表，开展绿色信贷统计专项培训，指导金融机构绿色信贷增量重点突破方向。至12月末，全县绿色贷款余额61.53亿元，占各项贷款余额的14.03%。联合县总工会组织开展工业企业节能减碳案例评选活动，搭建绿色金融产品创新展示平台。指导龙游农商行参与绿色金融改革创新案例大赛，并获大赛一等奖。至12月末，全县14家金融机构推出“碳账户易贷”“工业碳减排贷”“碳增信”等“碳账户”金融产品，累计发放企业碳账户贷款157笔、金额6.37亿元，累计发放个人碳账户贷款352笔、金额0.61亿元。

【提升金融服务水平】 优化外汇金融服务。推动贸易投资便利化措施落地，5家企业获全省贸易收支便利化试点资格；构建跨境电商企业动态名单制管理，对接30余家企业，发放跨境电商企业贷款约1800万元；编制《外汇政策提醒表》2期，强化银行、企业的合规、风险意识；完成3家B类企业监管到期评估工作，对3家进出口收付汇差额超阈值相对较大的企业进行现场核查，防范跨境资本异常流动。强化支付和现金服务。完善移动支付业务考核激励机制，调动银行机构推广移动支付的积极性；拓展“云闪付”场景建设，开展“云闪付”餐饮营销活动，推广云闪付“一元购”，推进溪口老街、溪口未来社区等街区实现“云闪付”全面接入；主动和县大数据局、银联合作，推动城乡公交“智行无忧”建设。开展“人民币整洁度提升年”活动，深入推进现金服务网格化管理；组织全县32个网格开展现金服务网格化管理劳动竞赛，有8个网格在衢州市银行业金融机构竞赛中获奖，巩固现金服务示范区创建成果；依规受理1家公司关于使用人民币图样的申请，销毁一批不符合标准的人民币图样。做好征信、经理国库等金融服务。深化征信服务体系建设，进一步推广应收账款融资服务平台；做好国库支持减费降税工作，服务民生，建立应急资金拨付机制，开辟疫情防控资金拨付“绿色通道”，及时拨付政府防疫防控资金；建立农村金融消费者权益保护服务站5个，增强金融消费者获得感。

【加强金融管理】 强化对金融机构的窗口指导。做好差别准备金率考核、定价行为评估、合格审慎评估等工作，按季做好辖内金融机构风险排查、涉贷出险企业监测；指导金融机构参与利率市场化改革，促进市场利率稳定过渡，加强对两家法人金融机构集中度管理，完成风险“排雷”专项行动、流动性压力测试、非洁净资产置换方式压降不良贷款情况摸排等工作。至12月末，全县不良贷款率0.71%，较年初下降

图53　2021年9月23日，人行龙游县支行在沐尘畲族乡开展存款保险宣传　（人行龙游县支行/提供）

0.31个百分点。加强房地产金融管理。严格落实房地产集中度管理要求，落实差别化住房信贷政策，建立房地产贷款旬报监测机制，对辖内6家房地产金融指标过高、过快的金融机构进行约谈；履行商品房预售资金的监管责任，联合县住建部门、银保监组对房开资金监管账户进行核查，督促法人机构严格按季落实压降计划，指导其他银行机构合理有序发放房地产贷款。合力打击电信网络新型违法犯罪活动。对228个电信网络新型违法犯罪涉案银行账户开展现场督查，约谈4家涉案账户多的银行机构负责人；加强警银联动，提升劝阻有效性，至12月末，银行柜面共堵截电信诈骗事件52起，涉及金额115万元。加强银行账户监测，移交公安部门可疑交易报告12条，立案2条；配合公安部门做好两家银行卡的境外盗刷67人约82万元被盗资金处置工作，受到公安部党委委员、副部长杜航伟批示表扬。积极开展金融知识宣传。制定《2021年度存保宣传方案》《龙游县存款保险制度公众认知评估工作方案》，举办龙游县存款保险公众认知评估暨存款保险集中宣传月活动启动仪式，开展存保知识进畲族、“重温百年历程 存保红色毅行”等宣传活动，共收回评估问卷3593份，在全省13个重点宣传县市区中排名第二；以金融知识普及月、全省反诈宣传月、反假货币宣传月为抓手，组织金融工作人员进广场、进社区、进农村、进企业开展现场宣传，切实提升人民群众金融知识素养。

（人行龙游县支行　周奴群）

国有资产经营与管理

【概况】　2021年是龙游国资国企改革起步之年，龙游县国有资产监督管理办公室（以下简称县国资办）坚决贯彻落实上级决策部署，紧紧围绕“六稳”（稳就业、稳金融、稳外贸、稳外资、稳投资、稳预期工作）、“六保”（保居民就业、保基本民生、保市场主体、保粮食能源安全、保产业链供应链稳定、保基层运转）、“共同富裕”、“双招双引”等重大工作任务，以国企改革三年行动为总抓手，厚植优势，培育特色，实现“十四五”开门红。2021年度，县国资办以全县经济社会发展为目标，完成国企改革三年行动总目标任务81.64%，直接监管国有资产总额350.87亿元、净资产80.75亿元，较2020年12月末分别增长47.01%和73.17%；营业收入18.34亿元、利润总额2.58亿元，同比增长9.52%、2.79%，全面完成市对县考核目标。

【强化国资布局】　强化国有资本顶层设计和布局谋划，推进企业战略性重组和专业化整合，构建“1+6+3+X”（即1家国有资本运营公司，6家核心市场化公司，3家区域性公司，X家部门代管公司）国资新体系，完成原商贸公司重组拆分，新组建汇龙投资公司，指导经济开发区、湖镇镇、溪口镇开展下属国资公司市场化改革。整合同质化企业和相关产业链资产，推动国有资本布局向“四大领域”（公共服务、资源开发、平台建设和战略性前瞻性产业）集中，在“八个重点”（平台建设、双招双引、创新转化、企业上市、低效出清、“双碳”控制、融资畅通和桩基项目布局）上聚焦突破，完成21家约15亿元股权划转；统一整合城区约1.7亿元停车位经营权、统一打包衢江龙游段28千米河道约28亿元疏浚砂石资源经营权、统一注入评估约6.8亿元水库资产；完成龙游县设计院、测绘队2家企业公司制改制。

【保障民生供给】 匹配县域发展战略取得积极成效，保障民生供给能力进一步提升。2021年县水务集团累计供水4430万立方米，同比增长15%；县奔康集团异地搬迁安居房交付770套，涉及农户约2400人；县文旅公司积极响应“全球免费游衢州”政策号召，全年共接待33万人次免费游；县交投集团与省海港合作的龙游港区年货物吞吐量首次突破300万吨，达301.36万吨，同比增长25%，货物吞吐量稳居钱塘江中上游港区之首。基础设施建设主力军作用进一步凸显，全年建设投资项目共95个，计划投资52.7亿元，1—12月实际完成投资49.2亿元，完成率95%。城东新区、两馆七中心、区域路网、金融中心、城东大草坪等初具规模；大南门历史街区、六春湖景区、农产品批发市场等完成节点；端礼社区、新溪小区、黄茶小镇、灵山江综合治理、环卫基地等稳步推进。

图54 2021年3月25日，龙游县产业基金有限公司吉成新材4900万元股权投资项目签约 （县国资办/提供）

【资本运营】 在国资经营公司、县水务集团AA评级基础上，顺利完成县奔康集团AA评定，率先成为全市具有3家AA主体的县级国资平台；年底前成功发行国资经营公司5亿元公司债，创2021年浙江省山区26县同类型无担保公司债券最低利率。县水务集团成功发行1亿元绿色公司债，创下全国县级平台同评级私募公司债历史最低，同时开创龙游县第一单绿色公司债券发行。全年新增授信68.79亿元，新增到位资金47.18亿元。

【监管方式优化】 做好“放管服”文章，动态调整国资监管制度，修订、新订国有企业资金集中、资产管理、投融资、企业采购、人事、工资总额预算、职务消费管理等9项监管制度，实现“必须放”的事项应放尽放，“可放可不放”的事项因企制宜放，“禁止下放”的事项坚决不乱放。

【四资联动高效运作】 积极探索国资投运理念，建立“四资”（资源、资本、资产、资金）联动高效运作机制，打通财政、国资、资规相互赋能转换通道，推进资源变资产、资产转资本、资本转资金的高效联动运作。顺利完成第二轮行政事业单位大宗资产“非转经”，总资产价值3.58亿元。推进42宗老城区存量资产拍卖，成交额0.28亿元，超评估价37%。合理调剂机关事业单位办公场所8549平方米。

【双招双引】 创新金融服务，提升龙游县“双招双引”服务能力。在全市县级国资公司中率先入股衢州市产业基金公司、市信保融资担保公司、市大花园建设投资公司等2.1亿元，与衢州市金控集团合作在龙游开展担保业务，在保余额4.1亿元，出资额放大6.75倍；创新开发“政银担”“余值贷”等6种专项担保产品，在保企业和“三农”主体46家，在保余额1.03亿元。赋能县政府招商引资工作，深化政府产业基金“衢龙一体、市县联动”运作，放大政府投资能力，累计完成年年红、吉成新材、杭州超探、山东水发等企业股权投资3.35亿元，撬动金融资本和社会资本13.09亿元。

【国企数字化改革】 运用数字化监管赋能，构建国资资产池、资金池、人才池“三池”监管格局。充分发挥“龙游通”平台作用，上线“小奔通”“这哩游”等小程序。围绕高速服务、供水监控、河道疏浚、项目管理、城市运营等治理区块，打造数字文旅、智慧停车、智慧水务等多场景数字应用平台。统筹推进总投资约1000万元的国资智慧监管平台，着力打造业务财务一体化、企管监管一体化为核心，全面覆盖财务、项目、投资、资产、人事、党建六大业务板块，实现业务提效、管控赋能、组织变革为重点的数字化监管新模式。

【“两山银行”公司建设】 组建“两山银行”公司，相继开展“生态链贷”“碳增信贷”等业务。充分发挥金融综合服务平台作用，完成“水链贷”水库上下游经营主体累计综合授信0.53亿元。整合水资源富民强村示范工程一期28座水库，形成可招商项目28个，其中成功引进社会资本开发项目13个，经营权通过公开招标，实现溢价283.36%，村集体年租金收入约80万元，其中90%反哺村集体。

（县国资办 陈翼凯）

【龙游县奔康投资集团有限公司】 2021年，龙游县奔康投资集团有限公司（以下简称县奔康集团）围绕县委、县政府中心工作和县国资国企改革目标，立足实际求突破，创新思路谋发展，探索助力县域经济社会发展和市场化拓展并进之路，求真务实、开拓进取，实现国有企业改革发展既定目标。全年营业收入6.09亿元，利润总额1.27亿元。获市“两优一先”先进基层党组织、县“民生工作”突出贡献集体、县“经济发展”突出贡献集体、县“平安龙游”突出贡献集体。

项目建设。2021年工程项目投资额15亿元。文成（一期）安置小区项目完成房屋主体结构建设；士元居安置小区项目完成房屋主体结构建设和配套工程施工20%工程量；南海家苑安置小区项目完成房屋主体结构建设和配套工程施工40%的工程量；文成（二期）安置小区项目完成地下室基础施工；新溪安置小区项目完成地下室基础施工和房屋主体结构建设10%的工程量；辰西花苑安置小区项目完成地下室基础施工50%的工程量；翠光未来社区创建项目完成核心区块邻里场景、教育场景、治理场景、健康场景、创业场景等九个场景建设，并投入试运营；士元实验区高标准农田建设项目一期完成土地垦造和指标申报，实现指标68.8公顷，指标收入2.95亿元，二、三期完成土地垦造50%的工程量，养殖小区建设完成65%的工程量。组织高新园区实验学校、文成（三期）安置小区、横山月荷安置小区、县奔康集团检测中心项目的前期谋划工作。

资产盘活。采取拍卖、租赁等手段，盘活存量资产。对阳湖小区、翠竹小区部分存量店面、排屋委托拍卖公司公开拍卖，收益2279万元；开展店面屋、出租屋、花木市场租赁，收入340万元；销售市场化住宅309套、店面3间，销售额26000万元，实现国有资产保值增值率113%。

信用等级评估。以资源整合、存量挖掘，增量充实为抓手，做大做强规模，县奔康集团于2021年11月获得国内权威评价机构联合资信评估服务有限公司AA主体信用评级，评级展望为稳定，成为龙游县第三家获评为AA主体信用等级的国有企业，为县奔康集团下步资本运营、投融资业务开展提供信用支持。

异地搬迁。按照《龙游县国土整治异地搬迁安置方案》，开展全县1134家搬迁农户材料联审，49家无房户实地调查，安置异地搬迁71户，签订《期房购买意向合同》622户，协助士元实验区指挥部完成419家搬迁户摇号选房，回收房款2.4亿元。协助搬迁户办理不动产证94件，银行房贷1200万元。

业务拓展。践行社会责任和担当，出资2200万元与龙游中学合作创办灵江高级中学，改变原龙游凯马国际学校办学困境；

图55 2021年12月2日，奔康集团获得AA主体信用评级
（县奔康集团/提供）

出资5756万元收购县青藤民办幼儿园、嘉弘民办幼儿园和云谷民办幼儿园，租赁县教育局承办公办幼儿园，促进县学前教育公办园、优质园整体水平提升。与126家单位建立安保业务，派驻保安员645人。学生奶征订3.8万人次，配送牛奶14万箱。开展防疫物资采购与储备，销售口罩50万只。新增城区机动车停车场3个，对管理经营的14个机动车停车场升级改造，融入“智慧停车”元素，方便群众停车，营业收入4200万元。同99家单位签订劳务派遣协议，新增劳务派遣752人，营业收入4125万元。规范6个小区物业管理和3处物业保洁，推进“创文”“创卫”工作，加强小区绿化、路面、公共设施维护，开展违章装修、毁绿种菜、卫生秩序整治和垃圾分类处置，提升人居环境，全年物业收费620万元。

市场管理。围绕“五化”（智慧化、便利化、人性化、特色化、规范化）市场提升改造和创建“省放心市场”“县文明规范市场”目标，加强河西街、飞云路、横山、溪口农贸市场管理，常态化做好疫情防控、食品安全检测，拓展学校、企事业单位食材配送业务，营业收入2860万元，各类奖补200万元。

检测业务。完成混凝土、砂浆抗压检测4.87万组，钢筋检测2.1万组，砖块检测3.1万组，水泥检测520组，砂浆配合比设计检测430组，用石检测410组，建筑工地施工质量检测780次，营业收入1000万元。开展“慧师”“慧警”服务，推进车辆技术检测“一件事”集成改革，获得集成改革三星检测站，完成汽车检测11629辆，摩托车检测1720辆，营业收入350万元。

数字智慧。统筹全县数字化改革项目建设，拓展“龙游通”“小奔通”运营、“信创”产业、智能化产业和数字化创新服务，加强未来社区数字化赋能，竣工项目12个，在建项目8个，实现合同价12020万元。

（县奔康集团　郑云翔）

【龙游县城市发展投资有限公司】　2021年，龙游县城市发展投资有限公司（以下简称县城投公司）围绕加快建设“活力四射”“美丽幸福”的浙西新明珠奋斗目标，在项目建设和资产管理中，真抓实干，提速提效；在队伍建设中，运用“党建+”模式全面推进思想、组织、队伍建设，为公司团队建设实现新突破提供坚强有力的保障，圆满完成年度各项目标任务。

项目建设。2021年共承建项目49个，其中续建类项目19个，新建类项目15个，前期类项目15个，实际完成投资13.72亿元。县公共文化服务中心、商务中心、健康产业中心主体结顶；市民生态休闲公园（城东滨水休闲带、城东大草坪空间开发利用、石窟滨水休闲带等）全部完工；新力小区、幸福小区、新华小区等3个老旧小区完成改造；高铁站前广场周边莲湖南路、站前路以及站前东、西路等完成投入使用；竹海路提升改造竣工验收；礼贤小区房屋工程竣工验收；端礼三区提前完成主体工程，外墙安装工程完成60%；塔石文兴小区主体完成80%。城东新区“三横两纵”主要道路框架基本成型，主要道路滨江路、集贤路、荣昌东路东延完工。市场化投资项目县金融中心于2021年初竣工通过综合验收；县商务中心、健康产业中心项目主体结顶，进入装饰、安装和周边基础设施配套工程建设阶段。2021年，县博物馆项目获中国建设装饰优质奖，县健康产业中心获2021第四季度“优路杯”全国BIM技术大赛优秀奖。

资产经营管理。2021年强化筹资力度，共筹资19.85亿元。全年国有经营性资产承包收益376万元，代管资产收益8.6万元，渣土收入605万元，子鸣小区商铺租金

图56　2021年12月23日，城东新区中央生态廊道核心项目县公共文化服务中心工程主体结顶　（县城投公司/提供）

收入100.01万元，小游园及零星资产收入28.54万元。按期完成美食城房产测绘、安全检测及消防整改方案。维修国有资产33宗（处），涉及金额22万余元。完成470余个国有承包资产情况备案登记。县路灯公司结合“数字龙游”建设要求，推进路灯数据智能管理、平台管理，年度普查路灯杆10458盏，恢复路灯2439盏，设施设备完好率95%以上，全年亮灯率达到99%，维护维修投诉答复满意率达100%。

（县城投公司　丁心雨）

图57　2021年12月15日，北入城口大道项目夜间施工

（县交投集团/提供）

【龙游县交通投资集团有限公司】 2021年，龙游县交通投资集团有限公司（以下简称县交投集团）下辖12家全资子公司、1家控股公司、8家参股公司，各类用工约170人。在做好交通工程、高速营运、民用爆破、公共交通等主营业务基础上，不断深化与大型央企、国企及优质民企的合资合作，初步构建“交通产业+港口物流、综合能源、矿山砂石”多元化发展基础，在经营管理各方面保持持续向上的发展势头。县交投集团连续3年被评为县“百家四优”企业，连续两年获评县“经济贡献五十强”以及“先进基层党组织”“文明单位”“抗疫志愿服务先进集体”“有礼之星”等称号。2021年全年实现营业收入4.32亿元，利润总额3189万元，市场化经营性项目投资额3265万元。

工程项目。至2021年底，320国道龙游会泽里至下章段改建工程总体形象进度完成53%；北入城口段道路改造总体形象进度完成83%；北入城口绿化景观工程总体形象进度完成70%；灵山江沿江公路工程总体形象进度完成93%；综合客运枢纽工程围墙基槽开挖完成60%，基础砌筑完成50%；整体施工进展完成24%。南海家苑安置小区配套道路工程、东环线与金星大道连接线交叉口改建工程、东环线北侧生产道路改造工程、四好农村路方家仓至官潭段公路工程、S315省道与兴业大道交叉改造工程等一批项目顺利通过验收。

市场化合资合作。与中石化、省海港集团、光明铁道公司等大型央企、国企及优质民企的合资合作取得实质性进展，进一步巩固“交通产业＋能源产业”“交通产业＋资源产业”“交通产业+基础产业”的多元化发展格局。龙游港区运营实现新突破。龙游港区年货物吞吐量首次突破300万吨，达301.36万吨，同比增长25%，辐射衢州、丽水、金华和赣东闽北等地区，货物吞吐量稳居钱塘江中上游港区之首。交投中石化合作实现新拓展。全年累计完成成品油销售2万多吨，实现销售收入1.59亿元，实现利润总额1295万元，为地方创税590万元。

经营管理。2021年，县交投集团下属龙游县通途交通建设工程有限公司以项目推进为核心，基本完成项目建设的各项目标任务，经营指标稳步增长，利润率较上年提高25%，多个施工标段荣获先进称号。龙游县龙新高速公路投资有限公司加快推进交通公共场所服务大提升，着力推进路段和服务区软、硬件升级，全年公司营业收入首次突破亿元大关。龙游交投惠民交通运输有限公司自2021年11月成立以来，对全县各中小学校校车运行情况进行踏勘和摸排，完成接送路线、停靠站点、运行趟次等运营内容优化。至2021年底基本完成校车运营前期准备工作，完成新购56辆智慧专用校车的招投标程序，为新学期校车投入运营打下基础。

安全生产。以高速营运、工程建设、民用爆破、“三防”（防汛、防台、防旱）、平安维稳为重点，以安全监督检查为抓手，坚持“安全第一、预防为主、综合治理”方针，建立健全安全领导机构和安全管理网络，创新安全管理工作思路，确保各类安全生产工作有序开展。全年组织各类安全检查31次，整改问题百余项。积极开展安全生产月活动，张挂宣传横幅标语30余幅，发放安全宣传单100余份，组织安全演练3次、知识培训1次。进一步夯实企业安全生产主体责任、健全安全生产工作机制，切实筑牢安全生产底线，确保集团整体安全生产平稳有序开展。

企业治理。以党建统领为抓手，努力营造想干、能干、敢干的团队氛围，不断增强内生动力和承担政府项目代建、服务政府中心工作能力。坚决贯彻执行党的干部路线方针政策和县国资办关于国有企业人事管理相关要求，工资总额、薪酬、绩效三项制度平稳落地，编制完成岗位说明书、绩效考核附加减分评分细则、假勤管理办法、招聘管理办法等三项制度配套实施办法。完成高管和中层干部人事档案专项审计、2021年度岗位用工性质认定等专项工作。健全教育培训机制，积极开展内外部各类培训，提高职工履职能力。进一步健全和完善财务管理体系，重新修订财务管理制度。推行全面预算管理工作，不断强化内部监督，做好税收策划，防范公司经营风险和税务风险。加强资金管控，优化资本结构，调整现有债务，改善财务资金状况，实现降费减支。

（县交投集团　吴　旻）

【龙游县文化旅游发展有限公司】 2021年，龙游县文化旅游发展有限公司（以下简称县文旅公司）紧紧围绕“两城四区”战略布局，以全域旅游为统揽，以融合发展为主线，按照“指标引领、管理先行、项目推动”的总体思路，做优经营链、做精管理链、做强产业链、做大动能链，圆满完成各项工作任务。下属龙游县历史文化资源保护开发有限公司获“2021年度省先进集体”称号，龙游石窟成功入选浙江首批文旅IP库、优秀解码项目。

经营数据稳步增长。面对疫情叠加影响、旅游市场低迷等严峻考验，县文旅公司立足国企国资改革，聚焦创新驱动战略，探索数字化赋能新文旅，各项数据指标实现新突破。2021年，资产总额211677万元，较上年增加51499万元；全年实现营业收入约7000万元，较上年增加2000万元。下属景区共接待游客约50万人次，实现旅游门票收入约1722.4万元，较上年同比增长135.6%。其中石窟景区游客约30万人次，实现门票收入476.7万元，同比增长30.16%（不含免费游补助）。六春湖索道售票游客约6.9万人次，同比增长169.6%，实现旅游门票收入约1200万元，同比增长261.1%。

智慧景区建设。加强智慧旅游创新应用，成立龙游聚宝街停车场服务有限公司，安装并启用智慧停车收费系统，改变人工收费模式。重点推进景区智能化升级改造，民居苑、石窟景区分别于11月27日和12月3日正式启用智能票务系统，实名制“刷脸”入景区。探索疗休养项目市场化运营新模式，开发上线“这哩游”全域旅游智慧小程序，为本地旅游产品销售构建线上销售、线下服务机制，实现三方共赢，初步形成智慧文旅新局面。疗休养业务全年共实现营业收入约3500万元，其中线上交易约1.8万笔、总金额1700余万元。

“清廉国企”创建。按照“促廉风、铸精品、创一流”的原则，选择六春湖索道公司为清廉文化阵地，以清风、竹海、桃源、索道为引，以“清风竹韵，廉系一线”为品牌，创建“清廉

图58　2021年5月至10月，浙江省第四届体育大会嗒嗒球、太极拳、木兰拳、舞龙、钓鱼5个项目在龙游县体育馆举行　（县文旅公司/提供）

图59 2021年10月4日，六春湖星之牧场露营活动
（县文旅公司/提供）

文化”走廊，设立“清廉读书吧”，将清廉文化融入六春湖景区的每一处景色里。同时将廉洁文化宣传植入旅游景区及旅游项目建设中，在民居苑导游词解说上融入廉相余端礼、状元刘章等牌坊背后的清廉故事，逐步推进清廉单元创建，构建体系化建设格局。

赛事效应提升。积极协办满山红遍六春湖媒体采风活动、风景园林助力文旅融合发展论坛暨首届六春湖峰会各类大型活动，顺利承办“四海奇观 六合同春”龙游六春湖全国旅游摄影大赛、中国龙游六春湖山地马拉松、浙江省第四届体育大会（嗒嗒球、太极拳、木兰拳、舞龙、钓鱼）等系列高水准、高规格的国内知名赛事。通过各类宣传推广活动，进一步扩大赛事影响力，提高景区知名度，打好企业发展“组合拳”。

大南门历史文化街区开发。大南门历史文化街区开发项目总投资15亿元，总建筑面积约10万平方米。完成挑水巷房屋修缮工程，单体建筑31幢，总建筑面积约7000平方米，启动挑水巷景观施工和业态展陈准备工作。南片区主体结构封顶，北片区地下室主体结构、龙商会馆二层主体结构在施工中。

六春湖旅游度假区项目。六春湖旅游度假区项目入选省发改委“浙江省打造大花园耀眼明珠培育项目”，入围全省山地休闲旅游发展试点和第二批大名山公园。启动六春湖生态观光及配套设施项目（一期）——桃源尖露营基地及帐篷酒店施工，完成8.5千米游步道项目木栈道、休憩设施、8处公厕以及观景平台建设，索道上站至桃源尖段10千伏配电工程正式供电投入使用，悦椿度假酒店龙游区域完成林地审批并签订合作协议，滑雪场及轨道交通等四季项目完成扩初设计、概算审价及招标文件初稿。

其他项目。凤翔洲洲头综合整治项目（水文化公园）完成总体方案设计，配合县林业水利局立项审批，加快推进施工图设计及工程招标事项。做好官潭民宿新建项目，95联盟大道部分项目及汽车运动中心项目前期谋划工作。石窟文物保护修缮项目编制完成2号洞、8号洞、5号洞和23号洞防护前期勘察方案。民居苑文物保护修缮项目汪氏民居修缮工程竣工验收，完成2021年度保养维护工程设计及报批、工程招标。聚宝古街灯光及景观提升项目完成初步验收，进入整体调试及试运行阶段。民居苑景区配套提升项目(一期）（水镜酒店）完成方案设计，在初步设计中。

（县文旅公司 金 燕）

【龙游县水务集团有限公司】

2021年，龙游县水务集团从项目建设、供水服务、融资发债、科技创新、对外合作等方面发力，积极应对市场变化，主攻重点难点，全力打好硬仗，较好的完成各项目标任务。实现营业收入7.11亿元，利润1.31亿元；完成售水量2272万立方米，污水处理量1757万立方米，完成政府性项目投资2.38亿元，实现企业经营性项目投资1.24亿元，上缴税费8268.08万元。

项目建设。围绕县委县政府中心工作，持续推进城乡供水一体化建设，较好发挥民生保障和支撑作用。2021年县水务集团承担的项目建设总投资7.48亿元，其中重点项目投资6.78亿元。城北工业污水厂三期扩建工程在现有工业污水处理厂西侧扩建一座处理能力4万立方米/日的污水处理设施，概算总投资1.67亿元，完成土建工程量60%。农村饮用水提质强保障工程主要建设龙游县4座乡镇水厂原水、供水管网，以及湖镇水厂的迁建，项目估算总投资2.1亿元，其中龙北水厂管网延伸工程完工通水；湖镇水厂迁建工程完成土建工程量30%；溪口水厂原水管及水厂管网延伸工程已完成工程量的30%。大坞口矿山治理及土地垦造工程主要修复废弃的大坞口石矿山，建设高标准农田4.53公顷，预算总投资2454万元。该项目于2021年12月24日顺利通过市级验收，实现销号。龙游生活垃圾填埋场生态修复工程主要是对现有的5.5万平方米青龙山生活垃圾填埋场进行生态修复，新建生活垃圾应急堆放场有效库容7500立方米，概算总造价5838万元，至2021年底完成工程量的15%。龙游县环卫基地建设工程主要新建日处理150吨的城南生活垃圾中转站，改造现有城西生活垃圾中转站，概算总造价9372万元。城西站基本完工并进入调试运行阶段，城南新建中转站主体施工约完成60%。灵山港综合治理工程（溪口段）主要建设内容包括治理河道、新建堰坝、护岸及防汛道路，并对沿线滩地保护修复，概算总投资1.1亿元，第一、二标段基本完工，处在绿化阶段。灵山港综合治理工程(石角至姜席堰段增补工程)主要建设内容为沿河驳岸挡墙、新建下河埠头、沿河栈道、景观平台、绿化等，概算总投资1461万元，完成工程量的60%。

图60 2021年，龙游县水务集团承担城北污水厂三期扩建工程
（县水务集团/提供）

民生保障。县水务集团准确把握新时代职责定位，着力在深化服务保障上下功夫。强化原水供应保障，全县水源性水库主要分为两个片区，高坪桥水库建成投运后，已实现高坪桥—社阳—洪畈水库“三库联调”，全年原水供应4300万立方米。提升供水服务保障，随着农民饮用水提质强保障工程的推进，龙北自来水厂供水范围逐步向外延伸，将横山片区的17个行政村、塔石片区6个行政村纳入供水范围。2个城市水厂+4个乡镇水厂+33个单村联村供水站，覆盖2个街道的7个社区、43个行政村和13个乡镇的155个行政村，供水总人口约36万人，占全县人口的97%以上，让群众从“有水喝”变为“喝好水”。推进美丽河湖建设，全年完成河道治理34.6千米；新建、修复护岸17.11千米；新建防汛道路3.36千米；堤防养护87.2千米；新建、改建堰坝26座；山塘水库除险加固47座；水库保洁养护121座。

资金筹措。2021年债券审核政策收紧，总资产100亿元成为窗口指导的准入线，为保障水务集团后续公司债券发行的通畅，保障县重大项目的资金安全，县水务集团在县领导的支持和县国资办的统筹安排下，完成衢江龙游段28千米河道砂资源收益权评估，加上水库资产6.7亿元，至2021年12月底资产总额由6月底的80亿元增加到113亿元。由于集团作为县域二级AA主体，公司资质依然偏弱，经积极对接具有AAA级资质的浙江省担保集团有限公司提供债券担保，完成1亿元公司债券首发。

科技创新。县水务集团坚持把创新作为企业发展的内在动力，依托高新技术企业创新优势，积极推动企业研发中心建设，加快各类专利研究开发及实际应用。2021年研发经费共支出2192.86万元，减免企业所得税1484.79万元。下属龙游县河道疏浚砂资源开发有限公司取得9项发明专利、29项实用新型专利、2个软件著作权登记；浙江寰龙环境科技有限公司获评省级企业研发中心，取得9项发明专利、30项实用新型专利和4个省级新产品；浙江寰龙环境建设有限公司好氧颗粒污泥技术应用在农村生活污水处理终端，建成寺后村300吨/日无人值守污水站1座，和湖镇镇100吨/日无人值守污水站1座。

对外合作。2020年9月，县

水务集团下属寰龙投资股份有限公司与浙江省建设投资集团有限公司下属浙西建筑产业化有限公司签订战略合作框架协议。按照县政府要求，集团对与浙江建投全面深入开展战略合作的可行性进行分析，针对拟定的3个项目意向（矿山制砂、固碳混凝土和竹缠绕管项目），提出初步意见并于2021年10月底报县政府。与宁波宏日泰耐克公司合作，2021年5月，按照县主要领导批示精神，对浙江宏日泰耐克新材料科技有限公司和UHPC（超高性能混凝土）项目情况进行尽调分析，并提交初步的意见建议。经过前期的沟通交流，在县委相关领导牵头下，11月集团又组织一次现场考察，并在充分沟通的基础上，2021年11月底县水务集团与该公司的母公司宏日（浙江）控股有限公司签订战略合作框架协议。

（县水务集团　赖晨晖）

【龙游县汇龙投资发展有限公司】 为深化龙游县绿色金融改革创新，补齐国有企业金融服务领域空白的短板，龙游县国有资产监督管理办公室于2020年11月注册成立龙游县汇龙投资发展有限公司（以下简称县汇龙公司）。2021年1月5日，完成原县财政局下属龙游县产业基金有限公司（以下简称县产业基金公司）、龙游县昊诚融资性担保有限公司（以下简称县昊诚公司）和龙游县财信非融资性担保有限公司（以下简称县财信公司）3个公司的管理权、资产和业务整体无偿划转。经营范围主要涵盖股权投资、创业投资、融资性担保业务、非融资性担保业务，生态资源运营开发与交易等领域。2021年县汇龙公司紧扣县委、县政府中心工作，完善企业治理，加速市场化改革转型。发挥政府产业基金管理人和政策性融资担保机构职能，在金融赋能政府“双招双引”、产业培育和“两山”生态资源转化，保障县域小微企业和“三农”主体融资畅通等方面为龙游经济社会发展作出贡献。至2021年12月底公司资产总额84295.94万元，全年实现营业收入173.58万元。

市场化改革。2021年3月25日县汇龙公司和龙游县两山生态资源运营管理有限公司（以下简称县两山公司）揭牌运营，县汇龙公司以打造金融主业为宗旨，按照金融服务产业链条块完成“1+6”管理架构构建，即以县汇龙公司为母公司统筹，县产业基金公司、县昊诚公司、县财信公司、龙游县汇智企业管理咨询有限公司（以下简称县汇智公司）、龙游县汇龙创业投资管理有限公司（以下简称县汇创公司）和县两山公司等6家子公司分别从股权投资、融资性担保、非融资性担保、创业投资、基金管理、生态资源运营开发与交易等领域运作。并将“1+6”运作架构嵌入“1+1+4”组织架构的扁平化管理（即1名总经理和1名副总经理负责决策经营，党政综合、资产财务、战略投资、风险合规4部门协同运作），战略投资部负责股权投资、创业投资和基金管理，风险合规部运作融资性担保和非融资性担保业务，党政综合部负责公司日常管理和“两山银行”运营，资产财务部负责公司财务管理和中介服务业务等项目的拓展，打破传统的岗位职能，初步形成“一岗多能”的运行机制。2021年7月26日，县汇龙公司成立党支部，按照党组织标准化、规范化建设要求，以深入开展党史学习教育为主线，将企业党建工作与业务经营深度融合，为公司市场化改革，提供坚强政治保证和组织保证。建立和完善行政、人事、财务、业务等40多项管理制度，初步形成一整套内部管理、风险防控、绩效激励机制。

产业基金运营。2021年分析研判上海赞芯、凯世光研、金固股份、茗皇天然等项目16个，项目行业涉及电机驱动芯片、精密制造、医疗用品包装印刷、装饰用纸、速溶茶、印刷集成电路、数字医疗等行业，为政府招商引资提供智力支持。全年新增股权投资项目4个，新增投资额7900万元。直接股权投资龙游云墨碳谷碳纤维产业园项目1000万元、浙江吉成新材股份有限公司4900万元；与衢州市金融控股集团有限公司联动股权投资威仕喜（浙江）流体技术有限公司1500万元，实现市产业基金返投龙游县1500万元；通过汇智公司股权投资水发（龙游）竹产业发展有限公司500万元。多次对接浙江省金融控股有限公司、衢州市金融控股集团有限公司，争取省市资金政策下沉到县内，推荐华邦古楼、茗皇天然、捷马化工、浙江鑫佳硕4家本地企业到省金融控股有限公司，成功邀请省产业基金与乡村振兴基金到龙游调研考察项目。邀请省金融控股有限公司下属企业金采未来（浙江）城乡融合发展有限公司到龙游县调研黄茶生产基地，提出区域公共品牌建设的若干意见，为龙游的黄茶产业发展明确方向。

图61 2021年2月28日，龙游县产业基金威仕喜股权投资项目三方签约
（县汇龙公司/提供）

融资担保服务。2021年县昊诚公司起草《龙游县基层政策性农业信贷担保服务创新试点实施方案》《龙游县人民政府关于推进政府性融资担保体系建设的实施意见》；创新推出“余值贷”“政银担”“生态链贷”“碳征信贷”“生态工业贷”5个专项担保产品，与7家银行合作开展担保业务，共办理担保业务113笔，担保金额19628万元，在保余额17764.82万元；与衢州市信保融资担保有限公司合作在龙游开展担保业务，在保户数675户，在保余额4.72亿元。全年累计现金回收不良贷款425.81万元。与龙游县农民合作经济组织联合会签订《关于开展农合联担保业务合作协议》，建立农合联业务风险池，由县农合联出资200万元，为农合联会员单位担保业务进行风险分担，提高农合联会员的获贷能力。2021年共办理农合联会员担保19笔，担保金额2148万元。成功创建浙江省2021年基层政策性农业信贷担保服务创新试点，与浙江省农业融资担保有限公司开展“政银担”联保业务，获得省级财政补助200万元，同时争取县财政注入县昊诚公司风险池资金专户600万元，被省农业融资担保有限公司评为“2021年度基层农信担保服务先进金融机构”。获得衢州市金融办“2020年度衢州市绿色金融考评奖励”，县经信局、县金融办“2020年国家中小企业发展专项资金融资担保降费奖补”和“2021年1—7月国家中小企业发展专项资金融资担保降费奖补”。

“两山银行”改革。2021年，县汇龙公司在龙游县“两山银行”改革专班的指导下积极推进“两山银行”改革，探索建立生态产品价值实现机制，拓宽“绿水青山就是金山银山”的转化通道，“两山银行”生态资源数字展示馆共收录生态资源数据441条、项目数据28条；谋划水资源标准地建设，出台《水资源定价实施办法》等相关制度5项；创新推出“两山银行”绿色金融产品——“生态链贷”，新增用信115户，发放贷款6246万元，其中由“两山银行”委托政府性融资担保机构为19个“两山银行”经营主体提供融资担保，担保余额2420万元，减免担保费12.1万元；开设龙游县中草药行业协会“生态资产账户”，首批26个会员获得2750万元授信；与县林业水利局、县双江水利开发有限公司一同完成全县107座小型水库现状分析，其中17座水库完成收储流转。

（县汇龙公司　童志清）

统　计

【概况】 2021年，龙游县统计局紧紧围绕县委、县政府中心工作和上级部门要求，奋勇担当，实干争先，坚持依法统计，扎实推进各项统计调查工作，不断提升统计服务水平，充分发挥统计在经济社会发展过程中的监测、咨询和服务作用，为推动县域经济高质量发展迈出新步伐、取得新进展提供统计保障。2021年，全县实现地区生产总值288.02亿元，同比增长9.5%，增幅全市排名第二；2020—2021年两年年均增速6.9%，全市排名第一。从2020年二季度到2021年三季度，连续6个季度地区生产总值增幅全市排名第一，创造新的纪录。城镇居民人均可支配收入56738元，同比增长11.2%，增幅全市排名第二；农村居民人均可支配收入30045元，同比增长12.4%，增幅全市排名第一。

【人口普查】 顺利发布人口普查主要数据，在“微龙游”、《今日龙游》等媒体上发布第七次全国人口普查主要数据公报，完成《龙游县常住人口情况分析》等专刊，供县委、县政府主要领导参阅，撰写2篇业务调研报告，其中《大数据在人口普查中的应用与实践》获省级业务文章三等奖。普查补贴全额发放到位，根据普查方案及前期工作安排，分别于2021年2月、7月完成所有“两员”（普查员、普查指导员）补贴的发放，累计发放“两员”补贴400多万元。在普查开展过程中积极开展“大数据应用”探索，在市级综合试点、户口整顿、摸底及正式登记阶段充分发挥“龙游通”数据库作用，同时扩充教育部门学生信息、民政部门死亡人员信息作为数据支撑，开展人口数据比对，为高效、准确摸清全县人口底数奠定基础，同时也为大数据在人口普查中的应用提供“龙游经验”，2021年9月16日，国家统计局发布《国务院第七次全国人口普查领导小组关于表彰第七次全国人口普查先进集体和先进个人的决定》，授予龙游县东华街道张王村先进集体称号。

【统计调查监测】 严格执行各项统计报表制度，充分发挥统计考核指挥棒的作用，推动县统计局、主管部门、乡镇（街道）、企业之间的四级联动，完成全县1103家在库企业（项目）及抽样单位的29项月报、24项季报和2021年年报工作。严格执行企业升规入库条件，规范入库流程，创立“领导小组统筹、主管科室牵头、全员联动参与”的模式，要求各专业“入库前，必核实”，联合主管部门深入一线指导核实，推动齐抓共管，压实入库工作，全县新增“四上”企业（规模以上工业企业、资质等级建筑业企业和房地产开发经营企业、限额以上批零住餐企业、规模以上服务业企业）126家，其中工业36家，建筑业7家，批发零售业34家，房地产业11家，规模以上服务业企业3家，5000万元以上投资项目60个，房地产项目11个。

【统计参谋服务】 增强靠前服务的意识，谋划在前、分析在前、预警在前，真正发挥好统计参谋作用，全年共向县委、县政府及相关经济部门提供12期统计月报，报送《统计专刊》30期，直面经济社会发展中的痛点、短板，反映企业心声，提出可操作性强的举措。全年共有3篇专刊得到县主要领导批示，9篇被县委《每日要情》采用。积极服务高质量发展指标和26县发展实绩考核工作，按时保质完成省、市对县（市、区）相关考核指标数据的收集、汇总、测算和提供工作，深入研究分析高质量发展、26县发展等考核体系，撰写《与仙居、武义、三门、江山比较分析》《龙游、缙云两地发展分析》《2021年26县考核分析》等报告，为县域经济实现“追赶跨越、开放开发”提供翔实的数据分析及支撑。

【统计理论宣讲】 充实、扩大8090新时代理论宣讲团统计分团宣讲队伍，2021年有骨干宣讲员13人，县级“金牌五星”宣讲员1人，导师团5人。制定“一月一主题”宣讲工作计划，宣讲内容紧扣统计知识解读、依法统计案例、经济发展现状，通过“统计大讲坛”开展内部试讲，不断打磨宣讲内容。同时实现宣讲约单点单智能化管理，结合8090个人宣讲指数，开展月度通报，季度评星工作，促使“8090”年轻干部以青春力量发出统计声音。拓宽宣传渠道，借力新媒体，扩大统计宣传的覆盖面。利用微信朋友圈投放宣传内容，以每周一次，一次覆盖3万人次的投放量在微信平台投放统计宣传，覆盖所有党政机关、企业、村（社区）等。统筹利用县政府门户网站统计工作政务公开、统计信息专栏等平台资源，及时发布统计相关数据信息，解读公众关心关注的问题。编制统计月报，将中国共产党成立100周年龙游经济社会发展报告等推送给县委、县政府及相关部门，充分发挥统计部门服务领导决策、服务社会发展的职能，受到广泛好评。

【统计法治建设】 提升依法统计意识，两次在县委常委会和县政府常务会议上专题学习习近平总书记重要讲话指示批示精神及《关于深化统计管理体制改革提高统计数据真实性的意见》《统计违纪违法责任人处分处理建议办法》《防范和惩治统计造假、弄虚作假督察工作规定》，多次传达浙江省统计工作座谈会的精神和相关要求。开展统计法进党校，将统计法纳入主体班次必修课，组织部门、经济开发区和各乡镇（街道）等有关单位主要领导学习相关文件，向相关部门及基层发放《统计法应知应会》150余册，印制《以案释法统计普法宣传册》1000余份。抓好规范制度建设，印发《龙游县党政领导干部防范和惩治统计造假、弄虚作假责任制规定》，全面落实龙游县党政领导干部防范和惩治统计造假、弄虚作假责任。建立《龙游县统计系统数据质量追溯和问责制度》《统计违法举报管理工作制度》《统计系统违纪违法案件移送制度》等规范化制度，完善龙游县统计数据质量责任体系。加大统计执法力度，全年分两次配合省、市开展劳动工资和工业产值“双随机、一公开”执法检查，共检查企业和单位40家。县级2021年度两批次“双随机、一公开”执法检查工作圆满完成，共检查35家单位，立案3家，结案4家，当场警告2家，罚款0.3万元。

【数据质量提升】 列“问题清单”抓整改，为进一步夯实数据质量，各专业围绕省（市）两级核查开出的“问题清单”，通过抓台账建设，细化指标分类，执行“月审核”制度，各专业抽取部分企业台账，开展核查比对，督促问题企业规范化建立统计台账。同时，对企业数据上报过程中暴露的共性问题进行再梳理，再布置，将整改意见、措施覆盖到所有规模以上企业。专业联审主攻重点指标，首创“专业联审”工作机制，科室联动、对应付职工薪酬、工资总额等易错重点指标开展联查，成效明显。创立行业鉴定表，加大对在库企业、新入库企业行业的鉴别力度，进一步夯实数据质量。巧用“五色图”开展分级核查，各专业从报表上报及时性、数据填报规范性、统计台账建设情况、业务培训到会率等4个方面对各企业进行综合打分，将525家规模以上企业划分成五档，对红色、橙色等数据高风险企业进行现场核查，对黄、蓝、绿企业按照属地原则进行分配，要求乡镇街道及时了解企业相关情况，对问题企业限期整改。全过程管控规范数据生产流程，始终坚持统计数据质量的全过程管控制度，要求统计专业人员进一步打破数据壁垒，强化与各部门数据分析比对，强化县税务、财政、供电、市监等相关部门与统计的沟通协作，充分利用部门数据进行匹配性校验，重点比对用电量、纳税额等数据。建立并印发《龙游县统计局专业数据质量管控规则》，对基本单位名录库、规模以上工业、投资、建筑业、房地产等各专业设置数据质量管控流程，规范统计数据生产流程，强化质量管控。

（县统计局　夏水财）

调　查

【概况】 2021年，国家统计局龙游调查队（以下简称龙游国调队）持续深化依法治统，不断夯实基层基础，持续提升服务质效，各项工作取得新成效。2021年龙游县全体居民人均可支配收入42230元，比上年同期增加5000元，同比增长13.1%，增速高于全省3.3个百分点，增幅居全省26县第一、全市第一；农村居民人均可支配收入30045元，比上年同期增加3324元，同比增长12.4%，增幅居全省26县第五、全市第一；城镇常住居民人均可支配收入56738元，比上年同期增加5714元，增速11.2%，增幅居全省26县第二、全市第二。城乡收入倍差1.89，较上年缩小0.02，连续6年呈缩小趋势。

【城乡住户一体化调查】 对27个样本村中270户新记账户开展月度调查，采取实地走访、个性化指导、常态化抽查检查等形式，提升新记账户记账规范，实现应统尽统。加强电子记账管理，更新数据审核方式，采用“平台周审—收支月审—季度审核”的审核模式，提高源头数据质量。

【月度劳动力调查】 完成劳动力调查样本轮换，新选聘辅调员8人，实现新旧样本平稳过渡。新一轮调查样本点为龙洲街道兴龙社区、红星社区、兰石村，詹家镇詹家村，横山镇横山村，模环乡蛇塘坞村。

【粮食监测调查】 2021年，粮食产量监测调查样本村25个，全年开展4次面积调查（12月秋冬播面积调查、3月春播面积调查、4月早稻面积调查、8月夏播面积调查），2次意向调查（2月全年种植意向调查、11月秋冬播意向调查），3次预产调查（夏粮预产、早稻预产和秋粮预产调查），2次实产调查（夏粮实产调查和秋粮实产调查），3次实割实测（早稻、单季晚稻和双季晚稻实割实测）。8月同时对25个试点样本村开展农作物遥感测量调查。

【畜禽监测调查】 创新管理模式，推行“网格化”管理，将138名辅调员压缩为20名“精兵强将”并划分为11个网络，对全县445家大中型生猪养殖户，131家大型家禽养殖户和196家中小型家禽养殖户开展季度监测调查。强化下乡培训检查，通过月度检查指导和季度辅导培训，夯实源头数据。

【企业抽样调查】 开展采购经理调查、工业生产者价格调查和小微企业及个体经营户跟踪调查。

2021年新增采购经理调查样本企业1家，在库样本企业22家，工价样本企业35家，小微企业及个体经营户跟踪调查样本企业15家，存活7家。

【统计服务】 围绕中心、重点工作，大力开展课题研究、专题调研和调查分析，为地方政府提供优质统计调查服务，全队全年撰写各类信息分析共153篇。结合“我为群众办实事”活动，参与专题调研18个、开展课题研究4个，完成县府办约稿4次，3篇调查分析被国家统计局内网采用、1篇调研报告被县委办推荐到省委办采用、1篇报告获评国家统计局浙江调查总队优秀青年报告二等奖、1人获评总队优秀调查信息和信息员“双十佳”、两篇调查分析获县领导批示。成立共同富裕工作领导小组，多次参与地方政府共同富裕工作研讨座谈。

【统计法治建设】 深化统计法治宣传，向基层统计调查人员、统计调查对象等开展统计法治宣传500余人次，发放统计法治宣传册和宣传品600余份；队主要负责人通过“书记约你来读书”栏目向县机关推荐防惩统计造假辅导读本，发表统计法治署名文章。严格法治监督，执行领导干部违规干预统计工作记录制度，按规定完成相关调查表的联网直报。严格防范违反统计法精神的文件和做法，对300余份收文和100余份发文进行全面清查。加强统计执法，通过“双随机”抽查、重点核查等方式，对全县6家企业开展统计执法检查，不断彰显统计法治权威。

（龙游国调队　傅银川）

海　关

【概况】 龙游县海关事务服务中心的主要职责是协助衢州海关做好龙游县辖区内进出口海关业务中的综合业务受理、处置，单证验核、流转；原产地证书审核、签发；取样送检等工作；协助衢州海关开展进出境货物及运输工具的检查、检验、检疫和监管工作；提供海关相关政策、措施和进出口国家要求、国外技术性贸易措施等信息，以及业务咨询服务等；按要求完成进出口饲料安全风险监控工作、进出口食品化妆品安全监督抽检及风险监测工作、进境粮食加工存储企业日常监管和年度审核工作、有害生物监测相关工作、进出口危险货物及其包装检验监管工作。2021年，龙游县外贸进出口总值为54.7亿元人民币，列全市第三，同比增长9.7%（全市进出口总值平均增长36.4%），占同期衢州市外贸进出口总值的11.1%，进出口增幅列全市第六。其中：出口44.6亿元，列全市第三，同比增长14.0%（全市出口值平均增长24.6%），占同期衢州市外贸出口总值的14.1%，出口增幅列全市第四；进口10.1亿元，列全市第四，同比下降5.9%（全市进口值平均增长64.4%），占同期衢州市外贸进口总值的5.8%，进口增幅列全市第六。

【业务开展】 2021年，龙游县海关事务服务中心出具各类原产地证书及检验检疫证书3304份，其中各类原产地证签证1763份，签证金额5566万美元；各类检验检疫证书380份；出入境货物包装性能检验结果单799份；出境危险货物运输包装使用鉴定结果单362份。完成竹木草、水果基地、进境粮等12家企业日常监管、相关作业。完成竹木草企业出口货物现场查验40批次；进口货物目的地查验11批次，其中检出不合格货物1批次。受理并指导企业开展海关注册备案咨询30余家，受理

图62　2021年4月9日，龙游县海关事务服务中心在出口危险货物企业开展现场查验　　（县海关事务服务中心/提供）

图63 2021年8月20日，龙游县海关事务服务中心在出口竹木草制品企业开展现场查验 （县海关事务服务中心/提供）

新注册产地证企业15家。累计开展国门生物安全监测工作15次，国门生物安全宣传教育系列活动3次。

【优化服务】 通过举办产地证政策培训会、进园入企下基层宣讲、企业服务微信群发布信息、发放宣传手册等方式，全方位加强对企业的海关政策宣传和业务指导。持续推进“最多跑一次”、“一窗受理 一站服务”、无纸化办公、“提前预约、随到随检、随报随检”等工作机制，深入开展“我为群众办实事”“三服务”等系列活动，多措并举缩短进出口货物通关时长，提升工作效率，切实提高进出口企业办事便利度，为企业降负减负。定期编制辖区进出口数据统计专报，为地方政府提供决策参考。在发展外贸、港区建设等方面积极为地方政府建言献策。

【强化管理】 发挥党员干部的带头模范作用，深入开展习近平新时代中国特色社会主义思想、中共十九大、十九届六中全会等精神的学习与贯彻落实，提升全体人员的政治觉悟。成功创建衢州市“巾帼文明岗”和浙江省“青年文明号”，通过文明创建，营造积极向上、风清气正、团结和谐的科室氛围。认真开展纪法教育、廉政教育，以案说法，切实防范廉政风险。加强与地方外事部门、卫健部门、疾控中心等的联络，畅通信息沟通渠道，抓好新冠肺炎疫情联防联控。积极协助地方相关部门织密疫情防控安全网。

（县海关事务服务中心 郑雅分）

审　计

【概况】 2021年，龙游县审计局完成审计项目13个，查出主要问题金额136701万元，其中违规金额96461万元、管理不规范金额40240万元。全年共提交信息64篇次，被上级审计机关采用信息44篇次，编发42期审计专报，专报得到县领导批示57篇次。审计报告中还针对被审计单位体制机制管理上的漏洞提出审计建议24条。全年累计向县委审计委员会上报各类材料58篇，共获得县领导批示37篇，其中获得县审计委员会主任、副主任批示13篇次，审计反映问题得到领导进一步重视和关注。

【专业审计】 紧扣经济发展与民生保障主题，组织实施龙游县2021年财政预算执行及决算草案审计。通过“数据分析+现场核查”方式对全县62家一级预算单位实现大数据审计，结合债券资金、生育津贴补助等专题审计，共查出预算执行各类问题28个，盘活存量资金缴库773.63万元，追回补助资金296.25万元，促进债券资金使用1.92亿元，统筹债券资金849万元，获县领导批示专报7篇、报告1篇。综合考虑政府投资项目投资额、社会关注度以及建设组织形式等因素，组织开展2019—2020年交通类投资项目预算执行审计和小南海核心区EPC两江走廊项目预算执行审计，进一步增强政府投资审计监督效能。在2019—2020年交通类投资项目预算执行审计中，紧紧围绕项目投资决策、招投标、施工管理、资金控制、竣工结算等关键环节，发现10类问题，涉违规资金3831.24万元，及时提出审计建议4条，加快推进交通类投资项目建设、统筹全县交通建设事业发展。编写的3篇审计专报，均得到县领导批示。

【经济责任审计】 以促进领导干部履职担当为目标，以资源统筹和技术创新为抓手，统筹安排审计资源审计项目，全年共完成9个单位15名领导干部经济责任审计，占全年项目比重69.23%，统筹安排自然资源资产离任（任中）审计项目1个。建立健全经济责任审计工作联席会议、成果运用会商研判机制等制度，明确联席会议办公室工作职责，保障经济责任审计联席会议工作机制规范高效运行，提高审计成果共用水平。

【政策跟踪审计】 按照国家审计署、省审计厅和市审计局部署要求，组织人员开展社保基金审计、社会保险基金运行风险专项审计调查、社会救助等民生审计项目，有力推动相关政策、资金和项目落地见效。其中在2021年2月开展的2020年度社保基金审计调查中，通过大数据核查手段及时揭露向已死亡人员支付养老保险待遇、重复享受企业职工养老保险与居民养老保险待遇、未及时清退已死亡人员的养老保险个人账户资金、重复诊疗不合理医疗费用等问题，推动相关部门清退、追回违规金额109.96万元。

【审计管理】 将6个2021年度重点审计项目匹配成党员攻坚项目、培养对象考察项目，搭建"项目舞台"，由"80后"党员（预备党员）、入党积极分子、培养对象挑担主审并安排"一对一"导师帮扶，明确任务完成时限和标准，树立"先锋攻坚、比学赶超、干中选人"鲜明导向，着力激发年轻党员干部克难攻坚、争优创先的先锋热情。抓住参加省市同步项目有利契机，推送5名年轻干部"向上学、向外学"以干代训参加上级审计重点项目抽调任务，以最直接、最见效的方式学习省审计厅、市审计局、兄弟单位的好经验、好做法，拓宽思路、丰富技能、规范程序。注重项目统筹，组织对县属市场化、非市场化国资公司进行摸清摸实家底、重点领域跟踪、五年滚动覆盖。注重内外联动，建立健全国家审计、内部审计、社会审计合力监督机制，抽调内审人员助审、指导主管部门自审、规范社会中介协审，增强审计监督合力。注重数字审计，强力推进大数据分析在国有企业和国有资本审计中的应用，探索现场审计作业与后台数据分析一体的数字化审计方式，提高审计效能。相关经验做法被《人民日报》、中国网录用刊登。为进一步推动全县行政事业单位加强内部审计工作，强化风险源头管控，构建自身"免疫系统"，建立内审指导挂钩联系机制，将局内部业务科室分工分片与全县35个镇街、重点一级预算单位结对挂钩，从抓组织推动、建章立制、监督检查和教育培训4个方面切实加强内部审计工作指导。以下属单位多、资产资金量大的单位为年度内审工作重点对象，先后对国资、教育、农村农业局、卫健局等部门开展上门指导，推动完善内审制度4项。

（县审计局　周慧婷）

公共资源交易监督管理

【概况】 2021年，龙游县公共资源交易监督管理办公室（以下简称县监管办）紧紧围绕全县发展大局，聚集重点项目建设，坚持疫情防控和交易服务"两手抓"，着力提升平台管理水平和智慧交易水平，不断提高市场主体满意度。2021年，县交易平台累计办理项目1805宗，交易总额58.07亿元，节约资金7.09亿元，增资272万元。其中：建设工程项目1222个，成交金额49.23亿元，节减资金6.13亿元，节资率11.08%；政府采购项目519个，成交金额8.71亿元，节减资金0.96亿元，节资率9.92%；产权交易64宗，成交金额1259万元，增资272万元，增资率27.57%。社会效益和经济效益显著。

【数字化交易】 县监管办在小额"不见面开标"运行的基础上，对限额以上"不见面开标"系统进行补充完善，并进行应用测试，实现"不见面开标"系统在工程建设领域全覆盖。积极向企业推介电子保函（保单）缴纳方式，电子保函使用率大幅度提高。2021年电子保函平台累计为194个项目开具电子保函近2682笔，替代金额5.6亿元，履约保证金替代金额0.54亿元，大幅降低企业制度性交易成本。对产权交易系统进行完善，实现产权交易全流程网上办理，从报名到成交，竞拍人均无须到场，足不出户就可参与竞拍。规范的线上交易流程，减少交易过程中人为因素的干扰，避免传统交易方式容易出现的"串标""围标""劝退"等现象，交易过程更加阳光、高效、便捷。

【打造网上中介超市】 以网上涉批中介比选大厅整合为契机，在原有的招标代理网上涉批中介管理的基础上，将监理和设计等与工程密切相关的中介也纳入到"网上中介超市"管理。结合实际制定《龙游县政府投资工程建设项目监理单位比选管理考核办法》和《龙游县政府投资工程建设项目设计单位比选管理考核办法》。通过该办法，对入库的中介服务机构实行综合考评、动态管理，并对违反职业道德、恶意串通、弄虚作假、严重失信等行为的中介机构直接从目录中清除。加强对设计、监理单位入围比选名录考察，实行择优入库。根据设计、监理单位比选名单目录，紧扣设计、监理单位是否具有企业资质、专职人员、办公场所等标准，采取上门现场核实的方式，检查新入围设计、监理单位的相关情况，保证入围企业合法合规、真实有效。2021年共入围“网上中介超市”设计单位10家，监理单位20家、招标代理39家。强化中介机构执业情况的日常考核，实行动态管理。每月定期公布考核情况，年度根据考核情况实行动态调整，有2家招标代理企业通过考核从B级升到A级。通过动态管理考核有效提升中介机构自身管理和服务水平，有利于执业质量的提高，也方便业主好中选优。2021年12月3日，衢州市营商办专门在龙游召开现场会，对龙游“网上中介超市”做法进行推广应用。

【业务建设】 县监管办与龙游县住建局、人力社保局、税务局等单位联合制定印发《龙游县建筑业企业信用评价办法》，对企业基本情况、企业管理和社会责任等进行综合评价，依据评价结果实施信用等级分类管理。通过信用管理，全面加强对县域内施工监理企业的动态监管，打造诚实守信的建筑业市场环境。出台《龙游县政府投资工程建设项目识别识类招标投标指导意见》，指导分类招标。根据意见将龙游县工程建设项目分为工程施工类、工程服务类和工程货物类；按照工程单项合同预算的大小，分为小微项目、一般项目、重大项目和特大项目，除规定的2分诚信分外，根据项目大小设置不同的资信分和技术分，全力保障政府性投资项目招标在公开、公平、公正的基础上实现择优，进一步提升项目建设质量和效益。完善小额工程施工发包办法，在2016年制定的小额工程建设项目操作办法基础上，对小额工程发包操作办法进行修订完善，进一步完善线上开标程序，明确投标过程中争议、投诉的解决措施。

【综合监管】 县监管办建立项目日常巡查机制。每周由分管领导或责任科室负责人带队赴工地一线检查项目至少2次，围绕人员到岗情况、工程质量安全管理情况和业主管理情况等方面进行检查，根据实际出具检查整改通知书，违规严重的，按照不良行为记录公告办法记录不良行为并公告。建立项目跟踪问效机制。建立案件查办跟踪台账，对移交主管部门的案件进行登记、销号管理，做到每月一排查、每季一汇总。建立工程实名制考勤情况统计台账和建设单位实名制考勤违约金扣除台账，发现建设单位未履职到位的及时上报县督考办进行通报。完善影像考勤办法。完善政府投资项目现场管理人员影像考勤实施细则，进一步明确影像考勤的具体办法、程序和要求，对人员信息采购、人员变更、考勤时间、数据统计、处罚机制作了具体规定，细化标准和要求，促进和加强政府投资项目履约管理，遏制关键岗位人员不到岗、证书挂靠、人证分离等失信乱象，进一步提升项目建设质量和施工安全。2021年共现场检查项目80个，出具检查整改通知书30份，记录不良行为企业10家，项目建设质量和安全施工管理水平得到有力提升。认真做好投诉举报和案件查处工作。全年招投标市场运行平稳，交易秩序良好，无重大案件发生。2021年共完成信访投诉举报调查5起，办理县纪委移交案件4起，有力净化龙游县招投标市场环境。

【助力中心工作】 县监管办加强“双招双引”工作，成立招商小分队，年初专门召开会议对招商工作进行专题部署，全力推进“双招双引”工作。2021年，共上报招商信息11条，引进企业2家，其中1家为投资2000余万元五金机械精密制造企业，1家为投资2000余万元的餐饮服务业，2家企业都投入运营。常态化做好疫情防控工作，建立健全疫情防控制度，进一步完善疫情防控工作预案，严格落实交易场所内日常疫情防控措施，针对国内疫情动态，动态调整防控措施。把好疫情防控第一关，加强对入场投标人员健康监测，实行亮码、测温、戴口罩措施，外来人员扫码登记后，核查健康码、行程码并测量体温正常后方可入场。积极做好工作人员和联系小区新冠疫苗接种宣传发动工作，全力提升人员接种率，做到应接尽接。

（县监管办　林光辉）

农业·林业·水利

概　述

【概况】 2021年，龙游县以高效生态农业为发展路径，扩面推进农业数字化改革。结合数字化跨场景应用平台，运用智能监测技术，精准识别土地种类，实现农作物线上动态监管，进而实地推进“两非”整治，确保粮产等基础作物夯实发展。致力践行科技与机械兴农理念，两大强农行动制宜开展，农业产业基础再造进一步闾拓改良。集中发展地域优势产品，加深产品与主体产业链融合度，集约完善联运服务机制，加快推进专业化新型农业经营主体运营。“两江走廊”助推数字农旅发展，文旅浙江示范带开启户外经济新副本。汇聚可开发性项目，合力盘整弃置资源，联结要素整合通力协作，帮扶直播有效助农。加强基地培育管理，苗木种植成长数据实时监测，确保高质量林木种苗产出；合理规划林业产业布局，严加管制森林违法行为，落地执行消防责任。畜牧业生猪“价格指数”保险持续规避养殖户风险，维护生猪价格稳定，便利产业调整构建。注重渔业提质，创新技术服务，规范养殖行为，促渔民增收。加强水旱灾害防御，灵山港、高坪桥水库等水利建设工程多管并进，严格控制调水用量，保障灌溉及饮用水量充足。

【高质量发展产业】 2021年龙游县粮食种植面积2.02万公顷，粮食产量12.31万吨。油菜种植面积0.67万公顷，总产量1.44万吨。重点抓好粮食增产技术示范推广，落实15个粮食和旱粮高产创建示范片1223.33公顷。春季鲜食甜玉米攻关田平均亩产1455.26千克、百亩方平均亩产1424.96千克，鲜食秋大豆攻关田平均亩产1140.32千克、百亩方平均亩产1057.49千克，打破“浙江农业之最”纪录。全年完成发放粮食生产直接补贴6790.55万元。蔬菜及食用菌种植面积5342.67公顷，产量144542.77吨；水果种植面积3319.84公顷，产量94389.64吨；茶叶种植面积1758.53公顷，产量1814.07吨。完成粮食生产功能区“非粮化”清理腾退729.81公顷，调整优化面积956.8公顷，共计1686.61公顷，完成2021年审计发现粮食生产功能区“非粮化”面积1406.67公顷和663.81公顷耕地抛荒面积整治任务。

【生猪增产保供】 2021年实现生猪出栏47.43万头，同比增长2.8%；牛出栏1.06万头，同比增长114.7%；羊出栏1.28万头；家禽出栏1956.06万羽，同比增长27.3%。生猪年饲养量全省第一家禽、牛、羊存出栏量均全市排名第一。全年持续推进平台机制建设，切实保障生猪生产目标顺利完成。按照部门牵头、属地管理的原则，对全县生猪存栏、出栏数量，生猪屠宰量，生猪及其产品调运、销售和价格变动情况等养殖生产动态、市场动态进行实时监控，随时掌握真实数据，并实现与国家统计局龙游调查队、统计局统一调查口径，实现数据共享、科学研判。落实专人负责收集相关养殖类资源信息。通过多种信息平台，及时发布，实现信息共享、资源互通。持续对接金融保险机构，推出以期货市场价格作为指标的“价格指数”生猪价格保险。加强政策扶持，充分盘活各级政策资金，支持养殖场开展标准化提升改造，结合引种补贴、贷款贴息、新建（扩建）规模猪场奖励等政策，共拨付政策补助资金2000多万元，惠及养殖场150余户，激励养殖户扩大养殖规模、提升养殖水平。按照场区布局合理，设施制度完善，生猪排泄物资源化循环利用，完成2家省级美丽牧场创建。

农　业

【概况】 2021年，龙游县农业农村局对标高质量发展建设共同富裕示范区区域明珠型城市的目标任务，以全面实施乡村振兴战略为主线，结合农业农村现代化建设，合力推动“三农”（农业、农村、农民）工作。在县委、县政府的正确领导下，龙游县成功入选全国农业社会化服务创新试点县、全国绿色种养循环农业试点县、浙江省新时代美丽乡村示范县、浙江省第一批农业“机器换人”高质量发展先行县、浙江省深化“千万工程”建设新时代美丽乡村（农村人居环境提升）工作优胜县、浙江省农村生活垃圾分类处理工作优胜县。实施乡村振兴战略实绩考核获全省优秀、全市位列第一。2021年，龙游县农业生产总值30.3亿元。龙游县农业农村局获评浙江省粮食增产保供成绩突出集体。

【特色产业发展】 高质量发展“3+X”（3指以畜禽、渔业、笋竹为主的重点扶持产业；X指以黄茶、中草药为主的重点培育产业）特色主导产业，加快发展“一鸡一渔一茶一药一盒故乡”优势特色产业。龙游飞鸡团队荣获“全国脱贫攻坚先进集体”。龙和渔业产业化联合体入选省级农业产业化联合体。龙游黄茶“中黄3号”入选国家级农作物品种，浙江茗皇天然食品开发股份有限公司成为龙游县首家国家级农业龙头企业。横山现代农业园区入选省级农业现代园区，龙游莲藕特色农产品优势区入选省级特色农产品优势区。“一盒故乡”通过“乡愁经济+电商互联网”营销，2021年销售额超过1200万元。加强农业经营主体培育，2021年登记注册家庭农场有2526家，发展农民合作社共计731家。

【“两江走廊”建设】 以“两江走廊”（衢江、灵山江）作为全县乡村振兴战略主平台、主战场，以点带面推动周边及全域振兴，构筑“风光带+样板区+特色点+乡村群”的空间格局，倾力打造全省“唐诗之路”黄金旅游带重要节点，全力打造“诗画浙江”大花园核心景区。2021年龙游县在全市诗画风光带建设年度争先创优考评中获得第一名。坚持示范推进，打造衢江走廊“瀫水诗画 活力龙脊”示范段，完成年度投资6500万元，入选浙江省第一批共同富裕新时代美丽乡村示范带建设名单。坚持统筹布局，建设“一县一园”——龙和蔬菜产业园，完成年度投资5700万元，打造产业集聚新高地。坚持共建共享，完成湖镇镇曹垅村和詹家镇浦山村2个标杆村建设，分别完成年度投资2000万元和2500万元。坚持项目攻坚，推进11个市级重点项目［浙江年年红家居有限公司中国红木家居文化园（龙游）、浙江衢州六春湖度假区、美丽乡村大花园士元实验区等］建设，完成年度投资计划。坚持招大引强，2021年招引项目共10个，计划总投资113.36亿元，其中落地项目5个，签订协议项目5个。重点做好示范带运营文章，通过开展团石夜景改造，引进水上运动项目和骑行团队，打造露营等户外拓展基地，搭建“智慧绿道”平台，丰富示范带业态产品种类，完善平台服务功能。全年有序开展夜市、夜骑、迷你马拉松、越野摩托车友会等活动10余场，吸引游客20万人次。7月13日，浙江省委书记袁家军到“两江走廊”网红村——团石村考察，为龙游工作点赞。

【数字农业发展】 打造“智慧粮脑”应用，3个应用组件上架IRS（一体化数字资源系统）组件超市，在浙政钉、龙游通和数字化改革门户上线，受众覆盖全县农户和256个种粮大户，通过系统自动识别疑似“非粮”耕地2600公顷，优化整治1513.33公顷，相关做法得到浙江省委常委、常务副省长徐文光、浙江省农业农村厅党组书记、厅长王通林的批示肯定，该应用先后被列入省农业农村厅多跨应用场景首批试点、全省农业农村数字化改革第一批“优秀应用”名单、省第二批数字孪生（粮食生产监管领域）试点应用、全省数字化改革重大应用“一本账S1”（指省级层面确定的数字化改革重大应用清单。全省开发的应用必须在“一本账”内，采用迭代制推进清单目录的持续更新。）清单。创建数字化规模种养基地6家，“浙农码”（以二维码、NFC、RFID等为标识载体，通过数字孪生，为全省涉农领域的人、物、组织建立统一的数字身份，为万物互联提供身份保障。同时在统一接入、信息归集和关键数据沉淀三个层次进行创新建设，基于精准化的数据管理，提供“一站式”“一对一”的信息聚合和功能服务）赋码量2.2万次，累计用码次数32.9万次。

【农业“双强”】 出台《关于实施农业“双强一革新行动”大力提升农业生产效率的行动计划（2021—2025）》。聚焦“科技强农”，提升良种保障供应能力，全力推进良种繁育体系建设，入选省级良种繁育基地县（水稻）。聚焦“机械强农”，完成水稻产业“机器换人”高质量发展先行县创建，水稻综合机械化率达到90.81%，引进全市首台自走式有序水稻抛秧机，探索丘陵山区适宜耕种模式。推广旱稻无人机飞播技术，拥有新一代农用无人机55台以上，实现无人机飞播面积200公顷。红专粮油模式入选全省“双强行动”十佳案例。聚焦聚力加快推动浙江省“机械强农”行动见行见效，9月28—29日，全省“机械强农”暨农机社会化服务现场会在龙游召开，浙江省农业农村厅党组成员、省畜牧农机发展中心主任陈良伟，衢州市人民政府副市长徐利水及省内各县（市、区）138名农机相关工作人员出席会议，会议贯彻落实时任浙江省委副书记、省长郑栅洁在省农业高质量发展大会上的讲话精神和农业“双强行动”的部署要求，总结交流推进“机械强农”行动和农机社会化服务的典型做法，解读“机械强农”的有关政策要点，研究部署下阶段工作。参会人员先后到龙游涵萱家庭农场有限公司、浙江香满亭生物科技有限公司、浙江红专粮油有限公司、龙游极飞农业科技有限公司等实地考察学习。

【完成2020年高标准农田建设项目】 湖镇高标准农田建设项目，项目总投资996万元，位于湖镇镇；涉及湖镇镇彭塘村、希塘村、客路村、周家村、文林村共5个行政村；涉及农户2352户，总人口9037人，农业人口9037人；项目治理面积413.33公顷，高效节水灌溉面积13.33公顷，新建灌溉渠道3881.1米，新建排水渠道63.2米，渠系建筑物128座，浇筑水泥路11209.9米。横山高标准农田建设项目，项目总投资436万元，位于横山镇；项目涉及项家、脉元、下宅等3个行政村；涉及农户1842户，总人口5608人，农业人口5598人；项目治理面积180公顷，高效节水灌溉面积13.33公顷，新建灌溉渠道3178.6米，新建排水渠道912.2米，渠系建筑物70座，浇筑水泥路2570.7米。社阳高标准农田建设项目，项目总投资816万元，位于社阳乡；项目涉及源头、金龙、连上、大公、社阳等5个行政村；涉及农户2390户，总人口7250人，农业人口7241人；项目治理面积340公顷，新建灌溉渠道3091.7米，新建排水渠道1266.8米，渠系建筑物70座，新建砂石机耕路1743.1米，浇筑水泥路3599米。

【完成2021年农田项目建设】 小南海高标准农田建设项目，项目总投资896万元，位于小南海镇；项目涉及新山水、雅塘、傅家新村、傅家畈、龙丰、龙西、汀塘圩、红船头、团石等9个行政村；涉及农户5736户，总人口16421人，农业人口16390人；项目治理面积373.33公顷，新建灌溉渠道3890.5米，新建排水渠道3388.9米，渠系建筑物138座，新建砂石机耕路5016.1米，浇筑水泥路1704.5米。灾毁农田修复项目，项目总投资192万元，项目分为2个片区，分别位于东华街道和詹家镇，涉及高仙塘、上圩头、官村、方坦、上杨、浦山、芝江、方村、徐家、石亘、夏金等11个行政村；涉及农户5130户，

图64 2021年3月14日，高产示范田 （县农业农村局/提供）

总人口14906人，农业人口14901人；项目治理面积106.67公顷，新建灌溉渠道3315.4米，新建排水渠道450.4米，渠系建筑物32座，新建堰坝1座，长7米。

【农业安全生产】 全年开展农产品质量安全监测共1019批次，部级抽检5批次、省级抽检291批次、市级抽检157批次、县级抽检566批次。全县主要农产品省级农产品质量安全例行监测种养环节148批次，合格147批次，合格率99.32%。开展县级农产品质量安全监测566批次，其中监督监测328批次、风险监测238批次，合格率100%。指导乡镇和规模主体完成农产品快速检测12553批次，合格率100%。加大对农业规模生产主体的排查力度，新增农产品质量安全可追溯主体37家。重点推进“三品一标”（无公害农产品、绿色食品、有机农产品和农产品地理标志）工作，新认定绿色食品产品4个，新增绿色食品监测面积249.73公顷。提升农产品质量安全数字化监管水平，完成农安龙游保障体系信息化工程建设。开展农业投入品监督抽检100批次，其中农药抽样25批次，肥料抽样40批次，兽药抽样7批次，饲料及饲料添加剂抽样13批次，种子抽样15批次，立案查处各类违法案件31起，罚没款17.19万元。推进平安农机建设，全年未发生农机甲方事故、道路外农机事故等安全事故。指导乡镇、街道对全县220处凉亭、长廊、牌坊等农村公共设施开展隐患排查整治工作，发现并整改隐患30处。

【农村改革】 推进宅基地改革，完成2021年度全县农村村民住宅用地需求调查，成立宅基地管理与改革专班，培育宅基地和农房盘活利用示范村5个（庙下乡毛连里村、溪口镇溪口村、詹家镇浦山村、龙洲街道大板桥村、横山镇志棠村），全年累计审批农村宅基地1393宗。继续建设农村产权交易平台，农村产权交易服务平台全年交易额4587.65万元。深化清廉村居建设，出台《龙游县清廉村居建设“十四五”规划》，实行创建进度“一月一通报”，全年完成创建市级清廉村居示范乡镇1个、示范村（社区）11个，县级清廉村居示范村（社区）30个、达标村（社区）90个。持续推进农村小额普惠金融贷款，至2021年12月，授信农户103556户，授信金额158.95亿元，授信服务覆盖率100%；用信30223户，较2021年年初新增2155户，共用信58.87亿元，其中低收入农户用信0.18亿元。

【农村集体经济】 出台《龙游县村级集体经济巩固提升行动方案》，制定“一村一策”，以公开租赁、承包经营等方式盘活村级闲置资源，联合三缺（缺资金、缺项目、缺资源）村镇，聚集中心镇、开发区抱团发展物业经济。发展公共屋顶光伏和农光互补“光伏小康”项目，推进山海协作“消薄飞地”、小微企业科创产业园建设。吸引结对企业在经济开发区富民产业园和二期项目中小企业孵化园投资，以收入分红增加结对村经营性收入。全县263个行政村集体经济总收入达到3.03亿元，其中经营性收入1.14亿元，村级集体经济年经营性收入达到20万元以上的行政村实现全覆盖。

【美丽乡村建设】 深入开展新时代美丽乡村标杆创建，以“自然味、农业味、乡村味”三味要求和AAA级景区村为标准打造美丽乡村。2021年，全县完成2个示范乡镇、5个特色精品村、74个新时代美丽乡村、1条美丽乡村风景线创建。至2021年12月底，共打造省级美丽乡村示范乡镇9个、特色精品村24个、新时代美丽乡村208个、美丽乡村特色风景线3条。深度挖掘古村落历史文化价值，传承乡村地域特色文化，推进古村文化与休闲旅游互融共生。第六批重点村灵山村、灵下村评价良好。提升农村人居环境，常态化开展“村庄清洁行动”，升级“贺田模式”3.0，创新开展零废弃村庄试点、“龙游通+有礼积分”试点等，累计创建省高标准农村生活垃圾分类示范村13个、农村生活垃圾分类处理村253个，分类覆盖率实现96%以上。计划开展20个新建、15个改建农村公厕的建设工作，申报23个省级星级农村公厕、3个示范性公厕。全力推进农房整治工作，完成乡镇（街道）农房整治自查自纠上报的99宗违建处置，做好5个拆后利用示范村项目申报、建设工作。优化升级房地信息系统，推广农民建房服务监管“一件事”应用，全年共受理农村建房审批686件，实现在建房全部扫码监管。

【未来乡村建设】 2021年，溪口未来乡村和浦山未来乡村入选浙江省第一批未来乡村试点名单，龙游县未来乡村创建荣获衢州市年度综合考评第一名。溪口未来乡村围绕“奋斗公社、快乐老家”主题，依托龙南山区“一镇三乡”集散中心的区位优势，按照"创建一个社区、集聚一批人才、培育一个产业、带动一地发展"的思路，打造生态宜居、产业兴旺、邻里和睦、服务完善的高品质未来乡村。溪口镇"一镇带三乡"山区跨越式高质量试验区入选浙江省农业农村领域高质量推进共同富裕现代化基本单元建设领域试点。浦山未来乡村以"七彩畲乡、多元共生"为主题，以"田园共生+童话亲子+畲乡风情"为特色，打造成美在田园、优在生态、特在文态、旺在业态的最美未来乡村童话公园。浦山"凤凰部落"亲子游乐村于4月正式开园，成立由中国美术学院、浙江大学城乡规划院等10家企业、院校、社会团体组成的产业联盟。2021年浦山村入选浙江省民族乡村振兴试点。

【帮扶工作】 加强农村实用人才和领军人才培养，全年培养高技能人才1610人，培养高素质农民及实用人才2238名，培训乡村振兴人才13888人。2021年农村居民人均可支配收入30045元，绝对值排名26县第六，增长12.4%，增长排名全市第一。深化低收入农户帮扶工作，发放"雨露计划"助学补助资金约39.6万元，涉及困难学生132人。为全县低收入农户投保商业补充医疗保险，全年低收入农户医疗补充政策性保险补助11661人，拨付省级财政专项扶贫资金174.92万元。增设村级保洁、治安员等公益性岗位680个，实现有劳动能力的低收入农户家庭至少1人稳定就业。2021年全县低收入农户人均可支配收入17045元，绝对值排名26县第二，增长16.3%，26县排名第六，全面完成9194户低收入农户9000元以下现象消除工作。

【直播助农】 围绕打造国家级电子商务进农村示范县和全国"直播"样板县，迭代升级"龙游直播"平台，招引103家企业签约入驻龙游直播基地，累计农产品网络销售额2亿元，培训直播人才3564人次。中国TOP直播电商产业园龙游基地入选2021年度省级直播电商基地。借力"网上农博"（由浙江省农业农村厅主管，浙江农博数字技术有限公司提供技术和运营服务的电商平台）"好易购"等直播平台进行直播带货，就蜜梨销售一项数据统计，累计销量达6.5万余千克，帮助农民合计获利近70万元。

（县农业农村局　曾梓杰）

林　业

【概况】 龙游县土地总面积114361公顷，林地面积64210公顷，占土地总面积的56.15%。全县森林覆盖率54.86%，活立木总蓄积量169.71万立方米，为省级森林城市，享有"中国竹子之乡"美誉，2021年实现林业总产值38.7亿元。2021年，龙游县林业水利局获评浙江省松材线虫病防治工作和全面禁止非法交易、滥食野生动物工作突出贡献集体，下属森林病虫害防治检疫站获评先进国家级中心测报点，龙游县六春湖获评第二批浙江省"十大名山公园"。

【森林龙游建设】 围绕建设"森林龙游"工作目标，下发龙游县林长制实施方案，在全县范围内建立县、乡、村三级林长制管理体系。新增国土绿化面积246.93公顷，完成"四旁"（路旁、沟旁、渠旁、宅旁）植树31.1万株。不断推进"森林龙游""森林城镇""生态文化基地"等系列建设。新增4个省级森林城镇（罗家乡、社阳乡、大街乡、庙下乡），2个生态文化基地（庙下乡毛连里村、沐尘乡沐尘村）。积极推进绿葱湖省级湿地公园、浙江大竹海国家森林公园的保护与开发工作，做好森林古道（龙游县衢处古道）修复。石角村、贺田村、三门源村、社里

图65 2021年，衢处古道　　（县林业水利局/提供）

村、浙源里村、双戴村等6个村为省级森林人家。龙游广和龙山、浙源里村、石角村为浙江森林氧吧。2021年成功创建毛连里村为浙江森林氧吧，龙游广和龙山酒店入选中国林业产业联合会2021年国家级森林康养试点建设基地名单。建成省级“一村万树”示范村4个（社阳乡社阳村、庙下乡毛连里村、湖镇镇下童村、大街乡新槽村）。

【林木种苗管理】 按照《中华人民共和国种子法》的规定审核发放生产经营许可证，发放12份，完成2021年珍贵彩色树种省调控容器育苗任务。完成5.9万株省赠送的彩色珍贵树苗的调运和赠苗工作。彩叶树种良种基地建设，龙游县林场国家彩叶树种良种基地面积40.2公顷，以枫香、槭树类、樱花为主要树种，辅以橡树、樟树、红豆树等彩叶树种。在基地培育管理上，2021年主要完成基地面积30.67公顷的培育管理、基础设施建设、科技支撑等，针对不同树种实施相符合的抚育管理措施，并且配合科技支撑专家，完成资源库、试验林资源数据调查登记工作，精细化基地管理，至2021年基地共计收集、评价、保存优质种质资源773份，包括香樟、枫香、梅花、橡树、油茶、樱花、槭树，其中2021年度收集优质种质资源52份，包括橡树、樱花、油橄榄；在种苗繁育生产上，2021年共采油茶良种穗条400千克（10万条），采收樱花种子14千克；培育容器苗木113万株，包括良种苗木55万余株、珍贵彩色树种容器苗58万株。

【林业产业发展】 积极推进龙游县林业产业发展，优化产业集聚，探索生态旅游、林下经济等绿色林业产业，至2021年12月底，全县有规模以上涉林企业15家，各类竹业专业合作社36家，国家级示范性专业合作社2家（韩氏小竹笋、竹海鲜笋专业合作社），省级林业龙头企业3家（龙游外贸笋厂有限公司、浙江新海业竹科技有限公司、龙游神宇竹胶板制造有限公司）。国家级森林公园1个，竹生态文化特色旅游乡村3个（大街乡贺田村、沐尘畲族乡社里村、庙下乡晓溪村）。根据《龙游县竹产业发展总体规划（2018—2027年）》及省竹产业提升发展试点县项目实施方案要求，完成137.93公顷竹林复合经营示范区，66.67公顷竹林大小年结构调整示范区，溪口林场13.33公顷竹木混交林示范区，10.87公顷庙下乡竹材加工集聚区场地平整等工程。完成六春湖游步道和木栈道2千米，观景平台100平方米建设，完成溪口镇竹海公园1.6千米游步道项目建设。推动秀美灵山江文旅开发沐尘湖度假酒店建设项目、年产2万吨生物质颗粒生产线和年产8000立方米户外板材生产线建设项目及投资2亿元的高端园林电动工具制造项目等。组织参加第14届中国义乌国际森林产品博览会，15家企业参展，此次会展以林下经济为主题，采用特装馆形式，浙江枣椿堂农业发展有限公司的九制黄精荣获金奖，龙游吴老子家庭农场的生态竹酒获优质奖。通过“政府+高校科研机构+公司+基地+农户”，开展落实2021年省级林业资金项目47.87公顷林下经济建设，主要种植品种为黄精、灵芝等，其中完成竹林灵芝野外栽培示范基地17.93公顷。积极谋划2022年千村万元项目实施。浙江龙游再生方药材发展有限公司、龙游鑫世康生物科技有限公司入选2021年度浙江省林下道地中药材种植基地名单。

【林业管理】 至2021年12月底，全县有国家级公益林1.18万公顷，省级公益林2.65万公顷，总面积3.83万公顷。共建成优质林分公益林面积1.64万公顷，占县公益林规模的42.83%。组织开展生态公益林优化整合工作，发放生态公益林补助金2012.9万元，全年共选聘村民161人担任公益林护林员。开展公益林相关知识及其管理制度等宣传，运用广播、周一例会、周二无会日、微信、手机短信、8090宣讲等形式普及公益林知识，营造生态公益林建设宣传氛围，举办“公益林杯”森林龙游摄影大赛，展示公益林建设成果。严格执行森林采伐限额制度，商品林和生态公益林的凭证采伐率为100%，各分项指标都控制在采伐限额以内。全年共办理林木采伐许可证206份，总蓄积11672.54立方米，总材积6994.22立方米，采伐总面积2277.17公顷。全面落实野生动物的“禁猎禁食”规定，开展2021年全县第40个“爱鸟周”宣传活动，组织全县野生动植物专项检查，开展“清风”“清网”等专项行动，坚决取缔违法售卖野生动植物行为，全年查处野生动植物案件22起，刑事案件18起。联合县检察院开展野生动物违法犯罪领域的民事公益诉讼，取得良好社会效果。实行野生动物损害补偿商业保险机制，统一购买野生动物肇事公众责任保险，全年理赔野生动物肇事116起，保障当地群众的合法利益。

【林地管理】 积极参与“杭衢高铁龙游段施工临时设施项目”“衢州士元220千伏输变电工程”“龙游县横山镇志棠普通建筑石料矿区矿地综合开发利用项目”“浙江大竹海国家森林公园基础设施建设项目（二期）”“龙游县灵溪竹海生态旅游一期项目”等重点建设项目的前期准备服务工作，完成全县2021年涉林重点项目的林地审核审批工作，切实保障项目顺利实施。全年共依法办理各类占用林地审核审批手续78起，面积55.12公顷，收缴森林植被恢复费1174.8万元。加快推进林地管理智能提升，全面实现使用林地审批“落地上图”。全面实施2021年森林督查工作，对全县565个督查图斑开展自查、整改和成果上报。完成林区道路规范性文件修改，出台《龙游县林区道路建设项目“以奖代补”管理办法》，全年推进砂石路面林区道路建设20.74千米，推进硬化林道新建4千米，改建12.1千米。

【林业改革】 完成“一亩山万元钱”新建和巩固深化面积建设任务，2021年共建立“一亩山万元钱”示范基地1648.53公顷，其中新建示范基地173.67公顷、辐射示范基地473.93公顷、巩固深化示范基地1000.93公顷。规范林权流转工作，2021年，完成林地流转149.8公顷。2021年新建3个省级示范性家庭林场（龙游竹味缘家庭农场、龙游神坞农场、龙游灵珠家庭农场）。推进“林业+金融”，与工商资本合作开展林业适度规模经营，探索林地经营管理新模式，发展绿色金融，拓宽企业、农村集体经济组织与林农融资渠道。

【森林案件查处】 全年开展扫黑险恶专项斗争、森林督查卫片执法专项行动、依法打击破坏野生动物资源违法犯罪专项行动等三个专项打击行动，共出动行政执法办案212次，共计500余人次，办理行政案件49起，共作出罚没款51.32万元。涉嫌刑事案件移送18起。移送县综合执法部门（乡镇、街道）案件1起。

【森林消防工作】 落实森林消防行政首长负责制，层层落实森林消防责任；持续强化森林消防宣传，提升群众森林消防意识；全面保障工作经费，建立健全火源管控长效机制，加强基础设施建设和健全森林消防队伍体系建设，提升森林火灾防治能力。2021年，成功完成森林消防年度工作任务，未发生重、特大森林火灾，无森林火灾扑救人员伤亡事故。全县共有15支森林消防队伍，人数共计255人，队伍如期开展年度森林消防队伍培训和实战演练，提升森林消防队伍整体水平和实战能力。

【林业监测预警】 全县设有1个国家级中心测报点，3个系统监测点，2021年有专兼职测报员30名，落实村级生态林管护员149名。聘用5名松材线虫病防治协管员，真正做到“山场有人管，病树有人清”的源头管理。完成森林资源年度监测和动态数据更新工作，积极推进森林资源“一张图”建设。5月，通过浙江省森林资源动态监测平台将成果上报浙江省林业局和浙江省森林资源监测中心，成果质量符合报送要求。推进社会化防治组织购买监测防治等服务，完成春秋两季松材线虫病疫情普查，1年4次的松毛虫调查，完成国家级监测对象竹螟、省级监测对象竹卵圆蝽、松褐天牛的固定监测点工作。全县松材线虫病监测覆盖率达100%。全年疫情普查共抽取枯死松树样本140个，其中63个样本呈阳性，松材线虫病发生面积2800公顷，枯死松木6.8万余株。全年发布《森林病虫情报》16期，发布虫情预警5次，及时指导林农科学开展防治工作。开展走基层“三服务”活动，科技下乡45次，举办培训班2期，培训人员120人次，送科技图书140余册，资料1200余份，结对林业大户3家。

【林业检疫规范】 开展松材线虫病疫木专项执法行动3次，检疫执法行动10人次，关停5家涉松涉疫企业，转型2家企业全部采用进口松材加工，办理产地检疫许可24份，产地检疫率100%。签发植物检疫证书1402份，调运检疫木（竹）材6735立方米（竹材465立方米），检疫苗木128.21万株，复检苗木13832株。未发生跨县及以上区域疫木流失事件和检疫责任事故。发放《浙江省松材线虫病防治条例》《龙游县松材线虫病疫区管理告知书》及“龙游县松材线虫病疫木检疫执法专项行动”等宣传资料2000份。

【森林病虫害防控】 全县林业有害生物成灾率1.66‰，低于1.7‰的考核指标，无公害防治率

94.29%，监测准确率为95.1%，产地检疫率100%，分别高于88%、90%、99%的考核指标。全县主要林业有害生物应施监测面积40.22万公顷，实际实施监测面积40.22万公顷，监测覆盖率100%。全年救治古树名木20多株。制定《龙游县松材线虫病防治实施方案》，开展枯死松木除治性采伐，清理枯死松树16778.57吨，由疫木定点企业（浙江恒鑫电力有限公司、浙江金龙再生资源科技股份有限公司、龙游聚农热能有限公司和龙游昌升木业有限公司）安全利用，办理产地检疫行政许可24件，以乡镇为区域分类施策，加强疫区和疫木管理，遏制松材线虫病蔓延和森林病虫灾害。

【林业“最多跑一次”改革】 深化林业“最多跑一次”改革，打造便民服务零距离。实行节假日预约办、工作日延时办、开通疫情期间绿色通道等举措为企业群众办事提供便利条件，全年共办收件1838件。通过数据共享查询功能获取材料780次，录入电子证照、批文共90件，简化流程、缩短时限，减少办事群众多次跑腿、反复提交材料等现象。按照“最多跑一次”的最新要求，结合平时办事中群众反馈的问题，进行流程再造，缩短办理时限90%以上，网上办事比率达到100%，掌上办事率达到99.26%，跑0次率100%，即办率达到83.22%，相较2020年提升19.25%。

（县林业水利局 傅露煜）

畜牧业

【概况】 2021年，龙游县聚焦生猪稳产保供，以实现畜牧业绿色发展为中心，坚决走畜牧养殖高质量发展路子，畜牧业全面推进转型升级，通过政策扶持，加强与金融保险机构对接，推出生猪价格指数保险，加快推进畜禽粪污资源化利用项目实施进度，全面开展畜禽遗传资源普查，促进龙游麻鸡品种优化。继续做好重大动物疫病防控，强化动物检疫管理，确保畜产品质量安全等工作，扎实推进畜禽养殖高质量绿色发展。2021年全县畜牧业总产值11.92亿元。

图66 2021年9月29日，饲料违禁添加药品采样监测

（县农业农村局/提供）

【畜牧业多元化发展】 开展全县畜禽遗传资源普查工作，全面摸清全县下辖15个乡镇（街道）畜禽遗传资源群体数量、分布情况。发现已知畜种6个，已知品种11个，包括传统畜禽猪、牛、绵羊、鸡和特种品种梅花鹿、番鸭；新发现2个畜种，龙游乌猪和龙游麻鸡，联合省农科院研究所、浙江农林大学对龙游麻鸡保种场生产育种进行指导，指派专人进行跟踪服务，通过提纯复壮，选育优良品种等进一步优化品种，解决龙游麻鸡出现品种退化问题。积极推进龙游乌猪保种场建设和扶持湖羊特色产业发展。协助龙游乌猪保种场解决土地审批及相关政策处理问题，落实项目补助资金80万元支持保种场建设。加强政策倾斜和技术指导，落实政策补助资金40万元用于标准化羊场改造提升项目建设。

【重大动物疫病防控】 通过生猪运输车辆（定点消毒、分会消毒、养殖场入场消毒+流通消毒）全县域流通消毒烘干模式，构建区域性防控体系，层层落实防控责任，积极发挥群防群控作用，最大程度避免流通环节的交叉感染。同时助推生猪运输车辆备案管理，进一步规范生猪检疫管理，依托先进的车辆消毒和烘干设施，对全县所有生猪运输车辆进行有效的消毒烘干，切断病毒传播途径。2021年累计洗消烘干生猪运输车辆11568辆次，取得良好群防群控效果。构筑非洲猪瘟精准检测防控体系，县动物疫病预防控制中心对全县生猪养殖场进行非洲猪瘟病毒的持续监测，全年共检测1169份样品，为全县非洲猪瘟病毒的精准防控提供重要参考。大力支持规模猪场建设非洲猪瘟自检实验室，通过比对实验，全面了解实验室检测水平，帮助自检实验室发现问题，解决问题，提高实验室的检测能力和水平。组织实施春秋两季重大动物疫病防控工作。按照强制免疫计划要求和高致病性禽流感、猪瘟、高致病性猪蓝耳病、口蹄疫的强制免疫实施方案，明确工作任务，做到“应免尽免”，坚决守牢“不发生区域性重大动物疫情”底线。持续监测重大动物疫病抗体水平，县动物疫病预防控制中心兽医实验室2021年共检测禽流感抗体3030份、口蹄疫抗体648份、猪瘟抗体414份、蓝耳病抗体253份、伪狂犬71份、新城疫抗体760份、血吸虫抗体200份、布鲁氏菌病1644份。根据实验数据，每季度发布《重大动物疫病免疫抗体评估报告》，指导养殖户持续做好重大动物疫病的免疫工作，及时补免，确保免疫抗体水平合格，防止重大动物疫情发生。出台《关于进一步加强生猪屠宰监管的通知》《关于进一步加强生猪调运环节检疫管理的通知》等内部规范性文件，并组织全体官方兽医、协检员学习。高度重视动物检疫人员的培训学习，2021年共组织官方兽医开展检疫知识考试1次，防控技术培训会4次。启动生猪屠宰管理百日提升行动，出台《生猪屠宰检疫操作指南》《龙游县生猪屠宰百日提升行动方案》等配套文件，明确工作目标，通过定期巡查和不定期突击检查、查找问题、联合会商等多种方式，确保行动取得预期效果。

【畜产品质量安全监管】 推进“两化”（饲料环保化、兽药减量化）工作，完善长效机制，保障畜产品质量安全。通过推进“两化”行动，指导养殖户科学养殖，减少兽药使用。2家示范场全部通过省级验收，试点场完成34家验收。加强畜禽药物使用事项的宣传和监管，杜绝养殖户使用“瘦肉精”等违禁药物行为，严格执行“休药期”规定，发放《养殖环节用药明白纸》506份。按照要求，在产地检疫和屠宰检疫环节严格执行“瘦肉精”检测，2021年共检测尿样34801份，检测结果全部阴性。高度重视省、市畜产品质量安全监管部门的抽检工作，全年配合省级畜产品安全监管部门抽检畜产品72批次，市级畜产品安全监管部门共抽检畜产品检测86批次，检测结果全部合格。

（县农业农村局 李 渊）

渔 业

【概况】 2021年，围绕省、市主管部门及县委、县政府一系列决策部署和工作任务，围绕“推进水产健康养殖，践行渔业高质量发展”，以“渔业增效、渔民增收”为目标，注重水产养殖绿色发展，加大渔业生产环节监管力度，维护水产品质量安全，大力发展科技渔业、生态渔业、休闲渔业。2021年水产品总产量达2.24万吨，渔业经济总产出达到12.02亿元。

【水产养殖绿色发展】 2021年持续强化示范引领作用，新建省级渔业健康养殖示范场4家。投入县级预算15万元，加强水产养殖尾水排放监管力度，完成全县规模养殖主体的养殖尾水情况监测，监测指标主要包括pH值、悬浮物、总氮（以N计）、总磷（以P计）、高锰酸盐指数5个指标。开展中央资金渔业资源增殖放流，共计投入中央资金48万元，累计增殖放流各类优质苗种3084.4万尾。

图67 2021年9月27—28日，全省水产技术推广工作会议在龙游县召开，图为27日会议现场 （县农业农村局/提供）

【浙江省水产技术推广工作会议】 9月27—28日，全国水产技术推广总站站长崔利锋，浙江省农业农村厅副厅长杨大海，衢州市政协副主席吴江平及省内各县（市、区）近200名渔业相关工作者出席省水产技术推广工作会议。会议通报全省水产技术推广工作绩效考核结果，龙游县养殖业发展中心被评为优秀单位。并集中展示“十三五”期间浙江省水产技术推广体系取得的成就，同时发布“十四五”渔业主推品种和主推技术模式，确立“十四五”水产技术推广工作的目标和任务。与会期间参会人员还现场考察龙游傅晓靖家庭农场、浙江龙和水产养殖开发有限公司。

【创新发展】 大力推广稻渔综合种养模式技术，实现“百斤鱼、千斤粮、万元钱”的目标。龙游金梅家庭农场通过2021年浙江省稻渔综合种养省级示范基地验收。加大科技支撑，依托浙江省农业科学研究院、浙江师范大学的科技优势，协助龙游提高溪流性鱼类规模化繁育能力，推广绿色生态养殖。充分利用好渔业信息化平台，完善渔业信息化服务，定期给养殖户发送渔业渔情信息、渔业生产注意事项、病害预警信息等内容，指导养殖户进行规范的渔业生产，为渔业提供产前、产中、产后信息服务。持续创新服务机制，2021年继续开展水产养殖业政策性互助保险试点工作，投保面积31.33公顷，保额370余万元。

【质量安全】 积极保障水产品质量安全，狠抓源头管控。按“四个最严”要求，推出监管责任化、生产标准化、抽检严格化，抓好初级水产品质量安全养殖环节源头管理。加强水产品监督抽检，完成各级初级水产品质量抽检计划，共抽检155个样品，部级5个，省级监督抽检、专项抽检、例行风险监测70个，县级抽检80个，合格率100%。开展渔业病害测报工作，重点对9个省级病害测报点、8个市级病害测报点，光唇鱼、草鱼、鲤鱼、中华鳖、鲫鱼、台湾泥鳅、锦鲤、铲颌鱼8个监测品种开展病害测报工作。2021年病害主要为草鱼的水霉病、肠炎病和出血病，未出现大规模发病致死现象。开展全国水产种质资源普查，完成223家主体普查工作。完成“肥药两制”示范场17家，建设省级水产养殖用药减量示范基地3家。

（县农业农村局　李　渊）

水利建设

【概况】 2021年，龙游县林业水利局“8·15”山洪灾害预警避险案例入选全国山洪灾害预警避险十大典型案例，获评小型水库系统治理与水利工程管理“三化”改革成绩突出集体。龙游版“南水北调”工程、高坪桥数字水库获评水利争先创优第二批优秀案例，龙游县溪口自来水厂获评农村供水规范化水厂，衢江龙游城区段获评省级美丽河湖，龙游县衢江（城区段）、龙游县石塘垄水库获评市级美丽河湖。

【水旱灾害防御】 实地勘察、定位标绘堤防及护岸范围38条，定位水库113座；为筑牢长效安全，开展团石防洪堤5.86千米、詹家防洪堤7.02千米、石窟防洪堤0.84千米、七都防洪堤6.08千米的安全鉴定，建立“隐患清单”“整改清单”，重大隐患闭环整改到位，2021年发现的63个问题全部整改到位实现销号。严格落实24小时领导带班和专业人员值班值守制度，发送监测预警信息10.82万条，发布水雨情通报40期；汛期对小溪滩枢纽工程和沐尘、社阳等11座小型水库泄洪下达21次调度令，充分发挥枢纽工程和水库的拦洪、削峰和错峰作用；下达防汛应急抢险资金1901.5万元，涉及14个乡镇87个项目；完成实施龙游县庙下溪（西源）重点山洪沟防洪治理工程，工程位于龙游县庙下乡严村村和梅林村，概算总投资1088.26万元，共治理河道1.63千米，保护人口2200人，保护农田面积31公顷；完成新建改建水文测站86个；2021年8月15日，沐尘乡三源岭水山洪暴发，县林业水利局及时发布预警信息，协助组织人员转移。

【重点项目建设】 灵山港综合治理工程（溪口段）全面完工，完成投资1.11亿元，治理河道10.2千米，新建护岸8.89千米，防汛道路5.36千米，新建堰坝1座。完成詹家镇龙井、塔石蛇头里等2座病险水库的除险加固工程并通过完工验收。2021年12月开工建设县人大一号议案项目湖镇水厂迁建工程，工程规划用地面积1.35公顷，迁建地址位于湖镇镇湖中路以东，46省道以南，总投资6715.6万元。

【民生实事项目】 龙游县龙北水厂管网延伸工程，总投资

图68　2021年8月12日，龙北水厂管网延伸工程施工现场
（县林业水利局/提供）

4509.39万元。通过新增配水管19.4千米，新建模环、会泽里加压泵站，攻克政策处理等难点，项目于2021年国庆节前如期完工通水，用水覆盖面达横山镇20个行政村、模环乡10个行政村、塔石镇6个行政村，实地解决约6.9万人的用水需求量。项目获浙江省水利厅2021年水利争先创优第二批优秀案例，获县委、县政府2021年三季度十条军规表彰，获评县政府2021年民生实事十大精品项目。溪口水厂取水头部改造工程，原水管总长约5.4千米，总投资6940.1万元，工程于2021年11月初开工实施，至2021年12月底，完成铺设原水管道2.8千米，并对铺设管道完成试压，工程建成后将进一步改善溪口、沐尘、庙下片区村民饮用水水质。创建美丽河湖建设（衢江龙游城区段）6千米、完成石塘垄水库除险加固，建设沐尘乡水美乡镇，结合2020年度美丽河湖创建（沐尘至溪口段）以“节水优先、空间均衡、系统治理、两手发力”为目标，做好规划防洪排涝要求，通过新建护岸、堤防护岸生态修复、改造堰坝、滩地保护及修复，优化水生态、展示水文化、提升水景观等综合治理措施恢复河道的自然功能。整治农村池塘12个，布局构建美丽龙游“一库一风景、一村一风情、一水一风光”。

【农业水价综合改革】　2021年共下发农业水价综合改革各类补助资金185万元，创建“5个100”（在全省创建100座农业灌溉更新升级泵站机埠、100座农业灌溉更新升级堰坝水闸、100个改革灌区灌片、100个农民用水管理主体、100个改革基层水利站所）示范点5处，包括示范机埠泵站1座（小南海镇胡家机埠）、示范堰坝1处（东华街道庆丰堰）、示范灌区灌片1处（沐尘水库灌区东华街道灌片）、示范农民用水管理主体1处（小南海镇龙西村）、示范基层水利站所1处(东华街道水利站），搭建“龙游县农业水价综合改革管理平台”1处，安装中型灌区用水计量设施64处，监测数据全部上线，巩固提升改革成效显著。

【小型水库管理体制改革】　积极探索小型水库“所有权、经营权、使用权”三权分置改革工作，29座试点水库的经营权全部割断并成功完成进场养殖。三化（物业化、产权化、信息化）改革持续推进完善，颁发8座小（一）型水库产权证书8份，依法依规明确水库工程产权归属，并完成与省水雨情信息平台的对

图69　2021年8月25日，农业水价综合改革示范堰坝
（县林业水利局/提供）

接，信息接入率100%。

【水政执法监督】 扎实开展水政巡查与执法，严厉打击非法采砂、占用水域、河道违建等违法行为。建立完善24小时值班机制，保证值班人员能随时出动，及时受理信访举报。全年共出动执法次数38次，移送县综合执法部门（乡镇、街道）案件10起。开展河湖"清四乱"（清理整治河湖管理范围内的乱占、乱采、乱堆、乱建问题）专项整治行动，每月至少开展2次巡查工作，发现问题及时现场交办督办。全年共发现5处地方存在"四乱"问题，其中1件立案调查，督促相关单位落实整改到位，河湖"清四乱"整治率达到80%；加强对许可项目的事中和事后监管，共办理涉河涉堤（含临时占用）行政审批件16个，实现涉水许可项目的批后检查全覆盖。

【水资源与水土保持管理】 以"3·22"世界水日、"中国水周"系列宣传活动为契机，开展节约用水，保护水资源等主题宣传，增强社会节水意识，营造良好节水型社会建设氛围。坚持规划引导，印发《龙游县"十四五"节约用水规划》；做好节水示范，完成节水标杆企业2家、节水标杆校园1家、节水标杆酒店1家，龙游经济开发区入选省节水行动实践优秀案例；严格取用水管理，全县新批取水许可95户(发证95家），续办2户。强化年度计划用水管理，2021年全县共下达136家取水户年度取水计划，合计下达取水量81.45亿立方米（非水力发电0.83亿立方米），计划用水覆盖率保持100%。按月、季及时核定取水户取水量，做到取水许可、有偿取水的工作要求，按程序足额征收水资源费约1020余万元。开展取用水管理专项整治行动，整改违法取水户138家，使全县取用水管理工作更加规范化。严格水土保持审批程序，严格把守水保方案质量，全年共审批生产建设项目水土保持方案74项 ，水土保持方案报告表3项，水土保持方案登记表55项，水土保持方案报告书16项，协助税务部门征收水土保持补偿费160余万元。切实做好水土保持监督检查工作，按照省市工作部署，加强水土保持项目监管，水资源管理科依托技术服务机构对全县55个生产建设项目进行现场检查，对存在水土流失等问题进行分类解决，强化水土保持监管力度。

（县林业水利局　傅露煜）

水利工程建设管理

【概况】 2021年，县水利工程建设管理中心紧紧围绕"大庆大干、你追我赶"活动部署，围绕"四个龙游"建设，认真贯彻落实县委"14456"工作布局，按照县委、县政府及指挥部统一部署，梳理制定2021年度工作目标，及时协调工作中的重点、难点，扎实稳妥推进"一库一渠"建设管理。城中湖生态改造工程荣获龙游县2021年度"大庆大干"项目谋划擂台赛优秀奖，"龙游县石佛抽水蓄能电站工程"获2021年三季度"金点子"项目。高坪桥数字水库入选全省2021年度水利争先创优第二批优秀案例及2021年度第一批全省水利数字化改革"优秀应用"，高坪桥水库工程被浙江省住建厅列入"2021年度浙江省建筑施工安全生产标准化管理优良工地名单"。

【高坪桥水库工程】 先后完成上坝道路细沥青及绿化、下管理室外、背水坡、上管理区等扫尾工程，库区水源保护及生态修复一期工程尾工全部完成，完成高坪

图70　2021年11月24日，乌引干渠"十四五"现代化提升改造项目三标段施工现场　（县林业水利局/提供）

桥水库管理房装修且投入使用。4月，高坪桥水库数字化运维平台上线，前端感知设备包括大坝内预埋的129个观测设施设备、91个高清摄像头、8套水雨情设施，数据颗粒归仓，后台集成运算，大坝安全、控运调度、供水管理、电站运行、水源保护等方面实现“一屏控全局”的预期目标。数字赋能使水库运维科学、精准、高效，实时掌握库容和上下游水雨情，发挥水库兴利效益，确保城区及周边乡镇26.1万人的饮用水充足。入汛以来通过线上平台实时观测，科学研判，实地有效提高汛期巡查工作效率。通过“声+视”实现全方位水质现场监控。库区实现37个点位高清摄像头全覆盖实时监控。高音喇叭，声音预警、入侵检测报警、无人机巡查喊话等功能投入使用，对库区乱倒垃圾、非法垂钓等污染水源行为及时发现及时制止，提高现场处置效率。投入运用以来，非法垂钓等不文明行为大幅减少，库水水质均达到地表水Ⅱ类以上。同月，高坪桥水库入选“衢州市水利建设工程安全文明施工标化工地”。8月，高坪桥水库数字运维平台入选省水利厅“数字水库”首批试点项目（全省仅2家），为省水利厅揭榜挂帅项目。完成交通、电力、通信、库周道路、安置小区对外连接道路等移民安置专业项目改复建工程结算审价及移民安置资金财务决算编制；完成移民档案“一户一档”扫描归档及各专业项目档案整理归档；2020—2021年农村移民后期扶持直补资金161.76万元拨付到位；及时妥善处理移民群众各类矛盾纠纷；完成移民安置专项工作报告编制，做好工程竣工移民安置初（自）验准备工作。高坪桥水库全年供水调度47次，累计供水8096.03万立方米，4月，衢州市水利局批复高坪桥水库控制运用计划，同意高坪桥水库台汛期（7月16日至10月15日）限制蓄水位可由180米抬高到182米。据此批复，高坪桥水库在不影响防洪安全前提下台汛期可新增库容254万立方米，可与非汛期正常蓄水位（182）做到无缝对接，每年可新增城镇供水调节库容330多万立方米。

图71 2021年8月7日，开展乌引干渠沿线安全隐患排查

（县林业水利局/提供）

【乌引工程】 4月，省发改委下发《省发展改革委关于乌溪江引水工程灌区“十四五”续建配套与现代化改造工程可行性研究报告的批复》。项目涉及衢州片投资35759.57万元。水利建管中心谋划打造“衢南乌北幸福渠”项目，项目概算投资约2亿元，占乌引“十四五”续建配套与现代化改造工程项目衢州片投资56%。纳入国家改造计划后，省级以上补助资金比例约70%。9月，项目初设获省发改委批复，11月开工，计划于2024年完工。全年乌引干渠年入境水量7767.6万立方米（其中龙游供水量5613.6万立方米，供金华2154万立方米）。

【安全生产】 开展高坪桥水库、乌引干渠“遏重大”安全生产隐患大排查。先后排查沿渠16千米明渠、5座渡槽、2处倒虹吸、39座桥梁、12处隧洞、28处排涵、22处排渡，以及高坪桥水库库区高边坡、高处作业、消防设施、施工用电等安全隐患；常态化巡查水利设施运行情况，防汛值班情况，对排查出隐患即查即改。开展防溺水安全教育宣传，悬挂横幅80余条，安全警示牌600余块，发放宣传单3000余份，短信提醒2万条，及时通过农村广播、FM95.4汽车广播，龙游通发布护水、停水通知等信息，增强渠道和水库周边群众水源保护意识及安全意识。

（县林业水利局　余倩倩）

概　述

【概况】 2021年，全县工业经济坚持数字化改革引领，主导施行“一业一策”，深化推进产城、两业、产研三大融合，打造“高质量发展生态工业样本县”。契合“十四五”工业相关发展规划，把握产业趋势，以培育碳基纸基新材料、精密数控和轨道交通装备为两大主攻方向。结合工业区域基础设施建设，重整上中下游区块产业链，提升工业平台机制能级，促进产城双向互动服务，推动县域工业跨越式发展。注重企业培育，克服发展不对等难题，帮助企业提升竞争力助其升规入统。孵化新经济增长点，加速先进制造业与现代服务业一体化发展，合作对接需求，实现高质量供给效益。加深对企业横向、纵向的细分市场研究，分析产业政策走势，评估判别市场动向，为招商引资提供数据支持。

【工业投资】 2021年，全县工业总投资39.88亿元，同比增长10.6%；制造业总投资27.47亿元，同比下降9.2%；工业技改总投资15.78亿元，同比增长11.5%；民间工业总投资25.3亿元，同比增长5.7%。5个项目入选省“十百千”重大制造业项目计划（维达四期、伊利二期、金励纸业、中浙高铁、德爵精酿啤酒），全年完成投资6.33亿元，为计划投资的173.4%。50个项目入选省千亿技术改造项目，完成投资12.91亿元。两大主导产业新备案项目73个，备案总投资62.87亿元，累计新增用地45.96公顷。

【专项整治行动】 全县淘汰落后产能企业22家，年节约标煤2.1万吨，节约用水7.05万吨，减少污染物排放化学需氧量（COD）31.799吨/年、氨氮含量指标（NH_3-N）3.219吨/年、氮氧化合物（NOx）2.448吨/年、二氧化硫（SO_2）19.632吨/年，盘活土地面积12.62公顷。整治“低散乱”企业作坊30家。落实危化企业搬迁改造，红5制漆公司签订搬迁入园协议，南江造漆厂、羚羊造漆厂签订关闭退出协议，向3家企业兑现补偿资金478.84万元，全面完成城镇危化企业搬迁改造工作。组织开展化工企业安全生产专项整治，完成52家化工企业分类整治上报。

经济和信息化

【概况】 2021年，龙游县经济和信息化局围绕“产业为王、工业强县”战略，结合全省共同富裕示范区建设“缩小区域差距”首批试点、生态工业样本县建设要求，以跨越式高质量发展为主线，加快新旧动能转换，实现靠前精准服务，努力以工业先行带动共同富裕，全力推动工业经济跨越式高质量发展。2021年，全县258家规模以上工业企业累计实现产值351.6亿元，同比增长23.8%；规模以上工业增加值80.6亿元，增长15.4%，增幅列全市第二。

【组建专班】 出台《关于推进工业跨越式高质量发展的若干政策》，加大财税政策支持力度。2021年起每年预算安排工业、制造业发展专项资金2亿元以上，推动制造业质量变革、效率变革、动力变革，全面提振企业发展信心。围绕工业强县战略实施，出台《关于实施工业强县战略推动工业高质量发展的实施意见》，提出工业经济“一个跻身、两个产业、三个赋能、四个做强”［一个跻身指跻身全省工业大县（市、区）名单；两个产业指聚焦碳基纸基新材料、精密数控和轨道交通装备两大主攻产业；三个赋能指数字改革赋能、科技创新赋能、金融赋能；四个做强指做强企业、做强产业、做强平台、做强外贸］。出台《关于印发龙游县工业强县五大专项行动和三大攻坚计划方案的通知》，进一步细化工业强县战略任务。为扎实推进工业强县战略深化落地，加快全县工业高质量发展，2021年10月，专门成立工业强县专班，由分管县领导挂帅，县府办副主任、县经信局主要负责人担任副主任，并采用“集中+柔性”方式，从多部门抽调精干力量，下设综合协调组、攻坚推进组、实绩考评组等3个小组，围绕工业强县“531”行动方案（“5”指综合平台能级提升、先进制造业集群培育、制造方式数字化变革、产业科技创新联动和制造业资源要素高效保障专项行动；“3”指制造业“招大引强”“凤凰行动”和工业企业亩均效益提升攻坚计划；“1”指实施工业强县战略推动工业高质量发展的若干意见。），开展专班实体化运作。

【企业技术创新】 2021年，新增省级工业新产品（新技术）项目备案70项，通过省级新产品（新技术）鉴定46个。龙成耐火材料的“可防止钢水二次氧化浸入式水口关键技术”、冠诚科技的“粗旦高透气纺粘无纺布关键技术”、华邦古楼的“医用包装原纸表面性能提升技术”、华邦特种纸的“环保型耐水耐油食品包装纸生产技术”等4个项目入选2021年浙江省重点技术创新专项；台钰精机的“多轴车铣复合数控机床”入选2021年省重点高新技术产品。亿洋智能的“高承载高速精密交互双工作台立式加工中心”和威仕喜流体的“大通径高频率节能型总线阀岛”等2个项目入选2021年度省级首台（套）产品工程化攻关项目。

【“亩均论英雄”】 相继出台《工业企业“亩均效益”综合评价办法》《关于深化工业企业资源要素优化配置改革的实施意见（试行）》《工业企业亩均效益提升攻坚计划（2021—2025年）》等政策。完成2020年度工业企业亩均效益综合评价（含规模以上企业218家、规模以下企业637家），规模以上企业中A类33家、B类73家、C类84家、D类28家，规模以下企业中B类56家、C类366家、D类215家。坚持分类施策，通过税收提升、搬迁盘活、关停、收储“四个一批”（税收提升一批、搬迁盘活一批、关停一批、收储一批），完成98家低效企业整治，为市定目标任务数的109%。省亩均办公布的2020年分领域分行业亩均效益领跑者名单中，禾川科技入选数字经济20强（全市唯一）。

【企业服务】 对203家企业开展智能化问诊服务，实现规模以上企业问诊全覆盖，30家规模以上企业完成阶段性数字化改造；禾川科技、维达纸业、华邦古楼等3家企业入选2021年浙江省智能工厂数字化车间；维达纸业入选2021年度省级工业互联网平台创建名单，禾川科技入选2021年省级新一代信息技术与制造业融合发展试点示范企业名单，恒盛能源入选省第一批制造业“云上企业”。加快企业码推广应用，5月完成全市首场“企业码”直播，全年开展5场企业码直播，7700余人次在线收看，并在企业码平台上架专题讲座、现场答辩、座谈会等20余场活动。组织12个项目参加“创客中国”浙江好项目创新创业大赛，3个项目市级获奖、1个项目省级获奖。兑现留衢过年“暖心红包”政策，惠及181家工业企业的3104名外地员工，发放数量位居全市各县（市、区）首位；2021年工业企业产值竞赛“赛马”奖励评选当中，全县20家工业企业上榜，共获奖金290万元。

【企业培育】 开展企业梯度培育，全年新上规企业3家、小升规企业33家；产值20亿元以上企业1家（维达纸业）、10亿元以上企业3家（金龙再生资源、伊利乳业、金励环保）。2家企业（禾川科技、贝尔轨道）获评工信部专精特新“小巨人”企业，禾川科技为重点“小巨人”；8家企业获评省级专精特新中小企业（凯丰新材、金昌特种纸、中浙高铁、茗皇食品、巨通管业、宜成环保、特美新材、固特气动）、1家企业（金昌特种纸）获评省“隐形冠军”企业。

（县经信局　王　玲）

经济开发区

【概况】 2021年，龙游经济开发区工商登记市场主体2800余个，工业企业700余家、服务业企业700余家、个体工商户1450余家。规模以上工业企业178家，累计实现规模以上产值241.42亿元，同比增长28.42%，占全县比重68.66%；实现入库税收8.69亿元，同比增长20.52%，全县占比25.2%；20家限上贸易企业完成销售额17.42亿元，同比增长30.31%，全县占比7.55%；14家规模以上服务业完成营收6.79亿元，同比增长12.7%，全县占比45.27%；进出口总额46.16亿元，全县占比84.38%；完成全社会固定资产投资39.38亿元，全县占比31.54%。获评省级先进制造业和现代服务业融合试点区域、首批浙江省现代服务业创新发展区名单，成为浙江省示范党群服务中心；获衢州市先进基层党组织、市文明单位、市道路交通安全综合治理先进集体等荣誉，富民小微园获得市绩效评价A档。

【疫情防控】 2021年，经济开发区做好疫情防控常态化工作，帮助企业安全有序生产。对900余家工业服务业企业、个体工商户、项目工地进行摸底调查，对中高风险地区人员来龙累计信息核查5675人次，累计管控945人，上报重点地区人员3353人；累计安排接种疫苗2.9万针剂次，开发区企业员工超3万人次完成疫苗接种，在“削减清零”行动中，小区居民完成2696针次接种。

【企业服务培育】 推动企业网格化服务，网格累计收集企业问题（诉求）1209个，解决1108个，解决率91.6%，办结回访1108个，满意率100%。推动科技赋能，2021年，禾川科技、贝尔轨道获评国家级“小巨人”企业，其中禾川科技为重点“小巨人”；中浙高铁、凯丰新材料、特美新材料等6家企业获评省级专精特新中小企业；金昌股份入围省“隐形冠军”企业名单；禾川科技入选省电子信息成长特色企业名单。推动数字赋能，禾川科技入选省级现代制造业和现代服务业融合发展试点企业，浙西建筑产业园PC构建车间入选省级“数字化车间”，维达纸业生活用纸智能化生产工业互联网平台入围2021年省级工业互联网平台拟创建名单，禾川科技、维达纸业等入选市级“未来工厂”培育企业。围绕梯队上市目标，联动金融服务部门收集解决企业需求，强化企业用工、技改、要素保障等服务，8月19日，浙江龙游恒盛能源股份有限公司在上海证券交易所主板挂牌上市，正式登陆A股资本市场，实现龙游县本土企业A股上市“零的突破”。11月，浙江禾川科技股份有限公司通过科创板上市委审议，成为山区26县第一家冲刺科创板并有实质性进展的企业。

【项目建设】 2021年，44个基础设施投资项目实现投资10.5亿元，同比增长19.73%；30个政府性投资项目实现投资9亿元，同比增长67.29%。机器人产业园东组团（中孚）、纸浆物流交易中心（一期）、危废中转库、中水回用工程、220千伏士元变等项目完工。产业创新服务综合体土建部分、开发大道供能站、110千伏白马变、金星大道（广智—游五路）等项目基本完工。产业创新服务综合体室内装修工程、云墨碳谷产业园一期、城南污水零直排二期污水管道施工、污水厂三期、游四路南延道路工程、同舟路西延道路工程、机器人产业园周边道路、广智亲善路等项目加快推进中。龙腾路道路工程已开工建设。阜新公寓、纺织企业废水预处理站、港区智慧物流园一期完成招标；启明惠商路提升改造施工招标公告中。敬贤路道路工程、经十一路道路工程、神龙路、利民路、鼎新路、开源路北延、月亮湾安居小区、泰和社区、新增金星湾临时货车停车场、城北二期工业水厂等10个

图72　2021年3月14日，机器人产业园一期项目建设
（经济开发区/提供）

项目前期有序推进中。机器人产业园一期（4—6组团）获省级建筑施工安全生产标准化工地、市级建设工程“衢江杯”奖（优质工程）。

【领导调研】 7月13日，浙江省委书记、省人大常委会主任袁家军到龙游经济开发区调研山海协作产业园建设发展情况，走访开发区企业浙江吉成新材股份有限公司，强调要以“创新驱动、产城融合”为抓手推动生态工业高质量发展，为建设共同富裕示范区注入新的更大增量。10月16日，浙江省委副书记、代省长王浩到龙游调研山区26县发展和经济运行情况，走访开发区内中浙高铁轴承有限公司、浙江吉成新材股份有限公司、龙游伊利乳业有限责任公司等3家企业，紧盯高质量发展目标任务，稳步推进共同富裕。

图73 2021年7月13日，浙江省委书记、省人大常委会主任袁家军（左三）到龙游经济开发区调研山海协作产业园建设发展情况

（经济开发区/提供）

【招商引资】 2021年，新落地2000万元以上招商工业项目67个，协议总投资额188.77亿元，新增用地项目45个，成交出让土地面积161.18公顷；资产重组“腾笼换鸟”类项目4个，盘活闲置土地面积10.5公顷。107个在库招商项目累计实现到位资金23.77亿元，制造业项目累计招商到位资金18.03亿元，占比75.85%。2021年开发区自引亿元以上工业项目8个（可景新材、鸿澍新材、广汇科技、李子园二期、浙建机、政田科技、东迦科技、佳悦光电），数控机床产业园项目获得市招商引资项目谋划大赛一等奖、市重大项目谋划成果大比拼谋划奖。

【国资改革】 2021年，浙江新北园区开发有限公司正式升级为浙江新北园区开发集团有限公司，构建新发集团+综合能源、善建房地产、道一科技、汇龙供应链、华安驾培、新北市政园林的“1+6”母子公司体系。2021年，新发集团（含子公司）资产总额13.79亿元，同比增长82.6%；营业总收入1.68亿元，同比增长151.21%；项目投入（实际支付数）2.1亿元，同比增长68.51%；新增银行授信15.4亿元，融资到位2.62亿元。

（经济开发区 周 晖）

2021年度龙游经济开发区签约项目一览表（2000万元以上）

表19

签约性质	企业名称	签约项目名称	签约金额（万元）	产业类别	签约时间
新增用地企业	浙江可景新材料有限公司	年产3万吨无纺布生产线项目	20000	纺织品制造业	2021.01
	水发（龙游）竹产业发展有限公司	全竹绿色循环产业园项目	206000	竹制品制造业	2021.01
	龙游云墨碳谷新材料产业园有限公司	先进碳材料产业园项目（碳碳复合材料产业化项目，50亩新北公司代建）	320000	非金属矿物制品业	2021.01
	浙江建工装饰集成科技有限公司	年产2万套整装卫浴生产线项目	13750	金属制品业	2021.02

续表 19

签约性质	企业名称	签约项目名称	签约金额（万元）	产业类别	签约时间
新增用地企业	浙江宏嘉科技有限公司	年产1.5万吨染料后处理加工项目	15000	化学原料制造业	2021.02
	浙江鸿澍新材料有限公司	年产1.5万吨特种纸生产线项目	11130	造纸和纸制品业	2021.03
	浙江寰龙环境建设有限公司	龙游经济开发区污水处理厂三期扩建项目	16701	废弃资源综合利用业	2021.03
	浙江鹏龙辊业有限公司	新建高档全系列胶辊包胶修复生产线	10500	橡胶制品业	2021.03
	浙江雪尔电器有限公司	年产8万台及150万台（含伺服电机、外转子电机等）电机生产线项目	10500	电气机械制造业	2021.03
	浙江田村科技有限公司	年产5000台工业机器人、2万套伺服驱运器以及20万台工业变频器的研发和生产项目	5000	通用设备制造业	2021.03
	浙江宏川重工机械制造有限公司	年产3000吨机器人机械臂2000吨精密铸件4600吨铝压铸零部件项目	12000	通用设备制造业	2021.03
	浙江优科纺织科技有限公司	年产3000万米特种功能性布艺面料生产线项目	21500	纺织品制造业	2021.03
	浙江嘉浩科技发展有限公司	年产3000万米特种布艺面料生产线项目	20688	纺织品制造业	2021.03
	浙江万龙科技有限公司	年产200万双安全鞋智能化制造生产线	11000	橡胶制品业	2021.03
	浙江鸿获科技有限公司	年产10万吨复合灰板和年产加工1.8万吨特种纸项目	51800	造纸和纸制品业	2021.03
	浙江龙游李子园食品有限公司	年产7万吨乳饮料及2.4亿只HDPE瓶生产线项目	28000	食品制造业	2021.03
	浙江美逸佳纺织科技有限公司	年产2000万米特种布艺面料生产线项目	15000	纺织品制造业	2021.04
	龙游碧涛布艺科技有限公司	年产2000万米特种布艺面料生产线项目	18000	纺织品制造业	2021.04
	浙江豪品建织造有限公司	年产3000万米特种布艺面料生产线项目	18000	纺织品制造业	2021.04
	浙江新华化纤织造有限公司	年产3000万米特种布艺面料生产线项目	18000	纺织品制造业	2021.04
	浙江广汇环境科技有限公司	年产500万米反渗透膜、5万台反渗透装置、300台氮气发生器生产线项目	12260	专用设备制造业	2021.04
	浙江从越科技有限公司	年产10万套金属门生产线项目	5080	金属制品业	2021.04
	龙游博嘉宸塑胶助剂有限公司	年产15000吨食品级高端塑胶助剂生产项目	6500	塑料制品业	2021.04
	浙江龙威酒业有限公司	年产2000吨（一期1000吨）威士忌生产线项目	15000	酒制造业	2021.11
	浙江南北城市管道有限公司	新建年产20万米钢筋混凝土箱涵及圆管涵等地下管涵生产线项目	10300	非金属矿物制品业	2021.05

续表 19

签约性质	企业名称	签约项目名称	签约金额（万元）	产业类别	签约时间
新增用地企业	浙江省龙游县红 5 制漆有限公司	年产8000吨异地搬迁入园项目	7000	化学原料制造业	2021.06
	浙江安驰涂料科技有限公司	年产1000吨水性聚氨酯涂料、1000吨水性丙烯酸涂料、600吨氨基漆、600吨硝基漆、200吨丙烯酸漆、200吨聚酯类漆、200吨醇酸酚醛漆、200吨油墨产品异地搬迁项目	4800	化学原料制造业	2021.07
	浙江建工新材料有限公司	年产1万吨建筑工业化专用砂浆母料生产线项目	4787	非金属矿物制品业	2021.07
	浙江建机数智机械制造有限公司	年产1万台（套）大型工程机械设备制造项目	50800	通用设备制造业	2021.07
	浙江赛然生物科技有限公司	扩建年产300吨饮料及400吨茶制品生产线	3450	饮料和精制茶制造业	2021.07
	浙江攀峰环保科技有限公司	年加工10万吨复合包装纸及年产8000万平方米瓦楞纸箱生产线	13618	造纸和纸制品业	2021.09
	浙江政田科技有限公司	新建年产1万台智能农用机械生产线项目	30680	专用设备制造业	2021.09
	浙江东迦科技有限公司	年产1万台无人机生产线	53000	通用设备制造业	2021.09
	龙游喜尔康智家科技有限公司	年产150万套智能卫浴生产线及研发中心建设项目	75055	金属制品业	2021.03
	浙江瑞柏新材有限公司	年产2000万平方米锂电池极耳材料生产线	12000	电气器材制造业	2021.11
	浙江好工阀门制造有限公司	年产2万个阀门制造生产线项目	7000	金属制品业	2021.10
	浙江恒立表面处理科技有限公司	新建年产10000万套金属、塑料件表面处理产品生产线	7900	金属制品业	2021.10
	浙江玖龙新材料有限公司	年产2万吨高效减水剂、1万吨无碱速凝剂、2万吨水泥助磨剂和10万吨膨胀剂生产线建设（二期）	3600	化学原料制造业	2021.10
	龙游多元纺织科技有限公司	军用装备防护及伪装材料研发和生产建设项目（一期项目建设军用装备防护及伪装材料科创中心建设项目，二期项目建设年产5500万米军用防护和民用功能纺织材料生产项目）	10500	纺织品制造业	2021.11
	浙江九润环境科技有限公司	新建年产1万吨新材料不锈钢复合管、1万吨HDCM特强异性通信电缆保护管、20万米FSP压力管生产线	58850	金属制品业	2021.12
	浙江龙游昌顺家私有限公司	年产15万套实木家具生产线项目	15100	家具制造业	2021.12
	杰美（浙江）新材料有限公司	新建年产4万吨纺织新材料（新型纺织化学品）生产项目	38939	纺织品制造业	2021.12

续表 19

签约性质	企业名称	签约项目名称	签约金额（万元）	产业类别	签约时间
新增用地企业	浙江汉牛科技产业发展有限公司	数字校园华东示范区产业园项目	240000	其他制造业	2021.12
	浙江汉造智能科技有限公司	年产2000万片碳纤维复合滤芯项目及年产100万套新型中央新风净化设备项目		非金属矿物制品业	2021.12
	杭州天豪电梯成套设备制造有限公司（更名为浙江佳顺自动化科技有限公司）	年产2万台智能停车库生产线项目	10000	其他制造业	2021.12
腾笼换鸟项目	浙江一与一面卫浴科技有限公司	年产50万平方米浴室镜生产线项目	8200	非金属矿物制品业	2021.01
	浙江珠峰工贸有限公司	年产200万顶摩托车头盔生产线项目	17000	塑料制品业	2021.03
	浙江星达新材料有限公司	年产1000万平方包装装潢印刷品印刷、500吨纸制品、300吨塑料制品生产线项目	5100	造纸和纸制品业	2021.04
	衢州顶盛新材料有限公司	年产1亿平方米水性及油性热转印膜系列产品生产线	13000	造纸和纸制品业	2021.07
租赁存量厂房企业	浙江适普半导体材料有限公司	建设半导体连接材料研发及其检测技术开发项目	2020	通用设备制造业	2021.01
	浙江大诚机械有限公司	年维修600根辊筒、1000吨造纸设备零部件及年加工100根辊筒、100吨机械零部件生产线项目	2100	通用设备制造业	2021.01
	龙游明强工贸有限公司	年产1万套起重配套设备、10万件五金机械配件生产线项目	2080	通用设备制造业	2021.01
	龙游联润辊业有限公司	年加工2万平方米胶辊膜生产线项目	2050	橡胶制品业	2021.02
	浙江六向体科技有限公司	年培育12万克拉钻石生产线项目	20000	非金属矿物制品业	2021.02
	司母戊（浙江）精密科技有限公司	年产10000套精密电主轴、五轴摆头研发生产项目	11000	通用设备制造业	2021.03
	浙江创科医疗器械有限公司	年产13.5亿只新型卫生防护手套建设项目	15000	橡胶制品业	2021.04
	菲莱科技（浙江）有限公司	年产20万套高精密刀座、角度头研发生产项目	5002	通用设备制造业	2021.06
	龙游锦帛纺织有限公司	年织造100万米针织布生产线项目	2160	纺织品制造业	2021.07
	浙江奥泰微电子科技有限公司	年产8000万只电子雷管驱动控制芯片和模组生产线	10018	电子设备制造业	2021.07
	浙江华亿特纺织有限公司	年产2000吨纺织品生产线	2180	纺织品制造业	2021.08
	龙游永毅装饰材料有限公司	年产200吨高端家具封边条生产线	2180	家具制造业	2021.11
	龙游恒盈科技有限公司	年产300万只模压工业托板、1800万只筒堵及3000万个工艺品生产线项目	6000	塑料制品业	2021.11
	浙江佳悦光电有限公司	年产1亿件LCM（液晶显示模组）及终端产品生产线	200000	通用设备制造业	2021.12

续表 19

签约性质	企业名称	签约项目名称	签约金额（万元）	产业类别	签约时间
租赁存量厂房企业	宝风压缩机科技（宁波）有限公司	年产 1 万台高效永磁一体螺杆空气压缩机生产线	12000	通用设备制造业	2021.11
	龙游德晟五金有限公司	年产 1500 万只家具拉手生产线	4800	金属制品业	2021.12
	浙江奇辉玻璃有限公司	年产 65 万平方米玻璃生产线	2080	非金属矿物制品业	2021.12
	浙江建中工贸有限公司（更名为浙江尚雨工贸有限公司）	年产 100 万台机械秤加工项目生产线	5000	金属制品业	2021.12

招商投资

【概况】 2021年，县招商投资促进中心全面克服新冠肺炎疫情带来的严峻挑战，全力抓招商引资、山海协作工作，奋力展现新担当新作为，充分发挥“双招双引”专班、制造业重点项目“百日攻坚”推进专班等平台作用，开展招商引资攻坚战。聚焦主导产业积极延链强链补链，紧盯碳基纸基新材料、智能数控和轨道交通装备等上下游产业链招商，探索数字经济服务业等创新平台类招商。立足产业园区共建、产业项目合作、“飞地”建设、乡村振兴等平台，深化与结对地区的协作共赢，全面推动建设生态工业样板县和山区26县跨越式高质量发展试点县。2021年度招商引资考核位列全市第一，被衢州市人民政府授予招商引资先进集体。全年新入库项目61个，1亿—5亿元以上项目25个，5亿—10亿元以上项目4个，10亿元以上项目4个，累计到位资金51.22亿元。

【招商引资】 以碳基纸基新材料、精密数控和轨道交通装备两大主导产业为基础加强项目谋划，推出28个2021年度对外招商推介项目。借助全县招商引资项目谋划大赛、2021年宁波市镇海区招商引智推介交流会（北京专场）、第四届龙商大会和央企走进山区26县助力共同富裕衢州专场等平台联合推介龙游营商环境和项目。其中第四届龙商大会促成8个项目签约，总投资约20亿元。结合央企助力26县建设共同富裕示范区契机，与央企中车株机公司完成“一对一”结对，在产业发展、乡村振兴、消费帮扶、人员交流等领域开展多角度、全方位、深层次合作，确定与华侨城、浙建材等8家央企（国企）签约项目数10个，总投资200.8亿元。全力服务全县招商工作，县领导带队开展重点招商项目对接洽谈，主攻高端主体，主动对接战略新兴型产业招商，参与新材料、精密制造、食品饮料等重大项目的投资洽谈，顺利引进云墨碳谷、喜尔康、汉牛科技、李子园二期等亿元以上主导产业项目。制定落实“大庆大干、你追我赶”招商引资攻坚战比拼方案，加强信息研判比质量、在谈项目比签约、落地项目比服务、产业服务团比争先等四项比拼，设置10项主要竞赛指标，明确比拼项目、比拼标准、比拼单位、牵头单位、牵头县领导等内容，实行“月考评、季赛马”，设立“龙头奖”和“蜗牛奖”。持续完善招商引资工作全流程制度，优化项目归口研判流程，缩短招商项目初判研判、决策咨询环节时间，把好招引项目

图74 2021年9月30日，第四届龙商大会项目签约仪式举行

（县招商投资促进中心/提供）

质量关、入园关。成立制造业重点项目“百日攻坚”推进专班，推进重点制造业项目建设，定期开展项目现场督查，坚持对投资出数、新增备案与入库情况督查通报。截至2021年，全县重点推进的82个制造业项目中，落地项目60个，技改项目10个，在谈招商项目12个（含腾笼换鸟项目2个）。落地的60个项目中有序推进的共38个，超过六个月未开工项目18个，入库出数缓慢项目4个。聚焦优势特色产业谋划集群化、链条化发展，立足精密高端装备制造高新技术产业园区、机器人产业园等产业平台积极承接和推荐项目，以中浙高铁、禾川科技、吉成新材料、中孚精机等一批已落地主导产业领域的龙头型招商项目为支撑点，推动碳基纸基新材料、精密数控和轨道交通装备两大百亿级主导产业集聚，加快特种纸、绿色食品、高档家居等传统产业提档升级，吸引云墨碳谷、建机数智机械、浩辰科技等一批亿元以上主导产业项目落地。用好商会平台、寓外乡贤等资源，综合运用以商招商、中介招商、协作招商等方式，吸引优质项目落户。持续扩大“二期在龙游”效应，重点跟进伊利二期、李子园二期、维达四期等“二期”系列项目进度，借云墨碳谷、喜尔康、蓝宇纸业等寓外乡贤回归项目，培育做大两大主导产业上下游项目。制定招商引资工作考核办法和进一步优化招商引资机制的若干意见，以及驻外招商相关管理和考核办法、中介人招商奖励办法等制度，加强考核激励。制定县产业链精准招商工作方案和县制造业“招大引强”专项行动方案，加强链主型企业引进和培育，提高招商精准度，加快打造百亿产业集群。

图75 2021年10月27日，央企走进26县建设共同富裕示范区活动（龙游站） （县招商投资促进中心/提供）

【山海协作】 新承接省内发达地区产业转移项目47个，累计到位资金31.7亿元。“飞地经济”再添新动力，积极对接镇海“消薄飞地”投资运营，探索全新返利合作机制，实现投资返利2001.6万元，带动130个村集体增收；借助“一县一策”山区26县高质量跨越发展契机，与钱塘区签订“产业飞地”合作协议、两地开发区合作意向书；与临安区建立杭衢山海协作结对关系，推进禾川科技青山湖基地研发中心建设；在宁波市国家大学科技园区设立镇海—龙游“科创飞地”，加强两地深度合作。“产业协作”规划升级，向镇海、钱塘等结对地区选派5名挂职干部，健全联合招商机制，成功招引镇海优质新材料企业落户龙游，实现重点突破。“民生共富”再上新台阶，谋划山海协作乡村振兴援建项目24个，成功争取省发改委、镇海、临安援建资金1074万元，援建项目拓展至产业“造血”、富民增收、助老扶幼等经济社会各个领域。在科技、教育、医疗、文化等领域签订山海协作协议30个，劳动力转移培训人数4151人。龙游与镇海两地进一步深化教育协作，在龙游实验小学建成全省首个山海协作大众蹦床体教融合项目共建点，助力“双减”工作精准科学落地。依托镇海、临安等展销平台、宁波舟山港等重点企业工会采购平台、镇海区龙游优质农产品体验馆，龙游农特产品实现“销量”“口碑”双丰收，面向省内发达地区销售额达3500余万元。与浙江大学医学院附属邵逸夫医院、杭州医学院签署结对协议，推动综合医疗服务水平提升。“乡村振兴”再获新突破，以小南海镇团石村为重点，投入镇海援建资金260万元，建成水果番茄二期项目、团石农贸综合市场，持续提升农业产业项目富民增收效益。推动临安—浦山乡村振兴示范点建设，投入165万元援建资金，策划建成“亲子研学基地”“畲族风情馆”“凤凰部落高端民宿”等文旅项目。

（县招商投资促进中心 秦宏杰）

交通·电力·邮政·通信

概　述

【概况】 2021年，龙游县公路交通、铁路交通、水上运输、电力、通信、邮政等行业以“十四五”规划纲要为引领，结合现行基础，凝心聚力，继续开拓进取。公路、水运交通方面，持续完善交通路网结构，抓好公路重点项目前期谋划和建设工作；推进临港物流园区和港区二期，打造高效现代物流体系降低运输成本。铁路交通保障客运货运安全输送，龙游火车站新站房投入使用。供电方面，多元融合高弹性电网已然成为服务新能源、实现绿色高效发展的创新电力技术。邮政方面，以共赢为导向，激发创新活力，升级传统业务，结合效能治理拓宽业务规模。通信方面，5G创新应用工程维稳保障网络信息安全，合力创建数字社会治理体系，助力打造数字政府、数字民生。

【龙游火车站新站房投入使用】 改造后龙游新站房于2021年6月28日启用，办客列车趟数增加到44趟，（上行列车开行21趟:其中高铁17趟、普速3趟、动车组1趟。下行列车开行23趟:其中高铁15趟、普速8趟）。总建筑面积为15785.4平方米，长147.5米，宽57米，高37.8米，内设服务台、候车室、售票处、卫生间、公安值班室、母婴室、商务候车室、重点旅客候车区等，整体功能更完善，车站采用时代感极强的高进低出模式，扶梯和垂梯达到15台，全面实行“验检合一”“售服合一”模式提高工作效率，旅客进站闸机同时具备检票和身份核验功能，旅客一站式完成购票、候车、检票、进站上车；售票厅采取与旅客面对面服务方式，服务台也具备退票和改签功能。

【构建联运体系】 为畅通多式联运网络，县政府牵头对“公铁水”联运方案进行讨论研究，明确未来龙游县多式联运发展方向。县交通运输局结合交通“十四五”规划，积极对接相关部门，加快谋划构建公铁水“零转驳”综合交通体系。县综合客运枢纽工程于2021年11月开工建设，项目建成后将实现多种运输方式有效衔接，达到“零距离换乘”的出行体验。

公　路

【概况】 2021年，龙游县交通运输局致力加快交通项目建设，完善交通行业管理体系，进一步促进交通运输工作全面协调发展，以实际行动践行县委、县政府“大庆大干、你追我赶”的工作主基调。龙游县获评全省万里美丽经济交通走廊达标县，县交通运输局获评全国交通运输脱贫攻坚成绩突出集体，县交通运输局机关党支部获评衢州市基层先进党支部。全年完成综合交通建设投资约9.55亿元（不含杭衢铁路）。

【项目前期工作】 2021年，县交通运输局共承担实施类项目17个，前期类项目17个，其中列入县“八大百亿”项目行动计划重点建设项目实施类17个、前期类15个。在推进项目前期工作中，通过积极保持与省厅相关处室对接、遣派工作人员到省厅业务处室挂职、邀请专家到龙游指导等方式，研透相关政策。努力突破综合客运枢纽工程、320国道至规划小南海镇月亮湾小区公路工程、528国道龙游十里铺至上圩头段改建工程等前期转实施和争取开工类项目；有序推进315省道南移、湖镇至童家公路二期、龙游港区二期等项目；积极谋划龙游城区至龙游北站道路工程、杭衢高铁龙游北站至模环公路工程、320国道龙游城区段外移等项目，做好前期线位方案的论证和调研工作，完善交通项目储备。

【交通项目建设】 实行领导干部分工责任落实机制，紧抓项目难点协调工作。全年基本完成龙游县灵山江沿江公路工程（官潭至溪毛线）、金星大道至龙游大桥段改造工程、省市级隐患整治工程、县级安全隐患整治工程、国省道养护大中修工程、国省道桥梁加固工程、农村桥梁维修加固工程等项目；快速推进351国道龙游段公路工程、龙游港互通及通道工程、320国道龙游会泽里至下章段改建工程、城北入城口绿化景观提升工程、龙游县综合客运枢纽等项目，进一步完善提升交通路网结构。

【加强质量监管】 坚持工程建设质量和安全生产监督把控，通过各类检查、监督抽检和"互看互比互学"等项目质量管理方式，进一步提升工程品质、树立行业标杆。全年共开展2次综合大检查，10次专项检查，制发各类检查意见书97份，发现各类问题300余个，整改反馈率达98%以上。在2020年开展质监行政执法"飓风行动"基础上，根据《全省交通建设工程安全质量专项整治"利剑"行动方案》，开展"利剑+飓风"专项行动，第一阶段共涉及13个项目，责令不合格实体返工整改，约谈施工企业法人，记录不良行为，有效遏制施工中的违法违规行为。2021年，县交通运输局承办的交通工程不按照设计图纸施工执法案卷被作为优秀案卷推荐选送交通运输部参评。

【交通执法】 加强交通运输行政执法效能，严厉查处有关违法行为，全年共查获未携带旅游包车合同及无资质旅游包车3辆，站外揽客客车27辆，出租车违规经营6辆，非法营运网约车26辆、黑车4辆，未按教学线路行驶的教练车11辆；做好互联网+监管工作，开展掌上执法—即时检查494次，检查事项覆盖率100%。做好各类道路运输行政案件查处，至12月底，共受理交通运输行政处罚案件1120件，罚款765万元，案件类型包括客货维驾、超限运输、公路安全保护、水运管理等各方面。

【超限治理】 通过跨部门、跨区域联合治超、"双百"超限整治、数智赋能非现场治超等方式，开展24小时不间断治超。全年共查处超限车辆2300余辆，查处量同比上升90%（其中"百吨王"21辆，查处量同比下降89%），卸载各类货物总计约96700吨，交通部门处罚800余辆，罚款约600万元。在跨区域联合治超中，分别联合婺城交通运输综合行政执法队、婺城区交警队、遂昌县交通运输综合行政执法队，在315省道、528国道查获超限超载车辆，在通力合作中扫除超限超载监管盲区。

【公路管养】 坚持以部、省"十四五"公路养护管理发展规划为指导，以预防性养护为主线，抓重点，补短板，建体系，强服务，不断提升公路养护质量和效益。新一轮道路等级提升后，龙游县境内有3条国道1条省道，里程111.77千米，县道公路39条，里程353.66千米。2021年，公路日常养护总投入约1395.7万元，包括日常保洁、绿化、路面维修、交通安全设施维修、水毁修复等五个方面。全县公路养护共修剪灌木2453350平方米，清除绿化带杂草333921平方米，修剪草坪323756平方米，修剪乔木53956株，修剪球类绿化46786株，清理公路边沟998千米，清理公路路肩2597千米，涵洞疏通47座，路面修补38900平方米，灌缝里程超68900米，维修更换各类交安设施标志牌板面320余套，维修护栏板11776米，施画标线30980平方米。

【安全生产】 进一步健全疫情防控体系，明确责任分工，加强对货运企业、港区的重点人群排查工作，严格督促落实客运北站、城乡公交中心、火车站等重点场所"测温+亮码+戴口罩"，发现涉疫人员第一时间上报。加强安全教育培训，全年共开展安全教育培训活动10次，培训人员329人次，内容涉及客运管理知识、事故调查报告和相关法规等方面。深入开展"两客一危"专项整治，督促全县4家危货运输企业落实智能视频监控报警系统联入省智控平台，实现全县31辆危运车辆车载视频实时监控入网率100%，并建立"一车一档"。加强从业人员监管，全面开展从业人员资证合规性审查，通过委托第三方检测和联合执法的方式，全方位开展"两客一危"安全检查。完成春运、端午节、

图76　2021年11月18日，完成天池村、毛连里村、泽基村等乡村50个智能快递柜建设点的安装调试工作　　（县交通运输局/提供）

“五一”、国庆节等节假日道路运输工作，未发生旅客滞留、道路中断等情况，全年共完成公路客运量536.18万人次，周转量15083.52万人次；公路货运量1943.82万吨，周转量358884.45万吨千米。

【打造民生交通】　进一步提高公交线网覆盖率和线路通达率，调整、新增城乡公交线路10条，新增新能源公交车5辆。公共自行车方面，投入使用无桩租还车系统，在“龙游通”APP公共自行车租车系统上线，全年公共自行车租用量为91.93万辆次，同比增长约48%。省市县三级民生实事项目全部完工。省市级民生实事农村公路大中修完成70.94千米，农村公路新改建完成32.2千米，农村公路安防工程完成5.31千米。县级民生实事项目中，完成农村公路大中修78千米、危桥改建4座和隐患点整治；在315省道十里铺立交靠晨东小区东侧安装650米隔音屏。在全市范围内，率先推进“智能快递柜进村”项目，将智能快递柜建设点与乡村物流共配中心乡村站点融合，完成50个点位的智能快递柜安装调试。

【维修驾培】　加强维修驾培行业管理，组织开展汽车租赁企业专项整治、维修企业危废台账专项整治、维修驾培企业专项整治等，对6家驾校资质进行复核，整改安全隐患4起；走访检查维修企业，排查废弃物200余家，及时整改普遍存在的未签订危废协议等问题；完成汽车租赁公司备案10余家，签写暂不从事汽车租赁承诺书52份；摸排非法改装货车维修点27家；完成13家一、二类维修企业备案公示。

【机关党建】　持续推进学习型机关建设，举办2021年度“‘勤学·善思’交通大讲坛”，组织全体职工参与到业务培训、廉政教育、政策解读、法律法规普及等学习中，并积极开展红色物业联盟和机关部门“红银”党建联盟工作，真正实现以学促干。通过打造“红色书屋”、深入对接基层和企业等方式，为本系统8090宣讲员提供固定的学习阵地和宣讲场所，全年累计开展专题党课5场、“每周一学”50次、“青年学习日”22次、大讲坛专家授课3场，“8090”党史理论宣讲42次。牢固树立全面从严治党理念，抓好党风廉政建设主体责任落实，制定个性化责任清单，在全系统形成层层传导、层层压实的有效机制。通过多样化的警示教育活动，不断提高党员干部廉洁自律意识，促进交通领域政治生态优化。

（县交通运输局　傅　媛）

铁　路

【概况】　2021年，龙游铁路建设管理部门以构建完善现代大交通体系为目标，全力推进龙游站站房扩建工程、杭衢铁路龙游段等重点项目建设，就地落实客运和货运部门岗位职责，确保全年安全通车，助推龙游浙西区域新明珠型城市建设。

【杭衢铁路龙游段】　坚持“盯目标、分阶段、保平安、快建设”工作方案，抓问题摸排、强地企沟通。至12月底，龙游境内取土场总计供料183023.38吨，总计供料321934.56吨；按计划完成一条500千伏芝信芝安线电力线路迁改，3条35千伏电力线路迁改已完成模大线、箬平线，模山线正在施工中，35千伏以下电力线路及弱电管线迁改处在施工阶段；完成开启能源设施还建方案设计及预算编制；龙游段涉及改路共计23处，明确迁改方案13处，改路勘测定界工作完成，部分进场测量评估。

图77 2021年6月28日，龙游火车站新站房正式启用

（县轨道中心/提供）

【龙游站改扩建工程】 加强与杭州枢纽中心、中铁四局的对接沟通，优化方案，倒推施工时间，项目已通过消防、环评、水保等专项验收，于6月25日正式投入使用。高铁站“九个一”提升项目完成在新建站房站内外显眼位置增加地方文化装修（地方商帮文化、地方山水风景版画），站区服务质量提升工程按照智慧赋能工作思路，开展调查研究，并对接市营商办、火车站等单位，梳理建设实施方案，并与数据管理平台开发机构对接，启动数据管理平台应用程序开发。

【衢宁铁路龙游段】 聚焦妥善解决衢宁铁路剩余遗留问题，完成衢宁铁路最终结算目标。对衢宁铁路龙游段全线进行问题梳理，明确解决方案及措施，清单化逐项销号。至12月底，龙游段境内部分问题得到妥善解决，其他问题明确解决途径及具体措施。龙游南站站前配套工程完成通场道路红绿灯安装、护坡浇筑等扫尾工作，通站道路工程通过竣工验收，通场道路及广场工程竣工资料梳理中。下徐安置点、马戌口安置点电力杆线迁改项目完成审计，庙下安置点与庙下乡完成交接工作。

【衢丽铁路龙游段】 成功争取衢丽铁路经由龙游，按与龙游站并站方案深化研究。2020年，衢丽铁路启动经由龙游的线位方案研究，县委、县政府明确要求按龙游站并站方案争取并推进。围绕并站目标，落实专人负责，学习铁路设计规范、标准，用时18个月，中国国家铁路集团有限公司鉴定中心于2021年9月，在可研评审会上明确按龙游站并站方案开展咨询，预示着龙游站将成为浙西南区域的铁路交通“小枢纽”，人员、信息、物资、资金等将汇聚龙游。

（县轨道中心　朱忆雪）

【铁路龙游站】 2021年，龙游火车站抓基础、强基本、重现场，坚持服务地方经济，坚持各项工作标准和工作规范，完善管理制度和工作流程，紧盯站改工程进度，确保新站房顺利投入使用和列车恢复运行，切实为铁路事业和地方经济发展贡献力量。认真落实“外防输入、内防反弹”“人、物、设备、环境同防”的总体要求，抓好疫情常态化防控工作。确保重点时段安保反恐任务圆满完成，先后组织全国两会、中国共产党成立100周年、北京服贸会、中共十九届六中全会、上海进博会、南宁东盟会等重要时期重点安检工作，积极配合对不稳定人员的验证检查工作，及时处置不稳定人员，为地方维稳工作尽力尽责，达到良好实效。全年组织完成专运任务1次、重点任务15次。1月20日迎接首战春运，车站在停办客运业务285天后正式恢复运营，采取临时候车室过渡恢复办客形式，高速场日办理客运业务列车13列。确保车站开通运营过渡期内首个春运各项工作安全平稳有序开展，会同有关部门对涉及春运有关的设施设备进行全面检查维保，消除安全隐患5处，克服临时站房候车面积小、旅客进出站流线复杂、人员紧张、办客列车少的困难，较好的完成各项运输任务。6月28日备战暑运，龙游站新站房正式投入使用。全年组织客运营销6次、大型客流调查2次，发放时刻表共计1万余份。2021年，全年累计完成运输收入4817.24万元，累计完成客运发送49.5万人次。

（龙游火车站　钟莹萍）

【铁路龙游东站】 东站位于浙江省龙游县东华街道境内，车站中心里程位于沪昆线自上海西站起406千米+457米处，是隶属上海局集团有限公司金华车务段管辖的三等车站。车站占地面积约20公顷（300亩），配有货物线6

股、油库专用线1股，仓库面积3000平方米，雨棚面积8740平方米，有起吊能力36吨和20吨的龙门吊各两台，具有较强的货物装卸能力。货场设计吞吐能力为200万吨。2021年积极推进“四补”经营策略，全力打好“两坚守两实现”攻坚战，聚焦高质量发展，“对标找差、创优争先”，强基础，抓落实，继续稳定安全生产，守住铁路疫情防控和职工生命健康防线，先后实现车站“3·19”5400天、“6·26”5500天、“10·4”5600天三个阶段安全百日和安全年目标。2021年全年共完成货运收入733.9万元，货发4.8万吨；日均装车3.6辆，日均卸车26.7辆；停时（一次货物作业平均停留时间的简称）20.0小时，中时（中转车平均停留时间的简称）10.9小时；日均保有量65辆。

（龙游火车东站　叶智伟）

【铁路龙游南站】　车站位于浙江省龙游县庙下乡境内，车站中心里程位于衢宁线衢州站起34千米+642米处，是隶属上海局集团有限公司金华车务段管辖的客、货车站。从2015年开工建设，于2020年9月27日开通运营，自开站投运以来到年底共完成客运收入60万元，客发2万人，到达旅客1.5万人。车站占地面积约20公顷（300亩），配有站线4股，办客站台2个，候车大厅1500平方米，具备日均发送旅客5000人次的能力，车站货场有货物线2股、仓库面积1500平方米，货场货运作业暂时未开通。

（龙游火车南站　范聪聪）

水　路

【概况】　为理顺港航管理体制，港航管理由市交通运输局垂直管理体制调整为属地管理体制，龙游县交通运输局负责辖区内的港航管理工作。港航管理体制调整后，县交通运输局依法承担县域范围内的港航相关行政审批和管理事项。县交通运输综合行政执法队依法承担港航行政执法职责，县公路港航与运输管理中心承接港航公益服务、行政辅助职责。

【水运管理】　积极协调各航运公司与本地相关企业克服疫情防控、船闸岁修、汛期停航等困难。汛期来临前，维护水上交通安全形势，主动与金华、衢州两市交通执法队沟通，商讨衢江航道汛期水上交通管制相关事宜，于5月正式启动交通管制，减少龙游港区在港船舶数量，从101艘减少到25艘；遇到恶劣天气，做好事前信息提醒、事中现场检查，并在洪水过后，出动海事艇为航行在县域内的船舶引航，保障船舶航行安全。开展水域环境污染防治，对船舶污染防治重点对象提出具体要求，并经常进行巡查，现场检查作业船舶。对防污染措施不到位的船舶，责令立即停产整改；同时，针对这类船舶结构上的不足，提出相应的整改要求，防止船舶污染水域现象发生。

【龙游港区桥头江作业区】　龙游港区桥头江作业区二期项目规划建设5个500吨级泊位、2个待泊泊位以及堆场、仓库等相关配套设施，该项目完成初步设计批复，建成后将进一步发挥龙游港区水运优势。2021年，龙游港区完成年吞吐量301.36万吨。

（县交通运输局　傅　媛）

电　力

【概况】　2021年，龙游电网全社会最高负荷59.23万千瓦，同比增长20.35%；网供最高负荷47.29万千瓦，同比增长0.22%；全社会用电量33.97亿千瓦时、同比增长17.26%，完成售电量29.66亿千瓦时、同比增长17.32%。国网龙游县供电公司获衢州市“平安单位”、龙游县人民政府质量奖、龙游县经济贡献五十强、龙游县经济发展突出贡献集体、平安龙游突出贡献集体等荣誉，全年各

图78　2021年，龙游火车南站　（龙游火车南站/提供）

图79　2021年3月16日，国网衢州供电公司龙游片区2021年电网建设工程集中开工仪式　（国网龙游县供电公司/提供）

项工作获县领导批示表扬“服务地方经济意识强、措施实、成效好”。

【电网建设】　以多元融合高弹性电网建设为目标，逐年完善电网网架，提高配网自动化覆盖率，巩固供电可靠性基础。试点新型电力系统在城市新城、生态工业园、文化旅游、交通运输等多个城市形态中的协同发展关系，探索以三江口城市核心区为主体，城区、园区、农村3个重点场景为主线的新型电力系统建设。有效促成国网浙江省电力有限公司衢州供电公司与县政府110千伏东华变迁建、老龙变置换项目的相关协议签订。助力220千伏士元变、110千伏白马变提前投产，35千伏城北变原址升压工作快速推进。全力促成110千伏园区变纳入市公司“十四五”规划。协调110千伏东华变迁建工程，有效推进351国道（龙游段）公路建设、320国道改建、杭金衢高速改建、溪毛线沿线电力线路整治、杭衢铁路等一批政府重点工程电网配套工作。配合完成溪口“未来乡村”、大南门历史文化街区保护建设、翠光一区等老旧小区改造工程。

【优化营商环境】　落实国网浙江省电力有限公司“阳光业扩”服务质量监督体系28项要求，全面协调业扩全流程环节中卡顿环节，进一步压缩业扩施工时长，确保优化营商环境各项举措落地。服务乡村振兴战略，贯彻政府“一件事”联办、“网上办”文件精神，率先完成254个电力便民服务点全覆盖。溪口营业厅完成衢州区域首个供电营业厅“无人化”改造。构建绿色交通体系，建成全国首个一体化可移动充电站。清晰“政府主导、电力主动”角色定位，按照“精准管控、保障民生”的原则，以最高标准、最大力度开展能耗双控工作，做到电力保供与能耗双控相互促进。积极配合发展改革部门完成2021年度电力直接交易实施，完成普通直接交易电量7.7亿千瓦时，惠及1639户工商业用户，降低企业用电成本2391万元。

【安全生产】　扎实推进安全生产专项整治三年（2020—2022年）行动，建立健全“从根本上消除事故隐患”的责任链条、管理办法和工作机制，压紧压实各级安全责任。完成安全管控中心标准化建设。抓实安全生产巡查“回头看”工作，2021年累计排查出隐患58项，全部完成整改。加强现场安全把控力度，严格落实省市公司安全生产“四个管住”（管住计划、管住人员、管住队伍、管住现场）和“聚一线、盯现场、防事故”安全专项活动的要求，严把现场作业队伍、人员“双准入”关；开展无脚本反事故演练和保供电应急抢修救援综合演练，切实提升公司应急救援处置能力。电网运行保持稳定，针对各项重点检修工作积极开展电网风险分析，2021年执行各类保供电方案及事故预案23份，编制及执行七级及以上风险预警预案34份。积极配合220千伏南竹变综合检修、110千伏姑蔑变投产、110千伏模环变#2主变更换、110千伏西柳变全停线路改造、110千伏开发变全停消缺、35千伏塔石变#1主变更换投产等工作圆满完成。实现110千伏姑蔑变等5座变电站全停全转。持续加强保供能力，推动政府电力行政执法常态化运转，将电网设施建设保护和用电安全纳入属地社会网格化管理。全面完成迎峰度夏（冬）保供电工作，加大输配电线路通道清理、防雷改造、重过载、低电压治理等工作力度。大力推进带电作业，全年作业量953次，在衢州范围内率先开展双回路旁路作业更换开关，不断创新研发新型工具满足不同类型带电作业项目需求。

【经营管理】 紧抓有效资产和精益成本两个关键，在做大有效资产、优化成本结构方面谋划管理策略。坚持精准投资，全年完成固定资产投资1.37亿元。深化供售同期线损管理，公司全年综合线损率2.47%，城区供电服务中心连续4个月获评“国网百强所”。台区综合线损率2.24%，同比压降0.51%，通过线损治理，年度减少电量损失约264万千瓦时。持续加强反窃查违工作，累计查处窃电67起，合计追补金额为24.37万元。推动能源绿色低碳转型，加大电能替代广度深度，龙游红木小镇建成衢州首个零碳小镇。聚焦溪口镇“未来乡村”建设，打造“零碳乡村公社”，在服务乡村振兴工作中走在前、作示范。

【党建引领】 实施全国国有企业党的建设工作会议精神贯彻落实情况“回头看”，持续提升党建工作质量。稳固“全国文明单位”创建成果，进一步打造“红船”党员服务品牌和“点亮”志愿者服务品牌。成立“8090新时代理论宣讲团”供电分团，深入一线讲理论、话思想，提升员工理论素养，巩固理想信念。公司援藏帮扶团队队员荣获“最美浙江人·浙江骄傲”年度人物称号；中央电视台《新闻联播》播出《全国绿色交易试点启动》新闻，公司红船党员服务队服务企业出境。围绕“四优五过硬”目标，建设一支素质优良、作风过硬的干部人才队伍。深化构建“领导职务、职员职级、专家人才”三通道并行互通、职工多元发展的职业成长体系。开展柔性化团队激励探索，有效盘活内部人力资源，为青年员工成长搭建平台。以核心业务为基础，加强人员技能培训实施，公司先后在衢州市配电网工程竞赛、带电作业机器人职业技能竞赛、乡镇供电所低压营配业务竞赛中荣获团体一等奖；1项QC获得中国质量协会全国优秀质量管理小组称号，2名员工获评“浙江省青年工匠”称号。

【服务社会民生】 组织党员志愿者参与龙游县红色物业联盟访民情暖民心活动，提高为民办实事的精准性、普惠性和领先性。开展“一束光”公益活动进乡村校园，把安全用电知识、节约用电知识融入课堂，让这“一束光”照亮乡村儿童的梦想。组织开展红船服务队专项行动，点亮服务社区行，开展“为群众办实事”活动，为金泽、银泽小区居民更换楼道的LED灯和声控开关共计40余处。惠企服务园区行，开展“为企业解难题”活动，为金龙纸业、金展铝业等企业送政策、送技术、送方案。

（国网龙游县供电公司　曾柳鹰）

图80　2021年6月1日，国网龙游县供电公司“一束光”公益活动进乡村校园

（国网龙游县供电公司/提供）

2017—2021 年龙游县供电量比较情况表

表 20

年份	年供电量（亿千瓦时）	同比增长（%）
2017	19.65	3.75
2018	22.39	13.94
2019	27.57	10.59
2020	28.96	5.06
2021	33.97	17.26

2017—2021年龙游县小水电上网电量比较情况表

表21

年份	上网电量（万千瓦时）	同比增降（%）		上网高峰（万千瓦时）	同比增降（%）		上网低谷（万千瓦时）	同比增降（%）	
		增	降		增	降		增	降
2017	2102.32	—	30.92	1430.53	—	28.64	671.78	—	35.33
2018	1978.20	—	5.90	1403.98	—	1.86	574.20	—	14.53
2019	2458.69	24.29	—	1431.09	1.93	—	827.59	44.12	—
2020	2157.3	—	12.26	1523.86	—	13.72	633.44	—	23.46
2021	2821.41	30.78	—	2041.28	33.95	—	780.13	23.2	—

邮　政

【概况】 2021年，中国邮政集团有限公司浙江省龙游县分公司（以下简称龙游邮政分公司）全县邮政网点17处，邮政储蓄网点（不含邮储银行网点）9处，邮政汽车26辆，邮路10条，总长（单程）369千米。邮政从业人员217人，邮政业务总收入实现4612.99万元，同比增长13.45%。

【传统业务转型发展】 提升邮政普遍服务网点效能，以“叠加+代办+代理”模式为导向，探索构建创新、共享、合作、开放、共赢综合服务平台。对石佛乡邮政所、罗家乡邮政所进行全面整治，更新模环乡邮政所、庙下乡邮政所上墙资料；实行“河长制”，中层以上干部每人挂靠一个薄弱网点，切实了解补白网点服务水平现状，努力提升薄弱补白网点的活力和动力。聚焦重点市场，推进校园报刊市场的深度开发和政务市场的延伸，加强图书销售力度。深入校园市场，加大各学校走访，订阅校园教辅类报刊《教育周报》《作文评点报》，联合龙游县委宣传部承办龙游县全民阅读公益图书巡展暨“欢庆100周年　倡导全民共阅读”活动，以全民阅读活动推动精神文明创建，进一步完善公共文化体系建设，合力共建“文化龙游”。

【电商助农】 进一步做优“支局同心圆生态圈”“惠农项目生态圈”及“工业品下乡生态圈”，解决农产品进城及工业品下乡问题。2021年，龙游邮政走访农民合作社103个，结合邮政多元化经营优势，提供资金、寄递等环节供应链服务，发放融资E贷款401万元，惠农简易险10.83万元，农产品寄递12万件，为农户节约邮费近30万元。

【数字化营销】 2021年，龙游邮政开通8个警医邮网点提供交管业务“一站式服务”，服务1.4万余人次。发展车险会员1060名，通过邮乐车险系统对车主进行到期提醒，做好车险客户的年检、理赔等个性化服务。发展联通会员425名，建立17个网点企业微信群，员工粉丝人数21292人，网点群粉丝数6894人。与县法院商谈设立“共享法庭”，真正让人民群众在家门口享受便捷、高效、全流程的司法服务，破除人民群众的司法需求与人民法院的司法服务在时间和空间上的制约，助推实现“小事不出村、大事不出镇、矛盾不上交”。

【三级物流体系建设】 龙游邮政自筹资金完成县级处理中心升级改造和溪口、塔石、詹家3个乡镇中转中心建设，建成村级服务站67个，覆盖26%的建制村；与中通、韵达、极兔、远航等主流民营快递签订邮快代投协议，推进交邮合作；与城乡公交公司完成溪口—大街的客货邮合作协议签订；城区范围复用社会驿站进行抛点甩投，做好末端资源整合文章，全年投进驿站邮件量约28万件。

（邮政龙游县分公司　汪珊珊）

2017—2021年度中国邮政龙游县分公司业务量比较情况表

表22

年份	业务总收入（万元）	完成年计划（%）	同比增长（%）
2017	2934.62	99.82	17.69
2018	3099.27	91.87	5.61
2019	4065.76	96.55	18.46
2020	4066.25	92.08	0.01
2021	4612.99	100.3	13.45

中国电信股份有限公司龙游分公司

【概况】 2021年，中国电信股份有限公司龙游分公司（以下简称县电信公司），深入学习习近平新时代中国特色社会主义思想，自觉践行建设网络强国、数字中国的使命，维护网信安全主力军的初衷，竭力完成全年各项工作目标，部署开展推进“我为群众办实事”实践活动。积极在疫情防控和经济社会建设中守初心、担责任。全年荣获省文明单位、衢州市智能消费教育基地、全县综合考核三等奖等荣誉，龙游分公司开发区支局荣获省级先锋支局称号。

【网信安全】 坚持以习近平总书记关于安全生产和网信安全重要论述为指导，党委履行主体责任，通过制度建设、督导检查、员工广泛参与等方式，不定期开展安全检查，提出管控措施，搞好隐患排查和整改，全面提升安全生产管理水平。根据集团、省市公司统一部署，全面开展全网风险隐患排查。龙游分公司于4月12日专题召开全网风险隐患排查部署会，对照专项风险隐患排查表62项排查重点工作逐条展开排查，共排查出8项风险隐患，并全部完成整改。全年完成298人网信安全承诺书签订和262人网信安全风险防控责任澄清书的签订。积极落实防诈涉诈、保密、个人信息保护等相关法律法规、警示案例学习教育，业务发展层面，积极履行企业社会责任，落实上级部门工作部署，多轮次组织销售触点人员开展反涉诈学习教育。通过分级培推，开展全员对《中华人民共和国网络安全法》《中华人民共和国个人信息保护法》《中华人民共和国数据安全法》等法律法规的学习教育，提升员工的法治意识。贯彻落实国家对新入网电信资产的实名制工作要求，在营业受理环节做好实名制登记，从源头切断电信网络诈骗渠道。结合日常业务发展，协助社区、村做好居民、村民反诈宣传，提升群众反诈意识。中国共产党成立100周年，开展护航建党百年活动。围绕集团、省、市公司三年安全生产隐患专项排查整治内容，突出重点，加强防控，开展三年安全生产隐患排查和整治，并顺利通过省、市公司验收。

【智能网络升级】 主动承接政府工作，配合县委、县政府做好老旧小区弱电线路改造和美丽乡村建设，提升小区品质和城乡风貌。积极践行国家绿色发展号召，加快和中国联通推进5G网络共建共享，完成城区、经济开发区及主要乡镇街道、旅游风景区5G网络覆盖。全面完成XGPON网络（10G无源光网络）部署，城区1000兆小区完成规模覆盖，农村1000兆按需推进。加快传统SDH设备（同步数字体系）退网，进一步完善OTN（光传送网）、IPRAN（基于IP的无线接入网络）等新型传输网络建设，网络承载能力和安全性能得到进一步提升。

【数字化建设】 助力基层治理，持续升级“12345”平台，扩容龙游公安人脸监控点位，承建市场监督管理舌尖项目维护、交警信息化平台、治安小区信息化平台、智慧工地信息化平台、农村污水改造等。助推数字经济发展和数字社会建设，利用电信优势，推动旅游、教育、医疗、农村等多领域数字化转型，为县域治理现代化提效，助力龙天小镇信息化建设，完成龙游县电子政务网升级改造，提升整体电子政务网的稳定性、安全性；完成龙游县教育资源公共服务应用平台建设，实现省市县校四级数据联动；完成230余个核酸检测点的网络保障，全力配合疫情防控工作；关注民生实事，助力独居老年人住所安装独立式感烟火灾探测报警器等；助力国防事业，实施人防防控保障等项目；助力龙游产业发展，实施龙游县造纸产业中枢等项目。配合做好文明有礼宣传。在太平路、平政路等主干道光交箱开展文明有礼宣传；通过太平路LED大屏、营业走屏、短信推送等形式做好文明有礼宣传。

图81 2021年2月28日，赴结对村扶贫慰问送温暖
（中国电信股份有限公司龙游分公司/提供）

【客户服务提升】 开展服务核心价值观教育传播活动，通过中层以上干部每月服务倾听，及时发现和解决用户急难问题。接应省通信管理局《关于落实信息通信服务感知提升行动有关要求的通知》，全面落实2021年信息通信服务感知提升行动工作，推出服务举措“五优化”（优化资费套餐设置展示方式、优化双千兆服务宣传方式、优化隐私政策和权限调用展示方式、优化APP开屏弹窗信息展示方式、优化网盘类服务提供方式）；建立个人信息保护“双清单”（已收集个人信息清单、与第三方共享个人信息清单）；服务能力“四提升”（提升跨区域通办能力、提升携号转网服务能力、提升客服热线响应能力、提升APP关键责任链个人信息保护能力）。积极接应推进中国电信衢州分公司“营维服一体化工作专班”工作要求，有效提升社区经理、装机经理、装维经理三支队伍的装维及服务能力。举行龙游“工会户外劳动者服务站点暨爱心翼站”揭牌仪式，打造有温度营业厅，积极开展“我为群众办实事”实践活动。制定营业团队服务能力提升竞赛方案，以赛促服。做好防疫期间客户服务保障工作，以疫情期间客户感知为落脚点，加强触点服务质量保障；加强人员密集场所疫情防控工作；保障防疫号码通信通畅，提供紧急复机等服务；及时将政府防疫保障电话号码清单纳入防诈白名单；优先处理与防疫相关电话用户投申诉。

【脱贫攻坚】 履行央企脱贫攻坚责任，充分发挥信息化建设主力军的主观能动力和优势，积极推进2021年巩固脱贫攻坚成果同乡村振兴衔接各项工作。网络扶贫，协助地方政府加快美丽乡村建设，利用云网融合、天翼看家视频监控等信息化手段，助力地方政府疫情防控工作；业务扶贫，针对农村网络基础设施整改方面减免费用；针对农村残疾人和低保户实行通信费用打折优惠，2021年度共为770余名残疾人和低保户赠送通信费用补贴；公益扶贫，党、团、支部、工会联动，建立“一户、一档、一策”，走访慰问结对村模环乡坞坎村贫困户。同时与扶贫结对村模环乡坞坎村村委签订党建翼联协议，开展党建共创、共建、共享活动，进一步提升双方党建工作能力，助力脱贫攻坚工作。

（中国电信股份有限公司龙游分公司 戴愉丰）

2017—2021 年中国电信龙游分公司电信业务量情况表

表 23

年份	业务总收入（万元）	同比增长（%）
2017	8034	−2.84
2018	8195	2.00
2019	7348	−10.34
2020	7644	6.09
2021	8039	6.53

中国移动通信集团浙江有限公司龙游分公司

【概况】 中国移动通信集团浙江有限公司龙游分公司下设综合部、市场经营部、网络部和政企客户部4个部门，设有城区、湖镇、溪口、横山、小南海5个网格和龙游、解佰、湖镇、横山、溪口5家营业厅。龙游分公司主动对接县委、县政府各项重点工作要求，努力营造良好通信环境，在统筹推进常态化疫情防控、助力龙游经济社会发展等方面取得积极成效。2021年，全年运营收入2.03亿元，收入规模与客户规模均列行业领先。中国移动龙游分公司获评2021年度浙江公司明星县分公司、党支部获评2021年度浙江公司首批高质量党建示范点、浙江公司发展先锋等荣誉。

【加强网络建设】 全面贯彻落实国家关于建设网络强国战略的相关要求，投入资金超1亿元，开通2.6G+700兆赫兹频段5G基站379个，实现主城区、各乡镇、经济开发区、旅游景点等区域的5G网络连续覆盖，充分利用700兆赫兹黄金频段优势快速在农村区域部署5G网络，实现75%以上行政村区域网络覆盖。为解决偏远农村区域信号覆盖问题，龙游分公司充分发挥网络、技术、数据等优势，大力推进“合建基站”模式落地建设，累计为庙下乡外杆栏自然村等43个偏远山村提供网络信号服务，也为乡村振兴铺设致富“信息道路”。全力配合老旧小区改造和320国道等区域的杆线迁移工作，累计迁移光缆300余千米，完成30多个精品小区的网络升级，持续开展家宽义诊活动，累计服务用户超1000户，网络主动优化120余次，故障排查80余次。在各项重要活动、赛事等通信保障工作上，勇挑重担，全年顺利完成重大活动通信保障45场次。

【提升服务品质】 坚持从客户角度出发主动开展流程穿越、环境优化，打造“全位”“全程”“全员”客户服务体系，以触点必满意为目标，持续提升前台人员业务水平。持续开展“心级服务”主题宣传，结合“3·15”消费者权益日、“5·17”世界电信日、总经理接待日等活动，了解客户需求，优化服务流程。每天开展服务现场

图82 2021年5月6日，龙游移动分公司助力文旅六春湖直播宣传
（龙游移动分公司/提供）

监测，落实触点不满意客户修复回访，做好服务闭环管理。加强“站店听音”，每月开展服务质量分析会，定向开展溯源整治，强化一线人员服务意识。全年持续开展“品质引领”压降行动，打造最优营商环境。

【深化场景应用】 充分发挥移动信息专家优势，利用移动互联网、物联网、大数据、云计算等新技术，助力维达纸业、禾川科技等企业实现产业转型升级，持续开展企业“问诊式服务”，助力200余家集团实现企业上云。聚焦社会治理和民生服务应用，推出5G城市综合治理应用解决方案，参与全县智安小区建设，通过丰富的线路资源提供传输链路，筑造数字化安防屏障。依托省本部研发资源，搭建“礼停通”县级智慧停车系统，实现老百姓停车“最多跑一次”。助力六春湖景区宣传，利用5G直播实现龙游通在线观赏，累计在线超20万人。通过5G+数据采集、数字孪生、数据中台等途径深化5G场景应用，助力维达纸业获评2021年省智能工厂（数字化车间）。

【履行社会责任】 全力保障防疫大数据需求，面向县域内核酸检测点提供宽带和监控服务，为新冠疫苗可接种的群众发送点对点通知短信10万余条。结合中国共产党成立100周年系列活动、“党建和创”“党员i家”等场景，深入开展防诈骗知识、红色通信故事、乡村振兴政策“8090新时代理论宣讲”200余场，服务用户15000余人次。积极推进“银龄跨越数字鸿沟”科普专项行动，面向老年群体开展智能机使用公益教学志愿服务30余场。组织党团志愿者赴模环乡敬老院开展“情暖重阳 移动相伴”节日慰问，联系龙洲街道洪呈村、半爿月村开展低收入农户“一户一策”结对帮扶工作，常态化开展走访慰问，了解低收入农户的家庭收入、生活、身体状况等情况，为村内70岁以上留守老人免费提供智能安防及看护服务。全年组织员工参与卡点值勤、创文创卫、爱心献血、全民核酸检测等现场志愿服务300余人次。

（龙游移动分公司　刘慧君）

2017—2021年中国移动龙游分公司业务量情况表

表24

年份	业务总收入（万元）	同比增长（%）
2017	15499.94	3.8
2018	17146.03	10.62
2019	17466.06	1.86
2020	17213.52	−1.44
2021	20258.81	17.69

中国联合网络通信有限公司龙游县分公司

【概况】 2021年，中国联合网络通信有限公司龙游县分公司（以下简称龙游联通）围绕深化创新理念、加快互联网转型升级步伐，强化主体意识释放活力，深度融入衢州数字化改革、围绕“152”体系，聚焦数字化改革目标，找准跑道、精准发力，跑出高质量数字化改革加速度。通过打造三个标杆、聚焦三大板块、推动N个联动，提升“两率”，取得重大标志性成果，各项工作取得明显成效。2021年，龙游联通移动网用户数为5.8万户，互联网宽带用户数为1.3万户，实现主营业务收入2580万元，同比增长28%。

【业务发展】 坚持数字化转型，推动高质量发展。深化5G引领全业务协同发展，结合市场线划小改革再出发，加强基础业务攻坚，落实业务有效发展为首要目标，重新整合资源加快转型，成立城中和城北两个分局，本着“一切为了市场、一切为了一线”的原则，支撑人员全部往一线倾斜，完成驾驶员顺利转型，智家工程师全部入格，所有人员升级为综合服务经理。通过优化产品结构、迭代营销场景、创新营销模式，坚定落实强基础攻坚行动，通过融合化、5G化、金融化、智联化，全面实现以“量质构效”为主题的高质量规模发展。拓展政企新增长点，创新业务收入稳步增长。聚焦创新业务规模突破，强化联通云、物联网、大数据等创新业务产品的拓展。深度参与工业互联网平台建设，积极参与智慧城市、产业大脑、园区云平台等建设，建设未来社区平台、智慧旅游景点监控平台、智慧乡村平台等。聚焦政府数字化改革项目，紧抓数字化、网络化、智能化融合发展契机，实施溪口未来社区应用场景、罗家和横山综合指挥中心、六春湖三期智能化网络项目、数字人大等项目。推进与电信5G网络共建共享工作，完成龙游区域150个5G基站建设。

【中高考信息化管理平台保障】2021年做好联通“考试院巡查”系统平台维护，该系统于2012年开始投入使用，系统建设内容覆盖面涵盖省级中心、地市级中心、区县级中心、考点中心、考场和保密室。在全省81个考区的保密室、1.2万余个标准化考场内，实现视频监控和无线信号屏蔽及实时监测。并配备338个视频监考室，对考试进行观察与实时录像。通过联通公司提供的公网在各级中心之间传输数据，实现分级指挥调度，保证各类教育考试顺利进行。落实后台保障，成立由专业人员组成的考试保障工作组，制定通信及考试院巡查系统保障工作预案，明确责任，分工协作。在每年的中高考、选考期间，主动与教育部门沟通，提前介入，对各学校考试院互联网接入线路的网络进行全面排查，包括机房、交换端口、光缆路由等，确保考试院项目硬件设备无损坏、设备正常运转、网络通畅无误。

【回报社会】遵循“共建、服务、绿色、诚信”的经营理念，积极响应县委、县政府开展创卫暨创文、扶贫等活动，配合市公司做好詹家镇徐家村结对工作，2019—2022年平均每年捐赠现金10万元。参加结对包干小区和太平路路段垃圾清理和包干路口文明交通劝导志愿活动，完成社区交办的卡点执勤和各项防控任务。配合县委、县政府完成各项县重点工程杆线迁移、环境综合整治工作，如配合完成杭金衢高速拓宽(龙游段)、杭衢高铁(龙游段)、320国道改造工程建设、城北云墨碳谷产业园地块建设、沐尘乡创建省级农业型美丽城镇建设、县老货场区块旧城改造（基站搬迁）、县S315与兴业大道交叉改造工程、各乡镇及村杆线迁改落地工作，积极参与智慧城市建设和数字乡村建设，聚焦中心、服务大局，并积极做好各项安全生产和通信网络保障工作，履行社会责任和义务。

（中国联通龙游县分公司　余建新）

2009—2021年度中国联合网络通信有限公司龙游县分公司业务量情况表

表25

年份	业务总收入（万元）	同比增长（%）
2009	1878.87	5.09
2010	2096.25	11.57
2011	2447.79	16.77
2012	2257.52	−7.77
2013	2471.2	9.47
2014	2260.66	−8.52
2015	1789.75	−20.83
2016	1605.58	−10.29
2017	1602.86	−0.17
2018	1775.3	10.76
2019	1825.19	2.81
2020	2015.00	10.4
2021	2580.00	28.04

概　述

【概况】 2021年，龙游县商贸服务行业坚持以高质量发展为主线，优化产业空间布局，完善产业发展体系，加快发展物流、电商等新兴服务业，外贸发展稳健，打好区域公共品牌，打破农村电商物流“瓶颈”，助推乡村振兴战略实施，营商环境建设持续走在前列，成效明显。2021年，中国TOP直播电商产业园龙游基地获评2021年度省级直播电商基地。“龙游美食”举办多场美食推广活动，每次组织30多家龙游特色美食企业商家参展，上线多个音乐平台，观众达42万人次，提高了龙游美食的知名度和美誉度。至2021年12月底，龙游县社会消费品零售总额175.53亿元，同比增长9.5%。龙游县服务业增加值144.54亿元；外贸进出口总额54.67亿元，同比增长9.7%。龙游县81家限额以上批发业实现营业收入221.23亿元，同比增长63%，增速位列衢州市第一。

【多措并举促消费】 2021年，龙游县经信局为25家商贸企业的95名员工发放春节“暖心红包”。5家限上贸易企业入选市“赛马激励”名单、获补助35万元。针对7个2020年度批发零售业改造提升项目，发放补助400万元。验收外贸笋厂2020年农商互联农产品供应链项目，发放补助360万元；推动9家服务类企业上规入库，贡献9.83亿元销售额；组织开展龙游首届汽车博览会，参与人数超4500人次，成交金额754万元，推动大宗商品消费。

【直播电商产业园龙游基地入围省级名单】 经浙江省商务厅评定，中国TOP直播电商产业园龙游基地入选2021年度省级直播电商基地名单，衢州市上榜2家、浙江省上榜26家。该直播基地共有121家主体入驻，其中企业103家，个人主播18人，涵盖工业、农业、旅游业、服务业等各行业。2021年度，基地访客1.96万人次，开展直播5092场次，直播时长3.29万小时，参与1.04万人次，入驻主体网络销售总额超5亿元。

【做实外贸出口】 加快惠企政策兑现，发放2019年度稳外贸促出口奖励1648.78万元。开展全县小微企业出口信用保险覆盖工作，为111家企业完成投保，覆盖率70%以上。畅通线上+线下展会模式，组织100余家企业参加广交会、消博会等展会，进一步拓展市场资源。

商贸业

【概况】 龙游县经济和信息化局（以下简称龙游县经信局）紧紧围绕县委、县政府的决策部署，在抓好新冠疫情防控的同时，全面落实政策、加强要素保障，靠前精准服务，通过扩内需、稳外贸，促进“双循环”，促进龙游县商贸、外贸经济平稳运行。2021年，龙游县完成社会消费品零售总额175.53亿元，同比增长9.5%，增幅居衢州市第四。限上社会消费品零售10.91亿元，同比增长24.8%，增幅居衢州市第二；实现进出口总额54.67亿元，同比增长9.74%，其中出口44.54亿元，同比增长14.05%；进口10.12亿元，同比下降5.93%；网络零售额84.44亿元，同比增长25%，高于浙江省平均增幅13.4个百分点。

【加大贸易支点建设】 制定“衢

龙一体、联金通甬”贸易支点实施方案，从平台提升、环境再造、主体培育、区域联通、贸易转型五大工程着手，多举措规划推进。联金通甬助力区域共富项目入选浙江省商务领域共同富裕试点项目（第二批）名单，为衢州市3项、浙江省20项项目之一。

【推进国家电商进农村综合示范项目】 改造升级农产品020（020营销模式通过微博、微信等方式找到细分市场，实现精准的圈层营销，具有实现精准目标营销优势）展销中心，举办龙游黄茶等4场本地优质农产品对接会，常态化推广“天下龙游”电商区域公用品牌。培育电商直播生态，在行政村设立35个公共直播间，打造县域商家60个单品特色网销产品供应链。举办“寻味浙江年货节”，推广销售特色农产品9000多件，销售额80多万元。

【推动跨境电商发展】 以“两园一中心”（龙游电商城、龙商智慧城、龙游跨境电商公共服务中心）为载体，建设、优化跨境电商生态体系，2021年实现跨境电商出口额2.5亿元，同比增长113.6%。推动传统外贸企业新开展跨境电商业务9家，孕育优质跨境电商企业9家，新注册并正常运营跨境电商店铺41家，注册待激活店铺57家。开展线上线下各类培训活动24场，培育跨境电商职业技能人才670人，组织本地企业参加跨境电商人才招聘会2场，组织跨境电商对接交流活动8场。帮助龙游企业注册海外商标15个，其中美标12个、欧盟3个。

【乡村物流智达通入选数字化改革典型案例】 2021年，龙游县乡村物流智达通项目入选浙江省商务系统数字化改革20个典型案例之一。为了加快物流配送体系化建设，龙游县新建150个村级物流服务站点，投放150组智能快递柜，快递进村业务覆盖率从2020年的10%提升至100%，配送频率一日一次，月均投递包裹14万单（不含城中村和集镇中心村），同比增长833%。实现降低农产品寄件费用40%以上，日均农产品上行包裹600个以上，同比增长600%；加强物流配送数字化建设，实现共享分拣、集中配送、联收联投，加快打通城乡货运邮路，将快递配送、快递揽收、同城配送、冷链配送、商贸流通与相关数字化应用场景结合。

【新丝带商贸出口额增长迅猛】 龙游县新丝带公共海外仓是浙江省唯一设在南美洲的省级公共海外仓，为包括浙江、江苏、安徽等省在内的100多家中小外贸企业提供报关、国际物流、新客户培育等服务，助力企业开拓乌拉圭、委内瑞拉、智利等“一带一路”新市场。至2021年12月底，新丝带商贸出口额0.57亿元，同比增长61.9%。

【落实订单粮食和储备轮换】 与753户种粮农户、专业合作社签订早稻预订单3.22万吨，较上年增长3.53%。发放预购定金764万元，比上年增长5.37%；早稻收购从7月19日开秤到9月8日结束，共收购早稻26890吨。完成省级订单4740吨、县级订单5432吨；加强储备粮轮换，至2021年12月底，龙游县地方粮油储备规模21685吨，2021年储备粮轮换任务14767吨，轮换早晚稻共8532吨。第二粮库改扩建提升项目在6月初通过综合验收，设计新增仓容30150吨，在2021年夏粮收购中投入使用。

（龙游县经信局　江义鸿）

2021年度龙游县外贸自营进出口分类情况表

表26

名称及分类		2021年（万元）	2020年（万元）	同比增长%
进出口总额		546709.2	498204.8	9.74
其中	1. 出口总额	445462.3	390579.5	14.05
	生产企业	198431.5	177628.4	11.71
	流通企业	205801.1	170298	20.85
	“三资”企业	41229.7	42653.1	−3.34
	2. 进口总额	101246.9	107625.3	−5.93
	生产企业	49854.3	62472.4	−20.2
	流通企业	5554	6043.3	−8.1
	“三资”企业	45838.6	39109.6	17.21

“龙游美食”推广

【概况】 2021年，龙游县“龙游美食”推广领导小组办公室（以下简称龙游县美食办）在积极开展各类“龙游美食”展销活动的同时，发挥“龙游县美食行业协会”在龙游小餐饮规模化、规范化发展中的核心作用，拓展“龙游风味”线上销售领域，多渠道推广“龙游风味”品牌和龙游地方特色美食产品。

【品牌活动】 4月14日—17日，龙游县第十届沐尘“三月三”畲族文化旅游节开幕，龙游县美食办组织14家龙游县美食行业协会会员商家参展，活动期间总营收额达11万元，共接待县内外游客约1万人次；4月20日，在红木小镇举办百县千碗系列“春暖食光 风味龙游”美食展销会活动，龙游县美食办共组织31家龙游特色美食企业商家参展；9月19日龙游县美食办又举办“百县千碗 龙游风味”中秋长桌宴活动；11月2日，“龙游奇迹”文旅抖音打卡周暨中国（龙游）辣小吃文化打卡周正式云启动，龙游县美食办组织全县32家龙游特色美食企业商家参加活动，“奇迹龙游”话题视频累计播放量达到551.4万次，全网曝光量超1000万次，提升龙游地方美食的知名度和美誉度。

【品牌推广】 2021年11月28日，“龙游风味”43类集体商标正式注册成功，标志着龙游县“龙游风味”这一公共品牌得到法律法规的保护，对龙游县美食行业推广起到有力的秩序维护和保障作用，成为继“龙游发糕”地理标志证明商标后，龙游美食的又一张“金名片”。至2021年12月底，有挂牌“龙游风味”品牌门店24家，“龙游风味”食堂窗口12个。

【品牌宣传】 2021年12月，龙游县美食办拍摄以介绍龙游当地特色小吃为主题的MV《品味龙游》，同步在QQ音乐、酷狗音乐、网易云平台、酷我音乐等多个音乐平台上线。“龙游共青团”视频号也进行了官推，该视频累计转发量达1.7万次，点赞1.6万，总观看人数达到42万人次。

（县美食办 王 辉）

图83 2021年9月19日，县美食办举办龙游风味中秋长桌宴活动

（县美食办/提供）

供销合作商业

【概况】 龙游县供销合作社联合社（以下简称县供销社）坚持以习近平新时代中国特色社会主义思想为指导，深入贯彻习近平总书记对供销合作社工作的重要指示，深入开展党史学习教育，持续推进清廉社企建设，以持续深化“三位一体”改革和加快推进为农服务数字化改革为动力，推动组织体系补短强弱、服务资源内聚外联、运行机制协作协同、合作经济创新发展，为乡村振兴、共同富裕贡献力量。至2021年12月底，县供销社系统全年总经营收入11.5亿元，同比增长26.3%。县供销社在衢州市供销社系统综合业绩考核中排名第二，被浙江省供销合作社联合社评为2021年浙江省供销社信息宣传工作先进单位。

【深化为农服务】 县供销社持续深化“三位一体”综合改革，全面服务乡村振兴战略，制定出台《关于开展农合联担保业务合作的实施方案》，在昊诚公司风险池注资200万元，进一步加强农合联会员单位融资性担保。依托浙江农合集团统一开发建设和运维应用的数字农合联平台，建成“数字农合联SaaS服务平台”（通过建设区域农合联通用共享平台，在平台上进行生产服务、供销服务功能整合。这一功能上线后，将有助于区域内实现产业

图84　2021年5月17日，镇海区供销社 龙游县供销社“山海协作”之农企、农超对接活动　（县供销社/提供）

供需智能匹配，优化配置为农服务资源），完善县乡两级865名农合联会员数字信息采集，拓宽农技指导、电子商务、金融保险等数字场景应用，将服务供求双方、服务供给各方的信息全面数字化、互联化，实现会员互为主体、资源互通共用、服务综合协同。聚焦现代农资、冷链物流、仓储配送等为农服务领域，与浙农集团签订《关于共同推进龙游合作经济跨越式发展战略合作协议》，构建“专家团队+产业农合联+合作社”的新型农技推广服务体系，开展农资供应、农技推广、统防统治等组合式综合服务，承担淡季和应急储备化肥1500吨、农药6吨。

【强化基层组织体系建设】　以村级综合服务社、现代农业服务中心、产业农合联为基础，推进服务经营主体整合，健全供销社会员管理制度，推进“一员三会”制度全覆盖和规范化运行，推动县基联动发展和县基服务一体化。2021年新建大街、庙下、横山、社阳等4家乡镇基层社，改造提升溪口、东华2家薄弱基层社；新建“横山毓园”“溪口竹海”“湖镇联众”3家区域现代农业综合服务中心和13家村级综合服务社，新增基层社社员810人。秉承“一个产业、一个农合联、一个服务体系”的理念，培育壮大茶叶、柑橘、笋竹、粮食、渔业、中草药六大主导产业农合联，并建设粮食产业、渔产业2个产业农合联党建示范点，打造农合联为农服务“红色引擎”，组建各具特长，以党员和人才为骨干的为农服务队伍，通过集中培训、专家辅导、实地示范等形式，开展专家下乡、产品营销、特色志愿、红色信贷等为农服务。

【拓宽农特产品销售渠道】　加强对县域名特优新农产品的挖掘、遴选和培育，提升农业生产经营主体品牌意识，搭建农产品产销对接平台。县供销社分别与镇海区供销社和临安区供销社签订《山海协作框架协议》，推动农产品供应链体系建设、市场渠道开拓和涉农主体孵化，龙游县农业企业与镇海区4家商超、电商等企业签订年总销售额1000万元的采购意向书。4月，县农合联承办“龙游黄茶 鲜香天下”2021龙游黄茶文化节活动，活动视频在头部新媒体抖音、快手、微博等多平台进行霸屏式推广，吸引3000多万人次观看，开幕式直播1小时，累计播放50余万次，在线突破100万人。

【推进清廉社企建设】　深入贯彻落实习近平总书记的重要指示批示精神，落实全面从严治党要求，压实主体责任、监督责任，建设一支纪律严明、履职尽责的高素质专业化干部队伍，大力弘扬“红船精神”“扁担精神”“背篓精神”，树立合作信仰、形成为农风尚，激发干部职工干事创业热情，对标清廉社企建设，深化运用“四种形态”，构建完善监督管理体系，开展警示教育活动，筑牢廉洁思想防线。

（县供销社　储　语）

烟草专卖

【概况】　2021年，龙游县烟草专卖局（衢州市烟草公司龙游分公司）认真贯彻落实省、市局党组的决策部署，聚焦“数字强基年”定位，克难攻坚、锐意进取，各项工作取得明显成效，实现“十四五”规划平稳开局。全年销售卷烟18462箱，同比增长1.25%；实现卷烟批发销售额9.27亿元，同比增长5.65%；单箱销售额5.02万元，同比增长4.34%；实现毛利2.65亿元，同比增长6.08%。

【品牌烟销售增长】　2021年，销售全国重点品牌烟（利群、黄鹤楼、中华、白沙等32种）16768箱，同比增长3.86%；销售定制品牌269.47箱，同比增长24.37%，其中："云端"系列销售27.64箱，同比增长81.32%；云烟（中支乌镇之恋）15.33箱；玉溪（创客）148.99箱，同比增长15.09%；"1575"系列销售77.88箱，同比增长9.95%。

【平台运营壮大】扎实推进终端建设，建成现代终端778户，占零售客户总数23.73%。加强终端数字化转型，实现"香溢购"全覆盖，"香溢通"覆盖率30.76%，"香溢坊"自律小组186个，入群客户2480个，"香溢家"会员全年新增17934人。安装支付宝878户，结算笔数227.63万笔，传统门店数字化转型步伐不断加快。推进农网数字化改造，累计建成农网现代终端310户，占农村零售客户总数的17.43%。

【案件查处】以数据集成、力量集成、要素集成为重点，全力净化本地卷烟市场。2021年查获各类案件104起，同比增长8.33%；查获卷烟39796.6条，同比增长56.4%；查获卷烟总案值612.4万元，同比增长68.78%。"2021·1·01"非法经营卷烟案被列为公安部部督案件，实现历史新突破。与县市场监督管理局、公安局等相关部门加强合作，开出衢州市首张向未成年人销售电子烟罚单，协助破获一起贩卖含毒品电子烟案件，该案件共抓获涉毒嫌疑人13人，查获吸毒人员3人，现场缴获合成大麻素类烟油、烟杆等物品若干，不断推动"守护成长"专项行动走深走实。

（县烟草专卖局　楼小露）

图85　2021年11月2日，县烟草专卖局联合法院、公安等部门，对近两年查获的8000多条假冒伪劣卷烟及假冒卷烟注册商标标识物开展集中销毁行动，涉案标值2.02亿元　（县烟草专卖局/提供）

中国石化销售股份有限公司浙江衢州龙游石油支公司

【概况】中国石化销售股份有限公司浙江衢州龙游石油支公司（以下简称中国石化龙游支公司）秉承"柴油保量保效，汽油增量增效"的总体思路，进行零售、直分销、天然气等多方面的自我革新，推动内循环。2021年，中国石化龙游支公司成品油经营总量9万余吨，其中成品油零售7万余吨，同比下降3.8%；直分销2万吨。

【加油站家庭承包改革】在2020年推出6座承包加油站的基础上，2021年6月完成10座3000吨以下加油站家庭承包改革工作。在全体员工中，选拔出6组家庭进驻加油站。10座家庭承包站在6—9月月均销量比改革前的1—5月月均销量增长8.9%，比上年同期增长4.9%。自3月起，各承包站营业时间定为6—22时，有效覆盖加油站营业的早晚高峰。

【强化油品质量管理】中国石化龙游支公司对各种类型油品的质量严格把关，规范油品质量，及时配合采取油样，领取质量检测报告，对不合格油品及时与物流、油库等协调，采取调和或退货等方式，确保油品合格率100%。

【开展非油品营销活动】中国石化龙游支公司管理层认真筹划安排、指标分解、统筹叫货、广告宣传，组织员工到基层帮扶、上门营销、线上营销，全力以赴完成各自指标。全年开展年货节、"618"购物节、中秋节、易享节等活动，均超额完成指标任务。在"618"购物节活动中，中国石化龙游支公司取得衢州市B组第一的好成绩；在易享节活动中，中国石化龙游支公司获得浙江省第四名。

【打非治违】中国石化龙游支公司积极配合政府部门开展打非

治违活动，发动加油站工作人员和配送车驾驶员等进行全面摸排，及时将相关信息反馈给分公司商客部。与政府职能部门紧密联系，配合政府多职能部门联合执法14次，调动配送车10次。加大市场清理整顿力度，共查处流动加油车6辆、自建罐黑窝点1个、批发黑窝点1个，共查获油品33.78吨。

【思想教育出成果】 中国石化龙游支公司主题党日活动紧扣学习教育主题，以安全生产月活动为契机，组织开展安全知识与党史知识学习活动，员工思想觉悟得到很大提高。2021年7月，城北加油站发出的一条叫作“惊险一幕！司机加油，车玻璃升起卡住男孩，加油站员工和热心群众及时出手帮忙解救”的短视频，全平台播放量达到1400万次，点赞量17万次，网友评论3万多条，展现中国石化员工的正能量。2021年，中国石化龙游支公司建立“我为群众办实事”台账，年初现列实事项目16件，年底完成16件。

（中国石化龙游支公司　朱剑）

服务业发展中心

【概况】 龙游县服务业发展中心以加快建设区域明珠型城市为总目标，明确“十四五”规划及未来一段时期龙游县现代服务业发展总体思路、基本原则、具体目标、主要任务和空间布局，制定《龙游县现代服务业发展空间布局规划》，为龙游县各级政府及部门履行服务业发展职责、制订实施服务业各项招商引资政策提供政策导向。2021年，龙游县服务业发展中心完成服务业增加值144.54亿元，同比增长9.7%，占地区生产总值比重50.2%，成为龙游县经济增长的主引擎。2021年10月，龙游县现代服务业创新发展区成功入围首批现代服务业创新发展区名单。至2021年12月底，龙游县实现社会消费品零售总额175.53亿元，同比增长9.5%，外贸进出口总额54.67亿元，同比增长9.7%。

【服务业项目决策】 竭力引进一批投资大、带动强、业态新的现代服务业项目和企业，2021年牵头完成龙游中域二手车交易市场、信创适配实验室、龙游海港渔乡海鲜餐厅、龙游回合酒店、龙游龙遂加油站、龙游县物流分拣配送中心、浙西南电商云仓快递服务基地等7个项目的决策咨询，增强服务业项目决策咨询科学性，优化项目布局，提高项目质量。

【服务业做大做强】 2021年，龙游云起旅游资源开发有限公司、浙江东方广场实业有限公司、龙游盖盖餐饮服务有限公司等36家企业新增规模以上服务业企业，有力补充在库企业数量和质量。根据《关于印发支持小微服务业企业转型升级为规模以上企业若干意见的通知》（龙政办发〔2018〕69号）和《关于加快推进服务业转型升级的若干意见（试行）》（龙政办发〔2020〕55号）文件精神，完成2018—2020年新增规模以上服务业企业首次入库奖励政策兑现，惠及76家企业，总金额218.06万元；完成2018年、2019年度新增规模以上服务业在库企业贡献奖励政策兑现，惠及24家企业，总金额222.34万元。9家服务业企业入选“衢州送大礼，留您过大年”企业“赛马”奖励名单，获得衢州市财政奖励70万元。

【提升传统服务业】 推进批发零售业转型升级，提升传统优势产业动能，提高行业发展水平，2021年，龙游县81家限额以上批发业实现营业收入221.23亿元，同比增长63%，增速位列衢州市第一；42家限额以上零售业实现营业收入9.61亿元，同比增长42.1%，增速位列衢州市第二；11家限额以上住宿业实现营业收入1.06亿元，同比增长9.5%；27家限额以上餐饮业实现营业收入1.11亿元，同比增长20.1%。引进实力强、效益好的优质企业，深入挖掘有发展潜力的企业进行新上规入库，2021年，实现14家企业新上规，合计增加销售额27.6亿元，拉动批发业同比增长19%、零售业同比增长28.7%、餐饮业3.2%。

【做大现代服务业】 发挥县服务业发展中心行业主管部门的牵头作用，加强业务指导，做好其他营利性服务业企业营业收入、工资总额、人均薪酬等重点指标数据填报指导工作，防止少报漏报，做到应统尽统，颗粒归仓；加强日常走访，关心企业经营难题，开展服务业政策宣传解读，帮助企业答疑解惑。2021年，36家规模以上服务业企业实现营业收入14.82亿元，同比增长28.5%，增速位列衢州市第三名；其中22家营利性服务业企业实现营收8.5亿元，同比增长30.5%，增速位列衢州市第三。

（县服务业发展中心　傅晓奕）

概　述

【概况】 2021年，龙游县各银行深化投融资机制改革，积极参与政府重大项目建设。优化整合融资平台，推进国资公司对外合作。按照“夯基础、抓特色、强调研、树品牌”工作要求，“内提素质、外树形象”，深化“信用龙游”品牌建设。优化支付环境，提升金融消保维权意识，助推龙游经济社会发展。各银行依据自身特点，取长补短，努力提供优质高效的金融服务，加大信贷投放，履行社会责任，提高金融产品的创新能力和金融服务水平，充分发挥金融对地方经济的支撑作用。积极调整营销思路，组织落实各项工作措施，加强银行内部管理，积极拓展优质客户，努力拓宽融资渠道，积极帮助小微企业破解融资难问题。以“立足地方，支持中小，服务市民，回报社会”为经营宗旨，为龙游的社会经济发展提供足够的资金支持，融合高端金融理念，创新绿色节能贷款，助力小微企业转型升级。至2021年12月末，全县金融机构本外币各项存款余额440.60亿元，同比增长6.46%，全县本外币各项贷款余额438.60亿元，同比增长17.15%。年保费收入7.80亿元，支付各类保险赔付额2.83亿元。

【四大行发挥龙头作用助力龙游社会经济发展】 国有四大银行发挥领头雁作用，助力龙游社会经济发展，2021年，工商银行龙游支行本外币各项存款余额56.20亿元，各项贷款余额74.37亿元，新增9.64亿元；建设银行龙游支行各项存款余额29.53亿元，贷款余额30.95亿元；农业银行龙游县支行各项存款余额48.27亿元，各项贷款余额61.32亿元；中国银行龙游县支行为民营企业安排贷款余额11.94亿元，新增各项贷款5.58亿元，为龙游社会经济发展作出巨大贡献。

【保险公司服务社会保障民生】 龙游保险公司充分发挥大公司主渠道优势，发挥保险的经济补偿和社会管理功能，履行人民保险为人民的社会责任，服务社会民生、助力稳定和谐。2021年，人保财险龙游支公司实现保费收入1.79亿元，支付各类赔款1.56亿元。中国人寿龙游公司达成总量保费2.73亿元，占龙游寿险市场份额54.46%，为龙游经济社会发展提供强有力的保险保障。

中国工商银行股份有限公司龙游支行

【概况】 2021年，中国工商银行股份有限公司龙游支行（以下简称工商银行龙游支行）在县委县政府及上级行的正确领导下，紧紧围绕“全力打造四省边际共同富裕示范区”“浙西新明珠”“五县四最四个龙游”等战略部署，坚守金融本源与初心，聚焦支持实体经济、制造业、普惠金融、绿色金融、乡村振兴等重点领域，贯彻大雁文化“高、远、和、齐、正”的精神内涵，充分发挥国有大行在助推龙游经济高质量发展中的担当作用。截至2021年12月末，工商银行龙游支行本外币各项存款余额56.20亿元，四大行占比35.84%；各项贷款余额74.37亿元，新增9.64亿元，存量和新增四大行占比分别为39.18%和31.73%。工商银行龙游支行获省分行2020—2021年“加速跑　赢旺季”个人金融业务旺季竞赛先进县域支行；辖属营业室获市银行业文明规范服务五星级网点、总行服务四星级网点；城北支行（现荣昌支行）荣获市银行业金融机构现金服务网格化管理劳动竞赛二等奖；童雪雯创新工作室被浙江省财贸工会命名全省第一批20家浙江省财贸（金融）高技能人才创新工作室之一。

【坚持党建促发展】 2021年，工商银行龙游支行全面贯彻从严治党从严治行工作要求，深入把握以党建为统领的核心要义，推进党建工作和业务发展互促齐升。在中国共产党成立100周年之际，工商银行龙游支行开展爱国主义教育观影、参观红色党建教育基地——华岗纪念馆等庆祝中国共产党成立100周年活动、邀请县史志办专家讲授专题党课，组织党员干部认真开展党史学习教育、撰写党史学习心得，在学习和实践中深刻感悟共产党人的初心和使命。加强党员干部党史学习教育，从党史中汲取经验智慧，指导实践工作。组织辖内党支部用好“党建云”系统，做到“三会一课”等规定动作规范化，充分发挥党支部在市场拓展、克难攻坚、内部管理、后勤保障的战斗堡垒作用。

【服务实体经济】 持续加大对地方实体经济的支持力度。积极从支持规模以上企业、制造业、普惠金融等多个维度发挥实体经济的作用。截至2021年12月末，工商银行龙游支行制造业贷款余额23.24亿元；民营企业贷款余额29.75亿元，净增2.57亿元；普惠贷款余额21.14亿元，净增3.7亿元；涉农贷款余额0.46亿元，绿色贷款余额7.44亿元。落实金融支持乡村振兴战略，成立工作专班，结合地区发展特点制订“龙游方案”。推出“兴农通”系列产品，加快推进“三农”领域普惠金融发展。至2021年12月末，兴农贷总投放1809万元，创造性地与湖镇镇新光村结对，设立“兴农通”服务点，辐射湖镇镇周边农业产业发展，让服务离农村、农户更近。工商银行龙游支行在城北开发区设立“城北支行”，成为龙游首家在县域开发区设立网点的支行。紧抓招商引资企业的服务源头，派出1名公司客户经理驻点开发区招商部门，前移服务窗口，解决招商引资企业的融资焦虑，帮助企业落户龙游。

【践行社会责任】 开展防范新型电信网络违法犯罪活动系列宣传，积极在网点开展进企业、进社区、进乡村防范打击电信网络违法犯罪活动宣传，深化警银合作，取得显著成绩，获龙游县2021年度金融系统反诈骗先进单位称号，衢州市第七轮银行业金融机构安全评估先进集体等称号。严格按照有礼指数测评要求，做好窗口单位有礼教育宣传、有礼秩序倡导执行、城市品牌融入等各项工作。每周二，工商银行龙游支行与县银保监组一起到光华小区开展志愿服务活动，助力创卫工作。

【合规经营筑基石】 加强信贷风险管控，抓实信贷规范化管理，加强信贷违规警示，推动信贷业务可持续健康发展。提升运行管理水平，发挥业务营运的基础支撑和业务风险防范的首道“防线”作用。提升内控案防管理能力，深化合规文化建设，积极营造“合规创造价值”的良好氛围。截至2021年12月末，工商银行龙游支行不良贷款余额3565万元，不良贷款率0.48%，比上年压降0.32%，信贷风险控制成效显著。工商银行龙游支行在衢州市20个专业考核中，13个专业排名前三，其中5个专业排名第一。

【完善制度促管理】 在员工队伍建设、干部选聘、后备力量培养方面，坚持做足功课、人尽其才、公平公正，制订业务类职务选聘办法，明确选聘年限、积分、资质、加分、限制等条件，组织员工学习，确保人人知晓、积极参与。不断对营销、产品、内控、服务、学习等五项积分考核办法进行修订完善，使之与上级行各项制度办法相配套，每月每项评选产生6名“领头雁”，及时张榜表彰。按照一级管一级的考核思路，做好部门网点负责人绩效合约的制订工作，优化员工年度绩效考核办法。打造学习型组织，设立全员“周四学习日”，抓好过程管理、效果监督，确保执行不走样，真正营造全行学专业知识、学监管文件、学营销技巧的浓厚氛围，提升队伍素质。做好服务工作，推进网点创星，按照服务标准、服务效率、服务品牌三个层次细化举措。

（工商银行龙游支行　张　莹）

中国农业银行股份有限公司龙游县支行

【概况】 2021年，中国农业银行股份有限公司龙游县支行(以下简称农业银行龙游县支行）各项存款余额48.27亿元，比年初新增2.76亿元。其中：对公存款余额26.16亿元，比年初增加1.58亿元；个人存款余额22.11亿元，比年初新增1.18亿元。各项贷款余额61.32亿元，比年初新增10.22亿元。其中对公贷款余额43.35亿元，比年初新增6.65亿元，总量、增量均居四大银行第一；个人贷款余额17.97亿元，比年初新增3.57亿元。不良贷款余额1982万元，比年初减少361万元；不良率0.32%，不良贷款率比年初下降0.14个百分点。

【支持重大项目建设】 2021年，农业银行龙游县支行加强与县国资公司对接、互动，围绕基础设施建设、重点工业项目落地、全域旅游提升等关键领域，主动靠前服务，参与设计融资方案，并争取上级行政策支持，筑稳高质量发展的底盘。农业银行龙游县支行对五水共治、全域旅游、大南门、六春湖客运索道、高坪桥水库、安置房等20多个项目授信65亿元。2021年，农业银行龙游县支行累计投放7.4亿元。在信贷支持政府性重大项目建设上，项目合作数量、投放金额均居四大行第一。

【服务实体经济】 农业银行龙游县支行持续将普惠落到实处，大力支持民营企业，采取扩大政府增信、创新信用贷款和供应链融资等多种方式，着力打通民营企业融资难点、堵点。2021年新增民营企业贷款5.16亿元。运用数字化思维，依托“浙里办”“衢融通”等平台，根据企业生产、销售、纳税等大数据给予线上授信、自动审批、随借随还，扩大普惠触达面。2021年共新增普惠贷款2.15亿元，总量达到13.06亿元；创新支持小微企业，针对小微企业贷款周转难，积极推广无还本续贷业务，2021年办理15笔、1.2亿元。

【发挥城乡联动优势】 深入推进“惠农通”工程，加载线上办贷、惠农理财、电子商务等移动金融服务，使农民足不出村就能享受存取款、转账、贷款、缴费等便利的金融服务。2021年，农业银行龙游县支行采取跑村和跑数、行业+农户等多种模式，大力推广惠农e贷，利用免抵押、免担保、到账快、利率低的优势，通过线上操作，让农户申请使用贷款更便捷。2021年度共新增“惠农e贷”1.68亿元，支持一大批农村个体工商户和普通农户，促其发展生产、经营致富，得到广大农民的称赞。

【系统性客户存款营销和维护】 2021年，农业银行龙游县支行积极参与招投标项目，持续抓系统性客户营销、维护。通过前期对接、研究指标设置、制定招标文件，在龙游县财政专户资金2021年第3期竞争性存放竞标中，首次以第二名中标，中标金额3.14亿元；在住房公积金中心龙游分中心增值收益资金竞争性存放招标中，以综合得分第一名的成绩，中标住房公积金龙游分中心增值收益资金4000万元，存放期限1年；中标浙江龙游经济开发区管委会债券专户；中标国土整治和征收储备中心储备项目专户，获得1.2亿元日均账户余额。

【创新信贷产品】 2021年，农业银行龙游县支行积极探索信贷产品创新，提升客户金融服务体验度与获得率。湖镇支行在“绿碳保”产品推出后，对名单进行筛查，瞄准目标客户，并为企业开通绿色通道，从申报到贷款审批全程跟踪服务，仅用2天时间，成功发放全国首笔“绿碳保”担保贷款，金额420万元，并在主流媒体宣传报道；支行营业室成功发放“e账通”供应链融资；城西支行在“惠农e贷”抵押担保线上化业务文件下发后，第一时间组织客户经理开展学习、客户筛选，仅用半天时间，成功发放衢州市系统内首笔“惠农e贷”抵押担保线上化贷款。

（农业银行龙游县支行　应胜娟）

中国银行股份有限公司龙游县支行

【概况】 2021年中国银行股份有限公司龙游县支行（以下简称中国银行龙游县支行）紧跟上级行发展步伐，紧盯目标任务，聚焦重点领域，打牢客户基础，提高市场份额，抓好资产质量管理，不折不扣完成年度目标任务。积极主动融入客户市场，大力推进普惠金融、绿色金融发展，至2021年末，支行为民营企业安排贷款余额11.94亿元，新增普惠贷款余额1.40亿元，新增各项贷款5.58亿元。

【服务地方经济】 2021年，中国银行龙游县支行积极响应政府及上级行的号召，大力支持民营企业授信业务，为民营实体经济的发展贡献力量。推出企e贷、外贸贷、三衢贷、绿碳贷、碳惠贷等多种创新型金融产品，累计投放

2.1亿元，支持民营企业经营发展的资金需求。

【推动网点转型】 中国银行龙游县支行认真落实上级行提出的网点智慧化、数字化转型要求，结合现有营业网点功能定位、业务规模、客户结构、市场环境、设施设备等因素，优化各机构人员配置方案，积极推进劳动组合优化，加快内控副职及综服经理的转型。将辖内荣昌路支行调整为普惠金融专业支行，选调业务骨干充实网点力量，效能提升初见成效。调整个贷业务管理模式，自7月起，将辖内网点个贷客户经理集中到支行本部统一办公，提升专业性，发挥整合管理作用，合理调配业务资源。

【稳抓内控案防】 2021年，中国银行龙游县支行积极推进与龙游传媒集团等3家企业建立廉洁伙伴关系的签约工作。以中国共产党成立100周年为契机，积极开展党员学习教育活动，依托廉洁共建，促进业务合作与交流。强化重要岗位、关键领域、重点环节的廉政监督，有针对性地与中层正职干部开展“一对一”谈话，指定专人登录中国执行信息公开网，查询58名员工有无涉诉情况，多渠道关注重点岗位员工，积极推行廉政风险防控机制，通过宣传引导，达到廉洁教育的目的，营造清廉如水、风清气正的政治生态环境。

（中国银行龙游县支行　陈红霞）

中国建设银行股份有限公司龙游支行

【概况】 2021年，中国建设银行股份有限公司龙游支行（以下简称建设银行龙游支行）以省、市分行年度工作目标部署为指引，围绕县委、县政府各项决策，遵循“守规矩、强基础、重创新、比贡献”的主基调，坚持党建引领、合规先行、风控至上、安全生产，持续提升“三个能力”（服务国家建设的能力、参与国际竞争的能力、防范金融风险能力），纵深推进“三大战略”（住房租赁、普惠金融、金融科技）。至2021年12月末，建设银行龙游支行各项存款余额29.53亿元，贷款余额30.95亿元。建设银行龙游支行获得建设银行浙江省分行“开门红”旺季营销活动“优秀县支行”二等奖、衢州市银行业金融机构现金服务网格化管理劳动竞赛三等奖、龙游县金融系统反诈骗先进单位、龙游县首贷户拓展劳动竞赛二等奖等荣誉。

【服务实体经济】 建设银行龙游支行以新金融理念为指引，协调全行资源，助力龙游县跨越式高质量发展。2021年，建设银行龙游支行为龙游县国资公司向省行提出申请，获得批复近16亿元集团综合授信额度，并争取到优惠的贷款利率，为国资公司的资金归集、提高资金使用率及降低融资成本提供金融服务。通过总行“一县一策”的政策支持，持续加大制造业贷款、民营企业贷款，特别是特种纸企业的贷款投放，至2021年12月末，制造业贷款新增2.88亿元，民营企业贷款新增3.6亿元，新投放特种纸企业贷款3.5亿元。助力企业绿色转型，推出“碳优贷”贷款产品，向列入衢州市“碳账户”建设体系中的企业法人发放贷款，用于企业绿色转型升级或满足企业日常经营周转需要，2021年建设银行龙游支行为7家企业发放“碳优贷”。

【助力共同富裕】 建设银行龙游支行主动融入、履行国有银行责任，切实贯彻落实总、省行“关于开展新金融助力县域经济高质量发展专项工作的通知”要求，聚焦农民、农业、农村三大领域，服务乡村振兴、推动共同富

图86　2021年10月25日，建行龙游支行与溪口镇在溪口镇文化大礼堂举行“金融服务助推乡村振兴 政银携手建设共同富裕”整镇签约仪式
（建设银行龙游支行/提供）

图87 2021年2月5日，建行龙游支行开展“温暖留衢年”过年礼包领取活动，为留龙游过年的外来务工人员送上过年礼包

（建设银行龙游支行/提供）

裕，跟当地党委政府同频共振。2021年，建设银行龙游支行与溪口镇开展整镇合作，给予整镇预授信3亿元，农产品消薄专项补贴100万元。为新型农业主体在建行全国性的善融商务平台上设立商户，利用建行特色产品“裕农优品”“裕农好货”，向全国推广销售龙游的农副产品，助力农民增收和壮大村集体经济收入。依托“双保”“省农担”“共富贷”等重点产品，推进普惠金融，为中小微企业金融输血赋能，2021年，建设银行龙游支行普惠贷款新增投放1.54亿元。

【风险控制】 建设银行龙游支行开展“风险合规文化建设年”活动，加深员工对合规文化的理解，有效提高全员风险合规意识，把风险合规渗透到业务操作各个环节，融入员工的思想行动中，贯穿经营管理全过程。建设银行龙游支行贷款不良率持续下降，至2021年12月末，贷款不良率为0.21%。严格执行“断卡”行动要求，严把开户关，落实银行账户全生命周期管理要求，筑牢防范电信网络诈骗防线，维护人民群众财产安全，2021年成功堵截6起电信网络诈骗案件，挽回客户经济损失13万元。

【提升服务】 建设银行龙游支行深入开展“我为群众办实事”活动，立足金融专业，解决群众“急、难、盼、愁”实际问题。面向中小微企业、新型农业主体及家庭农场等“三农”领域客户，推出政府性融资担保业务，发挥政府在融资担保体系建设中的引导作用，缓解小微企业和“三农”融资难、融资贵问题。自2021年7月末推出以来，对17家企业进行授信，累计投放3689万元，经营主体涉及制造业、农业、服务业等多个行业。承办龙游县涉外企业外汇业务暨汇率风险管理专题培训班，龙游县61家涉外企业参加培训，指导企业主动适应人民币汇率双向波动弹性增强的新形势，提升汇率风险管理水平。

【履行社会责任】 建设银行龙游支行秉承金融为民初心，积极履行社会责任。2021年通过“劳动者港湾+银龄学堂”为老年客群开展金融知识专题宣讲，营造“崇德向善，尊老敬老”的新风尚，2021年共开展宣讲79场次，接受宣教服务4400余人次；组织员工进入社区、学校、企业、乡村开展消保宣教活动，参与人数1600余人，并向1000多人发放“存款保险明白卡”。春节期间，推出留衢人员过年等多项服务措施，给50余名留衢过年外来务工人员送上大礼包；开展“情暖童心 遇建未来”爱心助学活动，向沐尘小学贫困学生捐赠学习用品及书籍。积极响应县政府全面推进龙游县就业群体综合性服务站点建设，在建设银行龙游支行全部网点设立“红蜂驿家”暖心歇脚点，是龙游县域首家实现全覆盖的金融机构。

（建设银行龙游支行 黎 冰）

浙江龙游农村商业银行股份有限公司

【概况】 浙江龙游农村商业银行股份有限公司（以下简称龙游农商银行）聚焦金融助力县域实体经济发展，加速产品与服务创新，推进以人为核心的普惠金融体系建设，推动产业兴旺，带动乡村振兴，助力共同富裕，形成政府部门满意、小微企业点赞、百姓群众认可、自身良性发展的多赢局面。至2021年12月末，各项存款余额188.39亿元，年增15.5亿元，龙游县市场份额占比33.87%；贷款余额148.55亿元，年增21.01亿元，全县市场份额占比42.76%。2021年，龙游农商银行获“浙江省文明单位”“全国农村金融优秀科技创新机构”“全国农村金融十佳精准扶贫产品”“浙江省首届绿色金融改革创新大赛一等奖”等荣誉。

【强化支农支小根基】 搭建平台拓市场，创新推出“生态链贷”，依据特色产业细分为“旅链贷”“竹链贷”等九大子产品；龙游农商银行与县汇龙公司、县供销社和龙游中草药协会四方共同签订生态账户融资担保合作框架协议，开立“生态资源储蓄存折”，主动融入“三资”（农村集体经济中的资金、资产、资源）系统建设。2021年，龙游农商银行完成全县3789户新型农业主体建档授信工作，覆盖率100%；推广农户小额普惠贷款在新型农业主体上的运用，推出“幸福乡村贷”村集体纯信用贷款，在横山镇完成全镇20个行政村授信，推进深普惠同致富进程。深推小微企业网格化管理，制订“三张清单”（权力清单、责任清单、负面清单），开展企业建档覆盖活动，助小微促发展，2021年建立1004家规上规下企业、6581家税银合作企业清单；加速产品创新，成功上线“小微税e贷”“关贸e贷”。龙游龙商银行与衢州市担保公司的政策性融资担保合作，通过“首贷户”利率优惠、“有礼商户”评级，提升金融供给；借助“增信通”无缝续贷产品，大力推进小微企业延期还本付息工作，持续减费让利客户。

【开拓业务蓝海】 开展网格化管理，根据龙游城区居民社区归属，划分8大社区网格、城区商户街区分布划分54个商户网格；优化考核办法，开展客户经理薪酬系统化建设，开发客户经理薪酬计算器，制订城区客户经理管理办法。增加科技投入，加大智能机具布放力度，以“智慧厅堂”为抓手，实行弹性柜台和弹性柜员制，至2021年12月末，龙游龙商银行布放智能柜员机20台，其中城区网点8台，占比40%。与县营商办、大数据局合作，适配“龙e贷”产品，拓展业务蓝海（蓝海是指某产业刚刚兴起，规则也不完善，竞争者非常少，新进入者能够在相对宽松的环境下自由发展，就像在广阔无边的大海上自由航行一样）。

图88 2021年11月25日，龙游农商银行与横山镇共同举行的推动乡村振兴、助力共同富裕推进会暨“幸福乡村贷”授信仪式在横山镇政府举行（龙游农商银行/提供）

【推进数字化改革】 2021年，龙游农商银行落实数字化改革，引进智能外呼人机协同技术，实现人机协同的智能外呼营销和服务；搭建可视化平台、靠档计息平台、反洗钱客户信息治理平台，开发会议管理系统、风险监测平台、衢州农信人力资源系统、测试省版绩效考核系统。借助精准营销清单、强化考核、加速年迈客户向子女转换等措施，推进大零售转型纵深发展，提高数字贷款占比；2021年龙游农商银行配备使用113台Pad，移动展业平台得到广泛应用。新增社保卡制卡机9台，在11家支行本级配置智柜机，实现全辖36个网点社保类业务一站式受理，开发三代社保卡转换主题报表，采取销号制方式持续跟踪和监测重点客户群的转换实绩。

【践行社会责任】 融入龙游城市建设，组建龙游农商银行

"8090"宣讲团，选拔56名宣讲员，在溪口党群服务中心打造"8090"宣讲团孵化基地，优化宣讲全流程，打造农商行宣讲品牌；打造党建联盟，与全县263个行政村签署党建联盟合作协议，选派73名金融精英组成"三农红管家"队伍，进村入企开展金融服务；积极响应"三联工程"要求，全行党员自愿加入党员志愿者组织，积极参与包区清楼助力抗疫行动，排查联户居民532户，积极落实"部门进小区、为你办实事"，协助共建社区改造，组织64人次开展社区志愿服务，提升龙游百姓的幸福感与获得感。

（龙游农商银行　杨梦怡）

中国农业发展银行龙游县支行

【概况】 中国农业发展银行龙游县支行（以下简称农发行龙游县支行）坚持以习近平新时代中国特色社会主义思想为指导，认真贯彻新时代党的建设总要求和新时代党的组织路线，始终把坚持党的领导、加强党的建设作为"根"和"魂"，深入开展党史学习教育，扎实推进从严管党治行，着力提高政治领悟力、政治判断力、政治执行力，增强"四个意识"、坚定"四个自信"、做到"两个维护"，为推进农发行龙游县支行业务高质量发展提供坚强的政治和组织保证。至2021年12月末，农发银行龙游县支行贷款余额27.18亿元，存款余额5.91亿元。

【保障地方粮食安全】 在2021年龙游县大量早籼稻重金属检测超标、晚籼稻市场价格跌破最低保护价的情况下，农发银行龙游县支行积极与有关部门开展协商，对超标粮采取应收尽收政策，及时做好贷款支付工作，有效保障粮食收购资金供应，完成发放购销企业粮油收购贷款3000万元，用于超标粮收购资金支付；发放地方储备粮油轮换贷款2524.37万元，用于晚籼稻收购及后续采购工作。2021年共出库粮食66499.52吨，收回贷款12016.08万元，财政补贴到位302万元，综合补贴到位率67.87%。

【助力"共同富裕"】 2021年，农发行龙游县支行成功营销项目贷款5家，审批金额19.3亿元。5家项目分别为龙游民居苑景区配套提升工程3.8亿元、龙游经济开发区产业服务融合项目3.1亿元、龙游全竹绿色循环产业园制造项目一期6亿元、龙游经济开发区基础设施配套提升工程一期5亿元、龙游县开发区高新园区实验学校项目1.4亿元。至2021年12月末，农发行龙游县支行累计投放新营销贷款1.7亿元，投放存量贷款8.9亿元。

【加大小微企业帮扶力度】 2021年，农发行龙游县支行新帮扶生猪养殖小微企业1家，发放贷款700万元；对1家存量小微企业进行无还本续贷扶持，确保企业正常生产。坚决贯彻执行总行减费让利新举措，对2家农业小企业贷款的贷款利率均优惠100BP，并承担两家农业小企业在农发行龙游县支行的贷款抵押物的保险费用，减轻企业负担，服务实体经济降本增效。

【大力营销存款】 积极对接财政部门和各企业，做好存款营销工作，通过尽早投放贷款，合理拉长资金支付链条，2021年累计到位资本金3.5亿元，财政资金竞争性存放中标3次，金额2.47亿元，形成日均存款4.24亿元。

（农发行龙游县支行　钱小帅）

中国邮政储蓄银行龙游县支行

【概况】 中国邮政储蓄银行龙游县支行（以下简称邮储银行龙游县支行）坚持以习近平新时代中国特色社会主义思想为引领，认真落实上级行党委及各级监管部门工作要求，坚持"质量第一、效益优先"的高质量发展主线，理思路、抓业务、强风控、重廉洁，统筹疫情防控、业务发展和内部管理。至2021年12月末，邮储银行龙游县支行实现各项存款余额21.14亿元，各项贷款余额11.63亿元，获2021年度龙游县委、县政府金融机构类综合考核三等奖。龙游县支行党支部获评衢州市分行2021年度"先进基层党组织"称号。

【服务地方经济发展】 根据上级行推进打造"五种银行"（网商贷、花呗、旺农贷、车秒贷、邮储花呗），走"三资"发展道路、服务普惠金融的工作要求，邮储银行龙游县支行加快线上转型，网点转型，加快生态圈建设，推动信用卡商圈建设，收单业务持续推进；加大对农村市场的营销力度，以农村信用体系建设为切入点，助力乡村振兴；主动对接地方政府，高质量完成各项监管考核指标，努力提升地方影响力。2021年，邮储银行龙游县支行瞄准龙游造纸行业重点企业，和金控集团合作发展纯信用贷款一总队总和信保模式，为企业提供金融支持，发放贷款7笔1600万元。践行社会责任，响应政府号召，为企业发放扶贫贷款和抗疫优惠贷款5405万元，提升了企业形象。积极寻求与政府性机构合作机会，2021年，邮储银行龙游县支行与龙游县昊诚融资性担保有限公司签订合作协议并实现贷款发放。

【加强基础建设和风险管控】 邮储银行龙游县支行坚持科学发展观，着力改善基础设施建设和风险管控。2021年7月完成溪口镇支行改造搬迁，9月完成龙北支行网点零星改造，12月底，邮储银行龙游县支行新大楼竣工，优化了办公环境。邮储银行龙游县支行始终把风险管控放在经营发展首位，加强合规管理、员工行为排查，全面落实反洗钱、消费者权益保护等工作要求。贷款不良率0.81%，控制在限额范围之内。2021年邮储银行龙游县支行在安全保卫工作和“平安邮储”创建工作考核中均获衢州市分行考评第一名。

【创新业务发展】 邮储银行龙游县支行以深化企业改革，坚持创新驱动发展，积极拓展创新、特色业务，探索网点和客户服务新举措，管理模式推陈出新。积极拓展线上产品创新业务，向上级行争取线上信用户专项贷款，至2021年12月末，共收集信用户2320户，成功发放衢州市首笔线上信用户贷款。2021年新增住房消费贷款2.02亿元，新增非房消费贷款6532万元，新增小企业贷款7784万元，均获系统内衢州市第一名。

【提升员工幸福感】 邮储银行龙游县支行充分发挥支行党支部、工会和团支部的力量，全年组织开展青年员工座谈会2次，组织“我为支行提建议”2次，充分听取员工的建议，先后举办趣味运动会、全民健身运动会、元宵喜乐会、钓鱼等形式多样工会活动，提升员工的凝聚力和向心力。在参加龙游县8090新时代理论宣讲“百团大战”活动中获得一等奖；在2021年衢州市银行业金融机构现金服务网格化管理劳动竞赛中，邮储银行龙游县支行获得“一等奖”。

（邮储银行龙游县支行　诸葛芬）

浙江龙游义商村镇银行股份有限公司

【概况】 浙江龙游义商村镇银行股份有限公司（以下简称龙游义商村镇银行）在龙游县委、县政府、县人行、县银监办及义乌主发起行的关心支持下，始终秉持“行普惠金融、助城乡共富”的经营服务理念，立足龙游县域，坚定支农支小，造福一方百姓，为龙游经济社会发展贡献“义商”力量，龙游地区设有营业网点5家，员工70余人。至2021年12月末，龙游义商村镇银行各项存款余额5.83亿元，各项贷款余额7.54亿元。开业十年来，共上缴税收近4100万元，连续多年被评为龙游县经济贡献50强之一。

【坚定支农支小】 大力推广5项费用全免的“义商”银行卡和网上银行业务，服务龙游百姓。推广“农易贷”“薪易贷”“随心贷”“美丽家园贷”等符合老百姓实际需求的信贷产品，全面推进辖内的普惠金融。加强基础客户服务，加大增户扩面工作力度，走村、入企、访户，整村授信，送金融知识下乡，普及金融知识万里行，满足龙游百姓的金融需求。培育发展金融指导员，让客户经理更贴近农户，做好农村金融知识、新业务的宣传推广。架起金农桥梁，贴近群众，满足百姓需求。

【强化文化兴行】 龙游义商村镇银行以“龙商人”卓越的艰苦创业精神为立行之本，干部员工充分发扬“白加黑、五加二”的拼搏精神，锐意进取，艰苦创业，内强素质，外塑形象，提振干部员工的敬业精神、业务素质、业务技能、营销能力、抗压能力等，人人树立敬业爱岗，爱行如家的理念，讲团结树正气。为建立员工交流平台，设立“文化墙”，展示行风行貌。推广内网平台及微信公众号的使用，丰富品牌建设，强化文化兴行，推出企业文化内刊《义商家园》及微信视频号“义商银行”，全面重塑企业文化，增强全员凝聚力和社会影响力。

【履行社会责任】 龙游义商村镇银行认真履行社会责任，开展公益活动，回馈社会。积极投入全县创卫活动，参加太平路卡点的执勤，积极参加社区及责任区域的卫生打扫和疫情防控工作；2016年8月1日成立的龙游县中小企业转贷服务中心，与龙游当地12家银行签订合作协议，为龙游中小企业筹资，节约费用5000多万元；进行整村授信宣传，深入农村基层为“三农”做好服务，满足辖区内符合条件、有实际金融需求的老百姓的需要；开展“义商伴你成长”活动，与詹家镇姜家村结对扶贫，年内开展6次以上的走访和帮扶。

（龙游义商村镇银行　项　军）

温州银行股份有限公司衢州龙游支行

【概况】 温州银行股份有限公司衢州龙游支行（以下简称温州银行龙游支行）秉承“立足地方、服务中小”的金融服务理念，定位小微零售业务发展方向，积极拓展市场，努力实现各项业务的稳健发展。至2021年12月末，各项存款余额8.9亿元，较上年增加3.2亿元；各项贷款余额9.7亿元，较上年增加4.4亿元，获“龙游县银行业金融机构城市商业银行类A等行”“市级平安单位”称号。

【助推地方经济发展】 立足支持地方经济建设，积极对接县重点工程项目，加快小微企业贷款拓展，创新产品、深化服务，不断扩大银企、银政合作力度，助力龙游重点项目建设进程，2021年12月，温州银行龙游支行成功投资龙游县国资公司非公开公司债券1.2亿元，2021年共投资债券项目10.2亿元。积极对接衢州信保融资担保有限公司及龙游县昊诚担保公司建立实质信贷合作关系，拓宽小微企业的担保方式，同时加大同业合作，拓宽企业融资渠道，使小微业务有了量的突破，至2021年12月末，温州银行龙游支行普惠小微贷款余额3.2亿元，为龙游经济发展贡献温行力量。

【深化普惠金融建设】 紧抓宏观机遇，重构业务格局，充分发挥创新动力，狠抓新产品拓展工作，为小微业务发展锦上添花。2021年7月推出“温信贷”产品，满足不同客户群体的要求，为夯实客群基础，温州银行龙游支行客户经理人利用工作日下班时间及周末加班加点，不断突破营销渠道，奔波于企业、个体商户与企事业单位之间，开展实地调查，整理客户资料，确保48小时内贷款发放到位。该项目上线5个月，温信贷有效户数达538户，贷款余额0.8亿元。其中经营贷有效户数280户，贷款余额0.5亿元，消费贷款有效户数258户，贷款余额0.3亿元。

【首笔“碳增信”贷款落地】 积极推广企业低碳转型和绿色信贷，为企业提供高效优质的金融服务。2021年8月，温州银行龙游支行成功发放首笔“碳增信”贷款。龙游旺农有机肥有限公司是绿色产业免税企业，因设备升级和厂房改建等需要资金支持，温州银行龙游支行全面了解公司经营情况后，迅速与县昊诚担保公司合作，在总行、分行的支持下，顺利完成200万元的“碳增信”首笔贷款审批发放。

【践行社会责任】 在支持当地金融发展、服务广大客户的同时，温州银行龙游支行不忘践行社会责任，积极投身社会公益活动，通过开展“进社区、进商户、进企业”等系列活动，送金融服务、金融知识、金融普法上门，向民众普及金融知识，2021年共开展金融便民服务活动60余次。响应县委县政府号召，积极加入县红色物业联盟志愿者，参与疫情防控排查、参加文明出行劝导、责任路段巡逻等活动，在社区开展红色物业联盟志愿者服务日活动30余场，展现金融企业的责任担当。温州银行龙游支行党支部深入清廉社区开展“红色电影进社区”公益放映活动，重温中国共产党领导中国人民争取民族独立、人民解放和实现国家富强的历史征程；赴龙游烈士陵园开展“追寻革命先烈，传承红色精神”党史学习教育活动，以实际行动践行社会责任。

（温州银行龙游支行　何俐莹）

金华银行股份有限公司衢州龙游支行

【概况】 2021年是中国共产党成立100周年，是实施“十四五”规划开局之年，金华银行股份有限公司衢州龙游支行（以下简称金华银行龙游支行）在县人行、银监办等相关部门的指导下，坚持“立足地方，服务社会”的宗旨，贯彻总行“做大零售，做强小微，做好公司”的发展战略和市场定位，着力提升整体经营管理水平，加快经营转型和结构调整，确保运营管理、风险防控工作双落实，开展“四攻坚四争先”行动，打造员工幸福、社会赞许的精品银行，推进银行各项业务稳健持续发展。至2021年12月末，各项贷款余额2.98亿元；各项存款余额2.19亿元。

【服务实体经济】 加大绿色贷款金融供给，积极推进“减碳贷”贷款产品发放工作，为龙游热电企业成功授信1000万元，助力实现碳达峰、碳中和，发挥碳排放权的融资功能。拓展服务民营企业工作，聚力服务小微企业，根据县人行、县银监要求，积极围绕绿色金融信贷展开营销，帮助企业解决融资难题。2021年，金华银行龙游支行共发放绿色贷款29笔，金额7034.7万元；运用支小贷资金开展营销，根据企业经营现状和融资需求，拓展首贷企业15家，投放金额2881万元。

【普惠金融服务】 金华银行龙游支行充分利用“转贷宝”及“小微通循环贷”等普惠金融产品，为疫情期间企业复工复产提供切实有效的金融支持，为企业排忧解难，加大精准服务力度。重点围绕山区县经济发展、共同富裕、生态工业、乡村振兴、民营、小微、制造业、外贸、科创金融等领域推广信贷支持，为客户融资解决无合适担保方式的难题，2021年，金华银行龙游支行与衢州市信保融资担保有限公司合作，开展担保贷款业务，累计发放贷款12笔，金额1118万元。

【推进团队建设】 2021年，金华银行龙游支行开展“三个优化”、解放思想大讨论、攻坚争先大比拼、金点子常态化征集等一系列活动，激发全行员工干事创业激情，员工的从业素质得到明显提升，星级员工占柜员比率100%。加强对基层机构及重点岗位、重点人员管控，签订廉洁自律责任书，坚持廉洁从业，规范操作，时刻关注员工思想动态，关心员工生活。树立员工标兵，提高全行干部员工凝聚力。

【履行社会职责】 金华银行龙游支行遵照龙游县委县政府安排，组织由员工组成的志愿服务队，深入各大广场、社区、园区企业设卡值守，协助社区工作人员做好测温扫码等疫情防控工作，为龙游疫情防控零感染作出贡献。为周边群众、学生、园区企业员工普及金融知识，开展防范电信诈骗、反假币、反洗钱宣传、普及存款保险、消费者权益保护、征信等一系列金融专业知识，共转发各种视频链接80余次，举办现场活动10余次，受益群众超5000人次。积极参与创建文明城市工作，参加社区卫生清扫、责任路段文明劝导，积极履行社会职责，共创和谐环境。

（金华银行龙游支行　李雨芳）

浙商银行股份有限公司衢州龙游支行

【概况】 浙商银行股份有限公司衢州龙游支行（以下简称浙商银行龙游支行）积极助力浙江省共同富裕示范区和生态工业样本县建设，创新业务发展，坚持服务实体经济的工作目标，以拓新强基、提质增效、打造特色为重点，通过强化执行力建设，落实精细化管理，扎实推进各项业务发展。至2021年12月末，浙商银行龙游支行各项存款余额10.66亿元，各项贷款余额11.8亿元；获衢州市2021年度“平安单位”称号、龙游县综合考核金融机构组“三等奖”。

【服务地方经济】 2021年，浙商银行龙游支行坚持创新融资模式，让利于企，助力企业发展，践行普惠金融。小微园区对地方经济发展的助推作用越来越明显，浙商银行龙游支行推出“标准厂房贷”，助力小微园区入驻企业落地，向购置或入驻园区的客户提供特色服务，解决客户入园后因添置设备、发放工资、盘活票据应收款等金融服务诉求。此外，还提供账户管理、代客理财、外汇买卖、国际结算、设备融资租赁等多项特色小企业金融服务。积极推进浙商银行龙游支行与浙江贝尔轨道小微园区的合作，首笔入驻企业贷款于2021年10月成功落地，给予龙游县小微企业实实在在的授信支持。

【聚焦党团建设】 提升党建引领能力，加强党支部建设，强化廉洁银行建设，支部书记带头讲廉洁、倡节俭，加强政治理论知识学习，认真开展“三会一课”，创新主题教育活动形式。提升支行家园文化，丰富团建活动形式，关心、关爱员工，增强员工归属感和团队凝聚力。协助做好消薄扶贫工作，加强与结对村、政府部门沟通，通过“以买代帮”助力结对村农产品销售，助力结对村走上共同致富之路。

（浙商银行龙游支行　余　铁）

浙江泰隆商业银行股份有限公司衢州龙游支行

【概况】 浙江泰隆商业银行股份有限公司衢州龙游支行（以下简称泰隆银行龙游支行）一直坚持小微企业市场定位，深化小微企业金融服务模式，做小、做微，为创业者提供平等的贷款机会，以支持龙游的地方经济发展为己任，促进龙游地方小微企业发展，实现发展速度、效益和质量进一步提升，综合竞争力进一步提高。至2021年12月末，泰隆银行龙游支行各项贷款余额7.70亿元，较上年增加9812.63万元，增长14.60%；存款余额9.66亿元，较上年增加2.28亿元，增长30.86%；资产质量稳步提升，不良贷款率2.32%，较上年下降1.23%。

【管控风险合规先行】泰隆银行龙游支行牢固树立“经营风险”理念，推行审慎经营、过程管理、全员参与的管控策略，坚持以“泰隆人公约”为行为准绳，加强对“两个人”（客户与员工）的管理，牢牢把控客户信用风险和员工道德、操作风险。强化“制度先行、合规先行”，营造良好的内控环境。并在全面执行各项制度规定的基础上，结合自身实际，因地制宜，优化、细化各项制度，做到内控管理有章可循。

【创新产品提升服务】自2014年首款无缝对接还款产品“接力贷”上线以来，泰隆银行龙游支行根据客户实际使用体验、市场环境变化，持续推出还款方式创新，不断对产品进行优化升级。2021年共推出预审批、连连贷、接力贷、多段融e贷、金控转贷等5款无缝对接还款方式产品。依据《中小微企业贷款阶段性延期还本付息政策指引》和《普惠小微信用贷款支持政策指引》两大政策，对符合条件的中小微企业贷款业务，最大范围给予存量小微企业客户延期还本，至2021年12月末，泰隆银行龙游支行延期还本196户，金额1.79亿元。

【推出绿色信贷产品】践行绿色金融发展理念，推出绿色信贷规模、专培绿色人才、专项考核机制、绿色信贷产品创新等多项举措。推出“碳运通”产品，助力小微企业绿色低碳发展和“碳达峰、碳中和”目标的实现。该产品主要指向贴标的碳账户中小微企业发放的流动资金贷款，其中碳账户包括“工业碳账户”“农业碳中和账户”。适用对象为贷款资金实际用途符合绿色信贷业务认定标准的中型、小型、微型企业。信贷资金必须用于企业的“减碳”“脱碳”等有利于“低碳”的生产经营活动，鼓励信贷资金向碳账户贴标结果为“深绿”“浅绿”的企业重点投放。同时，鼓励向“黄”标企业发放“减碳”用途的流动资金贷款，引导企业逐步向绿色转型。至2021年12月末，泰隆银行龙游支行国标绿色信贷发放金额1.10亿元。大部分信贷资金投向制造业、园林绿化工程、绿色农业开发项目。

【创新服务方便客户】推进金融服务站项目，通过人机结合，客户经理携Pad上门“一对一”服务，可以远距离长时间作业，全流程放贷，平均耗时30分钟，转变以往客户经理传统的“邀客上门”的作业方式，实现“装备上门”“走出去”的营销战略。创新推进泰隆网店，客户可在网店自助进行业务申请，后台根据客户信息自动将工单任务派发至客户经理，由客户经理上门服务。积极运用浙江省企业信用信息服务平台、衢融通平台等各类线上融资平台，配合人民银行、省市场监管局、银监等多部门联合发起的金融综合服务要求，在平台上架长业贷、长青贷、速e贷、电商贷、智融通、碳运通等信贷新产品，贷款类型涵盖信用、担保、质押、抵押等，支持多种还款方式，通过线上发起融资需求，逐步实现线上申请、线上受理、简化资料、优化流程，让客户“少跑”“不跑”，最终实现“一次都不用跑”。至2021年12月末，泰隆银行龙游支行共引导企业及个人客户，通过金融综合服务平台发起网上抵押办理，其中办理抵押登记17笔，累计抵押注销38笔。

【担当责任反哺社会】泰隆银行龙游支行积极履行社会责任，积极参加公益活动，在疫情防控过程中，发动党员干部加入志愿服务队，设卡守点值班，为龙游县的新冠肺炎保持零确诊作出贡献。此外，泰隆银行龙游支行员工还积极参与文明县城、卫生城市等创建活动，举办各项公益活动，在学校举办小小银行家，学吹葫芦丝等活动，让小朋友走进银行，丰富假期生活，感受金融魅力，丰富学生的业余生活。

（泰隆银行龙游支行　陈　施）

台州银行股份有限公司衢州龙游小微企业专营支行

【概况】台州银行股份有限公司衢州龙游小微企业专营支行（以下简称台州银行龙游支行）坚持社区银行商业模式，坚守小微客户目标市场定位，继续以深扎县域乡村为本，积极研究提高小微金融服务的能力，提升发展空间和可持续性，践行小微金融、普惠金融，切实支持实体经济、民营经济，“不忘初心”用心扶持小微企业、民营企业，信贷资源集中投放民营企业和小微企业，夯实小微客户基础、人员队伍基础、风险合规基础，大力发展并深化应用与小微金融和普惠金融服务相契合的金融科技，创写新时代小微金融服务的新篇章。至2021年12月末，存款余额1.86亿元；贷款余额3.14亿元。台州银行龙游支行2021年获评衢州市“市级平安单位”。

【疫情防控金融服务】 台州银行龙游支行积极落实监管部门和衢州市委市政府关于疫情期间金融支持的要求，扎实做好疫情防控金融服务，多措并举降低疫情防控物资企业和受疫情影响企业的融资成本，减轻企业复产复工带来的财务压力。为缓解小微客户还款续贷难题，切实降低小微客户融资成本，台州银行龙游支行上线“战疫接力贷”业务。对无法按时还款的客户实现无缝对接。二季度持续发放总行安排的“复工低息专享贷”业务，重点支持小微民营企业、个体工商户复工复产，切实降低融资成本，重点服务农业、渔业、制造业、批发和零售业、住宿和餐饮业、文化旅游业等生产经营性行业。2021年，台州银行龙游支行共发放“复工低息专享贷”1815万元。

【优化绿色支付渠道】 为适应5G万物互联时代的到来，以业务场景驱动，以新的互联网技术为支撑，台州银行龙游支行成功开发“24小时移动营业厅”系统，融合柜员和后台客服资源，实现线上互动，满足客户需求。通过移动营业厅，客户可通过视频连接前台人员，随时办理转账、汇款、信息修改、理财购买、贷款还款等各类业务，还可一键联系专属客户经理，及时处理各类疑问及业务诉求。实现客户足不出户即可获得优质的金融服务，满足客户日益增加的支付结算需求，提升客户体验度与满意度。

【企业文化建设】 台州银行龙游支行始终坚持“通过让小企业得到一流的金融服务，以改进中国的金融市场”的企业使命，“吃苦、求实、创新”的企业精神、“简单、方便、快捷”的品牌形象、“公平、公正、透明”的价值观念、“以市场为导向、以客户为中心”的待客理念、“积极、主动、合作、快乐”的工作理念、“廉洁、诚实、高效”的信贷文化，打造一支具有凝聚力、战斗力、高效服务能力的支行营销团队，为客户提供更为优质的金融服务。

（台州银行龙游支行　董玲芳）

浙江民泰商业银行股份有限公司衢州龙游小微企业专营支行

【概况】 浙江民泰商业银行股份有限公司衢州龙游小微企业专营支行（以下简称民泰银行龙游支行）始终坚持“服务地方经济，服务中小企业，服务城乡居民”的市场定位，坚持“善小而精，无微不至”的服务理念，做小、做精、做优。支行围绕总行分行年度工作部署和目标任务，全行上下同心筑梦、锐意进取，稳步推进各项工作的落实，致力为中小企业打造专注、简洁、灵活的金融服务体系。至2021年12月末，民泰银行龙游支行各项存款余额1.84亿元，各项贷款余额3.29亿元。民泰银行龙游支行获评2021年度银行业金融机构现金服务网格化管理“优秀网格银行”称号、银行业金融机构现金服务网格化管理劳动竞赛三等奖、衢州市“平安单位”等荣誉。

【服务地方经济】 民泰银行龙游支行本着做小做微的市场定位，多措并举精准对接，以“三服务”“百行进万企”等融资对接工作为抓手，充分利用外部支持政策，精准帮助小微企业渡过难关，切实降低企业融资成本。坚持“支农支小”，全面开展“有效信用村社、有效营销点”建设，不断完善农村综合金融服务体系，积极探索构建服务乡村振兴的有效模式，努力做好新时代“三农”金融服务工作，民泰银行龙游支行以有长期合作关系的槐王村、石佛村等信用村为根据地，通过高质量服务，着力推进“三农”领域融资畅通工程，推动农村、农业转型，助力“绿色金融”发展，支持美丽乡村“共同富裕”建设。

【强化金融服务】 民泰银行龙游支行加快数字化改革步伐，办理100万元以内的贷款业务，可以直接在Pad端发起合同签订，客户无须在线下提供资料，实现线上签订自助类贷款合同，优化合同签订手续，提高服务速度。民泰银行龙游支行根据不同客户的金融需求，推出多样化金融产品，有针对性地提供“碳惠通”“随贷通”“农惠通”等特色信贷产品，推动金融产品扩面增量，更好地满足客户资金需求，提升小微企业金融服务能力。保障金融服务畅通。民泰银行衢州龙游支行与小微企业、衢州市信保融资担保有限公司签订合作协议，帮助小微企业解决担保难问题，提高融资效率，做到不限贷、不抽贷、不断贷。

【普及金融知识】 响应中国人民银行及银监等相关部门号召，践行社会责任，履行商业银行消费者权益保护，提高公众的金融素养和金融风险识别能力。在每周二的志愿者服务日，民泰银行龙游支行员工走进社区、园区、老年活动广场、校园等场所，通过发放宣传资料、案例讲解、接受咨询等方式向广大市民、企业主、村民普及反诈骗、反非法集资、反假币以及存款保险等金融知识。2021年民泰银行龙游支行共开展集中宣传50次，受群超2500人次，营造和谐良好的金融环境。

【加强内控管理】 进一步夯实高质量发展根基，围绕“精准治理、根源整治”的原则，民泰银行龙游支行把强内控、促合规作为常态化工作来开展，每周一学习夜，组织全行员工学习支行规章制度，每季度组织开展一次案件警示教育培训学习,定期开展员工异常行为排查，每半年度对员工进行一次家访，补齐内控短板、提升合规意识，化解各类案件风险，实切提升内控效能目标。

【企业文化建设】 民泰银行龙游支行不断升级巩固企业文化服务管理体制，深化“百合服务管理模式”，满足客户日益多样的金融服务需求。发挥“周一早会”制度，“周一主管会”制度，推广优秀营销案例，分享心得经验，将会议制度常规化，将培训内容实践化，不断提升客户经理专业知识技能。每月组织开展员工面对面座谈会，通过“零距离”沟通的方式，倾听员工心声，充分了解一线员工生活、工作上的需求，做到及时反馈、及时解决。组织员工观看红色电影《悬崖之上》，重温红色岁月，学习革命精神，传承红色传统，以实际行动践行爱国、爱党、爱行、爱岗的使命。

（民泰银行龙游支行　韩伟庆）

浙江稠州商业银行股份有限公司衢州龙游小微企业专营支行

【概况】 浙江稠州商业银行股份有限公司衢州龙游小微企业专营支行（以下简称稠州银行龙游支行）成立于2018年1月19日，经营地址在龙游县荣昌大道489号，是稠州银行在衢州市范围内开设的第三家分支机构。稠州银行龙游支行忠实践行“八八战略”，全力打造“重要窗口”，助力龙游城乡高质量跨越式发展，促进共同富裕。2021年，稠州银行龙游支行在县委县政府和各级监管部门的正确领导下，立足发展实际，坚持“市场银行”战略定位，下沉服务重心，助力龙游地方经济，为龙游经济建设的繁荣发展添砖加瓦。至2021年12月末，稠州银行龙游支行存款余额3.18亿元，各项贷款余额1.84亿元。

【助力地方经济】 稠州银行龙游支行紧紧围绕总行“产品标准化、平台内容化、客户手机化、展业移动化、营销数据化”的工作思路，优化各项系统渠道，通过实现移动展业、线上申贷，依托小微标准化产品及批量化数据，提高工作效率，改善客户体验，优化小微立体移动营销体系，扩大线上化小微金融覆盖面，加快落实小微金融服务线上化“普”与“惠”步伐。为支持“乡村振兴”战略，2021年，稠州银行龙游支行及时推出优化产品创新新举措，为创新获客渠道，开拓农村市场，创立“乡村振兴贷”线上化产品，服务三农。为助力龙游县政府绿色金融改革创新工作，在龙游县人民银行的政策指引下，主动承担起推进碳账户系统和碳金融应用的责任。至2021年12月末，稠州银行龙游支行累计投放绿色贷款3211万元， 惠及客户165户，占各项贷款的17.42%。稠州银行龙游支行在全县44个行政村推广“乡村振兴贷”产品，授信农户数10884户，授信金额1.29亿元。

【强化金融服务】 稠州银行龙游支行优化服务方式，下沉服务，金融覆盖形式不断创新。农村地区作为金融服务覆盖的“最后一公里”，回归本源、专注主业，以客户经理下沉带动服务下沉，优化服务方式。通过建立“农村金融服务站”，将助农服务点开设到广大农村地区，至2021年12月末，开业服务站11家，构建“零距离”24小时金融服务网，不断扩大农村地区基础金融覆盖面。履行社会责任，定期组织开展公益宣传活动，将防电信诈骗、反洗钱、存款保险等金融知识宣传到村入户，在乡村服务点设立防诈小站，宣传防诈案例，进一步提高群众防范意识和识别能力，提高县域支行服务金融市场的能力。2021年累计开展各种宣传活动50次，受益群众2000余人。针对疫情期间资金回笼少、筹措资金困难客户，推行无还本续贷业务，以缓解客户资金压力。为小微企业提供“智能化”线上支付产品，推进对公结算服务“一次不用跑”。推出对公结算服务“限时承诺”办结，进一步扩充预约服务和上门服务项目，消除“服务网点少”的弊端，全面推行“线上业务实时办、线下业务当日结”的业务模式，创建可持续新型农村服务体系，服务“三农”，助力家乡振兴。

【注重队伍建设】 以人为本，严格按照总行要求，树立以行为家、以行为业、以行为荣的稠行“家文化”，把员工的切身利益和银行的长远发展有机结合，提高支行凝聚力，增强员工归属感。稠州银行龙游支行领导平时关爱员工及其家属，常态化开展员工家访、找员工谈心等，了解员工生活、工作状况，全面掌握员工家庭情况。鼓励员工加入稠行互助会，享受互助待遇。稠州银行龙游支行积极鼓励员工参加行内外组织的活动，例如登山、气排球赛、篮球赛等，丰富员工业余生活，促进员工间交流。

（稠州银行龙游支行　钟梦琦）

杭州银行股份有限公司衢州龙游小微综合支行

【概况】 杭州银行股份有限公司衢州龙游小微综合支行（以下简称杭州银行龙游支行）位于龙游县太平西路9—15号，自2021年8月4日开业以来，杭州银行龙游支行充分依托龙游市场经济金融环境繁荣、中小商贸企业活跃的特点，坚持“服务区域经济、中小企业和城乡居民”的市场定位，以支持中小商贸企业为特色，积极拓展市场，各项业务取得较好的成绩。

【拓展信贷市场】 杭州银行龙游支行坚持以市场为导向，以客户为中心，牢牢把握发展机遇，立足本地，建立健全规章制度，扩大基础客户群，以多样化的金融产品和优质的金融服务，赢得居民信赖。通过客户经理“进园区”“进企业”等多种活动，走访企业，上门营销，关注客户需求，促进业务落地。积极储备资源，建立客户信息库和目标客户库，随时更新内容，积极开展新产品、新业务的学习和推广。定期组织员工学习产品与业务知识，加强与客户的沟通和联系，及时了解客户的经营和资金需求变化情况，做好服务工作，避免信贷风险。

【提供优质服务】 严格落实银行业“七不准”（即不准以贷转存、不准存贷挂钩、不准以贷收费、不准浮利分费、不准借贷搭售、不准一浮到顶、不准转嫁成本）和“四公开”（即收费项目公开、服务质价公开、优惠政策公开、效用功能公开）要求，规范服务行为，充分尊重金融消费者的知情权和选择权，健全金融消费者投诉处理机制，切实加强对金融消费者的保护，杜绝乱收费。大力开展金融宣传，结合金融服务宣传月等主题宣传活动，积极组织开展支付结算、存款保险、防范金融诈骗、非法集资、反洗钱、反假币等知识宣传活动，走进园区、街道、商场和社区，向广大居民宣传推广金融政策，推销金融特色产品。2021年共开展集中宣传活动10余次，服务客户1000余人。

【加强员工队伍建设】 强化人力资源管理，积极做好人员管理工作，根据业务发展需要，以组建一支综合素质高、业务水平好的队伍为目标，引导员工积极参加各类业务资格考试，竞争上岗。按照人尽其才的原则布局岗位，杭州银行龙游支行开业以来，根据每个员工的特长，合理做好岗位调整，力争把每位员工都放在最合适的位置，发挥最大作用。积极推进员工培训工作，有针对性地开展分级分类培训，根据员工个人的工作岗位、职位、身份性质的不同，制订有针对性的业务强化培训方案，不断提高员工的在岗履职能力。

（杭州银行龙游支行　赖　印）

中国人民财产保险股份有限公司龙游支公司

【概况】 中国人民财产保险股份有限公司龙游支公司（以下简称人保财险龙游支公司）始终以“人民保险，服务人民”为使命，服务龙游经济发展和社会稳定，保险业务稳步增长。2021年，人保财险龙游支公司实现保费收入1.79亿元，累计支付各类赔款1.56亿元。人保财险龙游支公司获2021年度龙游县金融机构类综合考核三等奖。

【深化政保合作】 作为国有企业，人保财险龙游支公司一直是政府保险项目首选合作伙伴。2021年，在政策性农业保险、政策性农村住房险、安全生产与环境污染责任保险、政府公务用车保险、医疗责任保险、农村小额意外保险、校（园）方责任险、食品安全责任险等多个保险项目上与政府紧密合作。为深化警保合作，人保财险龙游支公司积极参与“两站两员”（乡镇成立道路交通安全工作联席会议并设立交通管理站，重要路段、关口设立交通安全劝导站；建立乡镇专职交通安全员，行政村聘用交通安全协管员）建设，为“两站两员”工作的顺利开展投入大量人力物力，为创建“平安龙游”贡献力量。

【助力绿色发展】 大力发展“绿色金融”，加快美丽龙游建设，持续落实绿色金融创新产品“政策性生猪保险”龙游县全覆盖，保障全县绿色环境和食品安全。根据《关于印发衢州市安全生产和环境污染综合责任保险扩面工作实施方案的通知》文件精神，安环险在龙游全面推广。在全县危化、矿山、金属冶炼、电镀、木制品加工、造纸、环境治理业等七大行业和落户工业园区（经济开发区）内的全部企业、园区（经济开发区）外的规模以上企业，且在龙游县依法登记的独立法人单位，推广安环保险。实现安环保险现有模式全覆盖、市县一体全覆盖、七大危险行业全覆盖“三个全覆盖”目标。

【勇担社会责任】 2021年3月，在新冠肺炎疫情防控期间，人保财险龙游支公司响应政府号召，公司党支部带领全体党员、团员、员工积极投身到疫情防控工作中，包干生活小区，联户104户，电话、上门多方式排查小区住户情况，开展卡点值守工作，对出入小区卡点人员进行扫码、疫情防控宣传等工作，有效抑制疫情蔓延。公司班子成员到沐尘乡人民政府，向疫情防控一线工作人员捐赠生活保障物资，慰问奋战在抗疫一线的乡镇基层工作者，并向他们表达感谢和敬意，用实际行动，践行央企担当，履行社会责任。充分发挥基层党组织战斗堡垒和党员先锋模范作用，人保财险龙游支公司以实际行动彰显金融报国的情怀。龙游支公司党支部成立党员突击队，党员干部冲锋在前，彰显共产党员和青年团员的担当本色，以实际行动践行初心使命，为党旗增光添彩。人保财险龙游支公司与龙游县交警大队紧密合作，积极参与交通环境的文明创建，落实“警保合作”机制，组织公司员工走上街头，进行文明劝导工作。针对日益突出的电动自行车交通安全隐患，公司推出电动自行车第三者责任保险，为民众提供强有力的保障，促进县城交通环境改善。

（人保财险龙游支公司　吴莉娜）

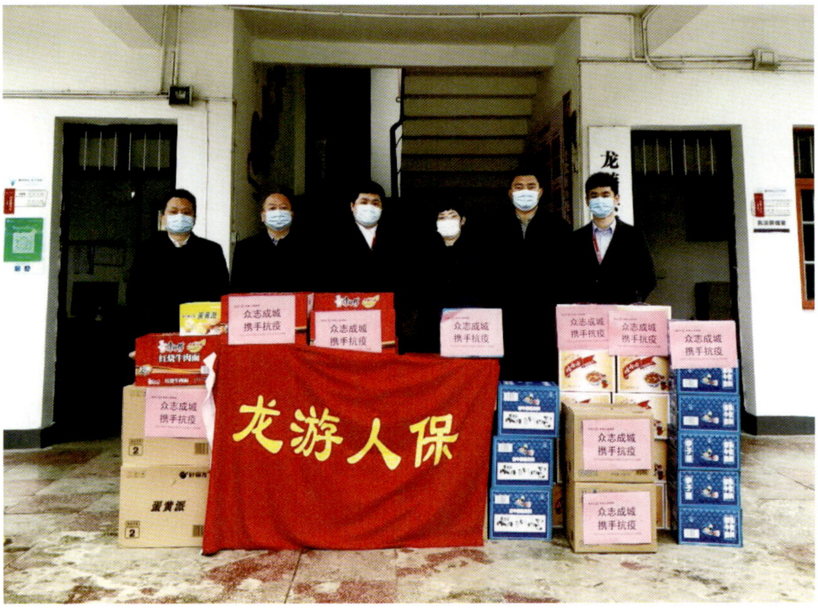

图89　2021年3月23日，人保财险龙游支公司班子成员到沐尘乡人民政府向疫情防控一线工作人员捐赠生活保障物资

（人保财险龙游支公司/提供）

2017—2021 年度人保财险龙游支公司基本业务情况表

表 27

年度	保费收入（万元）	比上年增长（%）	处理赔案（件）	支付赔款（万元）
2017	17283	4.10	16575	13521
2018	18636	7.84	18590	14910
2019	19537	4.83	18621	16021
2020	17745	−9.17	18732	15390
2021	17886	0.79	18691	15625

中国人寿保险股份有限公司龙游县支公司

【概况】 2021年，中国人寿保险股份有限公司龙游县支公司（以下简称中国人寿龙游县支公司）在中共龙游县委、县人民政府的正确领导下，认真贯彻落实省、市公司决策部署，以责任为基、以民生为念，在服务国家战略，参与社会管理方面敢于担当、积极作为，主动承担社会责任，综合实力不断提升。2021年共达成总量保费2.73亿元，占龙游寿险市场份额54.46%。中国人寿龙游公司获龙游县2021年度考核三等奖及“经济发展”突出贡献集体奖。

【政保合作不断深化】 中国人寿龙游县支公司秉承“以人为本、关爱生命、创造价值、服务社会”的公司使命，参与各项民生保障项目，为当地建立多层次的社会保障体系。与当地政府合作，推出了健康扶贫保险、计生系列保险、城乡居民医疗补充保险、见义勇为和重大自然灾害保险以及工伤经办服务等新的保险业务，突显中国人寿龙游县支公司品牌，政保合作不断深入，为龙游当地社会经济和民生建设作出贡献。

【发挥保险保障作用】 2021年，中国人寿龙游县支公司共给付满期客户226件，满期金额268万元；共受理理赔申请52695件，赔付金额为3287.9万元。在理赔工作中做到“不惜赔、不错赔”，积极履行社会职责，履行对客户保险利益兑现义务，为龙游的社会经济发展保驾护航。

【运营服务质量提高】 中国人寿龙游县支公司根据省、市公司的工作重点，做好满期金给付工作；全面稳步推进“E化”工作，对销售形成有效支撑；开展第十五届国寿700健步行和国寿小画家活动。每月定期组织开展国寿会员日活动，进一步促进销售和服务相互融合，提升国寿客户体验感；进一步做好投诉接纳与反馈工作，把问题解决在萌芽状态，2021年未发生一件监管投诉案件，中国人寿龙游县支公司客服中心参加衢州市客服技能竞赛获团体第一名。

【履行社会责任】 中国人寿龙游县支公司积极配合县委、县政府工作，鼓励员工加入志愿者行列，开展交通安全文明劝导、做好责任路段管理及联系社区清洁卫生等志愿服务活动。配合社区做好疫情防控工作，宣传推广接种疫苗。根据疫情形势，做好员工疫情防护工作，查验健康码、行程码，做好客户来访登记工作，配合县政府及时开展联系社区疫苗接种人员信息摸排、统计工作，为龙游县新冠肺炎疫情零确诊作出了贡献。开展扶贫结对工作，每月一次到联系村贫困农户家里开展走访慰问，了解农户的生产生活情况，鼓励他们积极生产，乐观面对生活，落实扶贫帮困举措，让困难群体感受到来自党的关爱和温暖，走上共同富裕的道路。

【合规经营防范风险】 中国人寿龙游县支公司一直把“合规经营”理念，落实到经营管理的每一个环节，不断增强员工和销售人员的合规意识，提升公司合规经营能力。认真落实风控联系人工作机制，多层次开展合规宣导培训和现场检查，每季度、每月、每周组织对员工和销售人员的诚信合规培训，通过现场抽查微信朋友圈、展业宣传材料、职场张贴、产说会等方式，强化办公场所和职场巡查力度；做细做实反洗钱工作，认真履行反洗钱责任，积极参加上级公司组织的反洗钱活动；开展各类风险排查工作，落实“问题整改年”工作。

（中国人寿龙游县支公司　席燕飞）

2021年度龙游县保险公司基本情况表

表28

保险公司名称	公司地址	业务类型	法人代表
中国人民财产保险股份有限公司龙游支公司	龙游县太平西路182号	财产保险	宋振中
中国太平洋财产保险股份有限公司龙游支公司	龙游县荣昌路环河步行街5号地块95—96号	财产保险	周　飞
天安财产保险股份有限公司衢州中心支公司龙游县营销服务部	龙游县龙翔路229、231号	财产保险	蓝晓斌
中华联合财产保险股份有限公司龙游支公司	龙游县龙洲街道远洋现代城4号楼第一层C13、C17、M12	财产保险	黄启成
中国平安财产保险股份有限公司衢州中心支公司龙游县营销服务部	龙游县东方广场商务楼A座9楼903—904室	财产保险	金国祯
永安财产保险股份有限公司衢州中心支公司龙游县营销服务部	龙游县东华街道子鸣路10—2号子鸣社区安居工程一期S4幢	财产保险	余向云
中国大地财产保险股份有限公司龙游支公司	龙游县人民南路517号	财产保险	王　震
大家财产保险有限责任公司浙江分公司龙游县营销服务部	龙游县龙翔路91号	财产保险	朱　禹
阳光财产保险股份有限公司龙游支公司	龙游县兴龙北路430—432号	财产保险	朱丽华
中国人寿财产保险股份有限公司龙游县支公司	龙游县龙洲街道荣昌大道一楼620号、622号624号及二楼	财产保险	夏元军
太平财产保险有限公司龙游支公司	龙游县龙洲街道兰亭路289号华都首府公寓香滨园9幢325—13、14	财产保险	叶　舒
中国人寿保险股份有限公司龙游县支公司	龙游县兴龙北路36号	人寿保险	姜俊毅
中国太平洋人寿保险股份有限公司衢州中心支公司龙游县营销服务部	龙游县莲湖路123—125号1—2楼	人寿保险	李　俊
泰康人寿保险有限责任公司浙江衢州龙游支公司	龙游县龙洲街道人民路148号二楼	人寿保险	叶林骏
新华人寿保险股份有限公司衢州中心支公司龙游县营销服务部	龙游县环城西路144号4楼	人寿保险	马彦鹏
民生人寿保险股份有限公司浙江分公司龙游县营销服务部	龙游县龙洲街道太平西路1号5楼501室	人寿保险	邵　胜
合众人寿保险股份有限公司龙游营销服务部	龙游县太平东路西门村新城综合楼5楼	人寿保险	高　君
富德生命人寿保险股份有限公司衢州中心支公司龙游县营销服务部	龙游县龙洲街道太平西路360号新华书店四楼107—113室	人寿保险	王益成
信泰人寿保险股份有限公司浙江分公司龙游支公司	龙游县龙洲街道太平西路1号三楼304室	人寿保险	朱佳群
华泰人寿保险股份有限公司浙江分公司龙游支公司	龙游县龙洲街道清影路17号、17—1号、19号、19—1号	人寿保险	余文慧
阳光人寿保险股份有限公司龙游支公司	龙游县龙洲街道兴龙北路428号二楼	人寿保险	叶　蓓
中国人民人寿保险股份有限公司龙游支公司	龙游县环城西路105号四楼	人寿保险	何振辉
长生人寿保险有限公司浙江分公司龙游营销服务部	龙游兴龙北路434—436号	人寿保险	颜腾飞
太平人寿保险有限公司衢州中心支公司龙游营销服务部	龙游县龙洲街道荣昌路广和大厦601—1室	人寿保险	杨闻喆
中韩人寿保险有限公司龙游支公司	龙游县龙洲街道荣昌路广和大厦801室	人寿保险	吴明明

概　述

【概况】 城乡规划建设与管理涉及龙游县住房和城乡建设局、龙游县综合行政执法局、龙游县征迁事务中心、龙游县自然资源和规划局、衢州市住房公积金中心龙游分中心等单位。2021年，坚持以习近平新时代中国特色社会主义思想为指引，深化机构改革成果，忠实践行“八八战略”“八个嘱托”“三个指示”，履行自然资源“两统一”职责，高质量开展城乡规划建设与管理、开发和利用工作。围绕“浙西新明珠”建设总目标，完善城乡规划体系，加大域乡统筹力度，城乡面貌不断改善。城市用地规模持续扩大，城市建成区面积达到15.39平方千米，城区常住人口10.45万人，城市化水平达到52.73%。城东新区总规划面积6.9平方千米，建成核心区4.2平方千米，区内“三横四纵”道路网框架基本形成。加强城市绿道建设，完成3千米县级绿道和1千米省级绿道，5月13日，全省绿道和园林绿化建设管理工作座谈会在龙游召开。被评为全省美丽城镇优秀县、突出集体。主动承担在建设“共同富裕示范区”“生态工业样本县”的责任和担当，为决胜高水平全面建成“四个龙游”、加快龙游高质量赶超发展“脱颖而出”开好局、起好步。

【城乡建设规划】 整体谋划县域新时代国土空间开发保护格局，推进县级国土空间总体规划编制，启动乡镇国土空间总体规划和部分区块详细规划编制。参与县“八大百亿”重点项目（前期类）决策并提供规划服务，为人大一号工程湖镇自来水厂迁建工程出具红线及设计条件。招引华侨城集团（上海华侨城公司）来龙游，签约滨水文化客厅项目。承担各项重大规划课题研究，规划咨询服务等工作。2021年度自然资源和规划局重点推进县级国土总体规划编制，聚焦“三区三线”开展两次试划工作。乡镇级国土空间规划推进前期调研及大纲编制。试点村庄规划初显成果推广村庄规划编制。两江走廊示范带总体规划、杭衢铁路龙游北站站前区控制性详细规划、老城区灵山江两岸文化核心区详细城市设计等续编规划推进成果完善。启动开展《龙游湖环湖地区高质量发展规划及城市设计》规划编制前期研究。

【健全城市管理体系】 综合行政执法推进“一支队伍管执法”改革，在湖镇镇开展全省第二批基层综合执法改革试点，成立综合行政执法队，整合湖镇镇和社阳乡各派驻部门人员力量，集中办公，实现“大镇带小乡”区域治理模式。规范发展“地摊经济”，在荣昌广场、御龙湾东面小游园等点位设立3处跳蚤市场。助力省示范文明县城创建，对照省示范文明县城创建要求，制定《龙游县主城区非机动车专项整治工作方案》《城区市容秩序专项整治工作方案》《“六小行业”污水及油烟排放“一店一册”建档管理工作方案》等，推进“文明餐桌”主题活动，实现餐饮单位公筷公勺配备率100%。健全垃圾分类制度，强化垃圾分类管理，履行垃圾分类职责，做好垃圾分类常态化工作。开展“城市体检”“拔钉清障”“百日攻坚”等乱象整治行动。智慧城管三期投入使用，达到长效管理。规范停车秩序，加强犬类管理，狠抓违建管控，加大城中村、城郊接合部和新建小区等重点区域的巡查力度。对北门小区、翠光一区等10余个老旧小区环境“十乱”、消防安全不到位、停车位紧张等问题及印江南、碧桂园等5个新建小区违章建筑、违规装修等行为进行整治。强化住房公积金风险管控，提升业务管理水平，实现从“柜台服务”到“智能服务”的跨越，从“最多跑一次”向“零跑腿”转变。完善征迁政策体系，规范集体土地征收，推进省示范文明县城创建工作。

城乡规划

【概况】 2021年，龙游县自然资源和规划局（以下简称县资规局），聚焦县委、县政府工作重心，围绕“浙西新明珠”建设目标，坚持规划引领，依托“多规合一”协同平台，深化国土空白规划体系。建立全国统一、责权清晰、科学高效的国土空间规划体系，整体谋划龙游县新时代国土空间开发保护格局。重点推进县级国土空间总体规划编制，全面启动乡镇国土空间总体规划和部分区块详细规划编制，积极探索村级国土空间规划试点。持续推进双评价、基数转换、生态红线评估调整工作。2021年，龙游县级国土空间总体规划、乡镇级国土空间总体规划、《龙游县域发展战略规划》《龙游县域综合交通专项规划》《杭衢铁路龙游北站站前区控制性详细规划》《龙游北站区块概念规划与城市设计》等规划形成阶段性成果。《龙游县“两江走廊”风貌管控导则》《龙游县城东片区夜景亮化专项规划》、湖镇镇溪底杜村等5个村庄规划形成初步成果。启动开展《龙游湖环湖地区高质量发展规划及城市设计》规划编制前期研究。

【重点项目规划服务】 参与龙游县“八大百亿”重点项目（前期类）决策，提供规划服务，聚焦民生实事，为人大一号工程湖镇自来水厂迁建工程出具红线及设计条件，筹备国土规划联席会议3次。成功招引华侨城集团（上海华侨城公司）到龙游签约滨水文化客厅项目，该项目总投资约50亿元。完成7个批次19个项目16.8公顷的规划额度指标核准赋码。

【重大规划编制服务】 履行国土空间规划编制中心职能，以承担县域各类国土空间规划编制，各项重大规划课题研究，规划咨询服务等工作。2021年，重点推进县级国土总体规划编制，根据部省市要求聚焦“三区三线”开展两次试划工作。乡镇级国土空间规划推进前期调研及大纲编制。试点村庄规划初显成果，推广村庄规划编制。战略规划、综合交通等专项规划根据县级国土空间规划同步推进编制。规划补缺，重要专项规划持续推进，两江走廊示范带总体规划、杭衢铁路龙游北站站前区控制性详细规划、老城区灵山江两岸文化核心区详细城市设计等续编规划推进成果完善，龙游北站区块概念规划与城市、森林城市建设规划专题研究、灵山江一江两岸过江通道专题研究、“两江走廊”风貌管控导则等新增规划持续补足规划研究“空缺面”。规划服务，完成各项交办及对接相关工作，做好与各部门重要规划思路的衔接，做好规划咨询等工作。至12月，完成《龙游县森林城市建设规划专题研究》《龙游县老城区灵山江两岸文化核心区详细城市设计》规划编制。

【森林城市建设规划专题研究】 2021年8月通过竞争性磋商，确定浙江省城乡规划设计研究院为中标设计单位。10月开展内部研讨

图90 2021年3月4日，县资规局与省规划院对接龙游城市内部交通规划

（县资规局/提供）

会，12月通过方案审查。研究旨在响应国家森林城市创建要求，挖掘龙游生态特色，整合城市相关资源，对龙游中心城区的绿色生态空间复合化打造提出针对性的策略和建议，实现龙游中心城区绿色空间的战略性整备，实现“生态入城”“生态融城”，以“森林龙游”建设为抓手，谋求打造生态文明时代“未来城市”龙游样板。研究范围为龙游城市环线及高铁站前区域，面积约54平方千米。构建“外环套三环”绿色体系。外环为全景360度生态游憩环，环以衢江和灵山江为基础骨架，通过打通重大生态廊道，串联两江、两滩、两山等核心生态板块，形成环城绿带，构筑楔形绿廊，按照“城景合一”的目标，规划构筑生态开敞型绿地系统，形成“城在绿中、绿在城中”绿地空间体系。内环分别为三江口核心圈层滨水活力环、灵山江滨水文化休憩环、东华山绿心绿肺活力运动环。打造“一园一区一路”（一园为打造一个多层次、多样化、可进入、可参与公园体系；一区为建设一批各具特色园林式居住小区；一路为一年四季均有至少一条特色景观道路）。

【重新织补绿色空间】 链接重要绿环生态功能，在中心城区的主要生态廊道和生态斑块中，识别面积较大的自然保留地和园地作为植树造林潜力地块。根据中心城区绿色空间体系，龙游中心城区最大的生态廊道为衢江走廊，最大生态斑块为衢江沿岸的凤翔洲、天鹅洲，以及灵山江东侧的东华山。重点在衢江、东华山这“一带一区”中选择潜力地块开展植树造林，重新织补绿色空间，形成中心城区重要的生态绿肺。

【老城区灵山江两岸文化核心区城市设计】 2019年7月开展前期研究工作，7月26日开展前期调研座谈会，8月15日开展协调会进一步明确工作方案，9月5日前期方案思路研究讨论会，10月28日发布公开招标公告由中国城市规划设计研究院中标，11月15日向部门汇报方案。2020年1月15日开展深化方案部门讨论，4月11日开展部门评审，10月30日开展部门及专家评审会。2021年完善文本审查结题。老城区灵山江两岸是城市发源地，拥有大南门和河西街、驿前、鸡鸣山等丰富历史文化遗存，规划从城市功能修补的角度出发，以“为本地居民提供更加宜居的城市环境”及“增强龙游县在长三角区域中旅游吸引力”作为目标，盘点龙游中心城区重要旅游和公共资源，以城市设计方式提出整体公共特色资源的发展策略，面向实施聚焦近期建设项目从总体层面提出公共特色资源定位、结构、形象。

【一轴一带七片区框架】 规划北至太平东路—东华街，西至兴龙路，南至规划广进路，东至规划子鸣路。包括大南门、老货场片区、铁路遗址公园、龙游博物馆、民居苑、鸡鸣桥下等地块，用地面积约196.8公顷。以将龙游县老城区灵山江两岸文化核心区打造成为一个展示龙游底蕴与风貌、吸引游客游览、丰富市民生活的宜居宜业宜游的龙游滨水文化客厅为目标，通过慢行重链、文脉重组、功能重构、水系重塑等方面构建“一轴一带七片区”（一条东西向人文景观轴为铁路遗址公园，一条南北向滨水蓝绿带为灵山江滨水活力带，七大功能片区为大南门、老货场、兰石社区、城角坊片区、鸡鸣片区、博物馆与民居苑、五爪垄）的城市空间形态与骨架。

（自然资源和规划局　徐伊宁）

城乡建设与管理

【概况】 2021年，龙游县住房和城乡建设局（以下简称县住建局）围绕建设“活力绽放、精彩纷呈”浙西新明珠的总体目标，贯彻落实市委发展战略和县委工作要求，砥砺前行、争先创优，做好城东新区建设、老城区更新改造、美丽城镇创建、城乡环卫养护、数字化实体运用等工作。获评全省垃圾分类优秀县、突出集体、美丽城镇优秀县、突出集体、建筑工业化优秀县等荣誉，燃气数字化改革和城乡风貌提升工作4次被省领导正面批示，年终考核，获市局第一名，县综合考核一等奖，实现“十四五”良好开局。2021年实施城建线政府性投资项目60个，其中实施类项目39个，前期谋划类项目21个，总投资约134.8亿元，年度投资计划为19.58亿元，实际完成投资15.7亿元。

【城东新区建设】 城东新区总规划面积6.9平方千米，建成核心区4.2平方千米，区内“三横四纵”道路网框架基本形成，2021年，重点实施子鸣路、荣昌东路东延、滨江路、城东大草坪地下空间、城东滨水休闲带、石窟滨水休闲带、城东公共文化服务中心等项目。完善新区路网框架和

图91 2021年，城东新区航拍图　　（县住建局/提供）

绿地系统，推进公共文化服务中心、商务中心和健康产业中心等服务配套设施建设，提升公共服务能力。成立城东建设管理工作专班，统筹城东新区建设管理，破解城东新区建设发展中遇到的历史问题和难点矛盾。

【老城区更新改造】 继续开展区块征迁收尾，对大南门、老货场等片区剩余户进行攻坚“清零”，1月20日，大南门区块最后一户房屋顺利完成腾空搬迁，为历时十余年大南门征迁项目画上句号。拆除腾空户及危房近2万平方米，完成城角坊区块246户的前期摸底调查。实施高铁站站前区块配套、龙翔路和荣昌东路道路景观改造。推进老旧小区改造，完成3个，累计改造完成20个。组织编制《龙游县老城区旧城有机更新规划》，明确有机更新启动板块，完成住房和城乡建设部规划每年20%有机更新任务。

【城乡风貌提升】 2021年，县住建局打造城乡风貌提升试点，成立龙游县城乡风貌整治提升（未来社区、未来乡村）工作领导小组，建立专班集中办公、实体化运作，各项工作步入正轨。完成《龙游县城乡风貌整治提升行动方案》编制，谋划8个城乡风貌样板区。红木小镇特色产业区、溪口—沐尘县域风貌区入选省级第一批城乡风貌样板区试点，经验做法《龙游县创新五大模式 探索城乡风貌整治提升新路径》被《浙江政务信息》（专报）第2期录用，获副省长高兴夫、徐文光批示肯定。

【美丽城镇创建】 擦亮美丽城镇金名片，2021年申报湖镇镇、沐尘畲族乡2个省级样板乡镇和塔石镇、庙下乡、石佛乡、罗家乡、大街乡5个一般达标乡镇通过验收，在全省平均通过率46%的情况下，再次实现通过率100%，连续第2年被评为全省美丽城镇优秀县、突出集体。首创美丽城镇集群发展新模式，省规划院设计的“一镇带三乡”美镇圈规划成为浙江省首个美丽城镇建设暨乡村振兴“美镇圈”规划，浙江大学规划院设计的美镇辐射圈规划完成编制，与建德、兰溪三地联动（横山镇、大慈岩、诸葛八卦村）古村落集群发展做法被省美镇办简报录用。

【城市版未来社区试点】 归仁未来社区、翠光未来社区入选2021年省级未来社区试点。归仁未来社区实施单元开工建设，大南门、兰亭安置小区等关键场景部分主体结顶。翠光未来社区核心区改造项目基本完成，“治理+”邻里中心改造基本完成，数字化场景由奔康公司与绿城集团联合打造，试运营。数字化教育场景列入省教育厅公布的数字社会未来教育重点场景先行建设单位（第一批）。谋划城市版未来社区新项目，城东礼享未来社区列入第四批新建类省级未来社区创建试点。

【环卫养护】 开展城区“一把扫帚”保洁，140万平方米公园、广场、园林绿化、亮化、市政道路的市场化养护。碧桂园翡翠湾、荣昌东路获评省级“园林式居住区”“绿化美化路”，观澜一号等4个小区获评“浙江省节水型小区”。新建公厕2座，改扩建1座，服务提升15座，实施龙游县环卫基地、青龙山填埋场边坡治理、生态修复项目，生活垃圾热解气化处理项目焚烧处理生活垃圾约6.5万吨，污染物排放指标达标。

【垃圾分类】 成立龙游县城乡生活垃圾分类工作领导小组，实行实体化运作。制定生活垃圾分类管理办法，明确部门责任分工、任务清单，发挥部门、乡镇、街道的主体作用，履行生活垃圾分

图92 2021年12月9日，燃气数字化改革应用 （县住建局/提供）

类职责。利用专业垃圾分类指导系统，采取智能回收设备、非智能回收箱、定时定点回收和上门回收。创新性开展生活垃圾分类工作，完成6个省级高标准生活垃圾分类示范小区创建，城镇生活垃圾分类收集覆盖率98%，无害化处理率100%，连续2年被评为全省垃圾分类优秀县、突出集体。

【城乡“污水零直排”建设】 完成36个城区“污水零直排”小区建设，完成污水管网建设改造8.57千米，雨水管网建设8千米，城区生活污水集中收集率75%，城市污水处理厂集中处理率97.7%。63个农村污水处理终端，进行工艺提升和纳管改造，完成363个标准化运维工作的自评、复评和抽查工作，完成省市级任务；开展农村生活污水治理排查，编制完成《龙游县域农村生活污水治理近期建设规划（2021—2025年）》，谋划实施农村生活污水“强基增效双提标”（对农村生活污水现有设施进行改造、新建，主要是对第一轮未建设农污设施的片区，新建终端和管网、新增接户以提高接户率和行政村覆盖率；对第一轮建设农污设施的片区，根据现状进行改造终端、更换管网、补接农户等以提高出水水质达标率）项目。

【推进村镇建设】 开展“村庄布点规划回头看”，落实龙游县城乡村镇建设规划和村庄布点规划。做好美丽宜居示范村创建及农村家庭危房改造，11.2万户农村房屋完成隐患排查，573户存量危房完成解危。红船头村、浙源里村通过省级美丽宜居示范村验收，完成新申报美丽宜居示范村3个，传统村落挂牌保护15个，星火村、双戴村省级传统村落风貌保护提升通过验收，完成黄泥山历史文化街区申报。

【瓶装燃气数字化改革】 “瓶装燃气管理一件事”数字化改革相关经验做法先后被省、市政务信息专报录用，获常务副省长陈金彪和高屹市长批示肯定。中新网、新蓝网、浙江卫视、《衢州日报》等主流媒体分别给予报道，列入省建设厅S0应用清单，在全省瓶装燃气安全在线系统推广部署视频会上进行全省推广。

【规范行政办件】 强化依法行政，2021年，审查规范性文件1件，重大行政合同报备1件，审查政府信息公开400余件，审查涉行政处罚移送案件13件；无行政败诉案件，无因行政复议被纠错案件，办理民事诉讼案件4件。强化平安信访，办理答复来信、来访、“12345”、网上信访1678件，基层治理交办件24件，完成智慧城管交办件1451件，来访类办理22件；开展国家、省、市、县各级信访积案化解11件。开展专题反诈骗宣传培训，强化反诈信息交互形成反诈联防预警机制，处理较大涉稳事件3起；强化行政审批，围绕“最多跑一次”改革，优化审批流程，压缩审批时限；办理施工许可证176件，建设工程消防类事项181件，人防工程事项116件。

（县住建局 方 鹏 许辰昱）

建筑业

【概况】 2021年，龙游县推动建筑业高质量发展，执行建筑业扶持政策、诚信评价体系，规范建筑企业各方面资质论证，使建筑企业健康发展。至12月底，龙游县拥有建筑企业179家，总承包资质一级企业4家，专业承包资质一级企业2家，二级资质企业17家，在建项目共237个，总造价135亿元。完成建筑业省内产值58.5亿元，同比增长23.71%，完成建筑工业化考核指标，完成率122%，建筑工地民工实名制考勤率由原来的65%提升到85%以上。

【公共建筑碳减排】 探索建筑碳账户试点，统筹考虑经济增长、能源安全、碳排放、居民生活四个维度，以新建建筑提升标准、可再生能源推广促进、建筑能效提升、绿色建筑转型升级为抓手，在全省先行试点公共建筑碳减排，推动建筑领域绿色低碳高质量发展。该做法被省建设厅列入全省数字化改革重大应用（S1清单）、浙里工程建设现场管控应用、绿色建筑和碳账户管理场景试点。

【安全生产】 提升建筑工地安全生产水平，贯彻县“遏重大”安全生产工作要求，出台“史上最严”的安全生产管控制度，对监管范围内所有房屋建筑工程、市政公用工程，134个工程进行三轮全覆盖检查，出动800余人次，采取限期整改107个，局部停工整改11个，停工整改9个，拉闸限电整改3个，涉行政处罚4个，不计分项目12个，复工复核10个，对综合评价相对较好的14个项目通报表扬，综合评价较差的26个项目进行批评，4个项目挂牌督办。

（县住建局　方　鹏　许辰昱）

2021 年度龙游县主要楼盘基本情况表

表 29

序	楼盘名称	楼盘地址	开发企业
1	广和星悦湾	东华街道湖底叶路 16 号	浙江广和房地产开发有限公司
2	荣昌道小区	东华街道荣昌东路 9 号	衢州市腾元房地产开发有限公司
3	龙城时代小区	东华街道同庆路 1 号	龙游卓盛房地产开发有限公司
4	满庭芳小区	东华街道开发大道 201 号	衢州东锦房地产开发有限公司
5	龙湖湾小区	龙游县模环乡（浙江龙游经济开发区）葆唐路 1 号	龙游金新建设开发有限公司
6	天元铭锦城	湖镇镇新建路 227 号	龙游天元旅游开发有限公司

2021 年度龙游县重点建筑企业基本情况表

表 30

序号	企业名称	地　址	注册资金（万元）	法人代表
1	浙江培华建设有限公司	龙洲街道荣昌大道广和大厦 A 幢 705—707 室	5000	叶子雄
2	龙游泽龙电力工程有限公司	龙洲街道灵江园区	2105	童雄伟
3	浙江泰宇建设有限公司	龙洲街道灵江园区祥云路 19 号	5116	骆　群
4	浙江通衢水电建设有限公司	东华街道学士路 222 号	10000	徐松标
5	浙江万明建设有限公司	龙洲街道太平西路 25 号	5000	卢明成
6	浙江建工五建建设有限公司	龙洲街道鹏程路 31 号远洋现代城二号商 2—2—1	10000	余雪峰
7	浙江璟瑞建设有限公司	龙洲街道远洋现代城 2—2—18 室	6968	肖景晖
8	浙江华水环境工程有限公司	龙洲街道城北姜北	5000	傅先松
9	龙游县通途交通建设工程有限公司	龙洲街道新二路 7 号	6090	龚明山
10	浙江同纬建设有限公司	东华街道城南工业区开泰路西 6 号办公楼 3 楼	5000	赖慧霜
11	浙江欧骏建设有限公司	经济开发区北斗大道 21 号	5100	杨红霞
12	浙江龙游和中建设有限公司	龙洲街道荣昌路广和大厦 A 幢 701 室	1000	陈胜华
13	浙江龙游泰安爆破工程有限公司	龙洲街道人民北路 24 号	5000	余有根
14	浙江千叶环境工程有限公司	龙洲街道平政路 287—1 号金泽大厦二楼	2000	夏　伟
15	浙江龙游万鏊建设有限公司	模环乡兰塘村	1200	袁月明
16	浙江宏捷建设有限公司	龙洲街道龙翔路 240 号（观澜壹号）209 室	5000	徐逸伟

房地产业

【概况】 2021年，龙游县紧抓房地产市场平稳总基调，落实中央关于“房子是用来住的、不是用来炒的”定位，持续以“稳地价、稳房价、防风险”为主基调，成立龙游县房地产市场持续健康发展领导小组，建立房地产价格会商、大数据监测预警、项目开发建设联合监管等三大机制。2021年，房地产市场基本平稳，房地产投资32.42亿元，同比增长33.7%，完成商品房销售面积354918平方米，同比增长26.5%。1—12月商品住宅成交均价11056元/平方米，同比下降6.1%；完成房价指数稳控工作，商品住房均价上涨幅度不得超过10%，促进房地产市场健康发展。

【乱象整治】 开展房地产行业乱象整治，规范房地产交易市场，加强和监督房地产交易过程中存在问题管理，理顺交易秩序。上线运行龙游县房地产市场及交易资金监管服务平台，交易更为透明。

【物业管理】 加强与业主的多渠道接触沟通，利用中秋节、端午节、腊八节等节假日，开展丰富多彩、生动有趣的活动，拉近物业与业主之间的距离。全县50个物业小区物业费平均收缴率达80%以上，推进物业管理规范，提升小区规范建设，利用“红黑榜”对物业企业、物业小区进行考核。

【住房保障】 住房保障不断增强，依托全省住房保障信息系统和权力运行系统，实现公租房申请“一证通办”；扩大公租房保障覆盖面，新增公租房保障家庭59户；推进社会救助家庭公租房主动保障，收集城镇户籍低保户、低保边缘户、特困户人员清单共307人，纳入保障范围88人；推进礼贤小区、南海家苑一期等安置小区建设。

（县住建局 方 鹏 许辰昱）

2021年度龙游县主要房地产企业基本情况表

表31

序号	企业名称	地 址	注册资金（万元）	法人代表
1	浙江广和房地产开发有限公司	龙游县龙洲街道龙翔路240号（观澜壹号）204室	10000	吴树良
2	衢州市腾元房地产开发有限公司	龙游县模环乡龙游经济开发区北斗大道27号综合楼603室	3000	汪冬根
3	龙游卓盛房地产开发有限公司	龙游县东华街道学士路368号	5000	欧阳宝坤
4	衢州东锦房地产开发有限公司	龙洲街道鸿图路11号401室	2100	韩 鹏
5	龙游金新建设开发有限公司	龙游县模环乡金星大道2号浙江龙游经济开发区管理委员会918办公室	2000	季建军
6	龙游天元旅游开发有限公司	龙游县湖镇镇沙湖路111号708、709室	10000	纪建伟

城市管理和综合行政执法

【概况】 2021年，龙游县综合行政执法局围绕建设区域明珠型城市目标，紧扣中心服务大局，加快推动城市管理向城市治理转变，不断提升城市精细化管理水平。重点做好“一支队伍管执法”改革、队伍建设、规范“地摊经济”、文明县城创建、“智慧城管”应用、规范车类犬类管理等工作。其中精准查处外来垃圾非法倾倒案的“三道门”经验连续获得时任市委书记徐文光、时任县委书记张晓峰的批示肯定，以湖镇镇为试点的“一支队伍管执法”获得时任常务副市长陈锦标批示肯定。

【推进“一支队伍管执法”改革】 在湖镇镇开展全省第二批基层综合执法改革试点。成立综合行政执法队，整合湖镇镇和社阳乡各派驻部门人员力量，集中办公，实现“大镇带小乡”区域治理模式。梳理下放行政处罚事项

695项，实现以湖镇镇政府作为执法主体对管辖范围内违法行为进行行政处罚。改革后，湖镇综合行政执法队整合执法力量、处罚事项、平台流程，统一办公、统一着装、统一管理、统一培训、统一指派、统一案审，多头查转变为最多查一次，单兵作战转变为集成作战，执法力量个别强转变为全面强，传统执法转变为智慧执法，提升执法能力、执法形象、营商环境，实现办案数量和质量双提升。

【规范发展“地摊经济”】按照“科学规划、合理布局、严格审批、规范有序”的原则，在荣昌广场、御龙湾东面小游园等点位设立3处跳蚤市场，2021年有80人领取摊位证，获得入驻临时限时交易市场资格。在招商路、大众路普农家电旁等不影响交通和市容的区域设置自行车修理、配锁换锁、鞋类修补等便民服务点15处，划出相应经营区域，设置统一标识标牌，对经营者进行“一人一位”管理，实现“放开不放任、便民不扰民”。

【助力省示范文明县城创建】对照省示范文明县城创建要求，制定《龙游县主城区非机动车专项整治工作方案》《城区市容秩序专项整治工作方案》《“六小行业”污水及油烟排放“一店一册”建档管理工作方案》等，开展“城市体检”“拔钉清障”“百日攻坚”等乱象整治行动。清理各类占道经营29832次，清理流动摊30620次，规范非机动车停放18769次，拆除各类违规、影响市容的户外广告8094块，清除乱张贴等各类牛皮癣广告563处，拖离违停非机动车383辆，向非机动车违停车主发送警告短信7000余条。

【智慧城管三期投入使用】2021年，完成智慧城管三期项目建设，新增和调整13个监控点位、优化二期平台功能的完整性。挖掘智慧城管可视化应用系统视频在城市管理中的潜能，丰富城市管理中发现问题的技术手段，利用技术手段完善城市管理部门的日常监管范围，提高日常监管工作效率。针对日常违法事件采集，实现自动识别违法行为，辅助人工巡逻，重点区域实现24小时在线值守，达到长效管理。通过智慧城管系统处罚机动车人行道违停案件21276起。

图93 2021年11月15日，县综合行政执法局开展巨龙路专项整治，提升城市总体风貌 （县综合行政执法局/提供）

【规范停车秩序】开展人行道停车标线和消防通道标志标线施划工作，增划人行道机动车停车泊位1234个，施划、复明非机动车停车位5000余处，增划消防通道标识标线2132.94平方米。通过“人工拍违+监控抓拍+车载拍违”等手段，严厉查处无序停放、挤占盲道、妨碍通行等违法停车行为，对严重影响交通秩序车辆，一律采取拖离措施，营造违停整治严打态势。查处违停机动车24467辆，强制拖车900辆。

【加强犬类管理】提高对城区主干道、公共场所、居民小区等人员比较密集场所的巡查频次，重点整治城区饲养禁养犬、无证养犬、遛犬不拴犬链、携犬出入公共场所、不服从犬类管理等五类问题。2021年，收容无主犬、违规犬304只，处罚33起。推进犬只备案登记工作，办理犬只登记上牌163只，犬证年审77只。

【综合执法进小区】按照“部门联动、突出重点、分类推进”工作思路，联合县住建局、资规局、龙洲街道、东华街道等单位，对北门小区、翠光一区等10余个老旧小区环境“十乱”、消防安全不到位、停车位紧张等问题及印江南、碧桂园等5个新建小区违章建筑、违规装修等行为进行整治。2021年拆除小区违章建筑8103平方米，拆除小区住户私设地锁49个，恢复车位面积403平方米。按照“新增违建发现一起、查处一起，存量违建清零”原则，加大城中村、城郊接合部和新建小区等重点区域的巡查力度，对在建违法建设实行“即查即拆”，对拆除的违法建设进行“回头看”，拆除289处8243.42平方米。

【拓展执法新领域】 紧扣“大执法”理念，将执法工作重心从城市管理向住房建设、生态环境等多领域扩展。联合县住建局等部门查处廉租房案件13起；联合县林水局等部门狠抓河道范围内违规采砂石乱象，查处案件10起；24小时全程监控，阻止外来垃圾倾倒，获2021年一季度执行“十条军规”典型事项通报；对瓶装燃气领域违法行为立案查处6起；开展工程建筑领域行业乱象专项整治，查处未取得施工许可证擅自建设案11起。

【队伍建设】 多措并举强化人才梯队建设，先后召开中层干部、青年干部座谈会，了解掌握干部职工思想动态与诉求；按照定人定岗定责、实干实绩实效用人导向，开展中层干部竞聘上岗、编内干部与编外干部双向选择竞争上岗工作，调整之后，共提拔中层正职7名、中层副职13名，转任中层正职7名，另有2名中层正职维持原岗位，并对中层竞聘、双向选择中落选的干部职工进行组织谈话，对1名中层干部予以免职，对4名在编干部扣除年终考核分，对3名编外职工予以待岗学习。通过建立健全新任中层干部考察考核、编外人员薪酬管理等制度，将人才培养、选拔模式加以固定，实现以“关键少数”带动“绝大多数”，以“绝大多数”影响“个别少数”，为巩固提升综合执法队伍“强转树”（强基础，转作风，树形象）行动成果提供组织保障、制度保障、人才保障。

（县综合行政执法局　邹佳胤）

消防救援

【概况】 2021年，龙游县消防救援大队锚定“防大火、遏亡人、降总量”目标，压紧压实消防安全责任，推进消防安全整治三年行动和“创人民满意消防救援队伍”活动，重点训练消防队员过硬本领，淬炼灭火救援尖兵；构建应急体系，压实安全责任；严查火灾隐患，探索治理机制；开辟宣传阵地，提升队伍形象。实现火灾形势和队伍安全“双稳定”。

【做好攻坚克难准备】 大队坚持“练为战”的理念，专门召开党委会，查摆大练兵工作弱点、盲点，做到主官带头，全员练兵。针对练兵工作“两头冒尖”现状，通过“清零行动”、火焰蓝勇士榜、“体能对抗赛”等方式，调动队员训练积极性，训练成绩稳步提升，2人参加衢州消防救援支队组织的冬训考核获个人总分第三、第四名。针对当前队伍平均年龄小、骨干缺的现状，选派15名消防救援人员参加总、支队专业培训，人员专业化水平不断提高。结合辖区灾害事故类型，制定出台《龙游县高速公路综合性救援专业队建设实施方案》，通过签订战略合作框架协议、组织隧道应急演练、创新A类+B类泡沫联用战法等方式，打造处置专业、素质过硬的消防劲旅。

【淬炼灭火救援尖兵】 2021年，大队出动621次，灭火救援281起，抢险救援186次，社会救援等其他警情154次，出动警力6089人，抢救疏散被困人员315人，保护财产价值4574.4万元，处置三晟家具、金鼎金属、百旺工贸等企业火灾事故。开展重点单位熟悉演练150余次，修订重点单位预案180家。针对队伍专业能力不强的现状，投入经费购置多旋翼无人机等高精尖装备，谋划第三消防站选址，专题行文向县委主要领导汇报队伍发展需要，争取远程供水、机器人等装备经费，推动战斗力本质提升。完成“建党100周年消防安保”“唱支山歌给党听”等各类活动安保工作。参与抗御台风“烟花”工作。

【构建多元应急体系】 大队每季度组织召开联席例会，总结工作，交流经验，开展专职队检查指导16次，微型站人员培训700余人次，实地拉动1200余次。组建专职消防队4支，乡镇志愿消防队11支，千人以上行政村志愿消防队183支，重点单位微型消防站203个。12月举办消防队伍业务技能大比武，组织专职队、志愿队、社区微型消防站、重点单位微型消防站等共156支队伍同台竞技，提升“打小灭早”能力。建立消防力量调度群，实现一点起火多点调度，构建全县联调联战指挥体系。出动基层消防志愿人员396人次，扑救火灾50起。经

图94 2021年9月29日，工作人员到企业检查消防设施情况
（县消防救援大队/提供）

济开发区专职消防队代表龙游出战，夺得全市多种形式消防队伍技能竞赛第三名。

【压实消防安全责任】 召开安全生产和消防工作会议，县政府与各乡镇（街道）和相关部门签订年度消防工作目标管理责任书。出台《“十四五”消防事业发展规划》，完成中心城区和4个建制镇消防专项规划修编。县消安委下发《全县2021年度消防安全重点工作及消防安全专项整治三年行动任务清单》，明确重点工作任务。部署开展消防领域风险普查，细化13类行业、场所风险普查清单，明确10个行业部门、各乡镇（街道）、经济开发区工作职责。提请县委、县政府主要领导、分管领导带队开展消防安全检查督导，将消防安全整治纳入县委县政府“大庆大干、你追我赶”建新功创新业“五场硬战”比拼内容，每月通报整治工作进度，每季组织开展评比。县消安办每月下发火灾形势通报，5次下发整改交办函，对12家单位进行挂牌督办整治，压实消防安全责任。

【抓实火灾隐患整治】 紧盯“防大火、遏亡人”两大目标，整治生产经营场所违章建筑130余处，拆除面积7万余平方米，整治商铺违规住人580处；组织排查居住出租房1139家，督促完成隐患整改1024户；紧盯重大火灾隐患整改，提请县政府落实整改资金520余万元，完成销案摘牌。大队检查单位989家，发现隐患337处，督促整改隐患300处，下发《责令改正通知书》290份，临时查封单位6家，下发《行政处罚决定书》76份，罚款51.2万元，拘留1人。

【探索消防治理机制】 探索委托第三方机构开展隐患排查，对4家燃气供应站、8家商贸市场、31家造纸企业、237幢高层建筑和345家“厂中厂”开展了消防安全排查评估，引用排查评估结果组织开展问题交办、约谈、整改，有效缓解消防监管力量不足矛盾。结合龙游县产业特点和造纸行业消防安全形势，建立造纸行业区域联防联控机制，突出“互查、互学、互帮”功能，提升行业内各单位消防安全自我管理水平。探索消防数字化改革深度融合新路子，实现智慧烟感、市政消火栓“掌上通”，建成县级数智消防平台。

【开辟消防宣传阵地】 针对七类目标人群开展消防宣传、培训、演练活动200余场，制作发放消防传单10万余份。利用“红门开放日”接待群众参观消防站57批次5000余人。15个乡镇（街道）100%建成消防体验室，191个村（居）建成消防宣传点，开展实名培训人数7万人。以辖区典型火灾事故为蓝本，分类制作企业、沿街商铺、村（居）民住宅、电动自行车等4类火灾警示教育宣传片，在百场电影下乡活动中播放。消防主题公园建成投入使用。

【队伍形象整体跃升】 紧盯群众“急难愁盼”问题，对接群众现实需求，制定出台“为群众办实事”九项举措。以“火焰蓝便民服务队”为突破口，结合“创文”“学雷锋”等重要节点，开展便民服务行动200余次。争取政府投入资金400万元，对城乡市政消火栓进行全面维修增补，为3000户老年人居住场所安装联网型感烟探测器。开展“典型引路”活动，发挥身边典型“全省十大消防卫士”王挺大队长以点带面的功效和力量，推荐大队2人参评“2021年度最美龙游人”。多种渠道宣传龙游消防形象，摄影作品《橙色印迹》在全省优秀政法书画摄影作品比赛中获奖，

“最快出警”“火线救援”等短视频作品在新媒体平台传播。

（县消防救援大队　何晓波）

有礼指数专班

【概况】 2021年，龙游县有礼指数工作领导小组办公室（以下简称县创建办）依据县委、县府的工作部署，扎实推进有礼指数稳步提升，开展各类专项行动，营造有礼氛围，做好阵地建设，完善机制建设，开展家庭家教家风建设，公民道德建设，推动志愿服务活动开展，推进文明细胞培育，提升公民文明素质，树立龙游文明形象。

图95　2021年5月17日，“反对浪费”“公筷公勺”餐饮文明工作专题培训会

（县有礼指数专班/提供）

【完善机制建设】 2021年2月成立龙游县“有礼指数”工作领导小组，下设工作专班，整合文明办、有礼办、创建办力量，在乡镇（街道）、机关部门层面分别建立相应领导小组，推动各项创建任务定人定岗定责，形成上下联动、齐抓共管工作格局。获全市有礼指数测评，取得一、二季度第三，三季度第一的成绩。推出“有礼指数”月度擂台赛，创新“四张督查清单”，对各机关部门、乡镇（街道）开展多层次立体式督查下发任务交办单，每月对全体机关企事业单位、乡镇（街道）进行排名通报，推动全县上下比学赶超、争先进位。2021年，下发交办单65期，督查交办问题3789条，到期整改3379条，整改率96.35%。

【开展专项行动】 推进“文明餐桌”主题活动，实现餐饮单位公筷公勺配备率100%；开展专题培训教育，实现大中小各类餐饮店、机关部门干部员工文明用餐接受教育率100%；发布“有礼红黑榜”32期，曝光红榜64家（人），黑榜320家（人）。深化“文明出行”行动，联合交警部门集中开展机动车乱停放、违章行驶、斑马线前不礼让、非机动车违规载人、乱停放、不戴头盔等不文明行为整治，查处各类交通违法行为11万多起，曝光财政供养人员不文明行为2885起。开展重点点位“文明指数”专项排查，以“反对餐饮浪费”“公勺公筷”为主题，对200余个重点点位进行排查摸底，发现问题128个，专题交办4期。开展“牛皮癣”专项整治，对小区楼道、主次街道、村社广场等重点区域进行集中清除，清除各类小广告6万余处，联合公安、综合执法建立溯源处罚机制，约谈、惩戒小广告乱粘贴人员4人。

【营造氛围筑牢阵地】 建立公益广告长效机制，在公交站点、公共自行车、小区宣传栏、建筑工地围墙等2000余个公共场所点位更换制作有礼指数公益广告，让广大市民群众举目见礼。建立日常巡查、重点督查形式完善城区公益广告维护管理机制，定期进行更新维护。设计“全民话有礼”主题活动10期，选择“餐饮浪费”“非机动车乱停放”“礼让斑马线”等主题，邀请普通市民共谋对策，引导市民群众养成有礼好习惯。建立以县新时代文明实践中心为龙头，15个乡镇实践所、208个实践站、562个实践点的四级全覆盖架构体系，打造溪口镇石角村、东华街道下杨村、詹家镇浦山村、小南海镇团石村等8个新时代文明实践站示范点。组织各级新时代文明实践阵地开展茶话会、文艺晚会、包粽子大赛等重阳节活动，营造良好氛围。

【开展志愿服务活动】 结合“3·5”学雷锋日开展“弘扬雷锋精神，争当志愿先锋”主题快闪活动，活动被浙江卫视报道；开展“志愿情　颂党恩　话有礼”龙游县志愿者庆祝中国共产党成

图96 2021年9月1日至10月31日，县文明办开展“我是小龙人 我有正能量”新时代文明实践活动（县有礼指数专班/提供）

立100周年文明实践活动暨8090说有礼启动仪式；结合三八妇女节、五一劳动节、清明节、端午节等节日，开展文明劝导、“我们的节日”等主题活动。在疫情防控、“衢州有礼周”“文明从有礼开始”等主题活动中，组织广大志愿者宣传疫情防控知识、发放爱心物资、参与街头志愿服务，打响“龙游大妈”“小星星”“我是小龙人”志愿服务品牌。

【公民道德建设】 坚持“最美”选树，开展最美龙游人·2021年年度人物评选，开展“有礼之星”选树等活动，推进最美龙游人、有礼之星、浙江好人等道德模范选树，寻找挖掘医护人员、基层干部、志愿团体、普通群众、企业带头人等各类典型人物相关素材，推动“最美”现象，由“盆景”变为“风景”，由“风景”变为“风尚”，引领带动更多市民见贤思齐。挖掘浙江好人2人，入选“最美衢州人”3人，入选市级有礼之星13人。加强未成年人思想道德建设，建立龙游县未成年人思想道德建设工作沟通会商机制，开展未成年人思想建设工作专项排查，对10个社区和学校、网吧等点位按照工作要求进行检查；开展“我是小龙人 我有正能量”志愿服务活动，动员全县未成年人化身“小龙人”志愿者，参与身边力所能及的志愿服务活动；联合县教育局策划开展“童心向党”教育实践活动，在48所中小学（职校）开展党史我来讲、党史知识竞赛、党史研学等主题活动，带动全县33771名中小学生开展党史学习教育。推进文明细胞培育，进一步加强文明单位规范管理，开展文明村镇专项巡查，完善文明单位、文明村镇管理制度。加大市级文明村培育力度，全年共培育市级文明村65个。贯彻落实省委进一步加强家庭家教家风建设的实施意见，召集妇联、教育等相关部门，组织召开专题讨论会。出台龙游县《关于进一步加强家庭家教家风建设的实施方案》，制作一批“家庭家教家风”海报在微龙游发布，开设“我有好家风家训我传承”专栏。

（县有礼指数工作办 刘 隽）

征迁事务

【概况】 2021年，龙游县征迁事务中心深入贯彻落实县委、县政府重大决策部署，从征迁工作一盘棋的高度出发，在城东攻坚扫尾和各区块征迁政策服务保障等工作中聚焦实干，勇当排头兵，在攻坚克难中抒写示范引领，在严守政策中体现公平正义，在全力以赴中诠释责任担当，为打造共同富裕示范区的浙西明珠城市建设贡献力量。

【城东征迁扫尾】 2021年元旦上班后凭借选房前夕有利时机，开展“十日攻坚”行动，打破攻坚藩篱，破解攻坚僵局。攻坚行动从全县各单位抽调61个拆迁干部，分8个攻坚组下沉到一线，攻坚对象涉及城东搬迁村已摇号但未腾空房屋21户，签约未结算6户，协议效力待定及未签约22户，计49户。经23天日夜攻坚，21户已摇号未腾空户实现房屋腾空；未结算、未签约户实现腾空2户，整个攻坚行动实现新增腾空和拆除房屋23户。4月，发现契机，抓住关键，成功突破一户。7月，对剩余的25户未签约腾空搬迁户（其中涉法涉诉19户）再一次开展城东攻坚扫尾“零点”行动，此次攻坚由分管县领导牵头，各单位包干负责，采取“1+9+22”的攻坚模式，即：“1”个指挥部、“9”个交办单

图97　2021年8月17日晚，县委副书记、县长祝建东（右二）到城东扫尾攻坚零点行动指挥部慰问一线将士，并调研指导工作
（城东扫尾攻坚零点行动指挥部/提供）

位、“22”个行政村主职干部参与攻坚行动，持续作战106天，打好“宣传战”“心理战”“重点战”“优化战”，成功攻克13户（其中10个涉诉涉访户，均息诉息访）。

【两次选房工作】　2021年开展2次选房工作，1月底2月初开展第二次大规模选房工作，选房顺序号有497户，实际参加选房户数为488户。因端礼小区小户型房源不足，有一部分安置户无房可选，征迁事务中心联合东华街道、相关部门、村“两委”做好稳控工作，安抚安置户心情，寻找解决办法。8月底，争取到开通龙都锦城为端礼小区未完成选房户的补充房源，开展第三次选房，参加选房47户。通过二次选房选出房屋1098套（其中端礼小区962套、C8区块72套、子鸣小区8套、龙都锦城56套）。

【结算交付落幕】　3月，根据端礼安置房交付时间，分两期启动安置房交付手续，与东华街道协商组成22个结算小组，进行结算和核对，在整个结算交房工作过程中，综合协调水务集团、房开公司和物业公司，及时处置安置房交付过程中涉及的物业、房屋质量、水电气等问题，助力交房工作顺利进行。11月初着手开始龙都锦城安置房的办证工作，为搬迁户做好服务工作。至此，城东征迁安置房结算、交付接近尾声，为全县面上其他区块的安置房交房工作起个好头。

【主职主业工作】　协助全县各区块项目征迁的实施。参与龙洲街道兰石区块、东华街道文成三期、溪口镇龙南旅游集散中心项目和“绽放的灵山江—灵溪竹海”生态旅游项目、庙下乡六春湖配套项目、塔石镇高铁北站前配套项目重大事项决策讨论，协助拟定集体土地房屋征收补偿安置实施方案，对各项目专班人员进行政策指导和培训。指导湖镇镇、小南海镇开展摇号选房准备工作，协助制定《县经济开发区集体土地房屋征收补偿安置实施方案》和士元实验区摇号选房办法，全程指导和参与摇号选房工作。

【党建统领】　开展党史学习教育，融合周一夜学制度，认真研究制定每月专题学习会方案，

图98　2021年1月4日，城东新区征迁改造指挥部召开城东区块“十日攻坚”动员会
（县征迁事务中心/提供）

确保时间、内容、人员“三到位”。开展丰富多彩的活动，以“主题党日”活动、走进博物馆、对接小区为活动载体，开展“沿着红色遗迹学党史”“我为群众办实事”等系列活动。坚持党建与业务工作同步推进，引导党员干部以党史学习教育为契机，努力践行习近平新时代中国特色社会主义思想，围绕城东扫尾攻坚工作，发挥征迁职能、党员先锋模范作用，助推城市“东进”，打造城市建设“铺路石”“东进先锋队”党建品牌。

（县征迁事务中心　李心如）

住房公积金管理

【概况】 衢州市住房公积金中心龙游分中心（以下简称市公积金中心龙游分中心）核定编制8人，内设机构3个：综合科、财务科、业务科。2021年，公积金缴存单位788家，缴存人数31545人，新增开户5249人，净增2654人，完成市中心下达任务的173.01%。归集住房公积金8.15亿元，与上年同期7.72亿元相比增长5.57%。支持住房消费9.68亿元，比上年同期9.54亿元增长1.47%，完成全年任务的99.38%。住房消费提取6.81亿元，比上年同期6.5亿元增长4.77%；办理公积金贷款817笔2.87亿元，比上年同期946笔3.04亿元下降5.59%。增值收益2948.51万元，比上年同期2642.18万元增长11.59%。公积金归集余额17.11亿元，同比增长8.5%。贷款余额16.47亿元，同比增长2.23%，存贷比96.24%。

【建制扩面工作】 结合“企业开户一件事”平台信息，对接新设立企业601家，了解各企业动态，对企业进行跟踪、回访，做好公积金政策宣传；联系县社保局获取100人以上规模企业清单，与公积金业务系统进行匹配，筛选未建、少缴公积金企业，针对性地督促建档；到企业召开公积金建制工作座谈会，倾听企业主、职工代表的意见、建议；召开各合作银行扩面工作专题会，开展公积金业务知识培训，与银行合力做好扩面工作。

【“最多跑一次”改革】 推进公积金业务办理从“最多跑一次”向“零跑腿”转变，重点推广“掌上办”“网上办”，践行“让数据多跑路、群众少跑腿”的数字化服务理念，“线上办”“不用跑”成为分中心工作常态，2021年办理业务32946笔，柜面办件量5818笔，“掌上办”“网上办”办件量27128笔，掌上办件量占总业务量的82.34%；推动公务员、事业单位“一件事”联办，提高“一件事”的知晓率、办件量，办理2264件；推进政务2.0服务，线上与线下窗口同步推广，服务窗口办理4777笔。

【改变贷款办理形式】 衢州市住房公积金中心在全国率先实现贷款“不见面”后，龙游分中心就开始谋划贷款“不见面”上线各项准备工作：与合作银行商讨协议签订、设备认领、场景建设、业务宣传等相关事宜，按照时间节点要求倒排落实贷款“不见面”上线工作；配合市中心信息科做好硬件设施的配套采购，在县行政服务中心办事大厅设置“网签室”；业务科室开展业务流程培训，组织骨干人员前往市中心交流学习；设置贷款“不见面”咨询窗口，做好业务宣传和推广工作。自2021年7月28日上线以来，受理线上申请面签150笔，公积金贷款金额4526万元，商业银行贷款金额4998万元。

【公积金基数调整】 根据衢住金管委〔2021〕1号《关于做好2021年度全市机关、事业单位住房公积金缴存工资基数调整和年度验审工作的通知》、衢住金管委〔2021〕2号《关于做好2021年度全市企业单位住房公积金缴存工资基数调整和年度验审工作的通知》文件精神，结合龙游实际，与县督考办确认乡镇、机关部门综合考核奖(一等奖)发放标准，与县财政局对接基数调整工作，确定机关事业单位职工住房公积金缴存基数测算办法，转发相关调整文件，完成基数调整工作。

【保障资金运行】 分中心坚持合法合规开展资金竞争性存放，加强内部管理，明确责任，防范风险，科学设置考评指标，确保竞争性存放公开、公平、公正；根据浙广泽审字〔2021〕0930-8号《审计报告》提出的问题，分中心高度重视，要求各科室进行对照检查，查找原因认真整改，查漏补缺，防范风险，巩固内审成果，提升管理水平；落实贷款三级审批，健全贷中抵押、贷后催讨责任制，抓好贷款风险的分析、控制以及到期贷款的及时催收工作；强化各经办银行的催收责任，与银行建立层层催收制度，加强贷前审查，风险管控考核，明确公积金风险管控责任，确保住房公积金安全运行。

【践行为民服务宗旨】绷紧疫情防控安全弦，干部职工出省、出市需提前报告，按照程序审批、备案，将行程及时报送县防疫指挥部。采购配备医用外科口罩、医用手套、消毒液等防疫物资；服务大厅严格执行戴口罩、测温、勤消毒等防疫措施；对联系结对社区117户居民开展健康绿码再排查、行程轨迹再核对、疫苗接种再督促、流动人员再登记等包区“清楼”行动，织密织牢疫情防控网。创新惠民利民举措，推行延时办、错时办、预约办举措；推行上班早到岗（提前15分钟取号、提前10分钟叫号）、下班延时办、周末预约办服务。推出咨询电话“最多拨一次”服务，完善接听、解答、回复、回访、通报等环节工作流程；注重政务礼仪，未接听自动转至“总客服”电话，派单至指定工作人员复电答疑；实行电话咨询双规运行“1+1”双通道模式，上班时间专人接听、节假日和晚间时段电话录音接听，确保群众咨询服务从“拨打”开始到“满意”结束的闭环管理。开展“上门送服务、出门做培训”服务事项，为企业和群众提供个性化、多样化、常态化的服务；开展“互看、互学、互比”窗口服务比拼活动，对物品进行定点、定品、定量、定人、责任管理，实现功能、布局、服务标准化的最优整合；以“最有礼的窗口”为目标，规范公积金服务窗口人员的“言、谈、举、止”，打造公积金“礼仪之窗”服务品牌。组织干部职工定期前往对接社区开展志愿服务活动；领办民生实事，推进“红色物业联盟”——机关部门“三联工程”，与街道、社区、群众代表等会商；领办2021年度请领实事清单，对社区雨水管加固，公共厕所、公共盥洗处安装太阳能路灯，改善社区基础设施条件；指派一名干部担任农村指导员，协助联系村做好党建指导、政策宣讲、项目推进、民情收集、矛盾调解等工作。

（市公积金中心龙游分中心　郑芳妮）

2017—2021年龙游县住房公积金基本情况表

表32

年份	涵盖单位（个）	缴存人数（人）	公积金归集（亿元）	公积金支出（亿元）	公积金余额（亿元）	公积金贷款（户）	公积金贷款（亿元）	剩余户数（户）	贷款余额（亿元）
2017	556	24620	5.34	4.28	11.08	1089	4.22	4224	13.57
2018	579	25402	6.30	4.61	12.78	1158	3.97	4939	15.70
2019	652	26763	6.95	5.17	14.55	747	2.29	5226	15.74
2020	699	29732	7.72	6.50	15.77	946	3.04	5602	16.11
2021	788	31545	8.15	6.81	17.11	817	2.87	5997	16.47

概　述

【概况】 环境、资源、气象涉及衢州市生态环境局龙游分局、龙游县自然资源和规划局、县“治水办”、县“四边三化”办、县“三改一拆”办、县农房专班、县气象局等单位。2021年，坚持以保障和服务龙游县社会经济发展为目标，完成供地项目152宗，总面积323.27公顷，可到账土地价款收入29.79亿元。完成龙游县矿产资源“十四五”规划编制工作，推进永久基本农田“千亩方、万亩方”建设。把地下空间和综合管线数据纳入数字三维数据建设。打好污染防治攻坚战，抓实第二轮中央、省环保督察和突出环境问题整改，开展各项执法行动，抓实抓细各项重点工作。高标准推进河（湖）长制工作，高效率开展“找寻查挖”专项行动，高质量开展满意度（幸福感）宣传工作，扎实打好“五水共治”攻坚战、持久战。环境空气质量稳中趋好，连续两年达到国家二级标准。为龙游县经济建设和社会发展提供良好的生态环境。

【加大专项整治力度】 河（湖）长制提档升级，在“长效机制”上下功夫。县主要领导、县级总河（湖）长坚持季度例会，就重大事项、重点问题、重要指示发布“总河长令”。实施“红灰黑”三色管理，按月通过龙游通、微龙游等媒体平台进行表彰通报，将其作为年终考核重要内容。在基本完成全域“污水零直排区”创建基础上，继续开展摸排，查漏补缺，筹措资金，结合老旧小区、未来社区，开展局部点位“污水零直排”建设和城区雨污管网改造。聚焦省市治水反馈问题及党委政府关注重点要点问题、治水自查难点焦点问题、群众反映热点盲点问题，开展全县“找寻查挖”专项行动。完成建设溪口镇“五水共治”主体公园。 推进治水数字化改革，高坪桥水库入选全省首批水利数字化改革试点单位。龙游县出台《龙游县灵山港涉砂专项整治实施方案》《衢江龙游段砂石资源规范整治工作暨关爱保护母亲河活动实施方案》等文件。衢江白鸽湖段入选2020年省级美丽河湖。

【保护资源提升服务】 龙游县自然资源和规划局履行自然资源“两统一”（统一规划、统一标准）职责，坚持规划引领，科学配置，落实自然资源保护、管理、开发各项工作。以省三线一单方案、县域生态保护红线、环境功能区划、行业准入条件等为准则，完善项目环境准入管理，做好项目前期服务与决策，严格把好项目环保关卡，建立环评编制机构量化考核机制。全面实施农田面源污染治理，保护饮用水源提供“龙游样板”。县气象局认真落实县委县政府和省市气象局党组决策部署，扎实推进各项工作，气象防灾减灾第一道防线作用得到体现，服务保障乡村振兴和生态文明建设取得成效，高质量气象现代化建设迈出坚实步伐，气象服务和安全监管能力不断提升，空气环境质量优良天数345天，优良率97.7%。环境空气质量稳中趋好，连续两年达到国家二级标准。

生态环境监测与保护

【概况】 2021年，衢州市生态环境局龙游分局紧紧围绕县委、县政府决策部署，打好污染防治攻坚战，抓实第二轮中央、省环保督察和突出环境问题整改，开展各项执法行动，抓实抓细各项重点工作。获“2021年度县综合考核三等奖”“2021年度人大代表议案建议承办先进单位”“2021年度全省生态环境信访岗位练兵比武活动集体二等奖”等荣誉。

【环境质量】 环境空气$PM_{2.5}$浓度均值29微克/立方米，比上年下降1微克/立方米，空气优良率97.7%，环境空气质量稳中趋好，达到国家二级标准。衢江出境水水质和国控地表水断面达标率100%，均达到Ⅱ类水标准，比功能区要求提高一个等级；集中式饮用水源地达标率为100%。

【建设项目管理】 以省三线一单方案、县域生态保护红线、环境功能区划、行业准入条件等为准则，完善项目环境准入管理，做好项目决策，把好项目环保关卡，建立环评编制机构量化考核机制。以提高环评编制质量和效率为目标导向，对环评机构环评文件编制质量及服务时效进行量化考核，召开第三方环评编制机构座谈会，对13家环评单位进行记分处理，对记分分值达到2分的9家环评编制负责人进行约谈，责令限期整改。完成环评报告书（表）项目审批100个，“区域环评+环境标准”环评备案18个，登记表备案21个，按期办结率、环评执行率、满意率实现“3个100%”。

【环境污染防治】 开展涉VOCs（挥发性有机物）排放企业排查，完成25家重点企业抽测，形成重点监管企业清单。开展水泥行业超低排放改造，涉VOCs排放重点企业深度治理工作，完成4家高效治理设施提升改造，6家源头替代，4家水泥企业超低排放改造按时序推进。开展形式多样的路检路查，对柴油货车路检路查，非道路移动机械监督抽测，将尾气排放超标车辆纳入市机动车监管黑名单系统。完成高坪桥—社阳水库生态拦截区建设试点工程，实施农田面源污染治理、保护饮用水源提供“龙游样板”。完善乡镇交接断面水质智能监控体系，新增4个乡镇水质自动断面监测站。加强土壤重点监管单位监管，完成7家重点企业土壤污染隐患排查、自行监测等相关工作。强化污染地块环境治理修复，2021年，移出5块土壤（疑似）污染地块。明确捷马化工地块补充调查和生态损害赔偿工作事宜，完成捷马化工股份有限公司宝塔路地块周边土壤污染状况调查，风险评估报告，报告通过省厅专家评审。协调各有关部门，“生态制度、生态安全、生态空间、生态经济、生态生活、生态文化”6个领域44项指标，通过省生态环境厅书面审查，2021年6月创建省级生态文明示范县。开展全市唯一“无废城市”创建，24个“无废细胞”通过省、市级验收，完成市级任务，伊利乳业获得省级“无废工厂”称号。

【环境执法监管】 围绕“遏重大”攻坚，突出问题导向，严防环境风险，开展环境污染问题排查见底百日攻坚执法、环境安全隐患大排查大整治、“护水一号”生猪养殖污染联合执法等系列专项行动、“零点亮剑”夜查行动、“雷霆斩污2.0”专项行动、“绿剑”执法专项行动、“一厂多租”专项排查行动，查处环境违法案件58起，处罚金额424.73万元，移送公安涉刑案件2起，移送公安行政拘留案件7起，查封扣押2起。

【环境信访】 健全完善“12369”24小时值班制度，规范落实环境信访管理制度，办理环境信访件，信访件答复时间均在3个工作日完成办结。对热点问题每月一通报、每季一分析，将每月信访问题通报至各乡镇（街道），落实属地责任，从源头上减少重复访，降低信访量。受理处置信访件186件，受理信访件比2020年同期（179件），上升4%，办结率100%，满意率98.5%，无重大越级群众集体上访及恶性上访事件发生。

【环保能力建设】 重点环保基础项目全面推进，完善高空瞭望视频监控系统建设，视频探头由原来9个增加至15个，新增安装扬尘监控点位6个，加强对城区建筑工地、道路扬尘管控；完成小微企业危废中转站、一般固废分拣中心建设，投入运行；完成青龙山5万吨飞灰水洗技改项目基本主体建设；龙游经济开发区污水处理厂三期4万吨/日扩建项目，完成土建的65%，设备进场安装。完善环保用电智慧监管系统，完成72家重点涉废气排放企业安装，破解企业环保设施运行情况监管难题。73家重点企业纳入污染源在线及视频监控系统，在线监测有效率和高清视频联网率位居全市第一。

【督察反馈问题整改】 第一轮

图99　2021年12月9日，衢州市生态环境局局长钟占铁（左二）带队到龙游县调研环保工作　　（市生态环境局龙游分局/提供）

中央环境保护督察反馈意见涉及龙游县的3项整改任务、转办的65.25件信访件和省环保督察交办23件信访件完成整改。第一轮省环保督察反馈意见涉及龙游县22项整改任务，完成整改。第二轮中央生态环境保护督察涉及龙游县的38件信访件完成整改销号，8个反馈问题完成5个，剩下3个按序推进。第二轮省环保督察期间，受理信访举报件4.25件，3.25件完成整改。

【排污许可清理整顿和发放工作】 按照排污许可核发技术规范要求，核发排污许可证80余张；采取非现场和现场相结合方式，完成88家企业实际建设与排污申报内容的符合性、完整性核实工作，完成率100%；完成10余个行业，56家排污单位2020年度排污许可证执行报告内容规范性审核，完成2020年度249家执行报告提交工作。

【提案议案答复】 2021年承办人大、政协提案议案11件，其中主办4件、会办7件，建立完善了领导督办、专人负责的工作机制，答复率、办结率，满意率均为100%。

【环境宣传教育】 完成环保设施线上开放——恒盛能源有限公司线上开放相关新闻报道拍摄，实现龙游县新增行业（电力、石化）环保设施公众开放新突破，把龙北污水处理厂、恒盛能源有限公司、龙游县环境监测站（包括自动空气站、水站）等一批环保基础设施纳入向公众开放的基地，联合县教育局、团县委组织开展设施开放活动。联合团县委等单位在龙游东方广场联合举办“绿动2021·为梦想添动力”龙游县微心愿公益活动，活动现场参与人员和网络直播关注人员3000余人。“六五”期间，集中时间段，通过播放无废城市宣传视频、生态文明建设示范县创建片头、字幕、横幅等方式在农村、社区宣传，观看群众4000人次。

（市生态环境局龙游分局　雷其乐）

2021年度龙游县环境质量状况

【概况】 龙游县环境质量状况包括城市环境空气质量状况、水环境质量状况和城市环境噪声三部分。空气环境质量优良天数345天，优良率97.7%，PM2.5浓度的年均值为29微克/立方米，比上年下降1微克/立方米，下降幅度为3.3%。水环境质量总体稳定，衢江、灵山江水环境功能区水质达标率达到100%，出境水水质达标率100%，各省控及以上断面水质均符合水功能区要求。交通、区域环境噪声均达到国家标准。

【空气环境质量单项指标统计结果】 全县二氧化硫浓度日均值浓度范围为3—21微克/立方米，年平均值为7微克/立方米，低于国家二级标准。二氧化氮浓度日均值浓度范围为7—91微克/立方米，年平均值为31微克/立方米，低于国家二级标准，浓度日均值超标率为0.6%。PM_{10}浓度日均值浓度范围为6—210微克/立方米，年均值为52微克/立方米，低于国家二级标准，浓度日均值超标率为1.4%。$PM_{2.5}$浓度日均值浓度范围为4—110微克/立方米，年均值为29微克/立方米，低于国家二级标准，浓度日均值超标率为0.8%。臭氧浓度日均值浓度范围为9—157微克/立方米，未出现浓度日均值超标。

【酸雨污染】 2021年，全县降水pH年均值为6.06，电导率年均值为31.1微西（门子）/厘米，酸雨率为17%。

【江河地表水】 2021年，全县江河地表水环境质量总体水平基本稳定，衢江、灵山江水环境功能区水质达标率达到100%，出境水水质达标率100%，各省控及以上断面水质均符合水功能区要求。

【饮用水源地水】 2021年，洪畈水库饮用水水源地水质达到Ⅱ类水标准，水质达标率100%。

【交通环境噪声】 2021年，全县的主要10条城市交通干线上设33个监测点，监测道路总长为13.29千米。昼间平均车流量为654辆/小时，城市道路路长计权等效声级均值为64.7分贝(A)，未超过国家70分贝(A)的控制值。

【区域环境噪声】 2021年，县城设置了108个网格点。昼间噪声Ⅰ类功能区均值为49.4分贝(A)，Ⅱ类功能区均值为50.2分贝(A)，Ⅲ类功能区均值为50.0分贝(A)，城区昼间噪声平均值为49.8分贝(A)，均未超过国家控制值。噪声源主要是生活噪声、施工噪声和交通噪声污染。

（市生态环境局龙游分局　雷其乐）

自然资源管理和规划利用

【概况】 2021年，龙游县自然资源和规划局（以下简称县资规局）坚持以保障和服务龙游县社会经济发展为目标，完成供地项目152宗，总面积323.27公顷，可到账土地价款收入29.79亿元。历经初始调查和统一时点更新两个阶段，完成133414个图斑调查任务，全面查清全县国土利用状况，农用地面积97080公顷，建设用地面积13547公顷，未利用地面积3700公顷。立项建设用地复垦项目42个59.79公顷，启动土地征收47宗，总面积167.05公顷。完成龙游县矿产资源“十四五”规划编制工作，推进永久基本农田“千亩方、万亩方”建设，立项2个总面积552.13公顷，完成规划设计方案编制和县级立项。印发《龙游县城市精细化管理“十大专项”行动—城市地下市政基础设施普查行动方案》和《龙游县城市地下市政基础设施普查实施方案》，全市第一个把地下空间和综合管线数据纳入数字三维数据建设。

【土地规划与利用】 以保障和服务龙游县社会经济发展为目标，坚持突出重点、统筹兼顾、公众参与、多规合一等原则。按照经营性用地和工业用地招拍挂出让制度，2021年完成供地项目152宗，总面积323.27公顷，土地价款收入26.92亿元，实际到账22.28亿元，可到账土地价款收入29.79亿元（含2020年出让地块2021年到账6.88亿元）。完成消化批而未供205.33公顷，存量土地利用117.93公顷，低效用地再开发36.27公顷，完成率均在150%以上，各项指标督查排名列全市第一，项目按期开竣工率排名全省前十。按照统一部署，开展“三调”工作，历经初始调查和统一时点更新两个阶段，完成133414个图斑调查任务，全面查清全县国土利用状况：龙游县农用地面积97080公顷，建设用地面积13547公顷，未利用地面积3700公顷，与“二调”相比，农用地面积减少1533.33公顷，建设用地增加1880公顷，未利用地减少333.33公顷，相关调查成果正式启用。争取建设用地计划指标54.47公顷。完成4个用地报批批次共计9个项目农转用报批，新增建设用地10.67公顷。开展3个批次19个建设项目和4个批次400户农民建房农转用组件报批，新增建设用地面积19.2公顷。

【土地征收】 2021年启动土地征收56宗，总面积187.1168公顷。完成土地征收成片开发方案编制，涉及开发片区27个，总面积325.9764公顷，拟征收农民集体土地220.3568公顷，获得省政府批复。完成国有建设用地收储7宗，面积11.62公顷。完成收储土地供应划转出库4宗，面积20.33公顷。推进土地储备专项债项目实施，加快资金拨付，累计拨付使用债券资金12.1亿元。

【土地整治】 2021年立项建设用地复垦项目42个59.79公顷，完工面积49.93公顷，其中6个项目入库6.84公顷，其余36个项目43.09公顷，完成县级验收；垦造耕地项目立项265个864.426公顷，完成县级验收241个688.36公顷；旱改水项目立项47个200.04公顷，完成县级验收38个138.03公顷；耕地质量提升项目完成县级验收75.93公顷。2021年，完成7宗土地指标调剂，调剂金额30.07亿元，其中补充耕地指标调剂4笔，调剂面积168.38公顷，调剂金额13.124亿元；复垦指标调剂3笔，调剂面积73.96公顷，调剂金额16.946亿元。2021年，16个省政府批复全域土地综合整治与生态修复工程项目，涉及14个乡镇（街道）、59个行政村，项目区域总面积234.4843平方千米。3个省级全域土地综合整治与生态修复工程（横山镇白鹤桥等7个村、横山镇下宅村等2个村、湖镇镇文林村全域项目）顺利通过省市验收，2个全域土地综合整治与生态修复项目（詹家镇夏金村等4个村、大街乡大街村等8个村全域项目）被列入省级项目。团石板块红船头全域项目入选2020年度浙江省乡村全域土地综合整治与生态修复省级精品工程获得800万元财政奖励。3个项目（士元实验区、龙洲街道官潭村等8个村、溪口镇溪口村等4个村全域项目）被列入省乡村全域土地综合整治与生态修复“11350工程”。

【矿产整治】 龙游县横山镇志棠村废弃矿山生态治理及矿地综合利用项目采矿权许可证于2021年3月15日颁发，项目于10月底开始正式施工，项目出让金6.11亿元；完成龙游县矿产资源“十四五”规划编制工作，报市政府审批；推进龙游县石佛乡石佛村废弃矿山生态治理及矿地综合利用项目实施，做好项目公开招拍挂前准备工作；完成东华街道大坞口等3处废弃矿山治理验收，启动龙洲街道项庄2处废弃矿山治理工作。

【土地执法监察】 保持执法监察高压态势，确保巡查时间、人员、路线、车辆“四落实”，巡查范围覆盖262个行政村。依法立案22件，其中土地违法案件10件2.61公顷，罚款21.2259万元；矿产违法案件11件，罚款105.0911万元；非立案处理1件0.305公顷。完成核实和填报卫片执法图斑394个477.46公顷，涉及违法用地图斑2个0.695公顷。

【耕地保护】 按照稳定利用耕地95%（即2038.67公顷）的任务数，完成永久基本农田第二轮试划成果，提交省级审核。推进永久基本农田“千亩方、万亩方”建设，立项2个总面积552.13公顷，完成规划设计方案编制，12月底完成项目验收入库。完善耕地保护补偿机制，发放耕地保护以奖代补资金1575.4257万元。开展耕地“非农化”摸底调查，确认存量“非农化”图斑381个，总面积59.1421公顷，联合县农业农村局等部门对耕地“两非”问题进行分类处置。

【不动产登记】 2021年开展龙游县不动产登记中心存量电子不动产测绘成果GIS整理建库项目，逐条核验转换数据，完成67055户房产测绘成果转化和挂接工作，全数导入数据库。2021年度龙游18家银行46个网点实现协同办理。完成不动产登记发证29488本，出具不动产登记证明12744件，注销登记5513件，查解封791件，档案综合查询11582件次。

【测绘地理信息建设】 推进龙游县地下市政基础设施普查工作，印发《龙游县城市精细化管理“十大专项”行动—城市地下市政基础设施普查行动方案》和《龙游县城市地下市政基础设施普查实施方案》；完成项目招投标；把地下空间和综合管线数据纳入数字三维数据建设。建设工程项目综合测绘成果报告，规范化率和技术服务示范合同使用率均超过95%。重视1：2000比例尺基础地理信息资源更新和龙游县天地图融合数据更新工作，完成县域1143平方千米1：2000 3D产品数据生成，通过省质检中心质检。全县1：500、1：2000基础地理信息数据融合完成，分别完成409平方千米全要素更新和734平方千米重大要素更新，通过省质检中心质检。完成大比例尺基础地理信息数据全覆盖，本区域重大要素变化更新信息提交，更新条数100条以上。在天地图国家节点提交审核通过1个典型应用。12月，完成《龙游县测绘应急保障预案》编写印发。

（县资规局　徐伊宁）

“五水共治”工作

【概况】 2021年，龙游县治水办围绕省、市“深化‘五水共治’碧水行动”的决策部署，推进河（湖）长制工作，开展“找寻查挖”专项行动，开展满意度（幸福感）宣传工作，打好“五水共治”攻坚战、持久战。水环境质量巩固提升，水生态健康有效改善，城市黑臭水体治理成果持续巩固，省控断面达到或优于Ⅲ类水质比例达到100%，集中式饮用水水源地水质达标率保持100%。

【河（湖）长制】 总河（湖）长坚持季度例会，通报季度工作，重点单位和河长表态发言，就重大事项、重点问题、重要指示发布“总河长令”。河（湖）长坚持每季度责任河湖现场巡查，针对问题研究制订解决方案。树立“一盘棋”工作思想，对新到位分管领导、联络员、基层河长开展业务培训，推广公众护水“绿水币”制度，引导群众自觉参与护水行动。公众护水平台注册人数名列全市第二。注重河长巡河问题发现上报率和问题整改数。

实施“红灰黑”三色管理，按月通过龙游通、微龙游等媒体平台进行表彰通报，将其作为年终考核的重要内容。公众护水平台各项指标完成情况处于衢州市中等水平，活跃度17.16%、问题发现数3.33%，绿水币兑换率71.42%。美丽河湖2条，11月通过市级验收。“一河一策”完成编制，河湖健康评价初稿完成。

【“两污”建设】 在完成全域“污水零直排区”创建的基础上，开展摸排，查漏补缺，筹措资金，结合老旧小区、未来社区，开展局部点位“污水零直排”建设和城区雨污管网改造。农村生活污水日处理20吨以上，处理设施265个标准化运维，完成363个，超额完成。“污水零直排区”建设任务36个，完工36个。污水管网建设改造任务为8.57千米，完成9.5千米；雨水管网建设任务10千米，完成10千米；结合老旧小区和零直排改造项目实施管网提标改造、雨污分流改造任务6千米，完成6千米；清淤排水管网任务150千米，完成174千米。

【“找寻查挖”专项行动】 聚焦省市治水反馈问题及党委政府关注的重点要点问题、治水自查难点焦点问题、群众反映热点盲点问题，开展全县“找寻查挖”专项行动，重点对污水零直排、饮用水源安全隐患、农污截污纳管不到位、农业面源污染、黑臭水体或劣V类反弹、河岸“四乱”等影响水环境质量专项督查。“找寻查挖”问题787个，整改到位697个，整改率88.56%。黑臭水体整改2处，通过省级验收。

图100 2021年11月23日，水美衢州摄影大赛接力活动启动仪式
（县治水办/提供）

【公众满意(幸福度)宣传】 完成建设溪口镇集户外宣传栏、标语地插、休闲驿站、观赏魔方、电子河长牌为一体的“五水共治”主体公园。通过“水美衢州”手机摄影大赛接力活动，提升宣传五水共治满意度、幸福感。利用“周二无会日”组团联村进村入户座谈交流、回访，让群众切身体会“五水共治”带来获得感和幸福感。利用微信H5功能，在微信朋友圈对“五水共治”满意度、幸福感提升宣传进行精准投放；利用城区人流量最大、商业最繁华的荣昌路和太平路两侧电子屏滚动播放“五水共治”宣传标语，租用宣传车大喇叭跑遍所有行政村宣传。印制各类宣传海报、宣传册、不干胶等8万余份，联合三大运营商发送短信94万条，固话音信通4万条。

【治水数字化改革】 推进治水数字化改革，高坪桥水库入选全省首批水利数字化改革试点单位。成为首个“数字水库”场景应用项目，水库数字运维平台围绕水库供水、防洪、发电、灌溉、生态等综合任务功能，采集流域水文、用水供需、大坝监测等数据，为防汛调度、供水管理、大坝安全等方面提供决策支撑，基本实现“一屏控全局”。在智战台风“烟花”、保障26.1万人饮水供应、区域水环境提升等方面发挥效能，创建全省数字水库样板。升级“智慧水务”系统，实现供水调度关键数据、动态等信息交集汇总，可视化地图一目了然。能及时准确对异常管网点进行测漏维修。水务管理人员可以在调度室根据供水管网各个节点回传的大数据，分析出供水系统的运行状况，发现各种问题并进行处理。还可以全程监控整个县域供水系统的运行状态，提高各生产单元的安全稳定性，提高城市供水运营管理效率和服务水平。

【河道疏浚】 治水抓好河道疏浚，“堵”字破痛点，龙游县先后出台《龙游县灵山港涉砂专项整治实施方案》《衢江龙游段砂石资源规范整治工作暨关爱保护母亲河活动实施方案》等文件，取缔采砂，成立专项整治小组确保长治久安。“疏”字解难点，实行禁采同时，开展河道疏浚，注重社会效益，引进先进工艺，对淤泥和污水进行再利用，实现疏浚产物100%综合利用。通过禁采行动，提升改造衢江沿线的生态景观，改善衢江两岸风貌，打造一条沿江生态旅游风景带，衢江白鸽湖段入选2020年省级美丽河湖。

（县治水办　何燕玲）

“四边三化”工作

【概况】 2021年是“四边三化”行动开展第六年。“四边三化”办公室认真贯彻落实省、市“四边三化”各项决策部署，以“攻难点、创精品、建长效”为工作主线，巩固前期整治成果，推动“四边三化”工作向高速公路、国道省道、“联盟大道”区域深入，实现全域覆盖。深化脏乱差问题整治，打造精品示范样板，健全完善长效机制。推进“大花园”建设，自2016年成立以来，连续3年获得浙江省“四边三化”优秀县，六年中4次市级考核排名第一，1次市级考核排名第二。

【问题点位整治】 巩固前期高铁、高速、国省道及衢江、灵山江水道整治成果，查漏补缺，加大十大类问题排查工作。整合乡镇部门精干力量，攻坚重点难点，重点整治高速公路、国省道、县乡道沿线乱搭乱建、乱堆乱放、蓝色屋面、青山白化等问题。交办市级交办和自查自纠点位514处，完成整治点位484处，完成率94.2%。

【公路专项整治】 落实省、市关于建设美丽浙江工作要求，推进公路路域环境整治工作，按照“分段进行、重点实施”的方针，根据《关于深入推进全市公路路域环境专项整治行动的通知》和《衢州市公路路域环境专项整治行动实施方案》（衢路域整治办〔2021〕2号）文件，围绕打造“重要窗口”和建设“浙西新明珠”的要求，强化公路路域环境整治，推进公路路边洁化、绿化、美化，实现公路沿线干净整洁、绿化景色美观、环境优美协调。建立完善公路路域环境治理长效机制，提供“畅通、安全、舒适、优美”的公路通行环境，重点整治高速公路、国省道及其他重要道路沿线两侧可视范围和城市出入口周边环境。督查交办点位280处，完成整改，完成率100%。

【精品示范创建】 结合省市精品示范项目创建工作，按照“面上达标、突出亮点”要求，注重结合本地实际和挖掘地域文化内涵，开展示范创建工作，打造富有龙游特色精品示范工程。以95联盟大道虎游线争创省级特色精品示范道路。以溪毛线精品示范创建工作为抓手，串联起两个国家AAAA级旅游景区龙游石窟与红木小镇。协调各部门乡镇力量，坚持违章、环境、社会乱象“三整齐下”，做好沿线乱堆放、乱搭建、违法广告牌等问题的整治工作以及庭院改造、立面改造等景观提升工程，完成省级验收评审。

（县四边三化办　董莉芸）

“三改一拆”工作

【概况】 2021年，龙游县“三改一拆”领导小组办公室（以下简称县“三改一拆”办）贯彻落实县委县政府工作部署，围绕“浙西新明珠”建设总目标，深化“三改一拆”、“无违建”创建工作，奏响实干快干干成的最强音。处置违法建筑3153宗，43.81万平方米（完成市下达任务的199.13%）。拆除违法建筑面积31.73万平方米（完成率176.27%），其他处置面积12.08万平方米（完成率301.75%）。“三改”完成36.76万平方米（完成市下达任务的188.51%）。城中村改造完成0.95万平方米（完成率189.32%），旧住宅区改造完成23.81万平方米（完成率238.1%），旧厂区改造完成12万平方米（完成率133.33%）。成立“治违除患促安全违法建筑专项整治行动”领导小组，对企业所有建筑物合法性进行调查、认定。提升老城品质，加强治理体系建设，提升数字政务服务水平。

【重点工作】 谋划好“衢州有礼”诗画风光带拆后利用示范村创建。结合乡镇（街道）实际，集中力量、集聚资源做好湖镇镇曹垅村、詹家镇浦山村、小南海镇汀塘圩村、溪口镇溪口村、沐尘乡沐尘村5个拆后利用示范村项目申报、建设工作，高标准、严要求打造拆后利用示范村，以示范村带动面上一般村的风貌提升。5个拆后利用示范村完成建设，投入资金1亿元以上，通过县级验收。抓好2020年20个拆后利用示范村的风貌提升，严控新增违建拆后反弹。做好拆后利用示范村项目资金审计，确保拨付示范村的资金落实到位。启动乡村品牌化经营建设，市农业农村局的支持，与浙江大学CARD中国农业品牌研究中心合作，对小南海镇团石村的历史、人文、现状等情况深入剖析，为团石村在文化、产业、未来乡村发展等方面，打造品牌特色。

【分类处置安全隐患】 2021年， 排查违法建筑宗数113宗，面积11.2万平方米。处置违法建筑113宗，面积11.2万平方米，完成宗数处置率100%，违法建筑面积处置率100%。县政府成立“治违除患促安全违法建筑专项整治行动”领导小组，县“三改一拆”办牵头协调，县经信局、消防局、住建局、资规局、综合执法局、乡镇（街道）、经济开发区等单位为成员。下发《关于印发龙游县开展治违除患促安全违法建筑专项整治行动实施方案的通知》对专项行动范围、时间和步骤等内容提出明确要求，相继召开工作月度例会、摸排汇总会、集中攻坚专项整治会，按照时间节点，倒排时间，确保高标准、高质量完成。资规部门对企业所有建筑物合法性进行调查、认定，绘制平面图，形成完整的企业建筑档案。县应急局、应急救援大队、第三方技术服务单位（设计、鉴定、评估）对企业违建是否存在安全隐患，是否符合补办手续等进行认定，分类处置，形成具体拆违方案。经济开发区充分发挥网格化巡查机制，实行开发区班子成员和联系干部包企责任体系，督促企业加快整改。把治违除患促安全专项整治行动纳入县“遏重大”攻坚战一盘棋，导入“1+8+X”的专班体系，建立“例会+清单”制度，统筹抓好治违除患工作。

【提升老城品质】 大南门历史文化街区挑水巷片区基本建成，完成老旧小区改造3个、“污水零直排”小区建设36个，城区生活污水集中收集率75%。兰亭小区安居工程片区原房屋，政府依法征收，法院参与资产处置，完成拆除企业用房9466平方米。新力、幸福、新华等老旧小区改造，新增382个停车位，修复人行道4385平方米，新增非机动车棚753平方米，推进快件箱、信报箱、快递服务站点建设。翠光二区老旧小区改造与未来社区建设有机结合，实施了雨污分流、地下管网、楼道修补翻新、路面白改黑、绿化梳理补植等改造工程，增设市民驿站、邻里微公园、健身步道等公共设施；小区内增设视频监控、居家养老智能监测、智能分类垃圾房等智能化设施。

【推动治理体系建设】 推广农民建房服务监管“一件事”应用，组织相关部门和乡镇审批、监管、执法人员开展学习培训，掌握基层治理农房“一件事”系统相关操作。通过查看系统沉积数据，分析农民建房需求，提升数字政务服务水平。开展在建农房线上+线下双巡查，遏制了建房户超面积建房、违规搭建辅助用房等行为。住建部门开发出龙游县建设工程智慧监管平台，完成视频监控、塔吊黑匣子等智能化设备的接入试用，加强在建工程隐患、违法建筑在线监控，打造“智慧工地”。

（县“三改一拆”办　雷　莉）

农房管控

【概况】 2021年，农房专班在龙游县委、县政府正确领导下，认真做好龙游县农房体系构建和乡村风貌提升工作。抓实“回头看”，做细自查自纠，决策拆后利用，提升乡村风貌，推广信息应用，推进服务增效，在衢州市乡村大花园建设中“当好龙头、力争上游”。

【农房整治“回头看”自查自纠】 农房专班会同督考办、县纪委开展农房整治防反弹督查工作，2月开始，每月分成3组随机对乡镇（街道）示范村、一般村检查农房工作，对发现问题交办乡镇、村，督促整改到位。全县范围内开展农房自查自纠排查工作，乡镇（街道）农房整治自查自纠上报99宗违建，完成处置。开展15个乡镇（街道）农房整治“回头看”互学互看互查交叉检查。7月8—9日，由各乡镇（街道）分管领导带队，对其他辖区内的自查自纠工作是否彻底、问题点位是否整改、新增违建拆后反弹管控是否到位等方面进行检查。9月，开展整治新建农房旁“新建附房”行动。县农房专班通过房地信息系统指引，对照建房通用图，对2020年以来建成的农房开展巡查，看新建农房旁边是否存在违建的“新建附房”。对巡查发现的2处违建附房上报县督考办，督促乡镇立查立改。

【农房整治风貌提升】 2021年，

农房专班积极配合各乡镇（街道）做好农房整治工作，东华街道危旧房治理655宗，整治面积30400平方米，小南海镇拆除违建62宗，整治面积20500平方米，詹家镇整治一户多宅、违建附房点位6041处，整治面积159700平方米，溪口镇拆除违建29处，整治面积18700平方米，罗家乡拆除反弹违建8宗，整治面积179平方米。聚焦美丽乡村建设，湖镇镇以“文旅风光带”为串联，带动山水共建秀水溪底杜、蜜桔希唐、红色地圩、锦鲤文林、红润曹垅一村一景一韵网红兴村，打造共富乡村联盟圈，詹家镇实施山后村“开心农场”、石亘村美丽庭院环境提升项目，推进“一米菜园”建设，芝溪家园、山后、浦山等9村获评衢州市“一米菜园”精品村称号，创建省级美丽宜居示范村2个，市县级美丽乡村精品村5个。配合乡镇做好美丽城镇创建，小南海镇获评浙江省园林城镇，省委书记袁家军到团石村考察美丽乡村建设，塔石镇获浙江省2021年第一批美丽城镇，沐尘畲族乡创建浙江省新时代美丽城镇样板乡镇，大街乡获浙江省我心中最美生态乡镇。聚焦“两江走廊”诗画风光带，通过沿江村庄农房整治风貌提升，将沿线12个拆后利用示范村串点成线，打造小南海衢江运动休闲线、姜席堰灵江戏水风情线、六春湖游览观光线，营造舒适敞亮的生活环境。因村而宜，做好“拆后利用”“庭院整治”“复垦复绿”“产业发展”“基础设施提升”五大类项目，一米菜园、一米鱼池、种药赏花、小桥流水成为全县各个村庄美丽风景线。既美化农村生活环境，又促进农民增收。

【房地信息系统应用】 开展房地信息系统在线审批和监管“四到场”录入情况核查工作，针对每个在建房屋建房监管录入情况与实地照片比对，细致抓建房监管，对存在问题数据统一交办到乡镇（街道）整改。通过每日盯钉钉，2021年全县受理件数682件，未出现超期办结件。

【农民建房服务监管“一件事”应用】 按照龙游县农房体系构建和风貌提升工作专班要求，推广农民建房服务监管“一件事”应用。县农房专班组织相关部门和乡镇审批、监管、执法人员定期参加学习，了解掌握基层治理农房“一件事”系统相关操作，通过钉钉群及时查看系统中的沉积数据等动态进行每周通报，提升数字政务服务水平，对接农民建房需求，提升服务质效。

（县农房管控办公室　蔡珍红）

气　象

【概况】 2021年，龙游县气象局认真落实县委、县政府和省市气象局党组决策部署，扎实推进各项工作，气象防灾减灾第一道防线作用得到体现，服务保障乡村振兴和生态文明建设取得成效，高质量气象现代化建设迈出坚实步伐，气象服务和安全监管能力不断提升，实现“十四五”良好开局。

【服务保障】 2021年，龙游县气象灾害频发，气象干部职工全力做好冬季强冷空气、春季强对流、梅汛期强降水、台风等过程服务，确保灾害性天气、重大天气过程预报预警信息发布及时准确，发布预警信号152次，气象服务材料267期。“6·30”暴雨过程及时启动预警全网发布和叫应制度，保障全县抢险避灾。“8·15”梧村大暴雨，预警信息通过点对点叫应和“三联工程”第一时间发布，村干部迅速组织抢险救援，无人员伤亡。完成六春湖马拉松山地越野赛、“四体会”（浙江省第四届体育大会）、县两会、首届浙江乡村文化艺术节等重大活动气象服务保障。

【气象现代化建设】 多维度加强气象综合监测。编制气象监测预报能力提升工程（监测）项目建设方案，完成项目立项开展实施。新建设完成17个区域站，气象站网监测平均网格间距从6千米缩小到5千米，高风险区域达3千米。完成2个区域站智能天气现象设备布设与安装。传输信号不稳定区域站增设北斗信号仪2个，确保数据采集传输的完整性和连续性。开展全市首部X波段天气雷达建设，填补低空监测盲区。多方位强化气象预报服务。完善五项叫应制度，制作叫应流程图，组建重大气象灾害应急浙政钉叫应群，及时更新汛期制度汇编。定期开展业务擂台赛和强对流天气服务应急演练，获2021年衢州市气象行业天气预报职业技能竞赛团体第三名。完成智能网格精细化预报平台、暴雨短临决策服务订正平台建设。多渠道发布气象预警信息。“网格+气象”系统投入业务应用，气象预警信息融入“龙游通”“三联工程”“综治平台”等数字化平台，形成1400

多名网格员、1750名村“两委”干部、11139名联户党员接收气象预警信息后迅速开展联户气象灾害防御工作机制，实现气象预警接收、气象灾害防御、气象灾情反馈、气象工作考核闭环管理。

【基层气象灾害防御】 完善网格+气象工作模式，形成村（社区）气象预警分级处置工作机制。梳理更新重要部门、气象灾害防御重点单位、景区和工矿负责人等服务对象信息库。完善全网发布实施细则，与县应急管理局签订《关于依托防汛防台应急短信平台发布重大气象灾害预警短信的业务规则》。开展气象灾害综合风险普查，完成8项气象灾害历史灾情调查和承灾体调查。举办部门和乡镇领导气象灾害防御知识讲座，开展气象协理员、信息员、网格员履行气象职责培训。推动气象信息员与基层网格员二员合一。完成40个气象防灾减灾标准化村创建。参加多部门应急实战演练2次。气象灾害防御首次纳入乡镇（街道）目标考核并明确由气象部门考核赋分，配套制定并印发《基层气象灾害防御工作考核细则》。

【防灾减灾科普宣传】 加强防灾科普宣传和防灾避灾应急自救知识普及，开展“3·23”世界气象日、“5·12”防灾减灾日、安全生产月等宣传活动。“3·23”世界气象日期间创新气象科普趣味游戏，设计气象科普真人飞行棋比赛，邀请家长和孩子组队参与，寓教于乐；与县林水局联合进学校开展气象科普宣传和气象专家答询活动；县教育局印发的《课堂内外学生安全教育》书籍

图101 2021年3月23日世界气象日，龙游县气象局开展气象科普进校园活动 （县气象局/提供）

新增气象科普插页；新建横山镇下宅小学校园气象站1座。

【乡村振兴气象服务】 打造“山村农社”乡村振兴气象服务示范带，实施山地旅游气象服务、村社防灾减灾数字化应用场景、数字农业气象、未来社区智慧化未来式服务示范建设。六春湖景区建成3个梯度气象站，开发景区气象服务微网，景区气象信息接入龙游通、“运动六春湖”公众号等多个平台。联合制作完成浙江天气旅行家栏目六春湖景区旅游宣传片，开展第二批美丽乡村示范点（六春湖）建设；完成地圩村村社防灾减灾标准化创建。梳理更新直通式为农服务库，新型农业经营主体预警信息覆盖率达90%以上，智慧农业气象APP服务覆盖80%以上。开展柑橘冻害情况调查，发布《2020年柑橘优新品种越冬期冻害调查和气候分析报告》；参与编写中国气象局《气候变暖对中国主要粮食作物产量与品质的影响评估报告》；制定椪柑和油菜精细化农业气象服务指标和工作手册。开展花鲢、白鲢、草鱼等多类家常鱼淡水养殖试验，积累淡水养殖观测数据；融入“智慧粮脑”开发，主动植入气象资源场景应用。气象数据和旅游微网接入溪口未来社区四治平台和显示大屏，开展生态气候监测服务，为社区居民提供定制式气象服务。

【生态气象保障】 实施龙游全域旅游气象服务能力提升项目，开展龙游全域旅游气象服务平台建设。建成5套负氧离子站，升级1套六春湖山地梯度气象站。以全省第一的成绩完成“中国天然氧吧”创建，推动溪口镇以全市第一的成绩入选首批“浙江省气候康养乡村”，两大气候品牌写入龙游旅游宣传手册，走进全省康养旅游推介会现场。向县委、县政府呈报《2020年六春湖气候分析》，制订实施人影作业服务周年方案，完成人影火箭炮架更换，人影弹药容置室报警装置接

入公安“110”系统，关键场所人影物联网安全监控实现全覆盖。构建“火箭+烟炉”人影作业新体系，开展人影烟炉和高坪桥水库人影标准化基地建设。开展8轮次人影作业，发射增雨火箭弹40枚。

【气象社会管理】 开展燃气企业防雷安全专项检查行动，与县应急管理局联合开展“遏重大”防雷安全专项检查，协同县文广旅体局对龙游民居苑、红木小镇等旅游景区进行联合检查，联合市气象局开展六春湖景区游步道项目雷电安全调研，向县政府呈报《旅游景区气象安全检查情况的汇报》。深化“互联网+监管”平台应用，完成15个事项检查，气象行政检查事项全覆盖。开展中国气象局防雷减灾综合管理服务平台、浙江省气象审批监管系统和“一企一档”应用，全县防雷重点单位应用政企共治平台（防雷安全码）覆盖率达到100%。气象安全融入“城镇燃气管理一件事”系统应用，获2020年衢州市安全生产先进集体称号。与县综合执法局签订共同推进气象执法合作备忘录，升放气球资质管理、安全管理等2项行政处罚权事项划转至县综合执法局，完成气球施放活动审批2件。新增行政执法人员3名，在编人员（不含地编）全部取得执法证。推行证明事项告知承诺制，5月1日起，对开展雷电防护装置竣工验收许可需要申请单位提交的防雷产品安装记录和防雷产品出厂合格证书实行告知承诺制。做好行政审批“网上中介超市”改革工作，实施中介超市综合管理平台防雷检测机构入驻审核。开展营商环境“清障”行动，完成3个自查问题整改。

【气象发展综合保障】 龙游县政府出台《关于推进气象事业高质量发展和防灾减灾“第一道防线”建设的意见》；《龙游气象事业“十四五”发展规划》正式发布实施；2021年，气象地方正常经费483万元，落实“十四五”规划项目建设资金1946.7万元，“职工之家”改造完成；龙游县防雷中心（龙游防雷设施检测所）完成销户；新招2名地方事业编制人员，新增1名中级工程师；干部职工挂职交流3人；完成1个省气象局青年项目研究，县科技局立项1个，与宁波市镇海区气象局签订山海协作合作协议；正式期刊发表论文2篇，入选第十八届长三角气象科技论坛论文2篇。

（县气象局　劳晓璨）

图102　2021年10月14日，龙游县气象局与宁波市镇海区气象局签订山海协作合作协议　（县气象局/提供）

2021年度龙游县气候

【概况】 2021年冬季（2020年12月至2021年2月）平均气温8.7℃，较常年偏高1.7℃；总降水量146.0毫米，较常年异常偏少47.7%，1月总降水量创历史同期最少；总日照时数352.7小时，较常年偏多9.5%；0℃以下低温日数16天，较常年偏少3天；出现阶段性连阴雨天气。春季（3—5月）平均气温18.5℃，较常年偏高1.3℃；总降水量707.1毫米，较常年偏多21.4%；总日照302.6小时，较常年偏少24.6%。夏季（6—8月）平均气温27.9℃，较常年偏高0.2℃；总降水量647.2毫米，较常年偏多6.1%；高温（最高气温≥35℃）日数25天，较常年偏少9.6天；受梅雨带影响，梅雨期全县出现3轮强降水，6月30日至7月2日全县平均雨量178.8毫米，城区雨量190.5毫米，最大降雨量为东华街道陶家山村263.6毫米。秋季（9—11月）平均气温20.6℃，较常年偏高1.4℃；总降水量190毫米，较常年偏少19.5%；总日照时数461.7小时，较常年偏少1.8%。

【气温】 2021年平均温度19.0℃，比常年偏高1.2℃，位列建站以来第一高；日极端最高气温38.2℃，出现在7月12日；日极端最低气温-6.8℃，出现在1月9日；出现36天高温（最高气温≥35℃）天气，较常年（38.3天）偏少2.3天。

【降水】 2021年总降水量为1683.3毫米，接近常年；雨日221天，比常年偏多1成；最大日降水量116.3毫米，出现在6月30日；6月10日入梅，7月5日出梅，梅期25天，比常年偏少5天，梅雨期呈现梅雨量较常年偏少，地域分布不均，降雨量南部多、中北部少，时间分布不均，强降水过程集中于后期，降水强度大，梅中有伏等特点。

【日照】 2021年总日照时数为1601.3小时，比常年偏少185.9小时。

（县气象局　朱志丹）

2021年度龙游县主要气候事件及影响

【寒潮】 2021年1月和11—12月冷空气活动频繁，出现5次寒潮。1月7—14日全县日最低气温均在0℃以下，8—10日大部分地区最低气温-3℃—-7℃，山区-8℃—-13℃，冰冻严重，造成柑橘出现不同程度的叶片变色发黄、蜷曲现象，未采摘的果实冻伤，损失严重。11月7—9日、21—23日和29—30日各出现1次寒潮，11月7—8日，部分乡镇出现5—7级阵风，高山站六春湖上出现8级大风（17.7米/秒）。12月24—25日，山区最低气温降至0℃以下，出现降雪天气。受冷空气影响，28日全县大部分地区出现雨夹雪或雪天气。

【连阴雨】 3月出现两轮连阴雨天气，降水日数为24天，较常年偏多3.4天。经调查，2021年龙游油菜菌核病普遍发生早、发病率高。5月降水过程较多，其中16—26日出现持续阴雨寡照天气，不利于开展油菜收割晾晒工作，部分田块倒伏明显。

【强对流】 5月10日一天内出现多轮极端强对流天气，是2021年影响域最广，整体强度最大的一次强对流灾害性天气。普降大到暴雨，最大过程雨量132.8毫米，最大小时雨量33.3毫米，均出现在客路村；25个站点出现7—10级大风，最大阵风出现在詹家镇24.5米/秒（10级），城区22.7米/秒（9级），高海拔站点六春湖上30.5米/秒（11级）；多地出现冰雹。8月27日夜间大部分地区出现短时暴雨、强雷电等强对流天气，中北部地区出现6—8级、局地9级阵风。全县面雨量32.6毫米，中部乡镇62.7毫米，南部乡镇27.7毫米，北部乡镇9.5毫米。有10个气象站点累积雨量超过50毫米，最大为湖镇镇客路村83.3毫米，城区雨量52.8毫米；有9个气象站点小时雨强超过50毫米，最大为湖镇镇客路村81.3毫米；有5个气象站点出现8级以上阵风，最大为湖镇镇9级阵风（23.0米/秒）。9月7日凌晨湖镇镇等地出现短时暴雨、强雷电，有3个气象站点累计雨量超过50毫米，最大为湖镇镇76.7毫米（小时雨强70.4毫米）。2021年8月9—17日出现倒黄梅天气。全县面雨量106.5毫米，有7个气象站点雨量超过130毫米，最大为志棠村174.4毫米。8月15日下午起全县出现短时强降水，沐尘乡梧村村3小时雨量超过90毫米，累积雨量为109.9毫米。沐尘乡和庙下乡局部地区出现山洪和山体滑坡。

【暴雨】 2021年城区共出现4天暴雨，分别为：5月11日67.9毫米、6月30日116.3毫米、7月1日65.3毫米、8月28日52.8毫米。

【高温】 2021年，35.0℃以上的高温日数为36天，38.0℃以上的高温日数1天，极端最高气温38.2℃。9月至10月上旬平均气温27.6℃，较常年同期偏高3.9℃，高温日数9天，平均气温和高温日数均列建站以来第一位。尤其，国庆节期间（10月1—7日）平均气温26.9℃，较常年同期偏高5.6℃，破历史纪录。

（县气象局　朱志丹）

概　述

【概况】 2021年，龙游教育以“两创”（创建全国义务教育优质均衡发展县、创建全国学前教育普及普惠县）为契机，坚持以龙游教育改革发展“1630”（“1”即“教育一号工程”；“6”即学前教育补短提升行动、基础教育优质均衡发展行动、职教产教融合发展行动、明珠教师队伍建设行动、中小学智慧校园建设行动、县域教育布局优化行动等“教育六大行动”；“30”即内部改革激活力10项改革、外部支撑凝合力10条措施、教师自律增动力10个严禁等“三十项具体工作举措”）工作举措为抓手，深入开展补短提升行动，全面推进教育现代化，推动教育事业的各项任务高质量完成，努力打响“优学在龙”教育品牌，全面开启龙游县“十四五”教育高质量发展新篇章,为龙游县高质量建设共同富裕示范区和打造区域明珠型城市助力赋能。全力打赢疫情防控保卫战、阻击战，构建严密的疫情防控工作体系，完善疫情防控各项制度，坚决将疫情挡在全县校园之外。2021/2022学年，全县共有中小学、幼儿园134所（含民办中小学、幼儿园），其中普通高中4所、职业高中（中专）2所、普通初中10所、小学32所、幼儿园85所、特殊教育学校1所。有民办中小学7所，民办幼儿园65所。有电大1所，城乡成人（社区）文化学校15所。在校中小学生（幼儿）48662人，其中普通高中5487人、职业高中（中专）5010人、普通初中9582人、小学18280人、幼儿园10214人、特殊教育89人。全县基本普及15年基础教育。全县中小学、幼儿园有教职工4546人，其中专任教师3938人，在编、在岗教职工3290人。2021年，龙游县科学技术工作以创新型城市（县）创建为目标，实施创新驱动发展战略，围绕规模以上企业高新化和研发机构全覆盖，重点扶持一批新兴产业高新技术企业，加快实施一批重点科技创新攻关项目，全面提升研发投入水平，打造促进经济增长和创新创业强劲引擎，全面建设“科技龙游”。

【龙游县教育局关心下一代工作委员会获教育部表彰】 2021年12月22日，教育部关心下一代工作委员会下发《关于表扬全国教育系统关心下一代工作先进集体、先进工作者和突出贡献者的通报》，龙游县教育局关心下一代工作委员会获评“全国关心下一代工作先进集体”。这是龙游县教育局继2020年获评教育部关工委“美好生活劳动创造”主题活动先进集体后再次获得部级荣誉。

【浙江省现代化学校创建】 2021年，县教育局出台《关于推进“浙江省现代化学校”创建工作的实施意见》，由教育督导科牵头制订创建规划，教育局各职能科室全要素支持创建学校提升，对创建成功学校给予经费补助、考核评价、评优评先等政策保障，鼓励引导学校积极投身创建工作。经过教育局机关职能科室、各督学中心和下属学校的共同努力，县实验幼儿园、阳光小学、溪口小学、龙三中、衢州工商学校等5所学校成功创建浙江省现代化学校，创建成功率在衢州市位居第二。

【"清廉教育"品牌建设】 围绕全县教育改革和发展实际，创立"1251"龙游"清廉教育"品牌，即：确立"清廉教育"1个中心；抓实"双建机关"(清廉机关建设、模范机关建设)、清廉学校2个层面；以"五力"促"五大工程"，推进"双建机关"建设，以"五廉清风"(政风清明、校风清净、师风清正、学风清新、家风清简)优化清廉学校发展，实现"龙有优学"目标。2021年6月，县教育局成立龙游县第一个数字化改革专班，坚持站在基层学校监督角度，搭建龙游县"校务事务"大数据监督场景应用，助推"清廉学校"建设。该场景应用分校务事务监督、监督质效提升2个栏目，有"教育双减""校园工程""校园采购""评优评先""食堂管理""劳务用工""困难资助""监督动态""监督规矩""问题直报""反向监督"等10个模块。通过嵌入式、全流程、精准化监督，解决全县教育系统校务事务监督力量不强、流程不畅、质效不高等突出问题，创新教育领域工程、采购、评优评先等易发生腐败问题重要领域与关键环节监管方式，发挥数字化监督检查实时公开、流程规范、数据集成、智能预警等特点，构建龙游县各中小学校(幼儿园)全面覆盖、内外贯通、协同高效的学校公权力数字化监督体系。抓紧抓实内巡、内审工作，重拳治理有偿补课，打造多维立体清廉文化育人环境。5月，衢州工商学校在衢州市清廉学校推进会上做交流发言，龙游县华茂外国语学校附属幼儿园大型红色清廉游戏《长征》在县领导"六一"走访时得到充分肯定。

【"一校一品"党建品牌建设】 深化党建品牌建设工程，打造教育系统党建品牌示范圈。2021年，创建市级党建示范点3个，形成县职校"新龙职一心服务"、实验小学"红领党建联盟"、溪口小学"金兰党建"等40余个特色工作品牌。各学校党支部积极参加创建特色品牌评比活动，全县24个学校党支部特色品牌送衢州市参评。7月6日，成功举办教育系统庆祝中国共产党成立100周年文艺晚会，讴歌党的光辉历程，龙游县委书记张晓峰等县委、县政府主要领导现场观摩，全县11万多人在线观看直播。

【成立"君君妈妈党代表工作室"】 "君君妈妈党代表工作室"由龙游县教师进修学校教师雷素君领衔成立。2021年3月，工作室联合团县委、县妇联为北辰小学留在龙游过年的35名孩子捐送围巾、手套、图书等暖心大礼包，7名教研员志愿者参加活动。暑假期间，工作室先后组织114名志愿者赴溪口镇文化站、庙下乡文化站、端礼小学、庙下乡八角殿村4个教学点开设以"传承红色基因，携手快乐成长"为主题的红色公益课堂，共开设5个班次、6个班期，近20名县教研员参与活动，300多名留守儿童、"小候鸟"受益。为配合翠光未来社区教育场景建设，工作室开设家长公益课堂，至12月底，开展活动4期，社会影响力不断扩大。"君君妈妈党代表工作室"被评为2021年"最美龙游人"团队，工作室事迹上了"学习强国"学习平台；雷素君老师被评为"浙江省最美志愿者"。

【疫情防控十项硬核举措】 落实常态化疫情防控工作，通过"疫情防控十项硬核举措"，保障全县师生健康安全和学校校园安全稳定，维护正常教育教学秩序。十项硬核举措具体内容为：全面排查管控风险人群；强化校园出

图103 2021年7—8月，"君君妈妈党代表工作室"组织志愿者利用暑假时间为农村留守儿童开设红色公益课堂，图为志愿者和留守儿童合影（县教育局/提供）

入管控；严格师生外出管理；加强外出活动、大型活动审批管理；加强县外返龙人员管理；坚持家校协同防控；加强物资储备；强化日常健康监测和健康教育；继续推进疫苗接种工作；强化值班、值守和信息报送。教育局从方案制度、日常管理、人员摸排及管控、数据保密等4方面形成《龙游县学校疫情防控工作清单》，各学校对照清单，完善台账资料，查漏补缺，严格执行校园防疫规定。

【打造未来社区（乡村）教育场景】 县教育局基于未来社区（乡村）建设特点，立足“全民终身学习、社区幸福学堂”，创建面向未来的“人人皆学、处处能学、时时可学”的终身学习型社区，重点打造翠光未来社区、溪口未来乡村教育场景。2021年10月和12月，翠光未来社区、溪口未来社区分别被列为浙江省教育厅数字社会未来教育重点场景第一、第二批先行建设单位。至12月底，2个未来社区共开设“线上+线下”课程240次，吸引5476人次参与现场学习；“乐学e家”应用注册用户721人，点单389次，线上课程累计点击播放1130次；组织体验活动54次，吸引1378名中小学生参与体验；老年长青课堂开课72次，涉及笛子、插花、民乐、合唱等内容，吸引2368人次参加；开展社区托管服务46次，推出科学做实验、扎染布艺、文本阅读、魔方课堂等公益课程，惠及青少年1219人次。有6家教培机构与未来社区合作，有14个部门参与未来社区共建，教育场景与党建、邻里、创业、健康、服务等场景深度融合，为社区学生和家长提供多层次、多样化学习服务。

【校外培训机构监管执法】 2021年，县教育局严格校外培训机构准入机制和年检制度，审批登记营利性学科类校外培训机构2家，实施行政许可事项6项。牵头成立由县教育局、市场监管局、民政局、综合行政执法局、文广旅体局、科技局等部门组成的龙游县“双减”（进一步减轻义务教育阶段学生作业负担和校外培训负担）专班，形成“一机构一策”分类管理模式、红黄蓝三色图谱管控机制，对校外培训机构实施全链条监管服务。联合开展规范办学、隐形变异类培训、疫情防控等专项检查1000余人次，联合执法2次，整改问题19个。成立由教研室专家、相关科室长、法律顾问组成的培训项目鉴定委员会，开展非学科类项目鉴定11个。切实做好全县31家学科类校外培训机构转登工作，注销16家，转为非营利性学科类7家、非学科类6家、成人教育类2家。全县学科类培训机构100%完成“营转非”（营利性转为非营利性）。召开校外培训机构会议6次，签订规范办学、疫情防控等承诺书；开展对标提升“七大行动”（学科类校外培训机构高质量“压减”行动、隐形变异学科类培训深入治理行动、社会风险防范化解行动、预收费资金监管行动、规范办学行为行动、智慧赋能监管行动、正面宣传引导行动），要求相关机构即查即改。开展非营利性学科类校外培训机构“双随机、一公开”（在监管过程中随机抽取检查对象，随机选派执法检查人员，抽查情况及查处结果及时向社会公开）联合检查1次，查处整改相关问题2个。11月15日，《浙江教育报》第二版刊出《龙游注销学科类培训机构半数以上》，肯定龙游县校外培训机构整顿工作成绩。

【学校发展性评价与专项督导】 中小学（幼儿园）发展性评价工作事关学校评优评先、事关绩效质量奖励发放，受到全县各学校广泛关注和重视。为做好此项工作，县教育局完善相关评估细则，于2021年6月和10月分别对中小学、幼儿园进行现场评估，督促学校加强内涵建设，提升办学质量，达成阶段性发展目标。在做好学校发展性评价同时，县教育局还针对教育热点、难点问题和重点工作，发挥全县5个督学中心责任主体作用，指导开展开学期末专项督导、办园行为规范督导、“五项管理”（手机管理、睡眠管理、读物管理、作业管理、体质健康管理）专项督导、“护校安园”专项督查、教学常规管理督查、托管服务专项督导、疫情防控安全督查等专项督导（督查），维护良好的教育生态环境。学校发展性评价结果及各项专项督导与全县中小学“一先三奖”、幼儿园先进集体评比相挂钩，发挥教育督导的示范引领、反馈改进功能。

【建设“科技龙游”】 龙游县委、县政府高度重视科技创新工作，以创新型城市（县）创建为目标，提出建设“科技龙游”，科技创新各项重点工作均由县委常委会专题研究，制定《关于加快“科技龙游”建设的实施意见》（县委办发〔2021〕1

号），成立由县委县政府主要领导为双组长，分管县领导为副组长，相关部门主要领导为成员的加快“科技龙游”建设工作领导小组，负责推进、指导、协调、落实全县各项科技创新工作。

【创新主体培育】 推动规模以上企业高新化，做好企业梯度培育。2021年，新申报认定高新技术企业24家，同比增长60%，完成目标任务的109%。新增科技型中小企业44家，完成目标任务的110%。加大高新技术产业引进奖补力度，对落户本地的新引进高端装备、智能制造等高新科技项目，按评定给予200万—600万元项目启动资助，首次开展龙游县高层次人才创业创新大赛暨高新科技项目评审活动。邀请专家进行现场评比，年产2500吨碳—碳复合材料及碳素产品项目、数字电子引信（芯片）产业化项目、智能科技农业飞行者项目分别获得A、B、C奖励，获补助资金1200万元。

2020 学年龙游县中小学“一先三奖”和幼儿园先进集体名单一览表

表 33

学校类别	获奖奖项	获奖学校（幼儿园）
中小学	先进集体（17 所）	龙游中学、龙游县第二高级中学、衢州工商学校、龙游县华岗中学、龙游县溪口初级中学、龙游县湖镇初级中学、龙游县溪口教共体、龙游县西门小学、龙游县詹家教共体、龙游县桥下小学、龙游县启明教共体、龙游县塔石小学、龙游县柳园小学、龙游县小南海教共体、龙游县箬塘小学、龙游县兰塘小学、龙游县寺后教共体
	义务教育学校质量优质奖（14 所）	龙游华茂外国语学校、龙游县溪口初级中学、龙游县塔石初级中学、龙游县华岗中学、龙游县阳光小学、龙游县西门小学、龙游县模环小学、龙游县桥下小学、龙游县詹家教共体、龙游县柳园小学、龙游县寺后教共体、龙游县实验小学、龙游县溪口教共体、龙游县小南海教共体
	办学水平进步奖（2 所）	龙游县模环小学、龙游县兰塘小学
	工作创新奖（5 项）	龙游县实验小学《“1+3”新常态一体化研修》、龙游县柳园小学《减负提质背景下的校本研修》、龙游县桥下小学《基于团队再造的教师队伍提振工程》、龙游县启明教共体《明理少年宣讲团》、龙游县溪口初级中学《青年教师专业成长》
幼儿园	先进集体（8 所）	龙游县实验幼儿园、龙游县灵江幼儿园、龙游县溪口中心幼儿园、龙游县博雅幼儿园、龙游县湖镇中心幼儿园、龙游县小南海中心幼儿园、龙游县横山中心幼儿园、龙游县詹家中心幼儿园

教师队伍建设

【概况】 2021年，县教育局按照“控总量、调结构”原则，补齐补好学前教育、中职教育、高中紧缺学科教师短板。实施农村教师支持计划，解决乡村教师结构性矛盾。出台教职工调动交流实施意见，全年跨校流动113人次。以“最美教育人”推荐评选活动为契机，深化师德师风建设。开展年度教师“四项荣誉”评选，共评选出县优秀班主任100名、学科带头人50名、教坛新秀96名、红烛奖15名。落实班主任10年、20年、30年奖励制度，激励教师勇挑班主任重担。组织龙游县第一届名校长评选；优化校长任期考核制度，按照考核结果做好选人用人推荐工作；谋划中小学校长职级制改革，制订校长任内效能考核办法。实施“暖心驿站”工程，让外地到龙游农村任教教师在龙游城区有个落脚点；组织全县5300余名在职、退休教职工年度体检；开展主题突出、形式多样的教职工文体活动，丰富教职工精神文化生活，提升教职工人文素养。

【"8090"百员联百校】 2021年秋季开学前后，龙游县教育局联合县"8090"专班，共同启动"百员联百校"行动，开展"开学第一课"宣讲活动，推进龙游县"8090"新时代理论宣讲工作走深、走实、走新。共选拔100名星级宣讲员深入全县100所中小学和幼儿园，"以年轻人方式"点燃青少年党史学习热情，向青少年一代讲好"过去的故事"，激励他们接好历史接力棒。活动分三个阶段：第一阶段为龙游中学、龙游二高军训专场，第二阶段为开学日集中宣讲，第三阶段为开学周集中宣讲。宣讲员通过现场、直播、视频等多种形式，围绕党史主题学习教育等，进入联系学校宣讲，并组建童心宣讲队、少年先锋宣讲队、青年教师宣讲队等不同特色宣讲队伍，打造层次丰富、覆盖广泛宣讲队伍，实现"学史明理、学史增信、学史崇德、学史力行"目标。活动先后被新华网、人民网、浙江卫视《新闻联播》、浙江新闻客户端等主流媒体报道。

【督学中心规范化建设】 2021年，全县5个督学责任区新聘专职督学3名、兼职督学13名，全县专职督学总数达23名。各督学中心领导专兼职督学对辖区范围内中小学（幼儿园）开展挂牌督导工作。为进一步优化督学队伍，县教育局组织11人次参加省级督学培训，组织所有的专兼职督学参加以创建全国学前教育普及普惠县、创建全国义务教育优质均衡发展县为主题的县级督学培训，提高专兼职督学专业素养，为"两创"中心工作培养一批专业督导人员。

【提高农村特岗教师待遇】 县教育局、县人力资源社会保障局、县财政局联合下发《关于调整农村特岗教师津贴的通知》，对办学条件较差、地理位置偏僻、学校距城区较远的学校调整特岗教师津贴，按实施范围划分为三类，每人每月标准分别为600元、400元、200元。鼓励农村教师安心从教，吸引优秀教师及城区教师到农村学校任教，促进教师交流，统筹推动城乡教育均衡发展。

图104 2021年5月14日，教育局机关干部参加无偿献血活动

（县教育局/提供）

【学习型工会组织创建】 县教育工会以党史学习教育全覆盖为目标，组织全县教育系统工会会员学习党史、新中国史、改革开放史等内容，参与县总工会开展的"读红色故事，传红色基因"为主题的读书征文活动，引导广大教职工铭记党的奋斗历程，弘扬党的优良传统，激发教职工爱党爱国情怀和投身教育事业火热干劲。征文活动中，塔石小学王莹、西门小学刘娟、西门小学曹健丽等26人获奖。结合龙游县8090新时代理论宣讲活动，以党员带会员，带动越来越多青年教师置身于群众之中，宣讲理论，解读政策，把党的创新理论与教育教学实践、龙游经济社会发展实践相结合，为基层群众解读政策，解疑释惑。

【教职工无偿献血】 县教育工会于5月14日、11月19日2次组织全县教职工开展"红色百年，热血献礼"无偿献血活动。全县近200名教师参与爱心献血，总献血量达87030毫升，展示教育系统良好精神风貌，用实际行动诠释龙游教育人的忠诚使命和责任担当，以热血为党旗添彩，为中国共产党成立100周年献礼。

【走访慰问困难教职工】 继续开展"送温暖，献爱心"活动。春节期间，由教育局局长方伟军带队，分组慰问教育系统困难教职工，其中在职困难教职工7人、退休困难教职工64人，总计发放慰问金5.4万元。各学校基层工会也积极开展慰问活动。6月1日，县教育工会会同县总工会赴詹家、寺后小学及泽雅学校，慰问30名困难职工子女，为每位儿童送上500元慰问金及书籍文具等物品。

基础教育

【概况】 2021年，龙游县全面推行义务教育城乡共同体、乡镇幼儿园幼教共同体改革，全县基础教育优质均衡发展迈上新台阶。制定学前教育补短提质“一乡镇（街道）一策”，落实民办幼儿园扶持政策，有序引退15所“低小散”民办园，优化学前教育布局，提高公办园、优质园覆盖率。全县有各级各类基础教育学校132所，其中普通高中4所、普通初中10所、小学32所、幼儿园83所、特殊教育学校1所。在校学生43652人，其中普通高中5487人、普通初中9582人、小学18280人、幼儿园10214人、特殊教育89人。全县基础教育类教职工4202人，其中专任教师3629人、行政人员49人、教辅人员469人、工勤人员66人。全县85所幼儿园中，有公办园32所、民办园53所；有省一级幼儿园4所、二级园33所、三级园43所，准办园5所。公办园占比37.65%，公办园覆盖率50.19%；等级园占比96.39%，等级园覆盖率98.94%，其中优质园（省一、二级幼儿园）占43.53%，优质园覆盖率74.12%。普惠性幼儿园占比和覆盖率均达100%。全县学前三年入园率98.5%，学前一年入园率99.88%。4月，凯马国际学校被共青团中央青年发展部认定为“小平科技创新实验室”建设学校；6月，龙游县泽雅学校顺利通过浙江省特殊教育标准化学校创建评估验收；11月，龙游县实验小学入选第三批全国中小学优秀传统文化传承学校（书法、国画、扎染）。

2021学年龙游县各级各类学校基本情况表

表34

项目	学校数（所）	班级数（个）	招生数（人）	毕业生数（人）	在校学生数（人）	教职工数（人）				
						总计	其中			
							专任教师	行政人员	教辅人员	工勤人员
合 计	134	1310	12782	13034	48662	4546	3938	49	469	90
一、基础教育	132	1310	11305	11594	43652	4202	3629	42	465	66
1. 普通中学	14	395	4920	5058	15069	1504	1433	3	47	21
普通高中	4	138	1724	1817	5487	555	528	—	17	10
普通初中	10	257	3196	3241	9582	949	905	3	30	11
2. 小学	32	530	2929	3276	18280	1526	1496	1	7	22
3. 幼儿园	85	369	3446	3251	10214	1153	681	38	411	23
4. 特殊教育	1	16	10	9	89	19	19	—	—	—
二、中职教育	2	—	1477	1440	5010	344	309	7	4	24

2021学年龙游县小学招生计划一览表

表35

学校	班级（个）	招生范围
实验小学（实验小学教育集团北门校区）	6	1. 五松路—鹏程路—（荣昌路）—新华路以东，衢江以南，灵山江以西，太平东路以北 2. 柴大巷—城角坊二弄—城角坊三弄以东，太平东路以南，司巷口—胜利路—西湖沿路以西，巨龙路以北 3. 子鸣小区、碧桂园、翰林府（以上三个居住小区为实验小学临时学区，待城东片区教育配套进一步完善后，重新调整）

续表 35

学校	班级（个）	招生范围
端礼小学（实验小学教育集团端礼校区）	5	十里铺村、晨东小区、高仙塘村、槐王村、张王村、童家村、灵江园区
西门小学	8	衢江以南，五松路—鹏程路—（荣昌路）—新华路—（太平路）—柴大巷—城角坊二弄—城角坊三弄—（巨龙路）—巨龙路向西至环城西路（城西加油站）—环城西路向北至太平西路—太平西路向西至方门街巷—方门街巷向西至翠竹路—翠竹路向北至后厅村
柳园小学	8	兰贺线以北（含兰石村），兴龙南路向北至巨龙路—巨龙路向西至环城西路（城西加油站）—环城西路向北至太平西路—太平西路向西至方门街巷—方门街巷向西至翠竹路—翠竹路向北至龙翔路—龙翔路向西至九里立交桥
桥下小学（龙游华茂外国语学校附属小学）	4	1. 司巷口—胜利路—西湖沿路—（巨龙路）—兴龙南路以东，太平东路以南，灵山江以西，老浙赣铁路以北 2. 灵山江以东，原小高山村（含小高山村）以南，唐尧路以西，城南路以北
阳光小学	6	面向全县（班额控制在 30 人以内）
樾园小学	6	面向全县（班额控制在 30 人以内）
寺后小学	2	寺后片区各行政村
官潭小学	1	官潭片区各行政村
上圩头小学	1	东华街道上圩头片区各行政村
詹家教共体	4	詹家镇及所属片区各行政村
小南海小学	4	小南海镇及所属片区各行政村
北辰小学	3	开发区一期区域（凤坤路以西）
箬塘小学	1	箬塘片区各行政村
模环小学	2	模环乡辖区各行政村及附近企业
兰塘小学	1	兰塘辖区各行政村及附近企业
士元小学	1	士元辖区各行政村及附近企业
横山小学	2	横山集镇范围及相关行政村
下宅小学	1	下宅片区各行政村
志棠小学	1	志棠片区各行政村
塔石小学	3	塔石集镇范围及相关行政村
雅村小学	1	雅村片区各行政村
泽随实验学校	1	泽随片区各行政村
石佛小学	1	石佛乡各行政村
溪口教共体	5	溪口集镇范围及所属各行政村
沐尘小学	1	沐尘乡各行政村
启明小学	5	湖镇集镇范围及相关各行政村
下库小学	1	下库片区各行政村
七都小学	2	七都片各行政村
沙田湖莘霖学校	2	面向全县（班额控制在 28 人以内）
泽雅学校	1	面向全县
合计	90	

2021 学年龙游县初级中学招生计划一览表

表 36

学校	班级(个)	招生范围
龙游华茂外国语学校	16	面向全县(班额控制在 35 人以内)
沙田湖莘霖学校	2	面向全县(班额控制在 28 人以内)
龙游三中	14	西门小学、实验小学、桥下小学、阳光小学、柳园小学、端礼小学、詹家中心学校教共体。县少体校面向全县招生 1 个班
华岗中学	10	西门小学、实验小学、桥下小学、阳光小学、柳园小学、端礼小学、詹家中心校教共体
寺后初中	6	寺后教共体、上圩头小学、西门小学、实验小学、桥下小学、阳光小学、柳园小学、端礼小学、詹家中心校教共体等符合城区公办初中入学条件的对象(100 名)
小南海初中	10	小南海教共体、北辰小学、七都张家埠完小
湖镇初中	8	启明教共体、下库小学、七都小学(除张家埠完小)
塔石初中	6	塔石小学、雅村小学、泽随实验学校、石佛小学
模环初中	7	横山教共体、下宅小学、模环小学、兰塘小学、士元小学
溪口初中	7	溪口教共体、沐尘小学
泽雅学校	1	面向全县
合计	87	

2021 学年龙游县普通高中招生计划一览表

表 37

学校	招生班级	招生名额	备注
	班级数(个)	人数(人)	
龙游中学	14	560	招收特长生 13 名,其中体育 11 名、音乐 2 名
龙游二高	19	760	招收特长生 20 名,其中体育 15 名、美术 5 名。招收体育特色生 18 名
横山中学	8	340	
龙游凯马国际学校	3	120	
合 计	44	1780	

【幼教共同体改革】 自2020年5月城南、城北、溪口、塔石、湖镇、横山、小南海7个乡镇幼共体成立后,县教育局为这7个幼共体确定对应城区优质公办幼儿园,组建城乡共育发展联盟。以相关配套考核、奖励机制为导向,促进各幼儿园之间学习交流,确保幼共体中心园有效领导、管理共同体内各园区,确保各园在乡镇中心幼儿园引领下规范成长。对接县编办,做好全县公办幼儿园教职工核编工作,按照每班"两教一保"(每个班级配备两位教学老师和一个保育员)配备标准,配足、配齐教职工。2021年,全县通过公开招考,招录进编幼儿教师25人;落实合同制幼儿教师招聘工作,由县教育局在核定的教职工编制总额和岗位总量内,统筹分配各幼儿园教职工编制和岗位数量,报机构编制部门和人力社保部门备案后实施,公开招考非编合同制幼儿教师64

人，转聘66人，充实乡镇中心幼儿园师资队伍。

【“互联网+”义务教育结对帮扶】 2021年，在全县原有7个融合型小学教共体的基础上，新增实验小学—下库小学、阳光小学—石佛小学、西门小学—模环小学、桥下小学—箬塘小学、华岗中学—塔石初中5对共建型教共体，城乡网络结对学校增加到30所。通过数字赋能、共育共研等方式，将城镇优质教育资源下沉到乡村义务教育学校，激发乡村学校办学活力。各教共体均较好地完成各项常态化运行任务，开设同步课堂200余节，开展网络研修80余次，交流教师8人，切实推动教育教学高效转型、补短提质，县域义务教育优质均衡发展水平得到明显提升。4月14日，龙游县接受省城乡教育共同体改革工作专题调研，作经验交流，形成龙游样本。《深化教共体改革，探索乡村教育新路径》获衢州市2021年城乡义务教育共同体建设区域典型案例奖；龙游县实验小学—士元小学、塔石初中—华岗中学案例分别获评2021年浙江省城乡义务教育共同体建设学校典型案例。

【推进“双减”政策落地】 “双减”专班在县“双减”工作领导小组领导下开展工作，通过机制创新，从合力共建、校内提质、校外减负三大维度稳步推动全县“双减”工作落地见效。龙游县教育局委派县教研室对全县27所小学（或教共体）、10所初中开展以“落实‘双减’政策，加强教学新常规”为主题的调研活动。县教育督导部门把“双减”督导作为全县教育督导“一号工程”，把“双减”督导与“五项管理”督导、“校务事务”大数据监督场景应用及常态化督导等有机融合，建立“双减”日常巡查长效督导机制。各督学中心将“双减”日常巡查与“5+2”课后服务巡查相融合，重点对作业管理、课后服务情况进行督查，及时与学校负责人进行交流，提出系列建设性意见。2021年，龙游县教育局“双减”信息宣传2次被浙江省教育厅通报表扬；龙游县启明小学《明理少年宣讲团：“双减”推进中的小娘舅》获浙江省第三批“双减”优秀案例。龙游县实验小学《多样广谋篇，多元巧融合，多彩新赋能》、龙游县詹家教共体《免费习字微课·助力课后服务》获评衢州市课后服务工作五星“金点子”，在衢州市义务教育学校深化课后服务工作互看互学现场会上作经验分享；柳园小学《“双减”背景下有效小学校本作业设计与管理》案例获评市三星“金点子”。

【创新义务教育学校课后服务模式】 形成课后辅导“5+1+X”特色做法，即学生一周在校5天，按照每天1小时作业辅导课和1小时个性化拓展课程为学生提供多样化、个性化拓展服务。2021年，全县27所非寄宿制学校有在校生18207人，参与放学后托管服务18110人，学生参与率99.47%；参与教职工1499人，教师参与率98.42%。10所寄宿制初中学校继续开展晚自习服务。有效保障学生家长课后托管服务需求，实现义务教育学校课后服务全覆盖、有课后服务需求学生全覆盖。重点抓好第二时段课程建设，推动课程资源多学科、校内外全方位联动，为学生提供多样化、个性化拓展服务。在课程资源上实现校外向校内补充，在活动时间上实现“5+2”向周末、节假日延伸。

【创建“走心驿站”服务应用体系】 “走心驿站”聚焦创新和完善青少年心理健康服务，通过对青少年心理健康风险因子进行数据筛查，形成绿、黄、橙、红四色“心灵彩虹码”，搭建高危预警、危机干预、预约咨询、档案建设、数字家校等场景，通过线上预警、线下干预，形成集资源共享、分级预警、有效干预、快速转介于一体的未成年人心理健康服务体系。2021年6月，龙游县“走心驿站”未成年人心理健康服务应用被浙江省教育厅列为全省教育领域数字化改革第一批创新试点项目；11月，被浙江省委、省政府列为《全省数字化改革重大应用“一本账S1”三张清单》，被省教育厅列为心理健康服务方面重点培养项目，报教育部参加全国基础教育信息化成果展示；12月，参加衢州市教育局举办“我的教育数字化改革故事”评比，获一等奖。12月底，服务端1.0版本完成浙里办、浙政钉、之江汇上架，平台上同步归集学生数据38162条、家长数据76598条，回收有效测评量表7万余个，对数据驾驶舱和学生综合画像进行调整升级；完成全县中小学访谈评估工作，线下评估访谈1612人，线下干预学生1192人，转介干预学生23人，转介治疗学生5人；完成翠光未来社区和华岗中学线下服务咨询点建设，开展线下咨询服务32次，开展社区主题活动3次；完成“走心驿站”项目文创设计，覆盖全县43所学校和2个未来社区（翠光未来社区、溪口未来乡村）；全县各学校组织心理健康教育活动76次。

【设立数字家长学校】 利用“之江汇”应用平台，在全县中小学设立数字家长学校，推出家庭教育公开课，帮助更多家长掌握正确的家庭教育理念和方法，缓解“双减”背景下家长焦虑。组织收看教育部关工委家庭教育公开课12期，全县10万余名家长收看，8条观看信息被教育部关工委微信公众号录用（浙江省共录用10条）。

【加快公办幼儿园建设】 2021年，龙游华茂外国语学校附属幼儿园、翰林府幼儿园、湖镇中心幼儿园3所公办幼儿园先后建成并投入使用。龙游华茂外国语学校附属幼儿园在原桥下小学校址改建，建设规模为12个教学班，占地面积9790.2平方米，建筑面积4600平方米，总投资1204.63万元；龙游县翰林府幼儿园建设规模为12个教学班，占地面积6620平方米，建筑面积5857.58平方米，总投资899.85万元；龙游县湖镇中心幼儿园建设规模为9个教学班，占地面积5594.4平方米，建筑面积3700.33平方米，总投资791.26万元。成功回购青藤幼儿园、嘉弘幼儿园、云谷幼儿园、黄铁矿幼儿园、阳湖幼儿园、雅塘幼儿园等6所优质民办园，转性为公办园。新建罗家中心幼儿园进入装修阶段；文成小区配套园、龙洲街道中心幼儿园（柳园小学三期）加紧建设；模环中心幼儿园、横山中心幼儿园、小南海中心幼儿园等扩建项目有序推进。通过新建高等级公办幼儿园和回购优质民办幼儿园，全县公办园、优质园覆盖面大幅度提高，优质公办园学位增加约2000个。其中龙游城区公办园增加到6所，学位增加约1600个。

【提升优质园覆盖面】 2021年，县财政投入350万元专项资金用于提升6所幼儿园等级，扩大优质园覆盖面。龙游县实验幼儿园通过浙江省现代化学校评估验收，灵江幼儿园通过省一级幼儿园评估验收，华茂外国语附属幼儿园、翰林府幼儿园通过省二级幼儿园预评估，龙游县志棠中心幼儿园、模环中心幼儿园、泽随中心幼儿园、博雅幼儿园通过省二级幼儿园评估验收。2021年秋季，对灵江幼儿园省一级创建和志棠中心幼儿园、模环中心幼儿园、泽随中心幼儿园、博雅幼儿园4所幼儿园省二级创建予以奖励，发放奖励资金120万元。同时，鼓励民办幼儿园积极参与等级创建提升及普惠性办园。

【“乡村少年宫”建设】 龙游县坚持把乡村学校少年宫作为促进未成年人思想道德建设重要载体，结合地方特色，丰富活动内容，构筑孩子们健康快乐成长温馨家园。至2021年12月底，全县有溪口小学、横山小学、北辰小学、启明小学、詹家小学、沐尘小学、小南海小学、塔石小学、士元小学、石佛小学等10个乡村学校少年宫，基本实现乡镇中心学校“乡村少年宫”全覆盖。溪口小学少年宫升级为全县首个乡村“复兴少年宫”。

【龙游县端礼小学建成全县第一所少年军校】 2021年11月，龙游县端礼小学建成全县第一所少年军校——莳礼军校。学校结合自身实际，围绕“培养什么人、怎样培养人、为谁培养人”等问题，通过“学军人、感军魂、振军威、扬军神”等主题活动，形成以英雄中队为特色、以环境建设为基础、以课堂渗透为阵地、以国防教育为载体的3344“莳

图105 2021年11月19日，少年军校小学员聆听教官讲解枪械知识
（县教育局/提供）

礼军校”红色德育工程体系。“3344”即：“莳礼军校”红色文化环境建设、“莳礼军校”课堂体系建设、“莳礼军校”评价体系建设3个方面的实践措施；学科类、实践类、养成类3个方面的红色文化融入；挖掘以“信念、理想、坚强、奋斗”4个红色元素为核心的军校红色德育工程内核；开设“有信念”思政课程、“有理想”实践课程、“要坚强”养成课程、“要奋斗”体能课程4项课程。通过少年军校学习训练，树立学生国防理念，培养学生军事素质，筑牢学生爱国主义观念，传承红色基因，把学生培养成德、智、体全面发展的新时代好少年。

【龙二高获省中小学生艺术节一、二等奖】 2021年11月15日，由浙江省教育厅、省文化和旅游厅、团省委、省财政厅、浙江广电集团共同主办的2021年浙江省中小学艺术节现场展演活动在杭州市拱墅区运河大剧院落下帷幕。龙游县第二高级中学选送的2个节目全部获奖，其中徐静老师指导的合唱节目《追寻》获评省一等奖，陈丽萍老师指导的戏剧节目《一个苹果》获评省二等奖。这是该校第四次获得浙江省中小学生艺术节展演一等奖。

【建立防溺水联席会议制度】 由县委政法委牵头，建立龙游县防溺水联席会议制度，定期分析、研判防溺水工作形势，制定对策与措施，督促部门与乡镇落实防溺水工作要求。印发《关于进一步加强预防中小学幼儿园学生溺水工作的通知》，明确部门职责，细化工作举措，部门联动，形成合力，从源头上做好预防管控，切实提高预防溺水工作的针对性和实效性，形成部门、学校、乡镇（街道）、村（社区）合力协作、齐抓共管的防溺水工作新格局。全县各乡镇（街道）、相关部门及村（社区）合力做好水域隐患排查、安全防护设施安装维护、应急救生救护设备添置等工作，结合重点时段、重点水域开展常态化巡查。4月21日，在小南海小学召开龙游县中小学2021年防溺水安全教育活动现场会，对全县各校预防学生溺水工作进行动员和部署，全面启动2021年全县中小学、幼儿园防溺水教育工作。

【防范电信网络诈骗】 县教育局加强组织领导，与各职能科室、学校签订防范电信诈骗责任书，压紧压实责任。各学校建立校班子成员联系制度，每个班子成员联系几名重点师生，按照“谁联系、谁负责”原则，责任到人，杜绝被骗案件发生。加大宣传力度，重新制定防范电信网络诈骗工作实施方案，贯彻市、县各类防范电信网络诈骗通知精神。通过各种会议、集会开展反诈警示教育；利用衢州市安全教育平台，组织师生开展防范电信网络诈骗知识学习；充分发挥学校门口电子屏的作用，滚动播放防范电信网络诈骗短视频和宣传标语，营造好反诈氛围；通过微信、钉钉、短信等多层次、多维度开展相关宣传教育工作；要求教育系统全体教职工100%安装“国家反诈中心”APP，完成实名注册，开启自检、预警功能。关注重点对象，做好沟通提醒，要求学校对全体教职工进行摸排，掌握教职员工群体中爱好投资、炒股、网购等情况，梳理有受骗史及急需用钱类对象，组织专人负责对接，通过定期谈话和重点宣传，有针对性地对重点对象进行重点教育与提醒。加强与县反诈联席办公室的联系，适时邀请法治副校长到校开展专题教育，以案说法，开展好警示教育。组织师生员工开展案例剖析，了解诈骗分子惯用手法。

【中考及高中段招生】 2021年，龙游县中考报名人数为3280人。全县设8个考点，共有考场113个。6月26日，全县高中段学校录取工作在驻县教育局纪检组全程监督下顺利完成。各普通高中在龙游县计划招生1780人，实际招收1726人。为保证民办高中生源质量，龙游凯马国际学校新生录取实行最低控制线，要求学生中考成绩不得低于龙游中学录取分数线35分。2021年，龙游凯马国际学校计划招收120人，实际录取66人，只完成招生计划的55%。

【高考及高校招生】 克服疫情影响，平稳、顺利完成2021年高考组考保障工作，实现“平安考试、公平考试、诚信考试、暖心考试”目标。2021年，龙游县高考报名人数为2259人，其中普通高校报名人数为1791人，高职类报名人数为468人。考区设龙游中学、龙游二高、衢州工商学校3个考点。全县高考质量有较大提高，纯文化特殊类别上线354人，其中清华大学、北京大学各录取1人，空军航空大学录取1人，上海交大、复旦大学、中科大等C9高校录取17人，985高校录取41人，211高校录取超百人，“双一流”（世界一流大学和一流学科）高校录取近150人。一段上线率21.20%，比上年提高1.83%；新一段上线1174人，新一段线及以上上线率71.72%，同比提高7.94%；新二段上线人数1634人，总体上线率达99.82%。若含体艺类，新一段上线人数1269人，新一段上线率71.21%，总体上线率达99.83%。全县有447人参加高职考试，上线学生445人，上线率99.55%，其中本科上线55人。

2017—2021 学年龙游县高考情况表

表 38

年 份	报考人数	上线率（%）	录取率（%）	上重点人数	重点上线率（%）
2017	1713	99.64	98.07	343（不含艺体类）	20.02
2018	1779	99.42	96.91	346（不含艺体类）	19.45
2019	1843	99.24	97.45	413（含艺体类）	22.41
2020	2176	99.95	96.5	352（不含艺体类）	19.37
2021	2259	99.83	98.1	354（不含艺体类）	21.2

职业教育

【概况】 2021年，龙游县中职教育深入实施专业、师资、基地、就业、招生“五统筹”改革，推进产教融合，深化校企合作和东西合作，服务地方经济，提升职业教育社会效益。龙游县中职教育呈现“一公一民”校网布局。公办的衢州工商学校是浙江省一级中等职业学校、省首批中等教育改革发展示范校、省职业教育先进单位、省中小企业职工培训示范学校、衢州市名校。增挂“龙游县纸业学校”牌子。设有财政商贸、智能制造、康养休闲三大专业群9个专业，其中电子商务、现代造纸工艺专业为浙江省高水平建设专业。建有国家级先进制造业实训基地和省级现代农业、电子商务、轨道交通装备制造实训基地。学校占地126667.3平方米（190亩），建筑面积78540.84平方米，固定资产总值3586万元。有57个教学班，在校学生2734人，教职工171人。校园布局合理，设施先进，是环境优美的花园式学校。2021年，学校成功创建浙江省现代化学校，获评浙江省2019—2020年度教科研先进集体、省优秀党建品牌、衢州市“清廉学校”示范点。民办的衢州交通学校是一所以航空乘务、高铁乘务、海运服务、城轨交通、汽车制造等交通类专业人才为主要特色的浙江省二级中等职业学校，增挂“衢州交通乘务学校”牌子，是全国先进社会组织、国家AAAAA级诚信单位、浙江省文明单位、省现代学徒制试点单位、省轨道交通产教联盟成员单位。设有交通类专业5个，其中铁道运输管理专业为浙江省示范性专业、省高水平专业，机械加工技术专业为省现代学徒制试点专业。学校占地60000.3平方米（90亩），建筑面积4万余平方米。有52个教学班，在校学生2400余人，教职工130余人。两所中职学校错位良性发展，齐头并进，互补性强，均为“双高”专业建设单位。2021年，全县中职学校招生1776人，占高中段招生总数的50.73%；中职学校在校学生5010人，专任教师309人，生师

图106 2021年5月11日，龙游县技工学校举行揭牌仪式
（县教育局/提供）

比16.21∶1；专任教师本科以上学历100%，14名教师具有硕士学历。龙游县获评2020年度浙江省职业教育发展考核优秀单位。

【龙游县技工学校成立】 5月11日，龙游县首家技工学校——龙游县技工学校揭牌仪式在衢州工商学校举行。学校新开设电子商务、学前教育、机电设备安装与维修3个专业，实行学业毕业证书和职业资格证书“双证书”制度。6月开始招生，9月正式开学，计划招生290人，实际招生303人。龙游县技工学校与衢州工商学校实行“一校双挂牌”，一个校园、一套班子、两块牌子，充分发挥教育部门和人社部门不同作用，同步开展学制教育与职业培训，实现优质教育和实训资源共享，培养更多的技术人才，满足县内企业用工需求。

【专业布局和项目建设】 2021年，全县2所中等职业学校共设有电子商务、机电技术应用、护理、作物生产技术、现代造纸工艺、旅游服务与管理、幼儿保育（幼儿教育）、会计事务、数字影像技术、铁道运输管理、汽车制造与检修、城市轨道交通运营管理、机械加工技术等13个专业，结合地方产业形成财经商贸、智能制造、康养休闲、交通运输四大专业群，建有4个省级名优专业，拥有3个省级实训基地、1个中央财政支持的实训基地、1个县级职业技能鉴定站。2021年，依托项目建设，提升中职学校专业内涵。两校共投入419万元，用于15项提质培优项目建设；电子商务、现代造纸工艺、铁道运输服务3个专业入选浙江省高水平专业；“十三五”期间，龙游县获批立项的省品牌专业、特色优势专业、大师工作室、名师工作室均通过终期考核。衢州工商学校以现代化学校建设为抓手，投入140余万元改建护理、旅游服务与管理实训室，增添心肺复苏、电子商务综合设施设备；衢州交通学校投资亿元，启动校园扩建二期工程。

【产教融合】 现代造纸工艺等5个专业与本地企业开展学徒制人才培养工作。衢州工商学校机电技术应用专业、现代造纸工艺专业分别与中浙高铁、金昌纸业建立校企合作共同体，建有凯丰和金昌纸业定向班、铝泰机械冠名班。衢州交通学校建有吉利汽车“远景班”“帝豪班”、台州市域铁路S1线订单班、华东交通大学地铁培养班、航空乘务订单班等，被评为吉利集团“优秀校企合作单位”。成功创建以轨道交通装备和特种纸产业创新综合体为主体的产教融合型示范基地和产教融合工程项目，2个产教融合项目成功立项省级“产学合作，协同育人”项目。金龙纸业2家合作单位入选浙江省第二批产教融合型企业建设单位，贝尔集团等2家合作单位入围全国第三批专精特新“小巨人”企业。7篇产教融合工作报道登上“学习强国”学习平台等主流媒体。

【校企双进】 先后邀请18名企业导师到学校开展师徒结对活动，开设专题讲座。引进7名企业大师成立大师工作室，开展技能训练。组织开展校企联盟，邀请21位企业代表与学生同台竞技、学习交流，牵头各部门召开高规格“组团联企”会议。9个专业组89名教师分4批走访浙江贝尔集团、中浙高铁等24家单位，进一步加强校企联动、内外联动。

【教师培养】 健全中职学校教师培养培训长效机制，开展常态化技能比武、课堂教学比赛、周末课堂、青蓝工程等活动。衢州工商学校与镇海职教中心通过山海协作，开展第二届明星课堂评比；与浙江省王岗、王姬、沈民权等名师工作室开展合作交流，共享优质教育教学资源。衢州交通学校邀请全国职业教育专家翁孝川等名师到学校“传经送宝”，为教师成长开良方；组织教师参加二级创业指导师考试，有效提升学校“双师型”教师比例。推进教师进入企业跟岗实践，提升学校教师的实践能力。“一种机电设备用搬运抗震运输板车”等7个项目获国家实用新型专利，“校园职场项目”入选浙江省职业教育改革典型案例，“中职机电专业‘135模式’现代学徒制的实践研究”等2个成果获浙江省职成教优秀教科研成果二等奖。

【开展“1+X”证书试点】 把落实“1+X”证书制度作为深化职业教育的重要抓手，助推学生职业技能提升。衢州工商学校是电子商务、护理专业技能等级证书考点学校，负责电子商务数据分析(初、中级)、电子商务网站运营推广（初、中级）、母婴护理(初、中级)、幼儿照护(初、中级)4个“1+X”技能等级证书的考试。2021年，衢州工商学校共组织4场初、中级证书考试，全校有270名来自护理、学前教育、电子商务专业的学生参加考试，通过率达100%，同比提升7%，超过省定要求。衢州交通学校则贴合市场需求，按需开课、按需培养、按需施教，鼓励学生参加客房服务、餐厅服务、汽车维修工、钳工、普通话等项目技能等级考证，全年共有1678人次参加考试，全校学生考证率达97.8%。

【提升办学质量】 2021年，中职学校13个专业中有9个专业与省内高职院校开展一体化合作办学。衢州工商学校9个专业有8个与相应的高职院校建立合作关系，一体化办学专业覆盖率达89%；衢州交通学校启动与浙江交通职业技术学院、浙江旅游职业学院五年一贯制合作办学工作。345人报名参加高职考试，上线340人，升入高职比例为98.55%。衢州工商学校上线率100%，本科上线32人，升入本科比例为12.65%。全县中职学校毕业生升入高一级学校比例为41.59%。学生一次就业率在98%以上，对口就业率92.06%，呈逐年上升趋势，且大部分实现高质量就业，30%以上毕业生实现本地就业。

2021学年龙游县中等职业学校市内招生计划一览表

表39

学校	专业名称	学制	性质	计划招生人数
浙江省衢州工商学校（950人）	作物生产技术（省示范专业、省特色专业）	中高职一体	普通中专+大专	45
	机电技术应用（市示范、市骨干专业）	三年制	普通中专	80
		中高职一体	普通中专+大专	40
	现代造纸工艺（省高水平专业、省特色专业）	三年制	普通中专	85
	护理	三年制	普通中专	85
		中高职一体	普通中专+大专	40
	会计事务	中高职一体	普通中专+大专	50
	电子商务（省高水平专业、省骨干专业）	三年制	普通中专	85
		中高职一体	普通中专+大专	35
	旅游服务与管理	中高职一体	普通中专+大专	45
	幼儿保育	中高职一体	普通中专+大专	35
	数字影像技术	中高职一体	普通中专+大专	35
	机电设备安装与维修	三年制	人劳口技工学校	100
	电子商务	三年制	人劳口技工学校	100
	幼儿教育	三年制	人劳口技工学校	90
浙江省衢州交通学校（1000人）	机械加工技术	三年制	职业中专	80
	汽车制造与检测	三年制	职业中专	150
	铁道运输服务	三年制	职业中专	440
		中高职一体	职业中专+大专	80
	城市轨道交通运营服务	三年制	职业中专	250
合计	面向市内招收42个班，学生1950人			

成人教育

【概况】 2021年，龙游县有乡镇（街道）成人文化技术学校15所，与社区学习中心实行“一套班子、两块牌子”的管理模式。由乡镇长兼任成校校长，配备专职成校副校长，负责成校工作。15所乡镇（街道）成校均为省级标准化成校，“十三五”期间，4所成校被评为省级现代化乡镇成校，拥有7个省级成教学习品牌项目。龙游电大教育围绕“创办一流基层电大”目标，牢牢抓住省、市电大业务考核重点，办学水平再上新台阶。12月底，全县有1030人参加成人高考。

图107 2021年11月21日，龙游社区学院与明德书院合作开展“孝·感恩”义工主题活动 （县教育局/提供）

【社区教育、成人教育融合发展】 依托龙游电大，成立龙游县社区学院。县社区学院和乡镇（街道）成人文化技术学校以农村文化礼堂为主阵地，开展居民健康教育和青少年托管服务；推进智慧助老工作，编制《老年智慧手机应用》教材，录制课程视频，增设智能手机、智能技术应用微课2门，组织开展“银龄跨越数字鸿沟”系列培训活动，发放学习教材200余册，服务老年人2300多人次，切实提高老年人智能技术应用水平。与明德书院合作办学，推出“孝·感恩”活动和传统文化讲座，推出活动和讲座7场，有300多人参与，受到社区居民的欢迎和好评。2021年，社区学院和成人文化技术学校服务各类群体，开展教育培训84243人次，占全县常住人口的23.39%。湖镇镇成人文化技术学校获评浙江省学分银行先进单位，龙洲街道成人文化技术学校、模环乡成人文化技术学校获衢州市学分银行先进单位；县夕阳学堂书画社获评省老年教育优秀社团；红木小镇和龙和渔业园获评2021年“在浙学”浙江省市民终身学习体验基地。翠光社区、溪口镇溪口片区分别被确定为浙江省数字社会未来教育重点场景第一批、第二批先行建设单位。九门课程获评衢州市社区教育进农村文化礼堂特色课程。县社区学院姜柳新、钟志红获评浙江省老年教育优秀班主任，胡旭东获评省百名社区教育优秀志愿者。

【开展普惠制培训】 2021年，依托县内2所中等职业学校、县社区学院、县农民学校、衢州乡村振兴学院龙游分院，面向农村及企业职工、新型职业农民、失业人员等不同群体，组织开展育婴员、电商直播、企业新型学徒制、双证制、食品安全、药品采购、烘焙技术、电工操作、森林防火、退役士兵适应性培训等职业技能培训，参加培训人员9053人次，社会培训量达到全县职业学校在校生总数的1.5倍以上。以农村文化礼堂、乡村振兴讲堂为平台，开展农民素质培训和居民健康教育，提升广大农民文明素养、文化素质和致富能力；邀请技术专家开展中草药种植、黄花梨种植、黄茶种植、畜牧养殖等促进农民增收技能培训，服务农村经济发展。

【电大龙游分校】 2021年，电大龙游分校坚持“立德树人”办学目标，以党史学习教育为抓手，开展丰富多样的活动，加强成人学生思想政治教育。全年招生787人，为社会输送专、本科毕业生797人。至年底，有在校学生2098人。组织集中考试9次，计52场，有8000多人次参加考试。奥鹏教育对外经济贸易大学继续教育与远程教育学院考试全部线上进行。学校被浙江省现代远程教育学会评为2016—2020年度科研先进单位。有3个课题获省电大立项，2项课程成为市级社区教育建设对象。各项比赛获奖7人次，其中省多媒体学习资源比赛获奖1人、省社区教育论文获奖1人、市论文获奖4人、市微党课比赛获奖1人。姜柳新《乡镇视域下的少数民族社区教育发展范式研究——以龙游县沐尘畲族乡为例》获浙江省社区论文三等奖、衢州市社区论文二等奖；童友花《行走龙游——龙游风景名胜双语介绍》获省第十届多媒体学习资源比赛微课组三等奖；任雪琴《基于姑蔑文化的龙游社区教育探索与实践》获市社区论文一等奖；钟志红获市电大微党课比赛一等奖。4名教师获浙江开放大学系统先进个人荣誉，4名教师获衢州市电大系统先进个人荣誉。学校在省电大系统业务工作考核中成绩优秀，考核得分在全省50家单位中列第15位，是衢州市电大系统办学先进单位。学校思想政治教育、招生、学分银行等工作均获省市电大先进单位荣誉，连续两年获龙游县教育系统先进基层党组织荣誉。11月，电大龙游分校知名校友张双其参加浙江开放大学“匠心说”活动。

【电大网上党支部抓实“党史教育”】 电大龙游分校网上党支部结合党史教育，开展一系列的活动，加强电大学生思想政治教育。1月，电大龙游分校e支部举办“翰墨颂党恩，红联赠万家”主题活动；每学期开学时，学校均组织师生线上学习“开学第一课”；3月中旬，学校组织全校师生收看由荆德刚主讲的党史教育直播课，之后连续多次进行网上党史教育；5月上旬，学校组织学生参加浙江省电大系统红歌和爱国主义诗歌朗诵比赛，徐国良同学获三等奖；5月1日起，在各班微信群推出“党史上的今天”专栏，每天1期，开展党史知识教育；5月中旬，电大龙游分校e支部组织师生参加“不忘初心”主题书画展活动，龙游社区学院选送节目参加社区组织歌颂党恩文艺表演活动；6月，学生网上党支部组织师生赴开化红色基地开展爱党、爱国思想政治教育实践活动；10月，学生网上党支部组织师生赴县内的张王村、浦山村开展“党建统领乡村治理”考察活动，并听取学校党支部书记党课宣讲和企业名家创业宣讲。

2021年度电大龙游分校招生情况表

表40

招生院校	层次	春季招生		秋季招生		学制（年）	入学测试
		专业	招生人数	专业	招生人数		
国家开放大学	本科	会计学、法学等	60	会计学、法学、园艺等	110	2.5	院校自主测试
	专科	会计学、建设工程技术、乡镇企业管理等	151	会计学、建筑工程技术、乡镇企业管理、园林技术等	241	2.5	院校自主测试
福建师范大学	本科	学前教育、行政管理、心理学等	34	学前教育、法学等	20	2.5	院校自主测试
大连理工大学	本科	机械设计制造及自动化、土木工程、工程管理等	71	土木工程、工程管理等	51	2.5	院校自主测试
对外经济贸易大学	本科	会计学、法学等	13	会计学、法学等	5	2.5	院校自主测试
中国医科大学	专升本	护理学、药学	18	护理学、药学	8	3	院校自主测试
	中起本	护理学	2	护理学、药学	3	5	院校自主测试
合计		—	349	—	438	—	—
总计					787		

教育设施与后勤保障

【概况】 2021年，根据国家、省、市中长期教育改革和发展规划纲要及省市教育事业发展“十四五”规划、《龙游县国民经济和社会发展第十四个五年规划纲要和二〇三五年远景目标纲要》精神，结合龙游经济社会与教育发展实际，制定《龙游县教育事业发展“十四五”规划》，持续放大资源整合效应，进一步优化义务教育学校布局，加强学校基础设施建设，推动教育教学装备提档升级。完善学校内控机制，加强学校资金预算化管理，推动全县中小学校优质均衡发展。以“智慧教育”为立足点，以教育信息化带动教育现代化，提升学校信息化建设水平。

图108 2021年5月，西门小学改建工程完成 （县教育局/提供）

操作配间能更好接受社会监督；所有学校食堂食材验收现场图片上传至“校务事务监督应用平台”，接受上级主管部门监督，全力打造学校放心食堂。会同县市场监督管理局，组织学校（托幼机构）食堂开展食品安全培训3期，400余人参加。组织学校（托幼机构）食品安全管理人员对各校食堂的食品安全进行考核，落实食品安全主体责任，提升餐饮质量管理水平。至12月底，完成考核125家，完成率99.2%。

【推进重点项目规划建设】 2021年,全县有7个校舍建设项目列入政府性投资计划，前期类4个、实施类3个。实施类项目建筑面积63143平方米，计划总投资19470万元。十里铺小学二期改扩建、志棠小学（包括中心幼儿园）改建、启明小学食堂、横山中学宿舍楼投入使用。罗家小学迁建项目、泽雅学校综合楼项目通过竣工验收。西门小学改建、十里铺小学二期附属等项目完工并投入使用。启动龙游中学改扩建项目（估算投资4.5亿元），助力“县中崛起”，打造“科技示范高中”；动工新建县开发区高新园区实验学校（估算投资2亿元），打造多元办学“区域实践样本”。对接豪群基金，完成7所学校9个运动场地（篮球场、羽毛球场、排球场）硅PU改造项目，总面积5251平方米。

【实施教育民生实事类项目】 构建城乡教育均衡化发展大格局。完成浙江省民生实事项目——溪口中心幼儿园食堂改建项目；完成衢州市民生实事项目——端礼小区配套幼儿园装修项目；完成全县176个教室灯光标准化改造、5所学校家长接送等候区建设、17所学校555个厕所蹲位改造，更换6300套学生课桌椅等县民生实事项目。制定并细化《龙游县专用校车保障学生接送工作的实施方案》，取消非专用校车，购置专用校车56辆，由城乡公交和专用校车协同保障全县学生接送安全。12月27日，专用校车采购招标工作结束，由郑州宇通公司中标。专用校车将于2022年春季开学时正式投入使用。

【校园食堂数字化监管体系建设】 2021年，全县有中小学、托幼机构食堂126家，其中学校食堂49家、托幼机构食堂77家。学校食堂中有A级10家、B级39家，幼儿园食堂中有A级3家、B级72家、C级2家。食堂量化等级B级及以上比例高达到98.4%。推行“互联网+阳光厨房”建设全覆盖，全县65家中小学校和二级以上幼儿园食堂中，有46家完成智能阳光厨房建设，完成率70.8%。智能阳光厨房视频和物联信息统一接入浙江省市场监督管理局食品安全综合治理协同平台，使阳光厨房的

【教育会计核算】 完成核算中心改制衔接工作。做好档案资料整理、中心资产清理、A++系统设置变更等工作，制订完善运行机制，加强分工协作。自2021年1月起，对国库系统单笔申请金额在20万元以下的业务实行授权；9月23日起，继续对农商银行账户资金（含行政账其他收支和食堂账收支）单笔申请金额在2万元以下的业务实行授权,由各核算单位自行审核记账。完成教共体、幼共体改革背景下各中心校与分校财务预算合并工作。

【教育经费统计】 2021年，龙游县地方教育经费总收入14.08亿元，比上年11.7亿元增加2.38亿元，同比增长20.34%。国家财政性教育经费11.79亿元，比上年9.45亿元增加2.34亿元，增长24.79%。国家财政性教育经费占全县国内生产总值比例为4.09%，比上年3.82%增长了0.27个百分点。2021年，全县公共财政预算教育经费10.70亿元，比上年8.26亿元增加2.12亿元，同比增长25.7%。幼儿园、小学、初中、普通高中、职业高中生均一

般公共预算教育经费分别比上年增长20.47%、39.97%、22.66%、27.02%、1.6%。幼儿园、小学、初中、普通高中、职业高中生均一般公共预算教育事业费分别比上年增长14.44%、18.30%、20.56%、14.23%、0.02%。幼儿园、小学、初中、普通高中、职业高中生均一般公共预算公用经费分别比上年增长17.93%、10.%、0.79%、9.76%、4.64%。

【规范教育收费行为】 2021年8月，结合《浙江省教育厅办公室关于2020年学前教育、义务教育和高中段教育有关重大政策落实情况审计调查结果的通报》及《全国治理教育乱收费部际联席会议办公室关于5起学校违规收费典型问题查处情况的通报》等文件精神，通过学校自查及机关部门抽查方式，开展教育乱收费清理专项行动。会同县发改局、财政局等部门，联合下发《龙游县义务教育阶段学校课后服务财政补贴和服务性收费的通知》，增强学校主体责任意识。学校于学期初对收费项目进行公示，进行自查，形成自查报告报教育局报备；局职能科室以抽查方式对学校收费情况进行摸查，严格监督，形成预防机制。

【学生资助实施情况】 2021年，全县中小学生享受各类教育资助17044人次，总金额2018.74万元。学前教育阶段学生免保育费415人次，计72.63万元；义务教育阶段学生享受“营养餐”1885人次，计151.56万元；享受家庭经济困难学生生活费补助1908人次，计72.3万元。普通高中学生享受免学杂费294人次，计48.51万元；享受国家助学金294人次，计29.4万元。中等职业教育学生免学费10060人次，计1596.51万元；享受国家助学金2182人次，计44.24万元；享受国家奖学金6人，补助金额3.6万元。

【学校常规仪器设备配备】 2021年，全县投入教育信息化建设经费2108.9万元，夯实全县智慧教育基础环境。投入440万元对学校班级多媒体及教学电脑、学生机房进行添置与更新，各学校功能教室齐全，实现班级多媒体设备覆盖率1∶1，其中触控一体机占比85.2%；教学计算机有效师机比1∶1，有效生机比3.2∶1，基本形成体系化的信息化基础环境。基本完成“万兆进校、千兆到班”校园网络提升改造目标。

【新型教学空间建设】 2021年，投入中央薄改资金（农村义务教育薄弱学校改造补助资金）631万元、县级教育技术专项经费240.9万元，完成全县26所中小学75个新型教学空间建设，全面提升、改善各校普通教室及学科教室教育教学环境和设施设备。11月，塔石小学精准教研空间、横山小学线性美术教学空间入选2021年浙江省中小学新型教学空间优秀案例。

【智慧学习服务体系建设】 以云计算技术为支撑，形成“一库两应用”（区域教育基础数据库；教育管理公众服务应用、教育资源公众服务应用）服务体系框架。2021年，投入200万元，依托浙江教育资源公共服务平台（之江汇教育广场），推进微课程、网络课程等数字教育资源建设，建成“龙游云校”和“龙游云淘”，扩大优质教育资源覆盖面。实现网络学习空间全覆盖，深化基于钉钉的局校一体教育服务应用，开发并正常使用局校审批类应用12个、晨午检等安全类应用7个、学校工作督查等教育督导类应用5个、教师流动管理等人事类应用5个、教育装备管理等应用3个，在部分学校试点消防巡查等应用5个。

教学科研

【概况】 2021年，龙游县教师进修学校、教学研究室、教育科研室深入“双减”一线，优化教学管理，凸显教研实效，探索防疫大背景下有效教育科研和“教师阅读”途径。聚焦学校需求，抓住关键问题，在培训过程管理中不断探索智慧治理新路径，做细做实教师专业发展大文章。全县教科研硕果累累，有468项课题立项，省级15项、市级92项、县级361项。研究成果喜人，96项成果获省、市级奖，省结题12项、省三等奖3项；市一等奖20项、二等奖59项、三等奖14项。3009篇文章获奖和发表，省级及省级以上获奖292篇、市级获奖775篇。有2门课程入选浙江省精品微课程，4门课程入选衢州市精品课程。完成《龙游教育研究》第28、29期的组稿、审稿和编印，制作发布《龙游县教师全员阅读电子简报》第八、九期。

【成立精准提质“联盟校”】 全面实施县域内初中学校提质强校行动，制定下发《龙游县公办初中提质强校行动方案》，组建城乡初中“互助联盟”、农村初中

“五校联盟”（塔石初中、模环初中、湖镇初中、小南海初中、溪口初中），以联盟共强代替单打独斗，做精、做强中心集镇初中。推动数字技术赋能教育教学，利用“互联网+教育”实现城乡课程同步、资源共享，共育共研。在联盟校内积极开展精准教学改革，利用极课阅卷系统和精准教学系统，通过大数据分析，实时掌握学生学习状态。县教研室全程参与指导，开展针对性教研，推进作业变革和课堂变革，使用“因材施教”和“精准教学”等教学手段实现学校教育个性化、优质化，全面助力教育教学质量提升。

【开展人工智能及创客教育活动】 以积极组织参加省市科技创新大赛、人工智能创新智造活动、机器人挑战赛等为载体，组织县内专项培训和选拔赛，促进全县开展创客教育的发展。2021年，全县师生在省市组织的创客比赛、人工智能比赛中屡获佳绩。实验小学被评为浙江省创客教育示范校，柳园小学、西门小学被评为衢州市创客教育示范校。詹家小学在浙江省机器人挑战赛上获得二等奖1项、三等奖2项，是衢州市唯一获奖学校。

【开展素养调研】 2021年，为培养学生良好学习习惯，提高学科学习基本能力，提升学生学科综合素养，县教研室在全县小学开展小学语文汉字书写和语言表达、数学计算、英语书写规范及音体美等学科素养调研。通过活动，有效引导全县各小学关注学生学习基本素养的培养。

图109 2021年10月20日，龙游县中小学教研组长校本教研能力提升培训开班（县教育局/提供）

【教师培训】 2021年，县教进校开设自主选课培训项目66项，参训教师4378人次。推进师德专项培训，开设3个项目10个班期，730名教师参加培训；开展省订单式培训——龙游县“明珠型”教师素养提升培训暨中小学教研组长校本教研能力提升培训。培训5天，有97名中小学教研组长参加培训。8月19—24日，全县118名新录用教师参加为期6天的新教师岗前培训，培训有8场主题报告，13名来自省、市、县专家教师，从职业认知、师德师风建设、职业成长规划、教学技能与规范、班级管理、心理健康疏导、基础教育改革与发展等方面，给予新教师专业、系统指导，为新教师踏上新征程助力护航。新教师实践培训立足于教师实际需求，先后参与师徒结对、县教科研优秀成果观摩、市首届青年教师读书分享会、“研直播”线上观摩等活动。

【县第十二届“教学展示月”活动】 11月22日，龙游县第十二届“教学展示月”活动在西门小学拉开序幕。“教学展示月”紧扣“双减”政策精神，围绕龙游教育改革发展“1630”工作举措和教育局“奔跑+服务”工作要求，分为教育专场、教学专场和研修专场，涵盖名师送教、“教坛锐将”课堂教学评比、说课比赛、项目化校本研修案例展评等子项目。200多人次参与教育大讲堂报告会，2000多人次参与名师送教活动，300多人次参与“教坛锐将”评比活动，300多人次参与“说课”活动，5160人参与“‘双减’背景下小学生核心素养调研与展评”活动。活动辐射面广、影响面大，成效显著。

【“之江汇”教育资源应用】 促进信息技术与教育教学深度融合，提高教师信息技术应用与创新能力。组织师生共同参与“名校上云”“名师金课”“同步课程”“数字家校”等应用建设。建成10所县域数字家校，开设“之江汇”网络同步课程26门，丰富本地在线教育资源，打通与“龙游通”APP教育栏目课程推送。

【校本研修】 依托龙游县教师培训PDCA平台，推进全县中小学幼儿园校本研修过程管理。2021年，龙游县中小学、幼儿园组织研修活动1480次，上传研修材料7091件。开展校本研修考核，展示、交流学校先进经验与典型做法，评选出龙游县2020学年中小学（教共体）校本研修先进集体12个、校本研修工作先进个人17名。开展校本研修共同体现场观摩活动5场，活动主题涵盖青蓝工程、德育专题、课堂教学、作业设计和课题研究，69人次进行汇报展示，300余人次参与活动。

【衢州市课题中期检查暨龙游与市直学校课题管理互看互学活动】 6月10日，衢州市课题中期检查暨龙游与市直学校课题管理互看互学活动在龙游县北辰小学举行。市教科所副所长吴水洋、市直与龙游二地教科研专家团队及受检课题组代表25人参加活动。12项课题参与展示汇报，其中龙游县7项、市直2组学校5项。中期检查的形式为二地课题组互看互学。组织流程：课题组自主汇报（有课件）课题实施情况和阶段成果；检查组根据汇报情况和查看相关阶段性资料，提出改进建议，对课题深化研究提出相应指导；市教科所根据课题组汇报和呈现的实证材料，对课题进行精准指导和专业深度引领。

【组织课题成果答辩和微成果推广活动】 6月和12月，龙游县教育局教科室分2次组织开展课题成果答辩暨微成果推广活动，37项小课题研究成果和12项规划课题研究成果参与成果鉴定答辩。评委由县各教研员担任。答辩既有成果表述展示，又有关键问题提问。约800名教师参与现场加线上观摩学习，200余名老师撰写学习体会。

【教师全员阅读】 2021年是龙游县推进教师全员阅读的第五年，着力于面的再铺展和读的再深化。2021年，学校教师在“龙游科研空间”交流读书计划116个，微信报道和推广专题1500余次，发布周简讯40余期，推出教师读书电子简报2期。先后组织开展“我与书的故事”征文比赛和数字故事评比、“我最喜欢的一本书”研读分享暨微信制作大赛、“红色经典诵读”系列展示、教师阅读素养线上调研等活动。3月和10月，龙游县教师全员阅读项目推进经验在省、市刊物发表推广，获省、市级奖励。

【课题开题范式研究活动】 10—11月，组织开展“课题开题范式研究暨推广”系列活动，近100位教师和6个研修共同体通过举办6场不同形式的开题活动，进行创新性研究与展示，为全县校本开题管理作出示范。2个月中，全县50余所学校组织校本开题论证活动，有450项课题进行开题论证，30余名校级领导、15名教科研专家和学科教研员参与过程指导，助力各课题组优化实施方案和行动路径。

（县教育局　吴永建）

图110　2021年6月10日，衢州市课题中期检查暨龙游与市直学校课题管理互看互学活动在龙游举行　（县教育局/提供）

科学技术

【概况】 2021年，龙游县以创新型城市（县）创建为目标，以经济高质量发展为主线，构建以“平台大支撑、主体大发展、投入大增长、人才大集聚、环境大提升”为主要内容的县域科技创新大格局，全县研发费用投入11.15亿元，同比增长39.7%；高新技术产业增加值43.67亿元，占规模以上工业增加值比重54.2%；高新技术企业99家，每千家企业中高新技术企业数20.23家；每万人发明专利拥有量12.3项，每百万人PTC专利申请量67.6项；科技型中小企业262家，每千家企业中占科技型中小企业数51.29家；高新技术产业投资占固定资产投资比重5.7%。荣获2021年度市县党政领导科技进步目标责任考核

图111　2021年7月15日，龙游县2021年度十个重大科技攻关课题“揭榜挂帅”项目承担单位授牌仪式（县科技局/提供）

优秀单位。

【重大课题“揭榜挂帅”】县科技局联合县委组织部发布30项企业“卡脖子”技术需求榜单，这是龙游县首次面向全社会人才和团队发出“求贤贴”，榜单金额2.166亿元。通过竞争性评审，重大课题项目立项10项，重点科技项目立项8项，一般科技项目立项6项，发明专利产业化项目拟立项6项，安排财政经费补助2000万元。指导性项目拟立项33项，不予经费补助。实际立项项目61项，补助资金1975万元。

【产业创新服务综合体】科技局指导推进特种纸产业创新服务综合体、龙游轨道交通装备产业综合体两大省级综合体建设。整合创新资源，集聚高校院所、中介服务机构入驻综合体，开展技术研发、人才培训、检验检测等服务，指导综合体围绕产业需求，聚焦共性关键技术，开展技术攻关，推动产业发展。

【引才聚能】龙游县金昌特种纸股份有限公司承担的省领军型创新团队通过浙江省科技厅验收；禾川科技股份有限公司入选创新型领军企业培育名单，实现创新型领军企业“零的突破”；吉成新材董事长入选省“万人计划”创业型领军人才，龙游县领军人才总数占衢州市一半以上；华邦特西诺采新材料有限公司副总经理获2021年海外工程师称号。

【推进产业平台建设】龙商智慧城众创空间新认定为省级众创空间，龙游县入选第四批浙江省可持续发展创新示范区建设名单，全省26个加快发展县中仅有2个县域入选，也是衢州市唯一入选县。

【研发经费投入提升】发展创新型企业，提高企业研发活动覆盖面，梳理分析企业研发经费投入情况。2021年，高新技术产业增加值43.67亿元，同比增长8.7%，全年占比54.2%；高新技术产业投资7.02亿元，同比增长22.9%；规模以上工业企业研发费用11.15亿元，同比增长39.7%，完成年度目标任务115.3%。

【技术转移中心】新引进西安交通大学浙江研究院合作设立龙游技术转移中心1家，有5家大院名校在龙游设立成果转移转化中心；浙江师范大学龙游研究生联合培养基地、浙江师范大学龙游轨道交通装备联合研发中心的建立，为科技合作和成果转化创造更大平台，首期浙江师范大学派出6名轨道交通相关专业硕士研究生入驻企业，共同推进轨道交通综合体建设，打造更优产业创新服务综合体样本。2021年，深入企业调研300多家，征集技术需求难题30多项，服务30家企业申报高新技术企业，解决企业技术难题20余项。全县企业达成技术交易额6.046亿元，同比增长37.4%。

（县科技局　杨　敏）

概 述

【概况】 龙游县文化和广电旅游体育局（以下简称龙游县文广旅体局）以县委“14456”工作布局为引领，围绕“大庆大干”要求，大力推进文化龙游、运动龙游、全域旅游、疫情防控等各项工作进程，完成全年工作目标任务。2021年，“文化龙游”被县委、县政府确定为“四大龙游”建设目标，文旅产业融合被列入龙游县政府十大牵引性改革项目之一，紧紧围绕“健康浙江”建设，扎实推进体育设施、全民健身、体育产业等各项工作开展。龙游县文广旅体局通过实施优秀传统文化保护传承行动、公共文化服务提升行动、文化产业倍增行动等七大行动，为加快建设“活力四射”“美丽幸福”的浙西新明珠凝聚强大的精神力量。2021年，龙游县乡村旅游共接待游客202.96万人次，实现营业收入1.92亿元。龙游县先后获得浙江省旅游业“微改造 精提升”试点县、浙江省大数据旅游统计应用试点单位等荣誉，连续3年入围“全国县域旅游综合实力百强县”。

【全省旅游业“微改造、精提升”试点县】 龙游县坚持立足浙西明珠定位，紧扣“五精工程”（体验更精致、设施更精良、景观更精美、服务更精心、运营更精细），从小切口入手，积极做好旅游业“微改造、精提升”文章，致力打造时时美丽、处处精致的旅游环境。2021年，龙游县确定“微改造、精提升”项目144个，共打造45个“微改造、精提升”示范点，其中1个示范点列入省级试点，13个示范点列入市级试点名单。实施文旅项目33个，当年完成投资66.71亿元。

【疫情防控】 针对疫情反复暴发的严峻形势，龙游县文广旅体局成立疫情防控专项领导小组，统筹部署文旅体行业疫情防控工作。强化巡查管控，采用不定时、高频次、线上线下相结合的检查模式，由局领导班子带队赴景区、酒店、KTV、网吧、民宿、文化站等场所开展常态化督查。同时发挥文化宣传阵地作用，创作小品《防线》、歌曲《逆行的光》等抗疫作品，通过文艺展演的形式开展宣传，让防疫意识入脑入心。2021年龙游县文广旅体局系统未发生疫情防范安全事故。

【数字化改革】 2021年，龙游县文广旅体局扎实推进文旅数字化改革，龙游县古塔及牌坊沉降监测模块作为衢州市唯一入围“文物安全”应用场景建设“揭榜挂帅”试点，为文物保护工作提供坚实保障。龙游县被浙江省文化和旅游厅列入大数据旅游统计应用试点单位，带动传统旅游统计数据和手机信令大数据（指通信系统中的控制指令。可以指导终端、交换系统及传输系统协同运行，在指定的终端之间建立临时的通信信道，并维护网络本身正常运行）的深度融合，成为具有全省推广价值的数字化改革案例。推进博物馆、图书馆等公共文化场馆智能化提升改造，实现预约功能，推进公共服务场馆功能大提升。

【招商引资】 2021年，龙游县文广旅体局引进科力印业年产3000万只不沾油墨防交叉感染指纹印台、足迹印台生产线项目；年产20万米钢筋混凝土箱涵和涵管等地下管涵生产线项目及六春山居综合体项目等落地建设。城南开发区高端润滑油项目工程完成并投厂；桃源谷·云上竹海研学旅行教育基地、龙游五道·六合清境项目及龙山运动康养度假区通过项目决策立项。另有石窟原声音乐旅游度假区、恐龙园游乐项目、汽车运动中心等一批优质项目在招商中。

【对外宣传提升龙游知名度】 2021年，龙游传媒在中央电视台、《新华每日电讯》《光明日报》《浙江日报》、浙江卫视等主流媒体刊发稿件1700余篇（条），推出的“六春湖”雪景视频融媒产品，在60余个媒体平台传播，话题2次火上“新浪热搜”榜单，总曝光量1800多万次；短视频《龙游这司机的举动真暖心》被“学习强国”学习平台转载，单条点击量就达100万人次以上；“龙游18岁少年紧拽轻生男子的暖新闻”登上《人民日报》“央视新闻”官方微信公众号，阅读量突破1000万人次，连续2天登上新浪微博热搜前8名，提升了龙游的知名度。龙游传媒集团获2021年度浙报集团融媒“共享联盟·最佳合作奖”、浙江在线2021年度十佳支站等荣誉。

【公共体育设施建设】 2021年，龙游县文广旅体局以民生实事项目建设为抓手，扎实推进体育公共基础设施建设。先后完成5个多功能运动场、1个村级全民健身广场、1个笼式足球场、14个百姓健身房建设，完成134个农村公共场所破损体育健身设施更新维护，公共体育设施建设日渐完善，为群众健身、休闲、运动提供保障。

公共文化

【概况】 2021年，龙游县公共文化服务体系建设再上新台阶，入围浙江省公共文化服务现代化先行县培育名单，公共文化服务现代化领航项目“三百联盟”得到省文化和旅游厅领导关注，县委主要领导作为县市区代表在衢州市委文化工作会议上作典型发言。

【公共文化阵地建设】 2021年，龙游县博物馆建成文旅驿站，参观超8万人次，成为龙游人最爱去的“城市会客厅”。城东公共文化服务中心全面结顶。罗家乡、小南海镇综合文化站完成升级改造，建成溪口、塔石、沐尘南孔书屋3家。博物馆、文化馆、图书馆均成功创建衢州市示范型文化场馆，基层文化网络日渐夯实。詹家镇成功创建2021年度省级文化强镇，湖镇镇、模环乡通过文化强镇复核。志棠村入围2021年度浙江省文化示范村（社区）名单，地圩村、天池村等12个村通过浙江省文化示范村（社区）复核。

【文艺精品创作】 创作六春湖宣传歌曲《带你去山顶》在QQ音乐榜上推广宣传。辅导歌曲《跟你走》《曙色》分获浙江省群众声乐大赛金奖、铜奖。创作编排的舞蹈《滚花龙》《硬头狮子》《龙游大妈》获浙江省首届乡村艺术舞蹈大赛金、银奖。创作报告文学《答卷》、歌曲《逆行的光》获第五届衢州市文艺精品“南孔奖”。创作国画作品先后6次入选全国、省级展览，其中3人创作的中国画入展“百花向阳”全国花鸟画展。积极参加衢州市第十届群众文艺会演，获得8金6银好成绩，其中舞蹈《大山里的电影院》、音乐《夏日小辰光》、音乐《北乡月》获创作、表演双金奖等，龙游县文广旅体局获优秀组织奖。

【文化惠民工程】 2021年举办送春联福字下乡、民间舞龙舞狮大赛、全民朗诵大赛等系列文化

图 112 2021 年 9 月 23—25 日，首届浙江乡村文化艺术节暨乡村舞蹈大赛在龙游红木小镇举行，图为《滚花龙》表演

（县文广旅体局 / 提供）

活动，指导各乡镇（街道）开展“一乡一节”品牌文化活动，惠及群众50万人次，各类群众文化活动线上观看561.78万人次，群众文化自觉、文化自信不断提升。完成关键小事“公共场馆预约”和“图书一键借阅”在“浙里办”上线，推行长三角“一网通办”“一证通用”，群众的获得感、幸福感得到提升。

【文化基因解码】 深入挖掘传统优秀文化元素，完成500多个文化元素普查入库，完成19个重点文化元素解码，形成10万字文化基因解码成果报告。龙游县成功入围浙江省文化基因解码成果“优秀”奖名单，龙游商帮、龙游皮纸、姜席堰、龙游石窟获得优秀解码项目，龙游商帮文化入选浙江省首批100项“浙江文化标识”培育项目名单。做好文化基因转化利用，完成龙商码头书吧项目建设，开展龙游商帮标识设计应用推广，谋划龙游商帮美术馆等特色项目。

【首届浙江省文化艺术节暨乡村舞蹈大赛】 9月23—25日，由浙江省文化和旅游厅、浙江省农业农村厅、浙江日报报业集团共同举办的幸福像花儿一样——首届浙江省文化艺术节暨乡村舞蹈大赛在龙游县红木小镇举行。本次大赛吸引浙江省71支队伍参赛，参与演员超过1000人。大赛共评选出金穗奖一等奖8名、二等奖10名、三等奖13名、优胜奖32名，并评选出10名人气奖。龙游县文化和广电旅游体育局等9家单位受颁组织奖。

（县文广旅体局　周佳俊）

【图书】 浙江省龙游县新华书店有限公司坚持贯彻执行党和国家出版方针、政策，遵守国家出版发行的相关法律、法规，落实省店集团的决策部署，紧紧围绕省店集团的工作要求，讲政治、讲大局，与省店集团保持一致，支持集团的各项改革，确保国有资产保值、增值，以新的经营理念，推动企业发展，取得“两个效益”双丰收。2021年完成营收3584万元，比2020年同期增加596万元，增长19.94%；利润362万元，同比增加29万元，增长8.7%，完成全年预算指标。

公司积极关注省公司的政治读物发行动态，及时在卖场布置展台，堆码陈列，第一时间到县委宣传部联系对接，做好征订工作。2021年征订政治读物共11.53万册，码洋306万元。其中：中共中央关于党的百年奋斗重大成就和历史经验决议2.13万册，码洋14.94万元；百年党史学习资料7.05万册，码洋198.72万元；三史资料6082册，码洋20.27万元；三读丛书580套，码洋5.8万元。

积极做好“云馆配”工作，2021年馆配部销售图书码洋136.25万元，其中以馆藏公司名义中标73.52万元，县图书馆直接采购39.99万元。认真做好全县中小学生暑假读书活动，采用印发宣传单到学校，门市布置展台，赠送购书优惠券，员工上门征订等营销手段，实现销售6.53万元。

积极拓展新业务，寻找增长点，积极参与当地教育装备、体育器材的招标工作，通过公开招标、在线询价、网超等方式，中标合同金额372万元。

把握机遇，转变观念，进一步强化服务意识，提高服务水平，优化服务质量，全心全意为学校、为师生做好教材发行工作。经常对接教育局、学校，上门听取学校对教材发行工作的意见和建议，理顺关系，做好服务。2021年销售教材、教辅2322.26万元，比2020年销售2051.2万元，增加271.06万元，增长13.2%。

（县新华书店　叶雪琴）

【新书榜】 《故园风雨》 长篇小说，赵春媚著，中国出版集团中译出版社，2021年9月出版，277页，225千字，书号ISBN 978-7-500-6725-9，定价52.80元。全书十三章，以一个来自义乌西赵村、族谱上记载为赵匡胤的第三十八代孙的普通百姓——赵绥信为主人公，他身世坎坷，早年丧父，从杭州的小学徒，考入国民党部队成为运输兵，经过抗日战争、解放战争的洗礼，足迹遍布大半个中国。1949年上海起义后加入共产党，为抗美援朝培育了一批运输人才。本文以细腻的笔触述说了主人公在波澜壮阔的大时代背景中与妻子、堂

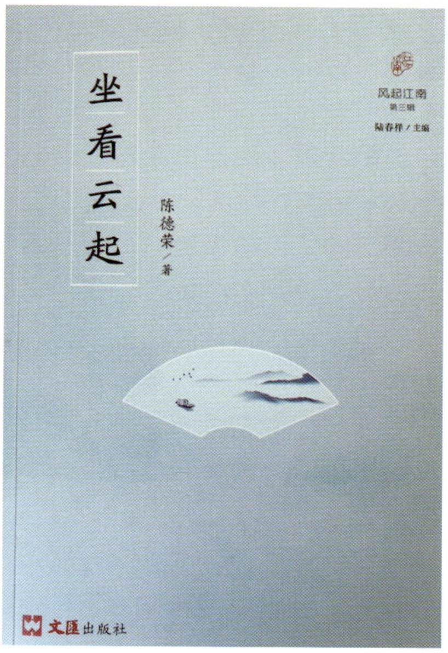

兄弟、至交好友等经历了生死巨变、爱恨情仇的曲折故事，最终迎来属于自己的恬淡宁静的生活。赵春媚，浙江省作家协会会员，浙江省音乐文学学会会员，1977年生于龙游，现为龙游县詹家小学教师。出版散文集《红尘烟火》。

《龙游腔》 龙游县政协教科卫体和文化文史学习委员会编，浙江教育出版社，2021年11月出版，238页，300千字，书号ISBN 978-7-5722-2713-4，定价48.00。编委会主任洪一舟，副主任周巧萍，委员郑绍坪、杨响艳，主编周巧萍，撰稿赖正清。全书分“龙游腔发布”“声韵调”“同音字”“词汇”“语汇”“语法”“文译”等七章。

《轻唱流年》 杨红萍著，散文集，2020年7月团结出版社出版，304页，288千字，书号ISBN 978-7-5126-7831-6，定价49.80元。全书设“远方絮语”“淡淡清欢”“素年锦时”“红笺小字”“轻唱流年”五部分。作者杨红萍，笔名飘（飘萍），浙江龙游人，浙江省散文学会会员，衢州市作家协会会员。作品散见于《浙江作家》《浙江散文》《浙江园林》《作家天地》《衢州日报》等多家报刊，征文屡有获奖。

《坐看云起》 陈德荣著，散文集，2020年12月上海文汇出版社出版，241页，书号ISBN 978-7-5496-3403-3。全书有“岁月如金”“史海品茗”“寄情山水”“名流轶事”四章。作者陈德荣，浙江龙游人，1972年参加工作，供职于乡政府、工商局、县志办公室等单位，1988年辞职从事法律服务工作，业余时间喜欢读书写作。在《中国民间文学集成》《中国最美游记》《章回小说》《厦门文艺》《浙江散文》等刊物发表作品三十多万字，现为衢州市作协会员、浙江省民间艺术家协会会员、浙江省散文学会会员。

《竹林禅寺》 主编释戒成，2021年10月香港文艺出版社出版，书号ISBN 978-988-78778-7-5，277页，定价66.00元。顾问方土新，主编释戒成，副主编释定亮、释定照、释定赞，编撰黄橘、慧心、笑乎散人、慧果、慧玲、刘心之力、田园风、尚慈尚悲。审稿章良，摄影陈星名等。全书分“福地”“大观”“丛林”“长老”“慈照”“心舟”“禅音”“法务”等八章。

《如雪的温暖》 麦田（张建民）著，现代诗集，团结出版社2021年9月出版，190页，175千字，定价58.00元。书号ISBN 978-7-5126-8953-4。全

书分“三衢在望”“如雪的温暖”“它山之石”“故乡的马尾松”四辑，共有诗歌170首。作者麦田，原名张建民，男，1963年生，浙江龙游人，1982年毕业于浙江师范大学中文系。中学高级教师，曾任初中校长、高中书记等职，1987年《衢州报》首发表诗作后，屡有诗作发表在《江南》《浙江诗人》《天津诗人》《浙江作家》等刊，有诗作入选年度选本，获中国诗歌学会、《诗刊》社、《绿风》诗刊社等主办的全国征文大赛一、二、三等奖10余次。2018年6月进入龙游县大南门历史文化街区保护开发指挥部专班，从事地方文化挖掘整理工作。出版有戏剧研究专著《龙游徽戏》（与他人合著）。

《龙游年鉴(2021)》 龙游县地方志编纂委员会编，2021年12月方志出版社出版。大16开本，精装，共492页，1007千字，定价220元。有彩色图版插页20页。书号ISBN 978-7-5144-5203-7。编纂委员会主任李芝伟，副主任祝升明、舒建明，办公室主任雷伟斌。主编雷伟斌，特邀编审劳乃强，副主编叶红军、袁勇、劳晓天。责任编辑方冬成、邓根林、肖剑红、吴土根、姚金良、徐滨。是中共龙游县委、县人民政府主办，龙游县档案馆（县史志研究室）组织编纂的地方综合年鉴，全面、系统、翔实地汇辑龙游县年度自然、政治、经济、文化、社会等基本面貌和发展状况。本书以县机关各部门、各乡镇（街道）等为基本记叙主体，全书由30个类目组成，记载2020年度全县各条战线和各项事业的发展情况，旨在为各级领导决策提供依据，为社会各界和中外投资者了解龙游提供丰富翔实的地情资料，并为今后续修《龙游县志》积累资料，是一部政府公报性工具书，是宣传龙游、介绍龙游的金名片。该书封面主标题采用烫金，封面图案为西汉瓷瓿上的九头鸟纹，由龙游东华山出土，封面背景为龙游出土的西周文物云雷纹印纹原始瓷双耳簋形卣上的纹饰。方志出版社审稿意见指出，《龙游年鉴（2021）》反映记载龙游县2020年度政治、经济、文化、社会、生态文明等各个方面的发展变化，反映了龙游县在改革开放和现代化建设中的新情况和新成就，展示龙游县的奋进足迹和光彩形象，总结做法经验，提供资治借鉴，具有较高价值。稿件规模宏大、结构合理、铺排细密、内容丰富、记述翔实、文风清新、可读性强，具有一定的年度特色、时代特色和地方特色，是一部难得的成功佳作。

《烩一勺》 徐金渭著，散文集，2021年9月团结出版社出版，277页，225千字，定价58.60元。书号ISBN 978-7-5126-8953-4。全书分“游山玩水”“人物春秋”“谈天说地”“岁月悠悠”四章。作者徐金渭，1963年11月出生，大专学历，1984年7月参加新闻工作，现就职于浙江省龙游传媒集团，有大量文字见诸报刊，出版有杂文集《水浒另说》和研究专著《徐偃王与龙游》。

（县档案馆　邓根林）

文物和非物质文化遗产保护

【概况】 2021年，龙游县文广旅体局深入开展文物保护传承行动，文物保护利用及非物质文化遗产保护工作进展顺利。成立龙游县文物局，召开龙游县文物工作会议，推进文物保护事业稳步发展。成功加入上山文化申遗城市联盟，提高荷花山遗址知名度。

【文物保护】 召开龙游县文物安全工作会议，全面部署文物安全保护工作。2021年完成不可移动文物保护工程31处，完成县保单位（古建筑）电气线路改造工程119处，龙游县古塔及牌坊沉降监测模块作为衢州市唯一代表，入围浙江省“文物安全”应用场景建设“揭榜挂帅”试点。加大革命文物保护开发利用力度，完成华岗故居成长楼、大街乡红军标语墙修复等工程建设，推进张爱萍将军抗日旧址展示馆项目建设。

【文物犯罪整治行动】 从2017年开始，龙游县文广旅体局和龙游县公安局密切合作，坚决贯彻上级精神，将打击文物犯罪放在两部门工作的重要位置，严防严控，切实保护县内文物安全。至2021年12月底，共破获案件6起，抓捕犯罪嫌疑人13名。经查证鉴定，被盗古墓葬7处，追回被盗三级珍贵文物2件、一般文物8件，追回的文物移交给龙游县博物馆管理保存。

【考古项目调查】 湖镇文林茶场土地垦造项目考古勘探发现古墓葬35座，完成发掘21座。城南开发区商贸物流园区项目考古勘探发现古墓葬6座，实际发掘11座。东华街道五爪垄村茶场土地垦造项目考古调查工作上报省文物局，等待批复后实施发掘保护。民居苑酒店建设项目考古调查工作在与龙游县资规局对接中，资料整理后上报省文物局实施。协助省考古所完成南山塘水库考古发掘工作。

图113 2021年11月6日，在龙游县博物馆举行追回文物移交接仪式（县公安局/提供）

【非遗保护传承】 深化开展非遗保护传承，2021年新增省级非遗传承人1人，市级非遗传承人5人，县级非遗传承人20人。完成龙游皮纸非遗体验基地、龙游发糕非遗体验基地、婺剧传承基地建设。龙游发糕制作技艺、龙游莲子酒酿造技艺入选第三批浙江省非遗旅游商品。指导建成龙游皮纸制作技艺传承人徐晓静工作室，推进龙游发糕制作技艺蓝锦国工作室建设。

【荷花山遗址保护开发】 积极谋划荷花山考古遗址公园建设和申遗工作，编制完成《荷花山遗址保护规划》，龙游县成功加入“上山文化”申报世界文化遗产城市联盟。完成荷花山出土文物进入中国国家博物馆展览，进一步提高“荷花山遗址”知名度。

【龙游县文物局挂牌】 2021年8月23日上午，龙游县文物局正式挂牌成立，衢州市文旅局党委委员、副局长朱芝君，龙游县委常委、宣传部部长李莉，县委编办主任许慧斌及文广旅体局班子成员等出席挂牌仪式。县文广旅体局党委书记、局长胡炜鹏主持挂牌仪式。龙游县文物局的成立，对推动龙游县文博事业高质量发展具有十分重要的意义，标志着龙游县文物保护工作步入新阶段。

【龙游县博物馆理事会成立】 2021年12月17日下午，龙游县博物馆理事会在龙游县博物馆正式成立，龙游县委宣传部常务副部长雷建春、龙游县文广旅体局局长胡炜鹏等出席成立大会。龙游县博物馆首届理事会共有理事9人，由主管部门及其他政府部门代表、文史研究、民营企业、收藏等领域社会人士及龙游县博物馆负责人、职工代表组成。会上集体审议通过《龙游县博物馆法人理事会章程》《龙游县博物馆理事会议事规则》，推选雷栋荣为首届理事会理事长。

（县文广旅体局　周佳俊）

史志工作

【概况】　2021年，龙游县档案馆（县史志研究室）以“工作项目化、项目清单化、清单责任化”的方式，抓实一批史志编纂项目，通过提高党史、地方志工作科学化水平，更好地发挥党史、地方志“存史、资政、育人”的作用。围绕史志研究，争创特色亮点。2021年4月19日，中国地方志指导小组办公室中指办字〔2021〕34号文件下文，《龙游年鉴（2020）》被中国地方志指导小组办公室正式公布入选第五批中国年鉴精品工程的18部中国精品年鉴名单，成为浙江省2021年度唯一进入中国年鉴精品工程的年鉴；浙江省唯一进入中国年鉴精品工程的县级年鉴；衢州市唯一进入中国年鉴精品工程的年鉴，实现衢州市历史上“零的突破”。获衢州市委副书记、市长汤飞帆批示：“全国精品、全省唯一，值得肯定！”。2021年12月31日，中国地方志指导小组中指组字〔2021〕23号文件下文，《龙游年鉴（2020）》再一次荣获全国大奖，获得第八届全国地方志优秀成果（年鉴类）县级综合年鉴特等奖。

【《龙游县委县政府工作报告汇编》】《龙游县委县政府工作报告汇编（1983年12月—2022年1月）》编纂工作始于2021年6月。收录1983年12月至2022年1月，龙游恢复县建制以来历届党代会、人代会上，县委书记作的县委工作报告，县长或代县长作的政府工作报告。该书从县委、县政府决策施政的视角着眼，通过客观、翔实、权威的文献资料勾画出龙游县委、县政府带领全县人民开创中国特色社会主义龙游之篇章的概貌，为读者研究龙游党史、新中国史，了解龙游与浙江、与中国的巨变之路提供一个重要窗口，为整装待发新征程提供一个有益的镜鉴。至2021年12月底完成定稿，共计36万字。

【做好党史宣传工作】　认真开展“五进”党史宣传，馆党组成员赴3个行政村、6个县机关部门开展9次党史宣讲活动，听众达2000多人。馆8090宣讲团在馆内部及联系村开展党史学习教育宣讲30余次，受教育人数300余人次。报送的“《共产党宣言》华岗译本的价值”成为衢州地区唯一入选浙江省党史和文献研究系统宣讲课题。积极参与市委《中共衢县支部旧址纪念馆》建设，会同县委宣传部编纂《龙游红色精神谱系》和《龙游县党史学习教育一本通》；联合县传媒集团，策划推出“奋斗百年路　启航新征程”专栏，第一期推出“龙游共产党员‘第一人’胡成才”等内容；配合县文联开展“光辉历程　建党百年”百人百米画卷美术作品采风创作展示活动；配合县机关工委组织开展“学党史、强党性、开新局”龙游县党史知识竞赛活动，并补充、完善党史知识竞赛题库（龙游部分）后在“龙游通”上线党史知识有奖竞答，参与人数达6万余人次。

【推进史志研究工作】　查阅、收集华岗的相关资料，初步完成《华岗略传》的编纂，并继续做好《华岗文集》资料收集和后续工作；编纂出版《风起红浪——龙游大地的红色故事》，收集初稿27篇，约13万字，进入主编审稿阶段；查阅、收集龙游籍水利专家何之泰公开资料，初步确定《何之泰传》提纲，撰写《何之泰传》的初稿。发挥馆藏红色档案资源优势，为县机关部门党史学习教育提供图片、历史资料，查阅案卷13卷，复制照片147页；全面启动《中共龙游党史》（第三卷）编纂。初步确定《中国共产党龙游历史》第三卷（1978—2002）的编目数、编撰纲目和“龙游县改革开放新时期党史专题”的各个具体门目；继续搜集《中国共产党龙游历史》第三卷的相关文件、资料；进行《中国共产党龙游历史》第三卷的资料长编。推进县党史教育基地评选，组织相关人员对各单位上报的27家党史教育基地进行实地察看，将基础设施、展陈内容、社会效益和宣传推广等方面较好的罗家乡“‘两山’印迹馆”、泽随村“中国共产党人精神谱系研习馆”、石角村“龙南党建馆”等10处遗址遗迹、纪念场馆，公布为龙游县首批党史教育基地。2021年，共为“学习强国”学习平台“浙里有志”栏目供稿3篇，分别在“学习强国”学习平台上发表。《地方志助力龙游姜席堰申遗》上报全省地方志成果转化应用典型案例。启动《余绍宋全集》编纂工作，含文字类和书画类两大类，其中文字类约700万字，分两期实施。

【中国精品年鉴《龙游年鉴（2020）》发行会暨衢州市方志工作培训会】 2021年8月26日，中国精品年鉴《龙游年鉴（2020）》发行会暨衢州市方志工作培训会在龙游县举行。浙江省地方志办公室主任郑金月，省地方志办公室市县工作处处长周祝伟，省地方志办公室综合处副处长杨坚江，衢州市委副秘书长、市档案局局长、市档案馆馆长蓝水高，市档案馆副馆长贺清峰，龙游县副县长钟爱红等领导出席发行会。会后，郑金月一行考察龙游县姜席堰工程、参观龙游博物馆余绍宋展厅，郑金月充分肯定龙游县挖掘地方志资源，在姜席堰申报世界灌溉工程遗产中发挥地方志部门的独特作用。培训会分两个阶段进行。第一阶段由省地方志办公室市县工作部主任周祝伟受邀作题为《谈谈志书编纂工作中常见的问题》专题辅导。第二阶段为年鉴编纂业务交流学习会，龙游县档案馆（史志研究室）详细介绍《龙游年鉴（2020）》创建中国精品年鉴工作过程和经验。

【《高坪桥水库志》编纂】 《高坪桥水库志》编纂工作自2019年3月底启动。《高坪桥水库志》原纲目共有10卷，在编纂过程中考虑到具体内容和卷与卷之间分量及相对的独立性等因素，对纲目作了适当调整，增加到12卷。至2020年12月底，完成全志的初稿编纂，并进行统稿、图照收集、目录复制和后记撰写等工作。2021年继续完善前十卷的初稿编纂，完善第十一卷陈列、第十二卷丛录的编纂，与高坪桥水库工程建设管理处核对相关数据和进一步修改完善。2021年9月送方志出版社审稿，送审稿全书分11卷，540页，加大事记，总共60万字。2021年12月方志出版社初审意见寄回，按照初审意见继续进行修改，进入二审阶段。

【《龙游年鉴(2021)》出版】 《龙游年鉴（2021）》2021年12月由方志出版社出版。大16开本，精装，共492页，100.7万字。全面、系统、翔实地汇辑龙游县2020年度自然、政治、经济、文化、社会等基本面貌和发展状况。在2020年获得中国精品年鉴的基础上，保持类目框架基本不变。突出年度特色、时代特色、地方特色。专文收录2020年龙游县疫情防控工作总结和2020年度龙游县扶贫工作开展情况。

【《浙江文史记忆丛书》（龙游分册）编纂】 《浙江文史记忆丛书》编纂工作开始于2020年7月。2021年5月，龙游县档案馆（县史志研究室）印发《浙江文史记忆丛书》（龙游分册）编撰工作资料汇编，召开编纂工作会议，将资料汇编分发给各篇目撰稿人，正式启动龙游分册编纂工作。至2021年8月，龙游分册初稿基本形成，篇目由原来的12章缩减为10章，包括绪论，共52篇文章，并配上相应的图片。2021年10月，龙游县档案馆（县史志研究室）再次召开编纂工作会议，由各篇目撰稿人进行交流，对初稿体例和内容提出各自的意见和建议，并在此基础上进行仔细修改。至2021年12月底，《浙江文史记忆丛书》（龙游分册）形成定稿，共计20万字，上报给市文史馆、省文史馆及县委宣传部、市委宣传部。

【掌上年鉴开发建设】 龙游县档案馆以全文检索的形式，开发建设掌上年鉴移动阅读版《龙游

图114　2021年8月26日，《龙游年鉴（2020）》发行会举行。浙江省地方志办公室主任郑金月（中）、龙游县副县长钟爱红（左二）等领导出席发行会，并在会上讲话　（县档案馆/提供）

年鉴》，有效地活化利用年鉴内容，扩大影响范围，提高年鉴的利用率、普及率，随时提供可靠、完整、权威、系统、便捷的权威信息，成为社会读者手中的资料工具书。2021年8月初，由北京云智网媒科技有限公司制作的《龙游年鉴（2020）》掌上阅读版在“龙游通”正式上线。2021年11月11日，《龙游年鉴（2020）》掌上年鉴移动阅读手机版开发建设项目正式通过专家组验收。至2021年底，《龙游年鉴（2020）》掌上年鉴阅读量达2万多人次。

【《龙游史志》编纂】 2021年刊印《龙游史志》期刊2期，由龙游县档案馆（县史志研究室）主管，龙游县地方志学会主编。包括红色记忆、方志丛谈、华岗研究、姑蔑春秋、人文关注、史志论坛等栏目。对华岗生平事迹、余绍宋方志理论及党史、地方志和年鉴编纂等进行深入的研究挖掘。刊登《我为什么编〈余绍宋方志论丛〉》（劳乃强），《浅谈地方史、志、鉴的异同》（姚金良）等论文。为庆祝中国共产党成立100周年，《龙游史志》第2期特别设立《档案话百年》专栏，以馆藏照片档案为主，结合部分新的图片资料，按照历史发展先后顺序，以图文结合的形式，全面回顾中国共产党成立100年来领导龙游人民进行革命、建设和改革开放的光辉历程，展示改革开放以来特别是近几年来龙游县经济社会发展取得的光辉成就，展示龙游人民追求幸福美好生活的梦想。为纪念华岗版“共产党宣言”发表90周年，《龙游史志》第2期专门设立《华岗研究》栏目，刊登《共产党宣言》华岗译本与陈望道译本比较研究、华岗与《共产党宣言》年表、《华岗传》序等文章，对华岗的思想与理论进行进一步的探讨。顺应数字化改革需求，推动“互联网＋地方志”建设，2021年8月，《龙游史志》电子期刊正式上线。

【史志资料公开征集工作】 县档案馆在《今日龙游》刊登《关于面向全县各单位部门、个人征集龙游县改革开放以来党史资料的公告》，开展党史资料征集工作，征集到蓝忠胜、曾子泰《雄关漫道》红色书画作品1组，邱云飞《山花浪漫》画作1幅，“龙游毗卢阁”重建（清乾隆年间）石碑等。

（县档案馆　劳晓天）

旅　游

【概况】 2021年，龙游县先后获得浙江省旅游业“微改造　精提升”试点县、浙江省大数据旅游统计应用试点单位等荣誉，连续三年入围“全国县域旅游综合实力百强县”。浙江年年红家居有限公司董事长助理金怡宏作为衢州市唯一代表荣获全国文化和旅游系统劳动模范。至2021年12月末，龙游县共接待游客193.64万人次，旅游总收入21.41亿元，同比增长10.2%。

【文旅项目建设】 2021年，龙游县共实施文旅项目33个，当年完成投资66.71亿元，投资完成率134.18%。龙游县文化和旅游投资推进综合评价指数为80.76分，位居浙江省第6名、山区26县第1名。以“两江化一龙”精品线路为抓手，大力推进红木小镇和六春湖两大平台建设。红木小镇连续6年被浙江省政府评为优秀特色小镇，完成游客中心、木都商业街、五乐商业街等项目建设，业态布局、旅游配套进展顺利。六春湖休闲旅游度假区索道、游步道建设完成，冰雪运动公园、桃源尖露营基地、悦椿度假酒店等项目稳步推进，并入围浙江省第二批“名山公园”。同步推进大南门历史文化街区、城东公共文化服务中心、双江口主题酒店公园等重点项目建设，进一步夯实文旅基础。2021年确定“微改造、精提升”项目144个，打造示范点45个，其中1个列入省级试点，13个列入市级试点。积极谋划特色项目，姜席堰世界灌溉工程遗产项目获衢州市文旅项目擂台赛“市十佳项目”，汽车运动中心、荷花山省级遗址公园获衢州市优秀项目。

【乡村旅游】 2021年，龙游县文广旅体局指导乡镇开展塔石镇油菜花节、大街乡芍药花节、龙洲街道蓝莓文化旅游节、横山镇荷花节等系列文旅节庆活动10次，为乡村旅游发展集聚人气。推进民宿农家乐产业稳步发展，竹尖上的树屋、渔悦和园民宿综合体等对外运营，六春山居文旅综合体项目开工建设，星摇民宿、仁义千秋文化园、五道六合清境等7个旅游项目完成决策咨询。山语山庄、悠然水居分别获评省级金宿、银宿；沐尘村、浦山村获评2021年度浙江省乡村旅游重点村。完成4条红色旅游路线设计，华岗纪念馆入围浙江省52个红色根脉打卡地之一，丰富乡村红色

图115 2021年5月3日，六春湖观景台建设中

（县文广旅体局/提供）

旅游产品。至2021年12月末，龙游县乡村旅游共接待游客202.96万人次，实现营业收入1.92亿元。

【旅游宣传营销】 深化全媒体矩阵宣传，通过线上+线下，综合+专业，传统+新兴等多种媒体形式融合推进。线上通过“文旅龙游”微信公众号，2021年发布信息动态228条，浏览量173万；线下在景区、星级酒店、旅行社、旅游集散中心、景区村发放旅游宣传册、宣传品等资料5000余册，提供旅游咨询2000余次。先后举办首届研学旅行资源对接会、2021“走读浙江·康养龙游”暨浙江省康养游现场会、2021快乐垂钓大型电视直播垂钓赛等活动，受到《浙江新闻》、“学习强国”学习平台等主流媒体的广泛关注。组织参加第16届中国义博会、2021衢州（重庆、武汉）文旅推介会等活动，与镇海区、临安区签订文旅体战略合作协议，进一步拓展客源市场。

【旅游品质提升】 浙江浙香食品有限公司入选2021年浙江省工业旅游示范基地；龙游龙和码头渔业园、龙游广和雷迪森维嘉酒店入选第三批“诗画浙江·百县千碗”省级美食体验（示范）店；龙游广和雷迪森维嘉酒店、蓝天清水湾国际大饭店有限公司入选浙江省银桂品质饭店；龙游广和雷迪森怿曼龙山运动酒店被评为银鼎级特色文化主题饭店；龙游莲之颂、莲子魅莲子酒，石窟典藏莲子酒获评2021浙江优秀旅游商品。龙游县旅游配套设施日渐夯实，荣获AAA级景区城。

【文旅市场监管】 开展文旅市场日常执法巡查监管工作，2021年累计出动检查261次，出动执法人员930人次，检查场所1325家次。开展数字化监管，通过“互联网+监管”平台，认领监管事项225项，认领率及标准化率均为100%，事项覆盖率为100%。先后开展歌舞娱乐场所违禁曲目、旅游市场无证经营、行业领域“削减清零”等专项检查，共办理行政处罚案件13起，警告7家次，罚款8200元，没收非法出版物288册。扎实处理文旅市场投诉举报，核实答复“12345”政府服务热线等系统派件及电话咨询310余起，涉及包括各类游客意外伤害和退赔在内的各种赔偿金额近4万元，处理率100%，满意度99%以上。

【95联盟大道】 根据浙皖闽赣（衢黄南饶）“联盟花园”建设要求，牵头落实“95联盟大道”建设。完成彩色标线49.6千米、安装标识牌262套、旅游驿站9个，大道沿线环境和风貌整治、标志性景观提升改造、当地特色文化和业态植入等稳步推进。“95联盟大道”作为自驾线路唯一代表，在浙江省委宣传部组织的山区26县自驾线路及网红打卡点评选活动启动仪式上作重点推介。承办浙闽皖赣“联盟大道”现场推进会，进一步打响龙游知名度。衢州市副市长徐利水等领导点赞龙游联盟大道建设成效。钱塘江诗路文化体验游（联盟大道线路）入围浙江省诗路精品旅游线路。

【“走读浙江·康养龙游”暨浙江省康养游现场会】 11月26日，2021“走读浙江·康养龙游”暨浙江省康养游现场会在龙游举行。龙游县文广旅体局党委书记、局长胡炜鹏在现场会作典型经验介绍。浙江省政协常委、衢州市人大常委会副主任马梅芝，山里寒舍文旅集团首席运营官董艳丰，锦上添花文旅集团董事长、大唐不夜城项目策划师刘磊等嘉宾围绕“康养，下一个旅游方向”主题分享观点，为康养游发展献计献策。浙江省文化和旅游宣传推广信息中心副主任楼钢为“2021浙江省康养旅游推广季”首发体验团授旗。

（县文广旅体局　周佳俊）

新闻传媒

【概况】龙游传媒集团在县委、县政府领导下，在县委宣传部直接指导下，始终把牢正确的政治方向、舆论导向、价值取向，坚持守正创新、深化媒体融合，精心打造“正能量、高品质、视频化”的新闻产品，各项工作取得显著成效，为区域明珠建设营造强大的舆论声势。2021年，龙游传媒集团入选浙江省县级融媒体中心APP最佳案例，荣获浙江省县级融媒中心20强、浙江省“十佳最具传播力奖”、浙江省“十佳新媒”、浙江省“十佳新闻网站”、浙江省“十佳APP”“十佳融媒体中心”等称号。

【主题报道】围绕庆祝中国共产党成立100周年主题主线，结合党史学习教育，龙游传媒集团先后策划“百年潮涌 奋进龙游”大型新闻行动，推出“百年薪火潮、百年红歌颂、百年风云录、百年先锋谱、百年龙游红、百年看地标、百年老照片、百年瞰变迁、百年新征程、8090说百年”等“10个100”系列报道，刊播1000余篇（条）报道，在全县上下营造共庆百年华诞的浓厚氛围。围绕县委、县政府重大决策部署，聚焦大庆大干、共同富裕、国土整治、数字化改革、“四个龙游”建设、疫情防控等重点工作，在全媒体平台开设30多个专栏专题，重磅推出一系列中心工作主题报道，为浙西新明珠建设提供强大舆论支持。积极践行党媒使命担当，精心策划推出综合性监督栏目《龙游焦点》，建立报题选题定题协调机制、高效传播运行机制，整合电视、新媒体等融媒资源，开展舆论监督，实现高速传播、精准监督、高效落实，打造具有龙游特色的舆论监督品牌。2021年，龙游传媒集团聚焦项目建设、营商环境、安全生产、疫情防控等党委政府重要决策的落地、实施情况，以及群众关心关注的民生议题，共推出曝光及后续整改跟踪报道32期，社会各界反响强烈，真正起到新闻舆论监督作用。持续开辟“失礼曝光台”，对社会不文明行为进行曝光，提升社会文明水平。

【平台打造】进一步加强一网、一台、一报与“微龙游”和“龙游通”APP等“两微一端”新媒体互动联动，实行统一部署、统一策划、统一采编，实现全资源共享、全媒体运作、全方位推送，形成网、微、端、台、报一体联动的全媒体矩阵。注重平台建设，强化大小屏互动，先后在新华社客户端、人民视频、天目新闻等平台开设媒体账号，形成平台联动的辐射效应。做优做强微龙游、龙游传媒公众号和“龙游通”APP，“微龙游”用户数22.5万户，“龙游传媒”用户数7万户，“龙游通”用户数26.7万户，其“新闻+政务+服务”的做法入选浙江省县级融媒体中心APP最佳案例，省委宣传部常务副部长来颖杰给予肯定批示。开通“龙游发布”微信视频号，2021年推出全媒体图文直播、视频直播40余场次，总点击量22万次，单条阅读量最高3万；推出视频350多条，“10万多次”产品达到9条，单条阅读量最高320万；精心打造品牌栏目，开设“探店”“探寻”“传媒小剧场”等专栏，加强互动体验，作品受到衢州市委宣传部主要领导点赞。推出各类专题专栏10个、H5爆款产品2件。继续深化探索“融媒体+基层治理”模式，《传媒评论》杂志刊发龙游县经验做法，被浙江省委宣传部推荐参加中宣部遴选全国县级融媒体发展重点研究课题典型案例，获第二届天目美好节“十佳融媒体中心”。

【对外宣传】围绕中心深入谋划，挖掘本地鲜活题材，强化优质内容生产，多渠道沟通、全方位对接，放大典型亮点，讲好龙游故事，外宣工作实现新突破。2021年，在中央电视台、《新华每日电讯》《光明日报》《浙江日报》、浙江卫视等市级以上主流媒体刊发稿件1700余篇（条），其中《浙江日报》头版12篇；浙江卫视81条，9月以来每月保持8条以上，头条3条；《衢州日报》头版头条24篇。“龙游二期现象”“生态工业”等重点报道引起良好的反响。“六讲六做”报道先后在《浙江日报》、浙江《新闻联播》刊播，省委宣传部常务副部长来颖杰在省委全会新闻发布会上给予点赞。倾力推出的“六春湖”雪景视频融媒产品，60余个媒体平台传播，话题2次火上“新浪热搜”榜单，总曝光量1800多万次；短视频《龙游这司机的举动真暖心》被“学习强国”学习平台转载，单条点击量就达100多万次；“龙游18岁少年紧拽轻生男子的暖新闻”登上《人民日报》“央视新闻”官方微信公众号，阅读量突破1000万多次，连续2天登上新浪微博热搜前8名。先后获得2021年度浙报集团融媒“共享联盟·最佳合作奖”、浙江在线2021年度十佳支站、2021年度浙江省县级融媒体中心优秀天目号，浙江广播电视集团2021年度电视新闻协作三等奖、广播新闻协作三等奖等荣誉。

【事业建设】 龙游传媒集团发挥全媒体资源和人才优势，承接各类宣传片拍摄制作，摄制《文润龙游 幸福花开》《青春心向党 奋进新时代》《大庆大干 你追我赶》等20多个专题片；发挥集团网络资源和技术优势，积极参与信息化项目建设，先后完成十里坪监狱直播间改造，组织部、宣传部大屏建设，马叶菜市场视频监控等项目。高度重视广播电视安全播出工作，经常性开展安全知识教育。严格执行网络安全各项制度，重点岗位实行领导带班制、人员轮班制，全力保障安全刊播。经常性地对全县6个片区的乡镇广电中心、虎头山无线发射台、相关机房开展技术、设备、内容等安全检查。落实安全生产责任制，早部署、严强调，开展建党百年广播电视安全播出演练，及时排查，消除安全隐患，全力保障网络安全运行，获评2021年度浙江省广电主干传输网技术维护先进集体。

【产业发展】 投资100多万元，对4个行政村进行农村网络改造升级。积极做好湖镇镇、沐尘畲族乡、小南海镇等省级美丽小城镇建设项目的“美丽城镇5G+数字化应用专项规划”项目的杆线落地、线路改造和光节点增设等工程。配合士元美丽大花园、高坪桥水库、320国道、351国道、老旧小区改造等县重点项目杆线迁改。为9000多户低保用户免费办理数字电视套餐，做到动态管理，应享尽享。积极营销数字电视业务，巩固老用户，拓展新建小区、拆迁安置区的个人用户和宾馆、旅馆等商业用户的新装业务，至2021年12月末，数字电视用户数7.6万户，流失率首次低于5%。全力做好广告经营，2021年纸媒、广播、电视各项经营指标实现同比增长。

【队伍建设】 坚持把党史“学习好”和“宣传好”双轮驱动，以学促干，以干践行。周密制订学习计划，以党委理论学习中心组为龙头，通过“三会一课”、周一夜学、专题讲座、参观红色教育基地等形式，开展党史专题学习36次。注重人才引进，共招聘记者、电视编导、新媒体制作等岗位人员16名。实施扬帆优才计划，建立每周学习一个好案例、每月一次专题讲座、每两月一次头脑风暴等“三个一”制度，共举办业务培训48次，参与学习591人次。实施青蓝工程“师徒结对”，班子领导、科室主任、首席记者、主播带队到一线采访，提高年轻职工的实践技能和工作水平。修订完善《龙游传媒集团总编辑领衔制度》，全面优化采访、编辑、新媒体中心考核办法，推进策、采、编、发流程管理。优化资源配置，打破部门分割、编制束缚，跨领域协作，兴趣化组合，项目制施工，组建短视频工作团队，建立起重点视频专业生产、日常视频全员生产的生产机制，形成联动作战体系。组织开展短视频大赛、营销岗位技能大赛、“8090”PK赛等，提高队伍业务素质。实行“好新闻”“外宣奖励”等激励机制，激发采、编、播全员活力。

【助力中心工作】 承办红色电影展播、湖镇民间舞蹈大赛、群团组织红色百年行、蓝莓文化旅游节、“8090”新时代理论宣讲百团大战等系列活动，从活动策划、导演主持，到氛围营造、宣传报道全方位推进，拓宽媒体“新闻+政务服务商务”空间。扎实做好“我为群众办实事”“我为企业解难题”等“五个我为”实践活动，协助解决相关问题15个。全面开展“六讲六做”大宣讲，由42名记者组成的记者宣讲团，深入到企业、社区、乡村，以通俗化、大众化的语言，以互动式、场景式的形式，开展各类宣讲100多场次，受众6000人次。精心做好党代会、县两会、县委全会等重要会议的宣传。龙游县第十二次党代会召开期间，推出多屏联动创新宣传，全方位传播“党代会”好声音，刊发各类稿件200多篇（条），营造积极向上的舆论氛围。

（龙游传媒集团 陈雯倩）

体 育

【概况】 2021年，龙游县文广旅体局紧紧围绕“健康浙江”建设，扎实推进体育设施、全民健身、体育产业等各项工作开展，成绩显著，先后获得2017年—2020年度全国群众体育先进单位，“十三五”体育场地设施建设突出贡献奖单位，衢州市体育工作先进集体等荣誉。1人入围全国群众体育先进个人名单，1人被衢州市委、市政府嘉奖，9人次获市级以上先进个人。

【群众体育运动】 实施“线上+线下”联动，龙游县文广旅体局指导各体育协会开展女子趣味运动会、青年职工运动会、农民运动会等线上线下活动40余次，大力推进群众体育运动有序发展。开展国民体质监测和社会体育指导员培训工作，推出2021年健康浙江考核国民体质监测工作，完成1448个监测任务。做好体育协会（社团）组织建设工作，指导组织13家协会完成“AAA”评选创建工作。

【竞技体育运动】 2021年举办龙游县青少年学生阳光体育运动会，进行田径等7个大项的比赛，承办衢州市青少年跆拳道锦标赛等赛事。组织运动员参加省青少年田径锦标赛等系列赛事，运动员姚羽菲连续2届获得浙江省羽毛球锦标赛女单第一名的优异成绩。承办浙江省第四届体育大会的嗒嗒球、太极拳、舞龙、钓鱼、木兰拳等比赛，组队参加浙江省第四届体育大会风筝比赛和浙江省生态运动会风筝比赛等活动，获浙江省第四届体育大会优秀赛区奖。向浙江省体育职业学院输送5名运动员，借助山海协作机制从镇海区引入蹦床项目，进一步提升竞技实力。

【体育产业发展】 2021年，龙游县文广旅体局做好“体育+”文章，推进六春湖旅游度假区、广和雷迪森怿曼龙山运动小镇酒店等项目建设，举办六春湖山地越野赛等活动，推进“体育+旅游”融合发展。扶持培养体育产业，协助龙游广和雷迪森怿曼龙山运动酒店对接青少年足球训练基地和拓展训练基地建设。2021年创成浙江省运动休闲旅游优秀项目1个(龙游广和雷迪森怿曼龙山运动酒店户外拓展项目)、浙江省体育运动休闲精品示范线路1条、体育综合体项目2个。龙游G60汽车运动小镇入围2021年全国汽车自驾运动营地。

【品牌赛事活动】 3月27日，2021快乐垂钓中国钓鱼公开赛（CCF）浙江站在龙游红木小镇开赛，有来自全国各地的145支队伍参加。经过紧张激烈的对决，最终煊龙铭仁兄弟队的李超、谢仁以总比分2：0击败对手摘下2021“龙王恨·天问钓饵”快乐垂钓钓鱼公开赛（CCF）浙江龙游站冠军；双宝温州灵溪队的李希总、林明宝获得亚军；东道户外队的朱标、陈归获得季军。

5月16日，中国龙游六春湖山地马拉松赛在龙游县庙下乡开赛。赛事由衢州市体育局、龙游县人民政府主办，设全程组（42千米）、半程组（21千米）、挑战组（16千米）、体验组（6千米）4个组别，共吸引全国1300多名挑战山地马拉松爱好者参加。赛道贯穿龙游县庙下乡、遂昌县高坪乡、衢江区大洲镇等乡镇，途径浙西大竹海、六春湖湿地公园、六春湖万亩杜鹃花海、红军古道等主要景区。经过激烈角逐，全程组陈朝江获男子冠军，张晶获女子冠军（因天气原因，全程组42千米改为21千米）；半程组朱基呷获男子冠军，毛丽姿获女子冠军；挑战组张茂友获男子冠军，周兰惠获女子冠军。

【龙游县老年体协第八届代表大会顺利召开】 12月23日上午，龙游县老年人体育协会第八届会员代表大会在金峰·开元曼居酒店隆重举行，原衢州市人大常委会副主任、 衢州市老年人体育协会主席童建中，衢州市老年人体育协会副主席林金生，龙游县人民政府副县长舒建明等参加。会议回顾龙游县第七届老年人体育协会的工作，肯定取得的成绩，选举产生龙游县老年人体育协会新一届领导班子。

（县文广旅体局　周佳俊）

概　述

【概况】 2021年，龙游县卫生健康局（以下简称县卫健局）严格落实县委、县政府总体部署，紧紧围绕“两手硬、两战赢”目标，坚持保基本、强基础、建机制，落实条抓块统，着力解决“七张问题清单”，扎实开展“奋战100天 实现新突破”百日攻坚行动，以时不我待、只争朝夕的精神投入到疫情防控等各项重点工作任务中去，力争出实招、求实效，在提质扩面上实现新突破，为全县居民提供全方位、全生命周期的健康服务，努力实现龙游县卫生健康事业高质量发展，各方面工作取得新进展新成效，圆满完成各项目标任务，受到社会各界的肯定，先后被评为2021年度市级“平安单位”“衢州E法通”法律服务攻坚推广先进集体、2021年度先进集体、2020年度代表议案建议承办先进单位、政协提案办理先进单位；县疾病预防控制中心党支部被评为浙江省先进基层党组织；县中医院党委被评为衢州市先进基层党组织。2021年，全县卫生健康系统下属县人民医院、中医医院、妇幼保健院、疾病预防控制中心、卫生监督所、卫生健康服务中心和爱国卫生发展中心等7家县属医疗卫生单位，15家乡镇（街道）卫生院（社区卫生服务中心），其中中心卫生院4家，村卫生室216家，城区社区卫生服务站4家，民营医院21家，民营门诊部4家，个体诊所85家，医务室5家。全县共核定床位1753张，实际开放床位1812张，每千人拥有床位5.03张，其中人民医院实际开放床位700张，中医医院实际开放床位250张，21家民营医院实际开放床位683张（占全县总开放床位的37.69%）。全县公立医疗机构在编人员1331人，其中卫技人员1197人，占在编人员的89.93%，卫技高级职称259人（其中正高90人），卫技中级职称473人；编外人员509人，其中卫技人员407人，占编外人员的79.96%，卫技高级职称9人（含退休返聘，其中正高3人），卫技中级职称77人（含退休返聘）。乡村医生219名。2021年全县医疗收入8.33亿元，医院收入7.43亿元，其中县人民医院3.93亿元，县中医医院1.59亿元，县妇保院0.21亿元，乡镇卫生院0.90亿元，民营医院1.71亿元。

【推进“健康龙游”建设】 2021年，完成健康浙江监测与评价信息系统线上填报以及健康浙江建设市对县考核工作。通过各类创建活动，助力健康龙游建设，积极创建无废城市、无废医院，确保医疗废物100%规范化处置；成功创建健康促进学校金牌2家、银牌4家、铜牌7家，健康单位8家，健康家庭1074户。至12月底，全县发放健康教育印刷资料18万余份，播放健康教育音像资料1.2万小时，共设置273个健康教育宣传栏，举办健康教育讲座805次，参加人数为2.4万余人；举办健康教育咨询活动101次，活动人数为4204人，个体化健康教育受益人数16万余人。

【基层中医药服务】 制定《省中医药综合改革先行区创建方案》，加强与省中医药管理局的对接，争取创建省中医药综合改革先行区；充分发挥中医药适宜技术示范基地的示范、带教作用，开展多种形式下乡义诊、科普等活动，强化全县基层医疗机

图116　2021年6月1日，龙游县人民医院举行“山海”提升工程启动仪式
（县卫生健康局/提供）

构中医适宜技术培训，2021年开展中医药进农村文化礼堂义诊活动7场次，派出医务人员63人，服务群众840人次，全县15家乡镇卫生院（社区卫生服务中心）均规范设置中医馆。将中风专科等列为县级医院重点发展学科，以医联体建设为契机，通过专科共建等方式全面提升医疗服务能力与管理水平，强化重点专科建设。2021年12月底完成溪口中心卫生院中医科基层医疗机构特色专科的申报工作。

医疗改革

【概况】 2021年，县卫健局对全县儿童医疗、老年护理等医疗卫生资源进行全面摸底调查，开展2021年龙游县医院医疗服务能力评估、公立中医医院绩效考核数据日常监测等工作。3月底，浙江省卫健委、省财政厅、省深化医药卫生体制改革联席会议办公室联合下文，通报2020年度全省公立医院综合改革评价结果，龙游县在全省80个县（区）排名第18位，比上年提高41位。

【医联体合作办医】 2021年浙江省卫健委将医疗卫生“山海”提升工程纳入漠视侵害群众利益问题专项治理项目。6月1日，龙游县正式启动“山海”提升工程，通过“3342+X”能力提升项目，围绕县域疾病特点和转外就医较多的病种，共同确定县人民医院心内科等4个重点托管专科，杭州邵逸夫医院派驻12名专家。至12月底，共引入14项新技术、新项目，专家门诊4995人次，手术1212台，带教培训3686人次。县人民医院引入潜力医师读书报告会制度，促进潜力医师全方位成长。

【县域医共体建设】 充分发挥医共体总院带教帮扶作用，实行“同质化”管理，按照时间节点有序推进“优质服务基层行”创建和“回头看”工作，2021年，全县达到推荐标准的医疗机构3家，所有乡镇卫生院（社区卫生服务中心）全部达到基本标准，提前完成省定的推荐标准占15%和基本标准占70%的目标。以医共体总院+分院组成的联合义诊分队开展形式多样的义诊活动，2021年，开展大型义诊活动14场次，派出医务人员近200人，受惠群众2000余人次，现场直接减免患者费用4万余元。5月浙江卫视拍摄《大地的回响龙游篇》，高度肯定龙游县县域医共体建设工作，并对医共体总院+分院签约小

图117　2021年10月13日，龙游县人民医院在塔石镇下张坞村开展大型义诊活动
（县卫生健康局/提供）

组和联合体检组为村民提供签约服务、进村下乡免费义诊进行报道，于5月30日在浙江卫视《浙江新闻联播》头条单篇播出。

【责任医生签约】 2021年龙游县2家医共体单位共组建家庭医生签约服务团队127个，共签约17.84万人，签约率44.38%，其中重点人群签约14.03万人，签约率85.12%；65岁老年人签约5.97万人，签约率90.83%；高血压签约3.54万人，签约率93.12%；糖尿病签约0.98万人，签约率92.89%。

（县卫生健康局　余　婧）

图118　2021年11月23日，龙游县开展大规模核酸检测

（县卫生健康局/提供）

疾病预防控制与公共卫生

【概况】 2021年，县卫健局严格按照上级指示精神，抓好新冠肺炎疫情常态化防控工作，完善平战结合的疫情防控新体制，在防疫的“主战场”守护群众健康，实现新冠肺炎疫情“零确诊”的阶段性成果。县卫健局以本次疫情为契机，坚持以人民健康为中心，着力提升全县疾病预防控制体系能力建设，推进织牢织密公共卫生安全防护网，推动龙游县卫生健康事业全面协调发展，为龙游百姓筑牢卫生健康防线。

【新冠疫情防控】 下发《关于进一步做好医疗机构疫情防控工作的通知》，与全县352家医疗机构的所有工作人员签订《龙游县医疗机构疫情防控承诺书》和《疫情防控告知书》，全方位营造疫情防控浓厚氛围。完善网格员监管机制，将352家基层医疗机构疫情防控监管责任落实到个人。2021年完成12轮疫情防控检查全覆盖、拉网式大排查，共计警告170余家次，罚款82次，关停15家次。县人民医院、县中医医院发热门诊累计接诊38199人次，留观隔离391人。持续推进应检尽检，组建采样医护队伍880余人，通过与迪安、爱迪康第三方协议委托保底约计17万人次，峰值为34万人次，开展五批大规模核酸检测实战演练，做到15个乡镇（街道）及开发区全覆盖，社区、农村、城郊村、园中村等各类全覆盖，在演练中发现问题，在实战中解决问题。开展重点场所环境、食品、从业人员以及医疗机构外环境新冠病毒采样检测工作，共检测1.31万余份样本，结果均为阴性；县疾控中心累计核酸检测49282份，血清学抗体检测1399份，调查流行病266例；调查处置新冠肺炎无症状感染者、有疫区旅居史发热人员、密切接触者、阳性物品接触者等应急事件11起；完成8461份重点场所环境、食品和从业人员以及4790份医疗机构外环境检测核酸样本采送检测；完成28817条核酸检测录入衢州市检测平台。以加强疫苗接种为抓手，切实保护重点人群健康，加大宣传动员力度，全面落实“多病同防”。至12月31日，全县18岁以上人群首剂次接种29.82万人次，完成目标任务的104.17%；完成全程接种293862人，完成目标任务的108.05%；龙游县的首剂及全程接种率衢州市排名首位。12至17岁儿童首剂次接种21997人次，完成目标任务的108.36%；完成全程接种21961人，全程接种率为99.84%，完成目标任务（2.03万人）的108.18%。

【疾病预防控制】 2021年龙游县共报告法定传染病13种，1038例，报告发病率为256.93/10万，报告病例数较上年下降24.07%（1038/1367），死亡病例2例，死亡病例为艾滋病2例。2021年，龙游县通过网络直报系统报告法定管理传染病病例14种共1156例（按发病日期统计），报告发病率为286.14/10万，报告病例数较上年下降25.52%（1156/1552）。其中，甲、乙类传染病共报告病毒性肝炎、HIV、肺结核、淋病、梅毒、猩红热、出血热、疟疾、钩体病、新型冠状病毒肺炎10种病种434例，报告发病率107.43/10万，报告病例数较上年上升5.31%（434/412），报告发病病种与上年相比增加钩体病1病种，报告发病病种与上年相比减少痢疾、伤寒+副伤寒、布病、百日咳4病种；丙类传染病共报告流行性感冒、流行性腮腺炎、其他感染性腹泻病、手足口病4病种722例，报告发病率为178.71/10万，报告病例数较上年下降36.67%（722/1140），报告发病病种与上年相比减少急性出血性结膜炎1病种。2021年度龙游县法定传染病构成为甲、乙类传染病占37.54%，其中肺结核191例、梅毒110例、病毒性肝炎52例、淋病51例、HIV9例、猩红热13例、出血热5例、疟疾1例、钩体病1例、新型冠状病毒肺炎1例。丙类传染病占62.46%，其中手足口病428例、其他感染性腹泻病202例、流行性腮腺炎9例、流行性感冒83例。

【疫情处置】 做好新冠肺炎疫情监测、密切接触者调查等常规防控工作；完成一起输入性无症状感染者的调查处置工作；完成1起假阳性事件的调查处置工作、3起外地检出阳性同批次物品流入龙游县事件的调查处置工作、1起接触阳性物品人员的调查处置工作、3起密切接触者的调查处置工作、1起有流行病学史的发热病人的调查处置工作。科学处置龙游县出血热病例3例。对学校、幼儿园开展诺如病毒防治知识培训及健康宣教工作。完成1起学校乙型流感病毒感染聚集性疫情处置工作。

【结核防制】 加强结核病防治，肺结核病一直为龙游县高发传染病，2021年全年共报告188例，发病数比上年下降1.71%，发病率为43.02/10万。其中病原学阳性病人118例、病原学阴性病人58例、无病原学结果8例，结核性胸膜炎4例，近几年发病率呈现持续下降趋势。肺结核发病率仍为龙游县重要的法定传染病。近年来政府实行肺结核病人免费治疗政策，加大肺结核病防治宣传力度，加强对肺结核病人的督导管理工作，进一步提高肺结核病人的发现率、治愈率，县结核病病人疑似患者转诊率100%，追踪到位率为96.53%；总体到位率100%；2021年龙游县结核病患者实际管理188例，肺结核病管理率100%。结核病患者服药188人，规则服药186人，规则服药率98.93%，治愈成功率93.01%。所有项目指标达到方案要求。

【艾滋病防控】 2021年全县进行HIV抗体检测68233人次，新发现并报告HIV感染者/AIDS病人9例。聘请志愿者深入全县各美容美发、歌厅、酒店进行干预工作，月干预覆盖率达97.6%，累计面对面宣传教育1823次，发放艾滋病宣传资料2312份，安全套2567多只。加强同性恋干预工作，开展检测124余人次，发现阳性感染者1人，并及时开展调查处理。2021年随访管理的艾滋病病毒感染者和病人109例，均按要求开展随访管理。累计在接受免费抗病毒治疗103例。

【地方病防治】 加强地方病防治，2021年对8个历史血吸虫病流行重点乡镇（街道）规范开展春季查螺工作，共轮查26个村，总投工2036工，共查螺面积66.65万平方米。发现有螺乡镇2个，有螺村2个、螺点7个，有螺面积1950平方米，为历史有螺环境重现钉螺。累计捕捉活螺363只，活螺解剖363只，经解剖镜检，未发现阳性钉螺。由各个乡镇卫生院负责协调实施，完成春秋两季灭螺工作，包括巩固性灭螺，灭螺共投工908工，药物灭螺面积近4万平方米。对人群血吸虫病抗体监测，全年累计监测本地人群1100人，5人初筛阳性，送市疾控粪检阴性；流动人群356人，均阴性。2021年对8名晚期血吸虫病人实施内科救助工作，门诊就诊人次53人次，门诊救治覆盖率89%；住院4人次，累计使用治疗费用3.25万元。根据《龙游县消除疟疾后监测方案（2021版）》要求，对全县县属医疗机构及各乡镇（街道）卫生院有关医务人员开展疟疾监测工作培训。2021年全年监测405例，1例阳性病例。2021年完成5个乡镇（街道）5所小学8至10岁210个学生尿碘和家中食用盐盐碘采样监测；5个乡镇（街道）早、中、晚孕期105名孕妇尿碘和家中食用盐盐碘采样监测；开展碘缺乏病监测孕妇个案问卷调查，调查孕妇补碘率情况；完成全县所有乡镇（街道）辖区内，所有小学和初级中学（公立、私立）的学生食堂用盐情况调查和采样监测；儿童、孕妇监测数据录入监测系统。

【免疫规划工作】 加强常规免疫管理，巩固提高接种率，保证接种质量，2021年全县以乡为单位周岁内儿童全县累计建卡2127人，建卡率100.00%，发证率100.00%。免疫规划疫苗接种情况：乙肝疫苗报告接种率99.72%，及时接种率99.56%，卡介苗报告接种率100.00%，脊灰疫苗报告接种率99.68%，百白破疫苗报告接种率99.58%，麻疹类疫苗报告接种率99.85%，周岁内五苗全程接种率99.85%。乙脑疫苗报告接种率99.25%，A群流脑疫报告接种率99.74%，甲肝疫苗报告接种率99.65%。加强免疫接种率为白破疫苗99.45%、A+C群流脑疫苗99.52%、脊灰疫苗98.79%。全县免疫规划疫苗共接种49199人次。适应新冠肺炎疫苗接种需求，在16家常规预防接种门诊基础上，增加了2家新冠疫苗方舱式接种点（人民医院、中医院）和3家临时接种点（湖镇、塔石、东华）。投入改造经费51万元。规范落实民生项目，保质保量提前完成，70岁以上老年人流感疫苗免费接种项目，共接种1万剂次。攻坚免疫项目，开展不同免疫程序三剂次新冠病毒灭活疫苗的免疫原性和安全性评价项目，从而为优化全国新冠病毒灭活疫苗上市后的免疫策略提供参考依据，龙游县选择大街、十里坪监狱2个项目点，项目工作稳步推进。为了解评估流感疫苗、肺炎球菌疫苗联合接种的免疫效果，按照浙江省疾控中心工作安排，在全省选择的19个区县之一龙游县龙洲街道、小南海、詹家、湖镇、溪口、模环开展肺炎球菌疫苗联合接种干预效果观察和安全性观察研究项目。

【严重精神障碍者管理】 2021年，全县建档登记在册严重精神障碍患者1971人，报告患病率为5.23‰，其中920位重性精神疾病患者享受双免政策，建档在册严重精神障碍患者规范管理率100%；严重精神障碍患者规律服药率95.23%，患者随访面访率100%，严重精神障碍患者管理治疗网络覆盖率达100%。

【公共卫生管理服务】 2021年，全县常住居民数401984人，电子健康档案建档率88.62%，动态使用率71.68%，在“浙里办”APP上向个人开放率78.4%。2021年全县以乡为单位周岁内儿童累计建卡率、发证率均达100%。0至6岁儿童保健管理率98.52%，5岁以下儿童死亡率4.53‰。0至3岁儿童中医药健康管理率76.58%。孕产妇系管率97.15%，无死亡案例。常态化开展新生儿心脏超声检查，2021年新生儿先天性心脏病筛查率96.84%，诊断转诊到位率90.39%。2021年，全县在管高血压患者38030人，管理率42.7%，规范管理率69.35%，血压控制率66.48%；全县糖尿病发现患者10564人，管理率42.97%，规范管理率70.77%，血糖控制率55.51%。加强常规免疫管理，推进职业病危害防治，开展慢病监测，巩固“慢性病综合防控示范区”创建成果。

【健康促进场所创建】 创建健康促进学校，协助县爱卫办做好健康促进学校督导工作，2021年龙游三中、横山中学、詹家小学等13所学校创建健康促进学校，均通过验收，多次进校指导，指导率100%。到2021年12月底，全县创建健康促进学校48所，覆盖率100%，其中金牌学校3所，银牌学校7所、铜牌学校38所。平时通过QQ群、钉钉群发放各类健康学习材料，通过讲座、咨询等进行各季节、健康素养和青春期等健康教育，结合健康促进学校创建、国家卫生县城、体检、一年一度的综合检查等工作，进行适时的科普宣传和健康行为干预。创建健康家庭，县爱卫办下发《关于做好2021年卫生乡镇、卫生村和健康家庭创建工作的通知》，各乡镇（街道）协调工作开展。将健康家庭创建工作纳入县卫生健康局考核指标，要求至少组织一次健康家庭集中性活动。对全县疾控人员开展健康家庭创建培训，提高业务人员工作能力。2021年创建1074户健康家庭。创建健康促进社区，2021年翠光社区创建健康促进社区，按健康促进社区各项要求开展创建工作。

【民生实事项目】 2021年，完成重点人群结直肠癌筛查等4个省级民生实事项目和全民免费健康体检等2个县级民生实事项目。重点人群结直肠癌筛查项目（省级）至12月底累计筛查9611人，筛查完成率109.81%，肠镜完成率37.9%，完成指标要求。重点人群免费接种流感疫苗（省级）10月完成。村卫生室建设（省级）将横山镇志棠村、塔石镇柯泉村等10个村卫生室建设项目纳入民生实事项目，10家村卫生室全部完成建设。传染病区建设项目（省级）完成塔石中心卫生院三楼传染病区改造及室外配套工程。全民免费健康体检项目（县级）4月底完成方案印发，至12月底全县共体检13.2万人，其中0至17岁体检率97.86%，65岁以上老年人体检率76.53%。为群众提供防疫保障项目（县级）8月底在各菜市场、商超等公共场所投放“健康惠民机”20台，至12月底，居民通过龙游通扫码免费领取一次性口罩18.8万余只、公勺公筷1.8万余副，进一步巩固疫情防控成果。

【爱国卫生】 2021年开展督查指导10次，指导单位220家，联合开展暗访检查2次，检查单位134家，联合县传媒集团开辟电视专栏，努力营造无烟文明机关环境，无烟党政机关建设覆盖率100%，根据2021年省卫健委组织的全省控烟工作暗访检查结果通报，全省90个县市区中龙游县总排名第37位，其中无烟党政机关评分排名第2位。扎实抓好国家级卫生乡镇创建，2021年龙游县申报创建国家卫生乡镇4个，均通过省级暗访考核验收，评分等级3个良好、1个合格，同时创建省级卫生村53个、市级卫生村21个，创建市级健康乡镇1个、健康村20个。积极开展除“四害”村建设工作，通过市级评价4个村，其中1个村评为示范村，并推荐为省级样板村。结合卫生乡镇创建工作，2021年新申报创建省级卫生村50个。开展第33个“爱国卫生月”活动，广泛宣传爱国卫生运动。以卫生创建为抓手，推进农村“厕所革命”，实现全县农村卫生户厕普率100%、无害化卫生户厕普及率99.68%。

【无偿献血】 克服新冠肺炎疫情影响，县卫健局启动应急预案，制定一系列招募宣传活动方案，确保疫情期间临床用血需要。2021年全县无偿献血人数3527人，献血总量为1080.15升，临床用血量777.54升，无偿献血占临床用血比例为138.9%；300毫升及以上比例83.2%，超过考核指标8.2%；成分输血率为100%；自体输血率为50.5%，超过考核指标30.5%。

（县卫生健康局　余　婧　冯丹丹）

人口和家庭健康

【概况】 2021年全县出生人口2044人，计划生育率为99.07%，统计误差率控制在2%以内。全员人口信息准确率达95%以上。2021年，龙游县孕产妇总数1708人，建卡率100%，产前筛查率81.84%。高危孕产妇管理率100%，住院分娩率100%；全年无计划生育行政诉讼、行政复议案件发生。

【落实惠民利民政策】 完善计划生育目标考核办法，持续推广全员人口系统应用，并与生育登记和生育审批APP、母子健康手册实行信息融合，真正做到生育登记审批服务“零跑路”。全面推广应用全员人口系统，2021年全县共确认计生奖、特扶10218人，发放奖、特扶资金1480.872万元；发放各类公益金21余万元，发放各行政村（社区）计生服务员工作补助经费17.945万元。落实特扶家庭联系人帮扶制度，开展家庭医生免费签约、履约服务和定期走访，落实特扶对象就医“绿色通道”服务，积极开展节日慰问和心理帮扶活动。

【规范化母婴室提升】 加快推进母婴设施建设，全县完成31家三星级以上母婴室创建工作，其中达到示范型1家、五星级1家、四星级27家、三星级2家。共发放补助资金34.6万元。不定期对母婴室日常使用管理开展督导，督促指导各单位专人管理，对标对表进行维护、提升母婴室的使用率。

【老年健康服务】 加强老年人健

图119　2021年5月14日，省老年活动中心主任黄建萍（左四）一行调研龙游县老年电大教学点办学情况　（县卫生健康局/提供）

康管理及中医药管理服务，2021年全县65岁以上常住居民65716人，老年人健康管理数47826人，健康管理率72.78%，中医药健康管理数48825人，管理率74.3%。规范落实70岁以上老年人流感疫苗免费接种项目，共接种1万剂次。完成80岁以上高龄老人的意外保障续保工作，至12月底，龙游县80周岁以上老年人14338人，民政在册的60至79周岁的低保老人4359人，特困人员248人，合计18945人，缴纳保险费37.89万元。开展老年电视大学教学活动，全县共发放老年电视大学春季教材5200余份。5月14日，省老年活动中心调研龙游县老年电大教学点办学工作情况，对龙游县的老年电大工作开展给予充分的肯定。指导开展老年友善医疗机构创建。积极推动“医养结合”试点示范和医养结合机构服务能力质量提升工作。县人民医院、县中医医院、湖镇中心卫生院创建成老年友善医疗卫生机构。

（县卫生健康局　余　婧　冯丹丹）

卫生健康事业保障

【人才保障】 积极开展衢州市新“115人才”工程培养人员申报选拔及市医疗卫生“258重点学科人才培养工程”培养对象推荐选拔工作，共入选4人。拟定并向县委人才办提交《龙游县卫生健康系统关于加快建设高水平学科集聚高层次医疗卫生人才的实施办法》。赴院校提前招聘应届毕业生8人，面向社会招引高层次紧缺卫生人才6名，组织公开招聘卫生专业技术人员25名，定向培养毕业生9人，面向衢州职业技术学院龙游护理订单班招聘护理人员4人。定向培养招生20名，其中县级医疗机构本科12名，基层医疗机构专科8名。

【安全保障】 切实做好消防安全工作，全系统签订《2021年度安全生产（消防安全）工作责任书》共计47份，开展各项安全检查工作100余次，发现并落实整改安全隐患80余处。在全系统339家医疗卫生单位开展消防领域风险普查工作。6月，县卫健局委托第三方消防机构开展“消防领域风险普查”抽查核验工作，共抽查26家单位，排查隐患49处，并以交办单的形式交办相关单位，要求限期整改到位。积极开展“安全生产月”宣传咨询活动，发放宣传资料1000余份，现场咨询互动100余次，开展各类消防安全知识培训及演练16次，警示教育24场，专题学习26次，参与1041人次。多方位、全维度进行反诈宣传教育，与下属单位签订反诈责任书47份、全系统共签订承诺书3000余份。全系统共召开反电信网络诈骗专题会议6次，推送诈骗典型案例及反欺诈预警信息共100余条，全员安装“国家反诈中心”APP，开展反诈自查工作，开展“你投资，我把关”涉网络经济行为的排查摸底工作。积极开展“智安单位”创建，三家县级医院共投资15万元用于采购人脸抓拍摄像机、车牌识别相机等安全设备，重点单位安装远程监控系统，全系统共安装公共安全视频监控点位974个，充分运用大数据技术和信息化手段切实提升安全防范智能化和预警感知能力。

【信息化保障】 按照“大场景、小切口”的要求，认真谋划常态化疫情防控的应用场景，着力推进疫苗接种、核酸检测预约和查询等常态化疫情防控应用的数据共享和接口改造。县卫健局会同县大数据局基于“龙游通”的新冠疫苗接种分时段精准预约功能“疫秒通”服务平台于5月23日

图120　2021年9月27日，龙游县妇女儿童健康医院项目举行奠基仪式

（县卫生健康局/提供）

正式上线。有9.05万人通过平台预约，接种完成时间可精准在1小时内，在全省范围内率先实现新冠疫苗接种线上分时段精准预约，打通新冠疫苗接种线上全流程服务。

【项目保障】 稳步推进县委县政府重点建设项目“八大百亿”行动及政府投资项目，做好公立医疗机构基建提升工程。健康产业中心项目主体结顶；龙游妇女儿童健康医院项目整体完成地下室结构施工；塔石中心卫生院迁建项目完工验收。此外，为贯彻县委县政府决策部署，县卫健局充分发挥城东新区卫生健康资源优势，积极参与配合住建部门龙游礼享未来社区健康场景建设谋划，龙游健康产业园项目地块确定为龙游礼享未来社区亮点场景。

【卫生执法保障】 强化“双随机”执法检查工作，2021年共完成国家级“双随机”检查114家，行政处罚47家，罚款金额3.06万元；其中联合跨部门执法“双随机”检查113家，作出行政处罚决定111家，罚款金额15.05万元。深入开展打击非法行医工作，2021年共查处16起无证行医案件。扎实开展职业卫生监督工作，立案查处3件，罚款17.1万元。积极开展生活饮用水监督抽检工作，探索“智慧卫监”新模式，着力提升法制办案能力，2021年共办理行政处罚案件538件，结案514件，其中一般程序303件，简易程序211件，罚款金额100.02万元（缴纳62.2万元），大案要案数14件，罚没款总额57.6万元。新手段办案29家，罚款金额1.93万元。申请法院强制执行4件，申请金额10.42万元。2021年根据省卫健委综合监督局全省卫生执法效能监测评估，龙游县卫生监督所在全省卫生健康执法效能评比中名列前茅。完成近300家医疗机构校验工作，对未及时校验的4家医疗机构和1家不良执业行为记分满12分的医疗机构予以暂缓校验。2021年共受理投诉举报案件24件，立案18件，罚没款19.51万元，及时查处率100%。

【卫生健康行风建设】 加强县域医共体党的建设，形成“总院+分院”党建共同体组织架构，坚持“五联”驱动，一体推动党建、医疗资源良性互动。坚持党员发展向临床一线、向高知识群体倾斜，全年新发展高知识党员占新发展党员数比例不低于5%，2021年全县卫生健康系统新增入党申请人35名，新确定入党积极分子21名，发展预备党员35名，其中高知群体8名，占新发展党员数比例23%。全面推行责任清单制，坚持一把手“四个亲自”（重要工作亲自部署、重大问题亲自过问、重点环节亲自协调、重要案件亲自督办），坚决防止“带病上岗”“带病提拔”。严格落实廉政谈话制度，开展日常谈话119次，提醒谈话91人次，任前谈话6人次，批评教育5人次。坚持“管行业必须管行风”的要求，扎实开展卫生健康系统突出问题专项治理工作，把预防腐败的关口前移。2021年开展医疗行业腐败问题专项整治行动，共有127人主动说明情况，主动上交违纪所得共计259735元。认真开展正风肃纪检查，开展正风肃纪5次，查出问题19处，整改落实到位19处。畅通信访渠道，认真办理信访事项，做到有案必查、应查尽查，2021年的信访报结率100%。

【卫生健康信息宣传】 制定《2021年度县卫生健康系统信息宣传工作考核办法》，进一步扩大青年网评员队伍，积极配合县委宣传部，完成各项网络舆情引导工作。加强信息宣传，每月根据热点新闻与网评主题撰写信息和网评文章。2021年报送市卫健委、县两办各类政务信息108篇，国务院办公厅、市委办等约稿15篇，提交县委宣传部网评文章38篇，宣传海报图片7张，各类媒体、微信、新闻网站采用200余篇，浙江电视台等各类媒体采访20次，其中“学习强国”学习平台等国家级平台采用5篇，《浙江新闻》等省级媒体采用18篇，《衢州日报》《衢州晚报》等市级媒体采用41篇。

【打造卫生健康党建品牌】 深入开展8090新时代理论宣讲工作，依托“百场千医下基层”、乡村振兴讲堂等载体，常态化开展线上线下宣讲，讲好卫健故事，推动党的创新理论入脑入心。8090新时代理论宣讲团卫健分团有市级骨干宣讲员4名，县级金牌讲师4名。2021年开展宣讲200余场，受众3万余人，先后获得浙江省青年理论宣讲暨微型党课大赛情境式决赛一等奖、浙江省卫生健康系统青年微党课比赛三等奖、全市卫生监督系统党史主题微党课大赛一等奖等荣誉。持续推进“健康365活力党建”综合特色品牌创建，强化示范带动引领和支部堡垒作用发挥，融合中心工作，推行“一支部一品牌”，至2021

年底，卫生健康系统共有9个党建品牌被龙游先锋公众号展评。

（县卫生健康局　余　婧）

医疗保障

【概况】 2021年，县医疗保障局深入践行“以人民为中心”的医保工作理念，聚焦参保全覆盖、重点领域改革、三级经办服务体系建设、医疗救助无感办理、维护基金安全、推动“惠民型”补充医疗保险投保工作、全县两病（65周岁及以上原发性高血压、2型糖尿病）患者门诊免费用药政策落实等，不断提升医疗保障工作水平，增进龙游人民健康福祉。

【参保征缴】 创新建成医保精细化管理系统，发挥全县273个村（社）村级医保联络员“哨点”作用，做到参保动态管理、实时共享、实时提醒，精准扩面实现“全民参保”目标。2021年全县基本医疗保险户籍应保人数398306人，参保人数397828人，参保率达99.88%。

图121　2021年7月27—28日，全省医保经办现场推进会在龙游召开，图为27日会议

（县医疗保障局/提供）

【医保电子凭证推广】 全力推进医保电子凭证激活使用工作，极大方便老百姓就医购药。全县所有定点医药机构全部完成接口改造，激活率达90%以上，结算率达30%以上，率先完成既定目标，位列全省第一。5月31日，全市医保电子凭证工作现场会在龙游县召开。7月27—28日，全省医保经办现场推进会在龙游县召开。

【医保经办】 初步建成“点到乡、人到村”的三级经办服务体系，在15个乡镇（街道）、263个行政村、10个社区配备医保联络员，发挥村级医保联络员优势，全面梳理业务流程，精简经办环节，前移服务窗口，确保医保服务事项下沉到村，实现村级经办。全县19个事项下沉到乡镇（街道），16个事项下沉到村（社），其中7个事项村级办结，9个事项可由村级联络员完成代办。

图122　2021年5月31日，全市推进医保电子凭证工作现场会在龙游召开

（县医疗保障局/提供）

【医疗救助】 着力破解群众因病致贫、因病返贫问题，以数字化手段推出龙游县医疗救助“一件事”无感办理应用，方便困难群众办理医疗救助。办理流程由11个环节缩减到5个，需提交的材料缩减70%，实现审核后救助金1个工作日到账。2021年，主动推送466条疑似困难人员信息，共发放医疗救助金额294.2万元。

【基金监管】 在原智能监控系统上，为全县109家定点零售药店和诊所类定点医疗机构安装支持语音系统功能的视频监控，进入全景监控模式。深入打击欺诈骗保专项整治工作，覆盖全县160家定点医药机构，共查处医药机构27家，各项检查追回基金191.51万元，查处参保人员8人，追回基金8.68万元，行政处罚6.19万元。牵头联合县市场监督部门开展“双随机、一公开”检查6家定点零售药店，配合县卫健部门、市场监督部门开展“双随机、一公开”检查定点医疗机构12家。在定点医疗机构、医务人员违规的处理中，引用管理计分模式，2021年共有12家定点医药机构和26名协议医生被计分。

【“惠衢保”投保】 进一步健全多层次医疗保障体系，推动补充医疗保险发展，多措并举推进“惠衢保”投保工作。2021年，全县“惠衢保”投保总人数为256484人，投保率73.45%。

（县医疗保障局　胡希佳）

附录：医院简介

龙游县人民医院

【概况】 龙游县人民医院始建于1940年，是一所集医疗、科研、教学、预防保健于一体的二级甲等综合性医院，是国家卫计委确定的首批重点建设的500家县级公立医院、浙江大学医学院附属邵逸夫医院龙游分院。先后获得爱婴医院、省文明单位、绿色医院等国家、省市县级集体荣誉200余项。2021年医院有职工891人，其中高级职称158人，中级职称326人。核定床位630张，开放床位700张，设18个病区。2021年全年门急诊患者758604人次，收住院患者30177人次。

【医疗仪器设备配备】 医院拥有进口1.5T磁共振、DSA、60排120层螺旋CT机、C臂机、DR机、体外碎石机、彩色B超、脑彩超、脑电图、血液透析机、睡眠鉴定仪、心肺功能测定仪、骨密度测定仪、眼科进口白内障超声乳化仪、德国产光学相干断层扫描仪OCT、动态心电图、动态血压、快速冰冻切片机、黄疸检测仪以及手术显微镜、高清胃肠镜、放大肠镜、胆道镜、输尿管镜、支气管镜、胸腔镜、高清腹腔镜、膀胱镜、阴道镜、宫腔镜、膝关节镜、钬激光、乳腺旋切系统、能量平台、胎儿中央监护系统、鼻咽镜、进口医用压缩空气机组等一批先进的医疗仪器设备。

【清廉医院建设】 持续推动清廉医院建设，坚持把党委理论学习中心组学习、“三会一课”、主题党日活动等与“学习强国”学习平台的学习教育结合起来，动员党员干部开展线下线上学习。对“三重一大”重要议事事项，医院党委落实“五不直接分管”制度、“末位表态”制度和“三重一大”督办制度，确保医院重大民主决策。推进源头治理，用好纪检监察建议书，直指“病灶”促整改，并使用数字化监管助力医疗质量与服务管理。聚焦监督职责，紧盯药品、医疗设备、医用耗材采购管理等廉政风险点和监管薄弱环节开展督查。2021年，县人民医院医共体党委以心、行、醒、信“四治”为引领，持续强化“医路清风、仁医礼信”品牌建设，以医生和护士为原型，原创设计卡通形象“小清小莲”，成立“小清小莲”宣讲团，开展廉政文化进医院、清廉微党课和朗诵比赛等活动，医院8090宣讲团宣讲40场次，线上线下受众群体4万余人次，加大清廉医院建设的宣传，打造全新清廉医院阵地，形成“学史明理、学史增信、学史崇德、学史力行”的浓厚氛围。全年共发展入党积极分子18名，预备党员12名。党员志愿者服务门诊病人9750人次。2021年医院清廉指数93.48，在全市18家二级以上公立医院排名第六位。

【医疗水平提升】 医院开设龙游首家药学门诊、肺结节多学科联合门诊、护理MDT（多学科诊疗）远程会诊，为患者提供个体化诊疗服务，服务范围和广度进一步延展。并在邵逸夫医院专家的指导下，成功在外科肝胆胰微创、无痛纤维支气管镜检查、ESD（内镜下黏膜剥离术）治疗超高龄患者食管癌、急性脑梗死动脉内取栓手术，冠脉CTA检查、超声引导下人造血管动静脉内瘘溶栓+球囊扩张术、胸腔镜经剑突下胸腺切除术等诸多新技术领域创龙游首例，实现技术的新突破和飞越。2021年，成功申报省厅科技项目3项，市级1项，县级25项。2021年，医院被授牌成为国家消化道早癌防治中心联盟单位、浙江省卒中防治中心建设单位。医院胸痛中心、创伤中心、消化道出血救治中心等建设在有序推进中。医院急救中心作为浙江省县域医共体模式下预防性急救体系建设试点工作的第一批试点单位开展工作。

【“山海”提升工程】 5月，浙江大学医学院附属邵逸夫医院与龙游县人民政府签订协议，邵逸夫医院与县人民医院建立新的合作关系，正式开启“山海”提升工程帮扶。首批邵逸夫医院下派专家人数12人，其中副高及以上8人，长期下沉龙游县人民医院。“山海”提升工程开展以来，“省编县用”柔性引才引进急诊创伤专家1名，合作科室由8个增至13个，重点托管专科4个，围绕推进县域胸痛、卒中、创伤三大救治中心能力建设、数字化手段建立多学科联合诊疗模式以及做强做优县域影像、检验、心电、病理四大共享中心等内容，实现点对点、面对面精准帮扶，推动医院医疗水平明显提升。龙游县人民医院医共体扎实推动重点任务清单落细落实，通过“输血”和“造血”相结合，带动分院医疗水平稳步提升。邵逸夫医院和县人民医院相关学科专家定期在9家分院坐诊，并在横山分院建立博士专家工作站。2021年，下派专家坐诊1822人次，健康讲座142次，服务群众29842人次。

【人才引进与培养】 多渠道、全方位做好人才引进工作，为医院跨越发展提供人才支撑。2021年招录优秀人才50余名。采取“走出去”与“请进来”相结合的方式，在分批安排医护进修的同时，常态化开展继续教育培训活动，2021年组织全院性各类学习培训50余次，医疗技术培训20余次。分层次有针对性地对各层各级人员进行专项培养，开设每月学术大讲堂、科主任大讲堂，活跃医院学术氛围，通过“线上+线下”相结合的教学方式，为医共体内医生医技人员提供学习机会，有效提升人员素质。

【新冠疫情防控】 为积极应对新冠肺炎疫情变化新情况，进一步提高科学精准防控水平，服务疫情防控需要，医院细化各项防控措施，改造完善发热门诊、入院准备中心、PCR实验室、隔离病房、隔离点等重点科室，指导优化县隔离点布局流程，严格落实发热门诊、隔离病区的“两员两监督一巡查”工作，对全院职工新冠疫情防控知识培训全覆盖。2021年完成职工新冠核酸健康检测52126人次，完成环境健康检测标本3650份，完成全院员工新冠疫苗三针次接种897人，接种率95.02%。保障县内疫苗接种医疗救治工作，共派出保障医护人员2100余人次，完成疫苗接种17351支。选派2名检验科骨干赴绍兴支援核酸检测，圆满完成任务。医院医共体内共有6个集体被授予县“民生工作”突出贡献集体—助力县级战疫（疫情防控）。

【医院基本建设】 做好2021年度设备采购工作，采购高档彩超（2台）、便捷式彩超、内窥镜等，共计1000余万元；采购发热门诊抢救设备、发热门诊实验室设备、疫苗接种保障设备、隔离病房等疫情防控所需设备等，共计300余万元。医院东迁项目土建部分于11月底结顶，围绕疫情防控的整体思路，在原设计基础上重新规划，扩增公共卫生楼建设规模，规划增加建筑面积4800平方米。完成大规模核酸检测PCR实验扩容方案；完成浙江省120急救指挥云平台、HIS系统、浙江省检查检验结果互认共享平台系统接口对接改造、不良事件管理软件系统、防疫管控平台（测温亮码闸机）项目、急救急诊管理（含三大中心）项目、心电信息系统扩容项目等建设。完成住院部各病区、部分科室环境升级改造。

（县人民医院　郑慧娟）

龙游县中医医院

【概况】 龙游县中医医院创建于1984年，是一所集医疗、教学、科研、预防保健于一体的二级甲等综合性中医医院，龙游县政府定点惠民医院，系杭州医学院附属龙游中医院、树兰（杭州）医院合作医院，建有郑树森院士工作室、浙江省人民医院乳腺外科孟旭莉专家工作站等7个省市级专家工作站，先后获得国家级爱婴医院，省级文明单位、省级文明中医院、省级平安医院、浙江省健康促进医院等称号。2021年有职工396人，高级职称卫技人员65人，中级职称120人，开放床位250张，设7个病区。2021年度全年门急诊诊疗311487人次，住院12172人次。

【医院党建及清廉建设】 医院党建、清廉医院建设与医院中心工作同研究同部署，融合发展，建立“3458”（三色预警、四气强基、五微管理、八法论治）党建清廉工作法强基固本，强党建促发展。通过强化人才培养与党员干部管理、专科培育学科发展、细化流程优化服务等举措，促进医院高质量发展。强化清廉建设，2021年，紧盯“三重一大”事项，梳理完善小微权力清单45项，规范权力运行。加强医用设备、耗材、药品采购的管理，提升临床路径完成率、推进合理检查、合理用药，改进病人会诊、转诊流程，进一步规范诊疗行为。廉政教育做到逢会必讲、逢事必讲，有案必学，以清醒头脑，防微杜渐。2021年获“衢州市先进基层党组织”称号。2021年下半年对清廉阵地进行全面升级，与中医“治未病”理念相结合，建立“清廉百草”中医文化长廊，提升清廉文化氛围。

【医疗质量提升】 对标等级医院评审标准要求，完善医疗管理规章制度，全面跟踪质量管理各层面工作的实施。建立常态化质控考评机制，实现质量持续改进，三四级手术例数在全省39家二级甲等中医医院中排名第15位，开展子宫肌瘤手术191例，在全省二级甲等中医医院中排名第1位。全年派出315人次高级职称医师到医共体分院坐诊，推进分院专科共建、临床代教、业务指导、教学查房，加强对分院日常质量控制与管理，推进医共体内同质化管理。8月26日，成功开启院校合作，成为杭州医学院附属龙游中医院。9月5日，又与浙江中医药大学附属第二医院签署医疗合作协议，挂牌成立浙江省新华医院精医惠民基地（龙游基地）。通过省市专家定期来院坐诊，传帮带教，带动学科发展，提升专业技术服务能力。

【中医药特色】 举办首届医共体名中医评选工作，经过竞选考核，产生10名医共体名中医。并在医共体内选拔20名青年医师分别与名中医结对拜师，开启师带徒新模式，加强人才培养，推动中医药人才梯队建设。开展医共体内中医药适宜技术推广培训和应用指导，深入群众进行中医药科普知识宣传16次。整理中医药协定处方30余种，与浙江中医药大学合作举办“中医基础理论课”线上培训，全员参与学习。挂牌成立邱根祥“浙江省名中医工作室”、衢州雷氏医学传承工作室等，为患者提供富有中医药特色的医疗服务。倡导“中医治未病”理念，开展“冬病夏治”三伏贴、小儿生长贴项目和膏方养生节活动，营造中医药氛围，全面提升中医药综合服务能力。

图123 2021年8月26日，杭州医学院附属龙游中医院揭牌仪式

（县中医院/提供）

【精细化管理】 建立健全现代医院管理规章制度425项，通过“线上+线下”的方式组织培训考核，促进制度入脑入心，强化日常督察。引进行迪医管精细化管理系统软件，进一步加快等级评审条款的尝试解读与实施。推广应用PDCA等质量管理工具，规范工作流程，提升工作效率。进一步完善医院分配激励机制，引进RBRVS绩效管理软件。建立公立医院绩效评价体系，提高医院运营规范化、科学化。推进DRGs费用管理，定期组织DRGs病例分析会，强化病案首页规范化填写与正确编码。健全病案管理、临床路径管理、成本核算管理、绩效考核管理等制度，并强化落实，促进临床诊疗的规范化管理。

【规范执行医保政策】 积极配合县医保部门对医院医保病人的病历抽查及医疗服务费用的监督审核，推广应用医保电子凭证；严格把关，规范审批分级诊疗转诊流程，严格执行医保查房制度；认真做好医保及物价收费管理，组织开展2次医保、物价收费自查自纠工作。针对自查中发现的问题，积极落实整改，加强医保政策学习，加强医保督查力度，建立工作长效机制。配合“智慧医保”平台上线，完成国家15项医保信息业务编码标准贯标工作。

【信息化建设】 大力推进医院信息化提升工程，完善信息化硬件设施，新建30平方米的机房，采购近140万元的设备，提高医院网络性能和安全，为提升医院信息化水平打好基础。完善信息化软件建设，引进HIS5.0系统、财务绩效管理软件、行迪精细化管理软件、体检智能导检、ETC停车收费系统、自助服务系统、短信提醒平台等，推进医院信息化、智能化建设。其中体检智能导检系统的应用，明显改善体检秩序和减少等待时间。HIS5.0系统顺利启动切换，医院挂号、收费、诊间、药房、住院收费等医院业务集成管理实现更规范、更快速、更便捷。

【医院基础建设】 完成健康体检中心升级改造，提升健康体检体验。启用“就诊呼叫系统”，实行“一人一诊室”，维护患者隐私同时维护良好就诊秩序。顺利启动县民生实事项目82个车位的立体车库建设，缓解“就医”停车难问题。升级改造消毒供应中心，以更整洁的环境，更先进的设备，更合理的分区，更优化的流程投入使用，为临床提供更优保障。

【新冠疫情防控】 推进疫情防控工作常态化管理，管好“三道门”，从严从紧落实好疫情防控各项措施。完成发热门诊、核酸采样点的改造，规范发热患者的闭环管理，对住院患者及陪客、全体员工做到应检尽检。发挥中医药抗疫优势，研制新冠肺炎预防处方，为一线工作人员和群众免费发放中药汤剂。

（县中医医院　王艺潼）

龙游县妇幼保健院

【概况】 2021年，龙游县妇幼保健院在上级主管部门的正确领导和全院干部职工的共同努力下，努力克服疫情影响，积极践行“爱泽妇幼”党建品牌和“龙妇幼重要窗口”建设。落实开展“奋战100天　实现新突破”百日攻坚行动，本着“以人为本、以病人为中心，以质量为核心”的服务宗旨，做好疫情防控与业务提升，为全县妇女儿童提供全方位、全生命周期的健康服务，切实履行妇幼保健和计划生育技术指导职能。

【新冠疫情防控】 2021年，针对常态化疫情防控工作，出台《关于新型冠状病毒感染的肺炎常态化防控的应急预案》，同时建立组织体系，成立龙游县妇幼保健院新型冠状病毒感染肺炎防控专班领导小组、院感防控工作小组等，制定预案的运行机制和专项预案运行机制，并出台相关奖惩制度，定期开展全院疫情防控和院感检查，督促存在的问题及时整改到位，积极应对突发公共卫生事件，提高院感防控能力。根据上级精神及时开展疫情防控相关培训，积极参加大规模核酸检测演练，不断提升医、护、后勤人员防控技能。积极参与全县隔离点场所的设置改造及启用前的人员培训工作。全年派出隔离点值守387人次；参与京贸核酸采样点、火车站及临时采样工作共计91班次。2021年5月，副院长蓝晓明被市卫健委选派赴上海参加上海空港口岸入境来浙人员转运轮值工作1个月，其间担任浙江省驻上海组组长，完成转运工作，得到省驻沪办领导的充分肯定。6月，组建由5名院班子成员及5名中层干部为二、三级网格员的基层医疗机构疫情防控工作小组，对县域内的14家诊所实行网格化管理，协同县卫健局实现全县医疗机构的闭环管理，坚决堵住疫情防控的漏洞。

【推进业务发展】 依据专科医院优势，拓展医疗服务范围，完成妇科门诊、手术室及中医馆的改造，成立婴幼儿照护中心，开

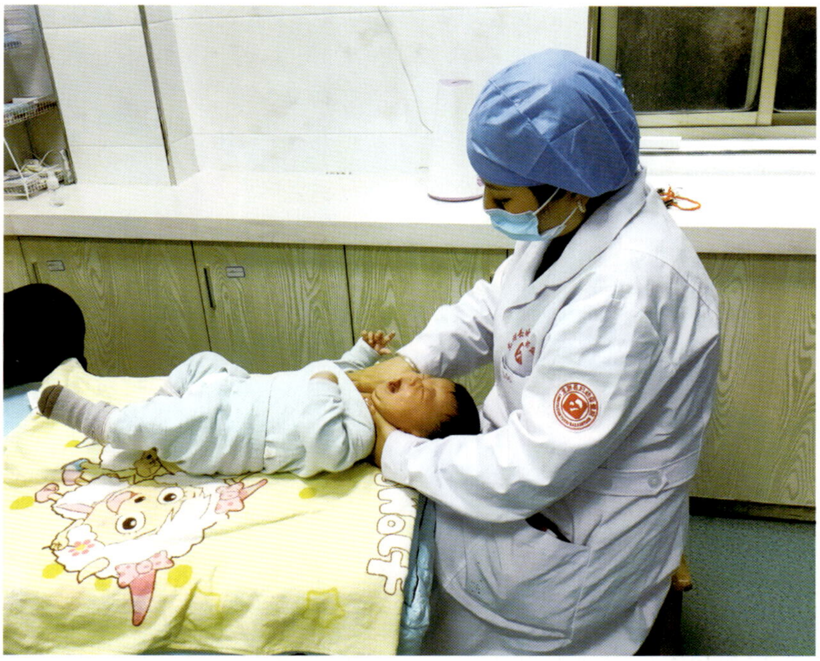

图124 2021年2月14日，龙游县妇保院医生为婴儿做推拿

（县妇保院/提供）

设中医手法通乳门诊。重点围绕妇女儿童全生命周期开展特色妇女、儿童系列中医服务，开展小儿药浴、中医CT、蓝氧治疗、乳腺钼靶、小儿腺样体摄片、中药热奄包等新项目新技术20余项，进一步拓展专业服务范围，提升妇幼服务能力，提升群众就医获得感和满意度。此外，积极提升人才业务能力，1月与衢州市妇幼保健院签订《衢州市市县医疗资源下沉工作协议》，利用衢州市妇幼集团平台，提升人才素质，切实提高县妇保院医疗卫生服务能力，并于9月进一步签订《乳腺钼靶帮扶协议》，与市妇幼保健院特检科成功对接，促进优质资源下沉。为促进县妇保院整体医疗服务水平提升，2021年共安排赴上级医院进修人员20名，参加各类上岗证培训及业务培训38人次，组织院内全员业务学习24次，其中邀请上级专家授课6次（远程授课3次，面授课3次）。8月，检验科蓝晓玲在2021年第一期浙江省出生缺陷防治人才培训中被评为“优秀学员”，9月，县妇保院在2021年全市婴幼儿养育照护技能比武中获得团体三等奖。在内部管理上，对医院协议人员进行分级分类管理，调动协议人员的积极性与能动性，积极克服疫情影响，多渠道做好人才引进工作，为医院发展提供保障。

【信息化建设】 继续对医院信息系统进行改进、优化，完成两卡融合、电子发票及医保省一卡通建设工作，完成医院影像数据中心建设和集成平台建设，重建与县人民医院数字影像接口、省市平台接口，影像数据中心接入DR、钼靶、心电图、阴道镜等医技查询功能，完成影像数据中心与卫生专网访问设置，完成与市妇保院异地影像工作站的建立，实现市妇保院专家远程阅片、出报告功能。11月，完成HIS、LIS、PACS接口建设与系统改造，实现检验、检查报告及检查影像上传，HIS系统开单时结果调阅等功能。加强医疗环节动态监管，规范医疗服务行为。每季度按时对医疗质量进行检查，包括科室内业务学习、疑难病例讨论、不良事件、危急值报告等，每季度对全院医疗文书(申请单、门诊病历等)等进行抽查，每季度进行处方点评，对违反诊疗规范的现象予以处罚。

【妇幼保健工作推进】 加强儿童生长发育的监测、疾病防治，提高全县儿童健康水平。按规范做好营养性疾病及高危儿的管理。组织培训0—3岁儿童发育监测与筛查及眼保健和视力检查，规范操作流程、严格按照规范执行。2021年3岁以下儿童系统管理率96.99%，5岁以下儿童死亡率5.17‰，婴儿死亡率4.53‰，新生儿死亡率0.65‰。眼保健和视力检查覆盖率97.10%；0—3岁儿童中医药健康管理率76.91%。严格按照规范要求开展孕产妇健康管理服务，重点加强对高危孕产妇管理，实行高危孕产妇分级管理制度。2021年龙游县孕产妇总数1535人。建卡率100%，早孕建卡率98.63%，产后访视率99.03%，系统管理率97.15%，住院分娩率100%，剖宫产率48.19%，高危孕产妇管理率100%，高危孕产妇住院分娩率100%；产前筛查率94.59%。2021年3月县妇保院护理岗被衢州市人民政府妇女儿童工作委员会评为“巾帼文明岗”。

【开展免费检查】 开展免费唐氏筛查。2021年，县妇保院根据相关政策，为符合条件的孕妇提供免费产前筛查及产前诊断补助服务。其中，全年累计免费早唐筛查272人，中唐筛查1103人，产前诊断补助22人。开展免费“两癌”检查。周一至周五常态化开设免费“两癌”检查门诊，同时赴湖镇、溪口、罗家等13个乡镇，将“两癌”检查项目送上门，全年累计完成宫颈癌筛查15318人，乳腺癌筛查15370人，确诊宫颈癌6例，阴道癌确诊1例，乳腺癌确诊15例。开展免费婚检及孕前优生检测。2021年婚姻登记2720人，完成免费婚检2765人，婚检率101.65%；完成优生检查4322人，目标人数1914人，孕前优生健康检查率225.81%。消除艾、梅、乙母婴传播。完成孕产妇的检测咨询及随访工作，2021年全县共检测艾梅乙孕产妇1675人，HIV阳性孕妇1人；梅毒感染孕产妇9人，随访梅毒孕产妇所生儿童9人；乙肝感染孕产妇67人，分娩活产69人，均注射乙肝免疫球蛋白和乙肝疫苗。对乙肝表面抗原阳性及（或）乙肝DNA病毒载量≥2×105IU/ml孕产妇所生儿童18人进行跟踪随访。未发生艾滋病及梅毒母婴传播。严格按照程序做好叶酸的发放、登记、信息录入、储存和逐级发放工作。全年累计叶酸增补1441人次。

【加强健康宣教】 克服疫情影响，通过“线上+线下”的方式开展健康教育，举办“爱眼日”“母乳喂养日”“出生预防缺陷日”“世界避孕日”“世界艾滋病日”等主题宣教活动，全年举办线上线下健康教育53场，受益人数3500余人。并及时整理活动总结，梳理新闻点，向报刊媒体推送相关活动新闻，在《今日龙游》《浙江日报》等报刊上推送发表文章4篇，接受省市县电视台采访3次，进一步提升群众对医院专业水平、文化建设及特色服务项目的知晓率。充分利用院内微信公众号平台，深入临床一线，向各科室征集医疗服务和健康科普等相关素材，向广大群众推送文章达150余篇。2021年9月创建视频号进行试运营，围绕卫生健康日宣传、新技术新项目、特色专科等健康科普内容，共策划和拍摄制作8期健康科普视频，点击率近1.14万次。2021年11月，华静和方瑜在2021年衢州市科普大赛中获微视频类优秀奖。

【清廉医院建设】 每季度开展警示教育、意识形态教育，紧盯医疗保险、药械购销、项目建设等重点领域、关键环节，完善《“三重一大”集体议事制度》、“红包”回扣治理长效机制，组织党员干部进行廉洁自律谈心谈话、批评教育谈话100余人次，执行职工操办婚丧喜庆酒席审批、个人重大事项汇报制度，进行收受“红包”回扣自查排查4次，深化党务、政务、财务三公开制度，主动接受群众监督。建立《医院投诉处理制度》，在医院醒目位置张贴患者投诉处理流程图，并设立投诉意见箱及意见本，畅通投诉渠道。完成党员活动室、图书室“两室”建设，满足小型会议及学习研讨、党建图书阅览等功能，完善硬件，帮助提升党员修养。

【服务社会】 持续推进“爱泽妇幼”党建品牌建设。组织开展“我为群众办实事”项目，在院外走廊处设置环卫工人服务点；每月走访6户结对贫困户，为结对户提供生活支持和心理疏导。全年组织各项义诊服务5次，服务群众280余人次，优惠金额1.4万元左右。此外，组织党员开展红色物业联盟及文明劝导等志愿服务26次，参与208人次，走进中小学开展青春健康教育12场，服务学生3000余人次。发挥“8090青年”优势，唱响时代“潮音”。在医院、社区、乡村，为人民群众普及妇女儿童保健、健康素养、中心思想、防诈骗知识等，传递党的惠民政策，2021年共开展8090新时代理论宣讲50余场。2021年2月蒋爱军被全市域体系化推进8090新时代理论宣讲工作领导小组办公室评为“成绩突出先进个人”。方瑜在全省卫生健康系统青年微党课比赛中获三等奖，并被评为2020年度“衢州市优秀共青团员”。

【龙游妇女儿童健康医院项目】 2021年9月27日，龙游妇女儿童健康医院项目正式开工。项目选址人民南路以东，兴龙南路以西，广进路以南地块，总用地约1.58公顷（23.7亩），总建筑面积约24486平方米，设置床位150张，概算总投资14936.7万元。龙游妇女儿童健康医院（龙游县妇幼保健院）项目建设多方面听取省内外建筑专家对妇幼保健功能定位布局建议，以有利于医院可持续发展的理念超前设计，为全县妇女、儿童及全县人民创造一个舒适、高效、温馨的医疗环境。

（县妇保院　方　瑜）

社会事务和社会生活

概　述

【概况】 2021年，龙游县应对新型冠状病毒肺炎疫情工作成绩出色，社会事业发展稳中有进，民生保障稳中向好。就业态势稳定，城镇新增就业9158人，就业困难人员再就业501人，吸纳就业见习119人，城镇登记失业率1.75%，远低于3.5%的控制目标。社会保障体系不断完善，龙游县基本养老保险参保率99.81%，新增电子社保卡领取25.96万张，发放各类养老、基本生活保障待遇19.64亿元、惠及142.51万人次。企业职工养老保险待遇实现“17连涨”。人才引育渠道不断拓宽，引聚大学生等青年人才8236人，新增高技能人才1610人，29人入选衢州市“新115人才工程”，居衢州市首位。劳动关系和谐氛围进一步浓厚，处理仲裁案件254件、劳资纠纷325件，网络办案率45%、结案率100%。

【热心公益老有所养】 龙游县民政局热心公益创投项目，投入扶持项目资金101.71万元；做好水库移民服务工作，安排水库移民项目42个，总投资7061万元，安排扶持移民资金3902万元，完成石佛敬老院等4个乡镇级示范型居家养老服务中心建设，高效精准地服务民生、服务社会。

【精准服务退役军人】 龙游县退役军人事务局以服务退役军人为工作中心，在龙游县15个乡镇（街道）和10个村（社区）服务站完成全国示范型服务站创建工作；创建省级新时代枫桥式退役军人服务站25个，其中省级红色退役军人服务站3个；2021年，龙游县退役军人服务中心被评为浙江省退役军人服务保障体系先进单位。

就业创业

【概况】 龙游县人力资源和社会保障局积极应对新冠疫情影响，优化就业服务，设立专班开展企业用工服务，针对招工奖补、稳岗补贴、人才津贴等业务，重新制订《人社惠企政策二十条》。除老员工、人力资源服务机构正常的就业介绍奖补外，对推荐县外高校毕业生到龙游就业的，额

图 125　2021 年 3 月 26 日，县人力社保局组织企业赴河南科技大学开展专场招聘　（县人力社保局 / 提供）

外奖补上浮50%。实时监测企业用工异动，主动上门，解决堵点难点。优化人工智能招聘系统，在线搭桥开展视频面试，提高企业招工效率。邀请禾川科技、道明光学、李子园食品等重点企业人事主管做客直播间，在线推介优质岗位，吸引百余村社观看。印制分发万份春季人力资源会刊和岗位信息报刊，组织各乡镇街道及经济开发区，挖掘本地劳动力求职需求，组织县内重点企业到人口基数大、返乡求职人数多的乡村社区开展招聘活动，推动劳动力本地就业。保障企业复工复产，扎实推进群众就业，2021年实现城镇新增就业9158人，就业困难人员再就业501人，吸纳就业见习119人，分别完成市考核的327.1%、113.9%和108.2%。城镇登记失业率1.75%，低于3.5%控制目标，指标完成情况位于衢州市前茅。

【创业服务提升】 结合翠光未来社区，建设创客学院、创业者服务中心等数字化应用场景区块。创建省级创业孵化基地龙游大学生创业园、返乡农民创业基地等一系列基层创业服务平台，继续推动罗家乡黄茶种植集聚区、宗泰农产品特色专业园区等10个返乡农民创业基地建设，服务创业创新大赛发掘的“乡愁邮局”“锦鲤养殖”等优秀创业项目，推动创业，带动就业。

【就业帮扶强化】 开发绿色公益性岗位，在“残疾人之家”设立就业驿站，想方设法安置就业困难人员、低保低边人员。不断完善东西部就业扶贫长效机制，累计建成江西修水、湖南辰溪等24个省内外劳务协作基地。推广重点群体就业帮扶应用场景，实现龙游县15个乡镇271个村、社区全覆盖，通过网络推送失业人员、就业困难人员、离校未就业高校毕业生失业登记人员信息，精准提供网络走访、职业介绍、政策咨询等帮扶服务。

（县人力社保局　方　略）

社会保险

【概况】 2021年，龙游县人力资源和社会保障局扎实推进社保扩面，强化社会保障网，龙游县基本养老保险参保率99.81%，排名衢州市第一；新增电子社保卡领取25.96万张，完成省市指标649%；发放各类养老、基本生活保障待遇19.64亿元、惠及142.51万人次，企业职工养老保险待遇实现“17连涨”。

【社保精准扩面】 结合“三服务”“8090新时代理论宣讲团”等活动进村入企，精准化排摸扩面底数，组织基层劳动保护人员上门调查，强化与民政、残联等相关部门特殊人群数据比对，落实勘误人员双重核验制度，并将扩面任务根据底数信息拆解到各乡镇（街道）、经济开发区，有效提升社保扩面精准度，基本养老保险参保率99.81%。

【提升保障底线】 县人力社保局认真做好困难群体城乡居民基本养老保险的参保、代缴工作，实现特困人员、低保对象、残疾人等困难群体应保尽保，为扶贫对象共代缴养老保险67.52万元。稳定提升退休人员待遇，发放养老保险、被征地农民基本生活保障等各类养老、基本生活保障待遇19.64亿元，惠及142.51万人次，为共同富裕提升保障底线。

【优化普惠服务】 不断深化人社

图 126 2021 年 4 月 28 日，县人力社保局在东方广场开展养老保险业务宣传　（县人力社保局 / 提供）

图127 2021年5月26日，中浙高铁轴承有限公司博士后开题进站
（县人力社保局/提供）

领域“最多跑一次”改革，推进“无差别受理”一窗办、社保全领域一件事联办、社银一体化服务网点就近办、电脑手机端社保业务不见面办，推进“民生一卡通”项目建设，改善第三代社保卡制卡环境，推进跨部门数据共享比对，开展养老待遇领取资格“无感认证”，认证11万余人，认证率100%。

（县人力社保局 方 略）

人事人才

【概况】 2021年，龙游县人力资源和社会保障局持续拓宽人才引进渠道，组织企事业单位参加高校、地方云招聘活动，积极赴外地招才引智，强化人才平台建设。引进大学生等青年人才8236人，完成目标任务的118%，开展职业技能培训10255人次，新增高技能人才1610人，分别完成省市指标的110%、115%。29人入选衢州市“新115人才工程”，居衢州市首位。

【引才渠道畅通】 深度调研企业产业项目现状与岗位人才需求，量身订制企业引才计划，联系相关高校，探索参观实习、岗位体验等校企合作新模式，帮助道明光学、凯丰新材料等重点企业获得高校对口专业实习毕业生。积极适应疫情防控大环境，探索“云端招聘”，围绕“3+3”重点产业，向合作高校发布急需紧缺岗位信息，组织企事业单位参加各省市高校毕业生网络招聘会。扎实做好人才招聘工作，组织百余家企业单位参加各类高校、地方云招聘活动，龙游县累计引进青年人才8000余人。开展市县联动公开招聘、赴高校提前招聘人才“蓄水池”计划，引进事业单位各层次人才214人，其中硕士研究生28人（985、211、双一流高校毕业生22人）。

【人才培育赋能】 新建省级博士后工作站1家，新增进站博士后5人。遴选通衢建材、林业技术推广站等8家企事业单位为龙游县第七批专家工作站。推进金昌股份、中浙高铁等站点博士后开题进站，成功申报第二批“市115人才工程”29人，位居衢州市首位。联合衢州学院开设专升本科学历班培育缺口人才，深入开展职业技能提升行动，落实职业技能电子培训券试点工作，建成龙游县首家技工学校，完成职业技能培训10255人次。

【人才服务提升】 承办“智聚山海·助力共富”省级专家服务

图128 2021年9月16日，“智聚山海·助力共富”专家服务工程启动仪式暨走进龙游生态工业行顺利举行 （县人力社保局/提供）

工程启动仪式，柔性引进来自浙江理工大学、省农业科学院等高校、科研机构的31名权威专家，与“大通量碳化硅管式连续流反应器”“竹材热解（碳化）污水处理技术技改”等31个重大项目结对，指点产业发展迷津。推动3家博士后流动站与禾川科技、贝尔轨道及东方阿纳萨克3家企业签订战略合作协议。开展人才新政首轮兑付工作，累计发放1082万元，惠及77家企事业单位427人。完成2万余册流动人员人事档案数字化工作，作为浙江省集中档案管理系统建设试点单位，配合做好系统前期建设工作。

（县人力社保局　方　略）

2021 年度正高级专业技术职务获得者一览表

表 41

专业技术职务	职务获得者	所在单位
主任医师	兰朝阳	龙游县人民医院
	卢根林	龙游县人民医院
	陈民为	龙游县人民医院
	范志康	龙游县人民医院
	冯　毅	龙游县人民医院
	夏曙辉	龙游县人民医院
	范　璐	龙游县人民医院医共体东华街道分院
	吴伟华	龙游县中医医院
	蓝晓明	龙游县妇幼保健院
	姚桔芳	龙游龙城医院有限公司
主任中医师	徐宏浩	龙游县人民医院医共体湖镇分院
主任技师	许利清	龙游县中医医院医共体龙洲街道分院
主任护师	李　岚	龙游县人民医院医共体横山分院
	於　霞	龙游县人民医院
正高级工程师	计　皓	浙江凯丰新材料股份有限公司
主任中药师	邱雪庆	龙游县人民医院

劳动保障

【概况】 2021年，龙游县人力资源和社会保障局探索劳动争议多元化解新模式，强化立案前调解介入，积极推广网络办案，累计处理仲裁案件254件，涉及333人、1005.8万元，结案249件，网络办案率45%，各项指标均达浙江省考核要求。进一步健全治欠保支长效机制，推广“省工资支付监管平台”和“省劳动纠纷预警处置平台”，对龙游县范围内在建项目实现实时监督，共处置劳资纠纷325件，涉及职工1078人、金额1800余万元。

【欠薪根治工作】 龙游县人力资源和社会保障局会同县纪委、经济开发区、各乡镇（街道）及相关行业主管部门，扎实开展护航建党百年“浙江安薪”专项治理行动和重大工程建设项目领域劳资纠纷专项治理行动。实施劳动关系“和谐同行”三年行动计划，进工地、企业、社区开展欠薪、工伤预防等宣传活动，发放宣传资料4000余份，引导农民工理性维权。在各工地出入口公开欠薪反映平台二维码，及时收集欠薪线索，探索实现“治欠保支”的二维码执法新模式。

【调解网络细化】 深化调解先行原则，探索完善劳动争议多元化解新模式，落实专职劳动争议人民调解员，劳动人事争议调解中心覆盖所有乡镇街道及经济开发区，构建乡镇基层调解、人民调解、庭审前调解、庭审后调解四层调解网络。关注新业态、劳动力密集型劳动争议新动向，融合推进“仲裁进企业”与“劳动用工体检”，积极推广网络仲裁、电话调解等线上争议处置模式，45.2%的案件通过线上受理、线上处置，网办结案率100%，劳动仲裁院被评为浙江省“调解仲裁案件处理工作成绩突出单位”。

（县人力社保局　方　略）

民政事务

【概况】 2021年，龙游县民政局始终把“民政为民、民政爱民”理念融入民政事业，围绕探索创新数字化改革、丰富和提升民生服务保障、积极推动全民生命周期民生服务体系建设，奋力打造精准保障标杆区、和谐自治标杆区、幸福颐养标杆区、暖心服务标杆区，推动民政事业高质量发展。

【社会救助】 在省市级数字化应用基础上，龙游县民政局创新打造社会救助“困无忧”应用，构建起前端即时感知、动态监测预警、全程协同办理、闭环反馈提升的数字化救助平台，助力救助中心落实救助事项“一站式”受理、救助“一件事”线上线下联办、易致贫返贫对象动态监测、救助信息全面汇总等职能。事迹被《中国社会报》《浙江日报》报道。2021年5月上线后，通过“困无忧”平台线上申请量1747人次。至2021年12月末，龙游县城乡居民低保对象7665户9355人；低边对象1421户2246人；特困供养人员356户360人。提高救助标准，特困供养人员从1135元／月提高到1183元／月，低保金从850元／月提高到910元／月。2021年累计临时救助1130人次。做好以城市生活无着的流浪乞讨人员救助为主的救助管理工作，2021年共救助各类社会求助人员384人次，护送返乡12人，滞留康宁医院救治的精神障碍流浪乞讨人员24人。

【殡葬管理】 编制龙游县绿色殡葬设施布局规划，纳入国土空间规划一张图。进一步规范殡葬管理，出台《龙游县殡葬协管员考核办法（试行）》。推进惠民殡葬，实行骨灰盒、纸棺“零差价”和殡仪礼仪外包“零租金”。2021年龙游县入选全省殡葬数字化改革试点县。实现基本服务费全免，2021年，龙游县遗体火化2879具，公墓安葬152穴，惠民政策享受人数2769人，计205.34万元，遗体火化率保持100%。

【婚姻及收养登记】 深化浙江省婚俗文化改革试点县建设，开展补领婚姻登记证试点工作。2021年共办理结婚登记1789对，离婚登记562对；补发结婚证3643对，补发离婚证66件；结婚、生育、户口“一件事”联办1109件。推进收养“一件事”一体化服务，2021年依法办理收养登记16人。

【区划地名】 深化地名信息化建设，提升区划地名服务水平。做好国家地名地址信息库录入，采集地名信息38条、多媒体51条；完成地名图属信息关联3682条，门牌图属信息关联106851条。打造地名命名事项网上办理闭环，实现地名命名“跑零次”，核准地名12条，编制门牌号码151个。加强平安边界创建，制订龙游县和建德市行政区域界线联检工作实施方案，完成界线、界桩外业联检。

【社会组织管理】 认真做好社会组织登记管理、社会组织年检、社会组织等级评估等工作。2021年对龙游县近700家社会组织进行排查，取缔一家非法社会组织“佳息教会”，出具整改通知书14份。对申报的6个公益创投项目进行初期评估，扶持项目资金101.71万元，引导其高效精准地服务民生、服务社会，参与基层社会治理。

【社区建设】 继续开展农村示范性社区创建，詹家镇浦山村、塔石镇泽随村、大街乡贺田村、罗家乡席家村、石佛乡上溪村、横山镇白鹤桥村等6个村被评为衢州市“示范型农村社区”。并对2020年度的5个市级“示范型农村社区”各拨付建设资金补助10万元。

【社工考试】 2021年，龙游县报名参加社会工作者职业水平考试人数1381人，考试合格人数117人。开展持证社工认领及证书登记工作，至2021年12月末，龙游县有持证社工585人。

【移民扶持】 龙游县民政局做好水库移民服务工作，科学谋划项目，2021年，安排水库移民项目42个，总投资7061万元，安排扶持移民资金3902万元，项目资金采取“预拨+余拨”形式，计划下达同时，预拨1734万元至乡镇（街道）存管。龙游县大中型水库移民直补人口20148人，2021年一次性发放直补资金1220.49万元。为全县642名困难移民办理移民保险。规划移民村“消薄”项目12个，总投资4100万元，移民补助资金2390万元，其中扶持全县34个移民村在开发区购买两幢单身公寓，总投资1604万元。围绕美丽家园建设安排项目7个，总投资680万元，移民补助资金365万元。

【养老服务】 2021年完成4个乡镇级示范型居家养老服务中心建设，至2021年12月末，完成龙游县15个乡镇级示范型居家养老服务中心建设，并由第三方投入运营，覆盖面100%；新建的石佛敬老院完成主体建设；完成264户生活困难老人适老化改造；在溪口、翠光未来社区搭建数字化养老服务平台；完成170名养老护理员培训和200名家庭照护者培训。做好养老机构“疫情”防控封闭式管理，确保老年人身体安康。

（县民政局　陈兴荣）

2021年12月龙游县百岁老人基本信息情况表

表42

姓 名	性 别	年龄（岁）	月补助标准（元）	家庭地址
傅招林	男	105	1000	龙游县庙下乡长生桥村
何卸梅	女	103	1000	龙游县塔石镇杜山徐村
袁五奶	男	103	1000	龙游县模环乡兰塘村
杨彩英	女	102	1000	龙游县模环乡上向塘村
劳根娣	女	102	1000	龙游县模环乡琚家村
周文秀	女	102	1000	龙游县庙下乡庙下村
何正权	男	101	1000	龙游县东华街道岩头村
邵菊梅	女	101	1000	龙游县龙洲街道阳光社区
吴春香	女	101	1000	龙游县龙洲街道城角坊社区
张久贞	男	101	1000	龙游县龙洲街道半爿月村
吴晓义	男	100	1000	龙游县龙洲街道城角坊社区
余春美	女	100	1000	龙游县龙洲街道方门街村
吴文珠	女	100	1000	龙游县詹家镇夏金村
余爱花	女	100	1000	龙游县湖镇镇茆头村
李宝银	女	100	1000	龙游县龙洲街道红星社区
徐美容	女	100	1000	龙游县罗家乡马府墩村

慈善和社会福利事业

【概况】 秉持“扶老、助残、救孤、济困”原则，2021年扎实推进儿童福利工作，组织开展“福彩圆梦·孤儿助学工程”公益活动。

【慈善活动】 2021年省、市、县慈善总会慰问龙游县困难家庭1660户。龙游县慈善总会接收定向捐赠5笔共计101.5万元。开展“福彩圆梦·孤儿助学工程”公益活动，资助龙游县6名孤儿大学生，资助标准5000元/学期。开展儿童大病救助工作，6名患儿受益。开展鲁冠球“三农”扶持基金“四个一万工程”项目，为23名特困家庭学生和孤儿发放1000—5000元助学金。开展中华慈善日“一起捐”活动，收到54家单位和社会爱心人士7483人次的线上捐款，共计善款28.44万元。继续开展东西部扶贫，捐赠四川省平武县60万元，结对助学20名叙永县困难学生。

【儿童福利】 推进普惠型儿童福利体系建设，实现关爱儿童服务全覆盖。机构抚养孤儿11人，每月基本生活保障金1609元；散居孤儿14人，困境儿童212人，事实无人抚养儿童51人，每月基本生活保障金1288元。2021年共发放孤儿生活费、困境儿童生活补助费504.13万元。

（县民政局　陈兴荣）

退役军人事务

【概况】 龙游县退役军人事务局紧紧围绕习近平总书记关于退役军人工作重要论述和“七一”讲话精神，全面贯彻落实中央、省、市、县关于退役军人工作部署要求，以服务退役军人为中心，以高质量跨越式发展为主题，以退役军人事务领域数字化改革工作为主线，以打造一座服务退役军人最优县为目标，系统推进法律政策落实年、思想政治建设年、基层基础夯实年、服务保障能力提升年等“四年”活动。聚焦创建省级“双拥模范县”、省级“新时代枫桥式退役军人服务站”和“全国示范型退役军人服务站”等退役军人事务中心工作，持续推进退役军人事务领域治理体系和治理能力现代化，开创退役军人工作新局面。选派两名宣讲团成员参加省、市退役军人系统组织的“英烈故事宣讲”活动和党史主题演讲比赛，分获一等奖和二等奖。

【党建引领】 2021年，县退役军人事务局致力打造“基层党建+退役军人服务”新品牌，实施退役军人服务站党建工作示范点建设，开设“微党校”和“微党课”，进一步加强退役军人党员服务管理保障工作。积极开展“思想政治工作年”活动，谋划创建“忠诚担当、争创一流”的“六个特别”（特别肯吃苦、特别有激情、特别能战斗、特别能担当、特别会服务、特别守底线）机关党建品牌。“七一”期间，局主要领导率先为2021年待安置的转业士官和县关爱退役军人协会党支部全体党员上党课，其他领导班子成员均下沉至结对联系村（社）和基层退役军人服务站，进行党史专题宣讲，2021年共组织开展特色主题党日活动36次。健全完善军人荣誉体系激励机制，精心制作“龙游最美老兵访谈·礼赞中国共产党”访谈节目和双拥模范县创建宣传片，“八一”建军节、春节向全县退役军人致慰问信。常态化组织开展退役军人座谈会和茶话会，建立军贤联系制度。谋划设立“荣誉一条街”，实现“军人荣誉墙”县、乡、村三级服务站全覆盖，积极引导全县广大退役军人归队归位归心。

【党史学习教育】 2021年，成立县退役军人事务局党史学习教育领导小组，召开党史学习教育工作部署动员会、推进会和专题学习研讨会7次。邀请县委党校教授、组织部领导到局开展党建工作专题讲座，组织全局党员干部赴湖镇镇地圩村、红木小镇党建示范基地，泽随村精神谱系馆和杜山剿匪遗址开展党史学习教育专题活动。组织拍摄龙游籍英烈故事短视频、红色经典影视纪录片，召开老兵座谈会，举办党史学习教育专题展览等纪念活动。选派2名宣讲团成员参加省、市退役军人系统组织的“英烈故事宣讲”活动和党史主题演讲比赛，分获一等奖和二等奖。成立龙游县老兵宣讲团，开展宣讲活动50次，听众达千余人次。开展“守护•2021清明祭英烈”和烈士纪念日公祭活动，2021年，烈士陵园管理中心共接待团队230批、2.5万人次。联合县关爱退役军人协会、溪口老兵志愿服务队等社会力量，举办“庆建党100周年·圆梦老兵微心愿”活动，帮助百名困难退役军人实现“微心愿”。2021年，龙游县退役军人事务局有64篇关于党史学习教育工作信息被省市级以上媒体录用，2篇原创网评分别被人民论坛网、共产党员网推送。

【法律政策落实】 2021年，县退役军人事务局纵深推进“法律政策落实年”活动，建立领导班子领学、党支部研学、干部职工自学、成果跟踪督学的“四学”模式，将《中华人民共和国退役军人保障法》学习宣传贯彻纳入局党组理论学习中心组学习、“周

图129 2021年9月29日，向转业士官普及《中华人民共和国退役军人保障法》相关政策 （县退役军人事务局/提供）

四夜学”、局国防教育和普法教育计划中，全面提升龙游县退役军人事务系统干部职工履职能力和政策水平。利用督导服务站建设、下村走访慰问、常态化联系退役军人、“三服务”活动、“我为群众办实事”专题实践活动等契机，依托新媒体短视频、龙游“老兵码”、老兵宣讲团、《中华人民共和国退役军人保障法》专题讲堂等载体进行全方位普法宣传教育。结合退役军人事务中心工作，探索移交安置、就业创业工作新模式，研究抚恤优待、褒扬激励工作新方法，开辟数字化改革、服务保障体系建设新思路，加强双拥共建、军地协同，多举措对法律政策落实情况进行检查，确保政策落实“最后一公里”不断档，让广大退役军人切实感受到《中华人民共和国退役军人保障法》出台后带来的社会尊崇新风尚。

【红色阵地建设】 2021年，县退役军人事务局高标落实服务站创建“五有”“全覆盖”标准和市“一强五好（党建引领强，崇军氛围好、矛盾化解好、帮扶解困好、服务代办好、作用发挥好）”要求，建立由县分管领导挂帅、相关部门协同、局班子分片、干部职工分别包干一个乡镇（街道）、经济开发区的工作机制，利用每周的“周二无会日”，全覆盖指导督查全县291个乡镇（街道）、村（社区）退役军人服务中心（站）工作。下拨服务保障体系建设经费220万元，确保试点乡镇工作落实。至2021年12月末，龙游县15个乡镇（街道）和10个村（社区）服务站完成全国示范型服务站创建工作；创建省级新时代枫桥式退役军人服务站25个，其中省级红色退役军人服务站3个；市级枫桥式退役军人服务站281个，龙游县退役军人服务中心被评为浙江省退役军人服务保障体系先进单位，持续推动全国“示范型”和省级“新时代枫桥式”退役军人服务站创建工作走深走实，县、乡、村三级退役军人保障工作从“无”到“优”，作用凸显，打造具有龙游特色的服务体系品牌。

【双拥工作】 2021年，县退役军人事务局联合浙江省荣军医院、龙游县龙州医院等单位，分批组织350名以上重点优抚对象和抗美援朝老兵赴嘉兴和在本地进行免费体检疗休养活动。2021年实现全县1200余名重点优抚对象免费体检全覆盖，794名重点优抚对象全部纳入市县医疗费用“一站式”结算。联合县、乡、村三级退役军人服务站，为现役军人家属敲锣打鼓上门送立功喜报，为36名抗美援朝老兵上门颁发“抗美援朝入朝作战70周年”纪念章。举办龙游县首届“模范退役军人、退役军人工作模范单位、退役军人工作模范个人、模范军属”发布仪式，表彰30名个人先进典型和10家模范单位。打造一批集爱国主义教育、红色基因传承于一体的双拥主题公园，赓续革命精神，浓厚双拥氛围。

【就业创业】 2021年，龙游县完成军转干部和符合政府安排工作的退役士兵接收安置工作，实现“安置对象、安置单位、部队”三满意。举办退役军人“线上+线下”专场招聘会3场，帮助退役军人实现就业。创新启动融合式职业技能免费培训和高职扩招培训工作。在衢州市域内第一个建立软硬件配套的退役军人智能化档案室，全面实施县、乡、村三级退役军人服务中心（站）数字化档案建设工作。完善退役军人档案资料数字化规范管理，完善“一人一档”基础资料，切实打通退役军人精准服务“最后一公里”。

图 130 2021 年 10 月 6 日，龙游县举办退役军人专场招聘会

（县退役军人事务局 / 提供）

图 131 2021 年 4 月 26 日，“龙游老兵码”推广部署会召开
（县退役军人事务局提供）

【权益维护】 2021年，龙游县退役军人事务系统始终紧绷少数退役军人群体稳定弦，主动出击、全力以赴、重心下移、压实责任，持续加大对重点群体、重点人员的教育疏导和稳控力度。

【“老兵码”迭代升级】 2021年，县退役军人事务局按照省厅赋予的“老兵码”场景化应用试点任务，依托“龙游通”县域智治APP，以龙游“老兵码”为核心，创建“码上办”“码上优”“码上家”“码上查”多跨场景应用，集合数据归集、政策宣传、政务办理、生活服务等功能于一体，基本实现退役军人全生命周期服务优质共享，打通退役军人精准服务管理保障工作“最后一公里”。龙游“老兵码”自2021年5月上线，实现县退役军人和其他优抚对象全覆盖，实现退役军人服务管理保障体系从“有形覆盖”到“有效覆盖”的赋能升级。

（县退役军人事务局 沈 彬 李苏笛）

民族宗教事务管理

【概况】 2021年，龙游县委统战部深入贯彻中央、省委民族工作会议和宗教工作会议精神，创新实践中国特色社会主义民族和宗教工作理论，全面落实省、市关于民族和宗教工作的规划部署，以大统战格局为主框架，以共同富裕为主要底色，努力构筑中华民族共有的精神家园，开创宗教工作新局面，奋力打造民宗领域的“龙游样板”。

【民族乡村振兴】 2021年，龙游县委统战部紧紧围绕民族共富主题，加快民族乡村现代化建设步伐，着力打造产业强富、文化带富、民族齐富的系统工程，为民族乡村百姓增收助力。沐尘畲族乡被评为“全国民族乡村振兴试点”“浙江省3A级景区镇（乡、街道）”“浙江省森林城镇”，并成功创建浙江省第二批美丽城镇省级样板。沐尘村被评为“省级民族乡村共同富裕示范点”，被命名为“浙江省生态文化基地”。浦山村被评为“省级民族乡村振兴试点”，入选“第二批高质量就业社区（村）名单”。沐尘村、双溪村、社里村被衢州市民政局评为“衢州市革命老区村”。龙游县浦山未来社区、浙江省华飞轻纺有限公司被评为第四批省级民族团结进步创建重点培育单位；龙南五烈士墓被评为浙江省第一批民族团结进步教育基地；沐尘畲族小学、溪口初级中学被评为“全省中小学铸牢中华民族共同体意识教育试点”。

【产业融合】 借力省、市统战资源，沐尘畲族乡完成建设民族乡村振兴样板区，畲族文化广场、智慧治理数字化工程、畲族特色风貌墙绘等29个美丽城镇项目；2021年下半年追加资金4000万元，谋划10个提升类项目，总资金达5500万元的40个项目得到加力加码；畲族文创直播展销基地建成投用，展现“一线（沿江线）、一街（老街）、一头（鱼头）、一尾（鱼尾）”的畲乡新貌。浦山村引入浙江联众集团投资5000万元，打造“凤凰部落，有礼畲乡”的特色旅游体系，实现200余名村民在家门口就业，其中“凤凰部落亲子游乐村”项目，每年可为浦山村创收20万元和净利润20%的合作收益分红。溪口村挖掘徐偃王仁义文化、龙游商帮文化、竹纸文化等文化资源，建成仁义广场、黄泥山记忆展厅、溪口老街等文化载体，结合本地文旅产业、“竹+”产业、现代农业基础，畅通“两进两回”通道，推动乡贤创客回归，孵化出“一盒故乡”“瓷米文创”等多个创新产业，助力未来乡村农文旅产业融合发展。2021年，龙游县共有16个民族村种植薄壳山核桃，种植面积2000余亩，其中项家村、余岗村通过对外承包的形式产生收益，为村集体创收2万余元。6个民族村（灵下村、大街村、陈村村、双溪村、社里村、庙上新村）引进光伏项目，平均年收益超过4.5万元，平均年收益率超11%。2021年，陈村村食叶草种植加工项目为村民增收220余万元，村集体增收管理费用3.8万元。溪口村竹木仓库项目投资140万元，平均每年可为村集体增加收入28.6万元。

【结对帮扶】 深入推进“双百结对行动”“山海协作”，结合宗教界“慈爱慈行 共帮共创”帮扶行动、市“重点民族村帮扶行动”及县“百名乡贤联百村行动”，推行“六个一”结对帮扶机制，2021年累计获赠捐助500万元。统筹谋划中央、省补少数民族发展资金215万元，分配项目9个。

【开展乡村振兴宣讲活动】 2021年4月14日，第十届沐尘“三月三”畲族风情文化旅游节在社里民族广场举行。4月28日，浦山乡村未来社区建设启动仪式暨凤凰部落亲子游乐村开园典礼举行；12月，第二届龙游县民族特色墙绘大赛在陈村村举办。借助政协“请你来协商”平台，以及沐尘畲族乡的“樟树议事会”，鼓励引导畲乡青年共话振兴，在民族乡村兴起对民族共富的广泛讨论热潮，为龙游解开民族共富密码。组建民族志愿服务队，深入小区、乡村开展创文创卫、疫苗接种等宣传活动，发挥志愿者民族工作民生服务作用。以“8090宣讲团”为窗口，建立少数民族宣讲队伍，奔赴宗教场所、民族村、社区、学校、企业等地开展民族团结进步主题宣讲，提供技能培训，提升素质能力。5月17—23日，举办乡村振兴（新媒体+电商直播）培训班。6月11日，举办民族乡村薄壳山核桃相关技能培训班。8月16—22日，举办“我的家乡，我代言”乡村振兴民族村讲解员培训班。

【宗教活动开展】 2021年，龙游县认真贯彻新时代党的宗教工作理论、基本方针和宗教信仰自由政策，积极引导宗教与社会主义社会相适应，落实省市两级宗教工作会议的部署，聚焦宗教场所、教职人员、信教群众，加强督查力度，注重思想引导，推动宗教理论中国化，加快提升宗教界自我管理水平，牢固树立信教群众爱国思想，全面打赢疫情防控战役，维护宗教稳定，推动宗教工作从“管得住”向“管得好”转变，开创龙游县宗教领域新局面。2021年筹备设立龙游县第一个道教活动场所三门道院；湖镇基督教堂被评为省级宗教法治宣传教育基地；秀峰寺被评为浙江省宗教活动场所消防安全标准化百优争创活动优秀单位。

【整治宗教活动场所】 深化落实宗教领域“四治”专项工作。积极创新工作方法，组成由县民宗局、县公安局政保大队、县文化综合执法队、属地派出所、乡镇民宗力量、网格员组成的联合巡查队，每月对已整治的基督教私设聚会点进行“回头看”，确保督查成效的持久性。充分发挥宗教团体、宗教活动场所盯防负责人作用，区块划分、责任到人，定时上报自查结果，及时排查消防隐患，完成安全生产大检查。12月3日，邀请消防大队教官普及消防安全知识并指导开展消防演练。持续做好反宗教极端思想宣传教育，通过线上宣传联络、线下教育督查等方式，搭建覆盖全县46个宗教场所，40余名宗教干部的信息传递渠道和思想教育平台，结合龙游本地特色的8090宣讲工作，大力开展宗教领域爱国

图132 2021年4月14日，第十届沐尘“三月三”畲族风情文化旅游节在社里民族广场举行 （县文广旅体局/提供）

主义和反极端思想教育，形成齐抓共管、全县覆盖的宣传网络，有效遏制宗教极端思想渗透蔓延和暴力恐怖活动。8月12日，根据县政保大队线索，配合县民政局、县公安局龙洲派出所、龙洲街道依法取缔1家非法社会组织。12月3日，邀请市委统战部领导开展“宗教知识和宗教政策”讲座，扎实推进党史学习教育活动。先后组织佛教界、基督教界人士开展“庆祝建党100周年红色教育”活动，前往西柏坡、南昌等革命圣地学习党史，重温党的光辉历程。6月9日，县佛教协会举行“五史”学习读书会。6月23日，县佛协释定亮和县基督教两会黄加寿参加龙游县“统一战线与党的百年史”经典故事讲述活动。7月1日，组织宗教界观看中国共产党成立100周年大会，学习习近平总书记重要讲话。10月1日，组织宗教界开展升国旗、奏国歌活动，并传图至微信工作群，分享爱国情怀。

【宗教文化挖掘利用】 通过省市协会对接，佛学院校邀请、寺庙资金支持等方式招引僧才，提升龙游县宗教从业队伍素质。至2021年12月末，龙游县共有佛教僧侣43名、尼姑3名，20处佛教场所中有13处场所有僧侣常驻。组织专业团队深挖竹林禅寺佛教文化，以“一庙一故事”为打造方向，深挖“西小普陀”故事，出版书籍《竹林禅寺》；组织专项工作小组翻阅资料，结合湖镇镇当地老者讲述舍利塔院故事，努力延续舍利塔院文化传承，为筹建设立舍利塔院打下坚实基础。联合县佛教协会指导成立佛教心理学修学小组，致力社会公益事业，建立龙游果果心理咨询工作室，多次开展公益性社会服务，发挥宗教团结信众、教化人心、纾解矛盾的作用，维护社会秩序稳定。

【重点寺院风貌提升】 竹林禅寺聚力“AAAAA级寺院宫观”创建目标，借助戒成大和尚升座庆典之机，结合“唐诗之路”黄金旅游带项目建设，完成寺院及其周边环境风貌提升，逐步完善禅堂、江边居住楼、地下停车场等基础设施建设，总投资2750万元，做强竹林禅寺宗教品牌。秀峰禅寺一期投资1986万元，完成优化提升项目工程1254万元，逐步实施念佛堂、钟鼓楼等项目。乌石寺滴水观音洞重建修缮，完成青石板及青石护栏铺设，完成400千克铜制观音菩萨像入驻洞中。舍利塔院被纳入湖镇镇重点建设项目，完成舍利塔周围4.3公顷区块搬迁工作，近十批僧团到龙游为舍利塔院重建出谋划策，龙游县委统战部、湖镇镇经过系统评判，初步确定意向入驻僧团。

（县委统战部　叶亦陶）

龙洲街道

【概况】 龙洲街道包括县城灵山江以西及部分城郊农村，东隔灵山江、与东华街道相邻，南连溪口镇，西接詹家镇，北依衢江、与小南海镇隔江相望。地貌以平原为主，有部分丘陵和山地，区域总面积61.79平方千米。街道办事处位于县城龙翔路539号，下设综合督考办公室、党建工作办公室等11个科室。龙洲街道辖20个村、7个社区。2021年龙洲街道加快区域经济转型跨越发展，呈现经济发展、社会进步、人民安居乐业、社会和谐稳定的良好态势。2021年实现地区总产值90.9亿元，其中全年实现财政总收入6843万元，一般公共预算收入6843万元，一般公共预算外支出11358万元，城市居民可支配收入57546元。规模以上工业企业总产值22.6亿元，同比增长14.4%。2021年龙洲街道获得全省“五水共治”（河长制）工作考核优秀乡镇（街道）、先进集体、“民生工作”突出贡献集体、“经济发展”突出贡献集体、“平安龙游”突出贡献集体等荣誉。

【服务企业】 强化招大引强，提供招商引资信息4条，瑞安市优生活 U-life 高端彩印纸有限公司年产 800 万件纸箱纸盒项目通过招商研判，提交项目建议书进行项目决策，年产6000吨建筑配套自动化机械设备生产线项目通过招商研判。新认定高新技术企业1家、省级科技中小企业2家、研发机构1家，科技特派员项目1家，做好县乡联办，留衢过年、暖心红包申领工作，完成“企业码”申领及推广使用、工业企业职工“惠衢保”参保率达80%以上。完成4件中央环保督察件销号工作，处理环保“12345”投诉件16件，做好大气污染防治暨“无废城市”建设、危险废物专项治理工作。

【耕地整治】 做好耕地“两非”（耕地“非粮化”“非农化”）整治，制止新增苗木38.67公顷，清理各类多年生经济作物及苗木14.93公顷，回填鱼塘4公顷；完成“非粮化”整治面积50.83公顷，耕地抛荒整治面积4.37公顷，完成土地垦造9.33公顷、旱改水5.47公顷、耕地质量提升47公顷、建设用地复垦0.845公顷。紧抓粮食生产，落实早稻粮食订单任务617.33公顷。严格监管农产品质量，及时跟踪蔬菜、茶叶、水果等面积1.33公顷以上大户的检查记录以及安全生产服务工作，每月检测各种农产品不少于25批次。做好粮食生产功能区提标改造工作，投资192.6万元，新建渠道2580米，道路1580米。做好防汛抗旱防火工作，编制更新辖区内老虎洞水库控制运行计划、安全应急、放水、监测预报预警方案，做好各村（社区）防汛责任人培训，配备标准化避灾点（渡贤头村、红星社区、县体育馆）3处。做好松材线虫病疫木除治，清理疫木86.79吨，清理总株数约500株，清理面积16.67公顷，通过验收。推进国土绿化五年行动，完成新增造林面积31.414公顷，完成率134.6%，新增油茶造林8.963公顷；其他面上造林19.117公顷，完成率143.38%，完成绿化示范区1个，总任务的完成率在各乡镇（街道）排名第一。

【提升服务业经济】 2021年，辖区内有规模以上服务业企业8家、限上服务业企业32家（2021年新增6家）、大个体4家（2021

年新增2家）。年度总营业额93.19亿元，同比增长34.63%，批发业同比增长36.61%，零售业同比增长1.15%，餐饮业同比增长161.19%。开展旅游业“微改造、精提升”五年行动，投资2090万元，完成提升项目6个。推进“衢州有礼”诗画风光带及周边A级景区（村）、高端民宿、旅游接待中心建设。落实检查制度，联合县市监局、公安局、消防大队对辖区10家农家乐（民宿）进行定期检查，提升经营管理人员安全风险防控能力和业务水平。

【重大项目建设】 完成县委县政府交给的征迁供地任务，完成土地征迁36.134公顷，借地（租用）12.6公顷，广进路以北地块征迁20.789公顷，龙山运动小镇二期征迁14.029公顷，房屋拆迁3户，县综合客运枢纽征迁1.2公顷，竹海南路与315省道连接线拓宽征迁0.116公顷，输变电线路等项目完成借地（租用）12.6公顷。推进“诗画风光带标杆村”建设，以官潭村为核心节点，打造“两江走廊”精品明珠，完成杆线落地、通信管网改造、污水管网及终端改造提升、外立面整治一期项目、沿灵山江段立面整治等基础设施项目。完成翠光未来社区建设，核心区块提升项目基本完工，社区礼堂、服务大厅、健康小屋、双创空间等初见雏形，运营管理人员入场办公。新建龙游两山田园综合体项目和官潭村新时代美丽乡村建设工程，完成投资金额3213万元。推进农业产业与旅游、文化等产业深度融合，营收超600万元，带动项目区6个村每年每村增收6万元。

【民生事业】 推进民生项目，完成19个污水零直排小区提标改造工程，16个项目村生活污水治理提标改造工程完成，寺后村新建污水处理终端完成，17个（2021年新增3个）老旧住宅小区改造完成。守住疫情防控安全底线，摸排核查涉重点地区（境外）人员20万余人次，对1.1万余人次实行管控。配合县疫情防控指挥部开展疫苗接种工作，开设街道卫生服务中心、方门街社区卫生服务站、寺后卫生院等疫苗接种点。安排30个采样点72个采样区，配套工作人员500余人次，采购战备物资20余万元，开展大规模核酸采样实战演练3次，社区封控实战1次，村社开展流程演练28次。深化“无差别受理”，便民服务中心2021年办件26442件，办理低保、低边申请256件，办理高龄老人申请93件。开展大中型水库移民人口信息核对，复核继续享受移民补助702户。换发残疾证37人次，无障碍设施进家庭入户调查13户。完成2022年度惠衢保投保45818人。办理生育证登记284人次、特批（再婚家庭或残障子女家庭特别批准生育）21人、奖特扶（特殊家庭奖励扶助和特别扶助等）152人。完成辖区范围内劳动人口50862人次的就业创业、年龄层次、就业区域等内容统计调查工作。

【精神文明建设】 开展“百村（社区）赛事”文体活动，举办6场主题为“明珠龙游 幸福家园”龙游县庆祝建党百年文艺晚会，受众群体人数60万余人次。组织村（社区）参与龙游县文化礼堂精品节目展演，选送节目7个。推进“八个一”城市创建，3月龙游、常山乡镇（街道）“八个一”（一座“车让人”的城市、一座“烟头不落地”的城市、一座“自觉排队”的城市、一座“使用公筷公勺”的城市、一座“不随地吐痰”的城市、一座“行作揖礼”的城市、一座“没有牛皮癣”的城市、一座“拆墙透绿”的城市）有礼擂台赛中，龙洲街道位列10个乡镇（街道）红榜第一名。推进街道综合文化站、南孔书屋、文化礼堂、市民驿站建设，完成后厅村文化广场建设项目及南孔书屋外墙翻修工作。开展公益培训、党史知识讲座、8090宣讲等活动，开展送戏下乡表演、文化走亲活动、儿童讲故事比赛、全民阅读、“礼敬百年 红色传承”全民朗诵大赛等活动20余场，南孔书屋人流量9万人次。开展公益课堂8次、专题知识讲座12次，民乐沙龙、合唱团练习26次，读书会、8090宣讲等其他活动18次；举办“庆建党百年”社区文艺晚会，线上线下观众逾25万人次。

【乡村振兴】 推进“灵山江走廊”共同富裕新时代美丽乡村示范带项目，推进龙和渔业园、龙山运动小镇、姜席堰景区等项目建设，结合后田铺婺剧文化源头村、官潭景区村、半爿月省五星级文化礼堂村，连点成线，形成“魅力龙洲、诗画龙洲、活力龙洲”美丽乡村品牌。推进大板桥村四好公路两侧景观节点提升改造工程，及寺后村主干道沿线整治提升工程。推进“95联盟大道”风貌提升，分类实施完成涉及9个行政村72个点位整治。举办龙游县第三届蓝莓文化旅游节，将休闲农业与乡村旅游融合，通

图133 2021年2月24日，龙洲街道社区举办“有礼庆元宵”志愿活动
（龙洲街道/提供）

过抖音、龙游传媒、龙游通、中国蓝新闻、新华社、浙江新闻、今日龙游、FM954龙游电台等方式进行宣传报道，吸引20余万人次关注。推进“五水共治”，做细做实“找寻查挖”“一河一策”水域环境提升专项行动，派出2300余人次对小流域、水体开展排查，发现问题18个、点位34处，整改完成，通过县级验收。落实河长制，出动400余人次，清理淤泥垃圾700余车。开展“衢州治水”平台宣传活动，完成注册数4676个，兑换绿水币66213分，上报平台整改问题87个。2021年，批建农户建房49户，检查在建农房安全施工情况63户，指导安全措施整改17处，农村危旧房鉴定106户，城区和城中村危旧房7处，解决涉违章信访纠纷7起。

【平安龙洲创建】 开展安全生产专项整治，制定整治方案3个，签订消防安全、安全生产责任书99份。做好工矿领域（含危化品）、沿街商铺安全生产风险普查，督促整改问题569处。推进消防安全专项整治，开展高层建筑和老旧小区消防安全隐患排查整治，新增安装充电桩5处，整治私拉乱接电线8次，对锦绣龙城重大火灾隐患进行销案摘牌。开展消防安全宣传，印制发放消防安全宣传单2.2万份，组织各村（社区）和辖区内企业进行消防培训3000人，筹划按标准完成19处消防宣传体验室（点）建设，增配灭火器970具。开展燃气及相关领域安全专项整治，入户摸排瓶装燃气2067户，管道燃气734户。强化出租房管理，排查出租房3073户（含商品住宅出租）、流动人口6121人，查出安全隐患612处，督促整改578处。联合公安开展2次“清楼扫街护企”行动。开展反诈宣传，下发宣传折页手册20万余份，举办辖区内反诈骗文艺会演7场次，发送防诈短信20万条，悬挂宣传横幅400余条，LED屏标语滚动播放400余次，打造城区防诈骗主题公园，推进“国家反诈中心”APP推广安装，2021年街道电信网络诈骗案发数与2020年相比下降15.38%。排查辖区内道路交通安全隐患点，整改点位40处，完成衢龙路—S315连接线改造提升，各村（社区）主要路口更换、增设减速带和警示桩等设备共50处。开展反邪教宣传进村社、进校园活动15次，张贴反邪教宣传80余份。创新邪教人员“四色”管理，相关做法经验被“浙江平安网”录用，被评为2020年度全省反邪教工作先进集体。管控社区矫正、社区戒毒人员，2021年有吸毒史的在册人员173名，社区戒毒对象7名，社区康复对象8名，状况稳定，无复吸强戒。推进“龙游通+全民网格”建设，龙游通平台流转、处置各项事件计5701件，处置率100%，办结率99%。

【和谐社区】 完成62个小区党支部新建和换届工作，为社区管理提供组织保障。完成15个小区业委会换届改选工作、1个小区业委会委员增补选举。探索物业扩面提升工作，完成7个小区的物业选聘和续聘，开展物业服务季度考核，发放整改通知书48份，交办问题215个，化解一批小区矛盾。推进省级高标准生活垃圾分类示范小区创建工作，完成5个高标准小区创建及17个点位安装新建、提升改造工作。

【基层党建】 围绕关键岗位和关键环节摸排廉政风险，制定风险防控措施，签订廉洁自律承诺书250余人次。街道党工委和5个专项巡察行政村、14个交叉巡察行政村顺利通过验收。纠治隐形变异的“四风”问题，处理党员干部71人次，开除党籍2人、严重警告6人、党内警告5人、留党察看1人、提醒谈话5人、批评教育45人、诫勉2人、书面检查5人。出台《龙洲街道“县乡联办平台”使用比拼方案》，上报有效事件86件。推广“浙里党群心联心”数字化应用，97名组团联村成员、120名村“两委”干部、631名联户党员全部纳入平台“云管理”，完成任务清单15547条、上门走访联系群众29834人次，收集上报信息3365条。以后田铺振兴讲堂（古堰讲堂）为基础，结合“非遗焕彩”产业振兴党建示范带建设，制定新上任讲堂管理员培训方案。开展培训16次，6个村讲堂管理员顺利通过市级考核。新增AA讲堂1个，有AAA讲堂1个，AA讲堂8个。发放必读图书854套（3848本），开设红色故事角，增设党史学习教育专栏，举办“翰墨飘香颂党恩、建设浙西新明珠”书画作品巡回展等社区文化活动。举办“青春心向党 建功新时代”8090新时代理论宣讲比赛，开展宣讲50余场，受众3000余人次。推进8090线上系统应用，图文视频线索上报1000余条，宣讲员线上应用500余条。开展“光荣在党50年”纪念章颁发活动，完成辖区范围369名在党50年以上的老党员纪念章颁发工作。

（龙洲街道　柳茂青）

东华街道

【概况】 东华街道是城市东进的核心区，东与湖镇镇、社阳乡相连，南与罗家乡、溪口镇接壤，西隔灵山江与龙洲街道相邻，北隔衢江与小南海镇相望。地貌以丘陵为主，灵山江、罗家溪流经境内，辖区面积55.2平方千米，户籍人口约2.68万人，下辖22个村和3个社区。2021年，东华街道在县委、县政府的领导下，团结带领街道党员干部群众，谋实策、出实招、重实战、求实效，打响“活力东华”品牌，开辟干在实处、走在前列、勇立潮头的新境界，“阳光征迁”取得重大进展，经济社会运行良好，重点工作有序推进，各项事业健康发展。2021年，地区生产总值22亿元，财政总收入13620.13万元，一般公共预算外收入7365.88万元，一般公共预算支出6254.25万元，城乡居民可支配收入51950元。辖区规模以上工业总产值4.29亿元，固定资产投资15.32亿元。取得集体荣誉36项、街道和村（社区）两级干部获市县各项荣誉35项，获县经济型乡镇（街道）综合考核二等奖。

【重点项目推进】 坚持城东攻坚、重点项目两大专班实体运作，紧盯节点，完成城东及其他重点区块约120公顷清表交地，开展城东新区环境综合整治“百日攻坚”行动，提升新区环境风貌。启动第四轮城东搬迁改造攻坚，实施城东扫尾攻坚“零点”行动，剩余25户成功签约13户。组织3次选房，参加选房644户，平稳安置房源1857套，约22.5万平方米，基本完成城东新区房源交付，支付各类征迁款项2.2亿元。启动文成三期项目征迁工作，围绕“入户、签约、腾空、拆除”“四个100%”目标，仅用24小时完成22户农户100%入户，30分钟100%签约，45天完成“入户、签约、腾空、拆除”“四个100%”目标。推动县重点项目悯农生态产业水镜综合体项目提前完成清表交地任务，水发·竹产业园城南二期涉及附着物政策处理达成处置框架。配合开发区城南片做好开发大道整体提升、危废中心标准厂房、城南污水厂二期等项目政策处理。

【经济发展】 把好产业作为发展龙头，坚持经济建设和产业发展两手并重，深化“走出去、引进来”的全民招商意识，用好用足惠企政策，实现经济发展稳中有进、稳中提质、稳中增效。工业销售产值4.3亿元，出口交货值1243万元，完成工业小升规1家；规模以上服务业16家，销售额34.69亿元，同比增长52.7%；贸易出口10.21亿元，同比增长92.7%，固定资产投资15.32亿元。招商引资落地项目3个，回合酒店营业，泓纳科技、鑫顶织带设备入场，吸引投资14亿多元。

【乡村振兴】 推进“两非”整治、“一事一议”、农业水利基础设施建设，完成耕地抛荒整治35.35公顷、粮食生产功能区“非粮化”整治27.23公顷，加拿大一枝黄花整治21.53公顷。土地垦造项目清表36.12公顷，完成任务数的180.5%，14个土地项目全部完工并通过县级验收，新增土地面积40.87公顷。依托辖区特色农产品产业，深化“一茶一蔬一果”产业发展，做好街路特色茶产业，打造品牌效应。做好“两非整治”后半篇文章，推动瑶山苗木产业转型。推进农产品渠道革新，以上杨梨为龙头的特色农产业逐步发展为行业标杆。打造规范化生产间和直播间，提供集展示、销售、体验为一体的创业创新数字化服务。组织各类产销技术、人才培训21次。利用网上农博等线上线下平台销售农产品3200多吨，总产值1600万元，擦亮“中国黄花梨之乡”金字招牌。推进国土绿化美化，种植珍贵彩色树种4000余株，完成造林面积24公顷，完成比例105.86%。新实施一批水利工程，完成7个山塘水库改造、6个村农村生活污水提标改造、饮用水达标提标及水毁工程项目。

【环境治理】 以大干快干为工作总基调，围绕农房管控“四必拆”“八大类整治”［四必拆指非法一户多宅（在建超面积）必拆，圈占农用地围墙必拆，超面积附属用房必拆，未批生产性用房必拆；八大类整治即“一户多宅”处置、存量附属用房处置、存量超大庭院（围墙）处置、生产性用房处置、危旧房处置、临时建筑处置、旱厕处置和其他未经审批的、有碍观瞻的、乱搭乱建的简易棚等处置］要求，推进“三改一拆”、危旧房治理，完成655宗违法建筑的整治，处理信访举报涉及点位25处，危旧房治理解危48处，整治面积约30400平方米。完成中央环保回头看督查件销号工作，落实市县环保交办件销号8件，及时组织专项整治回头看。治水治气治土一体推进，开展畜禽养殖规范化管理和农业面污染源调查摸底，组织“五水共治”“找寻查挖”专项行动和污水零直排区创建“回头看”，排查整改问题29条。实施生活垃圾“撤桶并点、定时定点”投放清运模式，第一批4个小区垃圾投放点投入使用。完成亚伦小区河西五栋楼污水零直排提标改造项目，通过验收。

【民生保障】 完成“两不愁三保障”（不愁吃、不愁穿，保障其义务教育、基本医疗和住房）突出问题、家庭人均年收入9000元以下情况、集体经济薄弱村“三个清零”。上圩头村、十里铺村联建物业“共富”大楼项目落地建设。2021年实现村集体经济收入20万元以上全覆盖，50万元以上村3个，100万元以上村1个。实施低收入农户动态调整和“一户一策一干部”帮促措施，帮促农户314户。开展社会医保、社保扩面，2022年度基本医疗保险参保率99%，医保电子凭证激活率91%。新增子鸣、伯珍、端礼3个社区，扩容文成社区。以红色物业联盟为抓手，发挥小区党员示范带头作用。组建11个小区业委会，试点社区微网格建设，探索建立小区业委会工作绩效考评和微网格履职考评激励机制，提升社区管理服务水平。

【美丽乡村建设】 结合省“微改造、精提升”五年计划，以官村村AAA级旅游景区村为核心开发“旅游+”产品，推进星摇民宿综合体、浙西姑蔑农文旅综合体建设；引进窑文化体验中心项目，完成官村八景、7个窑文化节点提升项目；引进方坦村“蒙古部落”主题餐厅、星空露营地项目，投资200万元建设村内配套设施，依托资源优势丰富旅游业态。围绕灵山江风情示范带，突出下杨村有礼金融与厨师村特色，上杨村黄花梨农特产业，官村村乡村旅游产业“一堂一品”建设。新增AA讲堂3个，辖区有AAA讲堂1个，AA讲堂8个。美丽乡村“一事一议”、道路提升、景观改造等一系列为民办实事工程落地，乡村环境优化。

【“遏重大”整治】 以“1+X”联动机制开展“遏重大”专项整治，通过“制度+清单+技术”手段，排查辖区各领域隐患800余处完成整改销号；引入第三方安全评价机构完成45家工矿企业风险普查和112处隐患整改，汛期安全转移危旧房人员21人；落实安全监管“党政同责”，压实街道、村（企）安全生产责任，开展建筑单位、养老院、瓶装燃气、集贸市场等安全生产检查75次，完成辖区536户独居老人居住场所独立式烟感报警器安装；拆除生产经营场所违章搭建21处2070平方米，消除消防安全隐患；打好道路交通安全整治“组合拳”，配合查处非机动车、行人违法行为3200余起，排查整改隐患点位84处。

【数智建设】 推广“龙游通”推广应用赛马机制，通过“月度通报、季度评选、年度表彰”比拼形式，22个行政村完成100%安装任务。2021年，发布各类信息1.8万余条，同比上升38%，综合信息指挥室上报事件4143条，村民信箱、随手拍来信18038件，100%办结到位，3名基层网格员被评为年度网格之星。鸡鸣村创新网格“红管家”+“红青年”基层治理模式，建立网格事务“三级责任”“三级联动”“三级评价”机制，实现智慧化高效协同治理。结合“县乡一体、条抓块统”改革契机，着眼群众最关心最迫切的需求，深化“最多跑一次”试点，推进“一件事”办理，畅通联动指挥“竖线”，有效处置邻里纠纷、农民建房、环境保护等问题。着眼治理与服务两个端口，推动省市县“152”（一平台、五应用、两套体系）体系与县以下“141”（一中心、四平台、一网格）体系有机衔接贯通，谋划打造“数字化+城市管理”“数字化+安全生产”等一批务实管用的数字化应用场景，做强“大镇带小乡”“1+1”模式。

【基层治理】 化解国家、省、市级重点信访积案4起，处理国家级重复信访件7起，化解矛盾纠纷680起，调解率96%。开展反邪教、反诈骗警示宣传教育及“清楼扫街”行动，止损电诈案件15起，止损金额67万元，在城东新城入住人口大幅增加的情况下，实现发案数和案损额双下降。组织法治宣讲活动60多场次，普及人数4万余人次，申报省级民主法治村3个，市级民主法治村社达标率提升92%，办理法治审核事项23件。承办全市司法所建设推进会和全县反诈工作现场会，创建全县首个省级枫桥式司法所和省级示范新时代枫桥式退役军人服务站，城东新城基层治理工作站被评为2021年度县基层治理创新工作站。推进“一支队伍管执法”改革工作，依托“基层治理四平台”，实施跨部门跨区域联合执法，坚持以查促改，将行动成效落到实处，打通基层执法“最后一公里”。自2021年10月25日涉及20个方面563项行政处罚事项赋权给街道相对集中行使以来，办理一般程序案件19件，罚款2770元，警告4起，处理信访投诉件8起，解决违法行为“看得见、管不着”等问题。

【疫情防控】 把握“外防输入、内防反弹”总要求，实现“零失管、零失控、零感染、零发病”。配强街道专班力量，激活网格作用，2021年，核查8000余人次，纳入管控2825人次，跟踪服务涉境外人员回街道86人，做好街道涉境外人员库210人的跟踪服务。疫苗接种110393针次，创新制作疫苗接种联系卡1万余张，发放宣传手册、海报、倡议书等4万余份。总结提炼“五个一”（一张流程图、一村一方案、一人一手册、一环一培训、一点一实操）大规模核酸检查作战实操体系，在全县推广。

【基层党建】 树立“大党建”工作格局，推进“党建强则发展强”理念落地。开展党史学习教育，建立“一会一课、一周一学、一月一主题”党史学习教育机制，累计征订必读书目640套，汇编印制发放其他图书390本，开展理论学习中心组学习党史专题12次，各党支部开展主题学习120余场次。强化党建活动阵地融合打造，做好新就业站点建设，在3个社区全面建成红蜂驿家，配齐软硬件设施，打造新就业人群舒心憩点。以“红色物业联盟”为牵引，实现小区党支部全覆盖，强化党建统领能力，晨东社区获评衢州市优秀小区党支部。组建一支以“街道+村社+企业”为主要力量的8090宣讲队伍，以“六比六赛”（比忠诚，赛作风，做政治坚定、纯粹可靠的新时代干部；比担当，赛实绩，做奋勇争先，勇挑重任的新时代干部；比专业，赛能力，争做业务精湛、精益求精的新时代干部；比情怀，赛勤勉，做有奉献，强落实的新时代干部；比服务，赛效能，做“民有所呼、我有所为”的新时代干部；比创新，赛亮点，做开拓创新、真抓实干的新时代干部）为抓手，实施“六讲六做”（讲好党的百年奋斗历程，做红色根脉的坚定守护者；讲好新时代的辉煌成就特别是“两个确立”对新时代党和国家事业发展、对推进中华民族伟大复兴历史进程的决定性意义，做“两个维护”的示范引领者；讲好百年奋斗的宝贵经验，做新时代“重要窗口”的优秀建设者；讲好总书记深厚的为民情怀，做人民至上的不懈奋斗者；讲好总书记在浙江、在衢州、在龙游的故事，做“八八战略”“八个嘱托”“三个指示”的忠实践行者；讲好总书记赋予浙江的重大历史使命，做高质量发展促进共同富裕的先行探路者）大宣讲活动。开展各种形式宣讲活动400余场，制作“8090学精神说共富”系列宣讲视频，线上平台点赞数超过2万次。举办龙游县“六讲六做”大宣讲工作推进现场会，获评全市宣传思想工作突出贡献集体。

【干部队伍建设】 围绕建强“唯实惟先、善作善成”的东华铁军队伍目标，坚持分层分类、因材施策，以“严管+厚爱”不断筑牢政治底线，强化干部队伍建设。规范街道干部选拔聘任，2021年，提拔中层干部13名，其中35周岁以下干部7名。培育村社“红色头雁”队伍，结合县委县政府“大庆大干、你追我赶”竞赛活动，开展月度排名、季度晾晒，激发村社干部履职践诺。制定村社干部量化考核办法，突出结果导向、干事导向，形成比学赶超良好氛围。细化党员管理，出台《东华街道农村党员管理办法（试行）》，对辖区农村党员实行常态性、跟踪式、关爱化分类管理。依照党员发展全流程管理，发展党员16名，储备积极分子64名。落实全面从严治党主体责任，受理上级转办群众来信3件，党员违纪件9起，办结率100%，给予党内警告5人，严重警告3人，留党察看1人，开除党籍1人，立案调查1人。

（东华街道　雷文兴）

湖镇镇

【概况】 湖镇镇位于龙游县东部，地处金华、兰溪和衢州交界处，东与金华经济技术开发区洋埠镇、汤溪镇毗邻，南接社阳乡，西与东华街道接壤，北与模环乡和兰溪市游埠镇隔衢江相望，有社阳港、罗家溪及其支流由南向北汇入衢江，是衢州市对接金义都市区的桥头堡，素有“浙西东大门　千年工贸镇”之称。镇域面积101.64平方千米，户籍人口51726人，辖40个行政村、1个社区。2021年，湖镇镇在县委县政府的领导下，坚持以习近平新时代中国特色社会主义思想为指导，深入贯彻落实中共十九大精神以及十九届六中全会精神，团结带领全镇党员干部群众苦干实干、奋力拼搏，实现经济平稳运行、改革有序推进、疫情有效防控、民生持续改善、社会和谐稳定良好局面。2021年，财政总收入2.28亿元，同比增长25%，一般公共预算收入1.19亿元，同比增长24%。一般公共预算支出1.36亿元，居民可支配收入35574元，同比增长12.6%。2021年，实现规模以上工业产值47.5897亿元，同比增长16.2%；固定资产投资5.7559亿元，同比增长27.37%，工业投资1.5027亿元。规模以上贸易累计销售额（营业额）8.1亿元，同比增长25.37%；规模以上非营利性服务业营业收入4746.7万元，同比增长28%；规模以上用电量34424万千瓦时，同比增长13.18%。成功创建省级园林城镇、美丽城镇，获评省级样板乡镇，“县乡一体、条抓块统”“一支队伍管执法”等改革试点工作得到省市领导肯定。

【产业发展】 引导产业升级，践行“围墙内事情交给企业，围墙外事情交给政府”的服务宗旨，聚力搭平台、优环境、强服务、重保障，助推企业构建产业新体系，激发特种纸、新材料、棉纺、五金机械等行业发展潜能，2021年共有规模以上企业33家，亿元企业11家，全力服务金龙、恒达主板上市。坚持向科技要生产力，打造“科技龙游”湖镇样板。2021年，湖镇镇工业技改项目在库25个，新入库9个，续建项目16个，完成投资15027万元。总投资5800万元瑞飞交通项目厂区建设完成，进入试生产阶段；总投资5000万元圣蓝纸业技改项目竣工，正式投产。瞄准碳基纸基新材料、特种新材等产业主攻方向，聚焦金龙股份、恒达新材等链主型企业强链补链延链，形成产业集群竞争优势，推动实施投资2.1亿元的金龙股份科创中心项目、年产值超20亿元的祥盛环保科技项目；投资35亿元的省市长项目——“白鸽湖商埠文化园”高速推进，主体、人文、酒店、综合体四大区块稳步建设中；持续擦亮投资15亿元的智汇创谷“省级小微企业园”招牌，完成一期厂房建设的90%，开展二期厂房招引工作，致力打造3.0版产业未来社区。深化校企合作、产教融合，创新人才梯度化引进体系，落实人才政策，提升人才服务保障水平，推动更多优质项目落户湖镇、应用型人才集聚湖镇。

【城镇赋能】 以美丽城镇创建为契机，谋划白鸽湖风光带建设，

图 134　2021 年 10 月 5 日，湖镇镇建州智汇创谷小微企业园一期厂房建设完成　（湖镇镇/提供）

湖头街历史街区提升改造项目、解放北路改造提升项目、星火小区等项目接近尾声，白鸽湖商埠文化园、小微园一期揭顶；完成315省道南侧景观提升项目，改善片区环境；启动实施湖镇镇污水处理厂提标改造项目，县人大一号议案湖镇自来水厂迁建项目开工建设，助力湖镇镇基础设施再上新台阶；总投资约1亿元的衢州交通学校扩建项目完成政策处理，准备清表；4亿元华莘高中进场施工；3000万元环湖市政景观完成50%进度，建成后将提升工业园区环境“硬实力”。践行“两山”理论，投资8000万元，启动光伏消薄大会战，盘活第一期14个行政村公共屋顶面积4600平方米；投资5000余万元启动共享物业大楼，引导开发区、集镇周边村走物业经济发展道路；投入2000余万元，撬动市场化资本投资文林、溪底杜等南部美丽乡村风光带建设，提升集体经济发展后劲；以“文旅风光带”为串联，带动山水共建秀水溪底杜、草本彭塘、蜜桔希唐、红色地圩、锦鲤文林、红润曹垅等一村一景一韵的网红兴村，打造共富乡村联盟圈。

图135 2021年4月25日，湖镇镇举办“明珠龙游 古韵湖镇”庆祝中国共产党成立100周年龙游县民间舞蹈大赛，图为比赛现场

（湖镇镇/提供）

【文旅融合】 围绕衢江诗画风光带建设，融合两江走廊发展集镇夜游经济，打造红木小镇到白鸽湖和湖心岛生态休闲观光带。推进百年湖头街历史街区保护及旅游开发，推进舍利塔院复建工作，对接普陀寺、灵隐寺、少林寺等名寺，为千年古镇聚人气增底气。结合星火省级历史文化村落保护利用重点村项目，推进湖头街修缮工程，百年老街重放光彩。重筑百年老店，整理挖掘出各类百年茶楼、酒楼、布庄、货店等老店31家，唤醒湖镇文脉。4月下旬，举办庆祝中国共产党成立100周年“明珠龙游 古韵湖镇”民间舞蹈大赛，来自湖镇、社阳、罗家、模环等22支民间队伍参加，吸引周边近3万名观众观演。

【民生事业】 投入3.7亿元用于文化教育、医疗卫生、治安养老等民生实事，安心校园、幸福食堂、文化礼堂、灯光球场全面启用，群众“5、10、30”分钟幸福生活圈加速构建。积极打造有礼品牌，组织“湖镇大妈”“志愿老兵”参与环境整治、文明创建等志愿服务，绘就古镇新面貌，为美丽城镇建设提供强有力的保障。坚持“县城能办湖镇就能办”，打造“最多跑一次，跑也不用跑”掌上办事小城，践行“龙游通+全民网格”便民服务新模式，收集各类需求1.7万件，开展便民服务3.6万次，以事项服务的数字化、扁平化、掌上化，打通基层治理和便民服务的“最后一厘米”。2021年全社会基本养老保险参保人数41997人，参保率99.84%；基本医疗保险参保人数33414人，参保率94.54%；“惠衢保”参保人数27149人，参保率80.83%；有低保户750户976人、低边户113户214人，全年发放低保救助金787627元。

【疫情防控】 落实“内防扩散、外防输入”防控工作要求，镇党政领导班子、党员干部下沉一线，深入疫情防控监测点，抓好群众日常监测上报、疫苗接种、全员核酸检测等工作；按照地理环境、摸排人数等要素科学设置核酸检测一级采样点28个，二级采样点42个；新光接种点接种疫苗108142剂次（整体脱漏率1.46%，成人加强针接种16300针），做到应接尽接；制定完善《湖镇镇疫情防控领导小组》《湖镇镇疫情防控应急小组》，建立疫情防控应急体系及物资储备体系；投入疫情防控资金150万元，储备一次性口罩20万只、帐篷60顶及一定数量的酒精、手套、手消液、护目镜、防护服等，确保物资储备充足。

【基层治理】推进“县乡一体、条抓块统”改革，以数字赋能打造涵盖企业生产、智慧消防、交通安全、信息指挥等业务“一网智治”平台，举办全市“县乡一体 条抓块统”改革工作现场会、全市道路交通安全基层治理工作现场会，获得王双全、孙景淼、徐文光等省领导及省改革办肯定。深化“一支队伍管执法”改革，以“大镇加小乡”“1+1”模式，统筹基层执法力量，解决基层治理问题“看得见、管不着”尴尬局面，提升基层治理效能。以数字化手段做好安全发展文章，摸排整治安全隐患697起。

【国土整治】坚持多措并举，完成“国土整治大会战”，73.33公顷垦造项目、26.67公顷旱改水项目在完工阶段，1.73公顷建设用地复垦项目通过县级验收。推进国土绿化美化，下童村荣获省级“一村万树”示范村，创新实施“一村万树、绿色期权”种领模式、“油茶种植绿色经济”模式获得上级部门肯定。推进耕地“两非”整治工作，清退耕地130.89公顷。

【基层党建】镇党政班子研究、部署、检查和报告分管范围内党风廉政建设工作情况，召集4次专题会议，研究部署党风廉政建设工作，对分管线下属、村党员干部进行党风廉政建设谈话791人次。开展机关干部“转作风，争上游”活动，解决“慵懒散漫”四方面问题。以培养“两专”干部为导向，搭建“专业理论+项目实践”培训平台。模块化岗位调整30人。新提拔年轻干部1人，选派至攻坚项目一线锻炼干部80人，中坚骨干年轻化。强化干部“四维考评”，开展季度“晾晒”比拼，激发干部干事“乘数效应”。做强“头雁工程”，搭建“一肩挑”干事平台，开展“村书记比武擂台赛”“头雁领航·揭榜挂帅”活动，投入2000万元启动资金，激励各村谋划“开门一件事”，推动40个村34个项目落地生效。结合庆祝中国共产党成立100周年，推进党史学习教育活动，8090新时代理论宣讲团湖镇分团分赴40个乡村振兴讲堂，宣讲习近平总书记“七一”重要讲话精神，开展中共十九届六中全会“六讲六做”大宣讲活动，累计宣讲260余场，受众近3万人。结合“我为群众办实事”实践活动，铺开党史学习教育“六微”（上好“微党课”、认领“微心愿”、开展“微服务”、征集“微点子”、组织“微活动”、挖掘“微典型”）行动，开展“五个我为”（我为群众办实事；我为企业解难题；我为基层减负担；我为“大庆大干”建新功；我为龙游发展谋对策）系列活动，开展志愿服务400余人次，解决群众烦心事操心事156件，整治安全隐患697起。

图136 2021年12月1日，湖镇镇深入推进“县乡一体、条抓块统”改革，“一网智治”平台正式上线（湖镇镇/提供）

【换届工作】10月18日，中国共产党湖镇镇第十三次代表大会隆重召开，会上，县委常委、镇党委书记王斌代表湖镇镇党委作工作报告，总结回顾湖镇镇过去五年发展成果，围绕今后五年奋斗目标，就工作重点和工作措施提出新要求。89名党代表和74名列席代表参会。乡镇换届指导组到会指导。大会选举产生新一届镇党委委员10名、镇纪委委员5名和出席中共龙游县第十二次代表大会代表14名。党委班子年龄、学历、专业等结构优化，功能强化。12月25日至26日，湖镇镇第十五届人民代表大会第一次会议召开。大会听取并审议《政府工作报告》《人大主席团工作报告》《环境状况和环境保护目标完成情况报告》《财政预决算报告》《2021年民生实事项目完成情况的报告》；票决出10项2022年湖镇镇为民办实事工程，对2021年民生实事项目进行满意度测评；选举产生湖镇镇第十五届人大主席团主席、副主席、人民政府镇长、副镇长，新当选同志举行宪法宣誓仪式。大会在国歌声中闭幕。

（湖镇镇　范秋玉）

小南海镇

【概况】 小南海镇位于龙游县城北1.5千米，南与县城、詹家镇隔江相望，北与塔石镇接壤，东邻模环乡，西毗衢江区高家镇、莲花镇。团石溪、塔石溪及其支流在境内汇入衢江。辖区内丘陵山地较多，有少量河谷盆地。面积85.98平方千米。镇政府驻小南海镇茶圩里村光明路29号，小南海镇辖18个行政村。小南海镇在县委、县政府的领导下，坚持以习近平新时代中国特色社会主义思想为指导，认真学习贯彻中共十九大和十九届六中全会精神，团结和带领全镇干部群众锐意进取、攻坚克难，聚焦高质量发展与共同富裕目标，推进各项事业全面发展。2021年获评省园林城镇、市“污水零直排区”建设首批标杆镇等称号；诗画风光带小南海示范段在全市诗画风光带现场评比中表现优异，入围全省十大示范段。2021年，固定资产总投资2.2亿元，比2016年增长79.5%；财政收入3472万元，同比增长104%。农村人均可支配收入2.8万元，同比增长42%。规模以上工业总产值15.4亿元，同比增长55%，新产品产值9.1亿元，同比增长69%；外贸出口交货值1.7亿元，同比增长32%。

【两江走廊】 结合“95联盟大道”建设，引进机车驿站、水上运动中心项目，灯光秀、两江会客厅、大地艺术、汀塘圩沙滩公园等成为新晋网红打卡点，吸引游客超40万人。国庆节，团石村游客量达4万多人，带动消费 300多万元。依托石窟景区发展战略，制定乡村旅游发展规划，以沿江绿道为主线，串联各示范段景观，通过半程马拉松、“醉美两江·夜秀团石湾”等特色活动宣传造势，提升小南海旅游知名度。优化集镇功能，开展美丽城镇建设，加强文化挖潜，优化集镇风貌设计，完善路网结构、污水管网系统，完成西虎线弱电上改下。公共文化活动中心、行政服务中心、社会治理中心等有序施工，集镇综合体项目于12月开工建设。7月13日，省委书记袁家军到团石村考察美丽乡村建设。

【国土整治】 2021年，国土整治任务占全县任务数⅓以上，镇村两级密切配合，用2个月完成近280公顷土地潜力资源摸排，6个月完成政策处理、基础清表，完成项目区面积232公顷，完工率达102%，新增耕地建设和完工体量全县第一；北入城口改造提升工程26天完成50户集体土地房屋协议签约，11月正式通车；推动月亮湾安置小区项目征地，签约168户，签约率82.8%；长龙山苗木市场土地租用涉及土地7.13公顷，用15天完成政策处理、评估、签约、清表，跑出“小南海速度”。

【农业工作】 落实耕地保护制度，推进“两非”整治，腾退整治约57.3公顷，谋划大地艺术项目，衢江沿江公路示范段可视范围播种油菜80多公顷；开展惠农益农专项行动，完成早稻订单379.1公顷，发放规模种粮补贴746.7公顷；发展特色畜禽养殖，鹌鹑、鸽子等禽类存栏量超12万羽，禽蛋年产量超500吨；开展灌渠修复、机埠建设，完成机埠修建项目4个，新建、修复渠道约6.2千米。

图137　2021年7月13日，省委书记袁家军（前排右二）到团石村考察美丽乡村建设，与8090新时代理论宣讲团成员交流　（小南海镇/提供）

【企业提升发展】 落实数字经济发展，完成智能化改造企业1家，智能化问诊企业4家。坚持绿色发展，淘汰落后产能，完成低散乱企业整治3家，淘汰落后产能企业1家，低效企业出清1家。推进“遏重大”攻坚和“平安护航建党百年大排查大整治”“安全生产风险普查”工作，强化“八大领域”安全生产监管，及时处置2桶原隆顺化工遗留危废品，开展联合检查180余次，排查企业、加工点80余家、商店宾馆饭店50余家，取缔3处非法加工厂，消除各类安全隐患。同时做好“双招双引”，制作《诗画小南海·万千新气象》招商专题宣传片，召开乡贤会、人大代表座谈会，扩大招商引资、招才引人工作半径。冠族纸业年产6000吨文化艺术用纸项目、“中环·卓越府”、天豪电梯立体车库生产线项目顺利落地；国际兰花博览园、德爵精酿啤酒、10亿元以上集成电路项目有序推进。

【民生保障】 2021年度在册低保边缘户184人，低保户675人，发放低保救助金595.1731万元，特困24人发放特困金额40.7475万元，其余各类慰问39人次共3.29万元。以“最多跑一次”改革为中心，深化行政审批制度改革，完善一窗式办理服务，打通群众办事“最后一公里”，智慧大厅工作台2.0系统受理各类事件3400余件，“浙里办”“移动办”办件量652件，办结率100%。镇村干部一家家敲门，一户户宣传，“零补助”完成惠衢保征缴任务，征缴率80.37 %。推进农村人居环境整治，加强农房整治和拆后利用，拆除违章建筑62宗，面积2.05万平方米，汀塘圩村创建市级拆后利用示范村。健全集镇“污水零直排”项目长效管理机制，投入280余万元完善农村生活污水处理工程，完成红船头、傅家新村、箬塘3个农村生活污水终端提标改造项目。对镇域内逐村、逐线、逐点开展不协调不合规问题排查、督办、指导和整治，完成“四边三化”整治点位95处。联合相关部门对3家非法砂石加工点进行依法取缔。

【综合服务】 加强农村公共服务平台、文化综合服务中心建设，18个村文化礼堂建设实现全覆盖，完成团石村新时代文明实践站精品点建设，提升农村公共服务水平；结合中国共产党成立100周年、“大庆大干 你追我赶”等主题，举办党史知识竞赛、8090宣讲比赛、红歌大赛、庆百年村级文艺赛事等活动10余场，参加活动1万多人次；抓好疫情防控，推行日常监测管理常态化、网格化、信息化，确保无盲区、无死角，排摸核查重点人员1万余次，引导发动群众进行疫苗接种，完成疫苗接种5万余剂。

【基层治理】 推进“县乡一体、条抓块统”改革，完善“龙游通+全民网格”基层治理模式，抓好“一长三员”队伍管理，提升基层治理能力和水平，龙游通平台受理村民信箱3900余条，发布各类公示公告1700余条，发布中心工作动态5900余条，发布学习信息4100余条。开展各类矛盾纠纷排查化解，从源头上解决信访群众越级上访、多头上访和无序上访，确保小事不出村，大事不出镇，矛盾不上交。办理各类信访219件，调处各类矛盾、纠纷304起，调解率100%，化解信访积案7件。开展“反诈”宣传进村庄、进车站、进工地、进学校活动，发放宣传资料2万余份，“国家反诈中心”APP安装1.6万余人。通过龙游通发布反诈日历，开展反诈骗宣传主题党日活动，举办反诈专场活动30余场。

【党建工作】 围绕“学党史、悟思想、办实事、开新局”目标，高标准谋划、高起点开局、高规格推动。坚持镇班子带头学、主动学，通过党委理论学习中心组、学习研讨会、主题党日、“六讲六做”大宣讲形式，下功夫、求实效。集中学习13次，领导干部下村上党课30余场。推进“三联”工程迭代升级，巩固提升“两江走廊”党建示范带创建成果，聚焦壮大村集体经济、“浙里党群心联心（三联工程）”数字化应用等工作，抱团发展、同向发力，以“党建+项目”“党建+旅游”带动各村党建全面提升。打造以光明铁道为核心的“两新”党建示范点，以“资源联享、活动联办、服务联手”力促“两新”党建向好向快发展，9月，承办全市“两新”党建“揭榜领办”现场会。强化实绩实干导向，制定完善四维考评和村干部考核办法，强化镇村干部一线攻坚克难的能力。组建18支红色先锋队参与两江走廊建设、征地拆迁、疫情防控、交通安全劝导等工作。推动“四责协同”，强化政治监督，落实领导班子“一岗双责”的自觉性和实效性，定期召开全面从严治党和意识形态工作专题会议，组织镇、村干部签订廉洁自律承诺书，完善并入档248名监察对象的廉政档案信息，开展干部廉政谈话407次。立足于自身特点，因村制宜，制定“一村一策”，壮大村集体经济。18个行政村经营性收入达20万元以上，茶圩里村、红船头村达100万元以上。

【换届工作】 完成镇党委、人大、政府换届，按照规定程序选举产生镇党代表71名，县人大代表16名，镇人大代表65名。10月20日召开小南海镇第八次党代会，党委书记应红峰作工作报告，总结回顾小南海镇过去五年的发展成果，围绕今后五年奋斗目标，就工作重点和工作措施提出要求。71名党代表和11名列席代表参会。大会选举产生新一届镇党委委员10名、镇纪委委员5名和出席中共龙游县第十二次代表大会代表9名。12月24日至25日，小南海镇第八届人民代表大会第一次会议召开。12月24日，组织代表观看警示片《警钟长鸣》，对新一届代表开展履职培训，通过大会议程、主席团、秘书长名单、代表资格审查委员会名单，组织代表视察双潭村垦造耕地和南海家苑项目。12月25日，召开全体会议，正式代表65人，实到64人。大会总结过去五年镇经济社会发展取得成绩，部署未来五年工作目标。选举产生小南海镇第八届人大主席团主席、副主席、镇长、副镇长；新当选同志举行宪法宣誓仪式。票决出6项2022年小南海镇为民办实事工程，对2021年民生实事项目进行满意度测评。

（小南海镇　周佳琪）

溪口镇

【概况】 溪口镇地处县境南部，东邻罗家乡，东南与大街乡毗邻，南接沐尘畲族乡，西南连庙下乡，西交衢江区全旺镇，北与龙洲街道、东华街道接壤，灵山江自南而北流经全镇，地貌以山地和丘陵为主。区域面积112.47平方千米，耕地面积1588.05公顷，山林面积7259.13公顷，镇政府驻溪口集镇，溪口镇下辖14个行政村和1个社区，户籍人口21599人。2021年，溪口镇财政收入2485万元；农村居民人均可支配收入35519元，同比增长12.4%；实现工业规模以上产值53903.5万元，同比增长40.87%。各项重点工作亮点纷呈，举办市级以上现场会6场，获中央省级媒体报道21次。在乡村振兴综合体打造、美丽城镇建设、乡村版未来社区创建、“信用+治理”等方面都走在衢州市前列。先后获浙江省首批气候康养乡村、浙江省摄影小镇、省首批现代商贸特色镇等称号，入选浙江省第二批千年古城复兴试点，浙江省农业农村领域高质量发展推进共同富裕实践试点，衢州市唯一。

【农业治理】 按照“四个一批”（进城入镇一批，梯度集聚一批，盘活利用一批，困难安置一批）工作要求，制定完善国土整治考核办法，通过镇村努力，拆除81处房屋涉及89户农户，完成建设用地复垦县级验收5.70公顷，完成垦造耕地项目新增水田3公顷。抓好本镇辖区内“两非”（非粮化、非农化）巡查整治工作，宣传营造“两非”整治高压态势，联合执法坚决制止苗木新增种植。完成粮食功能区内30.87公顷的整治工作，制止新增苗木10.67公顷，治理抛荒面积36.67公顷。完成“森林龙游”国土绿化造林任务36.86公顷，完成任务数的22.8%，申报修建林区道路5.7千米，完成松材线虫病疫木清理约840吨。争取高标准农田建设项目资金130万元，完成大垅、红罗、石角三村的道路硬化及水利配套设施建设，争取县林水局水毁项目资金118万元，为溪口等9个村实施水毁工程修复；完成灵山港综合治理工程溪口段政策处理，通过剩余溪口段项目设计评审。

【项目建设】 2021年，实施26个项目总投资1.1亿元。以未来乡村为主线，投资4000余万元用于社区公共服务中心及周边基础设施提升、老街三期改造等工程共同推进人居环境提升；投资5200万元推进寺下到冷水段道路亮化、园区道路“白改黑”、停车场智慧化改造、污水零直排等16个民生工程；围绕数字经济、文旅融合、校地合作等特色领域，建设乡村艺术馆、未来社区学院、未来乡村数字生活馆、六村联建楼等特色项目；以“奋战50天、大干项目”“未来社区百日攻坚”等活动为抓手，凝聚全镇干部力量，紧盯目标任务，明确完成时限，推进项目建设。

【乡村振兴】 动态完善“建档立卡”，推行“一户一策一干部”精准帮扶，部门及乡镇结对604户。谋划实施冷水等6个村、枫林口等3个村物业联建楼等项目，扁石等6个村联建项目主体完成建设。年度经营性收入20万元以下行政村实现“清零”，溪口村经营性收入突破百万元，完成省定任务。完善农房管控风貌提升工作机制，拆除违章建筑29处1.87万平方米，完成集镇“浙派民居”风貌面积28万余平方米，做好危房逐户排查，对排查出51户危房进行鉴定，拆除改建危房9户、修缮危房21户、腾空房屋18户。

【文旅融合】 以“微改造 精提升”工作为契机，打造独具特色乡村艺术馆、南孔书屋和复古体育馆，围绕“一月一主题”，组织开展8090才艺秀、复古年代文化节、年代音乐会、芳华排球赛等文化活动26场，开展8090新时代理论宣讲56次；引进邮主题“诗的”民宿，听涧民宿被评为县五星级民宿；改造溪游记旅游服务接待中心；打响百人长桌宴、星星夜市集、热闹竹运会等特色文旅品牌，“长桌宴”“星星的市集”荣登《人民日报》文化版面，浙江卫视新闻多次播出；打造沉浸式党史学习教育场景，开展“百年党史·请回答溪口1988”摄影展、“和党说句心里话”、“唱红歌、颂祖国”、重走红军路等活动；成立网红联盟，发布宣传短视频52支，对接省、市 、县等各级媒体，省级以上媒体报道50次，市级媒体报道35次，溪口乡村未来社区入选央视《今日中国》栏目专题报道；开心麻花团队来溪口录制大型综艺节目《麻花特开心》，力推溪口美食；获首批“浙江省摄影小镇”称号。2021年，接待游客28万人次、实现旅游综合收入1500万元。

【数字化改革】 以数字化改革为牵引，“县乡一体、条抓块统”改革试点为契机，推进“基层治理四平台”迭代升级工作，开发“四平台”智治中心，在做实“141”（一中心、四平台、一网格）、承接“152”（一平台、五应用、两套体系）上积极探索。通过数字赋能，将智慧二维码、无人机自动巡检、一镇三乡协同等应用植入网格化工作中，丰富优化基层办事、服务、管理等功能。叠加算法激活视频监控，促进基层治理高效透明。以未来乡村创建为契机，围绕“2+4”场景打造，聚焦居民的需求，推进“微医”“门磁”“天猫精灵”“在线教育”“未来社区二维码”等应用开发、完善。对集镇进行航拍摄像、三维建模，开发“溪口公社 快乐老家”数字驾驶舱，实现“一屏知全域”“一网管全局”。12月22日，溪口镇未来乡村上架“浙里办数字社会我的家园”。

【校地共建】 衢州学院与溪口镇校地共建全国首个未来乡村学院，成立大学生思政实践基地、衢州学院创新创业实践基地、围绕校地共建平台，完成17项校地合作项目；组织3500余名高校师生到溪口未来乡村开展实践教育活动；开展18期优质普惠教育，农民职业能力培训等系列教育活动，龙南“一镇三乡”1100余名中小学生享受到优质教育资源，帮助300余名农民提升综合业务水平。

【社会治理】 按照省委“最多跑一次，服务零距离”建设要求，深化行政审批制度改革，创新服务体制机制，推进代办员制度，完善一窗式办理服务，优化政务服务中心硬件设施和人员配置。2021年受理各类事项11245件，通过“浙里办”“移动办”打通群众办事“最后一公里”，办件量715件，办结率100%。依法办理各类信访165件，信访总量同比下降26%，实现低位运行。按照“一镇带三乡”要求，同步为其他3个乡镇做好信访调处工作。受理矛盾纠纷545起，调解成功541起，成功率99.26%。化解三乡一镇案件

图138 2021年11月18日，衢州学院公共教学与教辅党总支——溪口镇党委“党建共同体”共建签约仪式（溪口镇/提供）

37件，诉前调解案件41件，信访案件4件，重大纠纷案件3起。接待群众80余人次，开展人大代表助推基层矛盾“清零”行动，完成代表助力化解矛盾纠纷43件，灵下村通过代表联系群众仅用35天时间顺利化解历时20年县级积案。

【民生事业】 2021年，在册低保户487户633人，每月发放低保金46.34万元，2021年低保清退59户62人。在册低保边缘户113户167人，低保边缘户清退30户35人。特困（龙南敬老院）老年人20人。春节送温暖服务95户，发放资金71600元。办理临时救助39户67人，发放临时救助金12.71万元。2021年申报灵上、扁石、溪口、红罗4个移民村项目，移民人口2251人，核减移民人口19人，拨付移民资金99.06万元。2021年，春节、“八一”建军节走访慰问退役军人，发放慰问金1.3万元。申请退役军人临时救助，发放救助金1.5万元。慰问立功受奖军人，发放慰问金12500元。调整疫情防控小专班成员，统一指挥、统筹推进，做好风险地区排查和涉外人员排查工作，管控高中风险返乡人员410人次，摸排涉外人员186人，加强对各村社核酸检测区域和路线的规划和部署，组织红罗村开展大规模核酸检测实战演练，在灵上村组织开展新冠肺炎处置综合演练。

【基层党建】 溪口镇有党员992人，2021年，有6名党员转正，发展党员12人，发展入党积极分子43人，收到入党申请书87份。2021年4月，撤销溪口镇居民街道委员会，成立新溪社区，组织社区党总支及支部、居民委员会、居民监督委员会选举，完善社区组织架构，指导社区规范运行。发挥乡镇党校和乡村振兴讲堂作用，吸引市内外182批3200人次党员干部前来学习参观。作为全市“县乡一体、条抓块统”改革试点单位，自主开发溪口镇四平台智治中心，率先与“三联工程”数字化应用、“浙里党群心联心”数据打通，操作实施，提供经验。12月9日，全市基层党建工作会上，党委书记佘律星就“聚焦三联工程迭代升级 走好新时代党的群众路线”作典型发言。

【换届工作】 10月18日，中国共产党溪口镇第十六次代表大会开幕，56名正式党代表和36名列席代表参会。会上，镇党委书记作工作报告，总结回顾溪口镇过去五年发展成果，围绕今后五年奋斗目标提出新要求。大会收到各代表团10人以上联名提议意见和建议共12件。选举产生新一届党委、纪委委员以及出席中国共产党龙游县第十二次代表大会代表。12月23—24日，溪口镇第十九届人民代表大会第一次会议召开。23日上午，组织新一届代表培训，观看警示教育片《警钟长鸣》。下午，代表对民生实事项目进行视察，实地前往沿江公路、灵山江城防工程、龙南旅游集散中心、新溪路、未来社区二期，相关班子就项目进展情况进行讲解。24日，召开第十九届人民代表大会第一次会议，会议应到代表58名，实到57名。大会通过选举办法，选举产生溪口镇人大主席、副主席各1名，溪口镇镇长1名，副镇长5名，新班子进行宪法宣誓仪式。票决出5项2022年溪口镇为民办实事工程项目，完成各项会议议程。

【意识形态工作】 根据镇年初制定的理论学习中心组学习计划，加强领导班子意识形态工作。依据中央及省市宗教管理细则，常态化巡查宗教场所，处理疑难问题；加强对宗教及宗教思想传播的引导和教堂管理，确保各宗教活动场所安全；定期对辖区内8处宗教场所（民间信仰场所1家）进行每月巡查，保持宗教活动安全、有序；推进全镇文化礼堂建设，完成13个村文化礼堂建设，建成比率93%；利用村情通、商情通、社情通等平台，引导群众、服务群众，扩大主流意识形态的覆盖面和影响力。

（溪口镇　董黄馨）

横山镇

【概况】 横山镇位于县境北部，距县城16千米。镇域面积88平方千米，下辖20个行政村，总人口3.08万人。有党支部28个，党员1521人，规模以上工业企业5家，规模以上服务业企业1家，大个体5家。2021年实现全社会固定资产投资7.69亿元，同比增长1665%。税收收入2638万元，同比增长8.6%。居民人均收入29802元，同比增长12.5%。实现规模工业企业总产值7.66亿元，同比增长14.40%。

【资源禀赋】 横山镇地处杭州、金华、衢州三市交接地带，东与兰溪诸葛镇接壤，北与建德市大慈岩镇交界，是衢州地区连接安徽省和杭州市的重要交通枢纽，素有“衢州北大门”之称，区位交通优势明显，新建的“杭衢高铁”更是加快横山镇融衢通杭的步伐，交通优势日益转化为经济发展优势。横山镇历史人文底蕴深厚，明清古迹保存较好有30余处，“横山塔”“绍衣堂”“三槐堂”“关西世家”为全国重点文物保护单位，志棠村是浙江省首批历史文化村落保护利用重点村，有千年古刹“乌石寺”、刹下塔，列入省级非物质文化遗产保护名录的《稻草龙》和《龙游婺剧》，市、县非遗保护名录的《銮驾》《十八传郎》等具开发价值。创建国家AAA级旅游景区天池荷花，覆盖横山镇天池、志棠、腰塘边、塔下叶4个村，总面积26平方千米，富硒特色种植规模初显。发展潜力较大，是全省首个富硒农产品开发基地，以天池村、志棠村为核心区块的富硒土地面积33.46平方千米，富硒产业开发面积666.67公顷，建立富硒莲子、稻米、中草药为主的农产品研发基地和产品加工生产线，加强富硒农产品深度开发和市场宣传。

【农业经济】 严守耕地保护红线，围绕“控增量，减存量”，开展“两非”整治工作，完成连片退苗还粮11公顷，利用先行先补政策，推进大田塘改种莲子24公顷，制止苗木种植10公顷。出台莲子种植扶持政策，鼓励320国道316省道沿线、集镇周边农户扩种莲子，完成新种莲子25.33公顷、改良莲子40公顷。推进“森林龙游”建设，完成新增国土绿化面积90.8公顷，施工完成率151%。全面实施“硒+”战略，建立以富硒莲子、稻米、中草药为主的富硒农产品种植基地和研发加工生产线，搭建电子商务平台，拓宽销售渠道。入选省级现代农业园区创建名单，补助资金3000万元，带动5.5亿元社会投资。龙头企业蓬勃发展，浙江龙游再生方药材发展有限公司在横山天池200公顷种植基地，获得“浙江林下经济种植示范基地”、浙江省“五园”建设的“中草药示范产业园”，通过“浙江农信慈善造血扶贫基地”复评和龙游农业龙头企业复评。龙游毓硒酒业获得“浙江省农业农村厅技术进步奖二等奖”“国家水生蔬菜育种创新基地”等荣誉。浙江硒莲液富硒科技有限公司先后获“浙江省农业龙头企业”“浙江省农业科技企业研发中心”“浙江省农业科技企业”“浙江省专利示范企业”“衢州市著名商标”“衢州市专利示范企业”“衢州市农业龙头企业”等称号。公司产品先后通过SC认证、QS认证，无公害基地认证、绿色食品认证等，也多次获得省农博会金奖，“硒莲液”商标被评为衢州市著名商标。投资2000万元嘉豪菜牛养殖场项目完成土地平整，总投资4800万元蚯蚓养殖处理项目通过评审。

【企业提升与引进】 抓住改革发展机遇，开展“亩均论英雄”综合评价工作，引导企业集群发展，倒逼节能减排，完成低效企业出清认定15家。浙江青龙山建材有限公司新增投资1.8亿元，浙江洁美日用品公司新增投资1500万元，泰来环保新增投资3000万元进行技改和提升。坚持把“招商引资上项目、千方百计强工业”作为首要任务。全年有效招商信息12条，开展精准招商、产业选商，建立大项目联络员制度，实现政策传递、对接、兑现“一条龙”服务机制。总投资8.2亿元的志棠村废弃矿山生态治理、矿地综合利用项目、建筑石料用灰岩矿项目通过招商研判。

【文旅开发】 按照“旅游+”的总体发展思路，运用生态、文化、文保等优势资源，挖掘荷文化、酒文化、康养文化、禅修文化等，着力培育农旅融合观光研学游、亲子体验游等新业态，促进农产品生产、加工、销售及餐饮、康养度假、休闲旅游一体化融合，打响富硒品牌。举办荷花节，惠及志棠、天池、腰塘边等村村民增收超百万元，旅游收入近500万元。启动八石坂、后徐等5个村A级景区村申报创建。做实做细文物保护，梳理国保省保、省级非遗稻草龙、市级非遗銮驾等资料，申报莲子酒酿造工艺传承人、莲子古法加工技艺传承人、豆豉制作技艺传承人3个县级非遗。加快文旅驿站建设，巩固镇综合文化一级站提升成果，整合龙北旅游集散中心，结合“荷文化”“古建文化”“中药文化”等地方特色文化，设置农产品交易台、旅游点单机等配套设施，打造具有横山特色的文旅驿站。举办“重温百年党史、汇聚奋进力量”2021年横山镇精品节目展演大赛。

【重点项目】 加快推进志棠废弃矿山生态治理及矿地综合利用项目，协助企业取得采矿许可证、林木采伐证，及时开展基建施工，协调村企沟通，民企对话，营造外围和谐运行环境，保障企业高效运转。纽莱福医养服务中心项目进展顺利，房屋主体基本完成。总投资约9500万元青龙山水洗灰飞5万吨生产线新建项目，2个技改项目等落地开工。2021年镇涉及建设用地复垦10公顷，垦造耕地66.67公顷，旱改水18公顷。垦造耕地完成清表和进场设计72.55公顷，横山村小山头等13个项目完成招标，上向徐大平头、西方坞砖瓦厂、八石畈长山岗等项目进入收尾阶段；结合下发图斑继续摸排符合垦造条件地块18.67公顷，逐块开展政策处理、清表工作。排查确定符合旱改水资源地块16.71公顷，完成清表11.15公顷，4个项目5.53公顷完成评审，大平坂、会泽里2个项目启动招投标程序。2020年底立项的5个项目20.1公顷开展施工，上宾村小湾山背项目2.67公顷通过镇级初验。符合建设用地复垦资源10.84公顷，“抢二调”资源5.33公顷分两个项目实施，竣工面积3.94公顷;第二批异地搬迁报名56户，40户进入公示阶段，可复垦面积为1.40公顷。320国道二改一项目政策扫尾稳步推进，红线范围内房屋完成拆除，土地附着物清理有序推进，安置小区用地完成审批。按照“十日攻坚”工作部署，抓好红线外房屋政策解答，完成政策处理。351国道改建项目政策处理到位，做好施工过程中矛盾纠纷调解，梳理个性问题17个，共性问题2个，落实整改。

【美丽城镇建设】 抓住320国道外移历史契机，重新对集镇区域进行科学规划，邀请专业团队规划出独具横山特色的“一带四区”布局。响应“两化”引领总要求，高标准建设月荷小区，打造民心工程、示范工程、幸福工程，吸引周边村落人口集聚，提高城镇化率。提升集镇污水站污水处理能力，从日处理量600吨提高到1200吨，达到国家一级A排放标准。强化扫黄打非六大专项行动，定期开展扫黄打非进村庄、进校园，创作一批“扫黄打非”宣传节目，每月做好文化市场监管与非法出版物查处，利用农家书屋开展护苗行动、春泥计划培训，抓好未成年人思想道德建设。有特色推进有礼指数开展，用越剧传唱“八个一”、与党史学习教育相结合等方式，将乡风文明顺利地深入到村民当中。

【民生事业】 紧盯满足人民日益增长的美好生活需要这一目标，办好民生实事，纾解百姓急难。发挥人大作用，聚焦饮用水安全，总投资4509.39万元龙北水厂管网延伸工程于2021年4月开工，9月底完工通水，19个村喝上高坪桥水库优质水，实现龙游版“南水北调”，解决农村人口供水水质和保证率问题。完成846户低收入农户帮扶结对工作，确保镇干部掌握农户脱贫第一手数据，对低收入农户予以申报“雨露计划”，2021年完成11位低收入农户家庭在读子女申报工作，补助3万余元。实地走访扶贫重点村，确定项目规模及收益农户情况，完成重点扶贫村7个扶贫项目申报，争取资金超500万元。重视消薄工作，以“大力提升集体经济薄弱村造血功能，从根本上保障村集体经济长期可持续增收”为导向，制定“一村一策”持续精准施策，借力帮扶结对等机遇，加快盘活资源、发展产业，20个村全面完成经营性收入10万元以上消薄任务。

【社会治理】 做好维稳安保工作，实现“零进京”。推动平安维稳、信访化解、扫黑除恶、反电信诈骗、反邪教、“三无村居”创建工作，调处化解矛盾纠纷544起，村级化解矛盾385起，镇级化解矛盾159起，矛盾纠纷化解率95%。2021年，横山镇实现非正常上访人员“零进京、零登记”、重大刑事案件“零发生”、安全生产“零死亡”。调查核实占用耕地80平方米以下农用房未批先建12栋，清理8栋。

【疫情防控】 坚决贯彻落实上级决策部署，主动把各项工作放在疫情防控大局中，把方向、谋思路、定措施，各级党组织和广大党员充分发挥战斗堡垒和先锋模范作用，构建“党支部+网格+群众”纵向到底、横向到边的网格布防线；发动900余名党员志愿者参与其中，为居家群众开展“红色代跑”“红色代办”服务；推动复工复产，为6家本地企业发布159个岗位的招工信息；与兰溪县水亭乡签订两地疫情防控和复工复产联防联控协议，建立起跨县域联防联控协作机制。

【党建工作】 将“三联工程”作为回应群众关切、推进重点工作的重要手段，利用“周二无会日”组团服务契机开展工作推进、民生服务等重点工作，引导党员干部带头服务征地拆迁等中心工作。以清廉村居为抓手，依托胡公清政为民、关西杨氏廉洁自律等清廉特色文化，打造“十里荷花、一路廉风”清廉横山特色品牌。建成“三槐堂”清廉文化展示馆、槐庭书院，加快白鹤桥村清廉展示馆建设，推动全面从严治党向基层延伸。县级巡察、纠正“四风”和作风纪律专项整治持续开展，党风政风民风崇善向上、风清气正。

【换届工作】 10月20日，中共横山镇第十六次代表大会召开，70名党代表和11名列席代表出席大会。大会总结第十五届镇党委五年来工作，选举产生新一届横山镇委员会和纪律检查委员会，研究部署今后五年工作，听取并审议《党委工作报告》《纪委工作报告》《党费收缴报告》，差额选举产生中共横山镇第十六届委员会委员10人，镇纪律检查委员会委员5人，出席龙游县第十二次党代会正式代表8名。12月24日至25日，横山镇第十七届人民代表大会第一次会议召开。24日，会议通过大会议程、主席团、秘书长名单和代表资格审查委员会名单等四项议程，并组织代表开展履职培训。25日，召开第十七届人民代表大会第一次全体会议。应到会正式代表62人，实到正式代表59人。大会总结回顾过去五年全镇经济社会发展取得成绩，部署未来五年发展目标和任务。对2021年横山为民办实事项目进行满意度测评、票决产生6项2022年横山镇为民办实事项目。选举产生横山镇第十七届人大主席团主席、镇长、副镇长，新当选同志举行宪法宣誓仪式。会上，组织全体代表观看警示片《警钟长鸣》。

（横山镇　余杰威）

塔石镇

【概况】 塔石镇位于县境衢江以北地区西部，东与模环乡相连，南与小南海镇接壤，西与衢江区莲花镇相邻，北傍石佛乡、横山镇。塔石溪、泽随溪等流经境内，地貌以丘陵为主，部分山地。以杭新景高速公路出口和龙游高铁北站为中心枢纽，杭衢高铁、杭新景公路和351国道穿境而过，320国道、塔游线东西南北四方皆通，形成“三纵二横”交通网络。辖区面积75.87平方千米，户籍人口14513户、40783万人。镇政府驻塔石集镇，塔石镇下辖26个行政村。2021年，塔石镇在县委、县政府和镇党委领导下，依靠全镇人民和社会各界人士，凝心聚力、开拓创新、不懈奋斗、真抓实干，完成镇第十七届人代会提出各项目标任务。镇工农业总产值16.4亿元，同比增长6%；财政收入6865.47万元，同比增长33.6%；农民人均可支配收入32699元，同比增长12.3%，实现税收3100余万元。获评国家卫生乡镇，省2021年第一批美丽城镇；省“扫黄打非”进基层示范点；省2021年度新时代美丽城镇建设基本达标乡镇；衢州市先进基层党组织；2021年度市级美丽城镇样板镇等荣誉。

【产业发展】 推动二、三产业发展，依托现有文化资源禀赋，招引浙江龙游梵歌文化发展有限公司“798写生基地”项目正式开工，预算投资3200多万元，建设用地面积5330平方米，建筑占地面积约2311平方米，建筑面积约9000平方米，建成后每年将接待约15万人次开展学生写生、艺术展览等活动。招商引资落地项目两个：浙江安驰涂料有限公司年产1000吨水性聚氨酯涂料生产线项目总投资4800万元，浙江康隆新材料科技有限公司年产1万吨数码印刷特种纸及纸制品生产线迁建项目总投资2000万元。按照省市县各项部署要求，多次对辖区内工业企业、沿街商铺、瓶装燃气、老年人居住场所和居家养老服务点，来料加工点和重点场所进行安全生产和消防安全检查，对发现安全隐患逐一提出，下发限期整改通知书。

【农业经济】 推广“稻、豆、油菜”三季轮作模式，鲜食大豆种植面积354.02公顷，春大豆103.66公顷，秋大豆250.36公顷，带动周边56位散户种植44.67公顷，省鲜食秋大豆最高亩产纪录为塔石镇涵萱家庭农场有限公司创造，攻关田平均亩产1140.32千克，百亩方平均亩产1057.49千克。涉及规模种植大户26户，参与采摘农民500多人，人均采摘收入85元/日，秋毛豆采摘时间约25天，增收约104万元。按单亩计算，早稻种植时间为4月至7月，亩产量约525千克，亩产值约1700元；秋毛豆种植时间为8月至11月初，亩产量全年平均在750千克左右，亩产值约4500元；直播油菜种植时间为11月至来年4月，亩产量约152千克，亩产值约1120元；每亩比“稻豆轮作”模式增收1600元左右。邀请省市县农技专家开展专业培训和实地指导20余次，新增早稻、杂交稻试验田5处。完成塔石村、下张坞村避灾安置点建设，完成松材线虫病除治、森林龙游国土绿化项目。

图139 2021年10月29日，省“稻—豆—油”三熟制栽培模式及大豆新品种浙鲜86示范现场会在塔石镇涵萱家庭农场召开 （塔石镇/提供）

省委统战部部长熊建平实地考察“智慧粮脑”数字农业服务系统试点改革项目，获省农业农村厅厅长王通林和时任市委副书记、市长汤飞帆批示肯定。浙江省推进“机械强农”行动暨农机社会化服务现场会、“稻—豆—油”三熟制栽培模式及大豆新品种浙鲜86示范现场会、衢州市鲜食秋大豆与晚稻新品种展示示范，暨高产高效创建现场观摩培训会在涵萱家庭农场召开。

【村镇建设】 推进文兴小区新建、塔石卫生院迁建、塔石法庭筹建等工作。推进“河长制”，对塔石溪、泽随溪、黄山塘溪等河道水库进行整治提升。落实“一场一策一干部”制度，常态化开展生猪整规及畜禽污染防治工作，完成问题整改32个。推进龙游北站站前配套项目征迁，涉及童岗坞、杜山徐2个村108户，签约89户，完成率82.4%。开展农村危旧房专项整治行动，对26个村14458幢房屋排查摸底，完成11户危旧房鉴定和整治解危，修缮加固9户，拆建2户。推广使用衢州市房地信息系统，完成审批112宗，安排宅基地1.29万平方米。

【疫情防控】 面对常态化疫情防控形势，塔石镇深化“全面管控+精密智控+全民接种”模式，压实属地责任，做好疫情防控“后半篇文章”；发挥“镇疫情防控专班—三大片区负责人—行政村村书记—村网格”四级联动机制，完善制定《塔石镇常态化疫情防控方案》《塔石镇大规模核酸检测应急预案》，战略储备防疫物资，确保面对紧急情况，上下能第一时间行动；排查重点地区返乡人员20万人次，各类管控人员2000余人，守住“零疫情”阵地；推进全民疫苗接种，组织疫苗接种150余次，接种6万多针次，基本完成镇域范围内常住人口接种全覆盖。

【民生保障】 落实“一对一”结对帮扶政策，与县级部门及塔石镇各模块、科室结对低收入农户1371户，落实14名低收入农户家庭子女雨露计划教育帮扶。推动11户贫困家庭危房解危，落地扶贫项目1个，涉及资金约190万元。清退低保150户，低边20户，2021年，有低保1120户，低边174户。完善新型社会救助体系，城乡居民医疗保险参保率93.31%，惠衢保参保率73.83%。2021年，一窗受理包括民政残联、计生、户籍、医保等各类事件8000余件，通过“浙里办”“掌办”“网办”办件量1500余件，办结率100%。制定村级消薄“一村一策”，坚持走物业、文旅、农业和数字四大消薄模式，开展消薄攻坚，通过对外招租，泽随村“四村联建”物业楼为4个村带来年均20万元收益。双联新村“四村联建”物业楼通过验收，投入使用，里王村农产品储藏加工暨光伏一体化项目将结项。提升村组织“造血能力”，26个村均完成经营性收入20万元目标，泽随村突破50万元。

【文旅融合】 举办油菜花节、红色电影展播、写春联等系列文化活动。7月19—30日在塔石镇范围组织开展“童心向党·暑期来吧”主题活动，设置舞蹈、书法、油画、剪纸等艺术精品课程，美育与智育相辅相成，推进“春泥计划”，丰富儿童精神文化生活，优化未成年人成长环境。塔石镇8090宣讲团在乡镇街道宣讲比赛和“百团大战”中成绩突出，被浙江卫视转播。新建泽随南孔书屋、新建6座体育设施、4家村文化礼堂、实现26个村文化礼堂全覆盖，推动省民生实施项目落地。2021年，塔石镇创建“浙江省AAAA级景区镇”，华青村创建“浙江省AAAA级景区村”。

【社会治理】 探索“龙游通+乡村振兴讲堂”深度融合，推进“最多跑一次”改革向基层延伸。推动民主法治建设，创建雅村村、罗山村2个省级民主法治村，14个市级民主法治村。以创建“平安塔石”为抓手，创新社会管理体系，依托龙北“三联中心”驻地优势，有效化解社会矛盾。严格筑牢网格治理“底线”，深化“县乡一体、条抓块统”改革，排查化解各类矛盾纠纷288起，化解率96.2%。受理群众来电、来信、来访239件，群众初信初访问题化解率97.2%，越级信访6批次，26人，保持进京越级信访零登记，完成系列重大活动维稳安保任务。

【基层党建】 打造泽随村“红色蜂巢”，“龙北高铁小镇”党建联盟等一批党建品牌，推进“红动塔石、红韵泽随、红雁雅村”三条党建示范带和沿线示范点，推进综合性党群服务中心建设，新建泽随村乡村振兴综合体和“中国共产党人精神谱系研习馆”。做好乡村振兴讲堂“一堂一品”创建和提升，2021年，新创3A讲堂1个，2A讲堂2个，4名讲堂管理员获市级优秀管理员。92名组团联村干部、275名“一长三员”、1039名联户党员，开展“三联工程”（党员联户、“两委”联格、组团联村），深入基层一线解难题、办实事，利用“浙里党群心联心”平台，提升为民办事质量和效率，线上办理各类事件1.8万件。制定培养对象“红色成长积分”管理办法，以分数量化形式对入党申请人、入党积极分子和后备干部进行动态考察，吸收入党积极分子32名。储备后备干部103名，其中“一肩挑”后备干部49名，做好导师帮带和定岗锻炼。抓好全镇1774名党员教育管理，完善先锋指数考评，纳入“浙里党群心连心”和参与建房审批、矛盾纠纷化解等内容，让党员考评更具操作性、全面性、规范性。发展预备党员15名，转正15名。在“七一”中国共产党成立100周年之际，做好“光荣在党50年”荣誉勋章发放和困难党员、庆祝荣誉获得者等对象慰问工作。开展党史学习教育，集中学习460场1.8万余人次。

【换届工作】 2021年10月18日，召开中国共产党龙游县塔石镇第十五次代表大会，80名正式代表和22名列席代表参会。镇党委书记作工作报告。代表大会收到代表联名提案10件。按照法定程序选举产生新一届镇党委委员10名、镇纪委委员5名和出席龙游县第十二次代表大会代表10名。12月23日，塔石镇召开第十八届人民代表大会第一次会议，会议应到正式代表72名，实到代表71名。大会选举产生塔石镇第十八届人大主席团。选出镇人大代表72名，县人大代表19名。同时，对2021年为民办实事工程进行满意度测评、票决出8项2022年塔石镇为民办实事工程。年龄和学历结构较往届有明显优化，整个选举过程平稳有序，圆满完成党委和人大换届选举工作。

（塔石镇　祝剑波　项　琨）

詹家镇

【概况】 詹家镇位于龙游县西郊，东连县城，西与衢江区（高敬、湖膝）交界，北邻衢江，与小南海镇隔江相望，南与龙洲及衢江区的全旺镇（柴公岗、黄毛畈）接壤，杭长高铁、龙丽温高速、320国道纵横境内，区位优越，交通便利。总面积55.89平方千米，常住人口26893人，户籍数11207户，辖21个行政村，其中沐尘水库建设移民村7个，少数民族村3个。2021年，詹家镇在县委、县政府和镇党委的正确领导下，依靠全镇人民，凝心聚力，合力攻坚，开拓创新，真抓实干，完成镇第十五次人代会提出各项目标任务，交出经济社会发展高质量答卷。2021年，实现工农业总产值10.84亿元，年均增长11.3%；完成全社会固定资产投资2.74亿元；农民人均可支配收入2.8万元，年均增长9%；获得“浙江省文化强镇”“浙江省AAAA级景区镇”等荣誉。

【农业发展】 建成粮食生产功能区1100公顷，千亩畈1个，省市县领导多次到镇实地调研粮食安全；以红专粮油、浙香食品、正伟蔬菜为龙头的现代智慧农业企业逐步发展成为行业标杆，举办省推进“机械强农”行动暨农机社会化服务现场会，形成以龙头企业为骨干、农民专业合作社为纽带、家庭农场和专业种养大户为基础，多种生产经营主体共存新型农业经营格局；推进“非粮化”整治工作，整治粮食功能区内非粮化面积100公顷，抛荒整治复种面积33.3公顷；继续抓好生猪整规、日常巡查及非洲猪瘟防控工作，强化污染源头管控，按照生猪养殖整规“双减量”目标，减场3家，退养生猪约2千头，2021年，生猪存栏量33083头，出栏量25479头；完成夏金村寸塘、十都村胡家暗塘、芝江村上门坎山塘清淤等3个2020年度水毁应急抢险项目。

【企业招商转型】 坚持“抓大扶中育小”，2021年，有规模工业企业3家，新增服务业小升规企业4家，新进规下样本企业2家，实现工业企业产值3.15亿元，规模以上企业产值6736万元；抓好招商引资，依托詹家镇现有产业发展基础和资源优势，引进增量、激活存量，完成中冷（浙江）食品年产5000万吨速冻食品生产线项目、红5制漆搬迁等工作，引进优创户外、东欣包装等多家优质中小企业入驻詹家镇。

【文旅融合】 推进龙游花海田园综合体、姑蔑城生态园建设，按照“一核四区”思路，形成以“七彩部落”为主题田园综合体项目——“村庄改造建设区”，本土品牌“龙游飞鸡”为基础“有机农业示范区”格局，花海田园综合体产业布置规划方案完成，启动“花海二期”前期工作。通过民俗文化节、灯光秀、花火秀等旅游节活动开展，促进农、文、旅融合发展，姑蔑城、龙游花海、凤凰部落游客量超60万人，营业额1000万元，位列衢州市A级景区前三名。

【综合交通提升】 开展“四边三化”专项整治行动，相继打造建设320国道平山桥、贵塘山城市名片、兴中路红绿灯路口、S33龙丽高速最美南入口、杭长高铁龙游花海、泉井龙“凤凰部落”、姑蔑城AAA级景区等一批集旅游、景观为一体的省市级亮丽节点，完成“四边三化”整治点200余处，

图140 2021年，凤凰部落（七彩部落）田园综合体 （詹家镇/提供）

完成率100%；完善农村道路交通安全监管体制和工作机制，设置4个道路交通安全劝导服务站，配齐交通安全管理员和交通安全协管员，新增320国道路口专职安全劝导员2名，创新推出镇、所、队交通安全执法联勤制度，强化执法与管理，实现亡人率显著下降（从19人减少至5人），电动车头盔佩戴率、守法率稳步提升。

【美丽乡村创建】 打造“一村一品”，实施山后村“开心农场”、夏金村入村口环境提升、党建主题公园、石亘村锦阳小区美丽庭院环境提升等项目。创建省级美丽宜居示范村和美丽乡村精品村2个，市县级美丽乡村精品村5个；以“一统三化九场景”（一统指党建统领；三化指人本化、数字化、生态化；九场景指邻里、文化、健康、低碳、产业、风貌、交通、智慧、治理九个场景）为系统框架，打造浦山未来乡村，吸收联众集团、乐道户外等一批企业合作洽谈，与丽水学院、衢州学院开展校地合作，谋划“畲族文化+旅游风情+亲子研学”旅游文化，连片打造美丽乡村旅游风情带。全市未来乡村创建及“衢州有礼”诗画风光带建设中，三、四季度争先创优综合考评均获市第二批试点第一名。推进“污水零直排区”建设，完成集镇范围内污水零直排工程建设，新增辰西花苑安置小区排水渠改造项目，8月完成招投标，12月底进场施工。完善“河长制”管理机制，组建治水“蓝马甲”志愿队，开展黑臭水体排查，19名镇村河长共交办问题300余件，办结率及河长巡河率100%。

【社会保障】 完成脱贫攻坚任务，实现“两不愁三保障”（不愁吃、不愁穿，保障义务教育、基本医疗、住房安全）突出问题清零、年家庭人均收入8000元以下情况清零、集体经济薄弱村清零，21个村年经营性收入超过20万元。完善新型社会救助体系，做到应保尽保，城乡居民医疗保险参保率95.15%，基本实现“全民医保”，全市医保电子凭证现场会和全省医保经办现场推进会作经验交流；全年受理各类事项5610件，办结5610件，通过“浙

里办”“掌办”办件量1200余件，办结率100%。实施“厕所革命”工程，投入300余万元，新建AAA级旅游厕所2座、AA级旅游厕所6座，对标改造公厕23座；实施“万盏灯光”工程，新装路灯2000余盏；完成詹家110千伏供电线路政策处理，新增39个塔基，连接夏金—十都—西方线路，提升农村基础设施。

【精神文明建设】 构建公共文化服务体系，组建合唱团、民乐团、艺术团、文学社、摄影社、书画社等三团三社，擦亮省民间文化艺术之乡等一批特色品牌；营造健康文明社会风尚，创建市级文明乡镇，浦山村获评全国文明村、全国少数民族特色村寨，渡头村、前游村获评省级文明村，芝江村获评省级文化示范村，平连村、渡头村等获评省级善治示范村。涌现全国“最美家庭”吴雪文家庭、最美龙游人董红专、黄金才等一批最美人物和事迹；整合乡贤力量，成立镇乡贤会以及11个村级乡贤会，发挥乡贤作用，建立詹家乡贤会助学关爱奖励基金，捐资捐物200余万元。

【社会治理】 坚持一线抓早抓小，成立老刘调解工作室、巾帼调解委员会、“和合”社会综合治理站等一批基层治理平台，创建15个无信访村。新增“雪亮工程”点位和“天眼系统”。建立健全一站式矛盾调处机制，实现社会治理领域“最多跑一地”，排查出不稳定因素17起，调解案件473起，涉及金额515.11万元，信访投诉类案件125起，引导法律援助7批次，完成系列重大活动安保任务；加大疑难案件化解力度，一案一策一专班，相关经验做法被县委县政府列为执行“十条军规”工作典型事例通报表扬。开展“平安创建”活动，安全系数明显提高，群众对安全的满意度95%以上。 实施农房管控和风貌提升行动，整治一户多宅、违建附房等点位6041处，整治面积15.97万平方米，整治比例100%；推进“一米菜园”建设，芝溪家园、山后、浦山等9个村“一米菜园”覆盖率100%，获评市级“一米菜园”精品村称号。开展农村危旧房专项整治行动，21个村8716幢房屋安全排查摸底，完成59户危旧房鉴定和整治解危，修缮加固26户，拆除31户（重建27户），腾空防护2户，涉及面积4686平方米。推广使用衢州市房地信息系统，完成审批99宗，安排宅基地1.23万平方米，实现建监全覆盖。

【县乡一体、条抓块统】 承接县级下放“属地管理”事项清单，落实派驻人员管理“三权”下放，推行“四维”考评，深化基层“一支队伍管执法”改革，建立上下联动、功能集成一体化基层治理信息化体系。推进矛调中心、“两难”钉钉群建设，线上整合实现“三通一智（治）”，线下打通组团联村两张清单，让“主”字形的基层党建统领更有力。率先实现“无人化智慧巡检”，利用无人机高频、自动空中巡检及回传影像数据可视化展示，对辖区21个行政村以及集镇范围巡检全覆盖。“无人化智慧巡检”结果：处置建设工地扬尘2起，处置道路安全隐患8起，处置违章停车50余起，处置320沿线摊贩30余起。

【征地拆迁】 成立以镇党委书记、镇长为组长的工作组，配合村“两委”在规定时限内开展攻坚战，组成“镇干部+村两委”小组模式，分区包片，实行每日挂图作战，每日组织分析研判会，研究工作思路，找准工作重心，优化工作方法，严守政策刚性，统一口径，做实做优“阳光征地”。7天完成辰西花苑安置小区48户农户签约，15天完成5.3公顷征地，两个月完成两条国防光缆迁移，15天内完成飞云小区和派出所迁建2个地块征地工作。

【疫情防控】 强化组织领导，专班化运作，召开专题会议20余次，分村制定突发疫情处置作战图，形成“部门—镇—村—网格”四级作战手册；设置4个衢江边界村、15处值守卡点，42支志愿服务队深入开展教育宣传，守好76个村社“小门”；配备流动宣传车2辆，悬挂宣传横幅300余条，发放疫情防控知识折页2万余份；对标疫情防控执行力指数评价办法，以“三有三控三零”（有机制、有能力、有氛围；控住人、控牢门、控好物；零投诉、零输入、零感染）创建标准持续推进21个行政村疫情防控工作，创建镇级无疫单位和21个无疫村；实现“零感染”“零发病”，相关经验做法被《浙江法制报》宣传推介，在《大考——战“疫”之下的浙江社会治理实践》一书中全文刊发；推进疫苗接种，提高疫苗接种率，接种成人剂次第一针16962针剂，第二针16555针剂。

【换届工作】 10月18日，中国共产党詹家镇第十四次代表大会开幕。60位正式党代表和12位列席代表参会。会上，镇党委书记卢泉代表詹家镇党委作工作报告，总结回顾镇第十三届党代会以来工作，并以“1445”（围绕一个“衢龙一体门户、活力富美花园”目标定位，打造四张“金名片”，走好四条路径，完成五件大事）为工作思路，聚焦目标定位，对未来五年作出新发展规划。大会依照法定程序选举产生中国共产党詹家镇第十四届委员会委员10名、中国共产党詹家镇纪律检查委员会委员5名和出席中国共产党龙游县第十二次代表大会代表6名。12月24—25日，詹家镇第十六届人民代表大会第一次会议召开，人大代表及列席代表69人参加。24日，组织代表观看警示教育片《警钟长鸣》，人大主席钟群华对新一届代表开展代表法及履职培训，通过预备会议议程。25日，召开正式会议，大会总结回顾过去五年全镇经济社会发展取得成绩，部署未来五年工作，选举产生新一届镇政府班子，对2021年民生实事项目进行满意度测评，票决产生4项2022年民生实事项目。

（詹家镇 陈安琪）

罗家乡

【概况】 罗家乡位于龙游县城东南部，距离县城13千米，交通便利，222省道在罗家乡东南边界经过，东与社阳乡接壤，南与大街乡交界，西与溪口镇毗邻，北与东华街道相连。辖区地形成一条直垅（岭根村至席家村），左右延伸（廖家村与姜家村），宛如凤凰展翅飞翔。罗家乡有马天冀等古代名人，经典故事，文化底蕴深厚，人文景观优美，地貌以山地为主，部分丘陵。境内有发源于铜钵山的罗家溪流泾，乡政府驻罗家村，罗家乡辖10个行政村、124个村民小组。辖区面积58.1平方千米，户籍人口3978户，9602人。农业生产总产值23477万元，农民人均收入27889元，增长12.4%，固定资产投资1200万元。

【黄茶毛竹旅游产业】 加大黄茶产业帮扶、土地流转、招商引资力度，乡域内茶园面积扩大到233.33公顷以上，年产茶青超25万千克，产值5500万元。保障产业配套设施，建成占地1.53公顷，总面积2.3万平方米茗皇黄茶加工展示中心，荷村黄茶仓库，缪家、姜家加工仓库项目陆续实施。黄茶成为罗家“金名片”，龙游特色茶叶品种，在衢州市得到推广。贯彻产业转型升级，做好产业链延伸文章，4月举办黄茶文化节，组织带领黄茶专业村、合作社骨干、技术能手参加省内外各类茶博会，提升黄茶知名度和美誉度。关注毛竹市场动态，发展毛竹产业深加工，鼓励留守农民从事竹扫帚制作，实现家门口就业，乡域内有专业竹扫帚加工场28家，年产量60万把，年销售额在8000万元以上，从业者有2500余人，加工人员月收入在4000元以上，“扫帚产业”成为新的经济增长点。做大优势旅游项目，红塘坑水库、衢处古道、圣堂山等景点，接待游客67000人次，旅游经营性收入367万元。培育一批特色农家乐、民宿，2021年，乡内有网红民宿1家，星级民宿3家，乡村旅游“软实力”明显提升。

【精准扶贫】 围绕“两不愁三保障”（不愁吃、不愁穿，保障义务教育、基本医疗、住房安全），推进脱贫攻坚。通过政策兜底25人，扶持从事特色产业124人，转移就业398人，推进下山脱贫，有117户符合公示条件，下山脱贫320余人，结对帮扶247户，危旧房整治7户等一系列“造血式”举措，整合资金5000余万元，帮助1000多名低收入农户提高经济收入，改善生活条件。聚焦产业发展做优做强特色产业，聚焦结对帮扶借助外力发展，聚焦国土整治激活土地资源，聚焦资产盘活撬动闲置资产，10个行政村顺利完成年度消薄任务，村集体经营性收入20万元以上。

【环境整治提升】 落实河长制，开展“清三河”“清千塘美百河”等专项行动，完成乡域6个水库整治，清理河道230千米；开展秸秆焚烧专项巡查8次，阻止毒鱼电鱼违法行为5起，守护好蓝天、碧水、净土。按照“三改一拆”、农房管控工作要求，开展违法建筑整治，拆除反弹违建8宗，面积179余平方米。2021年第一季度卫片执法涉及1个地块，涉及私人地块整改到位。结合“一村万树”、道路提升、景观改造、小城镇综合环境整治，集中力量做好风貌提升，乡村面貌得到改善。

【荷村建设】 荷村持续放大山区特色优势，做大做强黄茶产业，巩固拓宽毛竹产业，大力发展林下经济、民宿经济、旅游经济，挖掘“生财之道”、拓宽“致富之路”，壮大村集体经济。2021年，荷村集体经济收入38.6万元，比2007年的1276元增长300多倍。坚持以人民为中心的发展思想，落实乡村振兴为农民而兴、乡村建设为农民而建的要求，开展适合农民就业的技能培训和新职业新业态培训，促进农民就地就近就业创业。2021年，荷村人均可支配收入27889元，比2007年（3896元）增长6.2倍。以“千村示范、万村整治”为龙头，争取各类项目资金2000余万元，以“硬投入”推动美丽乡村建设，以“软投入”丰富村民文化生活，创造高品质生活荷村模式。

【土地治理】 开展耕地抛荒专项治理，整治面积6.34公顷，稳定粮食播种面积和总产量。研究实施西坪、官塘岭全域土地综合整治工程，乡村两级干部发扬“钉钉子”精神迎难而上，创新梯度转移、集体周转房等举措，全域土地综合整治项目有序推进。涉及搬迁的95户中，90%以上农户签订搬迁安置协议及腾空拆除。完成建设用地复垦5.84公顷。帮助150名搬迁群众当地就业。2021年4月，《浙江新闻联播》用长达2分31秒篇幅专题报道罗家乡推进全域土地综合整治为民办实事工程，省内外多地政府机关单位到罗家乡考察调研，相关经验做法得到肯定和借鉴，成为可复制、可操作、可推广罗家乡模式。

【社会治理】 依法行政，增强政府执行力和公信力。落实法治政府建设责任，将政府工作纳入法治轨道，提高运用法治思维和法治方式推动发展、化解矛盾、防控风险能力。执行“三重一大”（重大事项决策、重要干部任免、重大项目投资决策、大额资金使用）制度，进一步压缩“三公”经费和一般性支出，规范各项资金管理使用，抓好廉政风险点防控。推进“智慧应用”大联动，畅通联动指挥“竖线”，2021年“四平台”接到群众爆料324次，“12345”信访件45件，综合信息指挥室接受事件236件，处理率100%，联合多家单位开展道路交通联合执法、“三小一摊”整治、违章搭建等综合检查行动15次，处置邻里纠纷、农民建房、环境保护等问题。加强危爆物品、重大活动、监管场所等重点领域整治管控，联合资规、交通、综合执法等单位，开展专项执法行动11次，处置违法违规行为36起，批评教育人员154人。打好道路交通安全、电信网络新型违法犯罪打击治理、消防安全、危化品安全、越级访治理等“五场硬战”，重大节庆安保、平安护航、防汛救灾、防台抗台任务圆满完成。

【民生事业】 健全疫情防控工作体系，600余名党员干部站在一线，排查人员5.8万余人次，实现外来人口“零输入”，居家村民“零感染”阶段性胜利； 加大教育资金投入力度，改善教育基础设施，投资350万元新建省级标准化乡中心幼儿园；提高全乡医疗服务水平，落实城乡居民医疗保险、惠衢保等政策，城乡居民医疗保险参保6926人，惠衢保参保人数7109人，报销农民医疗费用76.44万元，受益群众529人；有低保户247户，低边户58户，解决低收入家庭公益性岗位22个，发放公益性补助18万元。

【基层党建】 开展党史学习教育，利用“一周一集中”等时机，由各村组团联村团长、团员和村支部书记组织村“两委”干部，系统性学习《论中国共产党历史》《中国共产党简史》等必学书目。做实做优“三联工程”（党员联户、“两委”联格、组团联村），发挥组团联村的领队作用，借助部门力量，到联系村开展宣讲活动。线下邀请讲师、联村团长、8090新时代理论宣讲团成员开展现场教育培训50余场次，线上党员跟着视频学习党史，增强党员进行党史学习思想自觉、政治自觉、行动自觉。加强党员教育管理，坚持把纪律规矩挺在前面，带头执行全面从严治党的各项规定，遵守党内监督条例，驰而不息反对四风，干事活力全面激发。在脱贫攻坚、“五四三”（五水共治、四边三化、三改一拆）、乡村旅游、小城镇环境综合整治、农房管控、国土整治大会战等各项重点难点任务中，党员干部克难攻坚、直面挑战，塑造新常态下党员干部勇往直前铁军形象，彰显新时代基层工作者积极有为精神风貌。

【换届工作】 10月18日，召开中国共产党罗家乡第十四次代表大会。46名正式党代表，7名列席代表参会。乡党委书记陈俊梁代表罗家乡党委作工作报告。大会收到各代表组10人以上联名提议意见和建议共11件。大会依照法定程序选举产生中国共产党罗家乡第十四届委员会委员7名、纪律检查委员会委员3名，出席中国共产党龙游县第十二次代表大会代表

3名。12月23日至24日，罗家乡第十六届人民代表大会第一次会议召开。23日，召开第一阶段会议，会议组织全体代表观看警示片《警钟长鸣》，乡人大主席琚建伟对新一届代表开展宪法、代表法学习及履职培训。24日，召开第十六届人民代表大会第一次全体会议，应到正式代表51人，实到48人。大会总结回顾过去五年全乡经济发展、社会建设取得成绩，部署未来五年发展目标和任务，选举产生新一届乡政府班子，会上新当选领导举行宪法宣誓仪式。票决出4项2022年为民办实事工程。

（罗家乡　杜　笑）

庙下乡

【概况】 庙下乡位于县域南部山区，距离龙游县城25千米，西接衢江区，南靠遂昌县，东连溪口镇，地貌以山地和丘陵为主，有衢宁铁路和龙丽高速穿境而过，为浙江大竹海主景区。乡政府驻庙下村，辖区总面积82.9平方千米，庙下乡辖13个行政村，户籍人口12584人。2021年实现地区生产总值1.4亿元，农业产值1.0亿元、工业产值0.4亿元，农民人均收入2.62万元。实现一般公共财政收入3009.57万元、一般公共财政支出3009.57万元。

【重点项目】 做好“毛竹文章”，连续3年跟踪服务，促成总投资超20亿水发·龙游全竹生态循环综合利用产业园庙下副园区项目正式落地，12月31日举行水发·龙游全竹绿色循环产业园项目开工仪式。项目建成实现庙下竹地产业从零散到集聚、低端到高端、低小散到高精尖转变，解决庙下毛竹价格低迷问题。做好“民宿文章”，投资1.2亿元的晓溪村清和颐康养中心项目和投资6700多万元的六春山居精品民宿完成土地供应，进场开工。服务六春湖景区大开发，配合做好政策处理，确保项目平稳推进。启动龙井自然村整体黄泥房收储工作，一个半月完成全部12户农户签约，为下一步六春湖景区大开发和精品民宿开发做好前期准备；实施六春湖景区配套项目（1期），启动项目区内长生桥村下依自然村房屋、土地征收工作，签约16户，拆除12户、腾空1户；完成六春湖第四、五条货索建设，温泉酒店项目完成前期勘探，加快进度下探。启动总投资5100多万元的灵山港综合治理项目庙下段幸福河工程，治理总长9.2千米，陈村等7个项目村短期内完成土地征（租）用2.53公顷，完成政策处理，开工建设；投入3000多万元启动溪毛公路沿线环境提升工程，对溪毛公路沿线凉丰、陈村、八角殿、长生桥和毛连里等5个村沿线范围进行房屋外立面改造提升、景观节点和庭院打造；投入198.3万元对大坪头至庙上新村段沿线房屋进行外立面改造提升、边坡治理、景观节点打造，通过市级验收；申报省级农村综合改革集成建设项目入围，获补资金6000万元。

【农旅经济】 抓住高山和有机这两大特色元素，加大对“一村一品”富民产业的扶持力度。培育新型农业主体，引导农合联体系下的各类主体走生产专业化、产业规模化、组织系统化、服务社会化现代农业发展道路。打造产业示范基地，发展林下经济、食叶草、水果采摘、高山茶种植等产业。庙上新村荷花约8.67公顷，茶叶面积约93.33公顷，中草药面积200公顷，桃树3.34公顷。严守耕地保护红线，完成粮食生产功能区和耕地非粮化调查，开展耕地地力保护补贴调查核实，2021年庙下乡符合耕地地力保护补贴户数2950户，补贴面积336.623公顷。做好“以红带绿、以绿托红、红绿结合”文章，启动华岗故居和华岗祖居修缮，完成长生桥红色拓展基地项目，新增扩红集训处、真人CS体验基地等项目；长生桥村开展省级红色美丽村庄创建，完成龙南红军路陈列馆、红军夜校、红军食堂和室外外立面改造提升、基础设施建设等项目。借助庆祝中国共产党成立100周年契机，组织开展一系列红色活动，吸引一大批游客慕名前来，2021年，接待游客60多万人次，旅游经营收入770多万元。毛连里村入选“市级职工疗休养基地”。

【环境整治提升】 围绕溪毛公路沿线开展环境整治提升系列行动，整治房前屋后脏乱差、清理“牛皮癣”、小广告、破旧横幅，巩固“五四三”（五水共治、四边三化、三改一拆）、小城镇环境综合整治、农房管控风貌提升整治成果。开展集中行动百余次，清理垃圾1000多立方米，清除“牛皮癣”、小广告300多处。强化河长履职，更新河长公示牌，动员全民参与治水，公众护水平台注册2114人次。开展“找寻查控”专项行动，排查问题上报8个、乡镇互查问题5个、县级互查问题1个，全部整改到位。从零散农户手中统一流转溪毛公路沿线两侧土地，进行统一规划、统一招租和统一种植，提升乡域环境“洁净美”。规范农村建房审批，严格农房管控政策，组织村民建房会审3次，会审农户20户，符合建房通过审核18户。对在建房实行跟踪监管，确保在建房按要求建设。落实农房管控拆后反弹“回头看”，每月定期开展巡查3次以上，整治2起拆后反弹现象。溪毛公路沿线长生桥、八角殿等村10多年遗留非法改变用途竹加工棚，影响溪毛线两侧景观，经过攻坚，完成第一阶段20户竹棚改居户拆除和6宗农户的签订协议工作。八角殿村安置小区于2021年3月中旬启动建设，抢抓施工浇筑，完成结顶，为推进第二阶段“竹棚改居”拆除整治打下基础。

【土地整治】 坚持早谋划、早部署、早排查，对照图斑实地挖掘复垦资源，摸清土地资源现状和潜力。3月，抢抓“二调”资源利用，一个月完成0.93公顷建设用地复垦，建设用地复垦闲置用地立项面积2.2公顷；异地搬迁县级公示82户，复垦面积2.67公顷。实施“森林龙游”国土绿化项目，完成新增国土绿化面积23.33公顷，油茶面积8公顷，6月顺利通过省级森林城镇创建预检。开展松材线虫病疫情除治及枯死松木清理，清理枯死松木136.7吨。配合第三方完成乡域新老公墓摸排和中长期公墓使用空间预留评估工作，完成遂乐村、庙下村、晓溪村三村联建公墓国土绿化。

【基层治理】 严把扶贫项目申报，确保按期完工。芝坑口村物业楼项目按程序进入招投标阶段。深化“县乡一体、条抓块统”改革，通过“两难”问题三级联通解决问题85件，“县乡联办一件事平台”处理事件22件。推广“龙游通”APP，安装激活5191人，户安装率106%。做好“平安护航建党100周年”维稳安保工作，落实安全生产责任制，围绕道路交通、消防、建设施工、旅游、农业、信访等“八大领域”开展“遏重大”安全隐患大排查大整治，排查出安全隐患56处，整治到位56处；利用凉丰村“说和馆”推动矛盾纠纷调处工作，乡村两级调解委员会调解各种民间纠纷23件，成功率100%，无民转刑案件，无群体性事件发生。依托庙下山野应急救援队，融合各村应急队伍，融入乡综合信息指挥平台，做好大型节日和各类赛事安保工作，在“五一”假期和2021年度六春湖山地马拉松赛中发挥作用。

【民生保障】 对长生桥、庙上新村、陈村、凉丰、晓溪、芝坑口、严村、浙源里8个村进行农村饮用水达标提标行动，计划建设单存水站8处，管理房8间，新增一体化净化设备10套，完成前期设计和实地勘测。动态管理在册低收入农户，在册低收入家庭438户585人，低保户359户452人，低保救助金额3922015元；低边户51户105人；特困户28户28人，特困救助金额395595元；临时救助户数28户48人，临时救助金额91968.56元；救助总额4409578.56元。惠衢保参保9528人，合作医疗8683人；做好低收入农户结对帮扶工作，7名学生享受雨露计划，1名学生获得福彩助力资助，完成12名困境儿童资料复核。按照县疫情防控指挥部最新管控要求，精密智控、动态化排查、分类管控外来人员，开展涉境外和重点地区来龙游信息排摸统计。加大全民疫苗接种宣传力度，加快全面疫苗接种进度，借助线上“疫苗通”平台，实现村民提前预约、有序接种。完成一针剂9627人，接种率97.63%，完成二针剂9557人，接种率96.92%；践行“最多跑一次”，乡政务服务大厅接待群众1100余人，掌上办件量1000多件，智慧大厅2.0系统办件4000余件，老窗口保持常态化运行，数据共享6350余次，受理收件50余件。

【基层党建】 紧抓“七张问题清单”，以学促干、以干促改，增强基层党组织凝聚力和战斗力。推进意识形态工作责任制，召开工作专题研讨会2次，开展理论学习中心组学习14次，组织乡村两级开展党史学习教育活动28次。发挥8090新时代理论宣讲团作用，年轻干部走村入户开展宣讲活动80余次，将“七张问题清单”纳入书记项目中，主动带头领办难题，5个问题成功销号。实施长生桥村红色美丽村庄建设项目、乡村振兴人才工作室打造、华岗祖居修缮等“红色根脉强基工程”，助力乡村振兴讲堂提档升级，新增1个AAA讲堂，2个AA讲堂和2个实训基地。优化村级阵地建设，八角殿、凉丰2个村办公共场所建成，做实做细“三联工程”（党员联户、“两委”联格、组团联村），完成事件任务6313件，群众满意度大幅提升。围绕“五个一”（一次专业能力大学习、一次学习体会大讨论、一次两勤两专大宣讲、一次项目征迁大练兵、一次党建治理大PK），开展“两勤”“两专”干部素质提升工程，建立“一线赛马”机制，推动年轻干部一线历练、成长成才。深化“四维考评”，考准考实干部实绩。针对庙下民宿（农家乐）、文旅产业等资源，帮助招引民宿（农家乐）管理、旅游等特色化人才，引进2支民宿管理团队、3名年轻人才来乡发展，创建市级乡村振兴人才工作室。谋划实施横源片三村联建综合物业楼、凉丰村综合物业大楼、芝坑口物业楼等项目。完成行政村20万元以上经营性收入消薄任务，凉丰村、庙上新村突破50万元。

【换届工作】 10月15日，中国共产党庙下乡第十四次代表大会开幕，51名正式党代表和11名列席代表参会。作为全县试点乡镇，12个乡镇党委副书记、组织委员到会观摩。会上，乡党委书记胡伟光代表庙下乡党委作工作报告。总结回顾庙下乡过去五年发展成果，围绕今后五年奋斗目标，就工作重点和工作措施提出新要求。大会依照法定程序选举产生中国共产党庙下乡第十四届委员会委员8名、中国共产党庙下乡纪律检查委员会委员3名和出席中国共产党龙游县第十二次代表大会代表4名，完成大会各项任务。 12月23日至24日，庙下乡第十九届人民代表大会第一次会议召开。23日下午，代表进行履职培训。观看警示教育片《警钟长鸣》，组织代表视察幸福河工程、凉丰村物业楼、八角殿村幸福公寓、长生桥红色文化宣传教育基地等重点项目。24日，召开第二次全体会议，应到正式代表52人，实到51人。大会总结回顾过去五年全乡经济社会发展取得成绩，部署未来五年工作目标，选举产生新一届乡政府班子，票决产生4项2022年民生实事项目，对2021年民生实事项目进行满意度测评。

（庙下乡　曾　宁）

沐尘畲族乡

【概况】 沐尘畲族乡地处龙南山区，东接大街乡，南邻遂昌县北界镇、应村乡，西与庙下乡相邻，北与溪口镇接壤。灵山江自马戍口入境，纳多条支流自南向北纵贯乡境，地貌以山地和丘陵为主，辖区面积82.83平方千米，户籍人口4119户11481人。乡政府驻沐尘村，沐尘畲族乡辖10个行政村，沐尘、双溪、社里为民族村。2021年全乡总产值3.52亿元，人均可支配收入30354元。获得“新时代美丽城镇省级样板”“省级革命老区乡镇”“浙江省AAAA级景区乡镇”等荣誉。

【文旅经济】 挖掘畲族文化、红色文化、黄泥房文化、余绍宋文化等本土特色文化内涵，结合民宿休闲、观光游览、采摘体验、红色教育等特色产业，打造沐尘—社里畲族风情游、庆丰—双戴养生休闲游和双溪—坑头环库运动体验游等“点型”精品旅游线。4月14日举办“红色畲乡 清心沐尘”第十届沐尘“三月三”畲族风情文化旅游节，推介研学畲乡、红色畲乡、康养畲乡三大旅游精品路线。组织开展畲乡摄影大赛、百桌宴、美食品鉴会、戏剧表演、原生态畲族婚俗等活动。发挥融媒体矩阵优势，邀请20余家媒体进行现场报道，活动获得新华社、人民网、中新社、浙江电视台、《浙江日报》等媒体宣发及各类转载50余条，新华社客户端获得16.3万人次关注量，浙江新闻客户端获得4.6万人次关注量，吸引线上关注25万人。2021年新开办农家乐（民宿）2家，接待游客3万多人次。由杭州公司投资800余万元的“沐尘山居”项目落地实施；11月12

图141　2021年4月14日，举办第十届沐尘“三月三”畲族风情文化旅游节活动，图为畲乡婚礼　（沐尘乡/提供）

日，计划总投资2.13亿元的桃源谷.云上竹海研学旅游小镇项目通过县级部门的联审决策，为下一步“建设美丽畲乡，彰显民族风情，开展特色旅游”带来新的发展良机。

【生态农业】 做大做强“畲家仙草”黄精品牌，以“农户+基地+合作社+龙头企业”模式打造黄精之乡。黄精种植面积266.67公顷，年产值150万元以上。邀请省林业局专家指导，坑头村种植的黄精通过浙江省林产品质量检测站验收。2021年，相继与浙江中医药大学、浙江省农科院签订战略合作协议，通过定期组织专家指导中药材种植，做好深加工产业的规划，实现产业现代化规模化；围绕“生态农业”“特色精品农产品”，提升特色农产品的质量与品质水平。马戍口吴老子毛竹林下经济复合经营基地被省林业局评为全省首批“一亩山万元钱”科技推广高质量示范基地。2021年，沐尘畲族乡把结构调整和土地流转扭在一起抓，流转土地面积约43.34公顷，实施高山蔬菜、中草药种植基地项目，拓宽农民增收致富渠道。梧村村流转土地26.67公顷，新建中草药种植基地1个；社里村流转土地3.34公顷用于锄禾农场扩大种植规模；庆丰村流转土地13.34公顷新建高山有机蔬菜基地1个。仅庆丰村每年可实现村民增收50万元。

【环境整治】 以农业型省级美丽城镇、国家卫生城市等创建为契机，以“有礼指数”常态化管理为抓手，开展村庄环境整治、完善基础设施建设。为落实副省长熊建平在任省委常委、统战部部长期间关于建设全国民族乡村振兴“龙游样板”目标要求，谋定民族乡村振兴示范带一期项目共25个，通过资源整合，推动示范带项目落地实施，完成山哈文化广场、余绍宋方志馆等项目建设，创建“浙江省新时代美丽城镇建设样板乡镇”。联合多个部门单位，协调周家隧道出口、下庄隧道进口、下庄隧道出口、赤金岭隧道出口等处衢宁铁路项目弃渣场复垦工作。最终通过82户拆除复垦指标（含19户2014年后拆除复垦未安置），实际可拆除复垦指标63户，立项面积2.44公顷，完成两个建设用地复垦项目施工，通过县级验收。

【民生保障】 开展村集体经济消薄，康源村经营性收入50万元，其余各村实现经营性收入20万元以上。争取上级财政扶持消薄项目，完成2个扶贫产业发展项目的入库，完成康源村百竹园康养休闲基地和坑头村富民产业生产用房项目建设，为村集体年增收4万元和6万元；完成马戍口村冷库和筛选包装项目，进入招租阶段，每年可为村集体增收5万元。2021年医保参保7974人，惠衢保参保8300人，惠衢保参保率93.63%；完成电子医保凭证申领8938人，激活率92.2%；完成沐尘村、双溪村枫桥式退役军人服务站建设，完成重点优抚对象年审工作。2021年，低收入农户355户494人，持证残疾人562人，发放残疾人“两项补贴”410人1134275元，为26名精神残疾人提供免费服药。

【基层治理】 完成乡舒心馆标准化建设，分组对乡域范围内8起信访积案开展调处工作，全部化解，签订息访息诉承诺书。2021年受理办信系统投诉件72起，来访9起，来电26起，网信代办33起，来访代办4起，完成答复。有不满意件分层核实10件，完成核实上传。联合县司法局、公安局等部门对8名社区矫正、31名吸毒人员开展定期走访及禁种铲毒巡查工作，“线上+线下”开展反邪

图142　2021年11月23日，2021年完成沐尘老街立面整治
（沐尘乡/提供）

教、禁毒、依法普法、防电信网络诈骗宣传，确保社会稳定。

【疫情防控】 坚持“外防输入、内防反弹”防控策略，落实落细“及时发现、快速处置、精准管控、有效救治”常态化防控机制。核实反馈上级下发人员核查数据信息2652条，摸排返乡人员968人，日均主动摸排400余人，境外返乡人员4人，健康监测52人，解除48人，核酸检测采样156人次，均为阴性。召开疫情防控工作部署会22次，防控领导小组专题会议30余次，粘贴标语、悬挂横幅700余条，广播宣传600余次。接种11129针剂，第二针剂脱漏率为全县最低1.07%。

【党史学习教育】 下好“理论棋”，确保初心更坚。通过党委理论学习中心组学习、老党员上党课、畲语唱响红歌、宣讲党史，开设年轻干部读党史专栏等，多形式推进党史学习教育活动。组织乡村干部赴省社会主义学院培训，学习党的光辉历史和发展历程，感悟初心使命。组织党委理论中心组专题学习会12次，青年干部座谈会4次。下好“特色棋”，确保行动更实。用好“8090新时代理论宣讲团”沐尘分团队伍，组织开展党史专题磨课会，挖掘、梳理、整合沐尘本地红色资源，“本土化定制”精品宣讲课程，通过拍摄“迎建党百年 享美好生活”主题红歌合唱视频、发布“红色藏品征集令”等线上线下活动。下好“活动棋”，确保使命更牢。利用“三月三”畲族文化旅游节重要宣传平台，打响“红色畲乡·清心沐尘”口号，重点推出串联龙南五烈士墓、芦坑红军路、“龙游支部”路头村等红色地标畲乡红色旅游路线和红色教育研学等活动。

【数字化建设】 推进“三联工程”数字化改革，用心推广“浙里党群心联心”数字化场景应用，通过“一把手”体验、培训推广、定期督查等手段释放数字化改革强烈信号。进行三大指数考评，开展业务培训指导5次，全员通过市级讲堂管理员执证上岗考核。分别以畲族文化、乡村旅游、中草药种植、红色文化传承重点打造社里、双戴、梧村、沐尘4村“一堂一品”建设，社里村“山哈”讲堂被评为市级3A讲堂。

【廉政建设】 开展“作风建设年”活动，制定并下发《沐尘畲族乡“作风建设年”活动实施方案》。2021年，开展廉政谈话115人次，正风肃纪6次，运用第一种形态处理5人，批评教育3人，谈话诫勉2人，办理党员违纪案件4起，警告2人，严重警告2人，下发监察建议书1份；将“合”字形构建与清廉村居建设有机结合，确定明星村2个、重点村1个、示范村7个；制定2021年度《沐尘畲族乡村级权力运行分类施策管理清单》；实现龙游通“监督记事”平台常态化运行，发布监督记事日志1035条，通过“问题直报”机制上报问题3条；通过挂牌公示工程建设项目相关信息，与施工单位签订《工程项目不转包、不分包承诺书》等措施，整治乡域范围内工程建设项目方面存在违规违纪现象。

【换届工作】 10月19日，召开中共沐尘畲族乡第十四次代表大会，选举产生党代表50名，作为民族乡，少数民族党代表人数超出比例要求7成，“沐尘泉”品牌创始人、2名社会组织秘书长进入党代表行列。选出党委委员7名，纪委委员3名，党代表提出议案20件。12月15日至17日完成县第十四届人大代表和乡第十八届人大代表选举工作，共设置29个投票点，参加选举的选民9853人，参选率98%。选举产生县人大代表8名，乡人大代表52名。2021年12月26日，召开沐尘畲族乡第十八届人民代表大会第一次会议，会议选举产生新一届乡政府领导班子。平均年龄39.5岁，较上届更为年轻化，高学历干部明显增加。

（沐尘畲族乡　邱莹瑾）

模环乡

【概况】 模环乡位于县境衢江以北地区东部，东临兰溪市游埠镇、水亭畲族乡，南与湖镇镇隔衢江相望，西邻小南海镇、塔石镇，北接横山镇。有模环溪、士元溪、上畈溪纵贯境内流入衢江，地貌以丘陵为主。辖区面积76.89平方千米，户籍人口（含社区）30105人，常住人口24654人，辖23个行政村。2021年10月，乡政府搬至晨北小区临时办公楼进行办公。2021年全乡工业总产值5.58亿元，一般公共预算收入3552.61万元，固定资产投资1.3亿元，实现财政总收入4656.25万元。人均可支配收入为31079元，较2020年增长12.6%。

【重点工程】 推进士元实验区土地流转、坟墓迁移、签约未腾空等多轮次攻坚行动。截至2021年

12月，士元实验区土地流转、坟墓迁移和农户搬迁签约率分别达98.37%、81.08%和93.63%。文成安置小区基本完工，419户搬迁安置户摇号选房工作顺利完成，黄茶小镇建设进度达80%。全域土地综合整治顺利推进，完成高标准农田建设北片垦造提升440公顷，验收备案106.67公顷，完成耕地垦造366.67公顷，土地复垦18公顷，建设用地复垦2公顷。统筹谋划2022年重点项目七大类十余个，引进一期投资1.3亿元的大盈绿色牧场项目。

图143 2021年12月12日，大盈牧业绿色牧场项目签约
（模环乡/提供）

【农业经济】 开展“非粮化”整治优化，完成各类整治44.41公顷，完成抛荒整治38.95公顷，粮食功能区内抛荒整治13.2公顷，粮食功能区外抛荒整治25.73公顷。2021年粮油蔬菜水果等作物种植：油菜521.64公顷，早稻353.68公顷，连作晚稻197.97公顷；蔬菜470.17公顷，产量11000.05吨；茶叶28公顷，产量61.75吨；食用菌1.47公顷，产量30吨；水果490.67公顷，产量16958.56吨；中药材54.67公顷，产量1675.8吨。实行农产品质量安全智慧监管网格化管理，完成超300批次农产品快速检测。完成新增造林8.2公顷，砍伐疫木110吨。做好省、市、县防汛检查问题整改，铜山源抗旱放水160余万立方米；做好沙皮湾、后方等5座小型水库管理体制改革；申报上向塘村洋塘水库除险加固、西元村盛塘山塘综合整治建设项目。

【项目谋划招引服务】 开展项目谋划工作，谋划创友建材多孔页岩砖项目、大盈牧业二千头奶牛生态示范牧场项目、士元实验区生态牧业养殖小区项目、2021铜山源灌区（模环片区）水利设施建设工程项目等。开展招商引资工作，对接上报招商信息5条，包括浙江锦万工贸有限公司的智能拖把、旋转拖把生产项目；杭州优科达商业管理有限公司的优科达龙游分公司建设项目；海宁海成温室设备有限公司的大棚温室及配件生产线项目；正大集团的浙江省慈溪市新浦镇正大现代农业开发园项目；龙游大盈牧业有限公司的奶牛生态示范牧场建设项目。完成品尚购物超市升规申报，新增规模以上企业一家（华翊建材有限公司），2021年全乡工业总产值5.58亿元。持续开展低小散企业技术改造，淘汰落后产能，实现企业转型升级，淘汰高污染锅炉21台，关停环保不达标企业17家。做好经济开发区项目征地和维稳服务工作，完成“一路一桥一港一枢纽”等多个项目的政策处理工作，征用面积35.07公顷。为开发区青岛佳艺、纺织小微园等8个项目征地9.43公顷；为路网完善、公共停车场等项目征迁房屋1299平方米。协助开发区解决政策处理纠纷7起，助推工业项目2个。

【社会治理】 排查调处矛盾纠纷468件，调解率和成功率分别达100%和100%；“模事联”和一支队伍管执法联动469次，乡社会治理中心共受理各类事件66件，办结65件；落实领导包案制度，实行“一对一”稳控和零报告制度，化解信访积案7起，办理上级交办信访案件450余起，结案率100%；办理“12345”市民热线380余件，回复交办率100%；接待群众来访150批次；为39家企业排除各类安全隐患150余处，完成园中4个村消防安全隐患整改368户。

【民生事业】 2021年，纳入低保、低边户31户56人。完成943户低收入农户县乡两级干部结对帮扶调整工作。上报2021年扶贫项目库项目6个、雨露计划4人。推进“惠衢保”和城乡居民基本医疗保险参保工作。“惠衢保”参保率83.62%，城乡居民基本医疗保险参保率90.90%。制定“一村一策”方案，对接镇海“消薄飞地”、开发区周边村联合发展物业经济，多渠道多方式发展村集体经济。开展“千企结千村 消除薄弱村”行动，夏峰村、刘家村、白马村等与龙和渔业合作，发展“共享渔业”，为村集体增收5万元以上。引导各村结合实际条件积极申报屋顶分布式光伏建设， 6个村完成村集体屋顶分布式光伏200千瓦建设，为村集体增收30多万元。23个行政村经营性收入均达20万元以上，5个行政村经营性收入达50万元以上。 制定模环乡核酸检测方案，分别在许家村、凤基坤村（余大垄）完成2次大规模核酸检测演练，蛇塘坞村完成1次应急演练，士元实验区建设工地完成1次实战演练。推进新冠病毒疫苗第一、第二剂次、加强针的接种。制定 “一河一策”方案，乡、村二级“河长”牵头组织开展包干河道水质和污染源现状调查。4个项目村的农村生活污水提标改造主体工程完工。确立大治、凤基坤、琚家、白马、虎龙、西元、王北斗等开发区周边7个村作为市场化保洁试点，项目进入招标流程；完成14个村太阳能垃圾减量化处理房建设，13个村的垃圾分类处理终端投入使用；完成垃圾循环超市（许家村）创建。

【文化建设】 重视乡村两级文化阵地建设，完成白马村、琚家村露天文化广场选址2处，虎龙村、清塘村、湖塘殿村文化礼堂以及士元三村联建文化礼堂选址4处。3月，王北斗村举行文化礼堂开堂仪式。12月参加“明珠龙游幸福家园”龙游县星级文化礼堂授牌暨百村（社）赛事精品节目展演，舞台剧《共富路上“新”保姆》荣获金奖。完善“三团三社”(合唱团、民乐团、艺术团、文学社、摄影社、书画社)队伍建设，开展线上及线下各类培训和辅导20余次，建立乡文化艺术团队6支，下设村级分团48支，有骨干团员1300余人，文艺爱好者5000余人，文化志愿者团队23支，志愿者230余人。开展送文化下村活动6次，举办庆祝中国共产党成立100周年系列文艺晚会、模环乡农民趣味运动会、模环乡综合文化站成人公益系列活动、“你在我在 暑期来吧”少儿公益系列活动、庆国庆、姚西塘村甜橘柚旅游采摘节、欢乐过大年·祝“福”送万家2022新春送春联等系列活动。

【基层党建】 学习贯彻习近平总书记在庆祝中国共产党成立100周年重要讲话精神、中共十九届六中全会精神、省委全会精神，深化“五个我为”（我为群众办实事；我为企业解难题；我为基层减负担；我为“大庆大干”建新功；我为龙游发展谋对策。）实践活动，推进党史学习教育走深走实。运用线上云讲坛、线下乡村振兴讲堂开展思政教育、基层治理等主题培训800余次。组织青年干部参与“8090学精神说共富”短视频宣讲大赛，组织拍摄30部短视频，在抖音、微信等新媒体平台上进行展播，“8090学精神说共富”短视频点击率5000余次。做细做实“三联工程”，开展“走百家 入千户”活动、“立足新起点 致力新发展”项目谋划大比拼活动，谋划物业楼建设、集聚小区建设等项目23个。开展各类换届新任干部业务上岗培训17次，落实“开门一件事”，实施平台赛马机制。开展“星火预备队”培养工作，确定“星火预备队”正式队员54名，从中吸收入党积极分子5名。新创建AAA讲堂1个，AA讲堂1个，打造乡村振兴讲堂示范点2处。强化全

图144 2021年5月15日， 模环乡农民趣味运动会举行
（模环乡/提供）

体乡干部作风建设，提振干事创业精气神。2021年，党纪政纪处分16人（其中开除党籍1人，党内严重警告8人，党内警告6人，政务警告1人）。乡村干部通报批评36人次，批评教育26人次，开展日常谈话和提醒谈话，谈话140多人次，纪检组织同下级党政主要负责人谈话33人次。完成夏峰村市级清廉村居示范点创建工作，完成蛇塘坞村和清塘村县级清廉村居示范点创建工作。

【换届选举】 6月，启动县、乡人大代表换届选举工作，周密部署，统筹安排，挺纪在前，严督实导，紧扣“四步法”（蹲马步，扎实组织建设；踏稳步，准确研判选情；行阔步，扩大宣传覆盖；走正步，规范选举流程）精准发力，确保整个换届过程准备充分、程序严密、平稳有序、风清气正。成立乡人大换届工作领导小组，“一把手”亲自督办，召开书记办公会3次、专题班子会讨论研究工作方案。鉴于士元实验区茶场新村、士元村、前江新村3个村搬迁户租住分散、信访矛盾较多等实际情况，将士元三村拆分在三个大选区，并按照易、中、难三个等级依次分3天进行选举，防止相关人员抱团串联，顺利完成选举。发放张贴《致选民的一封信》《选民须知》《龙游县选举公告》等宣传资料500余份，悬挂横幅近百条。乡选举委员会召开业务培训会3场300余人次，个别辅导和现场指导20余次。建立实行人大换届选举工作专人负责制，确保换届选举法定程序和步骤不变通、不走样。10月20日，中国共产党龙游县模环乡第十五次代表大会召开。66名正式党代表和19名列席代表参会，大会收到代表联名提案8件，选举产生新一届乡党委委员10名、乡纪委委员5名和出席中共龙游县第十二次代表大会代表8名。12月23日，模环乡第十七届人民代表大会第一次会议召开。选举产生模环乡乡长，人大主席、副主席、副乡长，新当选领导举行宪法宣誓仪式。票决出7项2022年模环乡为民办实事工程。

（模环乡　邱杭鹰）

石佛乡

【概况】 石佛乡地处龙游县西北部，东邻横山镇，南接塔石镇，西交衢江峡川镇，北连建德市航头镇。总面积67.9平方千米，耕地面积1066.7公顷，林地4713.5公顷，辖10个行政村，86个自然村，人口总数1.8万余人。基层党支部15个，其中村支部10个，党员663名。2021年，石佛乡围绕乡村休闲旅游发展这一主线，优化产业结构，推进农民增收，完成乡第十六届人民代表大会第九次会议制定的各项目标任务。2021年，规模以上工业总产值是44910.4万元，财政收入是4172.84万元，一般公共预算收入是2844.87万元，居民人均可支配收入23298元。

【农业工作】 严守耕地保护红线，完成粮食生产功能区和耕地非粮化调查，开展耕地地力保护补贴调查核实，2021年符合耕地地力保护补贴户数4683户，补贴面积780.18公顷。做好家禽家畜春季及秋冬季非洲猪瘟等重大动物疫病的集中免疫行动。推动农产品向现代农业发展，举办“颗颗红心献给党”水果番茄种植示范点现场观摩会。上报早稻订单216.4公顷。三和村标准农田质量提升项目完成招投标，进场施工。完成县政府下达的石佛乡3.33公顷垦造耕地任务，实际完成垦造面积12.67公顷。完成2021年度建设用地复垦任务，立项2个项目通过县级验收，完成测绘，入库面积3.8公顷。异地搬迁通过县级审核45户，完成原宅拆除复垦工作。配合自然资源调查登记中心不动产确权工作，上交2616宗不动产确权登记审批材料。实地勘踏“森林龙游”国土绿化造林地块，完成新增国土绿化面积40公顷。开展松材线虫病疫情除治及枯死松木清理工作，清理面积约153.33公顷，551.87吨。结合松材线虫病防控，加快松林林分改造，构建健康稳定森林群落。

【企业发展】 主动下沉企业，与企业沟通，帮助企业解决生产中遇到的困难和问题，各项主要经济指标呈现良好发展势头。5家规模以上工业企业总产值4.49亿元，同比增长23.69%。服务业经受住疫情冲击严峻考验，呈现增长发展态势，1—12月服务业商品销售额50.24亿元，同比增长196%。聚焦各项权重指标，做好企业销售额对接报送工作。

【全域旅游】 完成南山古村休闲旅游项目二期，10月投入运行。开展品牌创建，完成三门源市级民宿集聚村创建申报工作，对基础较好的2家民宿向银宿提升，挖掘石佛民间小吃，整理相关传说故事，做好“百县千碗”谋划工作。做实做细文物保护，完成19处县级文保单位（点）挂牌保护，完成1处国保单位，32处省保单位以及19处县级文物保护单位（点）安全生产专项检查，完成夏家、三门源村历史文化村落保护利用，一般村落立项工作。2021年，接待游客9万多人次，旅游经营总收入近500万元。

【重点项目】 做好杭衢铁路和351国道征迁区域管控和日常施工需求对接，保障项目平稳施工。石佛敬老院工程［在三和村探索创新市场化养老服务模式，投资1300万元利用原小学闲置地块建设龙游县乡镇面积最大（5000平方米）的公建民营敬老院，引入县第六医院增资350万元用于装修改造，由专业团队负责日常运营管理，可以为本乡乃至周边塔石、横山等乡镇留守老人提供135张床位的医养一体服务。同时以三和村居家养老中心为核心，石佛村、上溪村、夏家村、三门源村村级居家养老中心为补充，满足300余名老人的就餐送餐服务。开工时间2020年9月，竣工时间2021年12月，建筑面积4964平方米］和石佛乡“残疾人之家”提升改造工程、农村公厕提升工程进入扫尾阶段。完成年度新时代美丽乡村项目、三门源村旅游线路景观节点工程、夏家村入村口道路修缮提升工程。加快石佛矿灶边搬迁安置小区建设进度，完成农村生活污水处理设施提标改造项目，配合运维单位进行标准化运维管理。完成乡标准化档案室改造、乡政府办公楼维修及司法所、矛调中心装修改造项目。完成退役军人服务站建设，打造服务退役军人“重要窗口”。

【美丽城镇建设】 巩固深化小城镇环境综合整治成果，围绕“五个美、十个一”的创建要求，通过节点改造提升、沿线环境整治等举措推进美丽城镇创建。加快集镇亮化提升，开展集镇精细化管理，推进国家卫生乡镇创建，抓实集镇布局、环境整治、交通引导、有礼指数等工作，提升集镇品质。2021年，石佛乡通过省级一般达标、市级样板美丽城镇验收。保障和改善农村饮用水供给，农村饮用水提质增效。完成龙北水厂管网延伸工程石佛（西金源、上溪）项目，完成大力山、夏家、姚村、三门源、峰塘山等村饮用水县级统管移交工作，确定饮用水协管员，完成10个行政村农村饮用水安全工程全覆盖。完成上溪—峰塘山—夏家公路提升工程和夏家汪家—姚村—大坪畈公路提升工程。

【乡村振兴】 实施西金源村、石佛村综合物业楼、三村（夏家村、西金源村、三门源村）光伏抱团等扶持项目，村集体经济“造血”功能不断增强，各村经营性收入超过20万元。投资300余万元浙江火电建设有限公司精准扶贫项目，西金源村物业大楼于2021年4月投入使用，带来每年6万余元租金，提供100余个工作岗位，缓解农村富余劳动力就业难问题。推行“整合要素、联营合作”“村村抱团”模式，筹划屋顶光伏发电项目，每年能为抱团村增收6万余元发电收益。 落实巡河制度，2021年，乡村两级河长共巡河557次，有效巡河461次，巡河率98.5%，发现并上报问题15个，整改完成。2021年度石佛乡交接断面水质年均达标，开展“找巡查挖”自查互查工作，发现并上报问题40余处，对交办问题处理整改到位。推进垃圾、厕所、污水“三大革命”，完成四边三化公路路域环境专项整治行动排查、点位整改销号工作。

【民生保障】 深化“最多跑一次”改革，实现网上办件1037件，掌上办件688件，办理民政、社保登记类165件，办理咨询件1300多件。2021年，石佛乡在册低保户406户482人，在册低边户51户，81人，发放低保救助金额3980187元；参保城乡居民基本养老保险人数10510人，城乡居民基本医疗保险11563人，参保“惠衢保”12244人；开展临时性救助16人，加强残疾人动态管理，做好“两项补贴”工作，受理重度残疾人护理补贴352人，困难残疾人生活补贴167人。推进电子医保凭证应用激活工作，联合乡综合信息指挥室、党建办开展“龙游通”、乡村振兴讲堂“最多跑一次”高频事项培训，提高村民办事效率。

【社会治理】 开展“县乡一体、条抓块统”改革，通过“基层治理一件事”处理事件276件，通过“两难”问题三级联通解决问题44件。依托“浙里党群心联心”平台，建立健全网格工作机制，22个网格聚焦基层治理痛点堵点，为党委政府炼出灵敏高清的“千里眼”“顺风耳”。2021年发布联户走访22025条、办结事件7392条，办理民生实事1443件、排查安全隐患110件、化解矛盾24件。做好全国两会、“平安护航建党100周年”、“国庆”维稳安保工作，推动平安维稳、信访化解等工作。用好“老叶工作室”

平台，2021年接待群众来访180余人次，法律咨询120余人次，调解纠纷115起，成功率100%。落实安全生产责任制，围绕道路交通安全、消防安全、建设施工安全、旅游安全、农业安全等“八大领域”开展安全隐患排查整治，排查安全隐患159处，整治到位157处。

【基层党建】 规范党员发展程序，坚持择优发展、成熟一个发展一个，将党员发展政审部门扩大到公检法司等11个部门，防止“带病入党”。敢于动真碰硬，不合格党员清理整顿力度加大，对20名不合格党员开展党课学习、党史测试等专题“回炉”教育，2名不合格党员被开除，18名帮扶成功党员组织关系转回原支部。履行从严治党主体责任，落实一岗双责，召开党风廉政建设专题会议4次。以“廉节清风”行动为抓手，对违规承揽或插手本村工程、集体“三资”管理等专项督查19次，对疫情防控、国土整治等重点工作推进情况监督执纪，发现并整改问题20个。践行监督执纪“四种形态”，按“第一种形态”问责25人次，党员干部违纪立案查处并给予党内警告处分5人。抓好清廉村居建设，完成峰塘山村市级清廉村居示范村、夏家村县级清廉村居示范村创建。

【换届工作】 坚持“高标准谋划、高效率推进、高质量落实”，完成乡镇换届各项工作任务，基层组织战斗力进一步提升。择优推选出53名乡党代表、4名县党代表，56名乡人大代表、8名县人大代表。选举产生的“两代表”较上届超一半以上“大换血”，大专以上学历超50%，45周岁以下达60%，整体年龄明显下降、学历明显提升。10月18日，中国共产党石佛乡第十五次代表大会开幕，51位正式党代表和8位列席代表参会。大会收到各代表团10人以上联名提议意见和建议13件。新当选乡党委书记祝凯作表态发言，带领新一届党委班子开展集体履职承诺。12月23日至24日，乡第十七届人民代表大会第一次会议召开。23日，召开第十七届人民代表大会第一次会议第一阶段会议。24日，召开第十七届人民代表大会第一次全体会议，应到正式代表56人，实到正式代表56人。大会总结回顾“十三五”时期全乡经济社会发展取得成绩，部署“十四五”时期发展目标和任务。新当选同志举行宪法宣誓仪式。票决出5项2022年石佛乡为民办实事工程。

（石佛乡 廖梦婷）

社阳乡

【概况】 社阳乡地处县境东南缘，东邻金华市婺城区莘畈、塔石两乡，南接遂昌县北界镇，西交大街乡、罗家乡，北连东华街道、湖镇镇，东北与婺城区汤溪镇为邻。大公源、后渠源在双溪口汇合，自南向北先后流入高坪桥水库和社阳水库。地貌以山地和丘陵为主，有少量河谷小平原，辖区面积96平方千米，下辖8个行政村，户籍人口4513户10654人。为国家级生态乡、饮用水源保护乡，境内有社阳、高坪桥两个饮用水源水库，是浙江省唯一的“一乡两库”所在乡，衢州市唯一的中草药之乡。2021年实现工农业总产值2.6亿元，人均可支配收入23466元。

【重点项目】 2021年，在全乡范围统筹协调，抽调40名精干力量组建3个工作专班，启动红光村青田垅、毛家坞自然村异地搬迁工作，由乡领导班子带队包干，村“两委”干部协同配合，实行一日一分析、一周一汇报、一月一总结机制，开展政策宣讲、入户动员、房屋签约以及拆除腾空等工作，完成两个自然村异地搬迁。以龙游县与桃花源生态保护基金会签订《关于构建社区治理型生态保护区的合作框架协议》为契机，打通一条“两山”转化的通道，促进生态水源保护区发展。投资1000多万元开展高坪桥水库魅力库区生态保护和景观提升项目，建设景观台、绿化修复河道，改善水库库区生态环境和水质。针对全乡前期梳理的8大类32个项目，领导班子挂牌督办，实行销号清零。推进社阳、金龙、源头、连上、大公5个村高标准农田项目、社阳水库库区污水处理二期等工程落地。

【美丽乡村建设】 实施公园绿地建设、新增百万亩国土绿化行动、桃花源生态保护基金会项目前期、生态廊道建设、村庄绿化和生态屏障建设等7个生态基础建设工程。推进美丽乡村建设，创建省级森林城镇，投入资金3146万元，新增国土绿化面积60公顷，集镇建城区绿化率30.21%，人均公园绿地面积达到7.41平方米，单位居住区绿地率25.2%。以饮用水源保护、农村生活污水大整治、“找寻查控”专项行动等工作为抓手，推进“河（湖）长制”，开展护水巡河，乡村两级河长开展巡河600余次，解决问题70余个。开展环境卫生综合整治30余次，河道清淤除障120余吨，实现区域河流“河畅、水清、岸绿、景美”目标。在全县率先推广“生态信用+网格礼治”基层治理模式，弘扬村民“信用+护水”行为，村民对城镇治理支持度满意度大幅提升，助推乡风文明。研究制定《社阳乡农房整治“回头看”工作方案》，明确责任分工，形成作战图，按图推进、按图督导，以点带面，精准施策，清除违章建筑。拆除反弹违建7宗，面积560余平方米。

【农旅发展】 立足生态环境优势，重点培育黄花梨、黄精、黄茶“三黄”特色品牌，种植黄花梨86.67公顷，建设黄花梨储藏冷库，延长销售时间，促进梨农增收。加大中草药种植政策扶持力度，结合“林药模式”，带动农户种植“地藏黄精”。支持和推动黄茶产业发展，种植“中黄三号”黄茶32公顷，红光村6.67公顷黄茶基地出租。培育新兴产业，在凤溪村建设“鲜食”玉米基地2公顷，每亩地收益7000元，远销宁波、舟山等地。创新“直播+休闲+旅游+销售”经营模式，以采摘节、梨花节、芍药节为媒介，挖掘“乡土直播员”，带动本地区特色农产品线上销售。串联青塘坞村乡贤馆、黄花梨基地、劳氏宗祠古建筑群、青塘坞村文化礼堂等节点，打造一条休闲旅游观光带，推动青塘坞村AAA景区村创建，做好“旅游+”文章。

【村级经济】 借助与宁波舟山港开展“千企结千村、消灭薄弱村”结对帮扶平台，以“抱团取暖法”，探索“飞地消薄”模式，破解生态红线制约发展“瓶颈”，让凤溪村走上消薄扶贫“快车道”；组建消薄物业联盟，连上、大公集体经济薄弱村“飞地抱团”，实现年现金收益12万元；源头、金龙、社阳建设三村联建物业综合楼项目，实现租金收益9万元；8个行政村经营性收入20万元以上，100%实现消薄。特别是凤溪村村集体经营性收入从2018年的10.65万元增加至2021年的24.9万元。

【基层治理】 做优“数字平台”，推进“智慧应用”大联动，做畅联动指挥“竖线”，2021年综合信息指挥室接受事件869件，其中“四个平台”接到百姓爆料130次，“12345”信访

图145 2021年2月24日，开展全民义务植树活动，推进美丽乡村建设 （社阳乡/提供）

件25件，处理率100%，处置邻里纠纷、农民建房、环境保护等问题。推进人大代表助推基层矛盾“清零”行动，开展村民代表联户包干，对党员联户“强链补链”，实现农村治理“纵横到底无缝隙”。召开人大代表助力“县乡一体、条抓块统”助推基层矛盾“清零”行动现场会，该试点工作在全县推广。组建湖镇社阳“一支队伍管执法”人员30余人，实施东片执法管理一体化，问题解决从盲目被动到精准主动。突出“一件事”强实战、抓处置运行要求，运用钉钉“两难”群信息流转，乡村两级钉钉“两难”群共流转事件162件，“一件事”平台处理事件91起。借助县级力量处置库区河道偷沙问题。围绕“保稳定、保安全、零信访”目标，部署“平安护航建党100周年”大会战。组织乡村两级干部、网格员等对全乡八大领域风险隐患进行排查。完成1个乡级、8个村级储备仓库和避灾中心建设，通过浙江省人民政府防汛防台抗旱指挥部和浙江省应急管理厅验收。石塘垅水库通过省水利厅组织市交换检查（杭州市）。

【民生保障】 开展低收入农户“一户一策”帮扶工作，做到帮扶到户，扶持到人；组建“民生保障先锋队”，针对低保低边户进行入户调查，开展暖心帮扶，建立困难家庭“一户一档”387个，救助低保296户419人，低边56户128人，临时救助困难群众9人，发放临时救助金额20834元；城乡居民医疗保险参保人数6879人，参保率91.25%；惠衢保参保人数7668人，参保率91.51%；农村养老5837人，参保率达77.4%。新建连上、大公2所老年食堂；加强残疾人动态管理，做好“两项补贴”工作，受理重度残疾人护理补贴230人，困难残疾人生活补贴203人。落实上级防疫要求，实行小专班运行，做好防疫宣传、人员摸排、核酸检测、疫苗接种建档等工作，2021年核查省、市下发400余人，疫苗接种7248剂次。

【基层党建】 线上线下拓宽党史学习平台，通过乡党委理论学习中心组，乡村振兴讲堂，聚乡“8090”宣讲团之力和借县域讲师之力，开展“学党史讲党史”8090宣讲PK赛、“聚合力、激活力、凝心力”红色体育赛事、“唱红歌、颂党恩、跟党走”红歌大赛等系列活动。围绕“七一”关键时间节点，在源头村建设红色主题公园、文化长廊、红色文化纪念馆等，打造集学习教育、革命传承、旅游观光为一体的红色教育基地。结合庆祝中国共产党成立100周年，组织8个村开展基层党建“一月一比拼”活动。在6月开展“迎大庆·强党建·拼实绩”工作擂台赛上，“村村晒亮点”“头雁话振兴”“网格赛知识”三个环节的比拼，对各村平时工作实绩进行综合评判，社阳村获“金牛奖”、金龙村获“蜗牛奖”。开展“智控平台”管理和使用培训会6次，解决群众实事68个。对连续5个月未参加党组织生活的党员列“警示党员”。推进“双整”（干部纪律作风整顿集中活动和社会治安综合整治集中活动）、“两全”（基层党组织“全领域建强、全领域提升”）及生态画廊党建示范带建设，打造“五型”（乡土型、定制型、先锋型、实用型、智慧型）课堂和团队，创建市级实训基地1个，AAA级讲堂1个，AA级讲堂2个。

【换届工作】 10月16日，中国共产党龙游县社阳乡第十四次代表大会开幕。49位正式党代表和17位列席代表参会。大会总结回顾社阳乡过去五年发展成果，围绕今后五年奋斗目标，就工作重点和工作措施提出新要求。大会收到各代表组10人以上联名提议意见和建议10件。大会依照法定程序选举产生新一届乡党委、乡纪委班子以及出席中国共产党龙游县第十二次代表大会代表。12月26—27日，社阳乡第十八届人民代表大会第一次会议召开。会议期间，组织全体代表观看警示片《警钟长鸣》，通过大会议程、主席团、秘书长名单和代表资格审查委员会名单等四项议程。组织代表赴红光村参观学习人大代表助推“基层矛盾”清零试点行动，参观高坪桥水库智慧管理中心。27日，召开第十八届人民代表大会第一次全体会议，应到正式代表48人，实到正式代表48人。大会总结回顾过去五年全乡经济社会发展取得成绩，全面部署未来五年发展目标和任务。选举产生社阳乡第十八届人大主席团主席，乡长、副乡长。新当选同志举行宪法宣誓仪式。票决出3项2022年社阳乡为民办实事工程。

（社阳乡　祝悦雯）

大街乡

【概况】 大街乡位于龙南山区，距县城35千米，四面群山环抱，地势自东北向西南倾斜，地形呈锅形，潼溪横贯其中，长约12.75千米。辖区面积42.5平方千米。东与社阳乡相邻，南与遂昌县苏村乡交界，西与溪口镇、沐尘乡毗邻，北与罗家乡接壤。辖大街、新槽、横坑、岭脚、方旦、杨村、贺田、贺康8个行政村。有2826户，7328人。10个党支部，党员345名，村“两委”干部50名。2021年，乡财政收入5848.51万元，一般公共预算收入1459.29万元，一般预算支出1459.29万元，居民人均可支配收入25940元。被评为国家级生态乡、国家卫生乡、浙江省“我心中最美”生态乡镇、浙江省森林城镇，漫行大街被评为AAA级景区。

【环境治理】 聚焦农村水质提标、村容村貌提升、集镇规范化管理，综合开展环境整治工作，围绕“生态宜居”做实三篇文章。围绕创新“党建+治水”模式，以美丽河湖建设、河长制度落实、小流域综合治理、生活污水提标改造工程、“找寻查挖”行动等为抓手，带动全民参与“五水共治”，打通治水护水“最后一公里”，收到“整治一条潼溪，净化一方水质，美化一片环境”综合效益。潼溪水质长期稳定保持在Ⅱ类水质，确保一江清水出大街。改革创新，“贺田模式”升级到3.0智能化版本，垃圾进行源头分类、追溯、减量处理和再利用，完善“乡主导、村负责、户配合”的三级垃圾分类监管体系，结合乡域实际，创建垃圾分类“零废弃村”。垃圾循环超市正式投入使用，利用好垃圾兑换券，调动村民开展垃圾源头分类积极性，让农村生活垃圾分类真正实现“闭环运行、无害化处理、资源化利用”，垃圾分类向减量化、精细化、智能化方向迈进。加强统筹布局，找准本乡集镇功能定位，以“五美”标准（环境美、生活美、产业美、人文美、治理美），大街村美丽城镇建设、文化体育广场改造项目开工建设，加大配套基础设施投入，提升集镇综合服务功能，打造独具特色的美丽集镇区。

【产业发展】 坚持特色发展、区域布局、规模种植，聚力打造“一村一品”产业格局。在提升笋竹、笋豆、板栗等传统产业层次基础上，结合美丽城镇建设、“三改一拆”、国土整治等项目，推进传统产业加工“低小散”整治。发挥自媒体宣传作用，拓宽传统农产品销售渠道、提高产品效益。抓好油茶、黄茶、香榧基地建设，千亩油茶和香榧初具规模，30公顷黄茶长势良好。杨村村通过“茶旅综合体”项目建设带动村集体年增收5万元，“神农谷”田园综合体项目五年培育，一期项目采用“企业+合作社+农户”模式，企业流转土地273.33公顷，形成总规模333.33公顷中草药种植示范基地，解决村民临时就业310人，发放工资460万元，人均增收3800元，村集体每年保底收益30万元。加快二期项目落地，助推中草药产业转型升级，抓住国土空间规划调整及全域土地整治项目申报契机，争取调整永农建设用地指标，筹建高端民宿中医康养基地。筹措资金2000万元建设万亩药园加工研学基地，前期准备完成。上海复源维康生物科技有限公司与安徽德生堂合作生产中药系列化妆品，完成产品研发，即将投产。

【旅游开发】 按照“全域、全景、全时空”要求，把握生态环境优势，挖掘资源、做好结合文章，推动全域旅游与其他产业融合发展。完善基础设施、优化服务功能、凸显乡域特色，集成打造贺田乡村休闲度假、杨村生态农业休闲、新槽梯田文化体验三个景区村，形成集休闲、养生、旅游为一体的田园综合体项目。发挥AAA级景区乡镇生态优势，探索绿水青山转化为金山银山的现实路径，将古村落保护与民宿经济、乡村旅游与生态农业相结合，立足方旦村祝家古村落独有景观资源，与北京五道集团合作，共同打造城郊生态田园综合体项目报批立项。“企业+院校”模式合作的中小学生研学项目初步达成协议，投资600万元的研学大楼准备动工。通过抖音、微博直播等新媒体，开启线上赏景、线下旅游新模式，以新槽梯田为中心，连带辐射贺田雄鸡山、横坑铜钹山、方旦祝家古村落及平坑水库等景点，打造网红打卡地，发展壮大大街旅游事业。

【民生保障】 加强特殊群体关爱，发放各类补助金122.08万元，发放救济、救助资金6.92万元，惠及全乡低保户228户，292人，低边46人，特困6人。在册低边户26户45人，在册特困户5户5人，保障金额2030369元。

开展“春泥计划”“微心愿”活动，发放留守儿童保障金额72950元。定期开办各项农民技能培训班和提升班，提升农民综合素质。加强公共文化设施建设，将综合文化站、乡村振兴讲堂、文化礼堂平台打造成农民文体活动主阵地，发掘培养本地农民文艺人才，在农民舞蹈节、运动会、龙游县芍药花节等各类文化活动中展演。贺田村成立的乡贤会、婺剧团、书画会、女神会，在各类文体活动中发挥作用。以“最多跑一地”改革为牵引，发挥乡综合信息指挥中心统筹融合、分析研判、协调联动作用。运用好“网络+网格”“线上+线下”“干部+群众”工作叠加模式，无论是大事小事急事难事，只要是老百姓的事，我们干部就把它当回事，做到“办事不出村、矛盾不出乡、平安不出事”。发挥网格主体作用，“一长三员”全部奋战一线，开展疫情管控和服务，确保一户不漏、一人不少。让“龙游通”成为疫情实时监控系统，利用“龙游通”平台、钉钉和微信群、方言顺口溜、横幅标语、志愿宣传等媒介途径，发放宣传资料500余份，悬挂宣传标语50余条。

【党建统领】 推行“党建+”工作模式，围绕乡风文明、美丽乡村、产业发展、山水宜居等工作，提出“幸福大街、宜居家园”党建品牌文化，以党建统领推动工作，创建安居乐业家园。抓好“贺田模式”金字招牌，打造“幸福大街、宜居家园”，按照“全领域建强、全区域提升”和“三个三”［“三大主体工程”：乡镇（街道）主体责任、村（社）党组织主体作用、党员群众主体意识；“三个全覆盖”：组团联村全覆盖、网格支部全覆盖、党员联户全覆盖；“三大服务指数”：乡镇（街道）党（工）委服务指数、村社党组织堡垒指数、党员先锋指数］基层党建工程要求，以AAA景区为主体，沿潼溪路，创联贺田（贺田模式教育基地——洁净家园）、杨村（移民精神传承基地——奋进家园）、新槽（中草药产业发展基地——创业家园）、大街（宜居乡村展示基地——宜居家园）、横坑（高端民宿建设基地——生态家园），观摩沿线乡村发展中发挥作用和产业、景区特色节点，激发党员干部干事创业热情。以示范带达标、达标争示范为目标，确定“创业致富、异地联户、红色管家”等品牌，争取全乡8个村串成线、连成片，展示出党建统领基层建设、推动发展大街样板。坚持以“两山”理念为指导，厚植生态优势，促进特色产业发展，促进群众增收。聚焦疫情防控、国土整治大会战、全域旅游、脱贫攻坚、美丽城镇创建、产业转型升级等工作，克难攻坚，开拓进取，推进高端民宿“集聚群”、方旦祝家古村落提升改造、中草药博览园、精品旅游线路、垃圾分类“零废弃村”等项目建设。

【换届工作】 10月16日，召开中国共产党龙游县大街乡第十二次代表大会。46位正式党代表和4位列席代表参会。大会选举产生中国共产党大街乡第十二届委员会委员7名、中国共产党大街乡纪律检查委员会委员3名和出席中国共产党龙游县第十二次代表大会代表3名。完成大会各项任务。 12月23日至24日，大街乡第十六届人民代表大会第一次会议召开。会议组织全体代表观看警示片《警钟长鸣》，对新一届代表开展代表法及履职培训，24日，召开第一次全体会议，应到正式代表49人，实到43人。大会总结回顾过去五年全乡经济社会发展取得成绩，部署未来五年发展目标和任务，选举产生大街乡第十六届人大主席团主席，乡长，对2021年大街乡民生实事项目进行满意度测评、票决出4项2022年大街乡民生实事项目。

（大街乡　段　锋）

2021年先进集体

国家级集体荣誉（含部门）一览表

表43

荣誉称号	获奖单位	颁奖单位	获奖时间
全国脱贫攻坚先进集体	浙江宗泰农业发展股份有限公司	中共中央、国务院	2021.02
《龙游县实施“人才金种子计划”助力乡村振兴》被中组部《组工信息》第110期录用为标题信息，被《中国组织人事报》刊发	中共龙游县委组织部	中共中央组织部、《中国组织人事报》	2021.10
组织系统2021年度信息报送先进单位	中共龙游县委组织部	中共中央组织部办公厅	2022.03
全国第二批“枫桥式公安派出所”	龙游县公安局湖镇派出所	公安部	2022.03
全国交通运输系统脱贫攻坚成绩突出集体	龙游县交通运输局	交通运输部	2021.04
2017—2020年度全国群众体育先进单位	龙游县文广旅体局	国家体育总局	2021.09
第三批全国中小学中华优秀传统文化传承学校	龙游县实验小学	教育部体育卫生与艺术教育司	2021.11
全国教育系统关心下一代工作先进集体	龙游县教育局关心下一代工作委员会	教育部关心下一代工作委员会	2021.12
2021年全国足球特色幼儿园	龙游县塔石中心幼儿园	教育部办公厅	2022.01
2021年全国青少年校园足球特色学校	龙游县寺后初级中学	教育部办公厅	2022.01
全域土地综合整治试点	龙游县模环乡	自然资源部办公厅	2021.01
全国自然资源系统“七五”普法成绩突出集体	龙游县自然资源和规划局	自然资源部办公厅	2021.06
2020—2021年度《中国劳动保障报》新闻宣传工作做得好的单位	龙游县人社局	人力资源社会保障部办公厅	2021.09
农工党脱贫攻坚先进集体	农工党龙游县总支委员会	中国农工民主党中央委员会	2021.06
2021年民营企业调查点工作先进基层单位	龙游县工商业联合会	中华全国工商业联合会	2021.12
全国“五好”县级工商联	龙游县工商业联合会	中华全国工商业联合会	2021.12
2019—2020年度全国“四好”商会	龙游县永康商会	中华全国工商业联合会	2021.01
2021年度“全国侨联系统助力脱贫攻坚先进集体”	龙游县归国华侨联合会	中华全国归国华侨联合会	2022.02

续表 43

荣誉称号	获奖单位	颁奖单位	获奖时间
2021 年小平科技创新实验室	龙游凯马国际学校	共青团中央青年发展部	2021.03
“中国天然氧吧”称号	龙游县	中国气象局公共气象服务中心	2021.11
2021 优质投资环境县	龙游县	《小康》杂志、中国小康网	2021.06
全国科技创新百强县市	龙游县	《光明日报》	2021.09
《龙游年鉴（2020）》入选第五批中国年鉴精品工程	龙游县档案馆	中国地方志指导小组办公室	2021.04
《龙游年鉴（2020）》获第八届全国地方志优秀成果（年鉴类）特等年鉴	龙游县档案馆	中国地方志指导小组、中国地方志学会	2021.12
2021 年度司法宣传和通联工作先进单位	龙游县人民法院	人民法院新闻传媒总社	2021.12
入围全国整县屋顶分布式光伏开发试点	龙游县	国家能源局综合司	2021.09
2021 年度先进国家级中心测报点	龙游县森林病虫害防治检疫站	国家林业与草原局生物灾害防控中心	2022.01
全国优秀质量管理小组	国网浙江省电力有限公司龙游县供电公司带电作业班	中国质量协会	2021.12
9 月百强供电所	国网浙江省电力有限公司龙游县供电公司城区供电中心	国家电网公司	2021.09
10 月百强供电所	国网浙江省电力有限公司龙游县供电公司城区供电中心	国家电网公司	2021.10
11 月百强供电所	国网浙江省电力有限公司龙游县供电公司城区供电中心	国家电网公司	2021.11
12 月百强供电所	国网浙江省电力有限公司龙游县供电公司湖镇供电所	国家电网公司	2021.12
高新技术企业	浙江德辉食品有限公司	全国高新技术企业认定管理工作领导小组	2021.12
第七次全国人口普查先进集体	龙游县东华街道张王村	国务院第七次全国人口普查领导小组	2021.09
禁种铲毒工作阶段性成效通报（龙游县取得良好宣传效果）	龙游县	国家禁毒委员会办公室	2021.05
2021 年度先进国家级中心测报点	龙游县森林病虫害防治检疫站	国家林业和草原局生物灾害防控中心	2022.01

省级集体荣誉（含部门）一览表

表 44

荣誉称号	获奖单位	颁奖单位	获奖时间
浙江省消除集体经济薄弱村工作成绩突出集体	中共龙游县委组织部	中共浙江省委、浙江省人民政府	2021.01
浙江省扶贫开发工作成绩突出集体	龙游县扶贫工作领导小组办公室	中共浙江省委、浙江省人民政府	2021.01
2020 年度平安县（一星平安金鼎）	龙游县	中共浙江省委、浙江省人民政府	2021.03
2021 年度平安县（市、区）	龙游县	中共浙江省委、浙江省人民政府	2022.04
市县党政领导科技进步目标责任制考核优秀	龙游县	中共浙江省委、浙江省人民政府	2021.06

续表 44

荣誉称号	获奖单位	颁奖单位	获奖时间
浙江省先进基层党组织	龙游县疾病预防控制中心党支部、龙游县公安局东华派出所党支部	中共浙江省委	2021.07
省级生态文明建设示范县	龙游县	浙江省人民政府	2021.07
浙江省全域旅游示范县	龙游县	浙江省人民政府	2021.10
全省扫黑除恶专项斗争先进集体	龙游县人民法院	中共浙江省委办公厅、浙江省人民政府办公厅	2021.03
2019—2020 年省农村工作指导员工作成绩突出单位	龙游县	中共浙江省委办公厅、浙江省人民政府办公厅	2021.08
2021 年度浙江省新时代美丽乡村示范县	龙游县	中共浙江省委办公厅、浙江省人民政府办公厅	2022.01
2021 年浙江省产粮大县	龙游县	中共浙江省委办公厅、浙江省人民政府办公厅	2022.02
2021 年度浙江省实施乡村振兴战略实绩考核优秀单位	龙游县	中共浙江省委办公厅、浙江省人民政府办公厅	2022.04
2021 年度全省网络生态“瞭望哨”工程建设成绩突出集体	中共龙游县委网信办	中共浙江省委办公厅	2022.02
推动建筑业和房地产平稳健康发展成效较好的县	龙游县	浙江省人民政府办公厅	2021.05
浙江省松材线虫病防治工作和全面禁止非法交易、滥食野生动物工作突出贡献集体	龙游县林业水利局	浙江省人民政府办公厅	2021.12
浙江省粮食增产保供成绩突出集体	龙游县农业农村局	浙江省人民政府办公厅	2021.11
浙江省农村宅基地工作成绩突出集体	龙游县农业农村局	浙江省人民政府办公厅	2022.02
“‘县乡一体、条抓块统’县域整体智治改革”获 2021 年度浙江省改革突破奖金奖	龙游县	中共浙江省委全面深化改革委员会	2022.02
全省高质量发展建设共同富裕示范区首批试点	龙游县	浙江省高质量发展建设共同富裕示范区领导小组办公室	2021.07
2021 年度全省无邪教创建示范工作成绩突出集体	龙游县	中共浙江省委建设平安浙江领导小组	2022.03
创建万里美丽经济交通走廊达标县	龙游县	浙江省交通强省建设领导小组办公室	2021.05
浙江省事业单位改革成效突出集体	中共龙游县委编办	浙江省事改领导小组	2021.12
全省渔业高质量发展工作成绩突出集体	龙游县农业农村局	中共浙江省委农村工作领导小组办公室、浙江省农业农村厅	2022.03
全省“最佳志愿服务组织”	龙游县“8090 新时代理论宣讲团”	中共浙江省委宣传部、省精神文明建设委员会办公室、省民政厅	2021.12
2016—2020 浙江省依法治理创建活动成绩突出单位	龙游县司法局东华司法所	中共浙江省委全面依法治省委员会守法普法协调小组	2021.12
2021 年度全省深化“千万工程”建设新时代美丽乡村（农村人居环境提升）工作优胜县	龙游县	浙江省“千村示范、万村整治”工作协调小组办公室	2021.12
2021 年度浙江省美丽乡村示范乡镇	龙游县社阳乡、大街乡	浙江省“千村示范、万村整治”工作协调小组办公室	2021.12
2021 年度浙江省美丽乡村风景线	龙游县竹海风情生态线	浙江省“千村示范、万村整治”工作协调小组办公室	2021.12

续表 44

荣誉称号	获奖单位	颁奖单位	获奖时间
2021 年度浙江省美丽乡村特色精品村	龙游县社阳乡社阳村、大街乡新槽村、湖镇镇文林村、湖镇镇地圩村、湖镇镇曹垅村	浙江省“千村示范、万村整治”工作协调小组办公室	2021.12
2021 年度浙江省新时代美丽城镇建设省级样板	湖镇镇、沐尘畲族乡	浙江省城乡环境整治工作领导小组	2021.12
2021 年度浙江省新时代美丽城镇建设基本达标乡镇	塔石镇、庙下乡、罗家乡、大街乡、石佛乡	浙江省城乡环境整治工作领导小组	2021.12
2021 年度全省新时代美丽城镇建设优秀县	龙游县	浙江省城乡环境整治工作领导小组美丽城镇建设办公室	2022.01
2021 年度全省新时代美丽城镇建设成绩突出集体	龙游县住建局	浙江省城乡环境整治工作领导小组美丽城镇建设办公室	2022.01
2021 年度省级美丽宜居示范村创建名单	横山镇天池村、社阳乡大公村、罗家乡荷村村、沐尘乡沐尘村	浙江省城乡环境整治工作小组美丽宜居村镇示范办公室、浙江省住房和城乡建设厅	2020.11
2021 年度开展风貌保护提升工作传统村落名单	横山镇天池村、社阳乡大公村	浙江省城乡环境整治工作小组美丽宜居村镇示范办公室、浙江省住房和城乡建设厅	2020.11
2021 年度村庄设计与农房设计落地试点名单	沐尘乡沐尘村	浙江省城乡环境整治工作小组美丽宜居村镇示范办公室、浙江省住房和城乡建设厅	2020.11
2021 年度浙江省生活垃圾分类工作成绩突出集体	龙游县住建局	浙江省生活垃圾分类工作领导小组办公室	2021.12
2021 年度浙江省高标准生活垃圾分类示范片区	龙洲街道、东华街道	浙江省垃圾分类领导小组办公室	2021.12
2021 年度浙江省高标准生活垃圾分类示范小区	广和印江南、华达龙都锦城、阳光水岸、远洋现代城、祥生翰林府、祥生国玥府	浙江省垃圾分类领导小组办公室	2021.12
2021 年度全省生活垃圾分类工作优秀县	龙游县	浙江省生活垃圾分类工作领导小组	2022.02
2021 年度“浙江省善治村”	溪口镇扁石村、塔石镇泽随村、石佛乡西金源村、龙洲街道渡贤头村、詹家镇方村村、詹家镇夏金村、庙下乡梅林村、庙下乡浙源里村	浙江省乡村振兴领导小组办公室	2022.04
2021 年度“浙江省善治示范村”	溪口镇大沃口村、湖镇镇文林村、湖镇镇茆头村、龙洲街道曹家村、模环乡五都桥村、模环乡清塘村、社阳乡连上村、社阳乡凤溪村、沐尘乡康源村、东华街道湖底叶村、溪口镇灵下村、石佛乡姚村村、大街乡横坑村、詹家镇新安村、塔石镇叶村村、罗家乡荷村村、庙下乡陈村村、东华街道下杨村村、小南海镇龙丰村、小南海镇新山水村、横山镇腰塘边村、横山镇横山村、罗家乡缪家村	浙江省乡村振兴领导小组办公室	2022.04

续表 44

荣誉称号	获奖单位	颁奖单位	获奖时间
2021 年度全省农村生活垃圾分类处理工作优胜县	龙游县	浙江省“千村示范、万村整治”工作协调小组办公室	2021.12
2021 年度省级高标准农村生活垃圾分类示范村	湖镇镇坪湖村、詹家镇山后村、庙下乡浙源里村	浙江省“千村示范、万村整治”工作协调小组办公室	2021.12
2021 年度全省组织系统优秀调研成果	中共龙游县委组织部	中共浙江省委组织部	2022.03
2021 年度全省老干部工作先进集体	龙游县委机关工委（老干部局）	浙江省委组织部、省委老干部局、省人社厅	2022.03
浙江省基层理论宣讲成绩突出的集体	中共龙游县委宣传部	中共浙江省委宣传部	2022.02
浙江省五星级农村文化礼堂	罗家乡席家村文化礼堂、石佛乡石佛村文化礼堂、龙洲街道半爿月村文化礼堂、小南海镇茶圩里村文化礼堂、溪口镇石角村文化礼堂	中共浙江省委宣传部	2021.04
2016—2020 年全国依法治理创建活动先进单位	龙游县湖镇镇人民政府	中共浙江省委宣传部、省司法厅、省普法办	2021.09
浙江省文明单位	中国人民银行龙游县支行、中国电信股份有限公司龙游分公司	浙江省精神文明建设委员会	2021.01
2021 年省级先进制造业与现代服务业融合发展试点	浙江龙游经济开发区	浙江省发展和改革委员会	2021.09
2021 年浙江省首批浙江省现代服务业创新发展区	龙游经济开发区	浙江省发展和改革委员会办公室	2021.10
第二批千年古城复兴试点建设名单	溪口镇	浙江省发展和改革委员会	2021.12
浙江省数字经济“五新”优秀案例	浙江宗泰农业发展股份有限公司	浙江省数字经济发展领导小组办公室	2021.12
龙游县现代服务业创新发展区列入首批浙江省现代服务业创新发展区名单	龙游县	浙江省服务业办	2021.10
2021 年浙江省电子商务示范村	东华街道街路村、湖镇镇东金村、湖镇镇上溪头村、模环乡模环村、沐尘畲族乡沐尘村、溪口镇溪口村	浙江省商务厅	2021.11
2021 年浙江省电商专业村	东华街道街路村、湖镇镇地圩村、湖镇镇东全村、湖镇镇上溪头村、湖镇镇希唐村、模环乡模环村、沐尘畲族乡沐尘村、社阳乡青塘坞村、溪口镇溪口村	浙江省商务厅	2021.12
2021 年浙江省电商镇	湖镇镇	浙江省商务厅	2021.12
入选生态工业样本县	龙游县	山区 26 县跨越式高质量发展工作专班办公室	2021.05
入选浙江省共同富裕示范区建设试点（生态工业跨越式高质量发展试验区—缩小地区差距）	龙游县	浙江省共富办	2021.07
2021 年度浙江省市场监管安全保障工作成绩突出集体	龙游县市场监督管理局	浙江省市场监督管理局	2022.01
全省市场监管系统 2016—2020 年度法治宣传教育表现突出单位	龙游县市场监督管理局	浙江省市场监督管理局	2021.12

续表 44

荣誉称号	获奖单位	颁奖单位	获奖时间
2020—2021 年度全省消保委系统消费维权先进集体	龙游县消费者权益保护委员会	浙江省消费者权益保护委员会	2021.12
全省系统 2021 年度普法微视频三类作品	《电信网络反诈》（龙游县市场监管局选送）	浙江省市场监督管理局	2021.12
药品安全治理与技术赋能成绩突出集体	龙游县市场监督管理局	浙江省药品监督管理局	2022.01
全省药品稽查执法工作成绩突出集体	龙游县市场监管综合行政执法队	浙江省药品监督管理局	2022.01
2021 年浙江省四星级乡镇（街道）食安办	东华街道食安办	浙江省食品药品安全委员会办公室	2021.11
集体二等功	湖镇派出所	浙江省公安厅	2021.12
车辆检测“一件事”集成改革工作成绩突出集体	龙游县公安局交通警察大队	浙江省公安厅	2021.12
2021 年度浙江省“扫黄打非”进基层示范点	塔石镇	浙江省扫黄打非办公室	2021.09
示范基层党组织	龙游县消防救援大队党委	浙江省消防救援总队	2022.07
先进消防站	龙翔路消防救援站	浙江省消防救援总队	2022.01
浙江省2021 年度省级“民主法治村（社区）”	沐尘畲族乡康源村、詹家镇石亘村、庙下乡晓溪村、庙下乡陈村村、庙下乡长生桥村、庙下乡严村村、小南海镇龙西村、小南海镇雅塘村、东华街道下杨村、东华街道官村村	浙江省司法厅、浙江省民政厅、浙江省普法办公室	2022.01
全省“枫桥式”司法所建设表现突出集体	东华街道	浙江省司法厅	2021.12
浙江省“枫桥式”司法所	龙游县司法局东华司法所	浙江省司法厅	2021.12
第四批省级引领型农村社区	詹家镇浦山村、大街乡贺田村、东华街道官村村、罗家乡席家村	浙江省民政厅	2021.12
省级革命老区乡镇	沐尘畲族乡	浙江省民政厅	2021.12
浙江首批文旅 IP 库	龙游石窟	浙江省文化和旅游厅	2021.01
全省大数据旅游统计应用试点单位	龙游县	浙江省文化和旅游厅	2021.08
浙江省一级综合文化站	模环乡文化站、詹家镇文化站、石佛乡文化站、罗家乡文化站、沐尘畲族乡文化站、湖镇镇文化站、横山镇文化站、溪口镇文化站	浙江省文化和旅游厅	2021.12
浙江省二级综合文化站	东华街道文化站、龙洲街道文化站、社阳乡文化站、小南海镇文化站、塔石镇文化站、大街文化站	浙江省文化和旅游厅	2021.12
浙江省三级综合文化站	庙下乡文化站	浙江省文化和旅游厅	2021.12
2021 年度浙江省文化示范村	横山镇志棠村	浙江省文化和旅游厅	2021.12
2021 年度浙江省文化强镇	詹家镇	浙江省文化和旅游厅	2021.12
文化基因解码成果“优秀”等次	龙游县	浙江省文化和旅游厅	2022.01
文化基因解码“优秀解码项目”	龙游商帮、姜席堰、皮纸、龙游石窟	浙江省文化和旅游厅	2022.01

续表 44

荣誉称号	获奖单位	颁奖单位	获奖时间
浙江省公共文化服务现代化先行县培育单位	龙游县	浙江省文化和旅游厅	2021.12
首批“浙江文化标识”培育项目	龙游商帮文化	浙江省文化和旅游厅	2022.01
AAAA 级景区镇	沐尘畲族乡、庙下乡、詹家镇、湖镇镇、塔石镇	浙江省文化和旅游厅	2022.02
AAA 级景区镇	罗家乡	浙江省文化和旅游厅	2022.02
大赛组织奖	龙游县文广旅体局	首届浙江乡村文化艺术节乡村舞蹈大赛组委会	2021.09
第十五届全省博物馆陈列展览精品项目奖	龙游县博物馆	浙江省文物局	2021.10
2020 年度全省十佳 APP	龙游传媒集团	浙江省记协县市区域报工作委员会、浙江省报业协会县市报委员会	2021.05
2020 年度全省“融媒中心 20 强”	龙游传媒集团	浙江省记协县市区域报工作委员会、浙江省报业协会县市报委员会	2021.05
2020 年度省广播对农节目服务工程建设考核优秀奖（省级一等奖）	龙游传媒集团	浙江省广播电视局	2021.10
2020 年度省电视对农节目服务工程建设考核鼓励奖（省级二等奖）	龙游传媒集团	浙江省广播电视局	2021.10
2021 年度浙江华数全省骨干光缆维护先进单位	龙游传媒集团	浙江华数广电网络股份有限公司	2022.01
2021 年度浙江省广电主干传输网技术维护先进集体	龙游传媒集团	浙江广电集团	2022.01
2021 年度“浙报集团融媒共享联盟·最佳合作奖”	龙游传媒集团	中共浙江日报报业集团委员会	2022.01
2021 年度十佳支站	龙游传媒集团	浙江在线新闻网站	2022.01
2021 年度优秀天目号	龙游传媒集团	天目新闻客户端	2022.01
2021 年度电视新闻协作三等奖	龙游传媒集团	浙江广播电视集团	2022.04
2021 年度广播新闻协作三等奖	龙游传媒集团	浙江广播电视集团	2022.04
2020—2021 年度浙江省青年文明号	衢州海关查检三科、龙游农商银行小南海绿色专营支行	浙江省“青年文明号、青年岗位能手”活动组委会	2022.04
全省新时代乡村集成改革工作成绩突出集体	龙游县农业农村局	中共浙江省委农村工作领导小组办公室、浙江省农业农村厅	2022.03
浙江省农业农村领域高质量发展推进共同富裕实践试点名单	溪口镇“一镇带三乡”山区跨越式高质量发展试验区	浙江省农业农村厅	2021.10
全省农业农村系统农业和渔业执法工作先进集体	龙游县农业综合行政执法队	浙江省农业农村厅	2021.11
浙江省第一批数字农业工厂认定企业	浙江龙和水产养殖开发有限公司	浙江省农业农村厅	2021.12
2021 年度浙江省“一村万树”示范村	社阳乡社阳村、庙下乡毛连里村、湖镇镇下童村、大街乡新槽村	浙江省林业局	2021.12
2021 年度“浙江省森林城镇”	社阳乡、大街乡、罗家乡、庙下乡	浙江省关注森林组织委员会	2021.12
浙江省第二批“十大名山公园”	龙游县六春湖	浙江省林业局、省发改委、省自然资源厅、省文旅厅	2021.12
浙江省第十一批生态文化基地	庙下乡毛连里村	浙江省生态文化协会、省林业局	2021.12

续表 44

荣誉称号	获奖单位	颁奖单位	获奖时间
2021 年度浙江省农村供水规范化水厂	龙游县溪口自来水厂	浙江省水利厅办公室	2021.11
2021 年度小型水库系统治理和水利工程管理“三化”改革成绩突出集体	龙游县林业水利局	浙江省水利厅	2021.12
2021 年度浙江省美丽河湖	龙游县衢江龙游城区段	浙江省水利厅、省美丽浙江建设领导小组河长制办公室	2021.12
浙江省节水标杆单位	龙游县柳园小学	浙江省水利厅	2021.12
2021 年度水利争先创优第二批优秀案例——实现龙游版“南水北调”，保障农村群众喝好水	龙游县	浙江省水利厅	2022.01
2021 年度水利争先创优第二批优秀案例——龙游高坪桥数字水库建设	龙游县	浙江省水利厅	2022.01
第一批全省水利数字化改革“优秀应用”	龙游县高坪桥水库运维智慧应用	浙江省水利厅	2022.01
2021 年度浙江省建筑施工安全生产标准化管理优良工地名单	高坪桥水库工程	浙江省住房和城乡建设厅	2021.12
2020 年度省建筑施工安全生产标准化工地	机器人产业园一期(4—6组团)	浙江省住房和城乡建设厅	2021.03
2021 年度建筑工业化和建筑节能和绿色建筑优秀县	龙游县	浙江省住房和城乡建设厅	2022.02
浙江省园林城镇	龙游县小南海镇、湖镇镇	浙江省住房和城乡建设厅	2022.01
2021 年度全省人民防空工作先进单位	龙游县人民防空办公室	浙江省人民防空办公室	2022.01
“十三五”生态环境质量报告书	衢州市龙游生态环境监测站	浙江省生态环境厅	2021.09
2021 年度全省生态环境信访岗位练兵比武活动集体二等奖	衢州市生态环境局龙游分局	浙江省生态环境厅	2022.01
2021 年全省饮用水卫生监测质量控制工作评估优秀	龙游县疾病预防控制中心	浙江省水质监测质量控制中心	2022.01
浙江省一级幼儿园	龙游县灵江幼儿园	浙江省教育厅	2021.01
浙江省“幼小衔接”试点园	龙游县灵江幼儿园	浙江省教育厅	2021.09
浙江省现代化学校	龙游阳光小学、龙游县溪口小学、龙游县实验幼儿园、龙游县第三中学、衢州工商学校	浙江省教育厅	2021.12
浙江省成绩突出少先队集体	龙游阳光小学	浙江省教育厅	2021.12
首批浙江省中小学思政课教师实践教育基地	龙游县龙南党史学习教育基地（溪口小学）	浙江省教育厅	2021.12
浙江省中小学生艺术节优秀组织奖、浙江省学生艺术实践工作坊一等奖、浙江省城乡义务教育共同体典型案例学校	龙游县实验小学	浙江省教育厅	2021.11
浙江省数字社会未来教育重点场景先行建设单位（第二批）	溪口镇溪口片区	浙江省教育厅办公室	2021.12
浙江省中小学劳动教育实验学校	龙游县北辰小学	浙江省教育厅教研室	2021.12
2021 年浙江省先进教研组	龙游县实验小学、龙游华茂外国语学校、龙游县第三中学	浙江省教育厅教研室	2021.12
浙江省教育学会教科研先进集体	龙游县模环小学	浙江省教育学会	2021.12
2020—2021 年度先进集体	龙游县塔石小学	浙江省教育学会乡村教育分会	2021.10

续表 44

荣誉称号	获奖单位	颁奖单位	获奖时间
浙江省“百年名校”	龙游县模环小学、龙游县溪口小学	浙江教育报刊总社	2021.12
2020 年度浙江省课外阅读先进集体	龙游县第二高级中学、龙游县华岗中学、龙游华茂外国语学校、龙游阳光小学	浙江教育报刊总社	2021.04
2021 年浙江省健康促进金牌学校	龙游县横山中学、龙游县第三中学	浙江省教育厅、省卫生健康委员会	2021.12
2021 年浙江省健康促进银牌学校	龙游县北辰小学、龙游县詹家小学、龙游县兰塘小学	浙江省教育厅、省卫生健康委员会	2021.12
2021 年浙江省健康促进铜牌学校	龙游县寺后小学	浙江省教育厅、省卫生健康委员会	2021.12
浙江省 2019—2020 年度教科研先进集体	衢州工商学校	浙江省教育科学研究院、省教育科学规划领导小组办公室	2021.12
浙江省近视防控特色学校	衢州工商学校	浙江省卫生健康委员会办公室	2021.12
浙江省优秀党建品牌	衢州工商学校	浙江省成人教育与职业教育协会	2021.03
浙江省中小学教师信息技术应用能力提升工程 2.0 第一期示范校	龙游县实验小学	浙江省教育技术中心	2021.11
精准教研空间获 2021 年浙江省中小学新型教学空间优秀案例	龙游县塔石小学	浙江省教育技术中心	2021.11
浙江省老年教育优秀社团	浙江广播电视大学龙游分校夕阳学堂书画社	浙江开放大学	2021.01
奥鹏教育招生工作先进学习中心	浙江广播电视大学龙游分校	浙江开放大学	2021.11
2020—2021 年度思想政治工作先进单位	浙江广播电视大学龙游分校	浙江开放大学	2021.12
大连理工大学现代远程教育优秀学习中心	浙江广播电视大学龙游分校	大连理工大学	2021.07
2016—2020 年度科研先进单位	浙江广播电视大学龙游分校	浙江省现代远程教育学会	2021.11
浙江省数字家长学校	龙游县西门小学	浙江省教育厅电教馆	2021.11
浙江省地理学会第五届先进基层单位	龙游县第二高级中学	浙江省地理学会	2021.10
浙江省税务系统先进集体	国家税务总局龙游县税务局机关党委（党建工作股）	浙江省税务局、浙江省人力资源和社会保障厅	2021.12
人才工作通报表扬	龙游县人社局	浙江省人力社保厅	2022.01
专技工作通报表扬	龙游县人社局	浙江省人力社保厅	2022.01
全省人社系统绩效考评优秀单位	龙游县人社局	浙江省人力社保厅	2022.02
全面建设先进人武部	龙游县人民武装部	浙江省军区	2022.01
浙江省百家红色退役军人服务站	庙下乡退役军人服务站	浙江省退役军人事务厅	2021.08
浙江省退役军人服务保障体系建设先进单位	龙游县退役军人事务局	中共浙江省委退役军人事务工作领导小组	2021.12
浙江省退役军人全生命周期管理保障工作成绩突出集体	龙游县退役军人事务局	浙江省退役军人事务厅	2021.12

续表 44

荣誉称号	获奖单位	颁奖单位	获奖时间
2021 年浙江省“新时代枫桥式退役军人服务站”	龙洲街道红星社区退役军人服务站、龙洲街道阳光社区退役军人服务站、龙洲街道方门街社区退役军人服务站、东华街道东华街社区退役军人服务站、东华街道官村村退役军人服务站、湖镇镇上下范村退役军人服务站、湖镇镇星火村退役军人服务站、塔石镇双联新村退役军人服务站、横山镇上向徐村退役军人服务站、詹家镇夏金村退役军人服务站、石佛乡石佛村退役军人服务站、庙下乡陈村村退役军人服务站、小南海镇傅家畈村退役军人服务站、溪口镇溪口村退役军人服务站、模环乡模环村退役军人服务站、罗家乡席家村退役军人服务站、社阳乡源头村退役军人服务站、社阳乡红光村退役军人服务站、沐尘乡双戴村退役军人服务站、大街乡杨村村退役军人服务站	中共浙江省委退役军人事务工作领导小组办公室	2021.12
省政协联谊报宣传工作先进单位	龙游县政协	浙江省政协办公厅	2021.11
民革浙江思想宣传工作先进集体	民革龙游县基层委员会	民革浙江省委员会	2021.11
民革浙江省 2017—2021 年度先进集体	民革龙游县基层委员会	民革浙江省委员会	2022.05
2021 年度浙江省五好民革党员之家	龙游县民革党员之家	民革浙江省委员会	2022.01
民盟浙江社会服务工作先进集体	民盟龙游县总支部	民盟浙江省委员会	2021.06
民盟浙江社会服务先进集体	民盟龙游县基层委员会	民盟浙江省委员会	2021.11
民盟浙江示范基层组织	民盟龙游县基层委员会	民盟浙江省委员会	2021.11
2021 年五星级盟员之家	民盟龙游县基层委员会	民盟浙江省委员会	2021.11
2021 年浙江民建为全面建成小康社会作贡献成绩突出集体	民建龙游县基层委员会	民建浙江省委员会	2021.11
2021 年建设浙江民建助力共同富裕实践基地	民建龙游县基层委员会	民建浙江省委员会	2021.11
2021 年度优秀基层组织	民进龙游县总支部	民进浙江省委员会	2021.11
民进浙江省委会社会服务先进集体	民进龙游县总支部	民进浙江省委员会	2021.11
2021 年度组织工作先进集体	农工党龙游县总支委员会	农工民主党浙江省委员会	2022.01
2021 年度组织建设先进基层组织	九三学社龙游县基层委员会	九三学社浙江省委员会	2021.11
2019—2020 年度浙江省“五优”县级工商联	龙游县工商业联合会	浙江省工商业联合会	2021.01
2021 年度全省工商联服务“两个健康”最佳工作实践创新成果	龙游县工商业联合会	浙江省工商业联合会	2022.01
2021 年全省工商联系统优秀调研成果（三等奖）	龙游县工商业联合会	浙江省工商业联合会	2022.01

续表 44

荣誉称号	获奖单位	颁奖单位	获奖时间
省级职工书屋	国家税务总局龙游县税务局	浙江省总工会	2021.10
第二批浙江省职工疗休养基地	大街乡新槽村、庙下乡严村村	浙江省总工会	2021.12
2021 年度浙江省安康杯优胜组织单位	龙游县总工会	浙江省总工会、浙江省应急管理厅、浙江省卫生健康委员会	2021.12
2020—2021 年忠实践行“八八战略”奋力打造“重要窗口”立功竞赛先进集体	龙游县历史文化资源保护开发有限公司	浙江省人民政府	2022.04
浙江省质量信得过班组典型经验二等奖	国网浙江省电力有限公司龙游县供电公司输电运检班、国网浙江省电力有限公司龙游县供电公司带电作业班	浙江省总工会、浙江省科学技术协会、浙江省质量协会	2021.10
2021 年度浙江省红十字工作进步单位	龙游县红十字会	浙江省红十字会	2022.01
浙江省计生协会系统“十佳基地”	清廉社区	浙江省计生协会	2021.05
浙江省无障碍社区	龙洲街道阳光社区、翠光社区、方门街社区	浙江省人民政府残疾人工作委员会办公室	2022.01
2021 年浙江省电力学会用电专业委员会“互联网＋营销服务”优秀课题	国网浙江省电力有限公司龙游县供电公司	浙江省电力学会用电专业委员会	2021.12
2020 年度 QC 小组活动优秀成果二等奖	国网浙江省电力有限公司龙游县供电公司带电作业项目部	浙江省电力行业协会	2021.06
五星级班组（工人先锋号）	国网浙江省电力有限公司龙游县供电公司输电运检班	国网浙江省电力有限公司、国网浙江省电力有限公司工会	2021.01
五星级班组（工人先锋号）	国网浙江省电力有限公司龙游县供电公司泽龙设计部	国网浙江省电力有限公司、国网浙江省电力有限公司工会	2022.01
省级先锋支局	中国电信股份有限公司龙游分公司开发区支局	中国电信股份有限公司浙江分公司	2022.02
中国移动浙江公司庆祝建党 100 周年“四个先锋”发展先锋	中国移动通信集团浙江有限公司龙游分公司党支部	中共中国移动通信集团浙江有限公司委员会	2021.06
浙江公司首批高质量党建示范点	中国移动通信集团浙江有限公司龙游分公司党支部	中国移动通信集团浙江有限公司	2021.11
2021 年度明星县（市、区）公司	中国移动通信集团浙江有限公司龙游分公司	中国移动通信集团浙江有限公司	2022.01
2021 年度“中国移动浙江公司优秀青年突击队”	衢州移动龙游分公司“红”青年突击队	中国移动通信集团浙江有限公司团委	2022.04
浙江省巾帼文明岗	中国移动通信集团浙江有限公司龙游分公司城区网格	浙江省妇女联合会	2022.03
2021 年全省供销社信息宣传工作先进单位	龙游县供销合作社联合社	浙江省供销合作社联合社	2022.01
2020—2021 年“加速跑 赢旺季”个人金融业务旺季竞赛先进县域支行	工行龙游支行	工行浙江分行	2021.04
2021 年优质服务四星级网点	工行龙游支行营业室	工行浙江分行	2022.01
2021 年普惠贷款余额 20 强营业室网点	工行龙游支行营业室	工行浙江分行	2022.03
浙江省财贸（金融）系统模范职工小家	工行龙游支行工会委员会	中国财贸工会浙江省委员会	2021.09
2021 年度运营基础管理“三铁”单位	农行龙游县支行营业室、农行龙游十里坪支行	农行浙江省分行	2022.03
2021 年度安全保卫总行级“三化三达标”先进单位	农行龙游城西支行	农行浙江省分行	2022.03

续表 44

荣誉称号	获奖单位	颁奖单位	获奖时间
2021 年度运营基础管理先进单位	农行龙游县支行	农行浙江省分行	2022.03
2021 年度浙江农信系统一级（优胜）单位	龙游农商银行	浙江省农村信用联合社	2022.03
2021 年度浙江农信系统优秀纪委	龙游农商银行	中共浙江省纪委省监委驻省农村信用联合社纪检监察组	2022.04
2021 年度全省政府性融资担保体系信息宣传工作优秀组织单位	龙游县昊诚融资性担保有限公司	浙江省担保集团	2022.01
2021 年度优秀政府性融资担保产品	生态工业贷（龙游县昊诚融资性担保有限公司）	浙江省担保集团	2022.02
2021 年度基层农信担保服务先进单位	龙游县财政局	浙江省农业融资担保有限公司	2021.12
2021 年度基层农信担保服务优秀办事处	龙游县昊诚融资性担保有限公司	浙江省农业融资担保有限公司	2021.12
2021 年度基层农信担保服务先进金融机构	浙江龙游农村商业银行股份有限公司	浙江省农业融资担保有限公司	2021.12
浙江省第一批民族团结进步教育基地	龙游县龙南五烈士墓	浙江省民族宗教事务委员会	2021.11
2021 年度省级民族乡村共同富裕示范点	沐尘畲族乡沐尘村	浙江省民族宗教事务委员会	2021.12
2021 年度省级民族乡村振兴试点	詹家镇浦山民族村	浙江省民族宗教事务委员会	2021.12
2021 年度浙江省地方志成果转化应用十佳典型案例	龙游县档案馆	浙江省人民政府地方志办公室	2022.01
《浙江省民族乡（镇）志》编纂先进集体	沐尘畲族乡	浙江通志少数民族志、浙江省民族乡（镇）志编辑部	2021.11
全省第一批低（零）碳村（社区）试点创建单位	詹家镇浦山村、溪口镇新溪社区、湖镇镇文林村	浙江省碳达峰碳中和工作领导小组办公室	2021.11
首批“浙江省气候康养乡村”	溪口镇	浙江省气候中心	2021.09
浙江省农村文化礼堂建设示范乡镇	小南海镇、横山镇	浙江发布	2021.10

市级集体荣誉（不含部门）一览表

表 45

荣誉称号	获奖单位	颁奖单位	获奖时间
衢州市体育工作先进集体	龙游县文广旅体局、龙游县龙洲街道办事处、龙游县 石佛乡政府、龙游县第三中学、龙游县少体校（龙游县体育馆）、龙游县体育发展有限公司	中共衢州市委、衢州市人民政府	2022.01
智慧粮脑应用获 2021 年衢州市改革突破奖三等奖	龙游县	中共衢州市委、衢州市人民政府	2022.02
浙里党群心联心应用获 2021 年衢州市改革突破奖三等奖	龙游县	中共衢州市委、衢州市人民政府	2022.02
衢州市 2021 年度乡村振兴突出贡献集体	龙游县财政局、龙游县农业农村局、龙游县文广旅体局、龙游县溪口镇、龙游县小南海镇	中共衢州市委、衢州市人民政府	2022.04
2021 年度全市平安建设突出贡献集体	龙游县信访局、龙游县法院、龙游县龙洲街道、龙游溪口镇	中共衢州市委、衢州市人民政府	2022.04

续表 45

荣誉称号	获奖单位	颁奖单位	获奖时间
2021年度全市党建统领基层治理突出贡献集体(基层组织建设突出贡献集体)	詹家镇夏金村党支部、龙洲街道方门街社区党支部、溪口镇溪口村党支部、湖镇镇文林村党支部、石佛乡西金源村党支部、罗家乡荷村村党支部、横山镇腰塘边村党支部、东华街道槐王村党支部、小南海镇箬塘村党支部	中共衢州市委、衢州市人民政府	2022.04
2021年度全市党建统领基层治理突出贡献集体(基层治理改革创新突出贡献集体)	东华街道党工委	中共衢州市委、衢州市人民政府	2022.04
2021年度全市党建统领基层治理突出贡献集体(基层信访工作突出贡献集体)	龙游县湖镇镇党委、龙游县教育局、龙游县司法局、龙游县资源规划局、龙游县退役军人事务局、龙游县社会治理中心	中共衢州市委、衢州市人民政府	2022.04
衢州市先进基层党组织	湖镇镇党委、塔石镇党委、龙游县公安局党委、龙游经济开发区党工委、溪口教共体党支部、龙游县中医院医共体党委、龙洲街道城角坊社区党总支、龙游伊利乳业有限责任公司党支部、龙游县奔康投资有限公司党支部、龙游县交通运输局党支部、模环乡清塘村党支部、浙江特美新材料股份有限公司党支部、小南海镇茶圩里村党支部、沐尘畲族乡坑头村党支部	中共衢州市委	2021.07
2020年度衢州市政府特别奖“商贸产业之星”	浙江宗泰农业发展股份有限公司	衢州市人民政府	2021.03
2021年第二季度市政府系统执行“十条军规”正面典型	龙游县政府	衢州市人民政府	2021.07
招商引资工作表现突出集体嘉奖	龙游县委统战部、龙游县经济技术协作中心	衢州市人民政府	2021.08
“五水共治”(河长制)工作表现突出集体嘉奖	龙游县政府	衢州市人民政府	2021.08
8090新时代理论宣讲工作表现突出集体三等功	龙游县委宣传部	衢州市人民政府	2021.08
衢州市2021年度粮食生产突出贡献乡镇	龙游县龙洲街道、龙游县模环乡	衢州市人民政府办公室	2022.03
练兵备战先进单位	龙游县人民武装部	衢州军分区	2022.01

中共龙游县委、县人民政府颁发的集体荣誉（不含部门）一览表

表 46

荣誉称号	获奖单位	颁奖单位	获奖时间
2021 年度先进集体	一、县政府质量奖（2 个） 浙江龙游李子园食品有限公司、国网浙江省电力有限公司龙游县供电公司 二、县长特别奖 1. 工业增速奖（10 个） 龙游县金怡热电有限公司、浙江贯洲电气有限公司、华邦特西诺采新材料股份有限公司、浙江东飞轻纺有限公司、浙江鑫佳硕科技有限公司、浙江龙天服饰有限公司、浙江一树纸业集团有限公司、恒盛能源股份有限公司、龙游运申制版有限公司、浙江安佑饲料科技有限公司 2. 优秀创新奖（6 个） 龙游运申制版有限公司、浙江乔老爷铝业有限公司、浙江贯洲电气有限公司、浙江鑫佳硕科技有限公司、浙江一树纸业集团有限公司、龙游县金怡热电有限公司 3. 进出口十强（10 个） 浙江瀚运五金有限公司、维达纸业（浙江）有限公司、浙江贯洲电气有限公司、浙江特美新材料股份有限公司、华邦特西诺采新材料股份有限公司 、捷马化工股份有限公司、龙游亿莱达电器有限公司、浙江凯丰新材料股份有限公司、浙江元美铝业科技有限公司、浙江龙游新西帝电子有限公司 三、支持重点项目建设工作村（社）（14 个） 龙洲街道岑山村、龙洲街道兰石村、东华街道张王村、东华街道湖底叶村、湖镇镇杨家村、湖镇镇星火村、溪口镇扁石村、小南海镇汀塘圩村、横山镇志棠村、塔石镇童岗坞村、詹家镇詹家村、庙下乡毛连里村、模环乡虎龙村、石佛乡杜山坞村	中共龙游县委、县人民政府	2022.02
2021 年度乡镇（街道）及县机关部门综合考核评价结果	一、全县乡镇（街道）考评情况 第一组：经济型乡镇（街道） 一等奖：湖镇镇 二等奖：龙洲街道、东华街道 三等奖：溪口镇、小南海镇 第二组：复合型乡镇 一等奖：模环乡 二等奖：横山镇、詹家镇 三等奖：塔石镇、石佛乡 第三组：生态型乡镇 一等奖：庙下乡 二等奖：罗家乡、社阳乡 三等奖：大街乡、沐尘乡 二、经济开发区考评情况 二等奖：经济开发区 三、部门考评优胜单位 1. 窗口单位 一等奖：财政局、住建局、公安局、资源规划局 二等奖：农业农村局、经信局、发改局、林业水利局、卫生健康局、招商投资促进中心 三等奖：教育局、文广旅体局、国资办、市生态环境局龙游分局、交通运输局、人力社保局、科技局、市场监管局、传媒集团、税务局、综合执法局	中共龙游县委、县人民政府	2022.02

续表 46

荣誉称号	获奖单位	颁奖单位	获奖时间
2021 年度乡镇（街道）及县机关部门综合考核评价结果	2. 非窗口单位 一等奖：轨道交通建管中心、编办、统计局、信访局 二等奖：医疗保障局、团县委、营商办、总工会、退役军人事务局、妇联 三等奖：工商联、机关事务保障中心、国调队、监管办、党校、档案馆、文联 3. 垂直单位 一等奖：气象局 二等奖：消防救援大队、供电公司 三等奖：人行、移动公司、电信公司 4. 金融机构 一等奖：农商银行、工行 二等奖：农行、农发行、建行 三等奖：中行、邮储银行、招商银行、浙商银行、人保财险、泰隆银行、人寿公司 5. 评议单位 一等奖：县委办、人大机关、县府办、政协机关、县纪委监委、组织部、宣传部、统战部、政法委 二等奖：法院、检察院、人武部	中共龙游县委、县人民政府	2022.02
表彰先进基层党组织	龙游县先进基层党组织（55 个） 龙洲街道后田铺村党支部 龙洲街道山底村党支部 龙洲街道新桥头村党支部 东华街道鸡鸣村党支部 东华街道晨东社区党支部 东华街道下杨村村党支部 湖镇镇文林村党支部 湖镇镇溪底杜村党支部 湖镇镇新光村党支部 小南海镇东塘山村党支部 小南海镇汀塘圩村党支部 溪口镇溪口村党支部 横山镇党委 横山镇腰塘边村党支部 塔石镇童岗坞村党支部 塔石镇下张坞村党支部 詹家镇山后村党支部 詹家镇渡头村党支部 罗家乡荷村村党支部 庙下乡党委 庙下乡长生桥村党支部 石佛乡西金源村党支部 社阳乡红光村党支部 大街乡大街村党支部 龙游县委政法委机关党支部 龙游县信访局机关党支部 龙游县委党校机关党支部 龙游县总工会机关党支部 龙游县妇联机关党支部	中共龙游县委	2021.07

续表 46

荣誉称号	获奖单位	颁奖单位	获奖时间
表彰先进基层党组织	龙游县法院机关第一党支部 龙游县检察院党总支 龙游县西门小学党支部 龙游县实验小学党总支 龙游县第二高级中学党总支 龙游县寺后初级中学党支部 龙游县财政局机关第一党支部 龙游县县国资办机关党支部 龙游县资规局国土整治和征收储备中心党支部 龙游县公安局塔石派出所党支部 龙游县公安局警务支援中心党支部 龙游县妇保院党支部 龙游县人民医院医共体塔石分院党支部 龙游县文化馆党支部 龙游县综合执法局龙洲分局党支部 龙游县经济协作中心机关党支部 龙游县传媒集团新闻宣传党支部 龙游县粮食收储公司党支部 中国电信股份有限公司龙游分公司网络党支部 龙游县华水水业发展有限公司党支部 浙江科力印业新技术发展有限公司党支部 维达纸业（浙江）有限公司党支部 龙游电商城党支部 浙江培华建设有限公司党支部 龙游县个体劳动协会城东市场党支部 浙江金龙再生资源科技股份有限公司党支部	中共龙游县委	2021.07
2021年度“民生工作”“经济发展”“平安龙游”突出贡献集体	一、2021年度突出贡献集体（287个） （一）“民生工作”突出贡献集体（90个） 1.“县乡一体、条抓块统”改革（10个）：湖镇镇、溪口镇、詹家镇、模环乡、组织部、大数据局、政法委、编办、住建局、综合执法局 2.疫情防控（25个）：龙洲街道、东华街道、湖镇镇、小南海镇、横山镇、詹家镇、纪委监委、组织部、宣传部、大数据局、政法委、机关事务保障中心、经信局、教育局、公安局、住建局、交通运输局、农业农村局、文广旅体局、卫生健康局、市场监管局、经济开发区、传媒集团、龙洲街道阳光社区、詹家镇姜家村 3.五水共治/河长制（10个）：东华街道、溪口镇、石佛乡、社阳乡、大街乡、妇联、教育局、住建局、综合执法局、水利工程建管中心 4.数字龙游（30个）：东华街道、横山镇、塔石镇、石佛乡、大数据局、矛调中心、妇联、营商办、机关事务保障中心、发改局、经信局、教育局、公安局、财政局、资源规划局、交通运输局、农业农村局、气象局、卫生健康局、市场监管局、统计局、医疗保障局、综合执法局、传媒集团、水利工程建管中心、消防救援大队、移动公司、电信公司、联通公司、奔康公司 5.为民办实事（10个）：东华街道、教育局、民政局、住建局、交通运输局、林业水利局、文广旅体局、市场监管局、轨道交通建管中心、消防救援大队 6.信息工作（5个）：湖镇镇、人力社保局、卫生健康局、国资办、传媒集团	中共龙游县委、县人民政府	2022.02

续表 46

荣誉称号	获奖单位	颁奖单位	获奖时间
2021 年度“民生工作”“经济发展”“平安龙游”突出贡献集体	（二）“经济发展”突出贡献集体（97 个） 1. 创建营商环境最佳县（10 个）：龙洲街道、东华街道、编办、发改局、经信局、教育局、招商投资促进中心、医疗保障局、经济开发区、市生态环境局龙游分局 2. “争先创优”行动（12 个）：龙洲街道、湖镇镇、溪口镇、塔石镇、罗家乡、发改局、经信局、招商投资促进中心、资源规划局、住建局、统计局、经济开发区 3. 企业挂牌上市（5 个）：经信局、应急管理局、经济开发区、税务局、市生态环境局龙游分局 4. 招商引资（10 个）：横山镇、统战部、档案馆、营商办、招商投资促进中心、财政局、国资办、统计局、经济开发区、龙游县上海商会 5. 国土整治（10 个）：溪口镇、小南海镇、横山镇、财政局、资源规划局、林业水利局、经济开发区、传媒集团、塔石镇塔石村、模环乡夏峰村 6. 项目推进（10 个）：东华街道、溪口镇、塔石镇、模环乡、庙下乡、发改局、招商投资促进中心、住建局、交通运输局、经济开发区 7. 乡村振兴大花园建设（40 个）：湖镇镇、溪口镇、沐尘乡、社阳乡、大街乡、大数据局、妇联、营商办、机关事务保障中心、教育局、公安局、民政局、财政局、资源规划局、住建局、交通运输局、林业水利局、气象局、文广旅体局、统计局、医疗保障局、综合执法局、监管办、供销社、国调队、省二轻集团驻龙帮扶团组、华润集团浙江区域工委驻龙帮扶团组、奔康公司、中国人寿龙游支公司、龙游农商银行、龙洲街道官潭村、湖镇镇星火村、溪口镇溪口村、小南海镇箬塘村、横山镇上向徐村、塔石镇童岗坞村、詹家镇浦山村、罗家乡席家村、石佛乡西金源村、大街乡新槽村 （三）“平安龙游”突出贡献集体（100 个） 1. 8090新时代理论宣讲（20个）：龙洲街道、湖镇镇、罗家乡、社阳乡、人大机关、政协机关、党校、团县委、教育局、司法局、农业农村局、林业水利局、文广旅体局、卫生健康局、国资办、市场监管局、医疗保障局、传媒集团、税务局、龙游农商银行 2. 以文化人（20 个）：东华街道、横山镇、塔石镇、庙下乡、模环乡、石佛乡、信访局、档案馆、总工会、妇联、文联、机关事务保障中心、民政局、财政局、资源规划局、文广旅体局、退役军人事务局、综合执法局、传媒集团、文旅公司 3. 落实党风廉政建设主体责任考核优秀（11 个）：湖镇镇、小南海镇、罗家乡、发改局、教育局、公安局、人力社保局、气象局、综合执法局、传媒集团、奔康公司 4. 法治龙游建设（9 个）：溪口镇、詹家镇、信访局、法院、检察院、公安局、司法局、财政局、卫生健康局 5. 平安龙游（10 个）：东华街道、小南海镇、沐尘乡、庙下乡、模环乡、石佛乡、教育局、住建局、退役军人事务局、经济开发区 6. 信访工作（10 个）：湖镇镇、横山镇、罗家乡、大街乡、法院、资源规划局、司法局、交通运输局、市场监管局、综合执法局	中共龙游县委、县人民政府	2022.02

续表 46

荣誉称号	获奖单位	颁奖单位	获奖时间
2021 年度“民生工作”“经济发展”“平安龙游”突出贡献集体	7. 安全生产（11 个）：东华街道、湖镇镇、溪口镇、横山镇、庙下乡、公安局、交通运输局、林业水利局、应急管理局、市生态环境局龙游分局、交投集团 8. 双拥工作（5 个）：湖镇镇、庙下乡、政法委、发改局、退役军人事务局 9. 人民武装工作（4 个）：湖镇镇人民武装部、沐尘乡人民武装部、社阳乡人民武装部、教育局	中共龙游县委、县人民政府	2022.02
集体三等功	龙游县资源规划局 龙游县住建局 龙游县公安局 龙游县经济开发区 龙游县传媒集团 龙游县溪口镇 龙游县疫情防控指挥部办公室 龙游县争先创优推进办	龙游县人民政府	2021.02

2021 年先进个人

国家级个人荣誉（含部门）一览表

表 47

荣誉称号	获奖者	颁奖单位	颁奖时间
民革全国组织工作先进个人	李华琴	民革中央委员会	2021.11
全国民革助力脱贫攻坚工作先进个人	胡秀秀	民革中央委员会	2021.11
2021 年度民盟反映社情民意信息工作先进个人	叶翠	民盟中央委员会	2022.04
农工党脱贫攻坚工作先进个人	蓝雪敏	农工党中央委员会	2021.07
全国维护妇女儿童权益先进个人	张海霞	中华全国妇女联合会	2021.12
2021 年度全国妇联系统劳动模范	徐素玉（龙游县湖镇镇地圩村妇联主席）	人力资源社会保障部、中华全国妇女联合会	2021.12
2021 年“全国乡村振兴青年先锋”	胡秀秀	共青团中央、农业农村部	2022.01
中国红十字会会员之星	马庆喜	中国红十字会	2021.12
庆祝中国共产党成立 100 周年全国法院系列优秀作品	张森明	最高人民法院	2021.11
全国普法工作先进个人	雷鸣	中共中央宣传部、司法部、全国普法办	2022.01
全国司法所模范个人	叶进	司法部	2021.11
全国公安机关庆祝建党 100 周年安保维稳工作成绩突出个人	顾红斌	公安部	2021.07

续表 47

荣誉称号	获奖者	颁奖单位	颁奖时间
《中国信息报》“新时代统计调查人”征稿全国二等奖	黄璐	国家统计局	2021.10
2021 年度信息报送工作先进个人	舒水明	中华全国供销合作总社办公厅	2022.02
重点行业企业用地土壤污染状况调查表现突出个人	叶迅	生态环境部办公厅	2021.12
2020—2021 年生态环境信访工作中表现突出的个人	陈筱佳	生态环境部办公厅	2022.01
2021 年度《中国退役军人》宣传工作先进个人	李苏笛	退役军人事务部办公厅	2021.10
第五批全国农村创业创新优秀带头人典型案例	张双其	农业农村部办公厅	2021.11
2017 年—2020 年度全国群众体育先进个人	邵银建	国家体育总局	2021.09
全国财政系统庆祝中国共产党成立 100 周年主题征文活动一等奖	龚旭	财政部机关委员会	2021.07
全国优秀指导教师	胡小玲	中国英语外语教师协会	2021.08
第五届“县域医疗榜样力量”优秀院长奖	周卫锦	中国县域卫生发展研究中心	2021.07
全国“志愿汇”平台 2021 年度管理员“头雁奖”	翁乃洁	全国“志愿汇”	2022.01
2020—2021 年度消费维权先进个人	戚文烜	中国消费者协会	2021.12
中央农业广播电视学校 2021 年信息宣传工作优秀个人	叶子健	中央农业广播电视学校	2021.08
2020 年中国电力企业管理创新实践优秀论文三等奖	杜晓东	全国电力企业管理现代化成果评审委员会	2021.04
第十八届叶圣陶杯全国中学生新作文大赛优秀指导教师	郑一群	全国中学生新作文大赛组委会	2021.05
全国党史知识竞赛活动优秀选手	黄有华	党史学习教育官网、人民网	2021.08
“世纪航程”中国共产党党史知识“学习达人”挑战赛 50 强	黄有华	学习强国浙江学习平台	2021.04
第五届“县域医疗榜样力量”系列评选“优秀院长奖”	周卫锦	中国县域卫生发展研究中心	2021.07
2021 年慢病协同体征集活动“慢病管理 + 先锋实践者”	雷永珍	中国慢病协同体龙岩紫荆创新研究院	2021.10
2021 年慢病协同体征集活动“慢病协同体最受欢迎个人”	雷永珍	中国慢病协同体龙岩紫荆创新研究院	2021.10
“2021 中国特色旅游商品大赛”入围奖	硒莲液·石窟典藏莲子酒（姜晓林）	中国旅游协会	2021.09

省级个人荣誉（含部门）一览表

表 48

荣誉称号	获奖者	颁奖单位	颁奖时间
浙江省扶贫开发工作成绩突出个人	施羽、谢利伟	中共浙江省委、浙江省人民政府	2021.01
浙江省消除集体经济薄弱村工作成绩突出个人	吴安春、叶青、方利民、廖军	中共浙江省委、浙江省人民政府	2021.01
2020 年度浙江省改革创新工作中成绩突出个人	余鹏	中共浙江省委、浙江省人民政府	2021.05
全省农业科技先进工作者	于瑾	中共浙江省委、浙江省人民政府	2021.07

续表 48

荣誉称号	获奖者	颁奖单位	颁奖时间
浙江省优秀共产党员	林晓越	中共浙江省委	2021.07
浙江省优秀党务工作者	董红专、张林松	中共浙江省委	2021.07
“五水共治”（河长制）先进个人	兰水英	浙江省人民政府	2021.12
2020—2021 年忠实践行“八八战略”奋力打造“重要窗口”立功竞赛先进个人	祝少伟	浙江省人民政府	2022.04
参加四川对口扶贫特殊贡献	祝攀	中共四川省委、四川省人民政府	2021.08
2019—2020 年省农村工作指导员工作成绩突出个人	刘隽	中共浙江省委办公厅、浙江省人民政府办公厅	2021.08
浙江省 2020 年度县域医共体工作成绩突出个人	余小明	中共浙江省委办公厅、浙江省人民政府办公厅	2021.08
2021 年全省防汛防台先进个人	徐黄进	中共浙江省委办公厅、浙江省人民政府办公厅	2022.01
2021 年度全省网络生态“瞭望哨”工程建设成绩突出个人	卢斌	中共浙江省委办公厅	2022.02
浙江省粮食增产保供成绩突出个人	周元鸿	浙江省人民政府办公厅	2021.11
浙江省生猪增产保供成绩突出个人	张学明	浙江省人民政府办公厅	2021.11
浙江省基层农技人员	陈宏伟	浙江省人民政府办公厅	2021.11
浙江省松材线虫病防治工作和全面禁止非法交易、滥食野生动物工作突出贡献个人	陈建龙、程建新、伊理孝	浙江省人民政府办公厅	2021.12
人武部建设优秀个人	姜锋华	浙江省军区	2022.01
练兵备战先进个人	刘宏三	浙江省军区	2022.01
民兵工作成绩突出个人	周朝顺	浙江省军区	2022.01
2021 年度浙江省军区民兵后装勤务保障分队骨干集训“训练先进个人”	徐建	浙江省军区保障局	2021.07
浙江省退役军人全生命周期管理保障工作成绩突出个人	徐继群	浙江省退役军人事务厅	2021.12
浙江省“最美公务员”	余鹏	中共浙江省委组织部、省委宣传部	2021.04
2021 年浙江省最美环保人	兰水英	中共浙江省委宣传部、省生态环境厅、省治水办	2021.06
宣讲作品《共同富裕看“浙”里》在浙江省青年理论宣讲暨微型党课大赛情景式决赛中荣获一等奖	徐超、张盛、何家豪、傅梓雅、李姗、倪佳慧、吴彝	中共浙江省委宣传部、中共浙江省委直属机关工作委员会、浙江省教育厅、浙江省国有资产监督管理委员会	2021.09
党的十九届六中全会精神“六讲六做”大宣讲活动青年宣讲暨微型党课大赛特等奖	王琳	中共浙江省委宣传部、省委直属机关工作委员会、省教育厅、省国有资产监督管理委员会	2022.01
2021 年 10 月份浙江好人	鲁海军	浙江省文明办	2021.10
2021 年 12 月份浙江好人	吴柏林	浙江省文明办	2021.12
浙江省网信工作先进个人	陈敏	中共浙江省委网信办	2022.01
2021 年度浙江省数字乡村建设工作突出贡献个人	黄蔷	中共浙江省委网络安全和信息化委员会办公室、浙江省农业农村厅	2022.01
2021 年度全省统战理论创新成果三等奖	周智莹、郭帅	中共浙江省委统战部	2022.01

续表 48

荣誉称号	获奖者	颁奖单位	颁奖时间
全省干部教育培训好课程	金敏军	中共浙江省委党校	2021.09
全省党校（行政学院）系统后勤管理培训班论文二等奖	林利平、张年宽	中共浙江省委党校（浙江行政学院）	2021.10
2021 年全省党校（行政学院）系统教学改革研究优秀论文二等奖	张年宽	中共浙江省委党校（浙江行政学院）	2021.11
浙江省党校（行政学院）系统“首届地方治理论坛”征文三等奖	张年宽	浙江省委党校科研处、浙江省委党校公共管理教研部、浙江省委党校浙江发展战略研究院	2021.12
2020—2021 年度全省平安建设先进个人	沈涵	中共浙江省委建设平安浙江领导小组办公室	2022.03
2021 年度浙江省生活垃圾分类工作成绩突出个人	周菲	浙江省生活垃圾分类工作领导小组办公室	2021.12
浙江省事业单位改革成效突出个人	曹威	浙江省事改领导小组	2021.12
2021 年度浙江省政协履职成绩突出委员	吴树良	浙江省政协	2022.01
浙江省“2021 年度民革全省社会服务先进个人”	胡秀秀	民革浙江省委员会	2022.01
民盟浙江省委会脱贫攻坚先进个人	吴幼平	民盟浙江省委员会	2021.06
民盟浙江省委会社会服务工作先进个人	周卫锦	民盟浙江省委员会	2021.06
浙江民建助力共同富裕实践基地	浙江再生方天池药谷中药示范产业园（陈德轮）	民建浙江省委员会	2021.11
民进省委会 2016—2021 年度优秀会员	吴益良	民进浙江省委员会	2021.11
2021 年度参政议政工作先进个人	方颖、夏雁	农工民主党浙江省委员会	2022.01
2021 年全省社会服务工作先进个人	吴琼	九三学社浙江省委员会	2021.11
2021 年度全省侨联系统侨务工作成绩突出个人	吕凯悦	浙江省归国华侨联合会	2022.02
省政协联谊报星级通讯员	李映轲	浙江省政协联谊报社	2021.11
“我心向党”全省职工演讲比赛总决赛铜奖	李姗 田仲旭	浙江省总工会	2021.07
浙江省优秀工会工作者	方苏苏、孔德伟	浙江省总工会	2021.12
2021 年度浙江省巾帼建功标兵	黄雪梅（浙江德辉食品有限公司总经理）	浙江省妇女联合会	2022.03
2021 年浙江省省级示范性青创农场	龙游兴隆观赏鱼养殖有限公司（李义）	共青团浙江省委员会	2021.12
全省工商联服务“两个健康”工作突出个人	（前）县工商联主席钱焱艳	浙江省工商业联合会	2022.01
浙江省优秀 QC 成果发布奖	刘喆	浙江省科学技术协会（浙江省质量协会）	2021.07
人民满意窗口工作成绩突出个人	汪灵巧	浙江省信访局	2022.01
2016—2020 浙江省普法与依法治理先进个人	方颖	浙江省司法厅	2021.01
2021 年全省社区矫正工作先进个人	何玲	浙江省司法厅	2021.12
全省“法雨春风进万家”爱民实践活动表现突出个人	刘伟平	浙江省司法厅	2021.04
全省“社区教育优秀志愿者”	胡旭东	浙江省社区教育指导中心	2021.03
个人二等功	黄鑫	浙江省公安厅	2021.11
最美浙警・最美警察	李哲毅	浙江省公安厅	2022.01
2020 年度全省创文明交通 治秩序乱象“减量控大”系列行动成绩突出个人	陈小华	浙江省公安厅	2021.04

续表 48

荣誉称号	获奖者	颁奖单位	颁奖时间
通报表扬车辆检测“一件事”集成改革工作成绩突出个人	陈小华	浙江省公安厅	2021.12
优秀基层干部	姚臣、张健	浙江省消防救援总队	2022.01
2020 年度《浙检绿苑》杂志优秀通讯员	郑永佳	浙江省人民检察院	2021.02
全省检察机关公益诉讼勘验取证业务竞赛团队优胜奖	谢嘉晋	浙江省人民检察院	2021.04
全省检察机关数字检察办案骨干	徐珊	浙江省人民检察院	2021.08
全省检察机关自侦办案骨干	刘建华	浙江省人民检察院	2021.08
十佳新媒体小编	张秀文	浙江省高院新闻宣传处	2021.12
2018—2020 年浙江省市场环境建设成绩突出个人	庄丽	浙江省“小微企业三年成长计划”工作领导小组	2021.09
全省市场监管系统 2016—2020 年度法治宣传教育表现突出个人	吴健、邱梦芸	浙江省市场监督管理局	2021.12
浙江省市场监管重大案件查处记功名单个人三等功	邓绍平	浙江省市场监督管理局	2022.01
2020—2021 年度全省消保委系统消费维权先进个人	戚文烜	浙江省消费者权益保护委员会	2021.12
药品安全治理与技术赋能成绩突出个人	程思	浙江省药品监督管理局	2022.01
全省药品稽查执法工作成绩突出个人	杨宇航	浙江省药品监督管理局	2022.01
全省先进工作者	魏健	浙江省税务局、浙江省人力资源和社会保障厅	2021.12
新时代浙江工匠培育工程第三层次“浙江工匠”	徐玉清、黄雪梅	浙江省人力资源和社会保障局、浙江省总工会	2021.04
2021 年新时代浙江工匠培育工程第四层次“浙江青年工匠”	童艺卉、蒋行舟、刘佳文、迟学保、陈凌赟、赵懿、周凌、傅俊、杨斌、曾莉燕、苏靖	浙江省人力资源和社会保障厅、共青团浙江省委员会	2021.12
全省新时代美丽城镇建设 2021 年度成绩突出个人	黄汉鼎	浙江省城乡环境整治工作领导小组美丽城镇建设办公室	2022.01
2021 年度浙江省自然资源系统“业务能手”	彭楚秀	浙江省自然资源厅	2022.01
2021 年度浙江省城市市容环境卫生工作成绩突出个人	江晨	浙江省住房和城乡建设厅、浙江省总工会	2021.10
省首届生态环境保护执法大练兵个人三等奖	程颖	浙江省生态环境厅	2021.12
2021 年度全省生态环境信访岗位练兵比武活动个人一等奖	陈筱佳	浙江省生态环境厅	2022.01
2021 年度浙江省“五水共治”信息工作优秀个人	徐程艳	浙江省治水办	2022.03
全省农村土地承包经营权确权登记颁证成绩突出个人	盛方清	中共浙江省委农村工作领导小组办公室、浙江省农业农村厅	2022.04
全省新时代乡村集成改革工作成绩突出个人	余律星、曾梓杰	中共浙江省委农村工作领导小组办公室、浙江省农业农村厅	2022.03
全省农业农村系统农业和渔业执法工作先进个人	兰路珂	浙江省农业农村厅	2021.11
甬优 1540 绿色高产高效栽培技术集成与推广应用项目二〇二〇年底浙江省农业丰收奖二等奖	张志红	浙江省农业农村厅	2021.09
浙江省 2021 年度水旱灾害防御工作成绩突出个人	梅晔波	浙江省水利厅	2021.12

续表 48

荣誉称号	获奖者	颁奖单位	颁奖时间
浙江省林业规划财务工作突出贡献个人	柴玉蓉	浙江省林业局	2021.09
浙江省最美林业人	吴柏林	浙江省林业局	2021.11
2021 年度中小微企业培育工作成绩突出个人	曾国忠	浙江省促进中小企业和民营企业发展工作领导小组办公室	2021.12
“十三五”全省干线公路养护管理突出个人	劳小明	浙江省交通厅	2022.01
2021 年度全省交通建设工程材料价格调查优秀调查员	陈志祥	浙江省交通工程管理中心	2021.08
2021 年度全省最美交通质监人	陈志祥	浙江省交通工程管理中心	2022.01
全省交通运输系统庆祝建党 100 周年“我心向党笔绘交通”书画比赛作品《对联》获二等奖	李建兵	浙江省交通运输工会	2021.07
省交通运输系统书画作品比赛《水调歌头·游泳》三等奖	邵海英	浙江省交通运输工会	2021.07
浙江省电力行业协会 2021 年度调研课题一等奖	张小龙、王绍强	浙江省电力行业协会	2021.12
浙江省电力行业 2020 年统计先进工作者	徐建芬	浙江省电力行业协会	2021.07
浙江省电力行业 2020 年度 QC 小组活动优秀推进者	杜晓东	浙江省电力行业协会	2021.06
“我心向党·丹青溢彩”书法美术比赛二等奖	陈鎏	国网浙江省电力有限公司工会委员会	2021.07
浙江省电力学会用电专业委员会 2021 年度先进个人	张文强	浙江省电力学会用电专业委员会	2021.12
国网浙江省电力有限公司 2019—2020 年度优秀团员	林品	国网浙江省电力有限公司	2021.06
2020 年度重点政策研究课题三等奖	杜晓东	国网浙江省电力有限公司	2020.12
国网浙江省电力有限公司优秀党务工作者	许胜蔚	中共国网浙江省电力有限公司委员会	2021.06
省级优秀支局长	许欣	中国电信股份有限公司浙江分公司	2022.02
省级优秀员工	陈楠	中国电信股份有限公司浙江分公司	2022.02
2021 年度中国移动浙江公司优秀员工	汪忆	中国移动通信集团浙江有限公司	2022.05
2021 年度中国移动浙江公司工会积极分子	吴建刚	中国移动通信集团浙江有限公司	2022.02
2021 年度中国移动浙江公司卓越员工	劳宏、杨阳	中国移动通信集团浙江有限公司	2022.04
2021 年度中国移动浙江公司班组建设优秀班组长	吴建刚	中国移动通信集团浙江有限公司	2022.03
2021 年全省供销社信息宣传工作先进个人	刘崇瑞	浙江省供销合作社联合社	2022.01
2021 年度全省供销社清产核资工作优秀个人	夏婷	浙江省供销合作社联合社	2022.01
浙江省人民银行系统优秀党务工作者	廖有勤	中共中国人民银行杭州中心支行委员会	2021.06
2021 年度浙江分行工银成就奖（普惠金融业务）	张涛	工行浙江分行	2022.03
2021 年度浙江分行工银成就奖（个人金融业务）	管美香	工行浙江分行	2022.04
2021 年度浙江分行工银成就奖（网络金融业务）	吴虞秀	工行浙江分行	2022.04
2021 年度浙江分行工银成就奖（结算与现金管理业务）	翁旭红	工行浙江分行	2022.05
2021 年度浙江分行工银成就奖（运行管理业务）	张莹	工行浙江分行	2022.06
2021 年度浙江分行工银成就奖（公司金融业务）	季靖坤	工行浙江分行	2022.06
2021 年优质服务五星级客服经理	朱怡婷	工行浙江分行	2022.04

续表 48

荣誉称号	获奖者	颁奖单位	颁奖时间
2021 年度浙江分行优秀共青团员	孙黎明	工行浙江分行	2022.05
客服经理旺季岗位练兵竞赛活动先进个人	周海斌	工行浙江分行	2021.05
综合客户经理网上知识竞赛三等奖	严佳秀、周昕怡、邱颖翠、吴凯英	工行浙江分行	2021.12
浙江省财贸（金融）系统优秀工会工作者	祝玲翡	中国财贸工会浙江省委员会	2021.09
2020—2021 年度浙江省分行“五一巾帼标兵”	万黎琴	农行浙江省分行	2022.03
2021 年度全省农行百名先进党支部书记	叶群	农行浙江省分行	2021.01
2021 年度全省农行百名优秀柜面经理	钟雄	农行浙江省分行	2021.01
浙江省分行优秀共青团干部	翁静窈	中国银行浙江省分行	2021.05
2021 年度浙江省分行优秀跨境讲师	翁静窈	中国银行浙江省分行	2021.12
2021 年度浙江省分行思想政治宣传工作先进个人	叶俊	中国银行浙江省分行	2022.03
优秀工会工作者	宋洪斌	中国财贸工会浙江省委员会	2021.09
浙江农信“优秀党务工作者”	黄文倩	浙江省农信联社党委办公室	2021.07
浙江农信“优秀共产党员”	宋雄杰	浙江省农信联社党委办公室	2021.07
优秀共产党员	姜俊毅	中国人寿浙江省分公司	2022.02
2021 年度基层农信担保服务先进个人	张巧玲、雷小质、徐海兵	浙江省农业融资担保有限公司	2021.12
浙江省第七次人口普查省级成绩突出个人	陈建军	浙江省人民政府第七次人口普查领导小组	2021.10
“我的入党故事”征文比赛三等奖	王群	国家统计局浙江调查总队	2021.08
最美窗花	方贤	国家统计局浙江调查总队	2021.08
县级调查队优秀青年报告三等奖	郑寻宝	国家统计局浙江调查总队	2022.01
县级调查队优秀调查信息和信息员“双十佳”	方贤	国家统计局浙江调查总队	2022.01
2021 年度调查队系统考核优秀等次	黄璐	国家统计局浙江调查总队	2022.03
浙江省教育系统“最美志愿者”	雷素君	中国教育工会浙江省委员会	2021.05
浙江省教改之星铜奖	童小平	浙江省教育厅	2021.12
浙江省“教坛新秀”	林庆	浙江省人民教育基金会、浙江省特技教师协会	2021.09
浙江省优秀教研员	郑爱娥、吴玲凤	浙江省教育厅教研室	2021.12
浙江省教育学会教科研先进个人	余佳丽	浙江省教育学会	2021.10
浙江省教科研先进个人	陈宣新	浙江省教科院	2021.12
浙江省第十二届小学生课内作文大赛优秀指导老师	陈霞、王盈、祝爱星	浙江省小作家联络部	2021.06
2020 年浙江省中小学生艺术节优秀指导教师	李思、童小平、徐静、吴涛	浙江省中小学生艺术节组委会	2021.11
2021 年浙江省陶研会赴贵州支教优秀志愿者	江林春	浙江省陶研会、贵州省平坝区教育科技局	2021.08
浙江省成绩突出少先队辅导员	徐欢、何家豪	共青团浙江省委、省教育厅、省少工委	2021.11
“你就是传奇”征文优秀指导老师	黄大明、姜晓霞	浙江教育报刊总社	2021.12
2020 年度浙江省优秀导读员	方佳、李斐、曾银萍	浙江教育报刊总社	2021.04
2020 年度浙江省导读先进工作者	余孝忠、李雪飞、李卫忠	浙江教育报刊总社	2021.04
2020—2021 年度浙江省先进工作者	汪益峰、徐俊洁	浙江省教育学会乡村教育分会	2021.10
“有家杯”第十五届浙江省少年文学之星征文优秀园丁奖	汪益峰、方铭、傅小妹	浙江省教育学会、浙江 省青少年作家协会	2021.07

续表 48

荣誉称号	获奖者	颁奖单位	颁奖时间
之江汇教育广场优秀专业教学空间负责人；提升工程 2.0 第一期优秀成果教师个人成果奖	叶青青	浙江省教育技术中心	2021.12
优秀评卷教师	黄有华	浙江省教育考试院	2021.01
浙江省开大系统师德先进个人	杨晓明	浙江开放大学	2021.03
奥鹏教育招生工作先进个人	杨晓明、刘慧斌	浙江开放大学	2021.11
2016—2020 年度浙江省科研先进个人	刘慧斌	浙江省现代远程教育学会	2021.11
浙江省老年教育优秀班主任	姜柳新、钟志红	浙江老年开放大学	2021.01
大连理工大学现代远程教育先进个人	吴开昌、缪正荣	大连理工大学	2021.07
浙江教学月刊社第十一届优秀导读员	季允兵	浙江教学月刊社	2021.06
2021 年度全省科技信息工作突出个人	梅玲	浙江省科技厅	2022.02
省级宣传文化能人（戏剧曲艺）	詹红菊	浙江省文化和旅游厅	2021.09
2021 年浙江省中小学生艺术节声乐一等奖	徐静	浙江省中小学生艺术节组委会	2021.12
《浙江省民族乡（镇）志》编纂先进个人	武辛夫	《浙江通志·少数民族志》《浙江省民族乡（镇）志》编辑部	2021.11
2021 年度浙江省广电主干传输网技术维护先进个人	钱江、韩晓富	浙江广电集团	2022.01
2021 年度“浙报集团融媒共享联盟 · 先进报道个人”	求张锋	浙江日报报业集团	2022.01
2020 年度全省十佳创新人物	章承月	浙江省记协县市区域报工作委员会	2021.07
浙江日报优秀通讯员	罗意	浙江日报报业集团	2021.12
2021 年度浙江华数全省骨干光缆先进维护工作者	徐旭中、韩晓富	浙江华数广电网络股份有限公司	2022.01
优秀援疆人才	李群	中共阿克苏地区委员会、阿克苏地区行政公署	2021.06
2020 年度“团结协作优秀个人”	李群	浙江省对口支援新疆阿克苏地区和兵团第一师指挥部委员会	2021.03
浙江援疆“医疗大巴扎”巡回义诊先进个人	李群	浙江省对口支援新疆阿克苏地区和兵团第一师指挥部	2021.08
抗击新冠肺炎疫情先进个人	夏曙辉	浙江省医学会放射学分会	2021.07
2021 年浙江省医学会心电生理与起搏分会心电图大比武优胜奖	吕一帆	浙江省医学会心电生理与起搏分会	2021.07
浙江省中医护理优秀人才	陈水珍	浙江省中医药管理局	2021.11
全省病媒生物防制职业技能竞赛个人优秀奖	周慧	浙江省爱国卫生运动委员会办公室、浙江省卫生健康委员会、浙江省总工会	2021.10
2021 年第一期浙江省出生缺陷防治人才培训优秀学员	蓝晓玲	浙江大学医学院附属妇产科医院浙江大学医学院附属儿童医院	2021.08
全省卫生健康系统青年微党课比赛中获三等奖	方瑜	中共浙江省卫生健康委员会	2021.06

市级个人荣誉（不含部门）一览表

表 49

荣誉称号	获奖者	颁奖单位	颁奖时间
衢州市人民政府嘉奖	钟爱红	衢州市人民政府	2022.01
衢州市体育工作先进个人	徐俊、钟爱红、廖雪祺、高晁、胡炜鹏、汪存伟、邵银建、朱建军、方燕飞、诸葛青、邱丽娟、方婧、廖倩倩、邱莹瑾、范秋玉、李渭健、蓝涛、刘晓杰、童卸土、江丽萍	中共衢州市委、衢州市人民政府	2022.01
浙江省第四届体育大会承办工作表现突出个人嘉奖	胡炜鹏	衢州市人民政府	2022.01
2021 年度衢州市“招商工作标兵”	贾仲银	中共衢州市委、衢州市人民政府	2022.02
2021 年度衢州市“企业服务标兵”	季盈	中共衢州市委、衢州市人民政府	2022.02
2021 年度衢州市“项目工作标兵”	陈卫星	中共衢州市委、衢州市人民政府	2022.02
衢州市 2021 年度乡村振兴突出贡献个人	陈怀俊、周小平、朱允刚、黄黎燕、张余伟、沈涵、胡伟光、钱程、郑伟芳、宋利剑	中共衢州市委、衢州市人民政府	2022.04
2021 年度全市党建统领基层治理基层组织建设突出贡献个人	徐庭友、杨华龙、王艳、宋有根、吴蔚笙、林永光、吴深厚、胡秀斌	中共衢州市委、衢州市人民政府	2022.04
2021 年度全市党建统领基层治理基层网格服务突出贡献个人	卜仁辉、王伟霞、张俊君、刘一中、陆清、李亚丽、邵献军、谢小丽、季晓瑜、王栋、翁银燕、李銮、刘俊、缪晨晖、柳茂青	中共衢州市委、衢州市人民政府	2022.04
2021 年度全市党建统领基层治理基层信访工作突出贡献个人	裘伟贞、缪建立、叶茂、吴正兵、郑国萍	中共衢州市委、衢州市人民政府	2022.04
2021 年度全市平安建设突出贡献个人	郑强、林升、袁旭辉、方伟军、陈建生、柴建明、严晓明、罗露、卢泉、方萌、张余伟、吴胜春	中共衢州市委、衢州市人民政府	2022.04
衢州市优秀共产党员	陈建生、吴柏林、伍红霞、洪永健、施羽、张林涛、胡月平、张中华、吴森邦、余恒、王栋、傅新林、余美凤、朱江宜	中共衢州市委	2021.07
衢州市优秀党务工作者	刘洪刚、叶杏友、胡亦君、曾银萍、杨振、徐庭友、袁平华、席全富、邱亚青、叶宏、邵忠根、胡旭东、叶柏军、郑燕	中共衢州市委	2021.07
“五水共治”（河长制）工作表现突出个人嘉奖	郑国华、兰水英	衢州市人民政府	2021.08
衢州市 2021 年度粮食生产突出贡献工作者	周凌霄、王心雨、姚敏	衢州市人民政府办公室	2022.03
衢州市 2021 年度优秀种粮大户	洪志华、王学智、叶培根、何航峰、汪小红	衢州市人民政府办公室	2022.03

续表 49

荣誉称号	获奖者	颁奖单位	颁奖时间
2021 年度衢州市专武干部暨民兵干部骨干集训“优秀学员”	徐建	衢州军分区	2021.06
2021 年度衢州市专武干部暨民兵干部骨干集训“先进训练个人”	徐建	衢州军分区	2021.06
衢州军分区“永远跟党走”党史知识竞赛第一名	徐建	衢州军分区	2021.09
安全管理先进个人	胡徐俊	衢州军分区	2022.01
情报工作先进个人	徐根财	衢州军分区	2022.01
优秀职工	周诚翊	衢州军分区	2022.01
乌什县荣誉市民	祝雪贞	乌什县人民政府	2021.07

中共龙游县委、县人民政府颁发的个人荣誉（不含部门）一览表

表 50

荣誉称号	获奖者	颁奖单位	颁奖时间
2021 年度先进个人	**一、县政府质量奖** 余雄伟（浙江锦昌建设有限公司） **二、县长特别奖** 1. 十大杰出贡献企业家（10 名） 李志林（维达纸业）、施彩莲（金龙股份）、胡智彪（道明光学）、苏忠军（李子园食品）、余恒（恒盛能源）、计皓（凯丰新材料）、张林松（光明铁道）、姜文龙（恒达新材料）、潘强（伊利乳业）、王项彬（禾川科技） **三、共同富裕示范区试点百佳优秀建设者（130 名）** 1. 十大招商能手（10 名） 蒋建波（湖镇镇）、贾仲银（县人大）、吴伟民（经信局）、陈敏（招商投资促进中心）、洪淑芳（招商投资促进中心）、吴惠忠（农业农村局）、郑赟（经济开发区）、张峰（经济开发区）、徐政建（市生态环境局龙游分局）、沈奕子（税务局） 2. 十大征迁工作能手（10 名） 雷忠根（龙洲街道）、陈子琪（龙洲街道）、蔡艳辉（东华街道）、吴锴（溪口镇）、陈小燕（小南海镇）、陈金土（塔石镇）、傅湫龙（模环乡）、郑刚（庙下乡）、严宏燕（资源规划局）、胡洁军（征迁事务中心） 3. 十大项目推进能手（10 名） 袁奔（湖镇镇）、刘静（横山镇）、金辉（发改局）、陈怀俊（资源规划局）、常莹（住建局）、叶伟波（交通运输局）、方伟（林业水利局）、吴峰（经济开发区）、陈卫星（轨道交通建管中心）、陈佳琪（奔康公司） 4. 十大平安卫士（10 名） 郑建兵（湖镇镇）、王翔（溪口镇）、程丽敏（模环乡）、马健（政法委）、汪灵巧（信访局）、陈冬（公安局）、吴建军（资源规划局）、吴光林（退役军人事务局）、何有德（市场监管局）、姚臣（消防救援大队） 5. 十大国土整治先锋（10 名） 周益忠（溪口镇）、盛小燕（小南海镇）、黄界明（横山镇）、王敏（模环乡）、刘玲（罗家乡）、王智刚（大街乡）、徐峰（资源规划局）、杨建春（资源规划局）、王俊杰（农业农村局）、宋斐（林业水利局）	中共龙游县委、县人民政府	2022.02

续表 50

荣誉称号	获奖者	颁奖单位	颁奖时间
2021 年度先进个人	6. 十大数字化改革先锋（10 名） 胡剑明[县委办（大数据局）]、曾超（县委办）、陈建峰（组织部）、寿海威（政法委）、叶徐炜（营商办）、夏嘉琦（发改局）、王丽芬（经信局）、方小康（教育局）、李逸群（住建局）、劳志平（农业农村局） 7. 十大治村兴村先锋（10 名） 许航（龙洲街道红星社区）、严一中（东华街道湖底叶村）、李剑峰（湖镇镇星火村）、陈民强（溪口镇溪口村）、李炎根（小南海镇箬塘村）、杨水明（横山镇腰塘边村）、林永光（庙下乡陈村村）、吴深厚（沐尘乡坑头村）、吴蔚笙（模环乡清塘村）、马雪祥（石佛乡峰塘山村） 8. 十大 8090 新时代理论宣讲标兵（10 名） 钟宏亮（纪委监委）、李陈（组织部）、金敏军（党校）、吴欣滢（党校）、蓝正伟（司法局）、李姗（司法局）、范磊（文广旅体局）、蒋爱军（卫生健康局）、方瑜（卫生健康局）、胡亦君（市场监管局） 9. 十佳优秀网格员（10 名） 徐素君（东华街道张王村）、刘海寿（横山镇腰塘边村）、傅丹（塔石镇泽随村）、刘丽丽（詹家镇淳进村）、徐景（庙下乡凉丰村）、祝水花（沐尘乡社里村）、余玉兰（模环乡五都桥村）、童玲（石佛乡三和村）、王旭宏（社阳乡社阳村）、邹卫雄（大街乡贺康村） 10. 疫情防控卫士（20 名） 周坤（龙洲街道）、陈丽君（小南海镇）、姜爱芳（县委办）、廖雪祺（县府办）、傅鑫彬（纪委监委）、季君（政法委）、王凉花（机关事务保障中心）、余政清（经信局）、江沈波（公安局）、叶纪范（公安局）、徐轶（卫生健康局）、曾伟明（卫生健康局）、方辰（大数据中心）、吴正明（人民医院）、叶璐（人民医院）、傅耀华（中医医院）、钱衍（妇保院）、蓝晓明（妇保院）、陈忠兵（疾控中心）、张新苗（龙洲街道社区卫生服务中心） 11. 模范教育工作者（20 名） 邱建军（龙游中学）、徐军华（龙游中学）、吴海英（第二高级中学）、王慧珍（横山中学）、徐滔红（衢州工商学校）、邱小燕（教育服务中心）、钟爱军（教育局教研室）、刘智松（实验小学）、吕立（西门小学）、周凤梧（实验幼儿园）、张根菊（灵江幼儿园）、童利艳（湖镇初中）、江秀红（溪口初中）、吴国灵（小南海初中）、朱伟俊（詹家小学）、赖燕娟（启明小学）、戴建丰（沐尘小学）、朱敏琪（石佛小学）、翁思雨（溪口中心幼儿园）、宋杨（泽雅学校）	中共龙游县委、县人民政府	2022.02
龙游县优秀共产党员、优秀党务工作者	**一、龙游县优秀共产党员（100 人）** 劳　方　　龙洲街道清廉社区第一书记 杨志力　　龙洲街道半爿月村务监督委员会委员 李巧华　　龙洲街道西门村第一书记 郑建波　　东华街道灵江社区党总支书记、居委会主任 彭素珍（女）东华街道十里铺村党支部委员 张焕明　　湖镇镇社会治理办干部 刘建文（女）湖镇镇历寺村党支部书记、村委会主任 余建军　　湖镇镇新建村党支部书记、村委会主任 吴生有　　湖镇镇希唐村党员	中共龙游县委	2021.07

续表 50

荣誉称号	获奖者	颁奖单位	颁奖时间
龙游县优秀共产党员、优秀党务工作者	章　辉　　小南海镇党委副书记 吴雪红　　小南海镇龙西村党支部书记、村委会主任 徐成财　　小南海镇双潭村党支部书记、村委会主任 邹卫平　　溪口镇溪口村党员 邓冬强　　溪口镇扁石村党支部书记、村委会主任 张志明　　横山镇上向徐村党支部书记、村委会主任 翁海忠　　横山镇塔下叶村党支部书记、村委会主任 曹建忠　　横山镇贤求朋村党支部书记、村委会主任 张如斌　　塔石镇生态文明办干部 李金耀　　塔石镇舒村村党员 傅　丹（女）塔石镇泽随村党总支委员 许伟红（女）塔石镇雅村村网格员 黄伟民　　詹家镇浦山村党支部书记、村委会主任 施益红（女）詹家镇徐家村党支部委员 胡宏伟　　罗家乡“极黄”茶叶专业合作社法人代表 林永光　　庙下乡陈村村党支部书记、村委会主任 夏国桢　　庙下乡庙上新村党支部书记、村委会主任 周　璇　　沐尘畲族乡党委委员 邵承培　　沐尘畲族乡贤江村党员 夏志文　　模环乡夏峰村党支部书记、村委会主任 徐志平　　模环乡姚西塘村党支部书记、村委会主任 徐根林　　模环乡士元村党支部书记、村委会主任 吴有泉　　石佛乡三和村党支部书记、村委会主任 毕　顺　　石佛乡综合信息指挥室负责人 杨一祥　　社阳乡党委委员 曾金生　　社阳乡社阳村党支部委员 金　献（女）大街乡党委委员 郑石丰　　大街乡贺田村党支部书记、村委会主任 叶凌豪　　龙游县政府办研究室主任 祝红兵　　龙游县纪委常委、县监察委员会委员 金小燕（女）龙游县委宣传部理论科科长 葛树印　　龙游县委统战部部务会议成员 傅建刚　　龙游县文联党组副书记、副主席 叶　晋　　龙游团县委办公室主任 方苏帆　　龙游县工商联工会主席 徐　珊（女）龙游县经信局企业科科长 张根菊（女）龙游县灵江幼儿园党支部书记、园长 雷素君（女）龙游县教师进修学校教研员 王一升　　龙游中学教师 韩晓敏（女）龙游县樾园小学教师 肖姜珴（女）龙游县实验小学端礼校区教师 钟宏鸣　　龙游县横山小学教师 姜学文　　龙游县第三中学党支部副书记 宋洪明（女）龙游县横山中学办公室副主任 周巧丹（女）龙游县沐尘畲族小学教导主任 杨　敏（女）龙游县科技局办公室副主任 张　秀（女）龙游县民政局基层政权和社区治理科科长 陈樟霖　　龙游县资规局法规监察科干部 姜梅子（女）衢州市生态环境局龙游分局规划水生态科干部 于　瑾　　龙游县农业农村局养殖业发展中心主任 徐志华　　龙游县公安局小南海派出所民警 彭　亮　　龙游县公安局法制大队大队长	中共龙游县委	2021.07

续表 50

荣誉称号	获奖者	颁奖单位	颁奖时间
龙游县优秀共产党员、优秀党务工作者	刘　仙　龙游县公安局湖镇派出所副所长	中共龙游县委	2021.07
	郑　康　龙游县公安局塔石派出所副所长		
	董伟兵　龙游县公安局看守所民警		
	陈忠兵　龙游县疾病预防控制中心党支部委员、主任		
	张丽英（女）龙游县龙洲街道社区卫生服务中心副主任		
	徐晓琴（女）龙游县人民医院护理部主任		
	程　巍　龙游县中医院外科副主任		
	傅志军　龙游县人民医院医共体湖镇分院党支部书记、院长		
	卢　军　龙游县人民医院重症医学科主任		
	兰　峰　龙游县人民医院医共体塔石分院副院长		
	张学丰　龙游县审计局办公室副主任		
	刘红军　龙游县退役军人事务局优抚褒扬纪念科负责人		
	邱丽琳（女）龙游县应急管理局办公室负责人		
	吴红锋　龙游县医疗保障局办公室主任		
	张黎军　龙游县市场监管局东华所所长		
	周昌龙　龙游县税务局社会保险费和非税收入股股长		
	叶　飞　龙游县气象局办公室主任		
	汪科伟（女）龙游县营商办综合科负责人		
	吴英俊（女）龙游县经济开发区管委会干部		
	余倩倩（女）龙游县水利建设管理中心办公室主任		
	何玉平（女）龙游县供销社合作指导科科长		
	蓝建锋　龙游县征迁事务中心政策法规科科长		
	陈　红（女）龙游县铁路轨道交通建设管理中心征迁科科长		
	牛超杰　龙游县传媒集团新媒体中心副主任		
	夏小林　中国邮政集团公司龙游县分公司职工		
	王图新　龙游县城投公司工程管理部副经理		
	吴剑刚　龙游县奔康公司下属大花园公司总经理		
	金　燕（女）龙游县文旅公司人力资源部党建专员		
	张红晓　龙游县交投集团党总支副书记、副总经理		
	沈炜芳（女）浙江远帆无纺布有限公司总经理		
	徐晓菠　浙江金蓝医疗科技有限公司总经理		
	李华元　龙游民安公益救援中心队长		
	章　丽（女）浙江德洲五金有限公司行政主管		
	洪苗根　浙江贝尔轨道装备有限公司车间主任		
	钱　坤　浙江龙游新西帝电子有限公司党支部副书记		
	詹卫民　浙江金昌特种纸股份有限公司总经理		
	杨艳红（女）浙江华飞轻纺有限公司车间主任		
	胡慧萍（女）龙游伊利乳业有限责任公司职工		
	吉智军　中浙高铁轴承有限公司副总经理		
	二、龙游县优秀党务工作者（58 人）		
	毛洪飞　龙洲街道党工委委员、纪工委书记		
	杨发祥　龙洲街道大板桥村党支部书记、村委会主任		
	吴双根　龙洲街道驿前村党支部书记、村委会主任		
	毛文红（女）龙洲街道翠光社区第一书记		
	叶慧文（女）东华街道党工委委员		
	严一中　东华街道湖底叶村党支部书记、村委会主任		
	李剑峰　湖镇镇星火村党支部书记、村委会主任		
	陈连寿　湖镇镇洪畈村党支部书记、村委会主任		
	胡新贤　溪口镇大沃口村党支部书记、村委会主任		
	龚水明　横山镇脉元村党支部书记、村委会主任		
	叶根明　塔石镇叶村村党支部书记、村委会主任		
	毛志飞　詹家镇方村村党支部书记、村委会主任		

续表 50

荣誉称号	获奖者	颁奖单位	颁奖时间
龙游县优秀共产党员、优秀党务工作者	杨　艳（女）罗家乡党委副书记 朱伟林　　　庙下乡芝坑口村党支部书记、村委会主任 谢菊青（女）沐尘畲族乡社里村党支部委员 黄　慧（女）模环乡党建办副主任 许立军　　　模环乡许家村党支部书记、村委会主任 黄金土　　　石佛乡大力山村党支部书记、村委会主任 徐敏聚　　　社阳乡源头村党支部书记、村委会主任 邓美祯　　　大街乡横坑村党支部委员、村委会副主任 赖建伟　　　龙游县委办机关党支部委员、保密科科长 汪胜凯　　　龙游县人大机关党支部委员、人事秘书科科长 黄莅峰　　　龙游县政协机关党支部委员、行政科科长 祝柳珊（女）龙游县委组织部部务会议成员、县委两新工委副书记 吴伟红　　　龙游县委编办室务会议成员、副主任 黄海军　　　龙游县委机关工委副书记、老干部局副局长 张国平　　　龙游县老科协党支部书记 游一秋（女）龙游县发改局机关党支部委员 官雄伟　　　龙游县华岗中学党支部副书记、副校长 黄土荣　　　龙游阳光小学党支部副书记 胡秀丽（女）龙游县柳园小学党支部副书记、副校长 潘春燕（女）龙游县实验幼儿园党支部书记 叶　强　　　龙游县财政局机关第三党支部书记、基层财政管理科科长 陈冬阳　　　龙游县司法局机关党支部委员 方爱芸（女）龙游县人力社保局党组成员、副局长、机关党委书记 欧阳清影（女）龙游县环卫所党支部书记、所长 丁宇平　　　龙游县交通运输局公路港航与运输管理中心党支部副书记、副主任 陈小华　　　龙游县公安局交警大队党支部委员、副大队长兼车管所所长 余樟良　　　龙游县公安局龙洲派出所党支部副书记、教导员 方　欣　　　龙游县公安局出入境管理大队教导员 杨　瑾（女）龙游县人民医院医共体党委书记、副院长 樊胜江　　　龙游县中医院医共体溪口分院党支部书记、院长 蒋爱军（女）龙游县妇保院党支部书记 胡俊子（女）龙游县统计局机关党支部委员、社会服务业科负责人 陈　莹（女）龙游县综合行政执法局政治处干部 丁德斌　　　龙游县税务局开发区税务所党支部书记、所长 余昤昤（女）龙游县机关事务保障中心机关党支部委员、办公室主任 林光辉　　　龙游县监管办机关党支部委员、综合科负责人 徐旭中　　　龙游县传媒集团网络建设党支部书记、网络建设中心主任 方　蕾（女）龙游县资源规划局机关党委副书记 邓晓祯　　　龙游县交投集团党总支委员 余永华　　　龙游县水务集团党总支委员、副总经理 王土炎　　　龙游县消防救援大队党支部书记 吴建生　　　浙江金昌特种纸股份有限公司党支部书记 杨　刚　　　浙江华邦特种纸有限公司党支部书记 王国增　　　浙江吉成新材股份有限公司党支部书记 何　健　　　浙江龙游道明光学有限公司党支部书记、副董事长 季麻根　　　浙江龙游安达纺织品有限公司党支部委员	中共龙游县委	2021.07

续表 50

荣誉称号	获奖者	颁奖单位	颁奖时间
2021年度“民生工作”“经济发展”“平安龙游”突出贡献个人名单	（一）“民生工作”突出贡献个人（164人） 1.“县乡一体、条抓块统”改革（30人）：金曌（龙洲街道）、叶文洪（东华街道）、吴如意（湖镇镇）、陈晨（溪口镇）、叶廷君（小南海镇）、李菲（横山镇）、项琨（塔石镇）、陈继家（詹家镇）、杜笑（罗家乡）、王晶（庙下乡）、梅丰（沐尘乡）、刘明辉（模环乡）、毕顺（石佛乡）、祝悦雯（社阳乡）、胡旭辉（大街乡）、田王健（县委办）、高楠（组织部）、余东（组织部）、林燕芝（大数据局）、李文依（政法委）、吴伟红（编办）、倪屹程（营商办）、邱建飞（教育局）、蓝良中（公安局）、吴超（资源规划局）、程元超（人力社保局）、汪幸智（交通运输局）、吴健（市场监管局）、黄正浩（综合执法局）、郑卫星（市生态环境局龙游分局） 2.疫情防控（70人）：詹雪赟（龙洲街道）、杨睿（龙洲街道）、张文峰（东华街道）、陈晓俊（东华街道）、郑伟芬（湖镇镇）、陈小贞（湖镇镇）、姜金玲（溪口镇）、邱丽娟（小南海镇）、张斌（横山镇）、杨豪（塔石镇）、金拯（詹家镇）、叶志仪（罗家乡）、王麒诚（庙下乡）、刘淦（沐尘乡）、翁剑丰（模环乡）、陈王兴（石佛乡）、胡礼刚（社阳乡）、张莉（大街乡）、邱振晨（县委办）、袁文沁（县委办）、余志康（县府办）、邓飞（县府办）、黄侃（县府办）、姚爽（纪委监委）、徐靓（纪委监委）、丁胜（组织部）、李兴科（宣传部）、吕凯悦（统战部）、李洋程（营商办）、周华（教育局）、毛奇介（公安局）、王建军（公安局）、余跃初（公安局）、纪辉刚（公安局）、饶明林（公安局）、顾红斌（公安局）、郑婷（财政局）、邱玉燕（住建局）、陈滨（交通运输局）、朱允刚（农业农村局）、郑莹（卫生健康局）、王莉燕（卫生健康局）、商燕君（卫生健康局）、方燕（卫生健康局）、王文清（市场监管局）、郑金荣（综合执法局）、汪亮（经济开发区）、李来昌（经济开发区）、徐章文（轨道交通建管中心）、夏瑞莹（传媒集团）、张晟（税务局）、王文清（生态环境分局）、吴国红（人民医院）、张慧君（人民医院）、郑少军（人民医院）、吴绵勇（人民医院）、吴丹（人民医院）、蒋钢琴（中医医院）、周杭贞（中医医院）、叶阳菲（中医医院）、汪秋红（妇保院）、徐航超（卫生监督所）、叶丰蓁（卫生监督所）、周奕（疾控中心）、王青霞（疾控中心）、徐江荣（疾控中心）、周慧（疾控中心）、周凯伶（溪口镇中心卫生院）、徐宏伟（启明小学）、陈思（寺后小学） 3.五水共治/河长制（10人）：周艺（小南海镇）、叶伟军（塔石镇）、朱珉（农业农村局）、邓卫平（林业水利局）、胡翠（林业水利局）、徐玲芝（市场监管局）、张育铭（经济开发区）、许梦莹（市生态环境局龙游分局）、何燕玲（治水办）、董群燕（治水办） 4.数字龙游（20人）：季贤军（龙洲街道）、周玉琴（湖镇镇）、石旭君（溪口镇）、王超（小南海镇）、杨文哲（县委办）、郑曦（县委办）、严羽辰（县府办）、马亚利（纪委监委）、张曙华（宣传部）、许慧斌（编办）、陈志芳（总工会）、吴雯静（法院）、汤晓庆（检察院）、潘旭峰（民政局）、洪月凤（住建局）、朱海棠（退役军人事务局）、严小见（综合执法局）、邵悠涵（经济开发区）、金幼林（大数据中心）、朱周颖（金融服务中心） 5.为民办实事（9人）：毛洪飞（龙洲街道）、张玲（县府办）、余婷（团县委）、汪远琴（残联）、文建（教育局）、陈小华（公安局）、庄珂（住建局）、席雄炎（交通运输局）、傅建钢（卫生健康局）	中共龙游县委、县人民政府	2022.02

续表 50

荣誉称号	获奖者	颁奖单位	颁奖时间
2021 年度“民生工作”“经济发展”“平安龙游”突出贡献个人名单	6. 信息工作（5 人）：叶美伶（沐尘乡）、谷笑笑（组织部）、江义鸿（经信局）、琚小康（公安局）、李文秀（农业农村局） 7. 民生工作综合奖（20 人）：吴益良（横山镇）、陈崇相（县委办）、夏晓轶（人大机关）、王娟（人大机关）、徐鹏臻（人大机关）、周叶双（人大机关）、方晓斌（县府办）、赖建爱（县府办）、袁方舟（县府办）、叶翠（政协机关）、郭晓玲（政协机关）、黄莅峰（政协机关）、李映轲（政协机关）、叶红军（档案馆）、劳晓天（档案馆）、胡小华（工商联）、姜小军（科技局）、方春欣（招商投资中心）、胡炜鹏（文广旅体局）、邱利民（市场监管局） （二）“经济发展”突出贡献个人（171 人） 1. 创建营商环境最佳县（15 人）：伊阳华（溪口镇）、祝凤（庙下乡）、叶静妍（纪委监委）、雷建春（宣传部）、江向东（残联）、官议和（营商办）、王兆斌（教育局）、刘红卫（科技局）、何洋（公安局）、祝益珍（财政局）、叶红艳（资源规划局）、王珺（退役军人事务局）、戴星（市场监管局）、章琳（综合执法局）、季盈（金融服务中心） 2. “争先创优”行动（15 人）：邵翠云（东华街道）、刘振（小南海镇）、郭学卫（县委办）、楼家恒（县府办）、王振超（宣传部）、姜敏（发改局）、何志龙（经信局）、饶文兵（经信局）、王小忠（公安局）、施羽（农业农村局）、翁学振（统计局）、吴雪琛（经济开发区）、罗玉银（大数据中心）、赖宇浩（推进专班）、徐帅（推进专班） 3. 产业培育（9 人）：邱晓玲（湖镇镇）、叶小宏（县府办）、阙嘉伟（发改局）、杨永雄（经信局）、项璐（经信局）、李斌（招商投资促进中心）、吴诗卉（统计局）、胡琼琦（市生态环境局龙游分局）、任轶（金融服务中心） 4. 科技龙游（5 人）：李同合（营商办）、杨敏（科技局）、余一尘（招商投资促进中心）、陈小军（农业农村局）、吴英俊（经济开发区） 5. 招商引资（10 人）：范文艳（组织部）、童利松（统战部）、周卫军（党校）、王树银（小南海镇）、周利民（发改局）、吴克建（教育局）、童筱俊（财政局）、程先菊（资源规划局）、陈建龙（林业水利局）、徐晓东（文广旅体局） 6. 国土整治（20 人）：何宏斌（龙洲街道）、方昊（东华街道）、冯波（湖镇镇）、应连生（塔石镇）、尹楠（詹家镇）、杨萌（庙下乡）、郑弦（沐尘乡）、吕哲竞（石佛乡）、杨一祥（社阳乡）、孙俊（县府办）、葛翔（纪委监委）、吴志会（党校）、杜前强（发改局）、叶杏友（教育局）、叶强（财政局）、黄孝祥（资源规划局）、蒋俊妍（资源规划局）、张学丰（审计局）、叶安（监管办）、余益文（市生态环境局龙游分局） 7. 征迁工作（20 人）：周建华（东华街道）、祝烈（湖镇镇）、华柏根（横山镇）、童斌全（詹家镇）、王俊杰（罗家乡）、雷晔芸（沐尘乡）、许成（石佛乡）、詹昭（社阳乡）、张宁（大街乡）、吴旭东（县府办）、方舟（县府办）、翁震（科技局）、王卫东（公安局）、徐晖（交通运输局）、徐正华（林业水利局）、胡耀晟（综合执法局）、余功全（经济开发区）、余亚军（轨道交通建管中心）、汪国华（城东专班）、张柏成（士元专班） 8. 项目推进（10 人）：周惠松（龙洲街道）、范佳杰（县府办）、雷蕾（经信局）、陈婷（财政局）、方爱芸（人力社保局）、吴惠忠（农业农村局）、郑舰（文广旅体局）、刘晓芹（国资办）、夏卓妮（统计局）、徐志明（征迁事务中心）	中共龙游县委、县人民政府	2022.02

续表 50

荣誉称号	获奖者	颁奖单位	颁奖时间
2021 年度“民生工作”“经济发展”“平安龙游”突出贡献个人名单	9. 三服务（9 人）：琚建伟（罗家乡）、方土新（统战部）、肖剑红（档案馆）、缪富庭（科协）、方苏帆（工商联）、袁佳雯（机关事务保障中心）、吴红锋（医疗保障局）、毛国君（监管办）、封雄兵（税务局） 10. 乡村振兴大花园建设(30 人)：杨德贵（龙洲街道）、饶雨晴（东华街道）、吴加群（小南海镇）、王福忠（横山镇）、张志红（塔石镇）、汪卫涛（詹家镇）、陈昕（罗家乡）、陈罡（庙下乡）、程晶磊（模环乡）、杜佳伦（石佛乡）、潘俊（县委办）、上官俊（县府办）、徐建龙（信访局）、孙正发（发改局）、方圆（科技局）、詹炳全（民政局）、郑琳（财政局）、梅颖安（资源规划局）、陈锦鹏（农业农村局）、郑晓翠（农业农村局）、叶子健（农业农村局）、汪颖俊（林业水利局）、郑燕（卫生健康局）、蒋锡华（市场监管局）、胡俊子（统计局）、王刚（市生态环境局龙游分局）、陈志勇（大数据中心）、方贤（国调队）、詹竟（农房专班）、葛树印（治水办） 11. 森林龙游(5 人)：郑婷婷(詹家镇)、邓旭华(大街乡)、陈雪峰（农业农村局）、周小平（林业水利局）、翁慧龙（应急管理局） 12. 城乡风貌提升（10 人）：张旖（龙洲街道）、琚俊元（湖镇镇）、吴锋（溪口镇）、平锡华（詹家镇）、方虹菲（罗家乡）、张润（沐尘乡）、黄震（石佛乡）、刘海啸（大街乡）、姜真（住建局）、陈美蓉（城乡风貌办） 13. 联盟大道建设（5 人）：杨姜成(交通运输局)、邵飞(农业农村局）、傅建刚（文广旅体局）、周佳俊（文广旅体局）、姜云标（文旅公司） 14. 环境保护（8 人）：徐佳楠（宣传部）、蒋黎阳（资源规划局）、胡秋炎（住建局）、倪志轩（农业农村局）、方胜刚（林业水利局）、何宝林（综合执法局）、朱明华（市生态环境局龙游分局）、王志芳（治水办） （三）“平安龙游”突出贡献个人（169 人） 1. 8090 新时代理论宣讲（10 人）：章一益（龙洲街道）、蒋静静（湖镇镇）、邹锦辉（编办）、叶晨（发改局）、毛丽萍（教育局）、王露婷（人力社保局）、倪嘉慧（林业水利局）、马婷（国资办）、杨菲（市场监管局）、洪雅倩（农商银行） 2. 以文化人(35 人)：叶肖翠(龙洲街道)、蒋蓓(东华街道)、方露（湖镇镇）、雷金洋（溪口镇）、琚建斌（小南海镇）、诸葛青（横山镇）、周赟（詹家镇）、余慧（沐尘乡）、王辉（大街乡）、罗冬琴（纪委监委）、邱元良（宣传部）、张星昱（政法委）、翁锦涛（机关工委）、张盛（文联）、钱菊红（营商办）、钱育智（经信局）、沈银水（教育局）、陈小兵（招商投资促进中心）、徐建宇（公安局）、周焱（财政局）、吴建平（住建局）、张军红（交通运输局）、盛方清（农业农村局）、应建平（林业水利局）、方燕飞（文广旅体局）、毛庆华（卫生健康局）、陈惠（应急管理局）、陈子琪（市场监管局）、叶卫军（综合执法局）、晏京森（经济开发区）、秦久兴（传媒集团）、吴森邦（传媒集团）、邱成伟（市生态环境局龙游分局）、徐卫兵（大数据中心）、郑寻宝（国调队） 3. 巡察工作(5 人)：张超(巡察办)、曹文华(第二巡察组)、徐绮（第四巡察组）、陈樟兴（资源规划局）、周洪霞（市场监管局）	中共龙游县委、县人民政府	2022.02

续表 50

荣誉称号	获奖者	颁奖单位	颁奖时间
2021 年度“民生工作”“经济发展”“平安龙游”突出贡献个人名单	4. 法治龙游建设（8 人）：钱伟军（东华街道）、潘华（湖镇镇）、杜文忠（政法委）、杨江红（司法局）、余蓓（资源规划局）、余健宗（应急管理局）、蓝益星（市场监管局）、厉文健（综合执法局） 5. 平安龙游（40 人）：徐庆（龙洲街道）、谢海荣（东华街道）、赵小龙（湖镇镇）、缪晨晖（溪口镇）、周杰（小南海镇）、蓝树发（横山镇）、张小鲁（塔石镇）、徐永喜（詹家镇）、江小东（罗家乡）、吴文寅（庙下乡）、熊志勇（沐尘乡）、张日新（模环乡）、叶如春（石佛乡）、李建清（社阳乡）、陈红彬（大街乡）、许庭耀（纪委监委）、黄温秀（宣传部）、王涛（统战部）、赵藏（政法委）、朱庆宵（信访局）、包锋（机关工委）、曹威（编办）、江浩（总工会）、徐玉姣（团县委）、徐静燕（妇联）、方建林（残联）、黄马强（法院）、巫俊（检察院）、徐跃良（机关事务保障中心）、徐建清（公安局）、李兵（公安局）、邹敏辉（司法局）、徐晨晖（财政局）、兰伟富（人力社保局）、林文建（卫生健康局）、吴晓敏（应急管理局）、方一奇（市场监管局）、王丹妮（统计局）、冉雄进（综合执法局）、周红伟（经济开发区） 6. 信访工作（25 人）：毛文红（龙洲街道）、吴晓花（东华街道）、郑雯婷（湖镇镇）、林斌（溪口镇）、叶笑（小南海镇）、叶青（横山镇）、方璐（塔石镇）、张鹏（詹家镇）、俞施（罗家乡）、雷石明（庙下乡）、钟罗谊（沐尘乡）、吴庆辉（模环乡）、叶如春（石佛乡）、余建朝（社阳乡）、邓开成（大街乡）、朱子涵（纪委监委）、杨鹏飞（政法委）、吴小龙（信访局）、马丽华（公安局）、潘罕（人力社保局）、钟冰（住建局）、黄蔷（农业农村局）、林武洪（林业水利局）、邹群先（退役军人事务局）、胡远鸣（市生态环境局龙游分局） 7. 安全生产（19 人）：郑建清（龙洲街道）、陈琳（溪口镇）、吴棋彬（横山镇）、余博阳（庙下乡）、王小凡（模环乡）、刘攀（县府办）、傅美玲（宣传部）、戴月浓（政法委）、王国军（总工会）、卜启丰（司法局）、吴建军（资源规划局）、姜少文（交通运输局）、王璐（林业水利局）、马岚（文广旅体局）、冯益峰（应急管理局）、周颖燕（市场监管局）、胡志清（经济开发区）、吴正刚（消防救援大队）、时士伟（供电公司） 8. 双拥工作（5 人）：洪伟忠（龙洲街道）、董黄馨（溪口镇）、邵迅（组织部）、刘隽（宣传部）、沈彬（退役军人事务局） 9. 七张问题清单（10 人）：颜喜岳（横山镇）、张婷（社阳乡）、施歆科（县委办）、胡瑕瑜（信访局）、吴伟（编办）、张秀文（法院）、张秀（民政局）、翁忠军（人力社保局）、王斌（住建局）、杨潇（审计局） 10. 统战工作（4 人）：雷金洋（溪口镇）、丁丽（詹家镇）、方婧（庙下乡）、邱莹瑾（沐尘乡） 11. 人民武装工作（8 人）：雷国荣（龙洲街道）、童利鹏（湖镇镇）、张斌（塔石镇）、雷辉（詹家镇）、杨一祥（社阳乡）、吴晓峰（应急管理局）、郑辰荣（人武部）、夏宇轩（基干民兵工程抢修连）	中共龙游县委、县人民政府	2022.02
个人三等功	贾仲银、吴恒凯	龙游县人民政府	2021.02

2021年度"最美龙游人"

2021年度"最美龙游人"一览表

表51

序号	类别	姓名	备注
1	特别荣誉奖	抗美援朝老兵团体	
2		钱富生	一级英模
1	年度人物	厉平	龙洲街道项庄村村民
2		项尉	龙游县石佛小学副校长
3		蔡学智	龙游县中医院放射科主任
4		龙游民安公益救援队	民间公益救援组织
5		吴森邦	龙游传媒集团采访中心主任
6		缪申杰	杭壹汽车服务有限公司CEO
7		鲁海军	国网龙游县供电公司营销部（客户服务中心）主任
8		高永明	公交车司机
9		王旭	衢州工商学校学生
10		兰金星	龙游县公安局湖镇派出所户籍民警

2021年度"最美龙游人"名单事迹

【特别荣誉奖】

1．抗美援朝老兵团体，71年前，热血的龙游儿女们加入中国人民志愿军，参加入朝作战，为保卫祖国贡献自己的青春和力量，用血肉之躯筑起钢铁长城。用一次次殊死战斗践行对祖国和人民许下的誓言，这段血与火凝结的历史记忆，让我们的国家站稳脚跟，也换来今日的和平与繁荣！据统计，全县共有29名烈士牺牲在抗美援朝战场上。2021年11月，县退役军人事务局为老兵们颁发"中国人民志愿军抗美援朝出国作战70周年"纪念章，全县共有43名老兵获得该纪念章，其中健在的志愿军老战士还有34人。

（县退役军人事务局推荐）

2．一级英模讲党史——钱富生，男，1948年出生，龙游县塔石镇钱村人，曾在1979年、1984年两次参加中越边境自卫还击战。在第二次中越边境自卫还击作战中，他率领全连坚守在老山前沿阵地167天，以牺牲1人，伤6人，歼敌63名的战果，战后连队荣立集体一等功；他仅凭一根铁丝，一人排除和炸毁地雷共1300多枚，开辟通路1000多米，8次潜入敌阵前侦察。1985年6月15日，时任中央军委主席邓小平签署命令，授予钱富生"英雄指导员"称号和"一级英模"奖章。他曾走遍华北巡回作事迹报告上百场，并两次走进人民大会堂。退休后，拥有52年党龄的钱富生重拾"老行当"，每个月在全省各地开展七八场党史宣讲。在龙游革命烈士陵园重新修建后，他每周从杭州驱车回来义务当讲解员，讲述亲身经历的"活党史""英雄史"，成为一名年龄最长的"宣讲员"。

（县文明办、县退役军人事务局推荐）

【年度人物】

1．久病床前的好孝子——厉平，男，1962年出生，龙洲街道项庄村村民。厉平的父亲已经去世近20年，兄姐也相继过世，只剩他们母子相依为命。厉平母亲已88岁，智力残疾二级，肢体残疾四级，生病卧床近7年时间。2007年，母亲患上老年痴呆，在桥下修车的厉平，为照顾母亲，每天来回跑，一天三趟给老人送餐。2014年，母亲病情加重，日常生活都不能自理，期间更是3次住进医院，厉平日夜陪伴直到出院。出院后，厉平关掉店铺，回家全心全意照顾老母亲。厉平十几年如一日，不辞辛劳、尽心尽力地照顾老母亲，是项庄村远近闻名的大孝子。

（龙洲街道推荐）

2. 致力搭建“爱心桥”的援疆老师——项尉，男，1973年9月出生，龙游县石佛小学副校长。从教20多年来，始终怀揣着一颗真挚善良的心去关心关爱学生。他关注留守儿童和家庭困难学生，经常利用空余时间给他们开“小灶”补习落下来的功课；搭建“爱心桥”，带领老师实地走访全乡10多个村的困难学生家庭，并写成调查报告，用于联系爱心人士资助参考。四年来，经过他和团队老师搭桥筹集的资助款每年有4.6万多元。2020年4月，他赴新疆乌什县援疆支教，将爱心向乌什延伸。不仅自己出钱购买营养食品、学习用品分给家庭困难学生，还积极联系慈善企业和爱心人士，为孩子们筹集到1000多个水杯、295套保暖冲锋衣，共计5万余元。几年来，他陆续获得龙游县“优秀共产党员”、县“教育工作先进个人”、阿克苏地委“优秀援疆支教教师”、乌什县“优秀共产党员”、乌什县“荣誉市民”等称号。

（县教育局推荐）

3. 身残志坚的医学能手——蔡学智，男，1973年出生，龙游县中医院放射科主任。20年前蔡学智不幸患上“椎管内肿瘤”，治疗后腿部肌肉萎缩无力。然而一瘸一拐的他开拓创新、仁心仁术，始终奋战在工作岗位。他带领团队开展的肝癌栓塞灌注术，填补了龙游县肿瘤介入治疗领域的空白；他开展“孤立型肺小结节靶向扫描技术”的课题研究，明显提升早期肺小结节肺癌诊断能力，让“早诊断、早治疗”成为可能。疫情防控期间，奋战在一线的他，参加100余次发热病人会诊，出具肺部CT诊断报告500余次，为群众健康筑起坚实防线。2021年3月在县内率先开展60排螺旋CT下心脏冠状动脉造影新技术，极大方便许多冠心病患者的检查。他带领科室多次荣获新项目新技术进步奖、衢州市放射室间质控优胜单位、2019年度“最佳优秀团队”“优秀管理者”、2021年7月荣获县卫健系统“最美天使奖”等荣誉。

（县卫健局推荐）

4. 群众生命安全的“红色屏障”——龙游民安公益救援队，龙游民安公益救援队是一家民间的公益救援组织，成立于2009年10月，2021年有志愿者90人。团队中的成员来自各行各业，他们以保护人民的生命财产安全为己任，十几年来在风霜雨雪、崇山峻岭、溪谷洪水中穿梭，投身于应急救援、抢险救灾的第一线，先后出勤1000余次，自己出钱出资，不求任何回报。他们前后参与云南鲁甸地震、缙云壶镇飞机失事、温州苕溪大峡谷失踪小孩搜救、余姚城市内涝、六春湖驴友、遂昌苏村泥石流、兰溪特大洪水、建德李家矿窑塌方及北乡矿洞救援等各类公益应急救援行动之中，用实际行动和无畏胆识书写大爱赞歌，怀着不抛弃、不放弃的信仰，将公益救援进行到底。

（县志愿者联合会推荐）

5. 老兵精神永不褪色的一线记者——吴森邦，男，1981年出生，龙游传媒集团采访中心主任。2021年3月25日下午，在龙翔路观澜一号小区路口，超速行驶的小轿车将一辆电动车撞飞出十多米远，车上人员受伤严重。吴森邦在采访途中亲眼看见，立马一边拨打“120”救援电话，一边附身跪卧在伤者身前，检查伤口、不断喊话，唤醒伤者意识。待伤者抬上救护车，确认无大碍后，又继续赶赴采访一线，成为职业生涯中唯一一次“迟到”的采访。前些年的一个冬夜，县城福泰隆广场发生一起抢劫事件，路过此地的他毫不犹豫追赶劫匪，英勇之举感染六七名市民前来帮忙，最终夺回受害者被抢的挎包。吴森邦是一名有着8年戍边军旅生涯的退役军人，在部队期间曾先后荣立二等功1次、三等功3次，获得各级嘉奖10余次。在人民群众危难时，果敢伸出援手，是他这位老兵渗透在骨子里的一种常态和习惯。疫情防控期间，吴森邦得知小区里较多老人行动不便，他主动上门，自驾接送，全程陪护老人开展疫苗接种。吴森邦被衢州市委表彰为“优秀共产党员”、获县“首届模范退役军人”“抗洪抢险先进个人”“平安龙游建设先进个人”和“义举之星”等荣誉。

（县传媒集团推荐）

6. 热衷公益的“95后”——缪申杰，男，1996年10月出生，杭壹汽车服务有限公司CEO。新冠疫情期间，缪申杰和家人自费1万多元购买生活物资送到各个有需要的卡点、村镇。2020年9月，缪申杰为峡川镇下叶村捐赠5000元作为建造老年食堂的基金。河南灾情时，他联系在杭州的龙游人，合资10万元回龙游购买物资，连夜奔波至河南，给新乡、卫辉等8支一线救援队伍送去急需的劳保物资，也给当地灾民送去米面等粮食。从2019年7月至2021年，缪申杰十余次为西藏雅江县红龙乡中心小学寄物资，总计花费约20万元。2020年，又有一批他自主设计的羽绒服被送往藏区学校，帮助孩子们抵御寒冷的冬天。对于公益，缪申杰说他会一直在自己的能力范围内，去帮助需要帮助的人。赠人玫瑰，手有余香，帮助别人，快乐自己，缪申杰通过自身行动诠释“大爱无疆”，树立新时代“身边榜样”的新青年示范效应，用行动的力量给他人传递最真挚的温暖关怀。

（县志愿者联合会推荐）

7．“营配调”战线的全能专家——鲁海军，男，1979年2月出生，国网龙游县供电公司营销部（客户服务中心）主任。他先后完成7个35千伏变电所继电保护及自动化改造工程，其中，35千伏沙田湖变安装工程荣获衢州市“衢江杯”优质工程称号。2014年，他在衢州地区率先开展“直线杆开耐张加装真空开关第四类带电作业”，推行“‘五速法’配网故障抢修管理”，极大地缩短停电线路故障抢修时间，检修运行管理专业同业对标全省同规模排名由第23名上升至第1名。他推动打通电力营销系统与民政局服务系统接口，通过共享“两保户”用户的最新信息数据，实现“两保户”减免用电“一次都不跑”。他还非常重视后备专业人才的培养，带领的“1+N”客户经理团队培训在2018年衢州公司客户服务技能竞赛、2019年衢州公司客户经理技能竞赛中获团体一等奖，电修班荣获浙江省“青年文明号”称号。

（县供电公司推荐）

8．拾金不昧的公交车司机——高永明，男，1971年9月出生，2019年进入龙游通衢城际公交客运公司工作。入职以来，他热情服务群众，从未发生过一起交通事故、旅客投诉；两年内，累计拾到并归还失主现金3万余元及手机等物品；在疫情防控工作中，他在车上自备口罩50只，主动送给忘带的乘客；连续2年被评为公司先进个人。2021年5月20日18时，高永明在车辆到站打扫卫生时，在客座上捡到一只包袋，他立即把包袋交到调度室，与队长一同清点包内物品，发现内有1.5万元现金，并无联系方式。高永明等候2个多小时后仍无人来认领，遂将包放进保险柜。最终失主经多方电话联系到通衢公司，次日一早，经确认无误后将包袋完璧归还。当天失主专门定制了锦旗向公司及高永明致谢。

（县交通运输局推荐）

9．7分钟救下一条人命的勇敢少年——王旭，男，2003年出生，衢州工商学校学生。2021年11月13日下午，王旭路过东阁桥，看见一名男子欲跳江轻生，来不及多加思考，他快步冲上去，紧紧地拽住该男子的衣角。在警察赶来前的六七分钟里，他一直保持着这个姿势，用言语安抚轻生男子，男子的情绪也渐渐放松。最终，在民警的配合下，该男子被救下来。事后，民警通过查询监控视频才得知王旭的信息。面对记者的采访，王旭谦逊而真诚，他说：“我跟他讲话的时候腿也在抖，只能拼命抓着他。”“虽然很害怕，但是如果下次再遇到这种事，我还是会像这次一样，毕竟是一条生命，不可能放着不管。”在危机时刻少年用勇敢、善良、机智，挽救一条生命。事件发生后，“人民日报”公众号、“央视新闻”公众号等各级媒体纷纷报道点赞。

（县教育局推荐）

10．扎根基层的“户籍工匠”——兰金星，男，1966年出生，龙游县公安局湖镇派出所户籍民警。从青葱少年到知命之年，兰金星始终以高度的政治责任感，认真履职尽责，20年如一日地做好户籍基础工作。扎实的户籍基本功，让他成为户籍岗位的一本“活字典”，也成为同事心里的“户籍工匠”，被大家亲切地称为“兰工”。户籍工作20余载，从1996年人口信息系统建设到1999年户籍制度改革，从2005年二代身份证换发到2020年“一窗通办”业务推进，兰金星是户籍制度变迁的见证者，更是服务升级的亲历者。“最多跑一次”的触角延伸到哪里，他就扎根在哪里。近三年来，他更是协助解决无户口人员近百人次，2021年7月30日，兰金星为远在广东打工的龙游村民小兰解决困扰23年的无户口问题，也为她找到失散23年的家人。当一本本鲜红的户口本送到群众的手中，兰金星也让“最多跑一次”跑进群众的心田。

（县公安局推荐）

2021年度龙游县国民经济若干统计资料

2021 年度龙游县社会经济基本指标一览表

表 52

指标名称	单位	2021年	2020年
一、人口规模			
常住人口	万人	36.16	36.05
其中：城镇常住人口	万人	18.78	18.59
常住人口城镇化率	%	52.0	51.6
年末户籍人口	万人	39.71	39.98
其中：城镇户籍人口	万人	13.07	13.16
户籍人口城镇化率	%	32.91	32.93
户籍人口中：女	万人	19.69	19.82
年平均人口	万人	39.84	40.09
年出生人口	人	2214	2686
年死亡人口	人	2815	2870
年末总户数	万户	16.91	16.83
二、资源环境			
行政区域土地面积	平方千米	1143.33	1143.33
建成区面积	平方千米	15.40	15.00
城市现状建设用地面积	平方千米	15.40	15.39
其中：居住用地	平方千米	5.22	5.22
本年征用土地面积	平方千米	0.70	1.27
其中：耕地面积	平方千米		0.75
绿化覆盖面积	公顷	771.00	766.00
建成区绿化覆盖率	%	45.34	45.07
绿地面积	公顷	625.00	621.00
建成区绿地率	%	40.58	10.31
公园绿地面积	公顷	177.00	177.00
公园面积	公顷	77.00	77.00

续表 52

指标名称	单位	2021年	2020年
森林覆盖率	%	54.86	54.79
水资源总量	亿立方米	12.62	12.62
降水量	毫米	1834	1844
用水总量	亿立方米	1.93	1.85
规模以上工业企业取水量	万立方米		
工业废水排放量	万吨		2136.74
工业化学需氧量排放量	吨	870	590
工业氨氮排放量	吨	10	9
工业化学需氧量去除率	%		94.36
工业氨氮去除率	%		91.09
工业废气排放量	万立方米		1909697
工业二氧化硫排放量	吨	367	516
工业氮氧化物排放量	吨	969	961
工业二氧化硫去除率	%		76.43
工业氮氧化物去除率	%		67.22
工业烟（粉）尘排放量	吨		1346
一般工业固体废物综合利用率	%		99.83
污水处理率	%	97.70	97.61
污水处理厂集中处理率	%	97.70	97.61
生活垃圾无害化处理率	%	100.00	100.00
空气质量优良天数比例	%	97.73	98.00
可吸入细颗粒物（PM2.5）年平均浓度	微克/立方米	29	30
三、经济发展			
地区生产总值（当年价格，快报）	万元	2880223	2485346
其中：第一产业增加值	万元	130675	152269
第二产业增加值	万元	1304103	1048519
其中：工业增加值	万元	1076821	843180
第三产业增加值	万元	1445445	1284558
人均地区生产总值（常住）	元	79726	68906
地区生产总值（2020年价格）	万元	2721570	2485346
地区生产总值增长率	%	9.5	4.4
地方一般公共预算收入	万元	230000	196327
其中：税收收入	万元	198579	172955
地方一般公共预算支出	万元	673057	659601
其中：一般公共服务支出	万元	64427	77172
科学技术支出	万元	19856	17197
教育支出	万元	108401	82597
文化体育与传媒支出	万元	12488	12487
医疗卫生与计划生育支出	万元	68836	67138
节能环保支出	万元	8733	17295
城乡社区支出	万元	28819	80532
交通运输支出	万元	64721	43071
社会保障和就业支出	万元	103231	93082
住房保障支出	万元	5777	9296

续表 52

指标名称	单位	2021年	2020年
年末金融机构人民币各项存款余额	万元	4387502	4120406
其中：住户存款余额	万元	2706562	2418594
年末金融机构人民币各项贷款余额	万元	4385205	3724193
固定资产投资（不含农户）	万元	—	—
房地产开发投资	万元	324195	242544
其中：住宅	万元	265837	193680
全年新增固定资产	万元		316881
商品房销售面积	万平方米	35.49	28.06
其中：住宅	万平方米	31.43	25.39
商品房销售额	万元	422734	305005
其中：住宅	万元	389723	281307
待售面积	万平方米	2.53	5.84
货物进口额（海关数）	万元	101247	107640
货物出口额（海关数）	万元	445462	391292
外商直接投资合同项目	个	5	2
当年实际使用外资额	万美元	203	659
工业企业数	个	275	246
1. 内资企业	个	265	236
其中：国有企业	个	1	0
私营企业	个	242	217
2. 港、澳、台商投资企业	个	4	4
3. 外商投资企业	个	6	6
工业总产值（当年价）	万元	3516262	2665664
1. 内资企业	万元	3023568	2254039
其中：国有企业	万元		0
私营企业	万元	2555350	2017256
2. 港、澳、台商投资企业	万元	97832	90107
3. 外商投资企业	万元	394862	321517
资产总计	万元	4609106	3619876
固定资产净额	万元	1419153	1157192
流动资产合计	万元	2139084	1787900
营业收入	万元	3757711	2817890
营业成本	万元	3128736	2283215
税金及附加	万元	19075	15351
利润总额	万元	196992	183320
应交增值税	万元	102617	66069
社会消费品零售总额	万元	1755252	1602535
限额以上批发零售业法人企业数	个	106	89
其中：零售业	个	25	22
限额以上批发零售业商品销售额	万元	2332617	1363078
限额以上住宿餐饮业法人企业数	个	13	10
限额以上住宿餐饮业营业额	万元	13627	15637
入境游客	人次	211	166
入境旅游收入	万美元	3.00	4.00

续表 52

指标名称	单位	2021年	2020年
国内游客	万人次	194	1455
国内旅游收入	万元	214067	932736
四、科技创新			
研发人员	人		
研发人员全时当量	人年		
研发经费内部支出	万元		
专利申请数	件		1774
专利授权数	件	1437	1433
其中：发明	件	130	86
五、人民生活			
城镇登记失业人数	人		1619
城镇登记失业率	%		1.80
城镇居民人均可支配收入	元	56738	51024
其中：工资性收入	元	37331	33876
经营净收入	元	5517	4852
财产净收入	元	2962	2698
转移净收入	元	10928	9598
城镇居民人均消费支出	元	32268	27566
其中：食品烟酒	元	8858	7895
衣着	元	3603	3098
居住	元	7354	5916
生活用品及服务	元	2881	2431
交通和通信	元	1873	1481
教育文化娱乐	元	4305	3701
医疗保健	元	2355	2071
其他用品及服务	元	1038	972
每百户城镇居民家庭拥有量			
家用汽车	辆	54	54
洗衣机	台	98	96
电冰箱（柜）	台	115	110
彩色电视机	台	155	177
空调	台	216	211
移动电话	部	238	261
其中：接入互联网	部		258
计算机	台	82	93
其中：接入互联网	台		80
城镇居民人均住房建筑面积	平方米	42.20	42.00
六、公共服务			
成人高等学校数	所	—	—
中等职业教育学校数	所	2	2
普通中学学校数	所	14	14
普通小学学校数	所	32	32
幼儿园数	所	86	97
成人高等学校专任教师数	人	—	—

续表 52

指标名称	单位	2021年	2020年
中等职业教育专任教师数	人	309	285
普通中学专任教师数	人	1418	1436
普通小学专任教师数	人	1511	1518
幼儿园专任教师数	人	681	630
成人本专科在校学生数	人	—	—
中等职业教育在校学生数	人	5010	5148
普通中学在校学生数	万人	1.51	1.52
普通小学在校学生数	万人	1.83	1.86
幼儿园在园幼儿数	人	10214	10205
剧场、影剧院数	个		3
公共图书馆数	个	1	1
公共图书馆图书藏量	万册	39.79	38.90
博物馆数	个	1	1
体育场馆数	个	1	1
医疗卫生机构数	个	352	353
其中：医院数	个	22	25
医疗卫生机构床位数	张	1823	1912
其中：医院床位数	张	1729	1834
卫生技术人员数	人	2410	2460
其中：执业（助理）医师数	人	1008	1030
注册护士数	人	1016	1005
城镇职工基本养老保险参保人数	人	135610	128820
城乡居民基本养老保险参保人数	人	143863	145180
城镇职工基本医疗保险参保人数	人	104841	98079
城乡居民基本医疗保险参保人数	人	253519	259274
失业保险参保人数	人	58010	53486
工伤保险参保人数	人	74655	70717
生育保险参保人数	人		76997
提供住宿的各类社会服务机构数	个	13	19
其中：养老服务机构数	个	13	18
提供住宿的各类社会服务机构床位数	张	2148	4172
其中：养老服务机构床位数	张	2148	4110
不提供住宿的各类社会服务机构数	个	560	191
其中：社区服务机构数	个	296	191
城市居民最低生活保障人数	人	294	301
交通事故死亡人数	人		8
交通事故直接财产损失	万元		4
火灾事故死亡人数	人		1
火灾事故直接财产损失	万元		555.00
刑事案件立案数	起		1521
刑事罪犯总数	人		426
其中：青少年罪犯人数（年龄14—25周岁）	人		69
七、基础设施			
年末实有城市道路面积	万平方米		150.00

续表 52

指标名称	单位	2021年	2020年
境内公路总里程	千米	1553.00	1539.00
其中：高速公路里程	千米	80.00	80.00
民用汽车拥有量	辆	89662	74496
其中：私人汽车拥有量	辆	83948	69538
年末实有公共汽（电）车营运车辆数	辆		40
公共汽（电）车客运总量	万人次		356
年末实有出租汽车运营车数	辆		78
公路客运量（全社会）	万人	536	358
公路货运量（全社会）	万吨	1944	830
水运客运量（全社会）	万人		0.42
水运货运量（全社会）	万吨	8.09	4.46
内河港口货物吞吐量（规模以上）	万吨	309.02	240.26
年末邮政局（所）数	处		17
邮政业务收入	万元	16577	12022
电信业务收入	万元		28995
固定电话年末用户数	万户	4.96	5.24
移动电话年末用户数	万户	37.28	36.15
其中：3G以上移动电话用户	万户		27.47
互联网宽带接入用户数（不含手机）	万户	16.68	15.44
全社会用电量	万千瓦时	339681	289680
其中：工业用电	万千瓦时	254134	213620
城乡居民生活用电	万千瓦时	37367	35626
其中：城镇居民生活用电	万千瓦时	14045	13437
年末排水管道长度	千米		360.00
年末公共供水管道长度	千米		561.00
公共供水综合生产能力	万立方米/日		7
公共供水总量	万立方米	1450	1665
供气总量（人工煤气、天然气）	万立方米		6742
其中：居民家庭用量	万立方米		251
液化石油气供气总量	吨		6104.00
其中：居民家庭用量	吨		6097.00
补充资料表			
全社会从业人员数	万人	20.34	20.33
第一产业	万人	2.84	3.11
第二产业	万人	8.90	8.75
第三产业	万人	8.60	8.47
万元地区生产总值能耗	吨标准煤	0.68	0.69
万元地区生产总值用水量	立方米	67.11	—
农村居民人均可支配收入	元	30045	26721
农村每百户居民家庭拥有：			
家用汽车	辆	38	38
农村居民人均住房建筑面积	平方米	73.60	73.30

2021 年度龙游县分镇乡（街道）资料情况一览表

表 53

	村（个）	总户数(户)	总人口(人)	总人口中，男性（人）	0—17岁（人）	18—34岁（人）	35—59岁（人）	60岁及以上（人）
合　计	263	169070	397120	200259	58088	71576	165421	102035
龙洲街道	20	29993	66965	33595	10176	11807	28997	15985
东华街道	22	12391	26977	13321	4045	4661	11196	7075
湖镇镇	40	22658	51383	25649	7793	9036	21181	13373
小南海镇	18	13677	31557	15781	4943	5704	12832	8078
詹家镇	21	11614	26735	13390	4034	4905	11022	6774
溪口镇	14	9223	21704	11084	2661	3684	9191	6168
横山镇	20	12507	31016	15811	4203	5941	12605	8267
塔石镇	26	16591	41503	21182	5894	7792	16910	10907
罗家乡	10	4042	9591	4994	1412	1647	4027	2505
庙下乡	13	5097	12653	6306	1627	2371	5425	3230
石佛乡	10	7054	17495	9074	2584	3171	7203	4537
社阳乡	8	4622	10679	5611	1588	1862	4466	2763
大街乡	8	2811	7247	3692	981	1233	3173	1860
沐尘乡	10	4561	11510	5838	1492	2017	4924	3077
模环乡	23	12229	30105	14931	4655	5745	12269	7436

2021 年度龙游县地区生产总值构成情况一览表

表 54

指标名称	2021年（万元）	2020年（万元）	发展速度（%）
地区生产总值	2880223	2485346	109.5
第一产业	130675	152269	101.1
第二产业	1304103	1048519	110.4
第三产业	1445445	1284558	109.7
农林牧渔业	134736	155970	101.3
#农、林、牧、渔服务业	4061	3701	109.3
工　业	1076821	843180	112.4
#开采辅助活动	0	0	—
#金属制品、机械和设备修理业	1311	1402	98.8
建筑业	228594	206741	102.6
批发和零售业	328366	267697	117.5
批发业	117425	92157	117.5
零售业	210942	175540	117.6
交通运输、仓储及邮政业	96355	77620	121.6
住宿和餐饮业	67909	55838	118.4
住宿业	4066	3775	106.1
餐饮业	63843	52063	119.3
金融业	160245	144898	105.9

续表 54

指标名称	2021年（万元）	2020年（万元）	发展速度（%）
房地产业	176953	161062	109.4
K门类房地产业	59797	49929	119.3
自有房地产经营活动	117156	111133	105.0
其他服务业	610244	572340	104.7
营利性服务业	209180	183486	110.7
非营利性服务业	401064	388854	101.9
三、人均地区生产总值（户籍人口）	72284	61996	110.2
人均地区生产总值（常住人口）	79726	68906	109.4

说明：2021年为快报数，绝对数按现价计算，发展速度按可比价计算。

2021 年度龙游县农林牧渔业总产值情况一览表

表55

指标名称	2021年	2020年	同比增长（%）
一、农林牧渔业总产值（万元）	259300	300285	2.0
（一）农业产值	96422	89952	4.9
其中：粮食作物	30898	29746	—
油料	4567	4676	—
蔬菜	29974	20788	—
茶叶	2556	3902	—
水果	10728	10661	—
# 柑橘	8818	8639	—
（二）林业产值	14171	17923	−6.8
其中：林产品	3610	3957	—
竹木采伐	9685	13022	—
（三）牧业产值	119216	166114	5.4
其中：猪	88310	142582	—
家禽饲养	18978	14655	—
（四）渔业产值	25072	22292	3.9
（五）农林牧渔服务业	4419	4004	9.3
二、农林牧渔业生产			
（一）粮食总产量（吨）	123096	122855	0.2
其中：稻谷（吨）	105803	104431	1.3
油料产量（吨）	14146	15541	−9.0
其中：油菜籽（吨）	13050	14637	−10.8
水果产量（吨）	95951	118164	−18.8
其中：柑橘（吨）	88143	107984	−18.4
（二）生猪年末存栏（万头）	32.49	32.33	0.5
生猪年内出栏（万头）	47.43	46.14	2.8
家禽年末存栏（万羽）	569.27	475.77	19.7
家禽年内出栏（万羽）	1956.06	1536.68	27.3
水产品产量（吨）	22362	21815	2.5

说明：绝对数按现价计算，发展速度按可比价计算。

2021 年度龙游县社会消费品零售总额情况一览表

表 56

指标名称	2021年（万元）	2020年（万元）	同比增长（%）
一、社会消费品零售总额	1755255	1602535	9.5
（1）限上零售额	109106	87457	24.8
批发业	10965	12150	-9.8
零售业	82910	62443	32.8
住宿业	5251	4585	14.5
餐饮业	9980	8279	20.5
（2）限下零售额	1646149	1515078	8.7
二、批发零售业商品销售额	—	—	—
1. 批发业	4490029	2940425	52.7
其中：限额以上	2212258	1357256	63.0
2. 零售业	1657783	1306370	26.9
其中：限额以上	96107	67627	42.1
三、住宿餐饮业营业额	—	—	—
3. 住宿业	18805	16495	14.0
其中：限额以上	10613	9689	9.5
4. 餐饮业	182809	137657	32.8
其中：限额以上	11111	9254	20.1

2021 年度龙游县固定资产投资完成情况表

表 57

指标名称	2021年（万元）	2020年（万元）	同比增长（%）
固定资产投资合计	—	—	6.1
第一产业	—	—	21.5
第二产业	—	—	10.6
第三产业	—	—	3.9
投资结构			
民间项目投资	365006	369822	-1.3
交通投资	95499	85116	12.2
生态环保、城市更新和水利设施投资	165968	162290	2.3
高新技术投资	70207	91009	-22.9
制造业投资	274734	302666	-9.2
房地产开发投资	324195	242544	33.7

2021年度衢州市各县（市、区）基本情况统计

2021 年度衢州市各县（市、区）基本情况一览表

表 58

指标名称	单位	全市	柯城区	衢江区	江山市	常山县	开化县	龙游县
行政区域国土面积	平方千米	8844.57	606.57	1747.54	2019.03	1097.32	2230.77	1143.33
镇	个	43	2	10	11	6	8	6
乡	个	39	8	8	5	5	6	7
街道	个	18	8	2	3	3	0	2
城市社区	个	120	62	6	18	11	11	12
行政村	个	1482	213	279	292	180	255	263
年末总户数（户籍）	万户	97.33	18.28	16.77	20.59	12.47	12.31	16.91
年末总人口（户籍）	万人	255.94	44.21	41.09	61.08	33.97	35.87	39.71
其中：城镇人口（户籍）	万人	95.44	24.57	9.41	27.10	11.19	10.11	13.07
人口密度（户籍）	人/平方千米	289	729	235	303	310	161	347
出生率（公安口径）	‰	6.45	6.98	6.53	6.79	6.41	6.16	5.56
死亡率（公安口径）	‰	6.30	6.14	6.87	5.95	5.60	6.26	7.06
人口自然增长率（公安口径）	‰	0.15	0.84	−0.34	0.84	0.80	−0.10	−1.51
地区生产总值(当年价格)	亿元	1875.61	595.54	269.73	365.75	187.58	169.44	288.02
其中：第一产业	亿元	87.11	8.49	21.23	22.45	8.30	13.59	13.07
第二产业	亿元	811.05	240.99	123.63	167.83	85.41	62.88	130.41
其中：工业	亿元	663.81	205.34	111.32	136.74	64.36	38.43	107.68
第三产业	亿元	977.45	346.06	124.87	175.47	93.87	92.97	144.54
人均地区生产总值（按户籍人口计算）	元	73151	134762	65586	59756	55068	47112	72284
人均地区生产总值折合美元（户籍）	美元	11339	20888	10166	9262	8536	7302	11204
农林牧渔业总产值	亿元	141.18	11.38	32.33	38.52	13.26	19.77	25.93
规模以上工业总产值	亿元	2494.05	1058.50	402.27	356.41	182.07	143.16	351.63
其中：轻工业	亿元	648.93	87.08	194.79	77.57	51.03	38.43	200.03
重工业	亿元	1845.12	971.42	207.48	278.84	131.05	104.73	151.60
规模以上工业营业收入	亿元	2660.62	1160.36	432.43	375.85	177.78	160.66	353.55
利税总额	亿元	287.54	127.64	49.63	38.76	23.86	17.36	30.30
其中：利润总额	亿元	228.51	108.19	39.68	27.57	18.68	14.75	19.64
固定资产投资增速	%	16.2	27.0	8.5	10.7	20.3	18.9	6.1
房地产投资	亿元	254.38	136.80	18.57	31.56	13.44	21.60	32.42
商品房销售面积	万平方米	204.97	73.47	23.40	23.05	31.45	18.11	35.49
其中：住宅	万平方米	180.57	70.63	22.85	20.91	17.37	17.38	31.43
社会消费品零售总额	亿元	839.16	222.32	79.70	176.09	84.48	101.06	175.53
其中：餐饮收入	亿元	85.42	11.73	8.62	4.91	13.90	14.87	31.39
商品零售	亿元	753.76	210.59	71.08	171.18	70.58	86.19	144.14
进出口总额	亿元	491.44	10.54	7.57	44.35	26.10	22.91	54.67
其中：出口总额	亿元	315.77	9.64	7.52	43.98	18.48	18.07	44.55
实际利用外资	万美元	7678	505	321	918	1575	7	203

续表 58

指标名称	单位	全市	柯城区	衢江区	江山市	常山县	开化县	龙游县
财政总收入	亿元	272.13	22.27	19.23	42.60	24.78	17.37	37.28
其中：上划中央收入	亿元	108.20	9.40	5.89	16.97	9.78	6.30	14.28
一般公共预算收入	亿元	163.93	12.87	13.34	25.63	15.00	11.07	23.00
财政支出	亿元	518.87	57.52	69.08	82.76	61.55	70.53	67.31
金融机构本外币存款余额	亿元	3529.54	—	—	659.50	300.78	305.57	440.60
其中：住户存款	亿元	1767.52	—	—	424.29	191.05	180.18	270.99
金融机构本外币贷款余额	亿元	3577.02	—	—	549.32	304.26	301.43	438.60
保费收入	亿元	71.63	—	—	13.07	4.47	4.03	7.80
支付各类保险赔付额	亿元	25.60	—	—	4.64	1.68	1.68	2.83
公路总里程	千米	8682.62	726.05	1763.78	1858.54	1127.84	1652.97	1553.43
固定电话年末用户数	万户	30.35	13.38	3.09	4.69	2.23	2.01	4.96
移动电话用户	万户	247.61	77.98	29.65	50.82	25.28	26.61	37.28
国际互联网用户（不含手机）	万户	100.29	33.11	12.36	17.39	9.99	10.75	16.68
空气质量优良天数比例	%	—	94.4	95.1	93.4	98.6	99.2	97.7
出境地表水水质类别	—	Ⅱ	—	—	Ⅱ	Ⅱ	Ⅱ	Ⅱ
集中式饮用水源水质达标	%	100	—	—	100	100	100	100
城市区域环境噪声平均值（dB）	—	—	—	—	53	55	54	50
高新技术企业	家	555	154	121	103	54	24	99
专利授权数	件	7940	2468	1199	1335	649	852	1437
发明授权数	件	773	341	92	129	46	35	130
学校数	个	753	139	117	148	95	113	132
专任教师	万人	2.37	0.40	0.35	0.53	0.28	0.28	0.36
在校学生数	万人	31.26	5.43	4.64	7.11	3.69	3.67	4.36
广播覆盖率	%	100	100	100	100	100	100	100
电视覆盖率	%	100	100	100	100	100	100	100
文物保护单位	个	585	29	51	120	57	98	205
公共图书馆图书藏书量	千册、件	4372	987	418	450	416	541	398
卫生机构数	个	1787	398	262	309	275	191	352
卫生机构床位数	张	16228	6281	1614	3162	1522	1826	1823
卫生技术人员数	人	20189	8142	2029	3477	2061	2070	2410
其中：医生数	人	8035	2932	860	1406	987	842	1008
在全国比赛中获奖牌数	枚	24	19	0	3	0	1	1
在全省比赛中获奖牌数	枚	407	280	6	56	47	7	11
城镇居民人均可支配收入	元	54577	58442	45632	57279	46653	43746	56738
城镇居民人均消费支出	元	31434	34035	25758	29181	27289	26117	32268
农村居民人均可支配收入	元	29266	31153	26127	31730	26901	23165	30045
农村居民人均消费支出	元	17872	19074	16277	20893	12561	14227	15998
参加基本养老保险人数	万人	183.48	7.07	16.76	42.24	22.32	24.63	27.95
参加基本医疗保险人数	万人	236.95	32.96	35.84	54.32	28.32	30.98	35.84
参加工伤保险职工人数	万人	55.02	7.68	5.40	9.55	6.53	3.12	7.47
参加生育保险人数	万人	43.58	6.21	4.91	7.57	4.06	3.01	6.14
参加失业保险人数	万人	41.48	6.06	4.79	7.27	3.85	2.81	5.80
城市居民最低生活保障人数	人	2526	846	84	522	455	325	294

续表 58

指标名称	单位	全市	柯城区	衢江区	江山市	常山县	开化县	龙游县
城镇低保资金支出	万元	2105.12	675.85	78.74	445.06	377.20	279.22	249.06
农村居民最低生活保障人数	人	56433	5317	12454	12104	9375	8122	9061
农村低保资金支出	万元	46445.31	4047.06	10536.80	9622.23	7694.96	6797.15	7747.10
建成区面积	平方千米	150.85	—	—	18.70	18.26	18.05	15.40
城区（县城）人口	万人	88.32	—	—	15.48	8.27	11.24	11.91
建成区绿化覆盖率	%	43.10	—	—	44.88	40.53	36.91	45.34
人均公园绿地面积	平方米	16.08	—	—	15.01	17.90	15.57	14.87
污水处理率	%	97.37	—	—	97.43	98.10	96.63	97.70
生活垃圾处理率	%	100	—	—	100	100	100	100
获评中国传统村落	个	54	8	7	16	7	7	9
省级传统村落	个	57	13	15	8	6	9	6
获评省级美丽宜居示范村	个	101	15	15	18	14	20	19
其中：国家级美丽宜居示范村	个	2	0	0	1	0	1	0

说明：1．本表数据为快报数；

2．柯城区人均地区生产总值包含市本级

2021年度龙游县组织机构及其负责人

县级机构

中共龙游县委员会

书　　记：张晓峰（—2021.11）
　　　　　祝建东（2021.11—）
副 书 记：祝建东（—2021.11）
　　　　　李芝伟（2021.11—）
　　　　　徐洪水（—2021.03）
　　　　　祝升明（2021.03—）
常务委员：张晓峰（—2021.11）
　　　　　祝建东
　　　　　李芝伟（2021.11—）
　　　　　徐洪水（—2021.03）
　　　　　祝升明（2021.03—）
　　　　　李　昱
　　　　　姜锋华
　　　　　徐新华
　　　　　杨承志（挂职）
　　　　　（—2021.02）
　　　　　王开锋（挂职）
　　　　　（2021.02—）
　　　　　俞耀根（—2021.03）
　　　　　叶琴仙（女）
　　　　　（—2021.03）
　　　　　李　莉（女）
　　　　　（2021.03—）
　　　　　江建新（—2021.03）
　　　　　姜建军
　　　　　（2021.03—2021.11）
　　　　　周明军
　　　　　（2021.03—2021.11）
　　　　　余继民（2021.08—）
　　　　　王　斌（2021.08—）
　　　　　徐　宾（—2021.11）
　　　　　郑国华（—2021.11）
　　　　　俞忠胜（—2021.11）
　　　　　王秋森（2021.11—）
　　　　　徐　俊（2021.11—）
　　　　　章　薇（女）
　　　　　（2021.11—）

龙游县人大常委会

主　　任：舒　畅
副 主 任：应　敏（女）
　　　　　赖　云（兼）
　　　　　范卫祥
　　　　　徐志明
　　　　　徐建华

龙游县人民政府

县　　长：祝建东（—2021.11）
代 县 长：李芝伟（2021.11—）
副 县 长：李　昱
　　　　　龚凤丹（挂职）（女）
　　　　　徐仲利
　　　　　杨承志（挂职）
　　　　　（—2021.02）
　　　　　王开锋（挂职）
　　　　　（2021.02—）
　　　　　江建新（—2021.04）
　　　　　姜建军（—2021.04）
　　　　　万志正（2021.04—）
　　　　　余继民（—2021.08）
　　　　　周明军（—2021.12）
　　　　　詹虎山（—2021.12）
　　　　　周　飞（—2021.12）
　　　　　钟爱红（女）
　　　　　（—2021.12）
　　　　　徐　俊（2021.12—）
　　　　　徐新华（2021.12—）
　　　　　舒建明（2021.12—）
　　　　　柴琼颖（女）
　　　　　（2021.12—）
　　　　　裘群富（2021.12—）

政协龙游县委员会

主　　席：洪一舟
副 主 席：陆　民
　　　　　蓝芝苇（兼）
　　　　　陈　政（—2021.11）
　　　　　陆寿泉
　　　　　周巧萍（女）
党组成员：张雪昌（—2021.11）

中共龙游县纪律检查委员会、龙游县监察委员会
书记、监委主任：俞忠胜（—2021.11）
章　薇（女）（2021.11—）
龙游县人民法院
院　　长：祝志昌（—2021.11）
代 院 长：詹金峰（2021.11—）
龙游县人民检察院
检 察 长：刘建华（—2021.11）
代检察长：徐云涛（2021.11—）

县纪检监察机关

中共龙游县纪律检查委员会
常务副书记：胡锡清
副 书 记：徐　洪
龙游县监察委员会
副 主 任：胡锡清
徐　洪

县委工作部门

中共龙游县委办公室（龙游县大数据发展局）
主任（局长）：陈水清（—2021.11）
中共龙游县委台湾工作办公室（龙游县台湾事务办公室）
主　　任：陈水清（—2021.11）
中共龙游县委组织部
部　　长：徐　宾(—2021.11)
王秋森(2021.11—)
常务副部长：方伟军（2021.08—）
中共龙游县委宣传部
部　　长：叶琴仙（女）（—2021.03）
李　莉（女）（2021.03—）
常务副部长：余　鹏（—2021.08）
雷建春（2021.08—）
中共龙游县委统战部
部　　长：郑国华（--2021.11）
余继民（2021.11—）
常务副部长：贾仲银（—2021.08）
施　涛（2021.08—）
中共龙游县委政法委
书　　记：徐洪水（—2021.03）
祝升明（2021.03—）
常务副书记：袁旭辉
中共龙游县委机构编制委员会办公室
主　　任：许慧斌
中共龙游县委机关工委（县委老干部局）
书　　记：徐　宾(—2021.11)
王秋森（2021.11—）
常务副书记（局长）：
姜丽萍（女）（—2021.08）
黄志林（2021.08—）
中共龙游县委巡察办
主　　任：雷建春（—2021.08）
叶建清（2021.08—）
龙游县信访局
局　　长：吴秀军（—2021.08）
叶　茂（2021.08—）
龙游县档案馆（县史志研究室）
局（馆）长：胡炜鹏（—2021.05）
党组副书记、副馆长（主持工作）：
雷伟斌（2021.05—）
中共龙游县委党校
校　　长：徐　宾（兼）（—2021.11）
王秋森（兼）（2021.11—）
常务副校长：徐智慧

县人大工作部门

办公室
主　　任：徐新台（—2021.08）
郑献丰（2021.08—）
研究室
主　　任：祝　帅
监察和司法委员会
主任委员：张秋贤（—2021.08）
财政经济委员会
主任委员：洪士友
经济工作委员会
主　　任：方金元
财政金融工作委员会
主　　任：王　胜
监察和司法工作委员会
主　　任：祝文波
农业与农村工作委员会
主　　任：方向阳（—2021.08）
姜丽萍（女）（2021.08—）
建设和资源环境保护工作委员会
主　　任：马盈忠（—2021.08）
贾仲银（2021.08—）
代表与选举任免工作委员会
主　　任：柳学政
教科文卫民侨工作委员会
主　　任：叶利平（—2021.08）
徐新台（2021.08—）
人大社会建设工作委员会
主　　任：朱秀梁

县政府工作部门

龙游县政府办公室
主　　任：严明华
龙游县发展和改革局
局　　长：汪益平
龙游县经济和信息化局
局　　长：王　晟
龙游县教育局
局　　长：方伟军
龙游县科学技术局
局　　长：胡樟太（—2021.08）
吴恒凯（2021.08—）
龙游县公安局
局　　长：詹虎山（—2021.11）
裴群富（2021.11—）

政　　委：刘哲明
龙游县民政局
党组书记：项勇明（—2021.08）
　　　　　严凛冰（2021.08—）
局　　长：雷　珍（女）
　　　　　（—2021.11）
龙游县司法局
党组书记：林文建（—2021.08）
　　　　　吴秀军（2021.08—）
局　　长：吴幼平
龙游县财政局
局　　长：童筱俊（2021.05—）
龙游县人力资源和社会保障局
局　　长：夏浩波（—2021.08）
　　　　　丁　俊（2021.08—）
龙游县住房和城乡建设局
局　　长：吴正兵（—2021.08）
　　　　　陈建生（2021.08—）
龙游县交通运输局
局　　长：吴生祥（—2021.08）
　　　　　柴建明（2021.08—）
龙游县农业农村局
局　　长：劳志平
龙游县林业水利局
局　　长：陈怀俊（—2021.08）
　　　　　吴正兵（2021.08—）
龙游县文化和广电旅游体育局
局　　长：严建军（—2021.02）
　　　　　胡炜鹏（2021.05—）
龙游县卫生健康局
局　　长：丁　俊（—2021.08）
　　　　　林文建（2021.08—）
龙游县退役军人事务局
局　　长：吴光林
龙游县应急管理局
局　　长：毛祥光
龙游县审计局
局　　长：胡　萃（女）
　　　　　（2021.08—）
龙游县国有资产监督管理办公室
主　　任：徐建丰（—2021.11）
党委书记：徐建丰（—2021.11）
　　　　　童筱俊（2021.11—）
龙游县市场监督管理局
局　　长：章宇夫（—2021.08）
　　　　　何有德（2021.08—）
龙游县统计局
局　　长：叶华民
龙游县医疗保障局
局　　长：余浏娟（女）
龙游县综合行政执法局
局　　长：方敏华（2021.08—）
龙游经济开发区
主　　任：缪建立
龙游县公共资源交易监督管理办公室
主　　任：程骏飞
龙游县营商环境建设办公室
主　　任：严凛冰（—2021.08）
　　　　　黄建彤（2021.08—）
龙游县机关事务保障中心
主　　任：叶宏波（—2021.05）
　　　　　王凉花（女）
　　　　　（2021.05—）
龙游县经济技术协作中心
主　　任：胡　萃（女）
　　　　　（—2021.08）
　　　　　陈　敏（2021.08—）
龙游县征迁事务中心
主　　任：蓝素华
龙游县供销社
党委书记：王建虹
主　　任：姜朝霞（女）
龙游县铁路轨道交通建设管理中心
主　　任：陈卫星
龙游传媒集团（县广播电视总台）
总裁（台长）：余柏成
　　　　　　（—2021.08）
　　　　　　余　鹏
　　　　　　（2021.08—）
龙游县水利工程建设管理中心
主　　任：周雪祥（—2021.08）
　　　　　吴正兵（2021.08—）
龙游县水务集团有限公司
董事长、总经理：谢荣茂
　　　　　　　　（—2021.05）
　　　　　　　　叶宏波
　　　　　　　　（2021.05—）
龙游县交通集团有限公司
董事长、总经理：徐汝清
党总支书记：周雪祥
　　　　　　（2021.08—）
龙游县城市发展投资有限公司
执行董事、总经理：胡炳银
龙游县文化旅游发展有限公司
执行董事、总经理：徐嘉龙
龙游县汇龙投资发展有限公司
党支部书记：李娟（2021.05—）
总　经　理：李娟（2021.06—）
龙游县奔康投资有限公司
执行董事、总经理：付卫平
龙游县商贸物流发展有限公司
执行董事、总经理：吕益鸿
　　　　　　　　　（—2021.06）

县政协工作部门

秘 书 长：袁小红（—2021.08）
办公室
主　　任：雷金标（—2021.08）
研究室
主　　任：王国清
经济委员会
主　　任：李竹生（—2021.11）
　　　　　汪立云（2021.11—）
提案委员会
主　　任：华　英（女）
委员工作委员会
主　　任：徐素贞（女）
农业和农村委员会
主　　任：吴安春
人口资源环境委员会
主　　任：陈九心
科教文卫体和文化文史学习委员会
主　　任：郑绍坪
社会和法制委员会
主　　任：刘金宽
港澳台侨委员会
主　　任：汪国华

民主党派・无党派人士

中国国民党革命委员会龙游县基层委员会（2021年6月前为总支委员会）
总支主委：李华琴（女）
（—2021.06）
基层委主委：李华琴（女）
（2021.06—）
中国民主同盟龙游县总支部委员会
主　　委：吴幼平
中国民主建国会龙游县基层委员会
主　　委：蓝芝苇
中国民主促进会龙游县总支部委员会
主　　委：周巧萍（女）
中国农工民主党龙游县总支委员会
主　　委：钟爱红（女）
九三学社龙游县基层委员会
主　　委：赖　云
龙游县无党派知识分子联谊会
会　　长：余小明

群众团体

龙游县总工会
主　　席：陆　民（兼）
党组书记、副主席：陈志芳（女）
共青团龙游县委员会
书　　记：高明月（女）
龙游县妇女联合会
主　　席：张海霞（女）

龙游县科学技术协会
主　　席：赖　云（—2021.09）
党组书记：吴恒凯（—2021.08）
马　骏（2021.08—）
龙游县工商业联合会
主　　席：钱焱艳（女）
党组书记：吴安春（—2021.05）
胡小华（2021.05—）
龙游县文学艺术界联合会
主　　席：周巧萍（女）
党组书记：徐华喜（2021.08—）
龙游县残疾人联合会
理 事 长：严林平
龙游县红十字会
会　　长：钟爱红（女）（兼）
专职副会长：钟金柱（—2021.08）
方利民（2021.08—）

省、市属单位

国家税务总局龙游县税务局
局　　长：郑成岗
龙游县烟草专卖局（公司）
局长（经理）：周叶青
衢州市生态环境局龙游分局
局　　长：徐政建
龙游县自然资源和规划局
局　　长：吴　浩（—2021.06）
陈怀俊（2021.06—）
衢州市住房公积金中心龙游分中心
主　　任：徐永恒
中国邮政龙游县分公司
总 经 理：周松杰（—2021.06）
副总经理（主持工作）：
洪　萌（2021.07—）
中国电信龙游分公司
总 经 理：张敬军
中国移动龙游分公司
副总经理（主持工作）：
毛晓娟（—2021.07）
总 经 理：毛晓娟（2021.07—）
中国联通龙游县分公司
总 经 理：傅龙诚（2021.01—）
龙游县气象局
局　　长：汪红燕
国网龙游县供电公司
总 经 理：洪建军
国家统计局龙游调查队
队　　长：王文龙
中国石化龙游支公司
经　　理：余国忠
浙江省十里坪强制隔离戒毒所
所　　长：吴连魁
浙江省十里坪监狱
监 狱 长：羊伟杰
龙游县新华书店有限公司
总 经 理：郑连根
金华车务段龙游站
站　　长：刘竞超
金华车务段龙游东站
站　　长：强　熙（—2021.12）
管　中（2021.12—）
金华车务段龙游南站
站　　长：洪　亮

金融单位

中国人民银行龙游县支行
副行长（负责工作）：
廖有勤（—2021.04）
行　　长：方承彬（2021.04—）
衢州银保监分局龙游监管组
组　　长：孙　斌（女）
（—2021.09）
组　　长：毛利剑（2021.09—）
中国工商银行龙游支行
行　　长：方　俊
中国农业银行龙游县支行
行　　长：万黎琴
中国银行龙游县支行
行　　长：叶　俊
中国建设银行龙游支行
行　　长：兰叶定
龙游农村商业银行
董 事 长：宋利剑
行　　长：黄国航
中国农业发展银行龙游县支行
行　　长：童延城
邮储银行龙游县支行
行　　长：姜林榄
龙游义商村镇银行
董 事 长：葛小平
行　　长：宋志平

温州银行衢州龙游支行
行　　长：童叶丽（女）
（—2021.12）
吴晓剑（2021.12—）
浙商银行衢州龙游支行
副行长（主持工作）：陈　靓
金华银行衢州龙游支行
行　　长：张国宾
泰隆银行衢州龙游支行
行　　长：周晓盈
台州银行衢州龙游支行
副行长（主持工作）：黄灵志
民泰银行衢州龙游支行
行　　长：毛凭跃
招商银行衢州龙游支行
行　　长：王仕伟
稠州银行衢州龙游支行
行　　长：毛纳新（—2021.05）
楼　欣（2021.05—）
杭州银行龙游支行
行　　长：王俊（2021.07—）
中国人民财产保险公司龙游支公司
总 经 理：宋振中
中国人寿保险公司龙游县支公司
经　　理：姜俊毅

乡镇（街道）

龙洲街道
党工委书记：王　展
办事处主任：叶　锋
人大工委主任：王连标
（—2021.08）
周　坤
（2021.08—）
东华街道
党工委书记：何有德（—2021.08）
罗　露（2021.08—）
办事处主任：罗　露（—2021.08）
陈毅超（2021.08—）
人大工委主任：王土华
湖镇镇
党委书记：徐新华（—2021.08）
王　斌（2021.08—）
镇　　长：蒋建波
人大主席：杨献明
小南海镇
党委书记：应红峰
镇　　长：刘　振
人大主席：杨志平
溪口镇
党委书记：刘洪刚（—2021.08）
余律星（2021.08—）
镇　　长：祝　凯（—2021.05）
沃海涛（2021.05—）
人大主席：夏建平
横山镇
党委书记：张余伟
镇　　长：刘　静（女）
人大主席：黄界明
塔石镇
党委书记：方晓斌（—2021.08）
张　斌（2021.08—）
镇　　长：张　斌（—2021.08）
叶远方（女）
（2021.08—）
人大主席：徐永军
詹家镇
党委书记：陈建生（—2021.08）
卢　泉（2021.08—）
镇　　长：卢　泉（—2021.08）
金　拯（2021.08—）
人大主席：周小平（—2021.08）
钟群华（2021.08—）
罗家乡
党委书记：叶建清（—2021.08）
陈俊梁（2021.08—）
乡　　长：陈俊梁（—2021.08）
张　丽（女）
（2021.08—）
人大主席：琚建伟
庙下乡
党委书记：胡伟光
乡　　长：贾伶俐（女）
（—2021.08）
谢利伟（2021.08—）
人大主席：蓝正伟（—2021.08）
高光成（2021.08—）
沐尘畲族乡
党委书记：吕　燕（女）
（—2021.08）
贾伶俐（女）
（2021.08—）
乡　　长：雷伟斌（—2021.05）
钟罗谊（2021.05—）
人大主席：方小建
模环乡
党委书记：柴建明（—2021.08）
沈　涵（2021.08—）
乡　　长：余律星（—2021.05）
程晶磊（2021.05—）
人大主席：郑兴仲（—2021.08）
陈　敏（2021.08—）
石佛乡
党委书记：方敏华（—2021.08）
祝　凯（2021.08—）
乡　　长：叶　俊（2021.05—）
人大主席：张小花（女）
（—2021.08）
杨　艳（女）
（2021.08—）
社阳乡
党委书记：沈　涵（—2021.08）
章　辉（2021.08—）
乡　　长：胡礼刚
人大主席：沈卫平
大街乡
党委书记：邱洪亮
乡　　长：张　宁
人大主席：董群燕（女）
（—2021.08）
邵秋萍（女）（2021.08—）

（县委组织部　劳伟力整理）

县委十一届十一次全体（扩大）会议上的报告摘要

勇担"脱颖而出"新使命　全力打造共同富裕示范区的浙西明珠

中共龙游县委书记　张晓峰

2021年8月25日

今天，我们召开县委十一届十一次全体（扩大）会议，主要任务是，以习近平新时代中国特色社会主义思想为指导，深入贯彻落实习近平总书记"七一"重要讲话精神，按照省委十四届九次全会、市委七届十次全会的部署要求，进一步动员全县上下弘扬伟大建党精神，忠实践行"八八战略""八个嘱托""三个指示"，勇担"脱颖而出"新使命，全力打造共同富裕示范区的浙西明珠，率先在浙西地区展现共同富裕美好社会的幸福图景。

一、深刻认识建设共同富裕示范区的重大意义

今年是建党百年、"十四五"开局之年，也是龙游扬帆再出发、全面开启现代化新征程的起步之年。今年以来，全县上下认真贯彻落实中央和省委、市委各项决策部署，持续加快县委"14456"工作布局落地，扎实推进"五县联创""四个龙游"建设，大庆大干、你追我赶，交出了"开门红""半年红"的高分报表。上半年，全县实现地区生产总值135.7亿元，同比增长15.4%，高于全市平均水平2.2个百分点；财政总收入23.96亿元，其中一般公共预算收入15.16亿元，分别增长20.7%、16.9%；城镇常住居民人均可支配收入29594元，农村常住居民人均可支配收入15480元，分别增长16.5%和18.5%。

在具体工作中，各级各单位紧扣发展和治理"八件事"，赛场赛马、比学赶超，干得专注、干得辛苦、干得出彩。招商引资方面：落地项目43个，协议总投资170.66亿元，其中包括3个10亿元以上重大项目，以总分76.26获半年度全市招商引资工作第一名。产业培育方面：规模工业总产值166.2亿元、规模工业增加值37.6亿元，总量首次位居全市第一。成功入选全省共同富裕示范区建设首批试点和生态工业"一县一策"样本县。恒盛能源登陆沪市主板，实现本土企业上市"零的突破"。项目建设方面：实现固定资产投资58.2亿元，总量位居各县市第一。国土整治方面：完成垦造耕地项目清表1.1万亩，进场设计1万亩，新增耕地9617亩；建设用地复垦可立项923亩，入库102.5亩。新增国土绿化面积6383亩。整体智治方面：基层治理"三联工程"数字化组件应用、"监督记事"村级监察智治应用、"三个一"燃气领域数字化监管机制以及"智慧粮脑""困无忧""走心驿站""老兵码"等一系列新模式新举措，纷纷列入省级试点，得到省市领导肯定。五场硬战方面：在平安护航建党100周年大庆中，圆满实现"零进京、零登记"、重大案事件"零发生"、安全生产"零死亡"四个"零"，积案化解率、人员管控率走在全市前列。八张清单方面：紧盯7个方面28项问题整改，见人见事、真抓实改，高质量完成整改19项。以文化人方面：隆重举办庆祝中国共产党成立100周年系列活动，高标准开展党史学习教育，成功创建第四批浙江省公共文化服务体系示范区，市对县有礼指数测评成绩创历史新高。

因为时间关系，成绩不能一一顾及、荣誉不能一一点到，但大家的辛勤付出，有目共睹，值得充分肯定。同时，也有少数部门存在问题和不足，平时都及时指出、予以批评。希望受表扬的再接再厉、受批评的知耻后勇。

当前，我们的发展步入了历

史性的新阶段。党中央确立浙江是全国第一个也是目前唯一一个高质量发展建设共同富裕示范区的省份，这是总书记亲自谋划、亲自定题、亲自部署、亲自推动的重大战略决策。从中，我们真切感受到总书记、党中央对浙江工作的高度关注和充分肯定，对浙江干部的莫大关怀和充分信任，对浙江发展的殷切期望和明确要求。作为浙江一分子，我们要深刻领会总书记、党中央的战略意图，坚决扛起推进共同富裕示范区建设的历史使命。

第一，推进共同富裕示范区建设，是忠诚践行“两个维护”的生动体现。党的十八大特别是十九届五中全会以来，习近平总书记就扎实推动共同富裕发表了一系列重要论述，开辟了中国特色社会主义共同富裕理论新境界。总书记强调，共同富裕是社会主义的本质要求，是人民群众的共同期盼；实现共同富裕不仅是经济问题，而且是关系党的执政基础的重大政治问题。我们要深刻领悟总书记关于共同富裕的重要论述，切实增强思想自觉、政治自觉、行动自觉，把推动共同富裕作为践行“两个维护”的“试金石”、彰显绝对忠诚的“放大镜”、检验知行合一的“必答题”，用实际行动展现龙游党员干部的政治本色。

第二，推进共同富裕示范区建设，是我们必须扛起的责任担当。6月10日，省委召开十四届九次全会，提出了“四率先三美”的主要目标和“七个方面先行示范”的主要任务，搭建起共同富裕示范区建设的“四梁八柱”；7月27日，市委七届十次全会围绕打造四省边际共同富裕示范区作了全面部署，明确了战略目标、战略抓手、战略平台和8个方面重大举措。市委、市政府对龙游寄予“当好龙头、力争上游”的殷切期望，我们必须坚决扛起为全省大局出力、为全市发展探路的重要任务，系统谋划、主动破题、勇当先锋，在推动共同富裕的伟大征程中拼出龙游速度、贡献龙游力量、彰显龙游担当。

第三，推进共同富裕示范区建设，是龙游千载难逢的重大机遇。浙江高质量发展建设共同富裕示范区，重点、难点、关键点在山区26县。上月，省委袁家军书记亲自来到衢州、来到龙游调研，为我们把脉定向、科学指引，对我们提出了“脱颖而出”的新期待。回去之后，袁书记马不停蹄地召开山区26县跨越式高质量发展暨山海协作工作推进会，释放出了强烈信号：共同富裕，山区县不能掉队。让我们倍感振奋的是，这次省委省政府将龙游确定为共同富裕示范区建设首批试点和生态工业样本县，给予“一县一策”专项扶持。继总书记亲自批示“8090”、龙游元素连续两年亮相省政府工作报告后，聚光灯又一次打在龙游身上，这是省委省政府对我们的极高定位，是前所未有的战略机遇，更是无可后退的激励倒逼。我们必须强化争先意识、沿海意识，抢抓机遇、精准对接，把省里的政策谋深谋透，借势借力缩小与发达地区的差距，打造一批具有龙游辨识度的标志性成果，在更高层次、更大舞台书写出龙游精彩。

第四，推进共同富裕示范区建设，是坚持“人民至上”的必然要求。习近平总书记指出，“江山就是人民，人民就是江山”。共同富裕的成色怎么样，关键看群众是不是认可，老百姓的口碑好不好。这些年，我们秉持民有所呼、我有所应，民有所需、我有所为，推进龙游全面转型发展。踏上新征程，我们更要始终坚持以人民为中心的发展思想，把解决地区差距、城乡差距、收入差距问题作为主攻方向，在做大“蛋糕”的基础上分好“蛋糕”，不断增强人民群众的获得感、幸福感和安全感，让共同富裕美好社会的幸福图景充分展示在龙游大地上。

二、准确把握推进共同富裕示范区建设的现实基础、突出短板和风险隐忧

勇担新使命、迈步新征程，我们首先要对自己的家底、对前进路上的风险，有一个客观清醒的认识。

1. 推进共同富裕示范区建设，我们有基础、有信心。自2017年换届以来，我们在传承历届县委县政府工作经验基础上，科学谋划“14456”工作布局，团结带领全县人民集中力量办成了一批打基础、利长远的大事，龙游的势头越来越好，发展的步伐坚定而有力，全县上下充满自信。这份自信，源自不断提升的综合实力。坚持以创新驱动产业升级、以改革优化营商环境，“好”和“快”的特征越来越明显。GDP从2016年的187.4亿元增加到2020年的247.6亿元；规模以上工业总产值从2016年的167.9亿元增加到2020年的271.6亿元，今年预计接近350亿元，实现五年翻一番以上。盘点正在技改扩建、已经招商落地的项目，到

“十四五”期末产能全部释放，全县规模以上工业总产值将达到625亿元以上。同时，在连续两年市对县六项主要经济指标的考核中，我们都是全市第一。在26县主要经济指标排名中，无论速度还是规模，大多处于第一梯队。这份自信，源自做大做强的战略平台。坚持以大手笔构筑大平台、承载大项目、引领大开发。经济开发区整合提升后，规划总面积达到66.75平方千米。城东新区的开发，一举推动龙游迈入跨江发展的新纪元，建成区面积从11.25平方千米拓展至15.31平方千米。龙游港区开港后日益繁荣，年吞吐量将达到300万吨，一期即将饱和。“两江走廊”、红木小镇、士元实验区、六春湖景区等平台建设，构建起全域大美的新格局，龙游知名度、美誉度不断提升。这份自信，源自更加坚实的资金保障。坚持经营财政、经营国资、经营土地，不断做大资金盘子，不仅确保了这些年建设投入的收支平衡，更为今后一个时期的发展做好了准备、预留了空间。这份自信，源自上上下下的有口皆碑。坚持以“铁军之问”开启铁军之战，让干部在战斗中学会战斗、游泳中学会游泳，130名“80后”干部接力成长、走上舞台，35岁以下县管干部数较2016年增长39.1%。从城东征迁、士元之战、小南海之战，到双招双引、疫情防控、大庆大干，我们把专班运作、体系作战的战术打法运用得淋漓尽致，把敢为人先、海纳百川的龙商精神持续发扬光大。上级肯定龙游是出经验的地方、龙游铁军是真的铁。寓外乡贤、家乡父老，也给予我们很高的评价、点赞和期待。可以说，如今的龙游大地上，敢打敢拼成了主旋律，事不避难成了最强音，干成大事成了新气象。

2. 对标省市指标体系，我们有短板、有差距。关于共同富裕，省市建立了一整套指标体系。根据2020年的数据，我们有近一半的指标与省市特别是全省平均水平差距较大。从人均生产总值、规模工业增加值、常住人口城镇化率这些衡量发展进程的关键性指标看，我们的经济总量太小、“两化”水平仍然滞后。从一些关乎发展质量效益的指标看，比如全员劳动生产率、单位能耗水耗、规模以上工业亩均税收、R&D经费占比等，都是我们的突出短板。从美好社会幸福生活的维度看，我们的居民人均可支配收入、居民人均消费支出、公办园覆盖率、每千人拥有执业医师数、每万人拥有公共文化设施面积、每万人拥有律师数等指标，都与全省差距较大。

3. 加快跨越式高质量发展，我们有风险、有隐忧。首先，发展慢是最大风险。对比同类地区，我们经济增长的“轮子”转得不算快。对比发达地区高基数下的增长，我们小进也是退；更何况受宏观政策、产业虹吸等大环境影响，发达地区还在不断提速。如果我们没有超常规、大幅度的经济增长，差距只会越拉越大。其次，能耗、土地等要素趋紧是最大制约。尤其在能耗方面，龙游工业发展起步晚、能耗基数小，按照“双控”“双碳”要求，“十四五”期间用能存在较大缺口。能耗权就是发展权，能耗问题不破解，纵有再好的想法、再好的项目也无法落地。第三，有效劳动力不足是最大隐忧。一方面，技术工人短缺、高端人才极缺。另一方面，常住人口减少，老龄化问题加剧。年轻人关乎根基、关乎未来，如何留住本地年轻人、吸引外地年轻人，是我们必须高度重视、努力突破的重点课题。

对于这些问题，我们要清醒认识、紧盯不放，坚决把短板补齐、提升上去，绝对不能给全省全市拖后腿；同时努力拉长长板，以长补短、协同推进，力争为全省全市多作贡献。

三、明确推进共同富裕示范区建设的战略目标、战略抓手和战略路径

高质量发展建设共同富裕示范区，是一场伟大恢宏的社会革命。我们要主动融入全省、全市大格局，提高站位、拉高标杆，精准定位、靶向发力。

充分考量龙游的时代背景、历史方位和发展进程，经县委常委会研究决定，我们的战略目标，就是“全力打造共同富裕示范区的浙西明珠”。这个战略目标，与县委十一届六次全会提出的“14456”工作布局，与县委十一届十次全会提出的“在浙西地区社会主义现代化新征程中率先崛起”，在理论逻辑、价值逻辑上一脉相承、逐层递进，是对“十四五”规划的丰富完善、对跨越式高质量发展的提标加码。朝着这个目标，我们要头脑清醒、脚踏实地，辩证地把握好拉标杆与稳步走、打基础与利长远、小战斗与大战役的关系，按照“每年有新突破、5年有大进展、15年基本建成”的步调，拿出有棱有角的因应策略，努力积

小步为大步，积小胜为大胜。

实现这一战略目标，当前我们要牢牢抓住两大战略抓手，就是坚持新型工业化、新型城镇化“两化”引领不动摇，加快建设“一县一城”即生态工业高质量发展先行县和浙西明珠型城市。龙游仍处于投资驱动型为主的发展阶段，我们既有的发展，都是坚持工业化和城镇化“两手抓、两手硬”的结果；而工业化和城镇化滞后的问题，也是龙游县域发展最为突出的矛盾。工业不转型跃升、城市不赋能做强，本地人靠什么吃饭，靠什么吸引外地人。我们抓工作，从来都是两点论、重点论。我们要在“四件大事”“五县联创”“八大平台”基础上，把视线更加聚焦、把精力更加集中，通过“两化”重拳开路，带动整体提升、全局发展。

围绕总的战略目标、战略抓手，我们在深入调查研究、集思广益的基础上，作出了大致的战略安排。这次提交全会审议的《龙游高质量发展建设共同富裕示范区的浙西明珠行动计划（2021—2025年）》，就是我们推进共同富裕的第一个五年计划。同时，全面对标《浙江省山区26县跨越式高质量发展实施方案（2021—2025年）》和省委袁书记关于“在山区26县脱颖而出”指示精神，我们专门研究制定《龙游县跨越式高质量发展“八大行动”实施方案（2021—2025年）》。

到2025年，我们的目标是：经济发展综合实力稳步提升，地区生产总值年均增长7.5%以上，人均生产总值达到10万元、力争超过全省平均值的75%；居民人均可支配收入年均增速高于全省平均水平，达到5.9万元；县域常住人口城镇化率力争达到67%；公共服务更加优质均衡，整体智治体系基本建成，社会大局更加平安稳定，共同富裕示范区建设取得阶段性标志性成果。

展望2035年，我们的愿景是：跨越式高质量发展取得显著成就，基本确立浙西明珠型城市地位，综合实力走在山区26县前列，与全省同步基本实现共同富裕；人均地区生产总值和城乡居民收入达到全省平均水平；常住人口城镇化率达到80%；物质文明、政治文明、精神文明、社会文明、生态文明充分彰显，成为全省乃至全国人民向往之地。

实现上述目标，我们要紧扣“超常规”“跨越式”“高质量”这些关键词，完整、准确、全面贯彻落实新发展理念，抢抓新机遇、构筑新优势、开辟新格局。关键走好三条路。

一要走好“两化”引领、多元赋能的裂变之路。坚持新型工业化、新型城镇化“两化”引领，是建设浙西新明珠、实现跨越式高质量发展的必经之路、根本出路。我们要主动拥抱新时代，深入挖掘和提升龙游的产业价值、城市价值，多渠道注入科技创新、数字变革、绿色低碳等新动能，不断擦亮生态工业、明珠城市的金名片，形成吸引集聚高端要素、高层次人才的“吸铁石”“聚宝盆”，推动发展方式实现根本性转变。

二要走好聚沙成塔、整体跃升的聚变之路。基本单元是建设共同富裕示范区从宏观到微观落地、从局部到整体拓展的重要载体。我们要在完善县级顶层设计基础上，加力建设共同富裕现代化的基本单元，把乡镇（街道）作为战斗单元、村社作为基础单元，科学谋划、精准施策，通过每一个基本单元的优化来推动全域提升，谋求共同富裕在基层的率先突破、率先成势，从而以点带面、从线到片，变一处优势为全局胜势。

三要走好守正创新、破立并举的蝶变之路。示范区建设，是一项前所未有的开创性事业，没有现成经验可以借鉴，没有教科书可供参考。“虽有智慧，不如乘势。”我们要牢牢抓住全省共同富裕示范区建设首批试点的重大契机，以大志向、大境界、大情怀、大气魄、大格局看龙游、谋发展、开新局。在格局上，不拘泥于县域，而要立足于区域一体化，面向广阔长三角、面向广袤大中国；在思路上，不局限于存量提升，而要善于无中生有、有中生优、优中做强，不断激发创造性张力；在境界上，不踌躇于一时一事，而要着眼长远、顺应趋势，积极争取、主动承担全省乃至全国的改革试点和示范任务，创出更多龙游方案、龙游样板、龙游经验。

四、着力抓好创新性突破性的重大举措

“十四五”时期是我们全力打造共同富裕示范区的“第一程”。我们要紧盯共同富裕示范区建设的重点、难点、关键点，突出创新性突破性重大工作抓手，加快形成一批有影响力、有辨识度的重大标志性成果。重点是8个方面：

1. 着力在生态工业示范引领上实现新突破。突出“聚焦”关

键词，抢抓“一县一策”政策机遇，以更高质效的招引、更高水平的赋能、更高能级的平台，支撑和推动产业基础高级化、产业链现代化，打造生态工业高质量发展的示范样板。到2025年，全县规模以上工业总产值突破600亿元、力争700亿元，规模以上工业亩均税收达25万元以上。一是推动招大引强提升突破。坚持招商引资“一号工程”不动摇，各级党政主要领导每年有三分之一以上时间和精力投入到招商引资工作中。绘好产业链全景图和产业招商地图，全民捕捉招商信息，大抓“链主型”企业招引和产业链招商，重点培育打造碳基纸基新材料、精密数控和轨道交通装备两大百亿级主导产业。把产能扩张、战略布点项目在龙游优先布局作为检验营商环境的“试金石”，完善全周期、全链条项目服务体系，持续放大“二期在龙游”效应，吸引更多“链主”企业、央企项目、上市公司、行业龙头落户龙游。二是推动科技、数字、金融三大赋能提质增效。①在科技赋能上，重点是加大研发投入，推进科技创新和产业提升双联动，加快攻克一批“卡脖子”的关键核心技术，加快引育一批高新技术企业、科技型中小企业、“专精特新”中小企业和单项冠军。到2025年，全社会R&D经费占比达2.8%以上、力争达到全省平均水平；创建50个以上省级人才创新平台，引进培育100名以上省级及以上领军人才。②在数字赋能上，重点是深化“5G+工业互联网”融合应用，加快建设“产业大脑+未来工厂”核心业务场景，打造一批智能工厂、数字化车间和工业互联网平台，实现规模以上工业数字化改造全覆盖，争创省级数字经济创新发展试验区。③在金融赋能上，重点是深化“凤凰行动”，建立梯度培育名单，确保5家、力争7家企业主板上市。围绕这套目标体系，建立一整套政策体系、运作体系和评价体系，狠抓执行落地，确保一年有起色、三年大突破、五年上台阶。三是推动现代化产业平台提档升级。围绕产业新城定位，加快开发区整合提升，推进“四区一镇一园”建设。“四区”就是省级高新技术园区、山海协作园区、临港物流园区、产业型未来社区联创联动；“一镇”就是超精密制造小镇，打造成全省高端装备类特色小镇2.0版示范镇；“一园”就是建成一批星级小微园、示范小微园，逐步实现“区外无企业、区内无规下、规下进小微园”。要大力淘汰落后产能，建立以“单位产出效益”评价为基础、以差异化要素配置为导向的倒逼机制，分阶段推动亩均税收5万元以下低效工业企业全面出清。加快开发区路网基础设施及生产性、生活性服务业配套建设，全面提升平台承载力、综合竞争力，力争冲进全省经济开发区综合排名25强。

2. 着力在明珠城市精彩蝶变上实现新突破。以县城为主载体，以人本化、数字化、生态化为核心理念，加快打造宜居宜业宜游的现代化城市，推动浙西明珠型城市首位度梯式前进、螺旋上升。到2025年，主城区人口规模达到20万人左右。一是加快构建现代城市基本形态和基本单元。城东新区，围绕绿色生态城区建设，重点构筑一批现代城市基本形态，包括一个中央生态廊道，一条5.4千米的“三江口”核心圈层城市绿道，一个高品质县城中心商务区，一系列由公共文化中心和高水平学校、医院等构成的优质公共服务矩阵。老城区，坚持划小单元、拆改结合、有机更新、分批推进，五年内实现风貌、功能、品质整体提升。同时，加快归仁、翠光两个省级未来社区试点建设，积极谋划打造一批未来社区新试点。二是构建“小县大城、组团发展”格局。扎实推进小城市、中心镇和美丽城镇建设，以县城为中心，老城区、城东新区、经济开发区、石窟度假区互动融合，东部湖镇小城市、南部溪口大联盟、北部塔石高铁小镇协同发展，构建形成“一核四区三翼”格局。健全农民集聚政策保障体系，加速推进农民集聚样板群建设，有序引导农村人口梯度转移、进城入镇。到2025年，建成覆盖全域的美丽城镇幸福生活圈，新增集聚人口2万人以上。三是打开有形和无形两个开放大通道。在有形大通道上，主动融入浙西省级新区建设，实施一批高速公路、国省道新改扩建，争取一批重大战略性交通项目，启动龙游港区二期建设，打造龙游高铁站、高铁北站高能级交通门户，确保“两廊三环四路、三站一枢纽”格局基本成型。坚持南水北调、多库联调、供灌分离、综合保障，重点推进贯通南北的水网和龙北佛乡水库建设。加快构建多式联运货运枢纽，提升物流效率、降低物流成本，努力成为长三角商贸物流重要节点。在无形大通道上，深入实施融杭联甬接沪战略，全面对接金义都市区，主动服务四省边际中心城市、衢丽花园城市群建设，加强政策衔接联动，创新资源共享和合作机制，放大优势谋划实施一批重大项目，实现差异化、互补式发展。

3. 着力在生态旅游品牌经营上实现新突破。以“两江走廊”为核心区、示范带，持之以恒实施“两江化一龙”行动，全面创建国家级全域旅游示范县。力争到2025年，全县旅游收入突破135亿元，旅游产业增加值占GDP比重达到12%以上。一是聚焦拳头产品打造。两江化一龙，重点抓两头。龙头部位，围绕“红木小镇+龙游石窟”联创国家AAAAA级旅游景区，深化红木小镇内容植入和导流，大力发展研学游和夜经济，致力打造当代中式家具之都，加快石窟旅游度假区建设。龙尾部位，围绕打造衢州旅游一号目的地，加快六春湖景区大开发、大建设，山上主攻20平方千米核心区块，确保一年四季有看点、有卖点；山下加快景区配套，建设一流民宿群，实现山上山下大联动。龙身部位，全面对接“衢州有礼”诗画风光带、衢黄南饶“联盟花园”建设，实施“微改造、精提升”计划，加快联盟大道沿线整治提升，将乡村旅游、生态旅游、康养旅游、红色旅游、古村落旅游等新业态串珠成线。到2025年，全县文旅投资150亿元以上，单体投资超10亿元项目达到6个；争创AAAAA级景区城，A级景区镇覆盖率100%，A级景区村覆盖率80%。二是聚焦文化基因转化。坚持以文活旅、以旅促文、文旅融合，加大荷花山遗址保护，启动龙游石窟申遗。做好以龙游皮纸、龙游发糕、婺剧（徽戏）等为代表的非遗传承，做强以“竹、纸、木、食、印、渔、茶”为代表的文创旗舰企业，做精一批彰显人文底蕴、展现山水韵味的文化大戏，做大一批龙游风味小吃品牌，推出更多有特色、有市场、有口碑的精品、爆品。三是聚焦市场营销运作。充分借助科技化、数字化、信息化手段，推进文化旅游“触网”“破圈”。线下，构建现代旅游集散服务体系，对接知名旅社、专业团队、成熟线路，持续办好有重大影响力的赛事文娱活动；线上，依托微博、抖音、B站等新媒体新平台，引流一批大V博主、百大UP主，培育一批本土网红创客，创新品牌宣传和产品营销模式，不断扩大龙游旅游知名度。

4. 着力在乡村振兴转型升级上实现新突破。以深化“千万工程”为牵引，全面实施新时代美丽乡村六大行动，把产业发展落到农民增收上来，大力推动未来乡村建设，努力打造农业农村现代化样板。一是大力培育现代农业主导产业。做强做优畜禽、毛竹两大农业主导产业。畜禽业要推进生猪养殖规模化、现代化，引导种养结合绿色发展，优先在新建万头以上养殖场中推进数字化建设。做好“龙游飞鸡”模式创新、扩面推广文章。竹产业要以全竹绿色循环产业园建设为牵引，科学布点小微园和粗加工集聚点，形成完整产业链条。要立足种养加一体化、农文旅相融合，高标准推进士元实验区建设。同时，加快土地流转，促进适度规模经营，适时推广良种良法，深入实施“村播”计划。加强粮食稳产保供，坚决遏制耕地“非农化”、防止“非粮化”。二是大力推进乡村未来社区建设。立足原乡人、归乡人、新乡人不同需求，突出“微改造+乡土味”，持续提升溪口未来乡村创建成果，争取入选省级第一批未来乡村试点、省级最佳实践案例。以溪口为样板，推进浦山、团石、官潭等一批未来乡村建设，打通“两进两回”通道，打造一批引领品质生活、呈现未来元素、彰显山区韵味的乡村新社区。三是大力实施强村富民行动。组建强村公司，探索“共富联盟”，推动村级集体经济持续增长。深入实施农民素质提升工程，加大山区实用型专业技能人才培养。健全常态化驻村工作机制，打造一支过硬驻村队伍。高度关注低收入群体增收，建立清单化帮扶机制和精准化帮扶体系，确保共同富裕路上不让一个人掉队。到2025年，低收入农户人均可支配收入年均增长10%以上，集体经济年经营性收入20万元以上行政村实现全覆盖，年经营性收入50万元以上行政村占比达85%以上。四是大力开展乡村集成改革。探索推进“三块地”改革和宅基地“三权分置”有效实现形式，健全完善农村产权流转交易制度体系。推动国资入局村庄经营，加快盘活农村各类闲置、低效资源资产。深化“三位一体”农合联改革，加强服务资源内聚外联。深化市民化集成改革，打造“三权到人、权随人走”改革升级版，有序推进农业转移人口全面融入城镇。

5. 着力在“两山”资源转换促进上实现新突破。把生态作为推动共同富裕的最强竞争力，守牢生态底线、厚植绿色本底、加快低碳转型，不断开辟绿水青山就是金山银山的转换新通道。一是擦亮绿色生态本底。落实最严格的生态环境保护制度，打好治水治气治土治废治塑攻坚战，强化生物多样性保护，真正实现“天蓝地绿水清无废”全要素美丽。深入开展“五水共治”碧水行动，高质量完成全县“污水零直排区”建设，加快农村生活污水设施强基增效提标，确保地表水达到或优于Ⅲ类水体比例达到100%。全面推进“清新空气示范区”建设，城市PM2.5平均浓度小于29微克/立方米。大力推进“无废城市”建设，生活垃圾分类覆盖面达到100%。二是加快绿色低碳转型。推进生产方式绿色低碳循环化改造，实施节能、节水、节地、节材行动，突出抓好能源、工业、建筑、交通、农业、居民生活等重点领域绿色低碳转型。大力发展光伏等可再生能源，探索农光互补、林光互补、渔光互补等多种模式，推动储能应用，构建新型电力系统。探索构建绿色低碳技术创新体系，加快推进“零碳”政府机关、低碳园区建设。三是拓展价值转换途径。实体化推进“两山银行”运营，以产品化、市场化、金融化为主线，加快“一县一品一资产包”生态产品标准化建设，打造更多生态富民的制度成果、金融产品和应用场景。推进碳汇试验示范区项目建设，深化与科研院所战略合作，争取对口帮扶地区和高碳企业优先购买森林碳汇减排量，加快实现更多碳汇交易红利。深化绿色金融改革，构建绿色信贷体系，大力度引导信贷资源向小微企业倾斜，多层次对接争取资本市场加盟助力。

6. 着力在数字赋能整体智治上实现新突破。以数字化改革为引领推动县域治理现代化，更好统筹发展与安全、富民与安民，持续打造基层治理最佳县。一是强化数字化改革牵引。抢抓全省数字化改革机遇，在省市县“152”、县乡村“141”整体框架体系下，加快打通各类政务信息数据资源，推进重要应用系统和数据综合集成，谋划一批以党政机关整体智治为中枢，数字政府、数字经济、数字社会、数字法治有机连接的应用场景。年底前，全面夯实12个社会事业领域数字化改革基础，持续擦亮“龙游通”金字招牌。到2025年，跨部门多业务协同应用全面拓展，数字孪生社会基本建成。二是深化“县乡一体、条抓块统”改革。推进基层治理“四平台”建设，做强“智慧治理、协同治理、攻坚治理、舒心治理”特色品牌，规范提升“全科网格”“四维考评”机制，集成打造县域社会治理共同体。聚焦基层治理的共性问题和难点堵点问题，创设一批小切口大牵引、小切口大民生、可复制可推广的多跨场景应用，做好经验总结、制度集成、迭代升级文章，为全市改革大局提供更多鲜活素材。三是全力以赴防风险、化积案、遏重大、守底线。一体化推进更高水平的法治龙游、平安龙游建设。完善初信初访、领导下访接访和重复访、积案包案化解机制，努力把问题解决在群众身边、矛盾化解在萌芽状态。聚焦消防、道路交通、危险化学品、食品药品、金融等重点领域，全面起底风险隐患，开展专项整治，构建完善闭环管控机制，坚决打赢“遏重大”攻坚战。慎终如始抓好疫情防控，全面提升监测预警、核酸检测、流调溯源、精准处置能力，巩固来之不易的防控成果。

7. 着力在新时代山海协作上实现新突破。牢牢抓住新一轮山海协作战略机遇，充分发掘“山”的特色、借助“海”的优势，拓展迭代山海协作的内涵、载体、方式，形成跨越式高质量发展的持续强劲动能。一是高标准打造“飞地”项目。携手钱塘区打造“产业飞地”，按照“项目共引、产业共建”思路，深度嫁接发达地区先进制造业和优势资源，做大做强“产业飞地”，反哺龙游发展。携手临安区打造“科创飞地”，在龙游经济开发区设立科研转化基地，强化新技术新产品研发、项目孵化和人才引进等功能，实现研发在飞地、产业化在本土。巩固镇海区“消薄飞地”合作成果，健全运营管理、收益分配机制，提升经济效益。二要高水平推进山海联动。实施通道内聚外联、产业创新提质、数字贸易提升、贸易改革试点四大行动，不断做大义甬舟大通道西延贸易平台。创新推动产业、项目、人才、信息、服务等全方位接轨，打造一批产业链协作、公共服务合作的标志性工程。深化领导干部会商、民间交流互访、企业高校合作，吸引海内外重要侨团、知名侨领、领军侨企、高端人才到龙游洽谈经贸、投资置业，推动形成山海协作、携手共富的良好态势。三要高质量开展区域合作。持续深化结对帮扶，精准对接、有效承接省级部门、央企国企、知名浙商、高等院校对龙帮扶。鼓励国资公司“走出去”，在发达地区置办物业，实现资产保值增值，并通过政策联动，吸引外地总部型、税源型企业入驻龙游。

8. 着力在公共服务提质扩面上实现新突破。以人为核心推进现代化建设，围绕人的全生命周期多层次多元化需求，扎实补短板、促均衡、兜底线，让发展指标有更多“幸福指数”、让发展成果有更多“民生含量”。一是全面推进新时代文化文明建设。深入实施铸魂、溯源、走心工程，做深做实“8090新时代理论宣讲”。大力传承和弘扬红色文化、优秀历史文化和地方特色文化，推进文化基因解码和成果应用。推动社会主义核心价值观深入人心，擦亮“衢州有礼·天下龙游”城市品牌，实施全域文明创建行动计划，确保入围全国县级文明城市提名城市。二是聚焦群众关心的热点民生问题。①教育方面，实施龙游中学振兴行动计划，全面支持龙中，提高龙中办学质量。健全与镇海等地教育山海协作长效机制，推动教育协作向全系统、全领域、全学段延伸。推进学前教育补短提升和幼共体改革，深化职业教育产教融合。净化教育生态环境，加大教师关心关爱力度，吸引优秀人才在龙游任教，努力创建全国义务教育优质均衡发展县。②医疗方面，坚持“三医联动”“六医统筹”，高质量实施县级三家医院联动搬迁，推进医联体、医共体建设，提高医疗应急处置能力。到2025年，县域医疗卫生服务体系全面优化、服务效率全面增强，基层就诊率稳定在65%，县域就诊率达到90%。③“一老一小”方面，大力发展以居家养老为重点的普惠型养老和互助性养老，构建完善以家庭为基础、村社为依托、社会保障制度为支撑的养老服务模式。积极应对三孩政策出台后的新变化、新问题，完善生育配套支持政策和措施，多渠道降低生育、养育、教育成本。④住房方面，坚持房子是用来住的、不是用来炒的定位，促进地价、房价保持在合理区间，扩大人才公寓和保障性租赁住房供给，多途径有效解决各类人才、新市民、低收入困难群众等重点群体的住房问题。三是健全社会保障体系。坚持把促进就业放在优先位置，建立专业化、信息化、产业化的人力资源服务体系，扩大中等收入群体规模，筑牢弱势群体底板。到2025年，居民人均可支配收入与全省平均之比缩小到0.787，城镇调查失业率控制在5.5%以内。建立健全以基本医疗保险为主体，大病保险为延伸，医疗救助为托底，商业健康保险、职工互助和医疗慈善服务等为补充的多层次医疗保障体系。建立健全关爱社会的长效机制，用好各类公益基金，大力发展慈善事业，加强对农村留守儿童、妇女、老年人、残疾人等人群的关爱服务。

五、全面加强党的领导，确保各项决策部署重重落地

蓝图已经绘就、大幕已经拉开。站在新的“赶考”路上，全县上下要大力弘扬伟大建党精神，闻令而动、迅速行动，积极投身到示范区建设中去，推动党中央和省委、市委、县委决策部署全面落实。

一要健全党建统领、协同推进的工作体系。始终把党的政治建设摆在首位，深入学习贯彻习近平新时代中国特色社会主义思想，引导广大党员干部不断提高政治判断力、政治领悟力、政治执行力，切实增强“四个意识”、坚定“四个自信”、做到“两个维护”。充分发挥党委总揽全局、协调各方的领导核心作用，高质量抓好省委“七张问题清单”和市委“八张问题清单”亮晒整改，把党的领导贯穿推动共同富裕的全过程、各领域、各环节。严格落实意识形态工作责任制，压实主体责任，壮大主流思想，强化舆论引导，做到守土有责、守土尽责、守土负责。坚定不移推进全面从严治党，持续正风肃纪，重拳惩治腐败，落细落实“合”字形基层监督体系，加强“一把手”和领导班子监督，一体化推进清廉龙游和政治生态最佳县建设，为示范区建设营造风清气正的良好生态。

二要构建上下贯通、层层负责的责任链条。全面对标省委和市委决策部署，成立高质量发展建设共同富裕示范区领导小组。强化系统观念、系统方法，聚焦发展所需、龙游所能、群众所盼、未来所向，研究制定一批重点任务清单、突破性抓手清单、重大改革清单、最佳实践清单，压实责任，压茬推进，确保“该办的坚决办、能办的马上办、难办的重点办”。建立专班化工作机制，通过定期性会商、清单化推进、闭环式管理，确保“事事有人抓、件件有回音”。各级各单位要自觉融入共同富裕的大局中，精心谋划推出一批新招、实招、硬招，高效突破共同富裕中的重点、难点和关键点。

三要建立争先创优、比学赶超的赛马机制。树牢整体智治、

唯实惟先意识和改革思维，运用数字化理念、数字化思维、数字化手段，在共同富裕的“大场景”中找准“小切口”，谋划一批重大改革举措，破解一批体制机制问题。坚持脑勤腿勤，主动向上争取专项试点、配套政策，积极承担全市全省乃至全国的改革试点，在生态工业高质量发展、明珠型城市建设、“两山”通道转化、数字化集成改革等方面，先行先试、蹚出新路、打造样板。坚持比学赶超，大力开展互学互看、互比互赛活动，在共同富裕赛场上锤炼干部、识别干部、选用干部，推动形成全员争先、全域争先、全速争先的良好态势。

四要打造“两专”兼备、素质过硬的铁军团队。突出专业导向，建立“两专”干部标准化评价体系，将“两专”内涵要求本地化、具象化，通过青蓝接力、铸魂赋能、上挂下派等形式，提升干部推进现代化建设和共同富裕的能力水平。突出实战导向，扎实开展“县委点题、组织搭台、干部打擂”专项行动，点将式选派优秀干部在重点攻坚战场比干劲、比作风、比实绩，让干得好的干部有平台有空间，让干不好的干部有危机有倒逼。突出发展导向，完善人岗匹配评估机制，选拔任用专业技术能力强、专业科学精神过硬、在岗在行在状态的干部，让“两专”在队伍中蔚然成风。

五要凝聚携手奋斗、共建共享的磅礴合力。注重发挥群众主体作用，尊重民意、汇集民智、凝聚民力，激发全民促进共同富裕的积极性、主动性、创造性。大力弘扬勤劳致富，鼓励劳动者通过诚实劳动、辛勤劳动、创新创业实现增收致富，让每一个人都能成为共同富裕的参与者、贡献者、受益者。坚持大团结大联合，充分发挥人大、政协的职能作用，发挥各民主党派、工商联、无党派人士的积极作用，发挥群团组织联系服务群众的桥梁作用，发挥企业家和乡贤的引路带富作用，寻求最大公约数，画出最大同心圆，汇聚起全社会共同奋斗的磅礴力量。

龙游县第十三届人民代表大会第五次会议报告摘要

龙游县人民代表大会常务委员会工作报告（摘要）

龙游县人大常委会主任　舒畅

2021年2月2日

2020年主要工作

2020年，县人大常委会在中共龙游县委的坚强领导下，坚持以习近平新时代中国特色社会主义思想为指导，深入学习贯彻习近平总书记关于坚持和完善人民代表大会制度的重要思想，围绕县委“14456”工作布局和重大决策部署，认真依法履职，务实担当作为，圆满完成县十三届人大四次会议确定的各项任务，为全县经济社会发展作出积极贡献。全年共召开县人大常委会会议6次，听取和审议工作报告24项，作出决议决定、审议意见23项；召开主任会议13次，组织人大代表专题视察4次，执法检查4次，专题调研10次；依法任免国家机关工作人员60人次，举行宪法宣誓24人次，补选市人大代表2名、县人大代表11名。

一、坚持党的领导，把牢正确政治方向

县人大常委会始终牢记人大是党领导下的重要政治机关，旗帜鲜明讲政治，切实把党的领导贯穿于人大工作全过程各方面。

全面落实县委关于高水平推进人大工作和建设的实施意见，自觉维护县委权威，修订完善并严格执行县人大常委会党组重大事项向县委请示报告制度。坚持“县委有号召有部署，人大有执行有落实”，主动围绕县委的重大决策部署开展工作，确保人大工作与县委同频共振、同向发力。认真执行《中国共产党党组工作条例》，加强常委会党组班子建设，切实履行领导责任和全面从严治党主体责任，积极发挥党组把方向、管大局、保落实的重要作用。狠抓理论武装，深入学习贯彻习近平新时代中国特色社会主义思想、习近平总书记关于坚持和完善人民代表大会制度的重要思想。把学习贯彻习近平总书记重要思想、重要论述、重要讲话、重要指示、中央省市县委重要会议精神，作为人大常委会党组会、理论学习中心组学习会的必要内容，坚持“每篇必学、学有纪要”，召开党组学习会24次、理论学习中心组学习会7次，努力在学懂弄通做实上下功夫，切实增强“四个意识”、坚定“四个自信”、做到“两个维护”。坚持党管干部和人大依法任免有机统一，修订县人大常委会任免国家机关工作人员办法，认真落实各项任免程序，确保党组织推荐的人选通过法定程序成为地方国家机关工作人员。加强任后监督，听取人大任命政府组成部门主要负责人述职报告，开展满意度测评。依法行使重大事项决定权，把9月20日设立为龙游县“诚信日”，深化“信用龙游”建设。

二、坚持服务大局，展现人大担当作为

县人大常委会自觉坚持把人大工作放到全县工作大局中去谋划推进，围绕中心服务大局，努力助推县委重大决策部署的落实。

紧扣中心工作。常委会班子成员“站在一线、靠前履职”，积极参与县委中心工作，分别牵头抓好矿山整治、“两江走廊”小南海片区、士元实验区、红木小镇建设及“3+3+1”产业服务团等重点工作，全力协调推动所联系的重点项目、重点企业和重点工作，扎实助推“双招双引”、国土整治、村社换届、创文创卫等中心工作，在参与中监督、在监督中支持，聚力助力各项重点工作落实。

紧扣“两战两赢”。常委

会第一时间发布《依法全力做好我县当前新冠肺炎疫情防控工作的意见》，并向全县各级人大代表发出公开信，联动县乡人大和937名四级人大代表，开展网格走访摸排、卡点执勤、劝导宣传、“健康码”推广、包区清楼等工作，率先提出对居家隔离户门上贴“福”字封条的人性化做法，在全县推行。董红专、施彩莲两名代表获得浙江省抗击新冠肺炎疫情先进个人荣誉称号。全面推进常态化疫情防控形势下人大各项履职，开展野生动物保护专项调查，组织动物防疫“一法一条例”执法检查。聚力复工复产复市复学，配合省人大开展民营企业发展促进条例执法检查，做好12个“战时服务团”服务网格指导工作，跟踪监督“民营经济高质量发展审议意见”落实情况，助力“六稳”“六保”工作。

紧扣转型升级。专题听取“双招双引”工作情况报告，开展人大代表“投身双招双引、助力经济发展”主题活动，全县人大系统聚力助推“双招双引”主旋律。围绕“上市是最大的招商引资”发力，开展企业股改上市专题调研，形成调研报告，提交县委县政府决策参考，得到县委和县政府主要领导批示肯定，推动上市领导体系、政策机制形成，有力促进县域企业股改上市工作。围绕“高端智造示范县”创建，专题审议科技创新工作，提出全面加快科技创新推动高质量发展的建议，助力政府深入实施创新驱动发展战略。开展数字经济专项调研，促进政府加快推动数字经济发展。

紧扣长远发展。聚焦“十四五”规划编制，坚持问题导向，提前介入、接续调研和建言献策。常委会专题审议“十三五”规划执行情况及“十四五”规划编制情况报告，助推政府统筹兼顾、集思广益，有效衔接重大政策、重大取向，强力聚焦重大目标、重大项目，深谋细研重大平台、重大举措，确保我县“十四五”规划科学合理、切实务实。

三、坚持依法履职，开展精准有效监督

县人大常委会积极履行宪法法律赋予的监督责任，强化精准监督履职，不断提高监督工作实效。

加强财经监督。密切监测经济运行，研判疫情带来的影响，助力政府把控好疫情、财政、金融、粮食安全和安全生产风险，牢牢把握经济社会发展主动权。听取和审议财政预算执行、预算调整、决算和政府性债务情况的报告，对林水局、应急管理局等11个部门和2个街道的预算开展重点监督，督促政府部门科学编制执行预算。高度重视审计工作，专题听取和审议审计发现问题整改情况的报告，推动落实整改措施97项。聚焦国有资产管理，听取和审议企业国有资产管理情况的专项报告，促进政府管好用好、做强做优国有资本。审议政府年度投资建设计划，票决通过5个投资2000万元以上新建单体项目，组织代表专题视察，实行全周期闭环监督机制，助力政府加快项目进度，提高财政资金绩效。

监督依法行政。围绕政府权力运行和促进县域治理现代化，对矛盾纠纷调处化解“最多跑一地”工作开展监督。听取和审议县政府依法行政工作、“七五”普法规划实施情况报告。

深化法律监督。审议通过《关于监督和支持县人民检察院法律监督工作的决定》。持续监督扫黑除恶专项斗争工作，推动扫黑除恶常态化。配合省市人大开展土壤污染防治法、网格化服务管理条例执法检查。做好规范性文件备案审查工作。

四、坚持人民至上，助推民生福祉改善

县人大常委会认真践行以人民为中心的发展思想，持续加大民生监督力度，推动解决群众关心的突出问题。

聚焦民生实事。围绕人代会票决的十大民生实事项目，成立10个监督小组，开展“集中现场督办月”活动，通过一事一小组、一季一跟踪、半年一督查、一年一评议，形成相关各方参与、问题清单整改和线上线下并行的闭环监督模式，督促项目建设进度和质量。目前，十大民生实事项目45个子项目均已全部建成投入使用。

聚焦民生短板。做实监督“连续剧”，持续6年跟踪监督小区物业管理，组织代表视察小区物业巩固扩面工作，推动业委会作用发挥、执法力量进小区和设施短板弥补。围绕实现“喝好水”全覆盖目标，连续9年跟踪监督农民饮用水达标提标工作，开展水资源专题调研，视察督办重点饮用水工程，助推龙北自来水厂按期完工投入使用。启动龙游—遂昌两地人大代表跨区域联合监督治水主题活动，协商形成合作监督治水倡议书，共建联动监督、联合执法治水新机制。跟

踪督查“学前教育条例贯彻的审议意见”落实情况，开展满意度测评，促进翰林府幼儿园等一批优质幼儿园相继建成和启用。听取和审议医共体建设情况报告，推动完善医共体治理结构和运行机制，提高分级诊疗能力，促进人民医院、妇保院新院项目加快建设。组织代表视察异地搬迁集聚小区、中草药基地、危房改造和光伏基地等扶贫消薄项目，促进精准帮扶，助推打赢低收入百姓增收攻坚战。

聚焦民生关键事。对一般工业固废处置情况开展专项跟踪监督，推动“无废城市”创建。监督基本养老保险工作，助力政府树立底线思维、推进社保扩面、做好统筹安排、确保基金安全。专题听取绿色生态殡葬改革工作情况报告，助推移风易俗，引领文明新风。

五、坚持创新赋能，激发代表工作活力

县人大常委会注重突出代表主体地位，创新机制，拓宽渠道，全力保障代表作用发挥。

打造具有龙游辨识度的代表工作品牌。开展“为人民代言、给农民带货”履职活动，举行人大代表直播带货活动100多人次，人大代表直播带货工作被《浙江日报》、新华网、“学习强国”学习平台等多家媒体宣传报道。先后在开发区和阳光社区代表联络站开展“局长进站、难事好办”主题活动，人大代表和局长面对面沟通，点对点议事，代表们提出的11条意见建议全部办结，促成难事好办、实事办成。开展人大代表助推基层社会矛盾纠纷“清零”行动社阳试点，助力构建“县乡一体、条抓块统”基层治理机制，形成“选民吹哨、代表报到”“乡村（代表）吹哨、部门报到”工作机制，推动小事不出“格”、大事不出村、难事不出乡、矛盾不上交。深入开展人大系统8090新时代理论宣讲“六走进”活动，建立人大干部和人大代表2支宣讲队伍，设立4个“青春代表课堂”，开通线上“青春代表论坛”，共举行人大系统宣讲510人次。

建设代表联络站升级版。出台“四化一指数”打造代表联络站升级版实施意见，以规范化、网格化、主题化、智慧化和升级指数为抓手，推动联络站点进园区、进村庄、进社区、进企业，构建代表全天候联系群众的网络体系，打造线上线下人大代表联络站升级版，有效发挥代表联络站联民心、听民情、解民忧的平台作用。

创新“双联系”方式。积极拓宽代表参与常委会工作的广度与深度，先后邀请101名县人大代表列席常委会会议，组织代表参加视察调研活动145人次。建立常委会领导与列席常委会会议代表座谈机制，在全市首推“代表议政直通车”活动，面对面听取基层代表的意见建议。首次开展“主任接待代表月”活动，常委会领导听取牵头督办的代表议案建议和民生实事项目办理情况的报告，有力推动相关议案建议和民生实事项目落地见效。常态化开展县级领导干部人大代表赴代表联络站联系人民群众主题活动，听取和助推群众关切问题的解决。认真开展群众和人大代表来信来访工作，全年共接收群众来信19件，接待来访20批次。

认真督办议案建议。完善代表建议初始交流、乡镇（街道）人大初审、代表工委终审的把关机制，不断提升议案建议质量。坚持县人大常委会领导督办和县政府领导领办议案和重点建议制度，创新线上线下监督并行模式，通过不定期督办、网上实时评价、满意度测评等方式，形成办理合力，推动一大批民生问题解决。县十三届人大二次会议确定的关于加强龙游县城市饮用水保障工程建设的议案完成办理，龙北自来水厂投入使用。县十三届人大四次会议确定的关于加快溪口镇南荣自来水厂扩容提标的议案完成办理，受益人口扩面到2.4万余人。142件建议已解决或基本解决的59件，占41.55%；正在解决或列入计划逐步解决的78件，占54.93%；因受客观条件限制暂时难以解决的5件，占3.52%。

六、坚持固本强基，加强人大自身建设

县人大常委会紧紧围绕“工作机关、代表机关”的目标定位，突出党建引领，完善工作机制，着力提升政治能力和履职水平。

加强常委会建设。常委会党组坚持把提高政治能力放在首位，持续加强政治建设，把握人大工作正确政治方向。落实全面从严治党责任，扎实推进意识形态工作。坚持常委会学法制度，精心组织会前法律解读和“人大讲坛”专题讲座。开展“大学习大调研大抓信息”活动，加强履职学训和调查研究，提高反映民意、依法履职的能力。制定常委会议事规则等13项制度规定，改进议事规则和工作程序。充实社

会建设委员会力量，加强社会治理监督。

加强基层人大建设。完善常委会领导分工联系乡镇（街道）人大工作制度，建设“一乡（镇）一特色一品牌”乡镇人大工作特色版。修订和完善人大街道工委工作规则及制度，听取和审议街道人大工作报告并作出决议，建设街道人大工作提高版。大胆实践、积极破题，在龙游经济开发区设立6个人大代表联络站点，举行代表问政主题活动，建设开发区人大工作创新版。

加强智慧人大建设。迭代升级“龙游通”人大平台，新增代表在线述职、履职评价管理和“随手拍”“议政直通车”等模块，完善在线议案建议和民生实事项目的提交、审核、分办、答复和评价功能，实现议案建议和民生实事项目督办全流程网上管理。常态化开展代表线上治水监督活动，共监督巡查5654人次。

各位代表，一年来，县人大常委会各项工作取得新成效，这是县委正确领导的结果，是全体代表和常委会组成人员共同努力的结果，是“一府一委两院”密切支持配合的结果，也是全县人民、社会各界大力支持的结果，在此，我谨代表县人大常委会，向大家表示衷心的感谢！

在肯定成绩的同时，我们也清醒地认识到工作上的问题。主要是：在精准监督、有效监督上有待突破，在回应群众关切、推动民生补短上还需久久为功，在优化履职保障、激发代表主体作用上还需持续加强等等。对此，我们要采取有效措施，认真加以改进。

2021年主要任务

2021年是我国现代化建设进程中具有特殊重要性的一年。做好今年的人大工作，责任重大，使命光荣。今年县人大常委会工作的总体要求是：以习近平新时代中国特色社会主义思想为指导，全面贯彻落实党的十九大和十九届二中、三中、四中、五中全会精神，全面落实市委“1433”发展战略体系和县委“14456”工作布局，按照县委十一届十次全会的部署要求，发挥“五大优势”，聚焦中心工作、聚情民生关切、聚力依法履职、聚合代表力量，忠实履行法定职责，努力交出履职高分报表，为实现“十四五”起好步、高水平建设浙西新明珠增光助力、增色添彩，以优异成绩庆祝中国共产党成立100周年！

一、着力彰显政治优势，切实提高政治能力

深入学习贯彻习近平新时代中国特色社会主义思想、习近平法治思想和习近平总书记关于坚持和完善人民代表大会制度的重要思想，牢固树立“四个意识”、坚定“四个自信”、坚决做到“两个维护”。加强常委会政治建设，构建政治统领的人大工作格局。旗帜鲜明坚持党的领导，始终不渝站稳人民立场，坚定不移担起法定职责，全力确保县委决策部署落实到人大工作全过程各方面。压紧压实党建工作链条、责任体系和全面从严治党主体责任，提高人大党建工作水平，为创建“政治生态最佳县”贡献正能量。

二、着力彰显制度优势，助推县域治理现代化

注重人大制度优势转化为治理效能，赋能助力县域治理现代化。积极开展执法检查，配合省市人大做好立法调研，加强基层立法联系点建设。全面落实宪法宣誓制度，开展法治政府工作专项监督，审议“八五”普法规划，强化对政府组成部门主要负责人依法履职监督。根据省市人大统一部署，适时听取县监察委员会专项工作报告。加强对“两院”审判权、检察权的监督，继续推动法院执行难问题的解决，依法推动检察机关法律监督工作。在全县开展人大代表助推基层社会矛盾纠纷“清零”工作，助力构建“县乡一体、条抓块统”基层治理机制。

三、着力彰显职能优势，打造人大监督硬核成果

聚焦聚力县委“14456”工作布局，紧贴县委全会确定的中心工作和重大民生关切，紧盯我县改革发展中的重大问题、核心工作、重点任务，紧扣监督工作方法创新、闭环迭代、效果叠加，以盯住法、管好钱、把牢图、重民生、护环境、助改革为重点，找准人大监督的切入点、结合点、发力点，以高效能监督履职服务全县高质量发展。围绕中心工作，作出关于聚焦聚力“四个龙游”建设的决定，用足用好法定监督方式，开展“四个龙游”专项审议。围绕运行绩效，加强计划执行和预决算审查监督，突出强化对政府重大投资项目和国有资产管理情况的监督；跟踪监督审计发现问题整

改、政府债务管理等工作。围绕美丽生态，坚持落实环境状况和环境保护目标完成情况报告制度；开展城乡生活垃圾分类、工业固废污染环境防治工作检查。围绕民生福祉，听取和审议乡村医疗机构队伍建设、学前教育“补短提升”工程实施、养老服务体系建设等情况。围绕乡村振兴，持续跟踪监督农村饮用水达标提标，开展专题询问，进行满意度测评，推动农村供水全覆盖和全县农民“喝好水”；视察美丽经济幸福产业和高标准农田建设情况。启动部门工作评议，促进“一府两院”履职尽责。

四、着力彰显组织优势，积极发挥代表作用

深化人大代表联络站升级版建设，延伸服务、拓展功能。继续开拓“代表+”“+代表”履职新模式，做实打响“局长进站、难事好办”“有事找代表”等工作品牌，推动闭会期间代表履职常态化制度化。按照内容高质量、办理高质量的要求，完善议案建议“提好、办好”工作机制，加大督办力度，提高问题解决率。持续深化民生实事项目代表票决制工作，扩大代表参与，加强跟踪监督。坚持学习为先、调研开路、沟通为要、培训赋能、组织保障，提升代表履职能力。加强乡镇（街道）人大工作的联系和指导，充分发挥基层人大在助推发展和社会治理中的作用。开展县乡人大换届选举工作调研，完善代表资格审查机制，保障基层群众民主权利，确保换届选举工作风清气正、顺利进行。

五、着力彰显智治优势，不断提高履职水平

按照“唯实惟先”“善作善成”“更专更精”的要求，全面加强人大团队建设，努力打造与争创社会主义现代化先行省相适应的人大干部队伍。依托“龙游通+全民网格”平台优势，大力推进智慧人大迭代升级和人大工作数字化转型，探索预算联网监督，建立掌上监督、智慧监督新平台新载体，推动人大代表履职更加科学、精准、高效。坚持创新引领人大发展，积极在法律框架下转换工作理念，探索建立和运用人大论证、评估、听证等制度，提升常委会履职能力与机关服务水平。

龙游县十三届政府第九次全体（扩大）会议上的讲话摘要

奋战全年红　奋力开新局

龙游县人民政府县长　祝建东
2021年9月9日

今天，我们召开县政府第九次全体（扩大）会议，主要任务是：以习近平新时代中国特色社会主义思想为指导，全面落实省委省政府全会和市委市政府全会精神，按照县委十一届十一次全会部署，回顾今年以来工作，分析当前形势，认清问题短板，奋战全年红，奋力开新局，确保全年任务完成，为打造共同富裕示范区的浙西明珠开好局、起好步。

一、回顾上半年，大庆大干，当龙头争上游

今年以来，我们在县委的坚强领导和人大、政协的监督支持下，赋能发力“五县四最四个龙游”，奏响“大庆大干、你追我赶”主旋律，在改革突破、服务提质、风险防控上争先，在高质量发展、高水平均衡、高品质生活、高效能治理上创优，交出了一张张高分答卷。

（一）经济发展走前列。我们坚持产业为王、优势再造，推进工业再提升、文旅再出发、农业再增效，经济发展呈现出领先全市、高于全省的良好态势，基本实现了年初提出的“更快速度、更高质量”的总体要求。主要有三个层面：一是“快”，速度快。上半年，全县GDP增长15.4%，分别高出全省、全市平均增速2和2.2个百分点，已经连续5个季度保持全市第一；两年平均增速8.3%，分别高出全省、全市1.5和2.1个百分点。三次产业中，一、二、三产增加值分别增长1.8%、18%和14.8%。其中：工业起主导支撑作用，上半年全县工业增加值增长18.3%，拉动GDP增长6.2个百分点；1—7月份规模以上工业产值增长33%、工业用电量增长28%，已全面超越江山。建筑业增加值增长16.2%、两年增长13.4%，均位居全市第一。建筑业税收贡献大、能耗低，尽管增速领先，但总量仍少江山近3亿元、与开化基本持平，要鼓励本地建筑业企业“走出去”、做强竞争力。服务业增速位居全市第一，且结构优化，批零住餐、房地产和营利性服务业贡献明显提升，主要靠财政支出拉动的局面得到有效扭转。二是“好”，效益好。1—8月份，全县财政总收入增长17.2%，其中税收收入增长18.7%，占比82%；一般公共预算收入增长16%，完成年度计划82.1%，均明显快于序时进度，且高于GDP增速。1—7月份，全县规模以上工业利税增长32.8%、其中利润增长40.6%，呈强劲增长态势。上半年，全县城乡居民人均收入分别增长16.5%和18.5%，均位居全市第一，且城乡收入比缩小。三是“优”，转型步伐加快。在规模、效益快速增长的同时，更为可喜的是，我县经济发展正加快向高质量迈进。首先，从行业结构看，上半年，全县规模以上工业产业中，“3+3”产业产值增长44.9%，高于平均水平9.6个百分点，产业集中度进一步提高，其中，三大新兴产业增长41.1%，尽管低于“3+3”产业增速，但明显高于规模以上工业增速，数字智能制造、战略新材料产业分别增长53.9%和45.2%，数字经济核心产业制造业增加值增长38.2%，高于规模以上工业增加值增速15.7%，数字经济核心产业、战略性新兴产业都呈现比较良好的态势。其次，从动力结构看，投资、出口、消费分别增长6.5%、23.4%、10.2%，分别排名全市第六、第一、第六。但投资总量位居全市第一；社零总量位居全市第二，仅次于柯城。新产品产值增长31.3%，产值率33.9%，均排名全市第三。第三，从主体活力看，今年以来，全县

新增规模以上工业企业37家、省科技型中小企业27家，拟认定国家高新技术企业40家。禾川、贝尔2家企业列入工信部专精特新“小巨人”名单。恒盛能源8月19日主板上市，实现本土企业上市“零的突破”，在此基础上，禾川科技、恒达新材辅导报会，金龙股份报送辅导。

（二）赛马比拼争上游。我们把“大庆大干、你追我赶”作为工作主旋律，开展“发展+治理”8个方面的赛马比拼，以大干迎大庆，建新功创新业。一是实绩在比拼中展示。“条线+区块”全方位比拼，“龙头奖慢牛奖”激励倒逼，“快慢优劣”一目了然。发展类的四个领域，产业发展走在全市前列、国土整治超过序时进度、招商引资半年考核第一，项目推进半年考核是末位。治理类的四个领域，整体智治和五场硬仗相对较好：整体智治中，数字化改革半年评价位居全市第二，“智慧粮脑”、瓶装燃气管理“一件事”获得省市多次肯定。五场硬仗中，打击治理电信网络新型违法犯罪综合排名全市第二；越级访治理全市靠前；道路交通安全治理，交通亡人事故25起、亡人25人，同比增长38.8%，形势比较严峻。八张问题清单全市8个区块一季度第六、二季度第三，以文化人有礼指数测评两个季度排名均位居全市各县（市、区）第三。两个季度以来，获得龙头奖的：乡镇中湖镇镇2次、詹家镇1次、小南海镇1次；部门中公安局1次、经信局1次、统战部1次、经济开发区1次、国资办1次、住建局1次、经济技术协作中心1次、纪委监委1次、信访局1次、市场监管局1次。获得慢牛奖的：乡镇中有模环乡、石佛乡、詹家镇、沐尘乡；部门中有住建局、民政局、林水局、交投集团。二是难题在比拼中破解。面对工作推进中的问题难题，责任领导以上率下，乡镇部门担当作为，形成了攻坚的强大合力。城东新区征迁扫尾，征迁中心、东华街道组织有力，组成9个攻坚组，以“零点行动”为载体，7月份开始以来共完成签约并腾空拆除12户，其中涉诉涉访9户已息访息诉；龙山运动小镇和兰亭区块征迁，龙洲街道表现不俗；非法砂石加工点整治，资规局牵头抓总、敢于担当，市监局、环保部门有效助攻，小南海镇、溪口镇、湖镇镇担当作为、条块结合，深挖彻查、重拳出击，21家加工点全面完成整改，8家非法砂石加工点设备设施全部拆除；信访积案化解，排名全市各县（市、区）第一；人力社保局、经济开发区和相关单位合力做好招工用工，有力缓解我县企业用工、技能人才短缺的现状。三是亮点在比拼中涌现。以奋斗的姿态、创造性张力，推动工作的创新突破。发改局和相关单位第一时间获取信息、第一时间对接争取，我县被确定为山区26县生态工业发展样本县和共同富裕示范区建设首批试点；联盟大道龙游段建设，文广旅体局和沿线乡镇等相互配合，专班化运作、每周报进度；轨道中心脑勤腿勤，主动向上沟通对接，初步取得衢丽铁路与龙游站并站方案推进前期成果；国资办抢抓发展机遇，聚焦主责主业，优化投资结构，抓好项目建设，国资经营效益不断提升，特别是奔康集团创新思路，积极承接城市有机更新、未来社区运营、拓展数字经济等工作，逐步从投资开发向城市经营转变，汇龙公司在金融赋能、“双招双引”、产业培育、企业上市、融资畅通等方面持续发力，充分发挥了综合金融服务平台作用；经济开发区推动整合提升，管辖范围内的规划面积从原先的33.4平方千米拓展到66.8平方千米，中水回用、纸浆物流交易中心、危废中转库等一批民生惠企项目顺利完工；经济技术协作中心积极对接“飞地”建设，在杭州钱塘新区、临安区分别设立了产业飞地和科创飞地，取得重大进展；统战部主动“走出去”，引进总投资24亿元的汉牛数字集团智慧校园华东示范区项目；财政局积极争取资金支持，争取上级转移支付收入19.2亿元、2021年度新增债券10亿元；农业农村局、财政局、溪口镇成功申报省级乡村振兴集成创新示范建设项目，争取省级专项建设资金6000万元；经信局牵头申报的鑫佳硕科技、中浙高铁等6个项目成功入选省“五个一批”重点技术改造示范项目计划，入选数量位居全市各县（市、区）第一，牵头申报2021年度产业集群跨境电商发展培育类专项激励，并成为全市唯一入选的县（市、区）；公安局牵头的追赃挽损、初侦初查、打击处理等单项均排名全市第一，总体绩效也排名全市第一；法院、司法局推动诉前矛盾纠纷化解，今年成功化解诉前案件208件，有效提升了诉源治理和社会矛盾纠纷化解工作成效；供电公司推动东华变迁建、老龙变置换项目顺利进入实施阶段，110千伏城北变原址升压列入省电力

“十四五”规划；企业上市工作，金融服务中心等单位对接服务有力。

（三）守牢底线防风险。牢树底线思维、风险意识，将其贯穿到工作推进的每个环节，坚决扛起防范化解各类风险的政治责任，牢牢守住生态、社会安全等底线，维护社会和谐稳定。一是群众获得感持续增强。“为民办实事”十方面36项子任务，其中8项任务已提前完成，尤其是龙游火车站新站房投入使用，客运列车停靠班次由13趟增加至44趟、完成率140%，受到群众一致点赞。教育、卫生、文体等社会服务体系更加完善，翰林府幼儿园、华外附属幼儿园等两所公办园顺利开园，力争到年底全县公办幼儿园比例达到50%；高考上线率达99.8%、创历史新高，2名学生被清华、北大录取；医保电子凭证激活率、结算率均居全省第一；成功创建第四批浙江省公共文化服务体系示范区、入选第五批省级生态文明建设示范县。二是常态化疫情防控成效明显。突出“人防+技防”，守好“大门+小门”，坚持精密智控、风险防控，精密智控指数一路领先，疫苗接种形成强大合力。三是公共安全形势平稳。圆满完成平安护航建党100周年工作，实现“零进京、零登记”，重大案事件“零发生”，安全生产“零死亡”。推进“遏重大”攻坚战，开展安全隐患大排查、大起底、大整改行动，全县发生各类事故、死亡人数分别下降69.2%和63.6%，没有发生较大以上生产安全事故，社会保持稳定。四是廉政建设持续加强。坚持廉政工作与政府工作同部署、同落实、同推进，制定下发《龙游县重点项目前期经费管理办法（试行）》等文件。全力做好中央环保督察38个信访件、省委环保督察明察暗访发现8个问题整改销号，定期开展“回头看”，严防问题反弹。认真抓好“三保”审计问题整改，切实加强“三公”经费管理，兜牢“三保”底线。

在肯定成绩的同时，我们更要清醒地看到存在的不少风险与挑战。集中体现在三方面：

一是盛名难副的风险。龙游已站在聚光灯下，各界期望值高，我们的定位也是“当龙头、争上游”，要脱颖而出、率先崛起。在坚定信心的同时，我们必须冷静，看到问题不足。首先，对标山区26县考核的指标体系，2016年、2017年我县在13个一类县考核中分别位居第11和第12位，2018年26县考核第11名、2019年第18名、2020年第25位，我县的短板弱项明显。尽管新的指标体系还在构建之中，是否有大的改观，还具有较大不确定性。其次，对标袁书记的要求，山区26县投资高于全省、工业增加值年均增长15%，近五年我县投资增长分别是11.3%、13.2%、5%、10.1%、3.9%，仅2016年、2017年高于全省，尤其今年上半年增长6.5%，位居全市末位。近五年工业增加值增长分别是5.6%、5.3%、8.7%、11.8%、5.2%，均未达到15%。城镇化率目前仅为51.58%，在26县中排在第19位，距离袁书记提出的26县2025年城镇化率达到65%的目标，城镇还需集聚4.8万人口。第三，对标郑省长提出的“两低两高两不足”，主要是：“两低”，亩均产出低、人均效益低。去年我县亩均GDP为11.8万元，为全省的31%、全市的84.9%，位居全省第81位、26县第18位、全市第4位；规模以上工业亩均增加值51.8万元，是全省均值的39.8%、全市的82.3%，位居全省第85位、26县和全市的倒数第2位；规模以上工业亩均税收8.8万元，是全省的32%、全市的74.6%，位居全省第84位、全市第5位。“两高”，单位能耗高、单位碳排放高。去年万元GDP能耗0.69吨标煤，是全省均值的1.7倍；2019年单位GDP碳排放是1.15吨，全省是0.74吨、全市是1.67吨，虽然低于全市平均水平，但比全省高了55%。不仅如此，单位水耗也是6个县（市、区）中最高。“两不足”，工业投资不足、创新驱动不足。从工业投资看，上半年我县工业占固定资产投资比重为26.6%，增速下降21%；1—7月份我县工业投资增速下降7.4%。从创新驱动看，去年R&D研发经费占比高于全市、低于全省，在26县处于中游水平，且今年上半年我县高新技术产业投资下降12%。

二是支撑不足的风险。首先，项目支撑不足。上半年固定资产投资增长全市靠后，交通投资、高新技术投资、制造业投资分别下降3.9%、12%、9.3%，投资结构有待优化。招商项目落地偏慢，制造业项目到位资金占比61.2%，低于目标任务13.8个点，位于全市末位；亿元以上项目推进偏慢，当年新签约20个亿元以上项目及去年签约项目未入库43个亿元项目，其中29个项目连续3个月无实质性进展。其次，要素支撑不足。“钱”方面，地方隐形债务化解面临巨大压力，今年要完成2.6亿元化解任务，明年将化解18亿元。“地”方面，招商项目落地过程中，农转用、土地报批明显跟不上，涉林改造、“三区三线”等都是“紧箍咒”，复垦难度逐步加大。同时，我县目前保有的实际耕地面积远低于上级下达给我们的永久基本农田保护任务量，若不核减永农保护任务量，就需要通过“两非”整治等手段来恢复耕地数量，将会使发展空间受限，用地保障也会愈加困难。“人”方面，常住人口较上次普查减少2151人，是全市唯一减少的县（市、区），而且0—14岁人口占总人口的比例在全市和26县中占比最低；出生率是6.7‰，远低于全市的7.87‰，与江山相差1.82个点，并且呈逐年下降的趋势；人口自然增长率，下降0.46‰，是全市唯一的负增长；60周岁以上人口占总人口的26.94%，老龄化程度仅次于开化，明显高于全省的18.7%、全市的25.44%；企业用工和人才资源，特别是高端人才的资源，都处于比较紧的状态。“能耗”方面，根据市里能耗分解初步方案，核定“十四五”期间，我县最大能耗增量指标为20万吨标煤，今年已批工业项目达到16.5万吨标煤，待批项目还有2.5万吨标煤，下半年估计还需要9万吨标煤，一年已经用完今后五年指标，如果GDP没有一个快速增长，开源方面没有一个好的措施，翻一番目标也难以实现。

三是能力不够的风险。存在着韧劲心气不足、知新学新不够、招法办法不多、工作不严不实、担当作为不够等问题。

二、干好下半年，对标对表，强谋划强落实

要以紧起来、动起来、抓起来的状态，抓好百日攻坚冲刺，确保全年红，开好新局。主要是八个方面：

（一）全面落实高质量发展建设共同富裕示范区试点任务。要聚焦高质量竞争力现代化，坚持当龙头、争上游，坚定不移实施“两化引领”战略，努力在山区26县脱颖而出、在四省九方率先崛起。要强执行强谋划，加快构建共富试点的高效落实体系。县委全会已对高质量发展建设共同富裕示范区的浙西明珠作了部署，制定了跨越式高质量发展“八大行动”实施方案，我们要找准重点、难点和关键点，把“八大行动”转化为重大改革、重大平台、重大项目、重大政策，建立目标体系、工作体系、保障体系和考评体系，对每一项重点工作都建立措施清单、目标清单、责任清单，完善例会机制、督查机制和评估机制，实现全过程管控。核心是“强执行强谋划”，强执行，把“八大行动”转化为重大产业、重大平台、重大项目、重大政策；强谋划，不断完善“十四五”专项规划和国土空间规划。战略是“两化引领”，从新型城镇化的角度，“对外”是打造融杭接沪的创新后端、联金通甬的贸易支点、衢丽大花园的战略前厅，“对内”是抓好统筹城乡发展、聚焦两江走廊、打造核心圈层；从新型工业化的角度，以生态工业发展为载体，坚持高效、绿色、富民“三个取向”，突出平台、产业、项目“三大抓手”，强化金融、数字、科技“三大赋能”。

（二）交出全年经济高分报表。一是年初人代会确定的目标任务。按照市里提出的“三个不能满足于、一个牢牢把握”，即不能满足于完成年初确定的目标任务、不能满足于市内比拼、不能满足于“保六”、全省平均，牢牢把握直观性指标的绝对性超越，以及“保六争三拼第一”的要求，全面对照年初人代会定下的目标任务，对标缙云县，加码加力加压推进，确保向全县人民交出满意答卷。二是省山区26县考核。目前，山区26县考核办法正在起草，针对去年我县考核被动局面，各条线、各个主考单位要做好向上对接，及时跟踪掌握考核办法具体内容及评分细则的制订情况；牵头考核单位要对标2020年省考指标的完成情况，全面复盘分析短板，扎实做好今年备考工作，在确保省考结果能反映我县真实水平的情况下争先进位。三是省政府督查激励。对照省政府涉及县里的27项督查激励事项，特别是今年新增的高质量发展建设共同富裕示范区、推动山区县跨越式发展、水利建设投资项目落实、深化商事登记制度改革、城乡风貌整治提升等5个事项，各牵头县领导、责任部门要盯紧盯牢分管副省长、厅长、副厅长、处长以及省厅具体工作人员，专人专班对接跟进，分管副县长要带头跑，有需要主要领导出面对接争取的及时汇报；要借力使力，所有27个激励事项的责任单位，特别是前期办公室梳理的“共同富裕示范区建设、山区跨越式发展、农业农村现代化、培育‘隐形冠军’、未来社区建

设、全域土地整治、融资畅通和凤凰行动升级版、质量和知识产权保护、城乡风貌提升”等目前有望获得督查激励的9个重点事项，要加强和省市对接，第一时间掌握信息。目前还要做好争取事项成效、做法及特色亮点的总结提炼，把基础工作做扎实、做牢靠。今年县里进一步加大督查激励力度，对获得省政府督查激励的单位，在年终综合考核加2分的基础上，综合考核档次晋升一档，并对责任部门和在对接争取工作中表现突出、作出重大贡献的干部个人进行记功嘉奖。四是市与县签订的责任书。剩下的100天时间，抓紧查漏补缺。五是“三年”活动以及市对县考核。要建立省市考核动态督查机制，及时掌握指标排名情况，分管县领导要及时对接、及时汇报。

（三）扎实开展项目攻坚行动。一是“百日攻坚”抢进度。深入推进重点项目“百日攻坚”，紧盯在建提速、开工加快、前期攻坚、规划储备“四个一批”，确保全年固定资产投资增长10%以上、力争15%。重点抓好30个已供地未开工工业项目实施进度，争取用最短时间实现制造业投资增速“转正”。二是项目谋划抓储备。重中之重是编制好前期推进清单、建设提速清单、专项债券清单、明年储备清单“四张清单”，确保工作不断档、项目不断层。同时要持续地开展项目谋划“金点子”成果收集，积极谋划储备一批战略性、引领性、前瞻性的大项目、好项目。三是要素支撑强保障。资金方面，既要统筹安排好政府性投资项目财政预算，更要多渠道向上对接，强化专项债、中央预算内资金争取，探索EOD项目建设模式，多渠道争取资金来源，努力吃上政策红利的蛋糕。用地指标方面，深化开展“十类地”处置行动，加大力度消化批而未供土地，盘活存量用地，实现土地资源高效利用。能耗指标方面，要按照“淘汰一批、技改一批、腾挪一批”的原则，加快倒逼现有企业转型升级，加大有序用电、开源节流的力度。

（四）打好工业强县组合拳。重点抓好五大专项行动和三大攻坚计划。一是五大专项。加快实施平台综合能级提升、先进制造业集群培育、制造方式数字化变革、产业科技创新联动、资源要素高效保障等专项行动，力争到2025年实现工业经济“一个跻身、两个倍增”，即跻身全省工业强县，朝着一类工业强县迈进，全县规模以上工业亩均税收达到25万元，规模以上工业亩均增加值达到120万元，实现质量和效益双倍增，同时力争规模以上工业总产值、规模以上工业增加值突破600亿元和160亿元。当前重点抓好开发区整合提升后半篇文章、特色生态产业平台规划总体建设方案编制、“五区一镇”联创联动、“三飞地一基地一园区”建设、链主型企业引育、“产业大脑”打造、企业数字化改造、能耗土地金融要素保障等工作，今年力争开发区省级年度考核评价进入全省前28位，碳基纸基新材料、精密数控和轨道交通装备两大主导产业规模以上产值年均增长15%以上，规模以上数字经济核心产业增加值占GDP比重达到2.7%，全社会R&D经费支出占GDP比重达到2.4%。二是三大攻坚。①招大引强。力争到今年年底，全县制造业项目招商引资到位资金达到38亿元，引进10-20亿元、20亿元以上制造业项目各2个。郑省长在省政府全体会议上提出的“垂直整合一体化”招商、资本注入式招商、“走出去”反哺式招商，也是我们开展产业招商、精准招商的方式。②“凤凰行动”2.0。牢固确立上市优先的理念，全力以赴助推禾川科技、恒达新材、金龙股份等企业上市。抢抓北京证券交易所重大机遇，推动专精特新企业、创新型中小企业入市做强。③亩均效益提升。重点抓好新增项目质量把控、企业技改提升、低效企业出清、资源要素差别化配置等工作，推动“腾笼换鸟”和产业结构优化升级，实现亩均效益倍增。力争到2021年底，规模以上工业亩均税收达到11万元，规模以上工业亩均增加值达70万元以上，完成100家以上低效企业改造提升。

（五）实施农业“两强一革新”行动。“两强”是科技强农、机械强农，“一革新”是渠道革新。一是实施科技强农行动。今年要全力争取2021年绿色农田竞争试点项目，打造莲藕（莲子）省级特色农产品优势区。二是实施机械强农行动。重点抓好分产业先进机械设备推广、农机农艺融合、农田宜机化改造、社会化服务等工作。三是实施渠道革新行动。重点抓好农产品流通模式创新、农产品渠道信息化建设、提升销售渠道组织化水平、农产品宣传营销等工作。打通线上订购、同城配送等销售新渠道，着力构建农产品现代产销一体化流通体系。今年力争招引各类主体入驻直播基地100

家，实现农特产品网络零售额4亿元。

（六）着力推进城乡风貌提升和未来社区建设。一是整治提升城乡风貌。加强顶层设计，9月底前制定城乡风貌整治提升行动方案，开展城乡风貌评估。聚焦示范引领，城市重点聚焦城东新区建设和老城改造，持续推进老货场、城东等区块征迁扫尾攻坚，加快大南门历史文化街区建设进度；县域重点聚焦美丽城镇和美丽宜居示范村建设，10月底前完成美丽县城规划方案。二是持续推进未来社区建设。未来社区方面，加快制定翠光未来社区、归仁未来社区个性化推进任务清单，初步形成数字社会城市基本功能单元系统。12月底前，力争归仁未来社区邻里中心投入试运营，大南门挑水巷部分场景落地，兰亭小区主体结顶。翠光未来社区基本完成环境整治提升，“三化九场景”初步呈现。未来乡村方面，加快打造溪口未来社区（乡村）样板，积极申报省未来乡村试点，全力推进新溪小区、龙南旅游集散中心、新溪路等项目建设，力争10月1日核心区开园运营。同步推进浦山村、士元实验区、团石村、官潭村等一批未来乡村建设。三是高水平打造“7+N”个一。重点是跨越式高质量发展“七个一”和城市“九个一”。跨越式高质量发展“七个一”中，前3个“一”，即一个百亿级产值特色生态主导产业、一个高能级特色产业平台、一批高质量创新转化平台。后4个“一”：一个高品质中心商务区，加快城东商务区公共设施配套完善，提升沿线景观效果，力争2022年12月底前初具规模。当前重点抓好荣昌东路道路工程、景观绿化工程，金融中心、万明财富中心、商务中心、万明大厦、商业综合体、旅游综合体和商务办公区等9个项目。一批高等级交通门户，加快龙游高铁站能级提升，当前重点抓好站区服务质量提升、站前区配套、综合客运枢纽、沿线环境整治等工作；推进龙游北站谋划建设，重点做好区块概念规划与城市设计编制、站房建设、配套路网工程、站前配套项目征迁等4项工作。一条山水城文交融景观带，重点是加快联盟大道建设。一系列公共文化设施，聚焦“两馆七中心”等桩基性公共服务项目，着力在教育、医疗、便民服务等领域取得有效突破。

（七）深化国资国企改革。一是突出战略重点，提升先导力。紧扣“共同富裕试点，生态工业发展”战略重心，进一步发挥国资国企在产业为王、工业强县中的先导作用，进一步推动国资国企布局向公共服务、资源开发、平台建设和战略性前瞻性产业“四大领域”集中，在平台建设、“双招双引”、创新转化、企业上市、低效出清、“双碳”控制、融资畅通和桩基项目布局“八个重点”上聚焦突破。二是突出“四资联动”，提升支撑力。打开资源、资产、资金和资本的转换通道，加快从“有多少钱干多少事”向“干多少事筹多少钱”转变。三是突出转型升级，提升竞争力。按照“做大规模、做强实力、做优业绩”的要求，建立现代企业制度、加快转型升级，不断提升国资国企竞争力。尤其要在与央企、500强、行业头部企业合作上，在国资公司间交叉持股、业务协同上有更大突破。

（八）全面提升“两坚”“两专”“两勤”“两基”能力。推进变革型组织建设，打造一支政治过硬、“两专”兼备、实干争先、推进现代化建设和共同富裕新能力强的高素质专业化干部队伍。一要突出“两坚”，做到意志坚定、行动坚决。①意志坚定。加快从“要我变革”到“我要变革”、从“适应变革”到“引领变革”、从“承载压力”到“释放张力”跃迁，做到理念先行、未来先知、风险先觉、手段先进、目标先达，敏于抢先机、敢于开先例、勇于当先锋。②行动坚决。全面紧起来、迅速动起来，说干就干、说到做到，抓紧抓实各项工作。特别是要健全完善“八张问题清单”制度，围绕问题发现、整改、评估的全流程，建立解决问题的闭环机制，围绕明确目标、时限、人员，构建工作链责任链。二要突出“两专”，提升专业技术能力、专业科学精神。①专业技术能力。聚焦战略目标和重点任务，善于从更大场景、更深层次谋划改革，一体推动理念创新、制度创新、技术创新、应用创新、模式创新，拿出更多有说服力影响力、可复制可推广的机制成果、制度成果。同时在以往基础上发挥优势、做长长板，形成差异化比较竞争优势，提升核心竞争力、独特吸引力、示范带动力。②专业科学精神。关键在于认真、较真的态度，敬业、专业的习惯，对待任何事情，都要搞清楚来龙去脉、前因后果、横向联系，善于从复杂的关系中找出最关键、最具决定因素的主要矛盾，善于分解大系统、构建子系统，形成最佳方案、找准最优路径。三要突出“两勤”，坚持脑勤腿勤。①脑勤。“脑勤”意味着“腿勤”的效率。排方案、排活动、和谁对接，要思考“目的是什么”，立足事要解决、干成事，奔着问题去、带着感情去。比如到省政府办公厅、发改委对接，要清楚干什么、争取什么、怎么争取，事先做好准备、做足功课。②腿勤。“腿勤”是基础，上接天线、下接地气。要向上对接，能够跑、混个脸熟、门要走进去，特别是这次换届后，单位“一把手”很多是新到位的，一定要加强与省市的对接。要横向沟通，通过跨层级、跨部门、跨领域、跨业务联动，实现多跨协同解决问题。要向下引领，坚持需求导向、用脚步丈量民生，围绕群众高频需求、企业共性需求，形成需求清单、找出解决方案，打通回应需求、解决问题、满足需求的链条。四要突出“两基”，做实基本功、基础功。①基本功。基本功在于业务的积累，某种程度上是知识结构的建立，包括党史学习教育的理论知识、规划的知识、产业的知识，还有政府运作、依法行政和政策的知识，这些业务知识某种程度上也是思维方式、学习能力。②基础功。就是“有底有数有招”，对一个地方情况不清楚、人不清楚、事不清楚，就“没底没数没招”。一方面，人头要熟悉；另一方面，事情要熟悉，清楚掌握安全隐患、特色亮点有哪些，特别是要把安全贯穿于发展的各领域和全过程，对风险隐患的容忍度要降到最低，规划红线、土地红线、生态红线、安全红线和廉洁自律底线要牢牢守住、一刻不松，真正做到想干事、干成事、不出事。

政协第十届委员会第五次会议报告摘要

中国人民政治协商会议第十届龙游县委员会常务委员会工作报告（摘要）

龙游县政协主席　洪一舟

（2021年2月1日）

2020年工作回顾

2020年是实现第一个百年奋斗目标、全面建成小康社会的决战决胜之年，是“十三五”规划收官之年，也是众志成城抗击新冠肺炎疫情极不平凡的一年。一年来，县政协及其常委会在中共龙游县委的坚强领导下，高举中国特色社会主义伟大旗帜，深入学习贯彻中共十九届五中全会精神，认真贯彻落实中央和省、市、县委政协工作会议精神，坚持发扬民主和增进团结相互贯通、建言资政和凝聚共识双向发力，聚焦聚力县委“14456”工作布局和党政中心工作履职尽责，充分发挥专门协商机构作用，圆满完成了县政协十届四次会议确定的目标任务，为加快建设“活力绽放，精彩纷呈”的浙西新明珠作出了积极贡献。

一、以党的建设引领政协事业新发展，政治思想建设扎实有力

常委会始终坚持党对政协工作的全面领导，旗帜鲜明讲政治，切实增强“四个意识”、坚定“四个自信”、做到“两个维护”、增进“四个认同”，确保政协事业方向正确、行稳致远。

加强思想理论武装。始终把理论学习放在首位，组织政协机关党员干部和广大政协委员深入学习习近平新时代中国特色社会主义思想和中共十九届五中全会精神，学习习近平总书记关于加强和改进人民政协工作的重要思想和习近平总书记考察浙江重要讲话精神，筑牢团结奋斗的共同思想政治基础。建立健全以政协党组理论学习中心组学习为引领，主席会议集体学习、常委读书会等相配套的制度体系，推进理论学习常态化，全年共举行8次县政协党组理论学习中心组学习会、16次党组会议、14次主席会议、1次常委读书会、2次委员活动小组专题学习。围绕人民政协作为专门协商机构在区域治理体系中发挥作用的机理等主题，组织指导有关委员和各界人士认真选题，开展理论研讨征文。全年共征集论文10篇，获省市政协奖项8篇，获奖论文数量继续位居全市首位，整体质量进一步提升。

加强政治理论宣讲。把理论宣讲作为加强思想政治引领的重要载体，积极响应县委号召，充分发挥人民政协人才荟萃、智力密集优势，组建县政协系统8090新时代理论宣讲团和导师团，评出精品课程10个，10名青年委员成为全县8090新时代理论宣讲团核心成员。8090青年委员结合“两走进”“周二无会日”“组团联村企”等活动，把宣讲阵地搬到田间地头、村社广场、农家院坝、学校企业，以自己的身边故事和成长经历，宣讲协商民主的重要思想，让党的创新理论“飞入寻常百姓家”。

加强政协党的建设。发挥政协党组在政协工作中的领导核心作用，认真落实全面从严治党主体责任，坚持党建工作与政协履职一同谋划、一同部署、一同推进。不断健全10个党员委员活动小组运行机制，实行“1名专委（室）主任+1名小组召集人”的“双组长”制度，牵头开展委员小组的党建工作和履职活动。继续开展“党员委员示范岗”创建，坚持党员委员“五带头”“四必谈”工作法，实现党的组织对党员委员和党的工作对政协委员两个“全覆盖”。切实加强政协机关党的建设和机关党员干部队伍建设，从严教育、从严要求、从严管理、从严监督，驰而不息反对“四风”，倡导机关党员干部立足本职、爱岗敬

业，主动作为、勇于创新，着力打造政治强、能力强、服务强、作风强的模范机关。政协机关党支部连续三年获评县直机关先进基层党组织。支持派驻纪检监察组履行纪检监察职责，着力营造风清气正的政治生态。

二、以一线担当彰显建言资政新作为，服务中心大局积极有效

常委会聚焦“稳企业、增动能、补短板、保平安”总目标，围绕县委县政府中心工作，谋划实施了16项重点履职活动，举行议政性常委会、主席会议专题协商活动8次，开展调研、视察、监督等活动81次，用好政协话语权，助力增强决策科学性和施政有效性。

助力常态化疫情防控。及时部署开展政协助力疫情防控和企业复工复产“两手抓、两手硬，两战赢、两领先”活动，组织引导广大委员多渠道、多形式为抗击疫情贡献智慧和力量。医卫界委员白衣执甲，投身一线，展现了救死扶伤、医者仁心的崇高精神；企业家委员坚决落实县委县政府统筹推进疫情防控和经济社会发展工作部署，积极捐资捐物，带头有序推进复工复产；组织委员开展直播带货，助力农民增收；县政协机关干部下沉社区一线加强疫情防控宣传和卡点值守；广大政协委员提笔“抗疫”，以社情民意信息等形式提出建议意见60多条，为党委政府科学防控、精准施策提供参考。我县省政协委员施彩莲获全省抗击新冠肺炎疫情先进个人。

助力经济高质量发展。聚焦县委“双招双引”工作主旋律，主席会议就“3+3”主导产业培育发展进行专题调研协商。引导龙游中小企业政协委员会客厅将助力“双招双引”作为活动重点，邀请省新生代企业家联谊会政协委员会客厅等四家委员会客厅的牵头委员、部分成员，齐聚杭州开展跨“厅”学习交流，大力宣传推介龙游，服务“双招双引”。各乡镇（街道）联络组发挥职能作用，注重加强与寓外乡贤的联络联谊，引导寓外乡贤人才回归、资金回归、项目回归，助力“双招双引”。组织委员先后围绕寓外乡贤服务“双招双引”、六春湖高山运动小镇项目建设、“两江走廊”建设、消防安全等议题开展视察调研，为龙游经济高质量发展献计献策。开展县政协系统“我为‘十四五’规划献一策”活动，广泛发动全体政协委员围绕“十大引领性项目”“十大突破性改革”提出建议102条，并就“十四五”规划编制开展专题协商。

助力中心工作推进。先后围绕“全域土地综合整治”“ 城东新区国家绿色生态城区创建”等重点课题开展深入调研和专题协商，报送的调研报告为县委、县政府全面启动全县国土整治大会战和助力创建全国首个县级“国家绿色生态城区”提供了重要决策参考。县委县政府主要领导应邀参加专题议政性常委会会议，依托“请你来协商”平台，与委员面对面协商交流，推动协商成果落地见效。同时组织8个监督调研组，持续跟进全域土地综合整治专项集体民主监督，聚焦完善异地搬迁安置政策和考核督查机制、建设用地复垦项目谋划和前期审批、黄泥房保护与利用等方面提出监督意见25条，切实助推相关职能部门完善政策、改进工作、加快项目进度。县政协领导班子、机关干部和广大委员坚持一线担当作为，积极参与城东新区、士元实验区、大南门历史文化街区、红木小镇建设和省示范文明县城创建、产业服务、脱贫攻坚等全县中心工作，始终与县委县政府同心同向、同频共振。

助力基层治理能力提升。就社会治理领域“最多跑一地”改革议题开展主席会议专题协商，助力“基层治理最佳县”创建。组织6个监督调研组开展“最多跑一地”专项集体民主监督，提出的“矛调中心实体化运行全覆盖、完善县矛调中心运行机制、加强应用系统协同应用和平台系统整合扩面”等建议意见，得到相关部门的重视和采纳。不断推动政协协商和基层协商相衔接，与基层治理相结合，积极开展“请你来协商”进乡村、进社区活动。按照“不建机构建机制”原则，在15个乡镇（街道）设立政协乡镇(街道)民情联络站，更好地把政协制度优势转化为基层治理效能。全年共开展红豆树下话村事、农房管控拆后利用、古村落保护与开发等20场乡村版“请你来协商”活动。其中，在詹家镇浦山村“凤凰部落”先后举行3场“请你来协商”活动，让委员走进乡村，与基层干部群众围绕项目定位、规划设计和运营等开展面对面协商讨论，有效凝聚共识，推动项目实施。

三、以履职为民回应美好生活新期盼，助力民生改善主动有为

常委会始终坚持以人民为中心的发展思想，把促进民生改善作为履职的重要着力点，协助党

委政府破解民生难题、增进人民福祉，切实彰显人民政协为人民的责任担当。

社情民意信息聚焦民生。充分发挥省政协社情民意信息直报点优势，广泛组织引导政协委员和信息员紧扣疫情防控和企业复工复产等民生热点问题，深入基层调查研究，及时编报一批有质量、接地气的社情民意信息，架起了党委、政府密切联系群众的“连心桥”。其中，《探索“龙游通+基层协商”新模式　提升协商民主制度化规范化程序化智慧化水平》等5篇信息被全国政协采用，11篇信息被省政协采用，《龙游县政协系统党建工作显成效　党员委员争当“疫情防控”先锋战士》等3篇信息获省部级领导批示。县政协在全省信息直报点排名中继续走在前列，连续4年排名全市政协第一。

民主监督关注民生。聚焦高水平全面建成小康社会补短板工作，组织10个监督调研组，深入部门、乡镇（街道）实地察看重点民生项目进展情况，就完成进度、实际效果、存在差距进行监督检查，梳理我县医疗卫生、学前教育、养老、城乡居民增收、老旧小区设施配套、农村水利交通基础设施等民生领域短板，形成专题报告，提出了24条具体建议。聚焦省示范文明县城创建，倡导广大委员做好示范带头，积极参与监督，重点围绕“车辆乱停乱放、杂物乱堆、乱倒垃圾、出店经营、乱搭乱挂、污水乱排、消防设施损坏、广告陈旧破损”等问题，及“八个一”有礼指数执行情况，开展“随手拍”监督活动，并通过委员微信群发送图片或短视频方式收集反映问题59个，及时反馈县创建办进行交办。

委员履职服务民生。继续举办“委员议政行”电视议政，委员代表和部门负责人围绕完善重大疫情防控体制机制专题开展面对面协商，群众代表现场评议，县政协全程跟踪，现场交办的11个方面问题得到有效落实。注重发挥6个委员工作室自身专长和所在界别优势，开展法律服务、文化传播、项目管理咨询、关爱留守儿童、慰问抗战老兵、平安龙游建设等社会公益活动。组织机关干部和广大委员积极开展“三服务”和送医疗、文化、科技等下乡活动，帮助基层群众解决实际困难。

四、以团结联谊强化统战组织新担当，凝聚思想共识广泛有序

常委会始终坚持团结和民主两大主题，强化开展统一战线工作的责任担当，着力做好凝心聚力工作，广泛联系和动员各界群众，努力寻求最大公约数、画好最大同心圆。

加强合作共事。坚持和完善县政协领导班子联系各民主党派、工商联、知联会、新联会制度，支持和保障各民主党派、工商联、无党派人士开展履职活动，优先安排视察调研、大会发言、专题协商、提案办理协商等，最大限度地发挥党派团体在建言资政和凝聚共识中的骨干作用。2020年，各党派团体和无党派人士提交大会发言材料28篇，提案123件，报送社情民意信息235篇，分别占总数的90.3%、70.3%、71.2%。民建龙游基层委荣获民建全国先进集体。

广泛凝聚共识。坚持把加强思想政治引领、广泛凝聚共识作为政协履职的中心环节，将凝聚共识融入调研协商、视察监督等各项履职活动，组织引导委员深入基层和界别群众广泛凝聚共识、传播共识，协助党委政府做好宣传政策、协调关系、解疑释惑、化解矛盾的工作。支持龙游中小企业政协委员会客厅聚焦常态化疫情防控背景下的中小企业高质量发展，定期举办主题活动，提振企业发展信心。继续邀请龙游籍大学新生走进委员会客厅，加深大学新生对本土企业的了解，激发青年人才回乡就业创业的热情。相关工作做法得到省政协分管领导的批示肯定，并被省政协纳入委员会客厅工作典型案例汇编。支持龙游三治融合政协委员会客厅围绕基层治理热点难点问题，先后举办依法助推“项目攻坚年”建设、人民调解组织和调解员作用发挥、企业法律服务中心建设、为村级组织换届提供法律服务等主题活动，助推基层治理现代化。

做好文史宣传工作。认真做好省政协《全面小康路上的政协人》《浙江传统经典美食文化故事》征稿工作，完成《龙游徽戏》史料编撰，发挥文史资料“存史、资政、团结、育人”的功能作用。拓宽与省政协宣传部门的沟通渠道，及时总结我县“请你来协商”活动等特色亮点做法。2020年，被省政协《联谊报》采用12篇，“同心苑”微信公众号采用11期。其中《2020，龙游政协这样拼！》等5期公众号信息阅读量破万，连续两年获省政协宣传工作先进单位。

五、以提质增效做精履职工作新品牌，推动创新作为务实有方

常委会紧扣新时代人民政协新样子的要求，牢固树立“数量适度、质量为要”理念，推动工作从“做了什么”“做了多少”向“做出什么效果”转变，争创履职品牌。报送的调研报告、专项监督报告、提案等得到县委、县政府主要领导批示达19件（次）。县政协推动政协协商与基层协商有效衔接和委员履职考核动态分析等做法分别得到省市政协领导的批示肯定。

擦亮“请你来协商”牌子。注重建好用好“请你来协商”平台，通过党委政府点题、专委会选题、委员荐题、面向社会公开征题等方式，征集梳理年度“请你来协商”活动议题，由县委办、县府办、政协办联合印发《“请你来协商”“6＋X”年度计划》。每次协商之前均由政协分管领导牵头调研，协商后形成书面协商意见。党政相关部门认真办理政协协商意见，并在一个月内以文件形式经分管县领导签字后反馈采纳落实情况。2020年，共组织“请你来协商”活动34场，提出对策建议200多条，推动相关热点难点问题的解决。县政协“请你来协商·提升城市管理水平”案例编入省政协“请你来协商”平台建设操作手册。

创新提案工作机制。围绕党政中心工作和县域治理重点问题加强提案征集，完善提案“双评议”和提案办理“回头看”再提升工作机制，推动提案质量和提案办理质量的“双提升、双促进”。创新“1号提案办理八步法”，确定《发挥重点产业引领作用 推动产业集群化发展》等10件重点提案，县委县政府主要领导分别领办1号和2号提案，有效推动提案工作。《打造香喷喷的龙游发糕城市IP》提案成功促成“龙游发糕IP”形象上线，相关工作被省政协《联谊报》和“同心苑”跟踪报道。

优化委员服务管理。常委会定期听取全县经济社会发展情况通报，听取县纪委监委、县委政法委、法院、检察院等部门工作情况通报，为委员知情明政、履职尽责创造条件。举办新增补委员和8090青年委员履职能力提升培训班。继续推行青年委员“导师制”，安排19位履职经验丰富的资深委员担任导师，以“一对一、一对多”形式加强对50名青年委员的教育指导。完善委员履职工作规则，继续实施委员年度履职述职和常委提交履职报告等制度，以制度化、科学化、规范化推进委员履职。实行“线上+线下”相结合的委员履职参与方式，对旁听法院庭审、检察院公开听证、学校招生监督等42次活动，采取“微信群抢单”报名，全年参与微信报名活动委员达207人次。“优化履职服务管理 发挥委员主体作用”做法在全省政协主席暑期读书会暨市、县（市、区）政协工作经验交流会上交流发言。

一年来，我们认真贯彻省市政协的各项决策部署，密切配合省市政协来龙开展各项调研考察活动20批次，继续联动开展城乡生活垃圾分类处理专项集体民主监督，市县政协围绕培育乡村特色产业核心竞争力、城镇社区居家养老、优化科技创新生态环境等课题开展联动调研和“请你来协商·一米菜园大家谈”联动协商活动，提供鲜活的龙游素材，展示龙游特色亮点。

各位委员！过去一年县政协取得的成绩，是省市政协关心指导和中共龙游县委坚强领导的结果，是县人大、县政府和社会各方面大力支持的结果，也是县政协各参加单位、广大政协委员共同努力的结果。在此，我代表县政协常委会表示衷心感谢！

我们也清醒地认识到，工作中还存在一些薄弱环节，主要是发挥专门协商机构作用的制度机制还需集成完善，凝聚共识的办法途径还需深化拓展，政协工作向基层延伸的探索实践还需规范提升，强化政协委员责任担当的各项要求还需细化落实。这些问题必须高度重视，切实加以解决。

2021年工作思路

2021年是中国共产党成立100周年、“十四五”开局之年，也是县十届政协的收官之年。县政协工作的总体要求是：以习近平新时代中国特色社会主义思想为指导，全面贯彻中共十九大和十九届二中、三中、四中、五中全会精神，牢牢把握团结和民主两大主题，围绕立足新发展阶段、贯彻新发展理念、构建新发展格局，按照县委“14456”工作布局，聚焦聚力“四个龙游”建设中心任务，着力强化思想政治引领，着力提高双向发力质效，着力加强专门协商机构建设，着力强化委员责任担当，充分发挥人民政协制度效能，为高水平建设浙西新明珠贡献智慧和力量，以优异成绩庆祝中国共产党成立100周年。具体做好五个方面重点工作：

一、强化党建统领，夯实团结奋斗的共同思想政治基础

坚持党对政协工作的全面领导，发挥政协党组把方向、管大局、保落实的领导作用，落细落实全面从严治党主体责任。依托党组理论学习中心组学习、常委会会议集体学习等载体，持续深入学习贯彻习近平新时代中国特色社会主义思想和中共十九届五中全会精神，不断提高政治判断力、政治领悟力、政治执行力。围绕庆祝建党100周年，组织开展“同心向党”系列主题活动，着力夯实团结奋斗的共同思想政治基础。进一步深化习近平总书记关于加强和改进人民政协工作的重要思想的研究，围绕率先构建政协协商民主体系重大理论和实践问题组织专题征文，充分发挥理论对实践的先导和支撑作用。

二、主动一线作为，助力“十四五”新征程良好开局

认真落实县委十一届十次全会各项决策部署，主动围绕“十四五”规划改革发展的前瞻性、战略性重大问题和“森林龙游”“文化龙游”建设等中心工作，精选课题，坚持调研、协商、监督一体推进，继续开展县委书记、县长与政协委员面对面专题协商，为抢抓新一轮发展机遇聚共识、集众智。要发挥政协委员会客厅优势，聚焦“科技龙游”“数字龙游”建设开展主题活动，在助力龙游高质量发展和“十四五”新征程良好开局中彰显委员一线作为。认真落实省政协统一部署，围绕深入推进美丽大花园建设、努力打造美丽中国先行示范区，开展三级政协联动专项集体民主监督。

三、把握中心环节，深入做好凝聚共识工作

认真落实关于为民主党派、无党派人士在政协更好发挥作用创造条件的若干意见。健全同党外知识分子、非公有制经济人士、新的社会阶层人士的沟通联络机制，求同存异、聚同化异，在广泛团结联谊中增进共识。要引导支持政协委员会客厅定期开展主题活动，完善运行机制，丰富活动形式，提高工作实效，更好发挥会客厅对党外知识分子、非公有制经济人士、新的社会阶层人士等团结引领作用。坚持建管用育一体发力，持续深化6个委员工作室建设，在拓展履职平台中扩大共识。要深化政协系统8090新时代理论宣讲工作，组织开展青年委员“学理论、讲理论”活动，倡导委员多读书、读好书、善读书，打造“书香政协”。丰富“龙游通”政协版块内容，深化网络议政活动，在创新履职手段中凝聚共识。

四、聚焦协商主业，做精做优“请你来协商”品牌

要精准谋划“请你来协商”“6+X”协商议题，积极探索提质增效的新思路新方法。做深调查研究文章，做到调研精心精细、建言有理有据、对策可行可用，切实提高协商议政的“含金量”。运用“龙游通”平台开展提案工作，完善提案“双评议”工作机制，发挥好1号提案引领示范作用，深化提案办理协商，持续提高提案工作水平。注重协商能力建设，始终让委员在协商中唱主角、担主责、当主力，不断提高协商质量和成效。要建好用好乡镇（街道）民情联络站，探索开展“民生议事堂”平台建设，借助“龙游通”赋能发力，做好“融协商”文章，推动政协“请你来协商”嵌入“县乡一体、条抓块统”高效协同治理格局，努力实现政协协商与基层协商相衔接、与社会治理相结合，推动基层民主协商制度完善。要依托省政协信息直报点优势，创新方式，畅通渠道，坚持“小切口、大民生”理念，既要关注、收集身边的社情民意，更要站在全县、全市、全省乃至全国层面反映问题、提出建议，力争社情民意信息工作继续走在全省前列。

五、坚持固本强基，切实加强履职能力建设

要坚持固根基、扬优势、补短板。对照上级有关文件要求，立足龙游创新实践，进一步完善县政协工作制度机制，规范工作流程，形成全面有效的制度集成。引导广大政协委员牢记初心使命，强化责任担当，全面落实“懂政协、会协商、善议政，守纪律、讲规矩、重品行”的要求，当好政协工作的主体，当好建功“十四五”的主力，当好传递正能量的“主播”。要巩固深化“不忘初心、牢记使命”主题教育成果，切实加强政协机关和干部队伍建设，着力推进正风肃纪，坚决克服形式主义、官僚主义，坚持生成性学习，不断提高把握新发展阶段、贯彻新发展理念、构建新发展格局的政治能力、战略眼光、专业水平，着力打造一支政治过硬、作风优良、担当作为的政协机关干部队伍，为政协履职提供可靠保障。

2021年度龙游县重要文件选目

中共龙游县委员会文件选目

县委发〔2021〕1号　关于印发张晓峰同志在县委十一届十次全体（扩大）会议上的报告的通知
县委发〔2021〕5号　中共龙游县委关于制定龙游县国民经济和社会发展第十四个五年规划和二〇三五年远景目标的建议
县委发〔2021〕14号　关于学前教育深化改革规范发展的实施意见
县委发〔2021〕19号　关于印发《龙游县2021年度乡镇（街道）、机关部门分类争先综合考核评价办法》的通知
县委发〔2021〕22号　关于纵深推进清廉龙游建设的实施意见
县委发〔2021〕26号　中共龙游县委关于印发张晓峰同志在县委十一届十一次全体（扩大）会议上的报告的通知
县委发〔2021〕27号　中共龙游县委　龙游县人民政府关于印发《龙游县新时代双拥工作若干规定（试行）》的通知
县委发〔2021〕28号　中共龙游县委　龙游县人民政府关于印发《龙游高质量发展建设共同富裕示范区的浙西明珠行动计划（2021—2025年）》的通知
县委发〔2021〕30号　中共龙游县委关于全面实施“两专工程”提升党员干部队伍推进现代化建设和共同富裕新能力的实施意见
县委发〔2021〕31号　中共龙游县委　龙游县人民政府关于印发《龙游县贯彻落实第二轮中央生态环境保护督察报告整改方案》的通知
县委发〔2021〕32号　中共龙游县委　龙游县人民政府印发《关于推进工业跨越式高质量发展的若干政策》的通知
县委发〔2021〕33号　中共龙游县委　龙游县人民政府关于实施工业强县战略推动工业高质量发展的实施意见
县委发〔2021〕70号　中共龙游县委关于设立龙游县选举委员会及组成人员建议名单的报告的批复
县委发〔2021〕71号　中共龙游县委　龙游县人民政府印发《龙游县关于在全县公民中开展法治宣传教育第八个五年规划（2021—2025年）》的通知
县委发〔2021〕73号　中共龙游县委　龙游县人民政府关于印发《高水平建设新时代美丽龙游规划纲要（2021—2035年）》的通知

（县委办　赖建伟整理）

中共龙游县委办公室文件选目

县委办发〔2021〕1号　印发《关于加快“科技龙游”建设的实施意见》的通知
县委办发〔2021〕2号　印发《关于加快“数字龙游”建设的实施意见》的通知
县委办发〔2021〕3号　印发《关于加快“森林龙游”建设的实施意见》的通知

县委办发〔2021〕4号　印发《关于加快“文化龙游”建设的实施意见》的通知
县委办发〔2021〕5号　印发《关于构建“合”字形基层监督体系助推基层治理的实施方案》的通知
县委办发〔2021〕7号　关于印发《龙游县“大庆大干、你追我赶”建新功创新业活动实施意见》的通知
县委办发〔2021〕8号　关于做好《习近平在浙江》学习宣传工作的通知
县委办发〔2021〕9号　印发《关于开展“信用＋礼治积分”工作的实施意见》的通知
县委办发〔2021〕10号　关于印发《龙游县违反信访工作纪律追责问责办法（试行）》的通知
县委办发〔2021〕13号　关于印发《坚决打赢遏制重大生产安全事故攻坚战实施方案》的通知
县委办发〔2021〕16号　关于印发《龙游县新时代村社干部奖惩管理办法》的通知
县委办发〔2021〕18号　关于印发《进一步加强人民法院工作的意见》的通知
县委办发〔2021〕19号　关于建立龙游县数字化改革专班及工作机制的通知
县委办发〔2021〕20号　印发《关于开设〈龙游焦点〉栏目加强新闻舆论监督的实施方案》的通知
县委办发〔2021〕21号　关于印发《龙游县党政领导干部防范和惩治统计造假、弄虚作假责任制规定》的通知
县委办发〔2021〕23号　印发《关于加快推进环境治理体系和治理能力现代化的实施意见》的通知
县委办发〔2021〕26号　印发《关于全力推进“十大牵引性改革”“十大战略性项目”的实施方案》的通知
县委办发〔2021〕29号　关于印发《龙游县深化完善企业服务工作机制方案》的通知
县委办发〔2021〕31号　中共龙游县委办公室　龙游县人民政府办公室关于印发《龙游县“凤凰行动”计划（2021—2025年）》的通知
县委办发〔2021〕32号　中共龙游县委办公室　龙游县人民政府办公室印发《关于落实〈生态工业跨越式高质量若干举措〉的工作方案》的通知
县委办发〔2021〕34号　中共龙游县委办公室　龙游县人民政府办公室关于印发《关于全面推进清廉国企建设的实施方案》的通知
县委办发〔2021〕35号　中共龙游县委办公室　龙游县人民政府办公室关于印发《龙游县2021年重点建设项目“百日攻坚”活动方案》的通知
县委办发〔2021〕36号　中共龙游县委办公室　龙游县人民政府办公室关于印发《龙游县跨越式高质量发展“七个一”工作推进方案》的通知
县委办发〔2021〕37号　中共龙游县委办公室　龙游县人民政府办公室关于印发《龙游县跨越式高质量发展“八大行动”实施方案（2021—2025年）》的通知
县委办发〔2021〕38号　中共龙游县委办公室　龙游县人民政府办公室印发《关于深化工业企业资源要素优化配置改革的实施意见（试行）》的通知
县委办发〔2021〕39号　中共龙游县委办公室　龙游县人民政府办公室印发《关于实施农业“双强一革新行动”大力提升农业生产效率的行动计划（2021—2025）》的通知
县委办发〔2021〕41号　中共龙游县委办公室　龙游县人民政府办公室关于印发《龙游县创建省级新时代美丽乡村标杆县实施方案》的通知
县委办发〔2021〕42号　中共龙游县委办公室关于建立龙游县国资公司监督专班及工作机制的通知
县委办发〔2021〕43号　中共龙游县委办公室　龙游县人民政府办公室关于印发《龙游县村级集体经济巩固提升行动方案》的通知
县委办发〔2021〕46号　中共龙游县委办公室　龙游县人民政府办公室关于开展全县文物安全排查整治提升行动的通知
县委办发〔2021〕47号　中共龙游县委办公室　龙游县人民政府办公室关于印发《龙游县自然灾害防治能力提升行动实施方案》的通知

县委办发〔2021〕49号　中共龙游县委办公室　龙游县人民政府办公室印发《关于清廉机关 清廉村居 清廉学校 清廉医院 清廉民营企业 清廉交通 清廉文化建设等实施方案》的通知

（县委办　赖建伟整理）

龙游县人大常委会文件选目

龙人大常〔2021〕10号　龙游县人大常委会2021年监督工作计划
龙人大常〔2021〕11号　龙游县人大常委会2021年工作要点
龙人大常〔2021〕12号　龙游县人大常委会关于聚焦聚力“四个龙游”建设的决定
龙人大常〔2021〕13号　龙游县人大常委会关于人大街道工委工作报告的决议
龙人大常〔2021〕17号　龙游县人大常委会关于批准2021年政府重大投资项目的决定
龙人大常〔2021〕18号　龙游县人民代表大会常务委员会规范性文件备案审查办法
龙人大常〔2021〕19号　关于2020年度我县环境状况和环境保护目标完成情况报告的审议意见
龙人大常〔2021〕22号　关于龙游县2020年度审计问题整改落实情况的审议意见
龙人大常〔2021〕23号　关于龙游县基层（乡村）医疗机构卫生队伍建设情况的审议意见
龙人大常〔2021〕26号　龙游县人大常委会关于批准龙游县2020年财政决算的决议
龙人大常〔2021〕27号　龙游县人大常委会关于批准龙游县人民政府部分项目预算调整方案的决议
龙人大常〔2021〕30号　关于我县2021年上半年国民经济和社会发展计划执行情况的审议意见
龙人大常〔2021〕31号　关于我县2020年财政决算及其他财政收支审计情况和2021年上半年财政预算执行情况报告的审议意见
龙人大常〔2021〕32号　关于我县养老服务体系建设情况的审议意见
龙人大常〔2021〕33号　龙游县人民代表大会常务委员会关于开展第八个五年法治宣传教育的决议
龙人大常〔2021〕34号　龙游县人民代表大会常务委员会关于促进和保障龙游高质量发展建设共同富裕示范区的浙西明珠的决定
龙人大常〔2021〕35号　龙游县人民代表大会常务委员会关于新一届乡（镇）人民代表大会代表名额的决定
龙人大常〔2021〕40号　关于“四个龙游”建设情况的审议意见
龙人大常〔2021〕41号　龙游县人大常委会关于县、乡两级人民代表大会换届选举有关事项的决定
龙人大常〔2021〕42号　龙游县人大常委会关于设立龙游县选举委员会的决定
龙人大常〔2021〕43号　龙游县人大常委会关于关于设立各乡（镇）选举委员会、街道选举办事处的决定
龙人大常〔2021〕44号　关于2020年度龙游县国有资产管理情况报告的审议意见
龙人大常〔2021〕58号　龙游县人大常委会关于批准龙游县2021年新增地方政府债务限额和新增债务预算调整方案的决议
龙人大常〔2021〕59号　龙游县人大常委会关于批准龙游县2021年财政预算调整方案的决议
龙人大常〔2021〕61号　关于调整县选举委员会组成人员的决定

（县人大　夏晓轶整理）

龙游县人大常委会办公室文件选目

龙人大常办〔2021〕12号　印发《关于开展议案和代表建议办理情况监督工作的实施方案》等方案的通知
龙人大常办〔2021〕15号　印发《关于在全县开展人大代表助力“县乡一体、条抓块统”助推基层矛盾“清零”行动的实施方案》的通知
龙人大常办〔2021〕17号　印发《关于开展2021年民生实事项目和县十三届人大五次会议代表议案、重点建议数字化监督的实施方案》的通知
龙人大常办〔2021〕21号　关于印发《龙游县粮食安全执法检查工作方案》的通知
龙人大常办〔2021〕23号　印发《关于组织全县各级人大代表开展“大庆大干 助力‘十四五’开新局 喜迎建党百年”走访服务选民活动的实施方案》的通知
龙人大常办〔2021〕27号　关于印发《2021年龙游县人大数字化改革工作方案》的通知
龙人大常办〔2021〕33号　关于《浙江省乡镇人民代表大会工作条例》《浙江省街道人大工作条例》贯彻落实情况的报告
龙人大常办〔2021〕35号　关于我县高标准农田建设的视察意见
龙人大常办〔2021〕37号　关于2021年民生实事项目实施情况的视察意见
龙人大常办〔2021〕42号　关于印发《农村饮用水达标提标审议意见落实情况履责评价工作实施方案》的通知
龙人大常办〔2021〕46号　关于我县小区物业管理规范提升扩面情况的视察意见

（县人大　夏晓轶整理）

龙游县人民政府文件选目

龙政发〔2021〕1号　关于龙游县综合供能服务站布点规划（2020—2030年）的批复
龙政发〔2021〕3号　关于浙江新北园区开发控股有限公司改建方案的批复
龙政发〔2021〕5号　关于经济开发区集体土地房屋征收补偿安置实施方案的批复
龙政发〔2021〕6号　关于城南工业污水厂运维单位及运行模式的批复
龙政发〔2021〕7号　关于同意更改龙游县妇女儿童工作委员会名称的批复
龙政发〔2021〕9号　关于同意调整320国道龙游会泽里至下章段改建工程建设项目部分拆迁安置用地用途的批复
龙政发〔2021〕10号　关于同意《龙游新奥燃气有限公司管道燃气特许经营评估报告》的批复
龙政发〔2021〕11号　关于同意授权龙游县黄茶产业协会为“龙游黄茶”证明商标注册监督管理主体的批复
龙政发〔2021〕12号　关于同意公布实施龙游县2021年国有建设用地供应计划的批复
龙政发〔2021〕13号　关于同意对原龙丽高速安置点地块统一征收的批复
龙政发〔2021〕14号　关于杭衢铁路龙游北站站前配套项目房屋征收补偿安置实施方案的批复
龙政发〔2021〕16号　关于对龙游县模环乡士元实验区二、三期共4个建设用地复垦项目予以立项的批复
龙政发〔2021〕17号　关于变更调整模环乡士元村等公益林的批复
龙政发〔2021〕18号　关于同意对龙游锦绣龙城小区重大火灾隐患实行政府挂牌督办的批复

龙政发〔2021〕19号　关于印发《龙游县国民经济和社会发展第十四个五年规划和二〇三五年远景目标纲要》的通和
龙政发〔2021〕21号　关于同意动用社会保障风险准备金用于企业职工基本养老保险基金省级统筹责任分担的批复
龙政发〔2021〕22号　关于对龙游县2021年第一批垦造耕地项目予以立项的批复
龙政发〔2021〕25号　关于经济开发区内人防工程移交开发区下属国资公司管理的批复
龙政发〔2021〕26号　关于同意龙游县衢江上半潭至琚家段河道划界调整方案的批复
龙政发〔2021〕27号　关于同意龙游县衢江上半潭至琚家段护岸工程实施方案的批复
龙政发〔2021〕28号　关于明确龙游县征地青苗　地上附着物　房屋及附属建（构）筑物补偿标准的通知
龙政发〔2021〕29号　关于同意对龙游县2021年第二批垦造耕地项目予以立项的批复
龙政发〔2021〕31号　关于同意龙游县重要水域划定成果的批复
龙政发〔2021〕32号　关于同意对龙游县2021年第三批垦造耕地项目予以立项的批复
龙政发〔2021〕33号　关于龙游县凤羽笋竹产业开发集团有限公司市场化改革方案的批复
龙政发〔2021〕34号　关于龙游白鸽建设投资有限公司市场化改革方案的批复
龙政发〔2021〕36号　关于《东华街道永安路十里铺村部分路段改造项目集体土地房屋征收补偿安置方案》的批复
龙政发〔2021〕37号　关于同意对龙游县2021年第四批垦造耕地项目予以立项的批复
龙政发〔2021〕38号　关于同意对龙游县2021年第五批垦造耕地项目和耕地质量提升项目予以立项的批复
龙政发〔2021〕39号　关于撤销《农村私人建房用地呈报表》行政许可的决定
龙政发〔2021〕40号　关于龙游县红船豆　小溪滩水利枢纽放水预警方案的批复
龙政发〔2021〕41号　关于同意对龙游县模环乡士元实验区二、三期共2个建设用　地复垦项目予以立项的批复
龙政发〔2021〕42号　关于同意对龙游县2021年第六批垦造耕地项目予以立项的批复
龙政发〔2021〕43号　关于同意调整集体土地所有权的批复
龙政发〔2021〕44号　关于同意调整集体土地所有权的批复
龙政发〔2021〕45号　关于同意调整集体土地所有权的批复
龙政发〔2021〕46号　关于同意调整集体土地所有权的批复
龙政发〔2021〕47号　关于收回浙江龙游益民饰品有限公司国有土地使用权的批复
龙政发〔2021〕48号　关于同意对龙游县2021年第七批垦造耕地项目和旱改水项目予以立项的批复
龙政发〔2021〕49号　关于《龙游县龙南旅游集散中心项目集体土地房屋征收补偿安置实施方案》的批复
龙政发〔2021〕50号　关于同意对龙游县2021年第八批垦造耕地项目立项的批复
龙政发〔2021〕51号　关于同意调整集体土地所有权的批复
龙政发〔2021〕52号　关于印发龙游县工业企业“亩均效益”综合评价办法的通知
龙政发〔2021〕53号　关于明确钱塘江干流防洪提升工程（龙游段）项目法人的批复
龙政发〔2021〕54号　关于同意撤销龙游县湖镇镇文林村（林果场）垦造耕地项目的批复
龙政发〔2021〕55号　关于同意收回九景衢铁路浙江有限公司部分铁路用地的批复
龙政发〔2021〕56号　关于同意2021年度土地储备计划的批复
龙政发〔2021〕57号　关于印发浙江龙游经济开发区（园区）整合提升方案的通知
龙政发〔2021〕58号　关于同意对龙游县2021年第九批垦造耕地项目立项的批复
龙政发〔2021〕60号　关于同意《龙游县龙洲街道2020-2地块项目集体土地房屋征收补偿安置实施方案》的批复

龙政发〔2021〕61号　关于《浙江龙游经济开发区突发环境事件应急预案》和《浙江龙游经济开发区化工集中区突发环境事件应急预案》的批复
龙政发〔2021〕62号　关于印发龙游县重点项目前期经费管理办法（试行）的通知
龙政发〔2021〕63号　关于龙游县国有资产经营有限公司多渠道申报债券融资的批复
龙政发〔2021〕64号　关于同意对龙游县罗家乡廖家村西坪等2个建设用地复垦项目予以立项的批复
龙政发〔2021〕65号　关于龙游县林地保护利用规划（2010－2020年）局部调整方案（2021－Ⅰ）的批复
龙政发〔2021〕66号　关于《龙游县小南海镇团石村历史文化村落保护利用重点村规划》的批复
龙政发〔2021〕67号　关于同意拨付收回吴志华国有土地使用权补偿费用的批复
龙政发〔2021〕68号　关于同意收储龙游县国有资产经营有限公司香溢市场地块部分国有土地使用权的批复
龙政发〔2021〕69号　关于印发《龙游县治水长效战2021年工作计划》《龙游县治气攻坚战2021年工作计划》《龙游县治土持久战2021年工作计划》和《龙游县清废保卫战2021年工作计划》的通知
龙政发〔2021〕70号　关于同意收储龙游县国有资产经营有限公司原磷肥厂地块国有土地使用权的批复
龙政发〔2021〕71号　关于同意对龙游县2021年第十一批垦造耕地项目和旱改水项目立项的批复
龙政发〔2021〕72号　关于同意对龙游县2021年第十二批垦造耕地项目和旱改水项目立项的批复
龙政发〔2021〕73号　关于同意对龙游县2021年第十三批垦造耕地项目和旱改水项目立项的批复
龙政发〔2021〕74号　关于同意对龙游县2021年第十四批垦造耕地项目和旱改水项目立项的批复
龙政发〔2021〕75号　关于同意对龙游县2021年第十批垦造耕地项目立项和旱改水项目的批复
龙政发〔2021〕76号　关于确认志棠白莲农产品地理标志登记保护申请人资格的批复
龙政发〔2021〕77号　关于进一步加强乡镇（街道）财政管理的实施意见
龙政发〔2021〕78号　关于印发龙游县突发事件总体应急预案的通知
龙政发〔2021〕79号　关于同意对龙游县2021年第十五批垦造耕地项目和旱改水项目立项的批复
龙政发〔2021〕80号　关于衢江龙游段28公里河道疏浚收益权归属的批复
龙政发〔2021〕81号　关于同意对龙游县东华街道方坦村等共32个建设用地复垦项目予以立项的批复
龙政发〔2021〕82号　关于同意对龙游县2021年第十六批垦造耕地项目立项的批复
龙政发〔2021〕83号　关于同意对龙游县2021年第十七批垦造耕地项目立项的批复
龙政发〔2021〕84号　关于同意对龙游县2021年千亩方永久基本农田集中连片整治项目立项的批复
龙政发〔2021〕85号　关于批准公布“十四五”期间年森林采伐限额的通知
龙政发〔2021〕86号　关于同意核减士元实验区内垦造耕地项目实施面积的批复
龙政发〔2021〕87号　关于同意对龙游县2021年第十八批垦造耕地项目和旱改水项目立项的批复
龙政发〔2021〕88号　关于同意《龙游县域农村生活污水治理近期建设规划（2021—2025年）》的批复
龙政发〔2021〕89号　关于《乌溪江引水工程灌区（龙游片）十四五工程政策处理实施方案》的批复
龙政发〔2021〕90号　关于同意对龙游县2021年第十九批垦造耕地项目和旱改水项目立项的批复
龙政发〔2021〕91号　关于同意对浙江双洲包装制品有限公司重大火灾隐患实行政府挂牌督办的批复
龙政发〔2021〕92号　关于撤销赖忠华、应平鸽、周国芳龙游县劳动模范称号的批复
龙政发〔2021〕93号　关于收回经济开发区M167　M201地块部分土地的批复
龙政发〔2021〕94号　关于设立第一批乡（镇）、街道工业集聚点的批复
龙政发〔2021〕95号　关于同意调整集体土地所有权的批复（模环）
龙政发〔2021〕96号　关于同意调整集体土地所有权的批复（湖镇）
龙政发〔2021〕97号　关于同意调整集体土地所有权的批复（东华街道）
龙政发〔2021〕98号　关于城东新区部分道路工程土地征用相关问题的批复

龙政发〔2021〕99号　关于同意对龙游县2021年第二十批垦造耕地项目和旱改水项目立项的批复
龙政发〔2021〕100号　关于同意收储浙江美新克纺织科技有限公司国有土地使用权的批复
龙政发〔2021〕101号　关于同意收回浙江新北园区开发集团有限公司部分国有土地使用权的批复
龙政发〔2021〕102号　关于龙洲街道官潭村等37个村村庄规划的批复
龙政发〔2021〕103号　关于同意对龙游县社阳乡红光村建设用地复垦项目予以立项的批复
龙政发〔2021〕104号　关于同意对龙游县2021年第二十一批垦造耕地项目立项的批复
龙政发〔2021〕105号　关于对龙游锦绣龙城小区重大火灾隐患销案摘牌的批复
龙政发〔2021〕106号　关于无偿划转城乡规划设计院建设测绘队和龙腾养护公司股权的批复
龙政发〔2021〕107号　关于《龙游县高坪桥—社阳—洪畈水库群供水调度方案》的批复
龙政发〔2021〕108号　关于设立模环乡金星社区的批复
龙政发〔2021〕109号　关于东华街道增设社区的批复
龙政发〔2021〕110号　关于同意实施《龙游县灵溪竹海生态旅游项目》的批复
龙政发〔2021〕111号　关于《龙游县中心城区消防专项规划》等5个消防专项规划的批复
龙政发〔2021〕112号　关于同意动用2021年度财政预备费的批复
龙政发〔2021〕113号　关于《龙游县水库系统治理“一县一方案”》的批复
龙政发〔2021〕114号　关于《龙游经济开发区化工集中区控制详细规划》的批复
龙政发〔2021〕115号　关于同意龙游县竹产业提升发展试点县建设项目实施方案变更的批复
龙政发〔2021〕116号　关于印发龙游县妇女发展“十四五”规划和龙游县儿童发展“十四五”规划的通知
龙政发〔2021〕117号　关于印发龙游县青年发展“十四五”规划的通知
龙政发〔2021〕118号　关于印发《龙游县共同富裕示范试点三年行动计划（2021—2023年）》的通知

（县政府办　叶凌豪　俞凌翔整理）

龙游县人民政府办公室文件选目

龙政办发〔2021〕1号　关于推进全民健康补充医疗保险“惠衢保”工作的通知
龙政办发〔2021〕2号　关于印发龙游县小型水库管理体制改革提升试点方案的通知
龙政办发〔2021〕3号　关于进一步规范家禽养殖场建设管理促进家禽养殖业健康发展的通知
龙政办发〔2021〕5号　关于印发龙游县燃气气瓶产权置换实施方案的通知
龙政办发〔2021〕8号　关于印发2021年民生实事项目责任分解的通知
龙政办发〔2021〕9号　关于印发龙游县培育高质量发展动能精准实施重点建设项目“八大百亿”行动计划实施意见的通知
龙政办发〔2021〕10号　关于印发龙游县2021年政府性投资项目计划的通知
龙政办发〔2021〕11号　关于印发龙游县2021年重点建设项目推进“八大百亿”行动计划的通知
龙政办发〔2021〕12号　关于抓好2021年粮油生产工作的通知
龙政办发〔2021〕13号　关于印发加快推进龙游县直播产业发展政策措施的通知
龙政办发〔2021〕14号　关于印发《“森林龙游”新增两万亩国土绿化五年行动方案（2021－2025年）》的通知
龙政办发〔2021〕15号　关于印发《龙游县促进龙游黄茶产业高质量发展三年行动计划（2021—2023年）》的通知
龙政办发〔2021〕16号　关于印发《杭衢铁路龙游北站站前配套项目征迁工作方案》的通知
龙政办发〔2021〕20号　关于印发龙游县“两山银行”改革行动方案的通知

龙政办发〔2021〕23号　关于加快推进医保电子凭证激活使用工作的通知
龙政办发〔2021〕24号　关于印发《龙游县防汛防台抗旱应急预案》的通知
龙政办发〔2021〕25号　关于促进黄茶产业高质量发展的若干意见
龙政办发〔2021〕26号　关于印发“衢州有礼”诗画风光带“瀔水诗画 活力龙脊”文旅示范段 新时代美丽乡村标杆村 杭北农业龙游悯农生态产业园建设工作方案和重点项目清单的通知
龙政办发〔2021〕30号　关于下发2021年龙游县养老保险扩面征缴工作目标任务的通知
龙政办发〔2021〕31号　关于印发《龙游县2021年生活垃圾分类实施方案》的通知
龙政办发〔2021〕32号　关于印发《龙游县打击毁林专项行动和2021年森林督查暨森林资源管理“一张图”年度更新工作方案》的通知
龙政办发〔2021〕33号　关于印发《龙游县2021年全社会研发投入提升专项行动实施方案》的通知
龙政办发〔2021〕35号　关于印发《龙游县建筑垃圾管理工作实施方案》的通知
龙政办发〔2021〕36号　关于印发龙游县“大棚房”问题专项清理整治行动“回头看”方案的通知
龙政办发〔2021〕37号　关于印发《龙游县加强供销合作社集体资产监督管理实施方案》的通知
龙政办发〔2021〕38号　关于印发《龙游县旅游业“微改造　精提升”五年行动实施方案（2021—2025年）》的通知
龙政办发〔2021〕39号　关于印发龙游县粮食生产功能区整治优化工作方案的通知
龙政办发〔2021〕40号　关于印发龙游县基层政策性农业信贷担保服务创新试点实施方案的通知
龙政办发〔2021〕41号　关于做好2021年订单粮食工作的通知
龙政办发〔2021〕42号　关于印发龙游县全域“无废城市”建设工作宣传方案的通知
龙政办发〔2021〕43号　关于促进3岁以下婴幼儿照护服务发展的实施意见
龙政办发〔2021〕44号　关于印发《2021年度龙游县打造山海协作升级版考核办法》的通知
龙政办发〔2021〕45号　关于印发《龙游县2021学年中小学事业发展计划和招生工作意见》的通知
龙政办发〔2021〕46号　关于印发龙游县危险化学品事故应急预案　龙游县矿山事故应急预案　龙游县工贸行业事故应急预案的通知
龙政办发〔2021〕51号　关于印发龙游县“小微企业三年成长计划”（2021—2023年）的通知
龙政办发〔2021〕52号　关于进一步做好红火蚁阻截防控工作的通知
龙政办发〔2021〕53号　关于印发《龙游县涉公民商事纠纷决策咨询办法（试行）》的通知
龙政办发〔2021〕54号　关于印发龙游县国有企业资金集中管理办法的通知
龙政办发〔2021〕55号　关于印发龙游县企业国有资产管理办法的通知
龙政办发〔2021〕56号　关于印发龙游县国有企业投资监督管理办法的通知
龙政办发〔2021〕57号　关于印发龙游县国有企业融资监督管理暂行办法的通知
龙政办发〔2021〕58号　关于印发龙游县国有企业采购管理办法的通知
龙政办发〔2021〕59号　关于印发《龙游县推进城乡公交“智行无忧”数字化集成改革实施方案》的通知
龙政办发〔2021〕61号　关于进一步加强工业固体废物规范化管理的通知
龙政办发〔2021〕62号　关于扎实做好龙游县龙洲街道等五个乡镇（街道）相对集中行使行政处罚事项划转推进依法履职的通知
龙政办发〔2021〕64号　关于做好2021年中晚稻订单工作的通知
龙政办发〔2021〕68号　关于印发龙游县突发地质灾害应急预案的通知
龙政办发〔2021〕69号　关于印发龙游县森林火灾应急预案的通知
龙政办发〔2021〕70号　关于做好2022年度城乡居民基本医疗保险参保缴费和推进全民健康补充医疗保险“惠衢保”投保工作的通知
龙政办发〔2021〕71号　关于推进气象事业高质量发展和防灾减灾“第一道防线”建设的意见

龙政办发〔2021〕72号　关于支持县级政府性融资担保机构健康发展意见（试行）的通知
龙政办发〔2021〕74号　关于加快推进普惠型儿童福利体系建设的实施意见
龙政办发〔2021〕75号　关于印发《龙游县加快推进全县“大综合一体化”行政执法改革实施方案》的通知
龙政办发〔2021〕76号　关于印发龙游县突发辐射污染事件应急预案的通知
龙政办发〔2021〕77号　关于印发龙游县突发环境事件应急预案的通知
龙政办发〔2021〕80号　关于印发调整国有建设用地行政划拨价款标准的通知

（县政府办　叶凌豪　俞凌翔整理）

政协龙游县委员会文件选目

龙政协〔2021〕5号　关于印发《关于加强和促进人民政协凝聚共识工作的实施意见》的通知
龙政协〔2021〕6号　关于印发《关于强化政协委员责任担当的意见》的通知
龙政协〔2021〕7号　关于印发《关于助推“四个龙游”建设的决定》的通知
龙政协〔2021〕8号　关于开展“‘大庆大干、你追我赶’建新功创新业”专项集体民主监督的实施方案
龙政协〔2021〕10号　关于开展“深入推进美丽大花园建设·努力打造美丽中国先行示范区”专项集体民主监督的实施方案
龙政协〔2021〕11号　报送县政协《关于推进“森林龙游”建设的调查和思考》的调研报告
龙政协〔2021〕12号　县政协评议考核机关部门和乡镇（街道）的实施意见
龙政协〔2021〕14号　报送县政协《全力推进文旅再出发　打造文化龙游靓丽名片》的调研报告
龙政协〔2021〕15号　关于印发《中国人民政治协商会议龙游县委员会协商工作规则》的通知
龙政协〔2021〕16号　关于印发《关于进一步推进政协协商向基层延伸的实施意见》的通知
龙政协〔2021〕18号　关于印发《政协龙游县委员会全体会议工作规则》的通知
龙政协〔2021〕19号　关于印发《政协龙游县委员会常务委员会工作规则》的通知
龙政协〔2021〕20号　关于印发《政协龙游县委员会主席会议工作规则》的通知

（县政协　郭晓玲整理）

政协龙游县委员会办公室文件选目

龙政协办〔2021〕15号　关于我县少数民族村发展情况的视察报告
龙政协办〔2021〕16号　关于“龙游港区建设发展”情况的专题协商意见
龙政协办〔2021〕19号　关于我县大南门历史文化街区建设情况的视察报告
龙政协办〔2021〕20号　关于“一支队伍管执法”改革情况的专题协商意见
龙政协办〔2021〕22号　关于我县“士元实验区高标准农田”建设推进情况的视察报告
龙政协办〔2021〕26号　关于我县教育卫生人才队伍建设情况的专题协商意见
龙政协办〔2021〕27号　关于我县饮用水水源保护的视察报告

（县政协　郭晓玲整理）

索引

表索引

图索引

中心词索引

一画

二画

三画

四画

五画

六画

七画

八画

九画

十画

十一画

十二画

十二画以上